Die Chronik-Bibliothek des 20. Jahrhunderts

Andreas Baldauf / Thomas Flemming / Axel Steinhage / Peter Strunk

Chronik 1948

Tag für Tag in Wort und Bild

Chronik Verlag

Abbildungen auf dem Schutzumschlag
(oben links beginnend)
Plakat zur Währungsreform in Deutschland
Das von den Sowjets blockierte Berlin (West) wird von den Westalliierten durch die Luftbrücke versorgt
Mohandas Karamchand Gandhi, der am 30. Januar 1948 ermordet wird
David Ben Gurion proklamiert am 14. Mai 1948 die Gründung des Staates Israel
Olympische Sommerspiele in London
Jugoslawiens Ministerpräsident Josip Broz Tito, der einen von der UdSSR unabhängigen politischen Kurs anstrebt

Redaktion: Ingrid Reuter (Text), Margit Schramm (Bild)
Anhang: Ludwig Hertel, Bernhard Pollmann, Karl Adolf Scherer
Herstellung: Barbara Reppold-Hinz, Annette Retinski
Satz und Druck: MOHN Media · Mohndruck GmbH, Gütersloh

Leihgeber für Zeitungen und Zeitschriften: Institut für Zeitungsforschung, Dortmund

ISBN 978-3-577-14048-5

Inhalt

Hauptteil (ab Seite 8)

Jeder Monat beginnt mit einem Kalendarium, in dem die wichtigsten Ereignisse chronologisch geordnet und in knappen Texten dargestellt sind. Sonn- und Feiertage sind durch farbigen Druck hervorgehoben. Pfeile verweisen auf ergänzende Bild- und Textbeiträge auf den folgenden Seiten. Faksimiles von Zeitungen und Zeitschriften, die im jeweiligen Monat des Jahres 1948 erschienen sind, spiegeln Zeitgeist und herausragende Ereignisse.
Wichtige Ereignisse des Jahres 1948 werden – zusätzlich zu den Eintragungen im Kalendarium – in Wort und Bild beschrieben. Jeder der 344 Einzelartikel bietet eine in sich abgeschlossene Information. Die Pfeile des Verweissystems machen auf Artikel aufmerksam, die an anderer Stelle dieses Bandes ergänzende Informationen zu dem jeweiligen Thema vermitteln.
Die sonst in den Chronikjahrgangsbänden übliche Umrechnung fremder Währungen in die deutsche Währung muß für 1948 entfallen, da in diesem Jahr keine Vergleichsbasis vorhanden ist.
566 zumeist farbige Abbildungen und graphische Darstellungen illustrieren die Ereignisse und Entwicklungen des Jahres 1948 und werden damit zu einem historischen Kaleidoskop besonderer Art.
Hinter dem Hauptteil (ab S. 208) geben originalgetreue Abbildungen einen Überblick über alle Postwertzeichen, die 1948 in Deutschland neu an die Postschalter gekommen sind.

Januar 8
Februar 26
März 42
April 54
Mai 68
Juni 88
Juli 110
August 128
September 146
Oktober 164
November 176
Dezember 186

Übersichtsartikel (ab Seite 22)

18 Übersichtsartikel, am blauen Untergrund zu erkennen, stellen Entwicklungen des Jahres 1948 zusammenfassend dar.
Alle Übersichtsartikel aus den verschiedenen Jahrgangsbänden ergeben – zusammengenommen – eine sehr spezielle Chronik zu den jeweiligen Themenbereichen (z. B. Film von 1900 bis 2000).

Arbeit und Soziales 80
Architektur 184
Auto 51
Bildungswesen 38
Essen und Trinken 142
Film 64
Gesundheit 24
Literatur 204
Malerei 108
Mode 174
Musik 124
Straßen und Verkehr 156
Theater 201
Unterhaltung 84
Urlaub und Freizeit 120
Werbung 162
Wirtschaft 100
Wohnen und Design 22

Anhang (ab Seite 210)

Der Anhang zeigt das Jahr 1948 in Statistiken und anderen Übersichten. Ausgehend von den offiziellen Daten für Deutschland, für Österreich und die Schweiz, regen die Zahlen und Fakten zu einem Vergleich mit vorausgegangenen und nachfolgenden Jahren an.
Für alle wichtigen Länder der Erde sind die Staats- und Regierungschefs im Jahr 1948 aufgeführt und werden wichtige Veränderungen aufgezeigt.
Die Zusammenstellungen herausragender Neuerscheinungen auf dem Buchmarkt sowie der Premieren auf Bühne und Leinwand werden zu einem Führer durch das kulturelle Leben des Jahres.
Das Kapitel »Sportereignisse und -rekorde« spiegelt die Höhepunkte des Sportjahres 1948.
Internationale und Deutsche Meisterschaften, die Entwicklung der Leichtathletik- und Schwimmrekorde sowie alle Ergebnisse der großen internationalen Wettbewerbe im Automobilsport, Eiskunstlauf, Fußball, Gewichtheben, Pferde-, Rad- und Wintersport sowie im Tennis sind wie die Boxweltmeister im Schwergewicht nachgewiesen.
Der Nekrolog enthält Kurzbiographien von Persönlichkeiten, die 1948 verstorben sind.

Regierungen Deutschland, Österreich und Schweiz 210
Deutschland, Österreich und die Schweiz in Zahlen 210
Staatsoberhäupter und Regierungen ausgewählter Länder 214
Kriege und Krisenherde 217
Ausgewählte Neuerscheinungen auf dem Buchmarkt 219
Uraufführungen in Schauspiel, Oper, Operette und Ballett 220
Filme 222
Sportereignisse und Rekorde 223
Nekrolog 230

Register (ab Seite 234)

Das *Personenregister* nennt – in Verbindung mit der jeweiligen Seitenzahl – alle Personen, deren Namen in diesem Band verzeichnet sind.
Werden Personen abgebildet, so sind die Seitenzahlen kursiv gesetzt.
Herrscher und Angehörige regierender Häuser mit selben Namen sind alphabetisch nach den Ländern ihrer Herkunft geordnet.
Wer ein bestimmtes Ereignis des Jahres 1948 nachschlagen möchte, das genaue Datum oder die Namen der beteiligten Personen aber nicht präsent hat, findet über das *Sachregister* Zugang zu den gesuchten Informationen.
Oberbegriffe und Ländernamen erleichtern das Suchen und machen zugleich deutlich, welche weiteren Artikel und Informationen zu diesem Themenfeld im vorliegenden Band zu finden sind. Querverweise helfen bei der Erschließung der immensen Informationsvielfalt.

Personenregister 234
Sachregister 237

DIE NEUE ZEITUNG
Währungs

Das Jahr 1948

Im Jahr 1948 ist das Bündnis der Siegermächte des Zweiten Weltkrieges bereits zerbrochen. Der Kalte Krieg zwischen den Weltmächten USA und UdSSR überschattet das weltpolitische Geschehen.
In Osteuropa wird die Tschechoslowakei als letztes Land zu einer kommunistisch geführten Volksrepublik nach sowjetischem Muster. Für Westeuropa bedeutet die Gewährung der Marshallplanhilfe durch die Vereinigten Staaten von Amerika eine Chance zum wirtschaftlichen Wiederaufbau und zur politischen Stabilisierung.
Auf einer Reihe weiterer Krisenschauplätze der Welt zeichnen sich entscheidende Wendungen ab: So kommt es in Palästina nach der Gründung des Staates Israel zum Krieg mit den Ländern der Arabischen Liga. Die Streitkräfte des jüdischen Staates können sich gegen den Ansturm behaupten.
In China befinden sich die kommunistischen Truppen unter Führung von Mao Tse-tung auf dem Vormarsch; die Armeen Chiang Kai-sheks müssen die strategisch wichtige Mandschurei räumen.
Auf dem indischen Subkontinent dauern die religiös motivierten Unruhen an. Dabei fällt der Vater der indischen Unabhängigkeit, Mohandas Karamchand (»Mahatma«) Gandhi, einem Attentat zum Opfer.
Deutschland steht im Mittelpunkt der Auseinandersetzungen zwischen Ost und West. Es zeichnet sich die endgültige Spaltung des Landes ab. Die Etappen auf dem Weg dorthin sind der Auszug der UdSSR aus dem Alliierten Kontrollrat in Berlin und die Blockade der Westsektoren Berlins durch die UdSSR nach der Durchführung der Währungsreform in den westlichen Besatzungszonen. Die Versorgung der Stadt Berlin wird daraufhin mit Flugzeugen sichergestellt: Die Luftbrücke entwickelt sich zum größten – und erfolgreichsten – Lufttransportunternehmen in der Geschichte der Luftfahrt.
Im September konstituiert sich in Bonn der Parlamentarische Rat. Vertreter aus allen drei westlichen Besatzungszonen Deutschlands beraten dort über ein Grundgesetz für einen künftigen westdeutschen Staat. Auch in der Ostzone wird über eine deutsche Verfassung debattiert.
In wirtschaftlicher Hinsicht bringt das Jahr 1948 mit der Währungsreform einen tiefen Einschnitt. Mit einem Schlag ist die Zeit des Mangels und der Rationierung in den westlichen Besatzungszonen vorbei. Das neue Geld, die Deutsche Mark (DM), ist wieder etwas wert.
Trotz gefüllter Schaufensterauslagen sind aber auch negative wirtschaftliche Folgen unübersehbar: So steigt die Zahl der Arbeitslosen; Waren und Dienstleistungen werden immer teurer.
Weiterentwicklungen und Verbesserungen sind aus den Bereichen Wissenschaft und Technik zu melden. Im militärischen Flugzeugbau setzt sich das Strahltriebwerk durch und ermöglicht immer neue Geschwindigkeitsrekorde. Die Fotoindustrie wartet mit einer kleinen Sensation auf: Die in den USA vorgestellte Polaroidkamera liefert fertige Fotos in Sekunden.
Damit auch die deutsche Forschung wieder Anschluß an das internationale Niveau findet, wird 1948 in Göttingen mit der Gründung der Max-Planck-Gesellschaft ein erster Schritt zur Förderung der Wissenschaft getan.
Das Jahr 1948 bringt einige herausragende Theateraufführungen: Bertolt Brechts Schauspiel »Herr Puntila und sein Knecht Matti« erlebt in Zürich seine Uraufführung. Große Resonanz findet bei seiner deutschen Erstaufführung das Drama »Die schmutzigen Hände« des französischen Schriftstellers und Philosophen Jean-Paul Sartre. Umstritten ist das Drama »Armut, Reichtum, Mensch und Tier« von Hans Henny Jahnn.
In der Literatur setzen vor allem englischsprachige Autoren Akzente: So wird das Werk des britischen Dichters Thomas Stearnes Elliot mit dem Literaturnobelpreis ausgezeichnet. In den USA erregt der Erstling des 25jährigen Norman Mailer »Die Nackten und die Toten«, ein Roman, der sich mit dem Pazifikkrieg auseinandersetzt, Aufsehen. Der US-amerikanische Schriftsteller Thornton Wilder unterstreicht mit seinem neuen Roman »Die Iden des März« seine herausragende literarische Bedeutung.
Europas Filmschaffen wird von den Regisseuren des italienischen Neorealismus geprägt. Zu nennen ist vor allem Vittorio De Sicas »Fahrraddiebe«. Einer der wenigen deutschen Filme des Jahres ist Robert A. Stemmles »Berliner Ballade«, in der »Otto Normalverbraucher« zum Filmhelden wird.
Sportlicher Höhepunkt dieses Jahres sind die Olympischen Spiele. Sie finden nach zwölfjähriger Unterbrechung erstmals wieder statt. Bei den Sommerspielen kommen Sportler aus 59 Nationen in der britischen Hauptstadt London zusammen. Deutschland und Japan bleibt die Teilnahme versagt; die UdSSR lehnt von sich aus eine Beteiligung ab. Herausragende Sportlerin bei den XIV. Sommerspielen ist die Niederländerin Fanny Blankers-Koen, die insgesamt vier Goldmedaillen erringt. Austragungsort für die V. Winterspiele ist das schweizerische Sankt Moritz.
Im deutschen Sport wird zum ersten Mal seit Kriegsende wieder die Fußballmeisterschaft ausgetragen. Der Deutsche Meister des Jahres 1948 wird der 1. FC Nürnberg. 1948 beendet auch ein Idol seine Laufbahn: Max Schmeling erklärt nach einem verlorenen Boxkampf seinen Rücktritt.

◁ *20. Juni 1948: Ausgabe der Deutschen Mark in den drei westlichen Besatzungszonen Deutschlands; ein prüfender Blick auf das ungewohnte neue Geld*

Januar 1948

Mo	Di	Mi	Do	Fr	Sa	So
			1	2	3	4
5	6	7	8	9	10	11
12	13	14	15	16	17	18
19	20	21	22	23	24	25
26	27	28	29	30	31	

1. Januar, Neujahr

Der Nordwestdeutsche Rundfunk in Hamburg erhält auf Anordnung der britischen Militärregierung in Deutschland ein neues Organisationsstatut. →S. 23

Großbritannien entläßt rund 12 000 deutsche Seemänner, die für die britischen Truppen in der Nordsee als Minenräumer tätig waren (→31. 12./S. 192).

Die von der italienischen verfassunggebenden Nationalversammlung am 22. Dezember 1947 verabschiedete republikanische Verfassung tritt in Kraft; Italien ist Republik.

Das am 29. Oktober 1947 beschlossene Zollabkommen zwischen Belgien, den Niederlanden und Luxemburg (Benelux) tritt in Kraft. →S. 18

In Großbritannien werden die Eisenbahnen verstaatlicht.

Heinrich Nordhoff wird Generaldirektor des Wolfsburger Volkswagenwerkes. →S. 21

2. Januar, Freitag

In Nürnberg wird vor dem Internationalen Militärtribunal der Prozeß gegen 13 Generäle der ehemaligen deutschen Wehrmacht eröffnet, der bis zum 18. Februar dauert.

In Paris, Rom und Wien unterzeichnen Vertreter der französischen, der italienischen und österreichischen Regierung mit der US-amerikanischen Regierung ein Abkommen über eine Finanzhilfe der Vereinigten Staaten. →S. 12

In der Altstadt von Jerusalem kommt es zur Belagerung von 1500 Juden durch bewaffnete Araber, die die Gründung eines jüdischen Staates verhindern wollen (→20. 2./S. 32).

Der österreichische Rundfunksender Innsbruck teilt mit, daß bis Ende Dezember 1947 49 000 Österreicher aus sowjetischer Kriegsgefangenschaft entlassen worden sind (→31. 12./S. 192).

3. Januar, Sonnabend

Im Saarland wird der französische Franc als Währung eingeführt; am selben Tag unterzeichnen Vertreter der Regierungen des Saarlandes und Frankreichs in Paris ein Gesetz über die Einbeziehung des Saarlandes in die wirtschaftliche und finanzielle Gesetzgebung Frankreichs. →S. 18

Der am 30. Dezember 1947 zur Abdankung gezwungene rumänische König Michael I. verläßt das Land und geht in das Exil in der Schweiz. →S. 18

In Ostfrankreich kommt es infolge langanhaltender Regenfälle zu Überschwemmungen, bei denen die Wohnungen von 35 000 Menschen beschädigt werden.

4. Januar, Sonntag

In einer Rede in Erlangen übt der Direktor der bizonalen Wirtschaftsverwaltung, Johannes Semler, scharfe Kritik an der Besatzungspolitik der USA und Großbritanniens (→27. 1./S. 13).

Der britische Beauftragte für die besetzten Gebiete Deutschlands, Lord Francis Aungier Pakenham, erklärt in Köln in einer Besprechung mit deutschen Politikern der britischen Besatzungszone, es könne nicht das Ziel deutscher Politik sein, einen westdeutschen Staat ohne Einbeziehung der Ostzone zu bilden.

In Birma wird die Republik ausgerufen; Staatspräsident Sao Shwe Thaik tritt sein Amt an und verkündet die föderative Verfassung des Landes. →S. 18

5. Januar, Montag

In Hamburg und im Ruhrgebiet kommt es zu zahlreichen Streiks gegen die mangelhafte Versorgung der Bevölkerung mit Lebensmitteln. →S. 12

Die US-amerikanische Militärregierung in Deutschland weist die bayerische Staatsregierung in München an, bis Februar Pläne für eine Schulreform auszuarbeiten (→1. 2./S. 36).

Das britische Kriegsministerium teilt mit, daß bis Ende August dieses Jahres alle deutschen Kriegsgefangenen in ihre Heimat entlassen werden (→31. 12./S. 192).

Die am 24. Dezember 1947 eingeleitete Offensive griechischer Aufständischer gegen die Regierung wird bei der Stadt Konitsa im Norden des Landes von Regierungstruppen gestoppt. →S. 18

Die libanesische Regierung fordert alle im Lande lebenden Juden dazu auf, den Libanon bis zum 15. Januar zu verlassen (→20. 2./S. 32; 14. 5./S. 72).

Im Iran kommt es zur Spaltung der linksgerichteten Tudeh-Partei. →S. 18

6. Januar, Dienstag

Das Speditions- und Transportgeschäft in der deutschen Bizone unterliegt fortan keinen alliierten Beschränkungen mehr.

Der österreichische Skispringer Sepp Weiler stellt auf der Olympiaschanze in Oberstdorf mit einem Sprung von 86 m Weite einen Schanzenrekord auf.

7. Januar, Mittwoch

Vor dem internationalen Militärtribunal in Nürnberg nimmt der Prozeß gegen ehemalige hohe Beamte und Diplomaten des Auswärtigen Amtes in Berlin (»Wilhelmstraßenprozeß«) seine Verhandlungen auf. →S. 20

Der Landtag Niedersachsens stoppt nach heftigem Parteienstreit die Beratung eines anstehenden Bodenreformgesetzes.

Jugoslawien ersucht die Weltbank in New York um eine Anleihe in Höhe von 500 Millionen US-Dollar.

8. Januar, Donnerstag

Der Wirtschaftsrat der deutschen Bizone überreicht den Militärgouverneuren der britischen und US-amerikanischen Besatzungszone, General Sir Brian Robertson und General Lucius D. Clay, ein Memorandum über die Voraussetzungen zur Gesundung der deutschen Wirtschaft.

Die Nachrichtenagentur der Sowjetunion, TASS, dementiert Behauptungen des ehemaligen thüringischen Ministerpräsidenten Rudolf Paul, wonach die Ostzone als »16. Sowjetrepublik« in den Staatsverband der Sowjetunion eingegliedert werden soll.

9. Januar, Freitag

Die französische Regierung läßt durch ihre Botschaften in Washington und London Proteste gegen eine von den Vereinigten Staaten und Großbritannien geplante Weiterentwicklung der bizonalen Wirtschaftsverwaltung überreichen (→5. 2./S. 35).

Jugoslawien, Bulgarien, Ungarn und Rumänien unterzeichnen ein Freundschafts- und Beistandsabkommen.

10. Januar, Sonnabend

Die Ausweisungen von Deutschen aus Ungarn und der Ostzone werden nach einjähriger Unterbrechung wieder aufgenommen.

11. Januar, Sonntag

Der Parteikongreß der italienischen Kommunistischen Partei (KPI) beschließt in Mailand den Kampf gegen die Teilnahme Italiens am ERP, dem Europäischen Wiederaufbauprogramm (→16. 4./S. 59).

12. Januar, Montag

Der stellvertretende US-amerikanische Militärgouverneur in Deutschland, General Geoffrey Hays, wendet sich gegen Versuche der sowjetischen Besatzungsmacht, Berlin in die Ostzone zu integrieren (→24. 6./S. 97).

Der schwedische König Gustav V. kündigt in seiner Thronrede aufgrund der schlechten Wirtschaftslage des Landes drastische Steuererhöhungen an.

13. Januar, Dienstag

US-Präsident Harry S. Truman verlangt in einer Kongreßbotschaft in Washington die Erhöhung der US-Steuern, damit die Finanzierung des Marschallplans sichergestellt werden kann (→2. 4./S. 58).

Das britische Außenministerium gibt die Entdeckung eines »Protokolls M« des Kommunistischen Informationsbüros (Kominform) bekannt, das u. a. eine kommunistische Destabilisierungskampagne an Rhein und Ruhr sowie eine Torpedierung des Marshallplans vorsehe.

In London beginnen zwischen Vertretern der britischen und französischen Regierung Vorbesprechungen über eine geplante zweite Konferenz der am Marshallplan beteiligten Staaten, die bis zum 16. Januar dauert (→16. 3./S. 50).

Der niederländische Ministerpräsident Louis Joseph Maria Beel gibt die Bildung eines provisorischen Bundesrates für Indonesien bekannt (→19. 12./S. 190).

Bei den Europameisterschaften der Eiskunstläufer in Prag gewinnen die Ungarn Andrea Kékessy und Ede Kiraly die Konkurrenz im Paarlauf.

Während eines schweren Unwetters stürzen in München 120 Häuserruinen ein (→27. 1./S. 20).

14. Januar, Mittwoch

In Berlin dementieren Vertreter der britischen und US-amerikanischen Besatzungsmacht Gerüchte, wonach die Westalliierten ihre Sektoren in der ehemaligen deutschen Reichshauptstadt räumen wollten.

Die Verhandlungen zwischen Italien und Jugoslawien über die Einsetzung eines Gouverneurs für Triest werden nach kurzer Dauer ergebnislos abgebrochen (→18. 4./S. 61).

Europameister der Eiskunstläufer in der tschechoslowakischen Hauptstadt Prag wird der US-Amerikaner Dick Button.

Bei einem Fußball-Länderspiel in Glasgow schlägt Schottland die irische Mannschaft mit 3:0 Toren.

15. Januar, Donnerstag

Im Sicherheitsrat der Vereinten Nationen in New York beginnt die Debatte über die Zukunft des von Indien und Pakistan gleichermaßen beanspruchten Gebietes von Kaschmir.

In West- und Mitteleuropa verursachen zahlreiche Unwetter schwere Überschwemmungen.

Die Kanadierin Barbara Ann Scott gewinnt in Prag den Europameistertitel im Eiskunstlauf der Damen.

16. Januar, Freitag

Die Verteidiger des vor dem internationalen Militärtribunal in Nürnberg angeklagten deutschen Industriellen Alfried Krupp von Bohlen und Halbach werden verhaftet. →S. 20

In Berlin wird der bereits 1944 in Deutschland fertiggestellte Film »Via Mala« von Josef von Baky nach einigen Umarbeitungen uraufgeführt.

In Tokio gesteht eine Kinderpflegerin den Mord an 169 Säuglingen, für die sie dann Pflegegeld entgegennahm.

17. Januar, Sonnabend

Auf Java vereinbaren Indonesier und Niederländer einen Waffenstillstand (→19. 12./S. 190).

Der Mord an Mohandas Karamchand (Mahatma) Gandhi ist Schlagzeile der Ausgabe der »Berliner Zeitung« vom 31. Januar

Einzelnummer 10 Pf.
Auswärts 15 Pf.

Berliner Zeitung

4. Jahrgang — Nr. 26

Die „Berliner Zeitung" erscheint täglich, außer montags; sonntags mit Beilage „Die Woche im Bild". — Verlag und Redaktion: Berlin W 8, Jägerstraße 10/11; Telefon: Sammelnummer 42 52 11; Telegramme: Berlinerzeitung Berlin

Sonnabend, 31. Januar 1948

Abonnement: monatl. 3 Mk. frei Haus (durch die Post einschl. 36 Pf. Postgebühr 3 Mk., zuzügl. Zustellgebühr). — Anzeigen: zweispaltige mm-Zeile (46 mm breit) 3 Mk. — Wortanzeigen: Oberschriftswort 2 Mk., Textwort 1 Mk.

Ermunterung für die Frankfurter

Eine sehr ernste „Warnung an Frankfurt" spricht der „Tagesspiegel" aus. Gehen die Frankfurter Spalter allzu unverschämt vor? Nein, so meint es Erik Reger nicht. Im Gegenteil, die Bizonenpolitiker werden abgekanzelt, weil sie nicht genug Schneid bei ihrem Tun beweisen, weil sie nicht genug Begeisterung für ihr halbes Vaterland zeigen. Es wird ihnen vorgeworfen, daß sie immer wieder erklären: „Man gibt uns ja keinen souveränen Staat, also haben die Alliierten allein die Verantwortung." „Dies in demselben Atemzug", so werden sie vom „Tagesspiegel" ausgezankt, „mit dem man angesichts der Notwendigkeit, in Westdeutschland den für das künftige Gesamtdeutschland vorbildlichen Staat zu formen, Westdeutschland eine wirkliche Regierung mit dem Anspruch einer gesamtdeutschen Regierung zu geben, nichts bekundete als die Angst vor der eigenen Courage."

Wer ist damit gemeint? Zum Beispiel Schumacher, der in den letzten Wochen keine Gelegenheit vorbeigehen ließ, zu behaupten, alle Gewalt gehe von den Besatzungsmächten aus, alle Verantwortung komme den Besatzungsmächten zu, die SPD habe sich niemals mit Weststaatplänen befaßt, sie habe von solchen Plänen vorher auch keine Kenntnis gehabt. Gemeint sind gleichfalls die Herren von der CDU, z. B. Arnold, Hilpert, Ehard und Köhler. Sie richteten neuerdings eine Erklärung an die amerikanische und britische Militärregierung, in der sie ihre allgemeine Zustimmung zur Bizonen-Charta ausdrücken, bezüglich einzelner Verfassungsartikel aber einige Bedenken äußern. In diesem Zusammenhange sagen sie, Probleme der staatlichen Neugestaltung Deutschlands könnten niemals „durch das Diktat einer Besatzungsmacht" gelöst werden. Alle diese wortreichen und vielfältigen Erklärungen bedeuten im Grunde nichts anderes als ein ängstliches: „Wir sind es nicht gewesen."

Die Engländer und Amerikaner sind aber durchaus nicht gewillt, die Spaltung Deutschlands vor aller Öffentlichkeit auf **ihr** Kerbholz zu nehmen. Wir erinnern an die Betriebsamkeit amerikanischer Nachrichtenagenturen zur Zeit der ersten Frankfurter Konferenz; sie gaben sich alle Mühe, das Gespann Schumacher-Adenauer, das durch den Widerstand der Volkskongreßbewegung scheu geworden war, energisch vorwärtszutreiben. Jetzt, am Vorabend der zweiten Frankfurter Konferenz, tönt die Stimme Amerikas durch den Mund Erik Regers. Der geht nicht sehr respektvoll mit den Herren Schumacher, Adenauer usw. um. Er versetzt diesen zagenden Vorkämpfern einen kräftigen Tritt: sie sollen, zum Teufel, froh sein, daß sie die Verantwortung für diesen „vorbildlichen Staat" Bizonien übernehmen dürfen! Wozu braucht man einen Schumacher, so fragen sich ärgerlich die Amerikaner, wenn er im entscheidenden Augenblick die Courage verliert?

Daß die „Frankfurter" den Weststaat nicht wollen, und daß sie etwa gar nichts für ihn tun, wird man ihnen freilich nicht vorhalten können. Vor der Frankfurter Konferenz machte der SPD-Vorstand Vorschläge für eine Bizonenverfassung, die denen des General Clay aufs Haar gleichen. Auch die CDU/CSU ist in Wirklichkeit ganz bei der Sache. Auch sie brütete ihre Vorschläge aus, in Ellwangen und anderorts, lange vor dem Befehl Clays. Sie erwarten, trotz aller komödienhaften Bedenken, weitere Befehle mit Ungeduld und raufen schon um die Schlüsselstellungen der Westregierung.

Die Bereitwilligkeit deutscher Politiker, auch wenn sie noch zynischer zur Schau gestellt würde, könnte die außerdeutschen Spalter natürlich nicht entlasten. Als General Clay auf der Frankfurter Konferenz die Bizoneninstitution eine „wirkliche Regierung" und eine „provisorische Regierung" nannte, hat er ausgesprochen, was die deutschen Spalter noch nicht offen auszusprechen wagten (Erik Reger als die Stimme Amerikas scheut sich nicht, von einer „wirklichen Regierung" zu sprechen). Die amerikanische Entschlossenheit, einen westdeutschen Staat durchzusetzen, kommt deutlich zum Ausdruck, wenn General Clay auf seiner letzten Pressekonferenz bezüglich des Einspruchs Marschall Sokolowskis erklärte: „Wir beabsichtigen nicht, unsere Bizonenpläne zu ändern, es sei denn, daß ein Viermächteabkommen erzielt wird." Um aber ein Viermächteabkommen zu verhindern, braucht man sich nur so zu verhalten wie Marshall in London.

Die Tatsachen gestatten weder den Frankfurter Bizonenpolitikern noch den westlichen Besatzungsmächten, die Verantwortung für die Spaltung Deutschlands von sich abzuwälzen. Dabei gibt es allerdings viele Gründe, die die Scheu vor der Verantwortung begreiflich machen. Reger charakterisiert das Zaudern der deutschen Spalter so: „Die Alliierten mögen handeln, wir waschen unsere Hände in Unschuld; es wird ein **Fiasko** sein, und wir werden darauf hinweisen können, wie recht wir gehabt haben." Sollte tatsächlich die bange

(Fortsetzung auf Seite 2)

Hindufanatiker erschießt Gandhi

Attentat gegen Versöhnungspolitik / Volksfront der indischen Linksparteien

Neu Delhi (ADN). Gandhi ist am Freitag einem Attentat zum Opfer gefallen. Der Attentäter feuerte vier Schüsse auf Gandhi ab, die diesen tödlich verwundeten. Der Mörder, der eine militärische Uniform trug, wurde unmittelbar nach dem Attentat verhaftet. Die Schüsse, die Gandhis Tod herbeiführten, trafen ihn in die Brust und die Hüfte. Die Nachricht von der Ermordung Gandhis rief unter der Bevölkerung größte Bestürzung hervor. Nehru, Patel und andere Minister begaben sich sofort zur Bahre.

Indien erfuhr den Tod Gandhis durch eine Meldung des Rundfunksenders Neu Delhi. „Mit tiefem Bedauern", so hieß es, „erfahren wir von dem soeben eingetretenen Tod Gandhis". Wie ein Augenzeuge berichtet, gab der Täter, ein junger Hindu mit dem Namen Ram Nath, die Pistolenschüsse aus nächster Nähe ab. Gandhi, der blutüberströmt niederstürzte, wurde zum Birlahaus gebracht, jedoch kam jede ärztliche Hilfe zu spät.

Wenige Minuten nach dem Bekanntwerden der Ermordung Gandhis kam es in verschiedenen Stadtteilen Bombays zu Proteststreiks. In der Stadt kam es zu Unruhen zwischen Hindus und Muslimen. Zahlreiche Geschäfte wurden geplündert. Starke Polizeikräfte wurden eingesetzt.

Bombay (ADN). Der Zusammenschluß aller Linksparteien zu einer Volksfront, die den Kampf aller fortschrittlichen Kräfte für Freiheit und Sozialismus fördern soll, wurde auf der in Neu Delhi tagenden Konferenz der indischen Linksparteien beschlossen.

Lake Success (AP). Der indische Hauptdelegierte bei den UN, Gopapaswami Ayyanger, nannte die Ermordung Gandhis „das größte Unglück, das Indien je widerfahren ist". Die Erörterung des indisch-pakistanischen Streitfalls am Freitag vor dem Sicherheitsrat würde jedoch dadurch nicht beeinflußt.

Schuman-Kabinett hat Handlungsfreiheit

Noteneinziehung gebilligt / Sozialisten geben Opposition auf / „Times": „Zweifelhaftes Experiment"

Paris (ADN/AP). Die Nationalversammlung billigte in den frühen Morgenstunden des Freitag das Gesetz über die Ungültigkeit der 5000-Franken-Noten mit 308 : 288 Stimmen. Die Sitzung war, als Ministerpräsident Schuman für den Fall der Nichtannahme mit seinem Rücktritt gedroht hatte, für eine halbe Stunde unterbrochen worden, um der sozialistischen Fraktion Gelegenheit zur nochmaligen Beratung zu geben. In der Pause beschloß sie, für die Regierungsvorlage zu stimmen.

Von den sechs Artikeln der Vorlage war der zweite, der die Art der Vergütung festlegt, am meisten umstritten. Man einigte sich schließlich auf den Passus, daß die endgültige Art der Einlösung später durch einen besonderen Regierungserlaß geregelt werden soll. Ein Zusatzantrag, der Staat dürfe aus der Umlaufsperre durch eine Zwangsanleihe oder eine Besteuerung keinen Vorteil ziehen, wurde angenommen.

Nach der Abstimmung blieben die Abgeordneten noch beisammen, um über den Antrag des Finanzausschusses, das Gesetz über den freien Gold- und Devisenmarkt solle abgelehnt werden, abzustimmen. Die Abstimmung ergab 328 : 249 Stimmen gegen den Antrag, so daß also die Regierung auch ihre Devisenpläne durchführen kann. Die Sozialisten ermöglichten dieses Ergebnis, indem sie eine andere Haltung als im Finanzausschuß einnahmen.

Im Laufe des Tages stimmte der Rat der Republik mit 167 : 126 Stimmen dem Gesetzentwurf über die 5000-Franken-Noten zu.

Das Finanzministerium gab in einem Kommuniqué bekannt, daß alle gesperrten Noten vergütet werden. Weiter heißt es, daß keine weiteren Noten aus dem Verkehr gezogen würden. Über den Zeitpunkt der Bankeneröffnung herrschte noch Unklarheit. Finanzminister Mayer erklärte, daß die Banken öffnen werden, sobald der Rat der Republik das Gesetz in Kraft gesetzt hat.

London (AP). Die „Times" befürchtet, „daß die Einführung eines begrenzten freien Devisenmarktes und die Schaffung eines doppelten Franken-Kurses nach dem Muster des zweifelhaften Experiments Einaudis in Italien die ganze Struktur des internationalen Vertrauens schwächt".

Weststaat vor Dreierkonferenz?

Frankreich möchte Frankfurter Beschlüsse zuerst diskutieren

London (ADN). Der Chef der Deutschland-Abteilung im Foreign-Office, Sir William Strang, empfing am Freitag den französischen Botschafter Massigli und legte ihm den Standpunkt Großbritanniens zu dem am vergangenen Wochenende überreichten französischen Memorandum über die Frankfurter Beschlüsse dar. Militärgouverneur Robertson werde, so gab ein Sprecher des Foreign-Office bekannt, dem Delegierten Frankreichs im Alliierten Kontrollrat für Deutschland, General Noiret, eine ähnliche Erklärung abgeben.

Wie in gut unterrichteten Londoner politischen Kreisen bekannt wurde, hat Massigli starke Bedenken gegenüber der Absicht der Angloamerikaner geäußert, die Frankfurter Beschlüsse vor der Londoner Dreimächte-Konferenz in Kraft zu setzen. Frankreich habe gehofft, auf dieser Konferenz die Frankfurter Beschlüsse diskutieren zu können.

New York (ADN). Die Deutschland-Politik der Regierung Truman widerspreche den Potsdamer Beschlüssen und ziele darauf hin, Nazikriegsverbrecher und Industriekapitäne wieder an die Macht zu bringen, heißt es in einer Erklärung hervorragender Persönlichkeiten des öffentlichen Lebens der USA. Die Erklärung, die unter anderen von Elliot Roosevelt, dem ehemaligen Abteilungsleiter der USA-Militärregierung in Deutschland, Martin, dem früheren stellvertretenden Ankläger der USA in Nürnberg, Pomerant, und zahlreichen Mitgliedern des USA-Kongresses unterschrieben ist, verurteilt mit Nachdruck die Vorschläge zum Abschluß eines Sonderfriedens für Westdeutschland.

New York (Rdf.). Generalmajor a. D. Gross begab sich nach Deutschland, um bei General Clay den Posten eines Gehilfen für Zivilangelegenheiten anzutreten. Gross trat im vergangenen Jahre als Leiter der Transportabteilung der Stadt New York zurück, nachdem die Arbeiter seine gewerkschaftsfeindliche Politik scharf kritisiert hatten.

Gandhi

Nachdem erst vor einigen Tagen ein Hindufanatiker versucht hatte, ein Attentat auszuführen, ist einem zweiten Attentäter der Mord gelungen. Die Schüsse, die Gandhi bei Beginn der abendlichen, wie immer öffentlich abgehaltenen Andacht trafen, sollten die Antwort auf die erfolgreichen Bemühungen sein, die den Frieden zwischen hinduistischen und muslimischen Indern, zwischen Hindustan und Pakistan wiederherstellen sollen. Eine zahlenmäßig nicht geringe, rabiate und unversönliche Schicht von Hindus wollte und will die Toleranz nicht üben, die der Hindu Gandhi zum Grundstein der nationalen Freiheit Indiens erklärt hatte.

Gandhi war einer der großen bürgerlichen Aufklärer in einem Lande, das durch die koloniale Beherrschung seit 200 Jahren am Übergang von mittelalterlich-feudalen Gesellschaftsformen zu modernen bürgerlichen gehindert wurde. Seine Lehre des gewaltlosen Widerstandes, der Abkehr von der Sünde, vom Bösen und Unrechten berührt sich in ihrem Kern mit dem Humanismus Lessings in seinen Freimaurergesprächen. Aber Gandhi wirkte in einem Lande, dessen politische und wirtschaftliche Entwicklung künstlich gestaut wurde, das in sich selber ein Anachronismus war. Dieser Widerspruch zwischen den eigentlichen Möglichkeiten und den tatsächlichen Verhältnissen macht die Größe und Tragik Gandhis aus.

Der englisch geschulte Rechtsanwalt, der gegen die Mauer der Rassenvorurteile stieß und zutiefst in seinem Menschentum getroffen wurde, hat das Ziel nicht erreicht, das er sich setzte. Sein größter Erfolg war die Einigung zwischen Hindus und Muslimen, die er Mitte 1920 durch eine Verständigung mit Mohammed Ali herbeiführte, die aber bald darauf an der Selbstsucht seiner Hindus zerbrach. Auch ein letzter Versuch, noch vor dem Teilungsbeschluß die Einheit zwischen Hindus und Muslimen wiederherzustellen, scheiterte an dem Starrsinn orthodoxer und nationalistischer Hindus.

Die Teilung Indiens, die zu Massenschlächtereien zwischen den Angehörigen beider Religionen führte, war die schwerste Niederlage Gandhis. Daß er, trotz seines ungeheuren Einflusses, nicht darauf beharrte, der nationalen Einheit den Vor-

rang vor einer geteilten und sich dadurch selbst aufhebenden Freiheit zu geben, war Verrat an seinem eigenen Werk, den er mit dem Leben bezahlt.

Mohandas Karamtschand Gandhi starb im Alter von 78 Jahren. Er gab Millionen Indern das Bewußtsein, zur Freiheit und gleichberechtigten Stellung unter den Völkern geboren zu sein. Seine Leistung als großer und reiner Mensch gehört der Geschichte an. Was er nicht erreichen konnte, bleibt als Aufgabe bestehen. Die großen Massen, die er in Bewegung brachte, müssen das Werk selber tun, das er unvollendet hinterließ. **W. H.**

Verurteilung der Sforza-Politik

Widerspruch zur Verfassung / Versklavung durch Blockpolitik

Rom (ADN). Außenminister Graf Sforza habe in London geheime Verhandlungen eingeleitet, um Italien an einen Kriegsblock anzuschließen, schreibt „Unita" zur Politik Sforzas und zu seinen Verhandlungen mit dem britischen Botschafter im Anschluß an die letzte Unterhausrede Bevins.

Die zur Zeit von der Regierung de Gasperis verfolgte Außenpolitik bezwecke, so sagt die Zeitung, Italien in schwerwiegende internationale Verpflichtungen zu verwickeln, obwohl die Verfassung Bestimmungen enthalte, die den Abschluß von Verträgen, die auf Blockbildung abzielen, verbieten. Graf Sforza treibe mit der Unabhängigkeit und Sicherheit Italiens Handel.

Der sozialistische „Avanti" verurteilt mit scharfen Worten die Aktion zur Gründung eines Westblocks, in dem Italien der am weitesten vorgeschobene Posten sein würde. Das Blatt weist jede Versklavung Italiens innerhalb eines Blockes zurück.

Buenos Aires (ADN). Der während des Krieges von Mussolini zum König von Kroatien ernannte Herzog von Aosta, ein Neffe des verstorbenen Exkönigs Viktor Emanuel von Italien, ist in Buenos Aires einem Lungenleiden erlegen.

Panjuschkin überreicht Protest

Moskau (ADN). Der sowjetische Botschafter Panjuschkin hat Außenminister Marshall in einer Note darauf hingewiesen, daß der Aufenthalt von USA-Marinestreitkräften in italienischen Häfen und Hoheitsgewässern eine Verletzung des italienischen Friedensvertrages darstellt. Die Sowjetregierung rechnet damit, daß die USA-Regierung unverzüglich Maßnahmen ergreift, um dieser Verletzung ein Ende zu setzen.

Sowjetgetreide für Bizone

Washington (ADN). Wie aus informierten Washingtoner Kreisen verlautet, haben die USA in London angefragt, ob es angesichts der zu erwartenden Getreidelieferungen aus der Sowjetunion und der guten australischen Ernte möglich sei, Getreide für die Bizone zur Verfügung zu stellen. Die britische Regierung soll erklärt haben, daß sie diese Frage prüfen würde.

Cunningham verunglückt?

London (ADN). Der britische Luftmarschall Sir Arthur Cunningham befindet sich unter den 23 Passagieren eines seit Donnerstagnacht vermißten Flugzeuges. Das Flugzeug meldete sich zuletzt auf seinem Weg von den Azoren nach den Bermuda-Inseln. Zehn amerikanische Super-Festungen, die auf den Bermudas stationiert sind, haben die Suche aufgenommen. Zahlreiche Schiffe haben ihren Kurs geändert und beteiligen sich an der Suchaktion.

Labour-Niederlage in Schottland

Glasgow (ADN). Zum ersten Male seit 1945 verlor die Labour-Partei eine Nachwahl, als der konservative Kandidat in Camlachie (Glasgow) mit einer knappen Mehrheit von 395 Stimmen gewählt wurde. Die Niederlage wird darauf zurückgeführt, daß die Aufstellung von 6 Kandidaten eine Zersplitterung der Wählerstimmen bewirkt hat.

Zwei Milizen in Palästina

New York (ADN). Die Palästina-Kommission der UN beschloß, daß möglichst bald eine jüdische und eine arabische Miliz gebildet wird, und zwar noch vor Ablauf des britischen Palästina-Mandats. Ferner beschloß die Kommission, Freitag mit der Debatte über eine internationale Palästina-Armee zu beginnen.

Vor der Flucht verhaftet

Bukarest (ADN). Acht Personen, die im Flugzeug ins Ausland entkommen wollten, unter ihnen Mitglieder der ehemaligen faschistischen Organisation „Eiserne Garde", wurden in Bukarest verhaftet. Man fand bei ihnen Waffen, mit denen die Besatzung des Flugzeugs ermordet werden sollte.

Ein Offensiv-Abkommen

Washington (ADN). „Chicago Tribune" bringt aufsehenerregende Enthüllungen über ein Geheimabkommen zwischen den USA und Großbritannien, das eine gemeinsame diplomatische Offensive gegen die Sowjetunion und ein koordiniertes militärisches Aktionsprogramm beider Länder vorsehen soll.

London (AP). Das Foreign-Office dementierte das in der „Chicago Tribune" veröffentlichte britisch-amerikanische „Offensiv-Abkommen". Ein Sprecher erklärte, daß ihm über ein solches Abkommen nichts bekannt sei.

USA braucht neue Grönland-Basen

Washington (ADN). Pläne der USA-Regierung über die Errichtung eines weiteren vorgeschobenen militärischen und meteorologischen Stützpunktes in Grönland waren Gegenstand einer Unterredung des dänischen Botschafters Kauffmann mit dem stellvertretenden Außenminister Lovett. Gleichzeitig wurde die Rückführung der deutschen Flüchtlinge aus Dänemark besprochen.

Catroux wieder nach Moskau

Paris (ADN). Der französische Botschafter in der UdSSR, General Catroux, verließ am Freitag Paris, um sich nach mehrwöchigem Aufenthalt in Frankreich wieder auf seinen Posten zu begeben. Catroux hatte vor der Abreise nach Moskau Unterredungen mit Staatspräsident Auriol, Schuman und Bidault.

Nach 12 Jahren wieder Olympiade

Bundespräsident Dr. Celio eröffnete die V. Winterspiele in St. Moritz

St. Moritz (Eig. Ber.). Die Feiern zur Eröffnung der V. Winterspiele in St. Moritz, das schon einmal olympischer Schauplatz war, wurden mit einem Empfang durch die Stadt im Rathaus eingeleitet, wonach sich die offiziellen Vertreter, die Mitglieder des internationalen und die des gastgebenden schweizer Olympischen Komitee mit dem Dr. Celio zum Eisstadion begaben, das von der Spitze des drei Kilometer langen Festzuges im selben Augenblick erreicht wurde.

Insgesamt 915 Teilnehmer von 28 Nationen marschierten hinter ihrer jeweiligen Nationalflagge an der Ehrentribüne vorbei und nahmen dann Aufstellung. Im Halbkreis der 28 Fahnenabordnungen sprach der Kapitän der Schweizer Eishockeymannschaft, Bibi Torrian, den olympischen Eid, nachdem Dr. Celio seine Begrüßungsansprache mit den Worten geschlossen hatte: „Diese großartige Manifestation wird ein Symbol des kommenden Weltfriedens sein." Von dem Turm der Haupttribüne flammte das olympische Feuer auf, und die V. Winterspiele wurden als Bestandteil der XIV. Olympischen Spiele vom Bundespräsidenten für eröffnet erklärt.

Sowjetische Delegation in St. Moritz

St. Moritz (ADN). Besondere Beachtung findet hier eine Sportdelegation aus der Sowjetunion, die als Gäste den Ereignissen der Olympischen Winterspiele in St. Moritz beiwohnen.

18. Januar, Sonntag

Die Liberaldemokratische Partei Deutschlands (LDP) in den Westzonen trennt sich von der Parteiorganisation der Ostzone (→ 10. 2./S. 34).

Die Streik- und Protestwelle gegen die schlechte Ernährungslage breitet sich in der deutschen Bizone weiter aus. Aus diesem Anlaß erklärt der US-amerikanische Militärgouverneur, General Lucius D. Clay, die Streikwelle biete Anlaß zur Besorgnis, da sie kommunistisch gesteuert sei (→ 5. 1./S. 12).

Mohandas Karamchand (Mahatma) Gandhi, Führer der indischen Unabhängigkeitsbewegung, beendet einen sechstägigen Hunger- und Durststreik, nachdem Vertreter der indischen und pakistanischen Regierung versprochen haben, ihre Streitigkeiten um das Gebiet von Kaschmir auf friedlichem Wege beizulegen (→ 30. 1./S. 14).

19. Januar, Montag

In der deutschen Bizone werden die Einfuhr-, Ausfuhr- und Devisenstellen der britischen und US-amerikanischen Besatzungsmacht zusammengelegt. → S. 21

In Berlin wird eine Frau zu drei Jahren Zuchthaus verurteilt, weil sie im Jahre 1940 einen in ihrem Haus versteckten Juden an die Gestapo (Geheime Staatspolizei) verraten hatte.

In Génissiat/Frankreich wird das zweitgrößte europäische Wasserkraftwerk in Betrieb genommen. → S. 23

20. Januar, Dienstag

Im Alliierten Kontrollrat für Deutschland in Berlin wirft der Oberste Chef der Sowjetischen Militäradministration (SMAD), Marschall Wassili D. Sokolowski, der britischen und US-amerikanischen Besatzungsmacht vor, sie betrieben die Weiterentwicklung der bizonalen Verwaltung, ohne den Kontrollrat zu informieren (→ 20. 3./S. 46).

Die am 16. Januar verhafteten Verteidiger im Krupp-Prozeß in Nürnberg werden nach Verhängung von Ordnungsstrafen wieder aus dem Gefängnis entlassen (→ 16. 1./S. 20).

Der polnische Pressedienst meldet den Abschluß der Umsiedlungsaktion von Polen aus dem Osten des Landes in Dörfer Niederschlesiens. → S. 19

In Berlin beginnt mit internationaler Beteiligung eine Studententagung, die bis zum 23. Januar dauert.

150 Wallfahrer kommen bei einem Schiffsunglück auf dem chilenischen Imperiafluß ums Leben.

21. Januar, Mittwoch

In Nürnberg wird auf das Hotel, in dem die Ankläger des Internationalen Gerichtshofes wohnen, ein Bombenattentat verübt (→ 16. 1./S. 20).

In Tokio fordert Kaiser Hirohito in seiner Ansprache anläßlich der Eröffnung des Parlaments dazu auf, alle Anstrengungen zu unternehmen, um die Wirtschaftskrise zu überwinden und das internationale Vertrauen wiederzugewinnen.

In der US-amerikanischen Hauptstadt Washington werden Dokumente aus dem Archiv des deutschen Auswärtigen Amtes über die deutsch-sowjetischen Beziehungen in den Jahren 1939 bis 1941 veröffentlicht. → S. 19

22. Januar, Donnerstag

In einer Rede vor dem britischen Unterhaus in London kündigt Außenminister Ernest Bevin Verhandlungen zwischen Großbritannien, den Vereinigten Staaten von Amerika und Frankreich über die Frage eines wirtschaftlichen Zusammenschlusses der deutschen Bizone mit der französischen Zone an.

23. Januar, Freitag

Aufgrund der angespannten Ernährungslage kommt es in Bayern zu einem eintägigen Streik, an dem sich mehr als eine Million Arbeiter und Angestellte beteiligen (→ 5. 1./S. 12).

Der Wirtschaftsrat der deutschen Bizone billigt in Frankfurt am Main das sogenannte Speisekammergesetz zur Ermittlung, Erfassung und Verteilung von Lebensmittelbeständen (→ 5. 1./S. 12).

24. Januar, Sonnabend

Der frühere Oberbefehlshaber der US-amerikanischen Truppen in Europa, General Dwight D. Eisenhower, lehnt die Nominierung als US-Präsidentschaftskandidat der Republikanischen Partei der Vereinigten Staaten ab (→ 26. 1./S. 19).

Im Sicherheitsrat der Vereinten Nationen einigen sich die Vertreter Indiens und Pakistans über die Durchführung einer Volksabstimmung in der Provinz Kaschmir (→ 8. 5./S. 76).

25. Januar, Sonntag

Die französische Regierung verkündet Maßnahmen zur Stabilisierung des Franc: Die Währung wird um 44,44% abgewertet.

In den östlichen Bundesstaaten der USA fordert eine Kältewelle 132 Todesopfer; in New York herrschen Temperaturen von minus 39° C. → S. 23

26. Januar, Montag

In Anbetracht der Verzögerung des Abschlusses eines österreichischen Staatsvertrages verlangt der US-amerikanische Vertreter im Alliierten Kontrollrat in Wien die Ausweitung der Rechte der Regierung Österreichs (→ 24. 5./S. 77).

US-Präsident Harry S. Truman ernennt General Omar F. Bradley zum Nachfolger von General Dwight D. Eisenhower als Generalstabschef der US-Streitkräfte. → S. 19

Der bolivianische Präsident Enrique Hertzog gibt die Aufdeckung und Niederschlagung eines Putschversuches von Teilen der Streitkräfte bekannt.

Auf der Insel Réunion im Indischen Ozean östlich von Madagaskar fordert ein Hurrikan 300 Menschenleben.

27. Januar, Dienstag

Johannes Semler, Direktor der bizonalen Wirtschaftsverwaltung, wird wegen einer am 4. Januar in Erlangen gehaltenen Rede (»Hühnerfutterrede«) von den Militärregierungen der britischen und US-amerikanischen Besatzungszone abgesetzt. → S. 13

In China rücken kommunistische Truppen auf die nationalchinesische Hauptstadt Nanking vor (→ 19. 3./S. 50).

235 Todesopfer fordert ein Schiffsunglück in Japan, als eine Fähre, die zwischen der Insel Kuroschima und dem Festland verkehrt, auf eine aus dem Zweiten Weltkrieg stammende Mine läuft.

Bei der mißglückten Entschärfung einer Bombe aus dem Zweiten Weltkrieg werden in Erfurt 107 Menschen verletzt und acht getötet. → S. 20

28. Januar, Mittwoch

Vertreter der USA, Großbritanniens und Frankreichs unterzeichnen in Paris ein Abkommen über die Kohleförderung im Saargebiet; Frankreich wird nach den Bestimmungen des Abkommens ab 1949 die gesamte Kohleförderung erhalten (→ 3. 1./S. 18).

Die US-amerikanische Militärregierung in Österreich übergibt der Regierung des Landes über 600 ehemals in deutschem Besitz befindliche Industriebetriebe, darunter die früheren Reichswerke »Hermann Göring« in Linz.

Die polnische Militärmission in Berlin dementiert britische Pressemeldungen über angebliche Befestigungsmaßnahmen an der Oder-Neiße-Linie.

Im Berliner Theater am Schiffbauerdamm findet die deutsche Erstaufführung von John B. Priestleys Theaterstück »Ein Inspektor kommt« statt.

29. Januar, Donnerstag

Die britische Mandatsmacht in Palästina gibt die Sperrung der Grenze zu Transjordanien bekannt.

In Stuttgart wird die »Heroische Komödie« von Ferdinand Bruckner erstmals in Deutschland aufgeführt; die Regie hat Paul Hoffmann.

Der französische Hohe Kommissar für Indochina, Emile Bollaert, gibt bekannt, daß Frankreich künftig nicht mehr mit der vietnamesischen Regierung unter Ho Chi Minh, sondern nur noch mit dem Ex-Kaiser von Annam, Bao Dai, verhandeln werde (→ 20. 5./S. 76).

30. Januar, Freitag

Mohandas Karamchand (Mahatma) Gandhi, der Vorkämpfer für die Unabhängigkeit Indiens, wird in Neu-Delhi von einem Hindu ermordet. → S. 14; S. 16; S. 17

In London gelingt es durch eine Hornhauttransplantation, einen erblindeten britischen Piloten zu heilen. → S. 24

Der schweizerische Bundespräsident Enrico Celio eröffnet in Sankt Moritz die V. Olympischen Winterspiele, die bis zum 8. Februar dauern. → S. 25

Joe Louis, der US-amerikanische Boxweltmeister im Schwergewicht, gewinnt einen Schaukampf in Chikago gegen den Halbschwergewichtsweltmeister Bob Foxworth (USA) nach Punkten.

31. Januar, Sonnabend

In Berlin erklärt der französische Staatssekretär für deutsche Angelegenheiten, Pierre Schneiter, die französische Besatzungsmacht dächte nicht daran, Berlin zu verlassen.

Im Alliierten Kontrollrat für Deutschland in Berlin legt der Oberste Chef der Sowjetischen Militäradministration (SMAD), Marschall Wassili D. Sokolowski, einen Vorschlag der UdSSR für eine Währungsreform in ganz Deutschland vor (→ 23. 6./S. 96).

In Italien erläßt die Regierung ein Autonomiestatut für das überwiegend von deutscher Bevölkerung bewohnte Südtirol und für die Provinz Trient.

Gestorben:

7. Oakland/USA: Raoul Auernheimer (* 15. 4. 1876, Wien), österreichischer Schriftsteller.

8. Ambleside/Westmorland: Kurt Schwitters (* 20. 6. 1887, Hannover), deutscher Maler und Schriftsteller.

8. London: Richard Tauber (* 16. 5. 1891, Linz), britisch-österreichischer Tenor.

21. Venedig: Ermanno Wolf-Ferrari (* 12. 1. 1876, Venedig), deutsch-italienischer Komponist.

26. Stockholm: Thomas Theodor Heine (* 28. 2. 1867, Leipzig), deutscher Karikaturist und Illustrator.

30. Delhi: Mohandas Karamchand Gandhi (* 2. 10. 1869, Porbandar/Gujarat), indischer Politiker. → S. 14

30. Dayton: Orville Wright (* 19. 8. 1871, Dayton/Ohio), US-amerikanischer Flugpionier.

Geboren:

11. Innsbruck: Helga Anders († 31. 3. 1986, München), deutsche Filmschauspielerin.

Das Wetter im Monat Januar

Station	Mittlere Lufttemperatur (°C)	Niederschlag (mm)	Sonnenscheindauer (Std.)
Aachen	— (1,8)	— (72)	— (51)
Berlin	2,7 (–0,4)	— (43)	— (56)
Bremen	— (0,6)	— (57)	— (47)
München	— (–2,1)	— (55)	— (56)
Wien	3,0 (–0,9)	93 (40)	45 (—)
Zürich	3,8 (–1,0)	130 (68)	46 (46)

( ) Langjähriger Mittelwert für diesen Monat
– Wert nicht ermittelt

Die in Berlin (Ost) erscheinende »Illustrierte Rundschau« vom Januar mit einem Bild des Hauses, in dem Wladimir I. Lenin 1924 starb

Massendemonstrationen für die Erhöhung der Lebensmittellieferungen nach Deutschland

5. Januar. *In der US-amerikanischen und britischen Besatzungszone Deutschlands kommt es zu ausgedehnten Demonstrationen und Streiks, an denen sich 2,5 Millionen Menschen beteiligen. Einer der Hauptgründe ist die schlechte Ernährungslage. Die Berufstätigen in der Bizone sehen sich außerstande, weiterhin hohe Arbeitsleistungen zu erbringen, wenn die Lebensmittellieferungen der Vereinigten Staaten von Amerika und Großbritanniens nicht drastisch erhöht werden. Außerdem fehlt es an ausreichender Winterbekleidung.*
Zur Verbesserung der Versorgungslage beschließt der Wirtschaftsrat der Bizone in Frankfurt am Main am 23. Januar das »Noterfassungsgesetz«. Diese Verordnung, die im Volksmund »Speisekammergesetz« genannt wird, verpflichtet die Privathaushalte und Gewerbebetriebe, ihre Lebensmittelvorräte genau anzugeben. Der Deutsche Wirtschaftsrat hofft, mit dem »Speisekammergesetz« die Ernährungslage in der Bizone genau zu erfassen. Jeder Haushalt und jedes Geschäft ist in den nächsten eineinhalb Monaten verpflichtet, anzugeben, ob die Vorräte die regelmäßig gelieferten Rationen überschreiten. Das Gesetz gilt z. B. für Mehl, Kartoffeln, Fett und Nährmittel. Für den Fall, daß ein Haushalt oder ein Geschäft falsche Angaben macht, drohen drastische Strafen (Abb. links: Generalstreik in Nürnberg; Mitte: Protestmarsch von Arbeitern in Essen, die sich neben der Forderung nach Lebensmitteln für eine Sozialisierung der Betriebe einsetzen; Abb. rechts: Demonstration in München).

US-Finanzhilfe für Paris, Rom und Wien

2. Januar. In Paris, Rom und Wien werden zwischen Frankreich, Italien und Österreich auf der einen Seite und den USA andererseits Abkommen über die Gewährung einer Überbrückungshilfe der Vereinigten Staaten für diese drei Länder unterzeichnet. Das Volumen der Hilfe beträgt insgesamt 522 Millionen US-Dollar. Im einzelnen erhält Frankreich Lieferungen im Gesamtwert von 284 Millionen US-Dollar, auf Italien entfallen 181 Millionen und auf Österreich 57 Millionen US-Dollar. Die US-amerikanischen Hilfsgüter, deren Lieferung bis einschließlich März 1948 vereinbart ist, sollen den drei Staaten über den Winter hinweghelfen.
Unterstützung durch die Vereinigten Staaten wird von den Empfängerländern dringend benötigt, da ihre Devisenreserven nahezu vollständig erschöpft sind. So wird der finanzielle Bedarf Frankreichs zur Zahlung für die Einfuhren des ersten Quartals des Jahres 1948 auf rund 357 Millionen US-Dollar geschätzt. Für Italien, das seinen Importbedarf nicht einmal für das Jahr 1947 decken konnte, wurde eine Summe von 143 Millionen US-Dollar errechnet. Auch Österreichs Devisenbestände sind auf ein Minimum gesunken.
Die wirtschaftliche Krise in den drei Ländern hat eine ganze Reihe von Ursachen:

- ▷ Der extrem kalte Winter sowie Hitze und Trockenheit im Sommer des Jahres 1947 hatten erhebliche Ernteausfälle zur Folge
- ▷ Infolge des Krieges ist die Industrieproduktion gesunken; dies führte auch zu einem Rückgang der US-Dollareinnahmen
- ▷ Notwendige Einfuhren, vor allem solche aus den USA, sind wegen inflationärer Tendenzen in den Vereinigten Staaten teurer geworden
- ▷ Da das britische Pfund Sterling seit 1947 nicht mehr konvertierbar ist, kann z. B. Frankreich seine beträchtlichen Sterling-Guthaben nicht mehr in US-Dollars umtauschen

In Anbetracht der Notsituation in den europäischen Staaten hatte US-Präsident Harry S. Truman am 17. November 1947 dem Kongreß in Washington ein Soforthilfeprogramm vorgeschlagen, das Überbrückungshilfen für die Zeit bis zur Verabschiedung des Marshallplanes, eines umfassenden Hilfsprogramms für Europa, vorsieht (→ 2. 4./S. 58).
Nachdem beide Häuser des US-Kongresses (Senat und Repräsentantenhaus) eine Reihe von Kürzungen der Auslandshilfe durchgesetzt hatten, gaben sie schließlich am 15. Dezember 1947 ihre Zustimmung zu diesem Hilfsprogramm.

US-Präsident Harry S. Truman fordert eine schnelle Hilfe für Europa

Hilfsgüter aus den Vereinigten Staaten treffen im Bremer Überseehafen ein; die begehrten CARE-Pakete bei der Entladung eines Frachtschiffes

Wirtschaftspolitik der USA kritisiert

27. Januar. Johannes Semler, Direktor der Wirtschaftsverwaltung der deutschen Bizone in Frankfurt am Main, wird von der US-amerikanischen Militärregierung seines Amtes enthoben. Ihm wird vorgeworfen, ungerechtfertigte Kritik an der Wirtschaftspolitik der Besatzungsmacht geübt zu haben. Am 4. Januar hatte der CDU-Politiker Semler in Erlangen zur Ernährungslage in Deutschland eine vielbeachtete Rede gehalten. Sie wird seitdem als »Hühnerfutterrede« in der Öffentlichkeit diskutiert.
Semler ging in Erlangen zunächst auf die gesamtdeutsche Wirtschaftslage ein und übte anschließend harte Kritik an der Wirtschaftspolitik der US-amerikanischen Militärregierung. In diesem Zusammenhang sprach er insbesondere die mangelhafte Nahrungsmittelversorgung Deutschlands an: »Die Importe, die wir 1947 hätten bekommen können, durften wir nicht kaufen. Man hat den Mais geschickt und das Hühnerfutter. Geschenkt wird es nicht. Wir haben es zu zahlen in Dollar aus deutscher Arbeit und deutschen Exporten und sollen uns noch dafür bedanken. Es wird Zeit, daß deutsche Politiker darauf verzichten, sich zu bedanken.«
Das Wort »Hühnerfutter« wurde von der Presse in Großbritannien und in den USA mit »Chickenfood« übersetzt, was soviel wie »unbedeutende Kleinigkeit« heißt. Vor allem diese mißverständliche Interpretation der Rede von Johannes Semler löste bei den Besatzungsbehörden große Empörung aus.

Der von der US-Militärregierung amtsenthobene Johannes Semler

1948 – Hoffnungen auf eine bessere Zukunft

1. Januar. Überall in der Welt veröffentlichen Politiker ihre Neujahrsbotschaften für das Jahr 1948. Sie sind gekennzeichnet von dem Wunsch nach einem dauerhaften Frieden und einer wirtschaftlichen Gesundung Europas. Neben Hoffnungen und positiven Erwartungen bleiben jedoch nach dem Ende des Zweiten Weltkrieges Skepsis und Ungewißheit.

Optimistisch und entschlossen zeigt sich US-Präsident Harry S. Truman in seiner Ansprache an die Bevölkerung der USA. Er glaubt, daß die Vereinten Nationen eine große Rolle bei der Schaffung eines stabilen Friedens spielen werden.

Das Jahr 1947 habe sich für die Menschen bereits als ein gutes Jahr erwiesen, und deshalb erhoffe er sich für 1948 eine ähnliche Entwicklung. Allerdings, so führt der Präsident weiter aus, erfüllt »kein Jahr unsere Erwartungen. Wenn wir nicht zum Frieden bereit sind, können wir nichts schaffen, und wenn die Welt ebenso gesinnt ist, wird sie auch nichts zuwege bringen. Trotzdem habe ich die Erwartung, daß es im Zeichen des Friedens stehen wird, dem alle Nationen zustimmen können, und daß es uns gelingen wird, die erhofften Regelungen auch in die Tat umzusetzen.«

Der britische Premierminister Clement Attlee glaubt, daß Frieden nur in einem wirtschaftlich gesunden Europa gewährleistet ist. In Anbetracht der wirtschaftlichen Schwierigkeiten Großbritanniens fordert er seine Landsleute dazu auf, »hart zu arbeiten«, um zur Bewältigung der Krise beizutragen: »Die Anstrengungen aller werden unsere Gesamtproduktion um die 10% erhöhen, die wir nötig haben, um über den Berg zu kommen.«

Papst Pius XII. äußert auf dem Neujahrsempfang für die beim Vatikan akkreditierten Diplomaten, daß »... weitsichtige und freie Menschen aus allen Lagern von der Unteilbarkeit des Friedens überzeugt sind. ... Mit aller Kraft unseres Glaubens weigern wir uns, unter denen zu sein, die der Überzeugung sind, daß das kommende Jahr zu den schlimmsten der Geschichte gehören wird.«

Wjatscheslaw M. Molotow, der Außenminister der UdSSR, geht in seiner Botschaft auf die Notwendigkeit eines Friedensvertrages mit Deutschland ein:

»Die Frage eines Friedensvertrages mit Deutschland ist nicht nur für Deutschland, sondern ebenso für alle europäischen Nationen wichtig, die einen sicheren Frieden schaffen wollen«. Molotow bezeichnet die Herstellung der deutschen Einheit als ein Hauptziel sowjetischer Politik im neuen Jahr. Er stellt jedoch fest, daß es zwischen den Siegermächten hierüber Differenzen gebe. Insbesondere kritisiert er Pläne der Westmächte, einen westdeutschen Separatstaat zu gründen. Auch am Marshallplan der Vereinigten Staaten übt Molotow in diesem Zusammenhang Kritik. Er sieht darin lediglich ein Instrument der Dollarpolitik, die zur Steigerung der Exporte der US-Wirtschaft führen soll.

Die Menschen in den vier Besatzungszonen Deutschlands erhoffen sich von 1948 eine Verbesserung ihrer Lebensverhältnisse. Das vergangene Jahr 1947 war für die meisten das Jahr der bittersten Not seit Kriegsbeginn. Wie es weitergehen wird, ist ungewiß. Hierzu schreibt die Berliner Zeitung »Der Abend«, daß die Bevölkerung sich vor allem mit fünf Fragen beschäftigt: »Kommt die deutsche Wirtschaftseinheit? Wird es eine einheitliche Währung in allen Besatzungszonen geben? Erholt sich die Bizone durch den Marshallplan? Wie wird sich die wirtschaftliche Lage in der sowjetischen Besatzungszone entwickeln?«

Wirtschaftliche Fragen greifen auch führende deutsche Politiker in ihren Neujahrsbotschaften auf. So äußert sich der Bremer Senatspräsident Wilhelm Kaisen: »1948 soll die Wendung durch eine neue, konstruktive Politik, wie sie der Marshallplan vorsieht, bringen. Deutschland kann, soweit es die Alliierten erlauben, in diesem Rahmen den Wiederaufbau seiner Wirtschafts- und die Wiederherstellung seiner Handelsbeziehungen zum Westen betreiben, es kann dazu die brennenden Probleme der Verkehrs- und Finanzwirtschaft sowie der Ernährung und Rohstoffbeschaffung in Angriff nehmen ... Heute schreibt die Verantwortung für das Schicksal Millionen Hungernder den Weg vor, der beschritten werden muß.«

Der Ministerpräsident von Nordrhein-Westfalen, Karl Arnold (CDU), äußert sich mit folgenden Worten:

»Trotz der vielen Enttäuschungen der letzten Jahre habe ich die Hoffnung, daß das Jahr 1948 der Beginn der Wanderung unseres Volkes in eine bessere Zukunft im Rahmen eines geeinten Deutschlands ist.«

Die Einheit Deutschlands ist auch der Wunsch des sowjetischen Stadtkommandanten von Berlin, General Alexander Kotikow. Er hofft, »daß 1948 endlich die Einheit Deutschlands und damit auch die Einheit Berlins hergestellt werden wird.« General Jean Ganeval, französischer Stadtkommandant von Berlin, meint in seiner Neujahrsbotschaft: »Der von den Deutschen entfachte Krieg mit seinen Folgen gestattet leider nicht, den Deutschen all das zu bringen, was sie sich wünschen.« Trotz der Schwierigkeiten könne jedoch auf politischem und wirtschaftlichem Gebiet eine Besserung erreicht werden: »Diese Besserung könne vielleicht als ein Pfand für die Zukunft betrachtet werden.«

Führer des indischen Unabhängigkeitskampfes ermordet

30. Januar. Mohandas Karamchand Gandhi, Symbol der erfolgreichen Unabhängigkeitsbestrebungen Indiens, ist tot. Der 78jährige Gandhi, der in Indien den Ehrennamen Mahatma (Sanskrit: »Dessen Seele groß ist«) hat, fällt in Neu-Delhi dem Attentat eines Hindu, Nathuram Godse, zum Opfer, der den geistigen Führer der Indischen Union inmitten seiner Anhänger ermordet.

Godse mischt sich unter die Gläubigen, die im Garten des Birla-Hauses auf Gandhi warten, der dort täglich ein öffentliches Gebet abzuhalten pflegt. Nachmittags gegen 17.00 Uhr erscheint Gandhi, um sich zu der kleinen Plattform im Garten zu begeben, von der er normalerweise zu seinen Anhängern spricht. Auf dem Weg dorthin wird er von Godse angehalten, der ihm in der demütigen Haltung eines Gläubigen entgegentritt. Als sich Gandhi zu ihm wendet, um ihn zu begrüßen, zieht der Attentäter seine Pistole und tötet Gandhi mit drei Schüssen aus kürzester Entfernung. Die Taschenuhr Gandhis, sein wertvollster Besitz, zeigt genau auf 17.17 Uhr.

Zusammen mit weiteren Mitverschwörern aus der extremen Hindu-Mahasaba-Bewegung, die sich gegen eine Versöhnung mit dem moslemischen Pakistan im Streit um Kaschmir wendet, hatte der 32jährige Godse bereits zehn Tage zuvor einen mißglückten Sprengstoffanschlag auf das Birla-Haus, den Wohnsitz Ghandis, verübt.

Am 18. Januar hatte Gandhi ein vielbeachtetes Fasten beendet, das die indische Regierung dazu veranlassen sollte, den Streit mit Pakistan um Kaschmir, der sich zu einem regulären Krieg auszuweiten droht, zu beenden (→ 30. 1./S. 17). Nach der Entlassung in die Unabhängigkeit durch die britische Kolonialmacht und die Teilung des Subkontinents in den Moslemstaat Pakistan und die Indische Union mit einer Hindumehrheit im August 1947 waren schwere Kämpfe zwischen den Religionsgruppen ausgebrochen. Dabei sind bisher Hunderttausende ums Leben gekommen; Millionen verloren ihre Heimat. Durch persönlichen Einsatz hatte Gandhi versucht, eine Versöhnung zwischen den verfeindeten Gruppen herzustellen. Seine Bereitschaft, mit Menschen jeder Glaubensrichtung zusammenzuleben, brachte ihm zwar die Achtung und Bewunderung der Weltöffentlichkeit ein, angesichts des Flüchtlingselends der vertriebenen Hindus und Sikhs, die aus Pakistan nach Indien strömen, bildete sich aber auch eine streng nationalistisch gesinnte Hindubewegung, die jeden Ausgleich mit Pakistan ablehnt. Nathuram Godse (→ 30. 1./S. 16) glaubt, mit der Ermordung des Fürsprechers der Versöhnung, der Sache Indiens zu dienen.

Die Tatsache, daß der Mörder Mahatma Gandhis ein Hindu aus der Kaste der Brahmanen ist, verhindert den drohenden Bürgerkrieg. »Gott sei Dank, daß der Mörder kein Moslem war, sonst würde sicherlich die Hölle aus den Fugen geraten!« – so lautet der Kommentar eines britischen Regierungsbeamten.

Aus diesen Erwägungen wird auch, auf Anordnung der Regierung, die Nachricht von Gandhis Ermordung nur mit Verspätung im Radio gemeldet. Polizei und Armee werden solange in Alarmbereitschaft versetzt, bis feststeht, daß Godse, wie sein Opfer, ein Hindu ist. Aber auch ohne Radio verbreitet sich die Meldung in Neu-Delhi wie ein Lauffeuer, und Tausende von Trauernden strömen zum Birla-Haus, um einen Blick auf den aufgebahrten Mahatma zu werfen. Viele versuchen außerdem, im Gedränge eine Handvoll Erde von dem Platz zu nehmen, an dem Gandhi tot zusammenbrach.

Mohandas Karamchand Gandhi (vorn) im Garten seines Hauses in Neu-Delhi, wo er am 30. Januar ermordet wird

Über eine Million Inder aus allen Religionsgruppen des Landes sind zur Bestattung Gandhis versammelt ▷

Die ganze Welt trauert um Mahatma Gandhi

31. Januar. In einer Rundfunkansprache gibt Indiens Premierminister Jawaharlal Nehru der Bestürzung und Trauer Indiens über die Ermordung Mahatma Gandhis am → 30. Januar (S. 14) Ausdruck: »Das Licht in unserem Leben ist erloschen und überall ist Dunkelheit. Unser geliebter Führer, der Vater der Nation, ist nicht mehr. Aber das Licht, das diese Nation leitete, war kein normales Licht. Noch in tausend Jahren wird dieses Licht in der Welt zu sehen sein...«

Der Tod Gandhis, der in der ganzen Welt Trauer auslöst, führt in Indien noch einmal alle Religionen in einer gewaltigen friedlichen Demonstration zusammen. Der Trauerzug mit der Leiche Gandhis wird von Hunderttausenden Hindus, Moslems und Sikhs begleitet. Über eine Million Inder wohnen der rituellen Feuerbestattung am Ufer des Flusses Jumna in Neu-Delhi bei. Die Asche des verstorbenen Mahatma wird, in Anerkennung seiner Verdienste um ganz Indien, in den nächsten Tagen in verschiedenen Flüssen Indiens und Pakistans beigesetzt.

Die Reaktionen aus aller Welt zeigen die Achtung und den großen Respekt vor dieser Persönlichkeit. Lord Louis Mountbatten, der letzte britische Vizekönig in Indien, und Bewunderer des Mahatma, erklärt: »Gandhi wird in die Geschichte eingehen, auf einer Ebene mit Buddha und Jesus Christus.«

Der Dichter George Bernard Shaw beklagt: »Dieser Mord zeigt, wie gefährlich es ist, zu gut zu sein.« In London werden die Extraausgaben der Zeitungen von Hand zu Hand gereicht und König Georg VI., Premierminister Clement Attlee sowie dessen Amtsvorgänger, Sir Winston Churchill, bekunden der indischen Regierung ihr Beileid.

In Paris erklärt Ministerpräsident Georges Bidault: »All die, die an Brüderlichkeit im Menschen glauben, trauern um Gandhi.« Papst Pius XII. nennt den toten Religionsführer einen »Apostel des Friedens und einen Freund der Christenheit«. Die in Moskau ausliegende Kondolenzliste bleibt dagegen leer.

Auf einem Amphibienfahrzeug der indischen Marine wird die Asche des ermordeten Gandhi zu mehreren Flüssen gefahren. Hier werden unter großer Anteilnahme der Bevölkerung Teile der sterblichen Überreste Gandhis im Fluß Sangam bestattet

Der Mörder Gandhis in Polizeihaft

Nathuram Godse – der Mörder Gandhis

30. Januar. Nathuram Godse, der Mörder von Mohandas Karamchand Gandhi, leistet keinen Widerstand, als er nach dem Attentat in Neu-Delhi verhaftet wird. Mit der Mordwaffe in der Hand wird er von Polizisten in Haft genommen, anschließend von einem Gericht zum Tode verurteilt und gehenkt.

Gewaltfreier Widerstand im Kampf um die Unabhängigkeit

Das erfolgreiche Wirken von Mohandas Karamchand Gandhi, mit dem er zum Symbol der Unabhängigkeitsbestrebungen zahlreicher Kolonien wurde, beruht auf seinem strikt eingehaltenen politischen Prinzip des gewaltfreien Widerstands. Verwurzelt in den religiösen Traditionen seiner Heimat Indien, vereinte Gandhi die Vorstellungen des »Satjagraha« (Festhalten an der Wahrheit) und des »Ahimsa« (Nichtverletzen).

In seinem Kampf für die unterdrückten Minderheiten in der ganzen Welt verband Gandhi die in der indischen Religion stark verankerte Wertschätzung der Wahrheit mit dem »Ahimsa«, einer Grundregel der Ethik der brahmanischen Religionsgruppe. Diese schreibt vor, daß alle Lebewesen mit einer Seele versehen sind und darum nicht verletzt oder getötet werden dürfen. Die Interpretation Gandhis führte zur Gewaltlosigkeit in politischen Auseinandersetzungen.

Erste Erfolge mit dieser Strategie erreichte er während seines Aufenthalts in Südafrika (1893–1914), als er für die Rechte der dortigen indischen Minderheit eintrat. Mit passivem Widerstand bei Demonstrationen und Sitzblockaden sowie der Verweigerung der Mitarbeit in öffentlichen Behörden erkämpften die Inder Südafrikas unter der Führung des damals in Pretoria praktizierenden Anwalts Gandhi eine gesetzlich verankerte Verbesserung ihrer politischen Rechte.

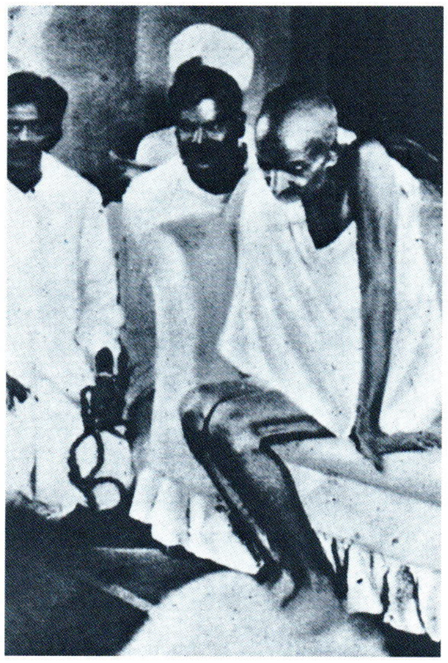

Gandhi (r.) bei einer Fastendemonstration mit Anhängern (1924)

Nachdem ihm im Jahre 1915 der Ehrentitel Mahatma (»Dessen Seele groß ist«) verliehen worden war, setzte Gandhi seine in Südafrika erfolgreiche Methode des bürgerlichen Ungehorsams in seiner Heimat fort. Im Kampf um die Unabhängigkeit von der britischen Kolonialherrschaft wurden zunehmend die Prinzipien des »Satjagraha« benutzt.

Gandhi überzeugte seine Anhänger davon, den politischen Gegner durch Anwendung der Mittel des passiven, gewaltfreien Widerstands zur Einsicht in dessen falsches Verhalten zu bringen und letzten Endes ein Umdenken und eine Änderung der Handlungsweise zu erreichen. Für bewußte gewaltfreie Gesetzesübertretungen, die der Mahatma und seine Anhänger als Mittel zum Erfolg benutzten, nahmen sie auch Gefängnisstrafen in Kauf, da nach ihrer Überzeugung die eigenen Moralvorstellungen durch ihr Handeln nicht verletzt wurden.

Große Wirkung auf die Haltung der britischen Kolonialmacht in Indien hatte das öffentliche Fasten Gandhis, der damit seine Gegner in moralisches Unrecht zu setzen vermochte und sie dadurch zum Einlenken bewegen konnte. Auch beim Versuch zur Beilegung der blutigen Religionsstreitigkeiten in Indien setzte Gandhi diese Waffe ein (→ 30. 1./S. 14).

Gandhis Fastendemonstrationen – zugleich ein Versuch, die eigene menschliche Schwäche zu überwinden – sind ein Rückgriff auf alte indische Traditionen. Damit verbindet sich bei Gandhi auch seine oft ausgesprochene Ablehnung der westlichen Zivilisation und deren Moralvorstellungen.

Religionsunruhen bestimmen Indien

30. Januar. Am Tage der Ermordung Mahatma Gandhis ist die Bevölkerung des indischen Subkontinents aus religiösen Gründen in mehrere feindliche Lager gespalten. Mit der Erlangung der Unabhängigkeit und der Teilung im August 1947 brachen teilweise bürgerkriegsähnliche Zustände in den beiden neuen Staaten Indien und Pakistan aus.

Die Teilung schuf mehr Probleme, als sie gelöst hat. Gandhi war stets Gegner der Teilung in das moslemische Pakistan und den Hindustaat der Indischen Union. Die überstürzte Entlassung in die Unabhängigkeit durch die britische Kolonialmacht setzte die nur mühsam unter Kontrolle gehaltenen religiösen Gegensätze frei: In den Bundesstaaten Bengalen und Pandschab mußten Millionen Angehörige religiöser Minderheiten ihre Heimat verlassen oder wurden verschleppt.

Pandit Nehru

Ali Dschinnah

Das Problem der Trennung der Religionsgruppen ist weiterhin ungelöst. Westpakistan hat zwar inzwischen eine nahezu reine Moslembevölkerung, in Ostpakistan sind aber immer noch fast 20% der Einwohner Hindus oder Angehörige anderer religiöser Minoritäten. In der Indischen Union leben weiterhin rund 50 Millionen Moslems.

Über die Rückführung der Verschleppten und das Eigentum der Flüchtlinge, das diese zurücklassen mußten, gibt es zwischen den Regierungen beider Staaten unter Jawaharlal Nehru (Indien) und Mohammad Ali Dschinnah (Pakistan) noch keine Vereinbarungen.

Weiterhin ungelöst ist die politische Zukunft der immer noch unabhängigen Fürstenstaaten. In Kaschmir kämpfen zum Beispiel reguläre indische Truppen gegen Aufständische, die von Pakistan mit Waffen unterstützt werden (→ 8.5./S. 76).

Mohandas Karamchand Gandhi (2. v. l.) in seiner Rolle als Vorkämpfer der indischen Unabhängigkeitsbewegung; hier nimmt er an Beratungen des indischen Nationalkongresses im Sommer 1940 teil; Gandhis persönliches Ansehen setzte er hauptsächlich zur Vermeidung von Gewalt ein

Entspannung fand Mohandas Karamchand Gandhi, der ein Leben der Askese und tiefen Religiosität führte, nicht nur im gemeinsamen Gebet oder der einsamen Meditation, bei der er auf alte indische Traditionen zurückgriff; eine seiner Lieblingsbeschäftigungen bestand in der Arbeit an einem mechanischen Spinnrad, zu dessen monotonem Rhythmus er Gebetsformeln sprach

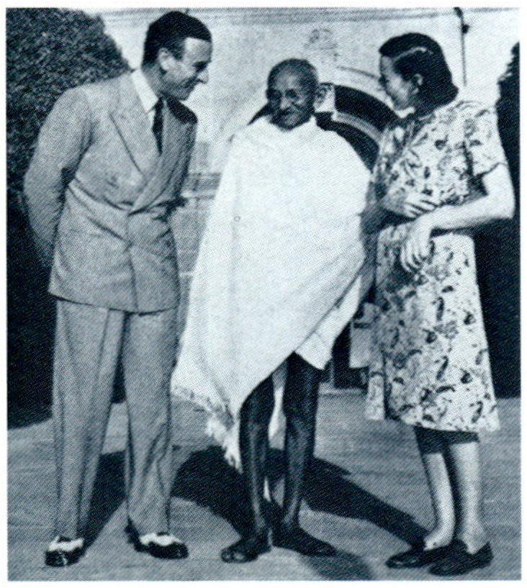

Gandhi im Gespräch mit Lord und Lady Louis Mountbatten; der Vizekönig ist Gandhis Bewunderer

Gandhis Leben – ein Kampf für die Freiheit

Mohandas Karamchand Gandhi wurde am 2. Oktober 1869 in Porbandar im Nordwesten Indiens als Sohn Kaba Gandhis, Ministerpräsident eines autonomen indischen Staates, geboren. Er studierte zunächst in seiner Heimat, später in London Rechtswissenschaft. Im Alter von 20 Jahren erhielt er die Zulassung als Rechtsanwalt.

In der südafrikanischen Hauptstadt Pretoria praktizierte er seit 1893 als Anwalt. Angesichts der Unterdrückung der 150 000 Inder in Südafrika verzichtete er nicht nur auf allen Luxus, sondern begann auch seinen Kampf für die Freiheit der Minderheiten. Durch sein erfolgreiches Prinzip des gewaltfreien Widerstandes (→ S. 16) erreichte er 1914 eine Verbesserung der Lebensbedingungen für die Inder in Südafrika.

1915 kehrte er nach Indien zurück und gewann als Vorkämpfer der Unabhängigkeit Millionen Anhänger. Er führte die indische Unabhängigkeitsbewegung, als deren Symbol er bald verehrt wurde. Am 15. August 1947 erreichte der damals 77jährige sein großes Ziel: Die Souveränität seiner Heimat.

Die Zeremonie, bei der sich Mahatma Gandhis Traum erfüllte: Der britische Vizekönig Lord Louis Mountbatten (5. v. l.) übergab Ministerpräsident Jawaharlal Nehru (4. v. l.) am 15. August 1947 die Urkunde, die Indien in die Unabhängigkeit entließ, aber zur Teilung des Subkontinents führte

Gandhi (r.), die Symbolfigur der indischen Unabhängigkeitsbewegung, im Gespräch mit Jawaharlal »Pandit« Nehru, dem ersten Ministerpräsidenten und Führer der Kongreßpartei; nach der Ermordung Gandhis tritt Nehru dessen politisches Erbe an

Rumäniens Ex-König im Exil

3. Januar: Ex-König Michael I. von Rumänien verläßt seine Heimat und geht in die Schweiz ins Exil. Der 27jährige ehemalige Monarch war am 30. Dezember 1947 vom Ministerpräsidenten Petru Groza und dem Vorsitzenden der kommunistischen Partei des Landes, Gheorghe Gheorghiu-Dej, zur Abdankung gezwungen worden. Anschließend wurde in Rumänien die Volksrepublik ausgerufen, mit dem 84jährigen Historiker Constantin I. Parhon als erstem Staatspräsidenten.

Im Zweiten Weltkrieg war Rumänien bis 1944 mit dem Deutschen Reich verbündet. Als sich die sowjetischen Truppen den Grenzen des Landes näherten, hatte König Michael maßgeblich zum Sturz des damals regierenden Diktators, Marschall Ion Antonescu, beigetragen. Rumänien wechselte an die Seite der Sowjetunion.

Obwohl Rumäniens Kommunisten seit 1944 Schritt für Schritt die politische Macht übernahmen, blieb der Monarch zunächst unbehelligt, wurde aber politisch isoliert. Als im November 1947 Iuliu Maniu, Vorsitzender der Nationalen Bauernpartei, der einzigen verbliebenen politischen Opposition, zu lebenslänglicher Haft verurteilt wurde, war auch Michaels Position unhaltbar geworden (→ 10.6./S. 106).

Birmas neue Fahne wird gehißt

Franc wird neue Währung an der Saar

3. Januar. Im Saarland gilt ab sofort der französische Franc als alleinige Währung. Dies war bereits am 8. November 1947 vom saarländischen Landtag mit großer Mehrheit beschlossen worden.

Zugleich unterzeichnen in Paris Vertreter des Saarlandes und der französischen Regierung ein Gesetz über die wirtschaftliche Einbindung des Saargebietes. Es gelten jetzt französische Preise, Löhne und Steuersätze, Lebensmittel sind ab sofort frei erhältlich. Als einzige Partei des Saarlandes sprechen sich die Kommunisten gegen den wirtschaftlichen Anschluß an Frankreich aus.

Rumäniens Ex-König Michael und seine Verlobte, Prinzessin Anne von Bourbon-Parma, im schweizerischen Wintersportort Davos (→ 10. 6./ S. 106); der gestürzte Monarch hat sich in der Schweiz, wo er seine Verlobte kennenlernte, niedergelassen

Birma unabhängig von Großbritannien

4. Januar. Birma erlangt seine Unabhängigkeit von Großbritannien. Es verläßt als erste ehemalige britische Kolonie zugleich auch den Commonwealth of Nations. Erster Präsident der jungen Republik ist Sao Shwe Thaik. Birmas Weg zur Unabhängigkeit begann bereits 1935 mit der Zustimmung Großbritanniens zur Abtrennung des Landes von Indien und zur Bildung einer eigenen Regierung.

Gilbert Grandval, der französische Gouverneur für das Saargebiet

Benelux-Zollunion in Kraft getreten

1. Januar. Eine zwischen Belgien, den Niederlanden und Luxemburg (Benelux) vereinbarte Zollunion tritt in Kraft. Güter und Waren, die aus diesen Staaten stammen, brauchen ab sofort nicht mehr verzollt werden. Das Abkommen soll helfen, die wirtschaftlichen Probleme der beteiligten Staaten zu lösen.

Belgien, die Niederlande und Luxemburg leiden noch schwer unter den Kriegsfolgen. Der ehemalige Haupthandelspartner, Deutschland, ist wirtschaftlich nicht in der Lage, Produkte aus diesen Ländern abzunehmen. Deshalb beschlossen die Exilregierungen der Benelux-Staaten schon 1944 in London die Gründung einer Zollunion. Am 29. Oktober 1947 einigte man sich über die genauen Modalitäten des Abkommens, das die Vorstufe zu einer umfassenden Wirtschaftsunion der beteiligten Staaten sein soll.

Griechischer Bürgerkrieg

5. Januar. Im griechischen Bürgerkrieg mehren sich die Zeichen einer Wende zugunsten der Regierung. Die unter dem Befehl von Markos Wafiadis (General Markos) stehende Nationale Befreiungsarmee (ELAS) muß ihren Angriff auf die Stadt Konitsa im Norden des Landes erfolglos abbrechen. Trotz zahlenmäßiger Überlegenheit der Angreifer verteidigen sich die rund 900 Regierungssoldaten erfolgreich.

Ein MG-Posten der griechischen Armee während der Kämpfe um Konitsa

Die rund 25 000 Partisanen der kommunistisch dominierten ELAS sehen sich einem zunehmenden Druck durch die reguläre griechische Armee ausgesetzt, die von den USA und Großbritannien unterstützt wird. General Markos erhält zwar Hilfe von seiten Jugoslawiens, Bulgariens und Albaniens, nicht aber von der Sowjetunion. Als er im Dezember 1947 eine Gegenregierung ausrief und sich zu deren Ministerpräsident wählen ließ, versagte ihm die UdSSR die diplomatische Anerkennung. Mit dem Scheitern der Eroberung Konitsas muß Markos Wafiadis den Plan fallenlassen, dort seine Regierung zu etablieren (→ 19.6./S. 103).

Spaltung der Tudeh-Partei in Persien

5. Januar. In Persien (Iran) kommt es zur Spaltung der Tudeh-(»Massen«-)Partei. Ursache ist der Streit um die sowjetfreundliche Haltung eines Teils ihrer Mitglieder. Dadurch ist die Partei zunehmend unter politischen Druck geraten. Tudeh-Mitglieder hatten sich 1946 aktiv am Versuch beteiligt, in der nordwestlichen Provinz Aserbeidschan mit Unterstützung der UdSSR eine unabhängige Republik zu errichten. Persisches Militär hatte diesen Versuch jedoch mit Waffengewalt beendet. Aus Furcht vor weiteren Interventionen orientiert sich das Land seither politisch eng an den Vereinigten Staaten und an Großbritannien.

Polen nach Niederschlesien umgesiedelt

20. Januar. In Niederschlesien endet die Umsiedlung von polnischen Staatsangehörigen in die unter polnischer Verwaltung stehenden ehemaligen deutschen Ostgebiete. Dies meldet der polnische Pressedienst in Warschau. Insgesamt wurden bisher in Schlesien und Pommern rund drei Millionen Polen angesiedelt.

Schlesien, das bis 1945 eine preußische Provinz mit einer Grundfläche von 36500 km² war, wurde 1945 in der Potsdamer Konferenz der vier Siegermächte fast vollständig unter polnische Verwaltung gestellt. Lediglich das westlich der Neiße gelegene Gebiet Schlesiens wurde der sowjetischen Besatzungszone Deutschlands angegliedert und gehört nun zum Land Sachsen.

Schlesien teilt sich in die Verwaltungsgebiete Oberschlesien mit einer Fläche von 9700 km² und Niederschlesien mit einer Grundfläche von 26800 km² auf. Im Jahre 1939 lebten hier rund 4,8 Millionen Einwohner, davon 4,6 Millionen ostwärts der Oder und Neiße. Die überwiegende Mehrheit fühlte sich als dem Deutschen Reich zugehörig und war deutschsprachig. Nur etwa 500000 Bürger polnischer Abstammung lebten in dieser Region.

Nach Ende des Zweiten Weltkriegs flüchteten Millionen Menschen aus den ehemaligen deutschen Ostgebieten in die Westzone Deutschlands. Die polnische Regierung begann sofort mit der Umsiedlung ihrer Bürger aus dem Teil Polens, der seit dem September 1939 von sowjetischen Truppen okkupiert und in die UdSSR integriert worden war. Drei Millionen Menschen zogen nach Schlesien und Pommern. Die Ortsbezeichnungen der Städte und die Straßennamen wurden geändert, so heißt Breslau, die Hauptstadt Niederschlesiens, jetzt Wrocław. Früher lebten dort 600000 Menschen, jetzt liegt die Einwohnerzahl bei etwa 300000. Von der deutschen Bevölkerung sind nur noch rund 13000 Menschen übriggeblieben. Vom früher von den deutschen Einwohnern geprägten Charakter der Stadt ist nicht mehr viel zu spüren, sie unterscheidet sich kaum noch von einem polnischen Ort. Schlesien ist ein reiches, mit fruchtbarem Boden gesegnetes Land. So gilt das Gebiet Mittelschlesiens seit jeher als Kornkammer. Auch reiche Vorkommen an Kohle und Erzen sind vorhanden. Zudem besaß Schlesien eine hochentwickelte Industrie, die jedoch fast völlig zerstört wurde.

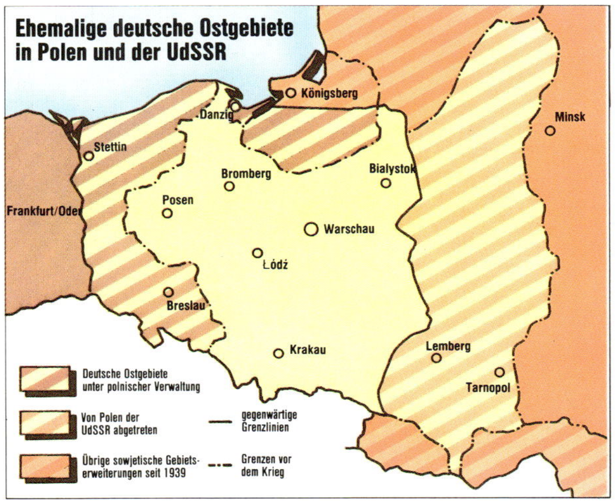

Nach dem Ende des Zweiten Weltkriegs wurde das polnische Staatsgebiet weit in Richtung Westen verschoben; aus den jetzt zur Sowjetunion gehörenden ehemaligen polnischen Ostgebieten wurden rund drei Millionen Menschen in die früheren deutschen Ostgebiete umgesiedelt

General Omar F. Bradley, künftiger Generalstabschef der US-Armee

Eisenhower verläßt den aktiven Dienst

26. Januar. General Dwight D. Eisenhower, ranghöchster Soldat der US-Streitkräfte, scheidet aus dem aktiven Militärdienst aus. Nachfolger im Amt des Generalstabschefs ist General Omar F. Bradley. Eisenhower hatte am 7. Mai 1945 die deutsche Kapitulation entgegengenommen. Bis November 1945 war er Oberbefehlshaber der US-Besatzungstruppen in Deutschland.

Geheimplan zur Teilung Osteuropas von 1939 veröffentlicht

21. Januar. In den USA werden die Akten des ehemaligen Auswärtigen Amtes des Deutschen Reiches veröffentlicht, die sich mit den Beziehungen zwischen Deutschland und der UdSSR in den Jahren 1939 bis 1941 befassen. Die Dokumente waren 1945 von US-amerikanischen Truppen erbeutet worden. Besonderes Aufsehen erregen in der Öffentlichkeit vor allem jene Akten, die sich mit dem deutsch-sowjetischen Nichtangriffspakt vom 23. August 1939 befassen.

Der Pakt, der zwischen den Außenministern beider Länder, Joachim von Ribbentrop und Wjatscheslaw M. Molotow, geschlossen worden war, sah in einem geheimen Zusatzprotokoll die Verteilung der Interessensphären in Osteuropa vor. Wörtlich heißt es darin unter anderem:

»Aus Anlaß der Unterzeichnung des Nichtangriffspaktes zwischen dem Deutschen Reich und der Union der Sozialistischen Sowjetrepubliken haben die unterzeichneten Bevollmächtigten ... in streng vertraulicher Aussprache die Frage der Abgrenzung der beiderseitigen Interessensphären in Osteuropa erörtert. ...

1. Für den Fall einer territorial-politischen Umgestaltung in den zu den baltischen Staaten (Finnland, Estland, Lettland und Litauen) gehörenden Gebieten bildet die nördliche Grenze Litauens zugleich die Grenze der Interessensphäre Deutschlands und der UdSSR. ...

2. Für den Fall einer territorial-politischen Umgestaltung der zum polnischen Staat gehörenden Gebiete werden die Interessensphäre Deutschlands und der UdSSR ungefähr durch die Linie der Flüsse Pissa, Narew, Weichsel und San abgegrenzt. Die Frage, ob die beiderseitigen Interessen die Erhaltung eines unabhängigen polnischen Staates erwünscht erscheinen lassen ..., kann endgültig erst im Laufe der weiteren politischen Entwicklung geklärt werden.«

23. 8. 39: Molotow signiert den Vertrag mit Deutschland

Polens Teilung wurde dementsprechend nach dem deutschen Angriff im September 1939 vollzogen. Auf der Teheraner Konferenz im Jahre 1943 einigten sich die UdSSR und ihre westlichen Kriegsverbündeten auf eine Festlegung der Teilungslinie von 1939 als neue polnische Ostgrenze.

Der »Wilhelmstraßenprozeß« wird eröffnet

7. Januar. In Nürnberg eröffnet der US-amerikanische Hauptankläger General Telford Taylor vor dem internationalen Militärtribunal den Prozeß gegen 21 ehemalige führende Diplomaten des Deutschen Reiches.

Das Verfahren wird häufig als Wilhelmstraßenprozeß bezeichnet, weil das ehemalige Außenministerium des Deutschen Reiches seinen Sitz in dieser Berliner Straße hatte. Chef des Auswärtigen Amtes war während der nationalsozialistischen Herrschaft zuletzt Joachim von Ribbentrop. Er wurde bereits 1946 in Nürnberg als Kriegsverbrecher zum Tode verurteilt und hingerichtet.

Der US-amerikanische Hauptankläger Taylor erklärt bei der Prozeßeröffnung: »Ohne die Hilfe dieser grauen Eminenzen hätten kein Hitler und kein Göring Angriffskriege planen können, hätte Himmler nicht sechs Millionen Juden und andere Opfer auslöschen können, hätten die kleinen Scharfrichter in den Konzentrationslagern nicht die mörderischen Befehle erhalten ...«

Einer der prominentesten Angeklagten in diesem Verfahren ist Ernst von Weizsäcker. Von 1938 bis 1943 war er als Staatssekretär im Auswärtigen Amt engster Mitarbeiter Ribbentrops. Ihm wirft das Gericht vor, von den Kriegsplänen der nationalsozialistischen Machthaber gewußt und an ihnen mitgearbeitet zu haben. Weizsäcker bezeichnet sich jedoch als nicht schuldig. Er habe bereits im Jahre 1938 heimlich die britische Regierung von den Kriegsplänen Adolf Hitlers unterrichtet und sei nach eigener Aussage nur im Amt geblieben, um Schlimmeres zu verhüten. Er sei zwar ein Konservativer, aber nie überzeugter Nationalsozialist gewesen. 1943 wurden seine Differenzen mit Ribbentrop und Hitler so groß, daß er als Botschafter in den Vatikan versetzt wurde. Dort half er zahlreichen Verfolgten des Naziregimes und unterstützte deren Flucht ins sichere Ausland.

Weizsäcker und den anderen angeklagten 20 ehemaligen Diplomaten des Deutschen Reichs drohen die Todesstrafe oder langjährige Gefängnisstrafen (→30. 7./S. 116).

Angeklagt: Wilhelm Keppler, der frühere Wirtschaftsberater Adolf Hitlers

Einer der Hauptangeklagten des Prozesses: Ernst von Weizsäcker

Skandal im Prozeß gegen Alfried Krupp

16. Januar. Im Prozeß des internationalen Militärtribunals in Nürnberg gegen Alfried Krupp von Bohlen und Halbach und elf Direktoren seines Konzerns werden sechs der insgesamt sieben Verteidiger verhaftet. Nach Ansicht des Vorsitzenden Richters H. C. Anderson haben sich die Anwälte der Mißachtung des Gerichts schuldig gemacht.

Ausgangspunkt des Vorfalls war ein Streit zwischen Alfred Schilf, dem Verteidiger des ehemaligen Krupp-Direktors Friedrich Janssen, und dem Gericht. Nachdem Schilf wiederholt das Wort entzogen worden war und er dennoch weitersprach, wurde er des Saales verwiesen. Daraufhin erhoben sich alle anwesenden Anwälte und verließen den Raum. Dies wertet das Gericht als Mißachtung. Die verhafteten Verteidiger stellen daraufhin einen Antrag auf Befangenheit des Gerichts, der jedoch abgelehnt wird. Erst nachdem Schilf sich für sein Verhalten entschuldigt, kommen die Anwälte wieder frei, und der am 8. Dezember 1947 eröffnete Prozeß kann fortgesetzt werden.

Bomben und Minen aus dem Krieg noch 1948 gefährlich

27. Januar. In Erfurt explodiert eine aus dem Zweiten Weltkrieg stammende Bombe. Dabei werden acht Menschen getötet und 107 zum Teil schwer verletzt. Die Druckwelle der Detonation beschädigt 850 Häuser und bringt zahlreiche Ruinen zum Einsturz. Arbeiter eines Erfurter Schrottplatzes hatten den Blindgänger gefunden und ihn für verwertbares Alteisen gehalten. Als sie versuchten, die Bombe mit einem Schneidbrenner zu zerlegen, kommt es zu der Katastrophe.

Immer wieder ereignen sich derartige Unglücksfälle. Während des Zweiten Weltkriegs hatten alliierte Bomberverbände 131 deutsche Städte angegriffen und dabei eine Bombenlast von etwa 1,3 Millionen Tonnen abgeworfen. Nicht alle Sprengkörper zündeten, so daß in den Städten noch immer Tausende von Blindgängern unter dem Schutt liegen. Dazu kommen noch die Millionen Panzer- und Handgranaten, die während der Kämpfe der letzten Kriegswoche auf deutschem Boden verschossen wurden. Sie zu finden ist außerordentlich schwierig, denn die Trümmer der zerstörten Häuser sind noch lange nicht fortgeräumt und erschweren die Arbeit der Bombenentschärfer. Oft finden Kinder die Sprengkörper und spielen damit.

Auch Bauern sind gefährdet: Immer wieder stoßen Landwirte beim Pflügen ihrer Äcker auf Bomben und Granaten. Binnen- und Seeschiffahrt sind durch die starke Verminung der Flüsse, Kanäle und Küsten behindert, da die Räumkommandos noch längst nicht alle Gefahren beseitigen konnten.

In den Ruinen einer Großstadt gehen Kinder einer gefährlichen Freizeitbeschäftigung nach, sie verbrennen in den Trümmern gefundene Munition

Eine weitere Gefahrenquelle bilden die zahllosen Ruinen. Vor dem Zweiten Weltkrieg hatte das Deutsche Reich einen Bestand von rund 18 Millionen Wohnungen. Davon wurden durch die Luftangriffe der Alliierten etwa 7,5 Millionen völlig zerstört und 2,5 Millionen schwer beschädigt. Das entspricht einem Verlust von 50% des in Deutschland verfügbaren Wohnraumes. Diese zerstörten und beschädigten Häuser bergen noch vielfältige Gefahren: Sie sind häufig noch nicht vollständig eingestürzt, fallen aber schon bei den kleinsten Erschütterungen in sich zusammen.

Das Beseitigen dieser Kriegsfolgen wird noch Jahre in Anspruch nehmen. Experten schätzen die Trümmermenge auf 400 Millionen m^3. Die für eine rasche Beseitigung nötigen Maschinen stehen den Deutschen nicht in ausreichender Menge zur Verfügung. So wird der Schutt meist mit der Hand fortgeräumt.

Neuer Chef soll die VW-Produktion steigern

1. Januar. Neuer Generaldirektor des Wolfsburger Volkswagenwerks wird Heinrich Nordhoff. Das bisherige Vorstandsmitglied der Adam-Opel-Werke soll nach Wunsch der britischen Besatzungsmacht in Deutschland die Autoproduktion wieder in Schwung bringen und die gegenwärtige Produktion von rund 800 Volkswagen-Fahrzeugen pro Monat möglichst bald steigern.

Gebaut wird in Wolfsburg der 1936 von Ferdinand Porsche konstruierte Volkswagen. Er sollte nach dem Willen der nationalsozialistischen Machthaber im Zuge der »Kraft durch Freude«-Bewegung (KdF) für Arbeiter erschwinglich sein und eine Massenmotorisierung einleiten. Der für 23 Millionen Reichsmark entwickelte Kleinwagen gilt immer noch als die modernste Konstruktion dieser Art in der Welt. Der Ausbruch des Zweiten Weltkrieges jedoch verhinderte die geplante Massenproduktion: Statt des KdF-Wagens liefen nun leichte Militärfahrzeuge von den Montagebändern in Wolfsburg.

Der modernste Kleinwagen der Welt, der in Wolfsburg konstruierte Volkswagen

Nordhoff ist der Meinung, daß einmal »etwas ganz Großes aus dem Volkswagen werden kann«. Der Weg dorthin erscheint jedoch schwer: Zu sehr leidet die deutsche Automobilindustrie unter den Kriegsfolgen. Nachdem die Bomben die Werke in Wolfsburg zum Teil erheblich zerstörten, sorgten die Reparationsansprüche der Siegermächte für weitere Probleme. Jetzt erschweren die Material- und Rohstoffknappheit die Produktion. Dennoch wird am 15. Januar der 20 000ste seit 1946 gebaute Volkswagen die Werkshalle verlassen.

Zur Zeit sind im Volkswagenwerk rund 8000 Arbeitnehmer beschäftigt. Von der monatlichen Produktion wird etwa ein Drittel an die Besatzungsmächte ausgeliefert. Das Werk steht immer noch unter der Verwaltung der Briten, die sich jedoch nur als bloße Treuhänder verstehen und Nordhoff in Wolfsburg weitgehende Entscheidungsfreiheit lassen wollen.

Heinrich Nordhoff

Heinrich Nordhoff (Abb.) wurde 1899 in Hildesheim geboren. Nach dem Studium an der Technischen Hochschule in Berlin ging er 1926 als Diplomingenieur zu den Bayerischen Motorenwerken (BMW) nach München. 1930 wechselte er zur Firma Opel und leitete mit bemerkenswertem Erfolg ab 1942 deren Werk in Brandenburg. Nordhoff gilt als ein Mann mit außergewöhnlichen unternehmerischen Fähigkeiten.

Die Lage für den deutschen Außenhandel bleibt schwierig

19. Januar. In der deutschen Bizone werden die alliierten Dienststellen für den Import und den Export sowie für die Devisenkontrolle in einem Amt zusammengelegt. Es handelt sich dabei um die Joint Export Import Agency (JEIA) und die Joint Foreign Exchange Agency (JEFA). Sie sind für die gesamte Abwicklung des Außenhandels und für Transaktionen in ausländischer Währung zuständig.

Trotz der Zusammenlegung beider Dienststellen bleibt die Bilanz des deutschen Außenhandels unbefriedigend. Die deutschen Auslandsguthaben sind ebenso wie die Devisenbestände beschlagnahmt. Exporte können nur mit Waren bezahlt werden; außerdem unterliegen sie einer Reihe von Beschränkungen. So durften zunächst fast nur Rohstoffe exportiert werden. Ihr Anteil an der Ausfuhr betrug noch 1947 rund 64%. Deutsche Waren müssen außerdem zu Preisen ausgeführt werden, die unter dem Weltmarktpreis liegen.

Porzellanfiguren für den Export

Deutsches Bier für das Ausland

Spielzeugautos aus Deutschland

Ausländische Geschäftsleute in einem Münchener Hotel

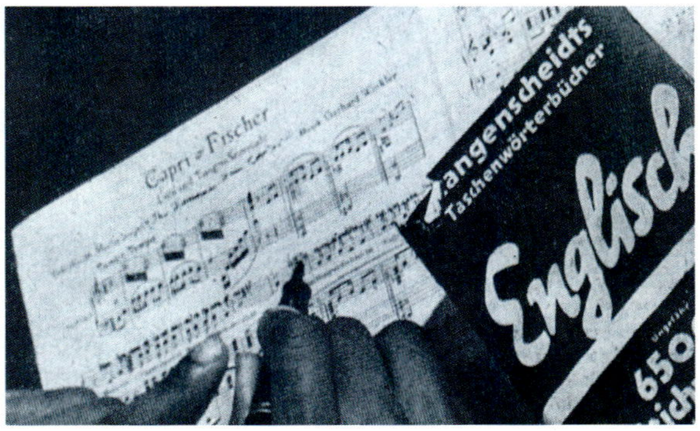

Auch die Noten deutscher Schlager werden exportiert

Wohnen und Design 1948

In Deutschland bleiben Wohnungen weiterhin Mangelware

Wie wohnen die Deutschen im Jahre 1948? Noch immer bestimmen Ruinen das Bild der Städte. Bis zu sechs Millionen Menschen sind, wie es heißt, »bombengeschädigt«. 44,4% aller Wohnungen waren am Ende des Krieges zerstört. Noch 1948 kommen nach statistischen Berechnungen 1,37 Menschen auf einen Wohnraum, im Jahr 1939 waren es nur 0,8.

Inzwischen ist der Trümmerschutt weitgehend beseitigt worden. Beschädigte Häuser wurden notdürftig repariert, Dächer abgedichtet. Vereinzelt wurden bereits provisorische Neubauten errichtet. Die Mehrzahl der Deutschen wohnt aber weiterhin in drangvoller Enge. Die erhalten gebliebenen Wohnungen sind durch Einquartierungen von Flüchtlingen und Ausgebombten überbelegt. Man muß sich deshalb bescheiden und die eigenen Ansprüche drastisch reduzieren. Man will es trocken, warm und vor allem sauber haben. Extravaganzen sind nicht gefragt: Die vielen Ausgebombten und Flüchtlinge sind oft schon froh, überhaupt ein eigenes Möbelstück zu besitzen, sei es ein Bett, ein alter Wehrmachtsspind, ein Tisch oder ein Stuhl. Noch immer bleibt für viele jede häusliche Behaglichkeit ein Wunschtraum. Man lebt auch in feuchten Kellern, die sich nicht beheizen lassen, in Baracken oder den für diese Zeit so charakteristischen Nissenhütten, einer aus Großbritannien stammenden Erfindung. In diesen Wellblechhäusern herrscht im Sommer unerträgliche Hitze und im Winter eisige Kälte. Vereinzelt werden sogar Gefängniszellen zu Wohnungen hergerichtet und an Ausgebombte und Flüchtlinge vergeben.

In dieser Gesellschaft des Mangels sind Einfallsreichtum und Improvisationstalent besonders gefragt. Als Resultat des völlig unzureichenden Angebotes im Handel wird Selbstgeflochtenes, Selbstgebasteltes, Selbstgenähtes und Selbstgezimmertes angeboten. Zeitungen, Zeitschriften, Bücher und Broschüren sind voller Tips und Anregungen, wie gebrauchtes Material sich neu verwerten läßt. Der Phantasie sind dabei keinerlei Grenzen gesetzt. Vorhänge werden aus Stoffresten genäht, Untersetzer aus Stroh geflochten, Möbelstücke aus alten Brettern gezimmert. Da in vielen Behausungen nur begrenzt Kochmöglichkeiten zur Verfügung stehen, werden die Speisen häufig in sogenannten Kochkisten, das sind tragbare Kleinst-Küchen im Karton-Format, zubereitet.

Mit der Währungsreform am → 19. Juni 1948 (S. 93) zeichnet sich endlich eine Wende ab. Das neue Geld ist wieder etwas wert, wenn es auch knapp ist. Was in den Schaufenstern der Geschäfte angeboten wird, bleibt für viele vorerst unerschwinglich.

Statt einer teuren Wohnzimmereinrichtung schaffen sich die Käufer zunächst einfacheres Mobiliar an. Der Bedarf an Haushaltswaren, wie zum Beispiel Töpfen, Geschirr und Besteck, ist um ein Vielfaches größer als an Mobiliar.

Nicht nur unbezahlbar, sondern auch für lange Zeit unerreichbar bleibt das, was Zeitungen, Zeitschriften und Wochenschauen aus den vom Krieg verschonten Ländern der Erde zu berichten haben. Es mutet geradezu phantastisch an, was vor allem die Bilder aus den Vereinigten Staaten zeigen. Nicht selten entsteht dabei der Eindruck, als lebe dort eine Überflußgesellschaft in geräumigen Eigenheimen, deren Küchen mit raffiniertester Technik ausgestattet sind.

Wohnverhältnisse 1948; die Küche dient als Schlafraum für zwei Personen

Flüchtlingsfamilien müssen in besonders beengten Verhältnissen leben

Aus Trümmern selbst gebaut; ein neues »Eigenheim«

Manche Küche dient als Schlafzimmer

Einfache Möbel werden häufig selbst gebaut

NWDR in Hamburg wird neu organisiert

1. Januar. Der Nordwestdeutsche Rundfunk (NWDR) in Hamburg konstituiert sich auf Anordnung der britischen Militärregierung als Anstalt des öffentlichen Rechts.
Kern des Statuts für den NWDR ist die Einrichtung eines 16 Mitglieder umfassenden Hauptausschusses, der über den Haushalt des NWDR bestimmt. Er setzt sich unter anderem aus den vier Ministerpräsidenten der Länder der britischen Besatzungszone, Vertretern der Parteien und des öffentlichen Lebens zusammen. Sie wählen die sieben Mitglieder des Verwaltungsrats: je einen Vertreter der fünf Länderregierungen, einen Vertreter Berlins sowie einen Beauftragten der Gewerkschaften und des Landes Nordrhein-Westfalen.
Hauptausschuß und Verwaltungsrat beaufsichtigen die Arbeit des Generaldirektors des NWDR. Für dieses Amt ist der derzeitige britische Chefkontrolleur des Senders und frühere Leiter der Deutschlandabteilung der BBC in London, Hugh Carlton Greene, vorgesehen.
Das staatliche Rundfunkmonopol in Deutschland wurde von den Westalliierten 1945 zerschlagen. Ziel ihrer Rundfunkpolitik ist statt dessen die Einrichtung öffentlich-rechtlicher Sendeanstalten nach eigenem Vorbild.
Eine Schrittmacherrolle hat dabei die britische Besatzungsmacht übernommen. Bereits im Mai 1945 richtete sie in Hamburg eine Rundfunkanstalt ein, die seit September 1945 die Bezeichnung NWDR trägt. Diese stand zunächst unter britischer Leitung, beschäftigte jedoch schon bald zahlreiche deutsche Mitarbeiter.
Die Organisationsstruktur des NWDR beeinflußte auch die Rundfunkpolitik der anderen westlichen Besatzungsmächte: So waren die Sendeanstalten der US-amerikanischen Besatzungszone bereits 1946 unter die Aufsicht deutscher Intendanten gestellt worden. Die Rundfunkgesetzgebung liegt in der Hand der Länderregierungen.
In der französischen Besatzungszone untersteht die einzige Rundfunkanstalt, der Südwestfunk in Baden-Baden, zwar einem deutschen Intendanten, der jedoch von der Militärregierung eingesetzt wurde. Als Aufsichtsgremium fungiert dort ein Rundfunkrat.

132 Menschen in den USA sterben an den Folgen einer Kältewelle

25. Januar. *Die Bundesstaaten an der Ostküste der USA werden von einer ungewöhnlichen Kältewelle heimgesucht. 132 Menschen sterben an den Folgen der extrem kalten Witterung. In New York fällt das Thermometer auf −39 ° C. Das ist die tiefste Temperatur, die in diesem Jahrhundert in der Millionenstadt gemessen wurde. Schneestürme verwandeln die Straßen New Yorks in eine Schneewüste und erschweren vielen Autofahrern das Wiederfinden ihrer geparkten Wagen (Abb. l.). Auch Busse und Versorgungsfahrzeuge kommen nicht mehr durch und bleiben in den Straßen liegen (Abb. r.). Millionen New Yorker können deshalb ihren Arbeitsplatz nicht erreichen. Auch in anderen Teilen der US-amerikanischen Oststaaten toben Schneestürme mit unerbittlicher Härte. Zahlreiche Ortschaften sind von der Außenwelt abgeschnitten und können nur aus der Luft versorgt werden. Straßen und Eisenbahntrassen sind nicht mehr passierbar und müssen von der US-amerikanischen Armee geräumt werden.*

Eine ehrgeizige Ingenieurleistung zur Deckung des steigenden Strombedarfs in Frankreich: Der im Bau befindliche Girotte-Staudamm am Mont Blanc

Der zweitgrößte Staudamm Europas

19. Januar. Das an der oberen Rhone, nahe der französischen Stadt Bellegarde, errichtete Wasserkraftwerk Génissiat nimmt seinen Betrieb auf. Der nach dem sowjetischen Dnjeprstaudamm zweitgrößte Damm Europas soll rund 1800 Millionen Kilowattstunden Strom in das Netz einspeisen.
Die 104 m hohe Staumauer, in der über 200 000 t Beton verbaut wurden, staut die Rhone in einer Länge von über 23 km. Zunächst arbeitet das Kraftwerk mit nur zwei Turbinen, es soll aber bis 1950 mit fünf Turbinen ausgerüstet werden. Génissiat ist das erste von 21 geplanten Wasserkraftwerken; die Ingenieure hoffen, daß in Zukunft ein erheblicher Teil des französischen Strombedarfs mit Hilfe der langfristig preiswerten und gleichzeitig umweltfreundlichen Wasserkraft gedeckt werden kann.
Zu den ehrgeizigsten Projekten der Ingenieure gehört der in den französischen Alpen am Lac de la Girotte im Bau befindliche Staudamm, der 1700 m über dem Meeresspiegel liegt und zusammen mit dem Génissiat-Kraftwerk die Säule der Energiepolitik Frankreichs bilden soll.

Gesundheit 1948:

Medizinische Verhältnisse leicht gebessert

Ende 1948 hat sich die Versorgungslage in Deutschland infolge der Währungsreform deutlich verbessert. Entsprechend positiv sind die Auswirkungen auf den Gesundheitszustand der Bevölkerung. Trotz Fortschritten im Bereich der Hygiene und Erfolgen in der Bekämpfung von Infektionskrankheiten wie Typhus und Tuberkulose gibt der Gesundheitszustand der Deutschen immer noch Anlaß zur Besorgnis.

Die Unterernährung, unter der weite Teile der Bevölkerung schon länger als drei Jahre zu leiden haben, hat zu allgemeinen Mangelerscheinungen geführt. Vor allem der Vitaminmangel verursacht eine erhöhte Anfälligkeit gegen Infektionskrankheiten. Überall in

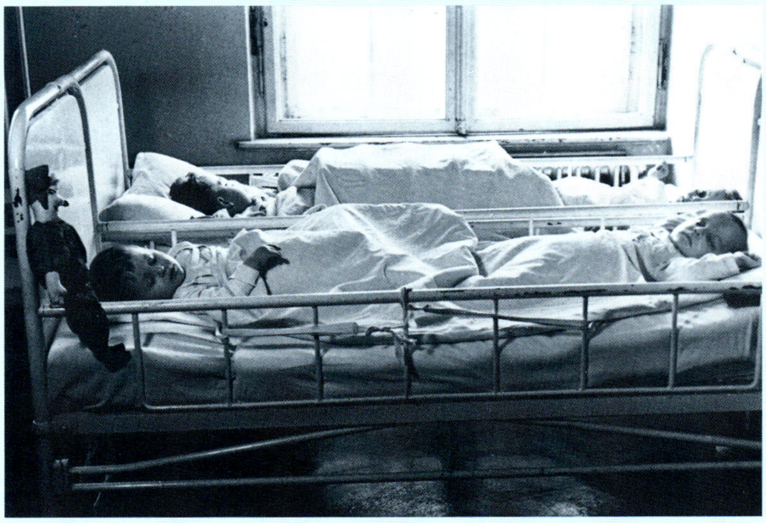

Auch in Kinderkrankenhäusern herrscht Bettennot; die kleinen Patienten müssen (wie hier in der Münchener Universitätsklinik) zusammenrücken

Die Gefahr der Seuchenverbreitung wird durch unhygienische Verhältnisse wie in dieser Notunterkunft erhöht

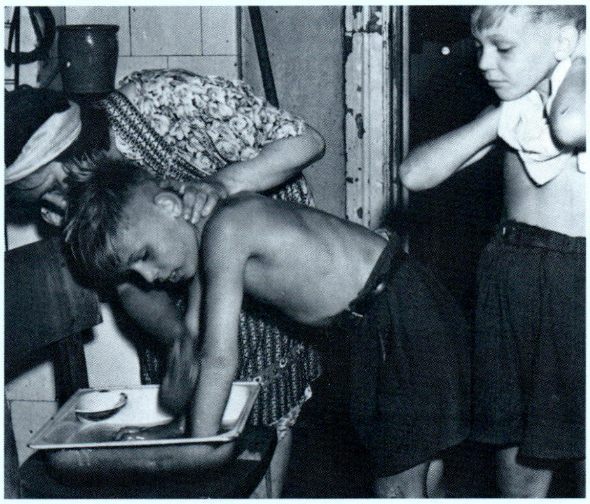

Trotz mangelhafter sanitärer Verhältnisse sind viele Mütter vor allem um die Sauberkeit ihrer Kinder besorgt

Deutschland besteht die ständige Gefahr eines Ausbruchs von Typhus- und Ruhrepidemien.

Eine weitere Ursache für die Verbreitung von Infektionserkrankungen liegt in den unzureichenden hygienischen Verhältnissen. Schuld daran ist die Enge der Wohnungen bei völlig unzureichenden sanitären Einrichtungen. Häufig müssen sich mehrere Familien ein Bad teilen.

Von den 1948 heimkehrenden deutschen Kriegsgefangenen sind vor allem die aus sowjetischer Gefangenschaft entlassenen stark unterernährt und leiden häufig an Krankheiten.

Ein in seiner ganzen Tragweite noch nicht erkanntes Problem sind die Auswirkungen von Krieg und Zerstörung auf die Psyche vieler Menschen, die seelischen Belastungen, verursacht durch den Verlust von Familienangehörigen und die Vernichtung der eigenen Existenzgrundlage.

Einige spektakuläre Fortschritte der medizinischen Forschung geben jedoch Anlaß zur Hoffnung auf eine allmähliche Besserung im Bereich des Gesundheitswesens.

Durch die Anwendung von Antibiotika ist es jetzt möglich, der Ausbreitung von Tuberkulose und Geschlechtskrankheiten Einhalt zu gebieten. Diese Medikamente sind jedoch knapp und teuer.

Während man in Deutschland in erster Linie die Voraussetzungen für ein wieder funktionierendes Gesundheitswesen schaffen muß, finden im Ausland neueste technische Entwicklungen ihre Anwendung in der Alltagsmedizin. In Schweden wird bei Herzoperationen eine neuartige Maschine eingesetzt, die den Blutkreislauf des Patienten während des Eingriffs aufrecht erhält. Die pharmazeutische Industrie stellt mit Trichloräthylen ein Medikament zur Verfügung, das eine weitgehend schmerzlose Geburt ermöglicht.

Transplantation der Hornhaut gelungen

30. Januar. In einem Krankenhaus in der britischen Grafschaft Sussex gelingt eine spektakuläre Augenoperation. Dem erblindeten Jimmy Wright wird die gesunde Hornhaut eines jungen Mädchens implantiert und so wieder zu seinem Augenlicht verholfen.

Der 26jährige Pilot verlor sein Sehvermögen bei einer Bombenexplosion während des Zweiten Weltkriegs. Die Hornhaut seiner beiden Augen wurde so stark beschädigt, daß er erblindete. Bisher waren alle Bemühungen der Ärzte, das Augenlicht des Patienten zu retten, erfolglos geblieben.

Als jedoch eine 17jährige Jugendliche auf einem Auge erblindete und die Ärzte es herausnehmen mußten, stellte man fest, daß die Hornhaut völlig intakt ist. Daraufhin entschlossen sich die Ärzte zu einer Transplantation. Nach Auskunft der Augenärzte gelingt eine so schwierige und komplizierte Operation in nur einem von 1000 Fällen. In Zukunft könne diese Methode jedoch vielen Menschen helfen.

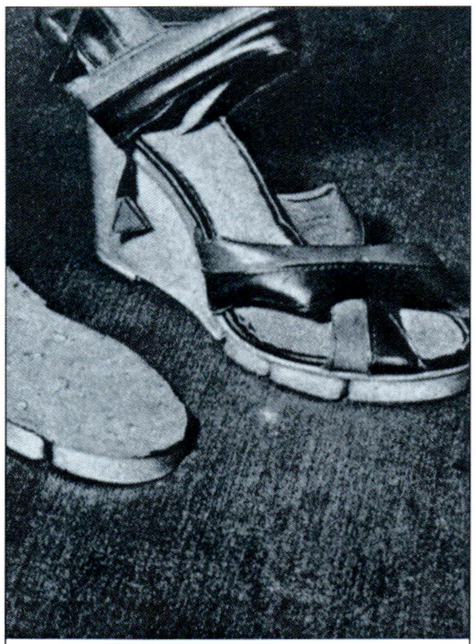

Gegen kalte Füße

In Berlin wird ein heizbarer Schuh vorgestellt (Abb.). Die aus Aluminium und Stahl bestehende Konstruktion besitzt einen hohlen Absatz, der ebenso wie die Sohle mit Esbit beheizt werden kann. Eine Isolierschicht soll verhindern, daß dabei der Fuß verbrannt wird. Durch diese Erfindung sollen kalte Füße in Zukunft vermieden werden.

Aufnahme von der Eröffnungsfeier der V. Olympischen Winterspiele im schweizerischen Sankt Moritz; 713 Sportler aus 28 Nationen sind in das Eisstadion des Wintersportortes einmarschiert

Olympische Winterspiele werden eröffnet

30. Januar. In dem Schweizer Wintersportort Sankt Moritz eröffnet Bundespräsident Enrico Celio die V. Olympischen Winterspiele. Auf der betont schlicht gehaltenen Eröffnungsfeier spricht Celio von den Spielen als »einem Symbol für eine neue Welt des Friedens und des guten Willens«.

Insgesamt 713 Teilnehmer aus 28 Nationen nehmen an den Spielen teil und kämpfen in 22 Wettbewerben um die Medaillen. Erstmals sollen die Disziplinen Abfahrtslauf und Slalom auch von den Frauen ausgetragen werden, diese Wettbewerbe waren bisher keine olympische Disziplin. Damit sind die alpinen Skiwettbewerbe die umfangreichsten der Winterspiele: In insgesamt sieben Disziplinen sind Wettkämpfe vorgesehen, an denen Sportler aus 25 Ländern teilnehmen. An den fünf nordischen Skiwettbewerben dagegen beteiligen sich Sportler aus nur zehn Nationen.

Im Vorfeld der Spiele gab es Probleme mit der US-amerikanischen Eishockeyauswahl. Gleich zwei Mannschaften reisten nach Sankt Moritz: Eine des Amateur-Hockey-Verbandes der USA und eine des Nationalen Olympischen Komitees (NOC) der Vereinigten Staaten. Die Frage, welche von den beiden Mannschaften nun spielberechtigt ist, bleibt strittig (→ 8. 2./S. 40).

△ *Höhepunkt der Eröffnungszeremonie der V. Olympischen Winterspiele in Sankt Moritz ist die feierliche Entzündung des olympischen Feuers, das während der ganzen Spiele brennen wird; zuletzt war die Flamme im Jahre 1936 in Berlin aus Anlaß der ersten Sommerspiele in Deutschland entzündet worden*

◁ *Im Namen der 713 an den Olympischen Winterspielen teilnehmenden Sportler aus 28 Nationen spricht der schweizerische Eishockeyspieler Enrico Torriani den olympischen Eid; die Teilnehmer geloben darin faire Wettkämpfe; der Eid wurde erstmals bei den Olympischen Sommerspielen 1920 im belgischen Antwerpen gesprochen*

Erste Olympiade nach dem Krieg

Die V. Olympischen Winterspiele in Sankt Moritz sind die ersten seit 1936. Im Jahre 1940 waren Winterspiele in Sapporo (Japan) vorgesehen, die jedoch ebenso wie die für 1944 im italienischen Cortina d'Ampezzo geplanten Winterspiele ausfallen mußten. Der Zweite Weltkrieg machte eine Austragung der Spiele unmöglich.

Dies sollte aber nicht das Ende der olympischen Idee sein: Sofort nach Kriegsende plante das Internationale Olympische Komitee (IOC) die Fortsetzung der Spiele. Man einigte sich auf Sankt Moritz als Austragungsort, weil hier 1928 schon einmal die Winterspiele stattgefunden hatten und der Krieg die Sportanlagen des Schweizer Skiparadieses unversehrt gelassen hatte.

Die Not des verwüsteten Europa macht jedoch auch vor der Olympiade nicht halt: Die Sportler klagen über unzureichende Bekleidung und schlechte Trainingsmöglichkeiten. Der Mangel an Devisen schafft für die Athleten zusätzliche Probleme; die meisten von ihnen erhalten nur fünf Schweizer Franken als Taschengeld. Eine Ausnahme macht die Mannschaft der USA. Sie reist hervorragend ausgestattet nach Sankt Moritz und wird dementsprechend von den anderen Sportlern beneidet.

Mannschaften aus 28 Nationen nehmen an den Winterspielen teil, das entspricht der Zahl der Olympiade von 1936 in Garmisch-Partenkirchen. Viele Länder beteiligen sich erstmals an den Wettbewerben, so z. B. Chile, Korea oder Island. Sogar der Libanon schickt Sportler zu den Winterspielen. Nicht teilnehmen dürfen Deutschland und Japan, die Länder, die den Zweiten Weltkrieg verursachten. Athleten aus diesen Staaten sind vom internationalen Sportverkehr vorerst ausgeschlossen.

Die UdSSR verzichtet freiwillig auf die Teilnahme, sie hält die Olympiade in Anbetracht der Folgen des Zweiten Weltkrieges für eine überflüssige Veranstaltung (→ 8. 2./S. 40).

Februar 1948

Mo	Di	Mi	Do	Fr	Sa	So
						1
2	3	4	5	6	7	8
9	10	11	12	13	14	15
16	17	18	19	20	21	22
23	24	25	26	27	28	29

1. Februar, Sonntag

In Bayern hat die Landesregierung auf Anordnung der US-Militärregierung den Entwurf einer umfassenden Schulreform vorgelegt. →S. 36

Berlin wird wieder an das internationale Telefonnetz angeschlossen.

In Italien konstituiert sich die Demokratische Volksfront, ein Zusammenschluß der meisten Linksparteien des Landes; Vorsitzende sind Palmiro Togliatti von den Kommunisten und Pietro Nenni von den Linkssozialisten (→18. 4./S. 61).

2. Februar, Montag

Die ägyptische Regierung ersucht Großbritannien, für den Abtransport der in der Sueskanalzone verbliebenen rund 80 000 deutschen Kriegsgefangenen zu sorgen (→31. 12./S. 192).

Die USA und Italien schließen einen auf zehn Jahre befristeten Handels- und Freundschaftspakt ab (→18. 4./S. 61).

3. Februar, Dienstag

In der deutschen Bizone treten rund drei Millionen Arbeiter und Angestellte aus Protest gegen die schlechte Ernährungslage in einen Streik (→5. 1./S. 12).

Der Deutsche Gewerkschaftsbund (DGB) in den drei westlichen Besatzungszonen gibt die Zahl seiner Mitglieder mit 4,4 Millionen an.

Die gesetzgebende Nationalversammlung Italiens beschließt ein Autonomiestatut für die Insel Sizilien.

Zwischen den USA und Portugal wird ein Abkommen über die Nutzung eines Flughafens auf der Inselgruppe der Azoren im Atlantik durch die US-Luftwaffe geschlossen.

US-Präsident Harry S. Truman schlägt dem Kongreß in Washington eine Menschenrechts-Charta vor, die vor allem der farbigen Bevölkerung der Vereinigten Staaten zugute kommen soll. →S. 33

Die irakische Regierung in Bagdad lehnt die Ratifizierung eines am 15. Januar mit Großbritannien abgeschlossenen Bündnisvertrages aufgrund der im Lande herrschenden antibritischen Stimmung ab.

4. Februar, Mittwoch

Im Rahmen eines 1947 beschlossenen Hilfsprogramms der USA für Griechenland und die Türkei erhalten die griechischen Streitkräfte umfangreiche Waffenlieferungen für den Einsatz im Bürgerkrieg. →S. 33

Die britische Regierung lehnt für die Zukunft die Lieferung militärischer Ausrüstungen an die Länder des Mittleren Ostens ab.

Die Insel Ceylon erlangt als erste britische Kronkolonie die vollständige Unabhängigkeit. Ministerpräsident wird Don Stephen Senanayake. →S. 32

Zwischen der UdSSR und Rumänien wird ein Beistandspakt abgeschlossen.

Der Theaterregisseur Jürgen Fehling wird als Nachfolger des am 13. Januar in Berlin verstorbenen Karl Heinz Martin neuer Intendant des Berliner Hebbel-Theaters.

5. Februar, Donnerstag

In Frankfurt am Main wird der bizonale Wirtschaftsrat zum zweiten Mal umgebildet. →S. 35

Die Mitglieder einer Reihe von Ausschüssen des US-amerikanischen Kongresses in Washington fordern nach einer Reise durch Deutschland u.a. die Einstellung der Demontagen, die Beendigung der Entnazifizierung und die Bildung eines föderativen Staatswesens in den drei Westzonen (→23. 2./S. 33).

In Dresden kommen Gewerkschaftsvertreter aus allen Besatzungszonen Deutschlands mit Ausnahme der französischen Zone zusammen. Sie beschließen die Bildung eines Zentralrats der deutschen Gewerkschaften.

Das nationalchinesische Verteidigungsministerium beziffert die Schäden, die der Bürgerkrieg bisher in Industrie und Bergbau verursacht hat, auf mehr als zehn Milliarden US-Dollar (→6. 11./S. 182).

Das US-Präsidialamt in Washington gibt bekannt, daß der sowjetische Partei- und Regierungschef, Generalissimus Josef W. Stalin, eine Einladung in die USA aus gesundheitlichen Gründen abgelehnt hat.

Der sowjetische Justizminister Alexander J. Rytschko wird seines Amtes enthoben. Nachfolger wird der frühere Staatsanwalt Pawel S. Gorschenin.

6. Februar, Freitag

In Thailand finden allgemeine Wahlen statt, aus denen die Demokratische Partei des Ministerpräsidenten Nai Khuang als Sieger hervorgeht.

Auf dem Übungsgelände von White Sands im US-Bundesstaat New Mexico gelingt es erstmals, eine nachgebaute deutsche V2-Rakete elektronisch fernzusteuern. →S. 39

7. Februar, Sonnabend

Der nordrhein-westfälische Ministerpräsident Karl Arnold entläßt die beiden kommunistischen Minister aus ihren Ämtern.

8. Februar, Sonntag

In Sankt Moritz (Schweiz) enden die seit dem →30. Januar (S. 25) andauernden Olympischen Winterspiele. Insgesamt nahmen 713 Athleten aus 28 Nationen teil, deutsche und japanische Sportler waren ausgeschlossen. →S. 40

9. Februar, Montag

In Köln wird das Deutsche Obergericht als höchste Justizinstanz in der deutschen Bizone eingerichtet (→5. 2./S. 35).

In Japan wird die vom sozialistischen Ministerpräsidenten Tetsu Katayama geführte Koalitionsregierung durch eine Abstimmungsniederlage im Parlament gestürzt. →S. 32

Die indische Regierung verbietet eine Reihe extremistischer Hindu- und Moslemorganisationen (→30.1./S.14; 30.1./S.17).

Neuer Präsident des Internationalen Roten Kreuzes wird der Schweizer Paul Ruegger.

In Bayern gibt das Gesundheitsamt des Landes bekannt, daß rund 2% der Bevölkerung des Landes schwerbeschädigt sind.

Bei einem Boxweltmeisterschaftskampf im Weltergewicht in Philadelphia/USA verteidigt der US-Amerikaner Ike Williams seinen Titel erfolgreich gegen seinen Herausforderer Livio Minelli (Italien). →S. 41

10. Februar, Dienstag

Der Parteivorstand der Liberaldemokratischen Partei (LDP) der Ostzone beschließt in Halle/Saale den Ausschluß des Landesverbandes Berlin aus der Parteiorganisation. →S. 34

In Stockholm endet eine zweitägige Konferenz der Ministerpräsidenten Norwegens, Schwedens, Dänemarks und Islands, auf der einstimmig die Teilnahme am Marshallplan bei gleichzeitiger Ablehnung politischer Blockbildungen beschlossen wird (→2. 4./S. 58).

Die Grenze zwischen Frankreich und Spanien, die von der französischen Regierung im Februar 1946 geschlossen worden war, wird für den Personen- und Warenverkehr wieder geöffnet.

11. Februar, Mittwoch

Der Alliierte Kontrollrat für Deutschland tritt in Berlin zu Beratungen über die Durchführung einer Währungsreform in allen vier Besatzungszonen Deutschlands zusammen (→19. 6./S. 93).

Der Landesverband Berlin der Christlich Demokratischen Union trennt sich von den Parteiverbänden der CDU in der Ostzone (→10. 2./S. 34).

Ernst Fischer, Vorsitzender der österreichischen kommunistischen Partei (KPÖ), erklärt auf einer nichtöffentlichen Sitzung des Zentralkomitees seiner Partei in Wien, daß rund 95% der Österreicher einen Abzug der sowjetischen Besatzungsmacht befürworten.

Bei den in Davos (Schweiz) stattfindenden Weltmeisterschaften der Eiskunstläufer verteidigen die Belgier Micheline Lannoy und Pierre Baugniet ihren Titel als Weltmeister im Paarlaufen.

12. Februar, Donnerstag

Die Vorstände der Christlich Demokratischen Union (CDU) in der Ostzone beschließen in Berlin die Teilnahme ihrer Partei am 2. Deutschen Volkskongreß, der am 17. und 18. März in Berlin stattfinden wird (→19. 3./S. 47).

Das britische Kriegsministerium in London kündigt den Abzug der rund 3000 noch in Japan stationierten britischen Besatzungssoldaten an.

Das Zentralkomitee der sowjetischen kommunistischen Partei übt scharfe Kritik an den Werken führender sowjetischer Komponisten, darunter an Dmitri D. Schostakowitsch und Sergei S. Prokofjew (→31. 8./S. 140).

13. Februar, Freitag

Auf Befehl der Sowjetischen Militärverwaltung in Deutschland (SMAD) wird die 1947 eingerichtete Deutsche Wirtschaftskommission (DWK) in der Ostzone reorganisiert. →S. 35

Im Alliierten Kontrollrat für Österreich in Wien dementiert der US-amerikanische Vertreter, Generalleutnant Geoffrey Keyes, Gerüchte über eine angebliche Teilung des Landes.

In der Nähe der japanischen Stadt Hiroschima wird unter britischer Leitung ein Laboratorium eingerichtet, das die Spätfolgen des US-amerikanischen Atombombenabwurfes vom 6. August 1945 untersuchen soll.

Ein Berliner Junge, der als Maskottchen einer US-amerikanischen Truppeneinheit bekannt wurde, kehrt aus Großbritannien in seine Heimat zurück. →S. 36

Die Polizei in Passau verfolgt seit einiger Zeit illegale Hundeschlachtungen, die aufgrund der angespannten Ernährungslage durchgeführt werden (→S. 142).

Weltmeister der Eiskunstläufer wird im schweizerischen Wintersportort Davos der US-Amerikaner Dick Button. Hans Gerschwiler aus der Schweiz belegt den zweiten Platz.

14. Februar, Sonnabend

Der britische und der US-amerikanische Militärgouverneur in Deutschland, General Sir Brian Robertson und General Lucius D. Clay, unterzeichnen ein Gesetz zur Schaffung der »Bank deutscher Länder« (→1. 3./S. 48).

Die Länderparlamente der acht Länder der deutschen Bizone nominieren die Vertreter für den neugeschaffenen Länderrat der deutschen Bizone in Frankfurt am Main (→5. 2./S. 35; 2. 3./S. 47).

Das in Düsseldorf erscheinende Organ der nordrhein-westfälischen KPD, »Die Freiheit«, wird von der britischen Militärregierung für drei Monate verboten.

15. Februar, Sonntag

Barbara Ann Scott aus Kanada gewinnt den Wettbewerb der Frauen bei der Eiskunstlaufweltmeisterschaft in Davos.

Über einen schweren Bombenanschlag in einer Einkaufsstraße in Jerusalem berichtet »The Illustrated London News« in ihrer Ausgabe vom 28. Februar

THE ILLUSTRATED LONDON NEWS,

SATURDAY, FEBRUARY 28, 1948.

THE TRAGEDY OF BEN YEHUDA STREET: A VIEW OF THE BOMB-SHATTERED JEWISH SHOPPING-CENTRE IN JERUSALEM ON FEBRUARY 22, AFTER THE EXPLOSIONS WHICH CLAIMED FIFTY LIVES AND CAUSED EXTENSIVE DAMAGE.

The most serious bomb outrages in Palestine in the past have been those carried out by Jewish organisations against the British and the Arabs, but on February 22 there was a series of explosions in Ben Yehuda Street, the principal Jewish shopping street in Jerusalem, which shattered buildings and, at the time of writing, is reported to have caused over 120 Jewish casualties; 50 dead and about 70 injured. The police and military were quickly on the spot and assisted in the rescue work, but rumours began to circulate that the explosions were the work of the British and the watching crowd became hostile. As a result, British personnel were withdrawn. The explosives were contained in three lorries of Army type which, led by an armoured car, drove into Ben Yehuda Street in the early hours of the morning. There the lorries were abandoned and shortly after blew up, demolishing two small hotels, a bank and a block of flats and badly damaging several other buildings. Further photographs appear on page 227.

A

Bei den in Turku (Finnland) stattfindenden Eisschnellaufweltmeisterschaften der Frauen gewinnt Maria Isakowa aus der UdSSR die Gesamtwertung.

16. Februar, Montag

Vor dem Obersten französischen Militärgericht in Deutschland in Baden-Baden beginnt der Prozeß gegen die Industriellen Hermann und Ernst Röchling sowie mehrere Direktoren der deutschen Stahlindustrie. Ihnen wird unter anderem die Mitarbeit an der Vorbereitung eines Angriffskrieges vorgeworfen.

Von seiten der britischen Regierung in London verlautet, daß auch weiterhin aus der britischen Besatzungszone Deutschlands Reparationsgüter an die Sowjetunion geliefert werden.

Im Mittelpunkt des internationalen Jazzfestivals in der südfranzösischen Hafenstadt Nizza steht der US-amerikanische Jazztrompeter Louis Armstrong.

Europameister im Eisschnellauf der Männer wird in Oslo der Norweger Reidar Liaklev.

17. Februar, Dienstag

Im Jemen bricht nach der Ermordung des Königs Hamid Ad Din Jahja ein Bürgerkrieg um die Nachfolge des Monarchen aus.

In der Nähe der nordfranzösischen Industriestadt Lille rast ein Güterzug in einen Personenzug. Dabei kommen 20 Menschen ums Leben, zehn Reisende werden zum Teil schwer verletzt.

Europameister im Boxleichtgewicht wird in der britischen Hauptstadt London der britische Boxer Billy Thompson durch einen Punktsieg über den Titelverteidiger Roberto Proietti aus Italien.

18. Februar, Mittwoch

Aufgrund der Nominierung des am 27. Januar abgesetzten Direktors der Bizonen-Wirtschaftsverwaltung, Johannes Semler, für den erweiterten Wirtschaftsrat in Frankfurt am Main durch den bayerischen Landtag kommt es zu Auseinandersetzungen mit der US-amerikanischen Militärregierung. Die Nominierung Semlers wird nach Gesprächen mit Vertretern der Besatzungsmacht zurückgenommen (→ 27. 1./S. 13; 5. 2./S. 35).

In Hohenheim bei Stuttgart beginnt eine zweitägige Konferenz der deutschen Kultusminister der Länder aller vier Besatzungszonen. → S. 36

In Irland verliert die nationalistische Fianna Fail Partei bei den Parlamentswahlen die absolute Mehrheit, Premierminister Eamon de Valera tritt nach 16jähriger Amtszeit zurück. → S. 32

In Ungarn werden führende Mitglieder der sozialistischen Partei des Landes ihrer Partei- und Regierungsämter enthoben (→ 26. 12./S. 190).

In Moskau wird ein Freundschafts- und Beistandspakt zwischen der UdSSR und Ungarn unterzeichnet.

Die Außenminister der Tschechoslowakei, Polens und Jugoslawiens sprechen sich in Prag gegen eine politische Einheit Deutschlands aus.

19. Februar, Donnerstag

In Irland wird John A. Costello vom Parlament zum neuen Premierminister des Landes gewählt; er löst den seit dem Jahr 1932 amtierenden Eamon de Valera ab (→ 18. 2./S. 32).

In Nürnberg verurteilt der US-amerikanische Gerichtshof den ehemaligen Generalfeldmarschall Wilhelm List und den ehemaligen General Walter Kuntze wegen Kriegsverbrechen zu lebenslänglichen Freiheitsstrafen.

In Indien fordert eine Choleraepidemie innerhalb einer Woche 1374 Tote.

In der norwegischen Hauptstadt Oslo stellt der US-amerikanische Eisschnellläufer Delbert Lamb mit 2:29,7 min über die Distanz von einer Meile (1,609 km) einen Weltrekord auf.

Der US-amerikanische Schwimmer Joe Verdeur verbessert den von ihm selbst gehaltenen Weltrekord über die Distanz von 200 m Brust um 3 sec auf 2:32 min.

20. Februar, Freitag

Innerhalb der tschechoslowakischen Regierung kommt es zwischen den kommunistischen und nichtkommunistischen Ministern zu scharfen Auseinandersetzungen über die unter kommunistischem Einfluß stehende Polizei des Landes. Zwölf Kabinettsmitglieder reichen ihren Rücktritt ein (→ 25. 2./S. 30).

In der palästinensischen Hafenstadt Haifa und in Jerusalem kommt es zu heftigen Straßenkämpfen zwischen Arabern und Juden. → S. 32

In Großbritannien wird das Wahlrecht reformiert, künftig ist u.a. das Doppelwahlrecht für Eigentümer und Inhaber akademischer Grade abgeschafft. → S. 33

Neuer Boxeuropameister im Bantamgewicht wird in der britischen Hauptstadt London der Italiener Guido Ferracin durch einen Punktsieg über Titelverteidiger Peter Kane aus Großbritannien.

In Prag trennen sich in einem Eishockeyspiel die Nationalmannschaften der Tschechoslowakei und Kanadas 3:3.

21. Februar, Sonnabend

Das US-Außenministerium in Washington gibt die Lieferung umfangreichen Kriegsmaterials der Vereinigten Staaten an die Kuomintang-Regierung in China bekannt (→ 6. 11./S. 182).

Die Vereinigten Staaten befürworten eine Teilnahme Spaniens am Marshallplan, machen diese Entscheidung jedoch von der Zustimmung der am Wiederaufbauplan beteiligten europäischen Staaten abhängig (→ 2. 4./S. 58).

In der tschechoslowakischen Hauptstadt Prag fordern rund 80 000 Demonstranten die Entlassung der bürgerlichen Minister aus der Regierung des Landes (→ 25. 2./S. 30).

22. Februar, Sonntag

Die britische Militärregierung in Deutschland lehnt den Antrag der polnischen Regierung auf Auslieferung des niedersächsischen Ministerpräsidenten Hinrich Wilhelm Kopf als Kriegsverbrecher ab.

Auf einer Konferenz der Sozialistischen Partei Österreichs in Innsbruck wendet sich Innenminister Oskar Helmer gegen Bestrebungen zur Vereinigung seiner Partei mit den Kommunisten.

Bei den deutschen Meisterschaften im Eiskunstlauf in Krefeld siegt in der Herrenkonkurrenz Horst Faber aus Rießersee, den Frauenwettbewerb gewinnt Irene Braun (ebenfalls aus Rießersee). Deutsche Meister im Paarlauf werden Ria Baran und Paul Falk aus Düsseldorf. → S. 41

Auf der Distanz von 100 m schwimmt Walter Klinge Europarekord in der Disziplin Brust/Delphin. Es ist der erste Europarekord eines Deutschen seit Ende des Zweiten Weltkrieges.

23. Februar, Montag

In London beginnt eine Konferenz, an der Vertreter der USA, Großbritanniens und Frankreichs teilnehmen; auf der Tagesordnung des Treffens steht u.a. die Bildung eines Bundesstaates in den drei westlichen Besatzungszonen Deutschlands. → S. 33

In der Tschechoslowakei treten rund 2,5 Millionen Arbeiter in einen einstündigen Warnstreik, um die Forderungen der Kommunisten nach Entlassung der bürgerlichen Minister aus der Regierung zu unterstützen (→ 25. 2./S. 30).

Die Fluchtroute ehemaliger hoher SS-Angehöriger von Europa nach Südamerika wird aufgedeckt. → S. 34

24. Februar, Dienstag

In Frankfurt am Main tritt der reorganisierte Wirtschaftsrat der deutschen Bizone zu seiner ersten Sitzung zusammen. Die Mitglieder wählen Erich Köhler (CDU) zum Präsidenten und Gustav Dahrendorf (SPD) zum Vizepräsidenten (→ 5. 2./S. 35).

Die französische Nationalversammlung in Paris spricht Ministerpräsident Robert Schuman das Vertrauen aus, nachdem dieser am 21. Februar wegen des Streites um das Gesetz zur Stabilisierung der Wirtschaft des Landes mit seinem Rücktritt gedroht hatte (→ 19. 7./S. 119).

In der deutschen Bizone kommt es zur Gründung der Arbeitsgemeinschaft Eisen und Metall, des ersten großen deutschen Wirtschaftsdachverbandes seit Kriegsende. → S. 35

25. Februar, Mittwoch

In der Tschechoslowakei übernimmt die kommunistische Partei des Landes unter Führung des Ministerpräsidenten Klement Gottwald die Macht. → S. 30

In Göttingen wird die Max-Planck-Gesellschaft zur Förderung der Wissenschaften gegründet; sie tritt die Rechtsnachfolge der im Jahr 1911 in Berlin gegründeten Kaiser-Wilhelm-Gesellschaft an. → S. 37

26. Februar, Donnerstag

Vertreter der Niederlande, Belgiens und Luxemburgs werden zu den seit dem 23. Februar stattfindenden Verhandlungen der drei Westmächte in London hinzugezogen (→ 23. 2./S. 33).

Die Staaten der Arabischen Liga drohen mit der Kündigung der Ölkonzessionen US-amerikanischer Unternehmen für den Fall, daß die Vereinigten Staaten weiterhin den Teilungsplan der UNO für Palästina unterstützen (→ 5. 3./S. 50).

27. Februar, Freitag

Die Sowjetische Militäradministration in Deutschland (SMAD) erklärt die Entnazifizierung in der Ostzone für abgeschlossen. → S. 34

Der tschechoslowakische Ministerpräsident Klement Gottwald stellt sein Kabinett vor. → S. 31

Der sowjetische Partei- und Regierungschef, Generalissimus Josef W. Stalin, schlägt der finnischen Regierung einen finnisch-sowjetischen Verteidigungspakt vor (→ 6. 4./S. 63).

28. Februar, Sonnabend

Die Regierungen Großbritanniens und Frankreichs laden die Teilnehmerstaaten am Marshallplan für den 15. März zu einer zweiten Konferenz über das Europäische Wiederaufbauprogramm (ERP) ein (→ 16. 3./S. 50).

Die letzten britischen Truppen verlassen Indien.

29. Februar, Sonntag

Der Erzbischof von Köln, Josef Kardinal Frings, fordert die Beendigung der Entnazifizierung in den Westzonen Deutschlands, da sie zu großen Ungerechtigkeiten geführt habe (→ 13. 5./S. 79).

Gestorben:

9. München: Karl Valentin (eigentl. Valentin Ludwig Fey, *4. 6. 1882, München), deutscher Komiker und Volksschauspieler. → S. 39

11. Moskau: Sergei M. Eisenstein (*23. 1. 1898, Riga), sowjetischer Filmregisseur. → S. 39

Das Wetter im Monat Februar

Station	Mittlere Lufttemperatur (°C)	Niederschlag (mm)	Sonnenscheindauer (Std.)
Aachen	— (2,1)	— (59)	— (74)
Berlin	0,2 (0,4)	— (40)	— (78)
Bremen	— (0,9)	— (48)	— (68)
München	— (−0,9)	— (50)	— (72)
Wien	0,9 (0,6)	110 (41)	89 (—)
Zürich	2,0 (0,2)	57 (61)	70 (79)

( ) Langjähriger Mittelwert für diesen Monat
– Wert nicht ermittelt

Großer Bildbericht über die Situation vieler Kinder und Jugendlicher in der Nachkriegszeit im Februarheft der »Badischen Illustrierten«

Badische Illustrierte

FREIBURG I. BR. · 3. JAHRG.
NR. 2 · 14. FEBR. 1948 · PR. 40 PF.

„Wohin geht die Reise?" — „Wissen wir nicht"
Zu unserem Bildbericht: Jugend schafft sich ein Heim

Anhänger der tschechoslowakischen kommunistischen Partei bei einer Demonstration auf dem Wenzelsplatz in der Hauptstadt Prag

Aus vielen Prager Fabriken werden Arbeiter mit Lastwagen zu Demonstrationen gefahren

Demonstranten fordern die Stärkung der Nationalen Front in der Tschechoslowakei

Die kommunistische Partei übernimmt in Prag die Macht

25. Februar. In der tschechoslowakischen Hauptstadt Prag hat die kommunistische Partei der Tschechoslowakei (KPČ) durch einen »kalten Staatsstreich« die Regierungsgewalt an sich gerissen. Ministerpräsident einer »Volksdemokratischen Einheitsregierung« ist der Vorsitzende der KPČ, Klement Gottwald. Damit sind die Kommunisten aus einer schweren Regierungskrise als Sieger hervorgegangen. Zwölf bürgerliche Minister einer Allparteienregierung waren fünf Tage zuvor zurückgetreten. Sie protestierten gegen die vom kommunistischen Innenminister Vaclav Nosek gedeckte Unterwanderung von Polizei und Geheimdienst durch Mitglieder der KPČ. Außerdem wollten sie Staatspräsident Eduard Beneš zur Vorverlegung der für Mai 1948 geplanten Parlamentswahlen zwingen.

Dieser Rücktritt bedeutete das Ende der Regierung der Nationalen Front, die im April 1945 aus bürgerlichen Parteien, Sozialdemokraten und Kommunisten mit dem Ziel gebildet worden war, einen demokratischen Staat mit teilsozialisierter Wirtschaft zu schaffen. Schon bald kam es jedoch zwischen den bürgerlichen Parteien und der KPČ zu Streitigkeiten über das Ausmaß der Sozialisierungen. Seit Mitte 1947 stellten die Kommunisten immer weiter gehende Forderungen, wie zum Beispiel die nach der Verstaatlichung aller Betriebe mit mehr als 50 Beschäftigten. Gleichzeitig bereiteten sie insgeheim die Übernahme der alleinigen Macht vor. Diesem Zweck diente der Aufbau einer kommunistisch geführten Gewerkschaft und die Einschleusung von Kommunisten in Polizei und Geheimdienst.

Seit dem 20. Februar überschlugen sich die Ereignisse. Der Rücktritt der zwölf bürgerlichen Minister stellte den letzten Versuch dar, den Vormarsch der KPČ auf die ungeteilte Macht aufzuhalten. Weil jedoch die sozialdemokratischen Minister ihre Ämter beibehielten, scheiterte der Plan der bürgerlichen Parteien, durch den Sturz der Regierung Neuwahlen herbeizuführen. In dieser zugespitzten Situation wurde die Haltung des Staatspräsidenten Beneš entscheidend. Falls er die zwölf Minister entließ, ohne Neuwahlen anzusetzen, war der Weg frei für eine Regierungsumbildung nach den Vorstellungen der Kommunisten. Die KPČ übte darum zunehmenden Druck auf den Präsidenten aus, um ihn zur Ersetzung der bürgerlichen Minister durch Kandidaten der Kommunisten zu bewegen.

Am 21. Februar forderten auf dem Altstädter Ring in Prag 80 000 Anhänger der KPČ die Entlassung der bürgerlichen Minister. Am darauffolgenden Tag zeigten sich in den Straßen Prags bewaffnete Arbeitermilizen. Die kommunistisch gelenkte Polizei nahm erste Verhaftungen von politischen Gegnern vor. Noch zögerte Beneš, das Schicksal des tschechoslowakischen Staates in die Hände der KPČ zu legen.

Am 23. Februar wurde eine Demonstration antikommunistischer Studenten, die Beneš zur Unnachgiebigkeit auffordern wollten, von der Polizei mit Waffengewalt zerstreut. Am selben Tag traten 2,5 Millionen Arbeiter zur Unterstützung der Kommunisten in einen einstündigen Warnstreik.

Als die KP schließlich mit einem Generalstreik drohte, gab Beneš, die Gefahr eines Bürgerkriegs vor Augen, seinen Widerstand auf. Am 25. Februar entläßt er die zwölf bürgerlichen Minister und beauftragt den Vorsitzenden der KPČ, Gottwald, mit der Regierungsneubildung.

Kommunistische Demonstranten auf dem Altstädter Ring in Prag vor dem Denkmal des Reformators Jan Hus

Staatspräsident Beneš (r.) beauftragt den Vorsitzenden der tschechoslowakischen kommunistischen Partei, Gottwald (l.), mit der Regierungsbildung

Gottwalds neue Regierung

27. Februar. Der tschechoslowakische Ministerpräsident Klement Gottwald stellt in Prag sein neues Kabinett vor, das ganz von den Kommunisten beherrscht wird. Zwei Tage zuvor waren nichtkommunistische Minister ausgeschaltet worden. Noch am selben Tag vereidigt Staatspräsident Eduard Beneš die neue Regierung.

Der Staatspräsident Eduard Beneš

Jan Masaryk, Außenminister der ČSR

Von den 22 Ministerien sind nunmehr zwölf mit Kommunisten besetzt, darunter sämtliche Schlüsselressorts: Innenminister bleibt Vaclav Nosek, der als oberster Befehlshaber von Polizei und Geheimdienst maßgeblich am kommunistischen Umsturz beteiligt war (→ 25. 2./S. 30). Das Verteidigungsministerium führt Ludvik Svoboda, der zwar nicht offiziell der KP angehört, aber als Parteigänger der Kommunisten gilt. Das Justizministerium übernimmt Alexei Tschepitschka. Neuer Außenhandelsminister der ČSR wird Antonín Gregor.

Um den Schein der Kontinuität zur Politik der gestürzten Regierung der Nationalen Front zu wahren, hat Gottwald einige untergeordnete Ressorts, wie zum Beispiel das Verkehrs- und das Postministerium an Mitglieder der bürgerlichen Parteien vergeben. Diese besitzen jedoch wegen ihrer offenen Sympathien für die Kommunisten in ihren Parteien keinerlei Rückhalt mehr. Eine Ausnahmestellung nimmt im Kabinett der bisherige parteilose Außenminister Jan Masaryk – Sohn des Staatsgründers und ersten Präsidenten der Tschechoslowakei Tomáš Garrigue Masaryk – ein, der sich trotz grundsätzlicher Meinungsverschiedenheiten mit den Kommunisten, insbesondere über die Beziehungen zur Sowjetunion, in seinem Amt behaupten konnte (→ 10. 3./S. 49).

Der Weg Osteuropas in den Kommunismus

1948 hat die Tschechoslowakei als letztes Land Osteuropas eine kommunistisch beherrschte Regierung erhalten. Von wenigen Ausnahmen abgesehen, waren die Staaten in dieser Region 1944 und 1945 von sowjetischen Streitkräften besetzt bzw. befreit worden.

In den politischen und militärischen Planungen der UdSSR spielt Osteuropa eine zentrale Rolle. Die Sowjetunion verfolgt das Ziel, im westlichen Vorfeld des eigenen Territoriums eine Sicherheitszone zu schaffen, die zum einen Schutz vor künftigen Invasionen bietet, zum anderen als Ausgangsbasis für eine Erweiterung des eigenen Machtbereiches dienen kann.

In Anbetracht der militärischen Erfolge der Roten Armee sah sich die Sowjetunion 1945 in die Lage versetzt, ihre politischen Ziele – auch gegen den Willen ihrer westlichen Verbündeten – in die Tat umzusetzen.

Zur Sicherung des sowjetischen Einflusses in Osteuropa gehörte auch die Errichtung von kommunistisch beherrschten Regierungen. Der Weg zur Machtübernahme führte über die Bildung von Koalitionsregierungen, in denen die Schlüsselressorts mit Kommunisten besetzt wurden, zur Ausschaltung der nichtkommunistischen Kräfte, sei es durch deren Einbindung in Parteienblocks, manipulierte Wahlen oder durch Terror:

- ▷ In Polen war bereits 1944 mit sowjetischer Unterstützung eine provisorische Regierung gebildet worden, die 1945 um einige nichtkommunistische Mitglieder erweitert wurde; durch Wahlfälschung wurde 1947 die politische Opposition ausgeschaltet
- ▷ In Ungarn trug die sowjetische Besatzungsmacht der starken Opposition gegen die Kommunisten zunächst Rechnung und genehmigte im November 1945 freie Wahlen, aus denen die Kleinlandwirtepartei als Wahlsieger hervorging; bis zum Jahre 1947 gelang es jedoch den Kommunisten, die politische Macht Schritt für Schritt zu erobern
- ▷ Bulgariens Parteien hatten sich 1944 in einer Vaterländischen Front zusammengeschlossen, aus der die nichtkommunistische Bauernpartei jedoch wieder ausscherte; als einzige verbliebene Oppositionspartei wurde sie 1947 ausgeschaltet
- ▷ Wie in Bulgarien wurde auch in Rumänien eine Volksfront der Parteien gebildet, der nichtkommunistische Kräfte angehörten; ihre Entmachtung erfolgte bereits 1946
- ▷ In Jugoslawien hatten die kommunistischen Partisanen unter der Führung von Parteichef Josip Broz Tito 1945 aus eigener Kraft die politische Macht übernehmen können (→ 26. 6./S. 102).

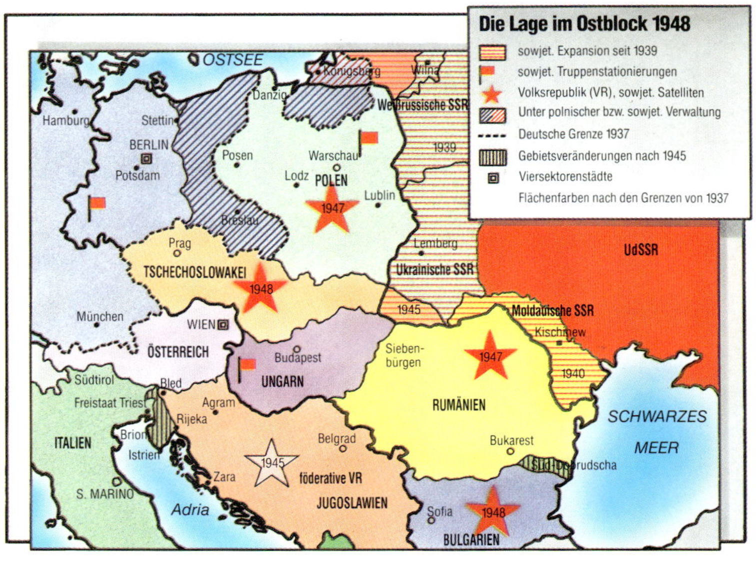

Straßenkämpfe in Jerusalem und Haifa

20. Februar. In Jerusalem und der palästinensischen Hafenstadt Haifa brechen schwere Kämpfe zwischen Juden und Arabern aus. Bewaffnete Angehörige der jüdischen Untergrundbewegungen Hagana und Irgun Zwai Leumi versuchen, die Kontrolle über diese strategisch wichtigen Städte Palästinas zu erlangen.

Nach der Verkündung des UNO-Teilungsplanes für Palästina vom November 1947 brachen in der ganzen Region Unruhen aus. Die jüdischen Einwanderer, die ein UNO-Mandat für Palästina ablehnen, wollen nach dem für Mai angekündigten Abzug der britischen Mandatsmacht einen eigenen Staat proklamieren (→ 14. 5./S. 72).

Auf der Gegenseite lehnen die Nachbarstaaten Palästinas, insbesondere Ägypten, Syrien, Jordanien und der Libanon den Teilungsplan der Vereinten Nationen ab. Sie sehen in dem Beschluß der Weltorganisation, einen jüdischen Staat inmitten arabischen Territoriums zu errichten, einen völkerrechtswidrigen Akt. Aufgrunddessen sind seit Anfang des Jahres bewaffnete Auseinandersetzungen zwischen Juden und Arabern in Palästina an der Tagesordnung. Wichtigster Kampfschauplatz ist die Gegend um Jerusalem, wo die Araber seit Wochen versuchen, die jüdische Bevölkerung der Stadt von der Versorgung durch das Umland abzuschneiden. Bewaffnete Konvois sehen sich immer wieder Angriffen arabischer Freischärler ausgesetzt (→ 9. 4./S. 63).

△ Jerusalem ist Schauplatz blutiger Terroranschläge; ein jüdisches Geschäft nach einem Bombenanschlag von Palästinensern

◁ Vor der Stadtmauer Jerusalems zünden arabische Freischärler ein Auto an; die Insassen standen im Verdacht, für jüdische Kampfgruppen zu arbeiten

Britische Mandatstruppen bringen diesen arabischen Polizisten nach einem jüdischen Anschlag in Sicherheit

Angehörige der jüdischen Untergrundorganisation Hagana beschießen arabische Stellungen im Kampf um Tel Aviv

Ceylon nach 150 Jahren unabhängig

4. Februar. Auf der Insel Ceylon (Sri Lanka) enden 150 Jahre britischer Kolonialherrschaft. In einer Feierstunde in der Hauptstadt Colombo eröffnet der Vertreter der britischen Krone, Herzog Donald von Gloucester, das Parlament des in die Unabhängigkeit entlassenen Landes. Ceylon wird fortan als unabhängiges Dominion dem Commonwealth of Nations angehören (→ 23. 4./S. 62).

Unter Führung von Premierminister Don Stephen Senanayake, der dieses Amt bereits seit 1947 bekleidet, stellt die konservative United National Party (UNP) die Mehrheit im Parlament.

Eamon de Valera verliert die Wahlen

18. Februar. Bei den Parlamentswahlen in Irland verliert die nationalistische Regierungspartei Fianna Fail des Premierministers Eamon de Valera die absolute Mehrheit. Die Oppositionskoalition unter der Führung der als gemäßigt geltenden Fine Gael Partei bildet nun die Regierung; zum neuen Premier wird John A. Costello gewählt.

16 Jahre lang bestimmte de Valera als Premierminister die irische Politik, er gilt als ein Symbol der irischen Freiheitsbewegung.

Neue Koalition in Japan gebildet

9. Februar. In Japan kommt es zum Sturz des von Ministerpräsident Tetsu Katayama geführten Koalitionskabinetts, dem Vertreter der Sozialistischen, der Demokratischen und der Liberalen Partei angehören. Als Grund für den Rücktritt gibt Katayama Auseinandersetzungen innerhalb der Koalition an.

Am 23. Februar übernimmt der Führer der konservativen Demokratischen Partei, Hidoschi Aschida, die Regierung.

Japans Parteien waren im Oktober 1945 von der US-amerikanischen Besatzungsmacht wieder zugelassen worden. Als kurz darauf erste Parlamentswahlen stattfanden, gewann die konservativ orientierte Liberale Partei die Mehrheit der Sitze im japanischen Parlament, und bildete eine Koalitionsregierung.

Konferenz über Deutschland

23. Februar. In London treten die Außenminister der USA, Frankreichs und Großbritanniens, George C. Marshall, Georges Bidault und Ernest Bevin zusammen. Zu dieser Konferenz werden am 26. Februar auch Vertreter der Benelux-Staaten (Belgien, Niederlande und Luxemburg) hinzugezogen. Auf der Tagesordnung steht die Erörterung der deutschen Frage.

Ernest Bevin

Georges Bidault

George Marshall

Vor allem die Vertreter der USA und Großbritanniens sind daran interessiert, eine Übereinkunft über die Integration der drei westlichen Besatzungszonen in eine Gemeinschaft der westeuropäischen Staaten zu erzielen. Ihrer Ansicht nach läßt sich ein solches Ziel nur dann erreichen, wenn ein lebensfähiger westdeutscher Staat ins Leben gerufen wird. Die Londoner Sechsmächtekonferenz steht im Zeichen der sich immer deutlicher abzeichnenden Teilung Deutschlands. Nachdem im Dezember 1947 Gespräche zwischen den Westmächten und der Sowjetunion über die Zukunft Deutschlands ergebnislos abgebrochen worden waren, zogen die Vertreter der USA und Großbritanniens daraus die Konsequenz, daß der Zusammenschluß der drei westlichen Besatzungszonen und die Gründung eines deutschen Staates nunmehr unausweichlich seien. Dagegen bestehen auf seiten Frankreichs und der Benelux-Staaten Bedenken. Sie sollen auf der Konferenz in London beseitigt werden (→ 2. 6./S. 92).

Für die Sklaverei

Ein scharfer Gegner der Emanzipation der schwarzen Bevölkerung in den USA ist der Ku-Klux-Klan (im Bild: Ein Mitglied in der typischen Verkleidung des Klans). 1865 nach dem Bürgerkrieg in den Südstaaten gegründet, kämpft diese Vereinigung weißer Farmer vor allem für die in diesem Jahr aufgehobene Sklaverei.

Truman will mehr Rechte für Schwarze

3. Februar. In einer Kongreßbotschaft in Washington fordert der US-amerikanische Präsident, Harry S. Truman, die Beendigung der Rassendiskriminierung in den Vereinigten Staaten. Truman legt außerdem eine Reihe von bildungs- und sozialpolitischen Gesetzentwürfen vor, die im Kongreß, der gesetzgebenden Körperschaft der USA, auf heftigen Widerstand stoßen (→ 9. 12./S. 191).
Truman weist in seiner Ansprache auf die Diskrepanz zwischen den freiheitlichen Grundsätzen der 1776 verfaßten Unabhängigkeitserklärung sowie den in der Verfassung der USA niedergelegten Gleichheitsbeschlüssen und der tatsächlich existierenden Rassendiskriminierung hin. Trumans Initiative löst in den USA leidenschaftliche Diskussionen aus. Sie führt jedoch zunächst zu keinen gesetzgeberischen Konsequenzen. Die konservativen Kräfte der oppositionellen Republikaner sowie Trumans eigener Demokratischer Partei verhindern die Durchsetzung der von Truman propagierten sozialpolitischen Reformen.

Neues Wahlgesetz in Großbritannien

20. Februar. Das britische Unterhaus in London verabschiedet eine Wahlrechtsreform, die das allgemeine, gleiche Wahlrecht vorsieht. Auf Antrag der regierenden Labour-Partei unter Premierminister Clement Attlee war das neue Volksvertretungsgesetz eingebracht worden. Unter dem Grundsatz »one man – one vote« (eine Stimme für jeden Bürger) soll es ein gerechteres Wahlsystem schaffen.
Bisher galt ein an Besitz und Bildung gebundenes Mehrstimmen-Wahlrecht, das für Eigentümer von Grundbesitz und Kapital Privilegien vorsah. So konnte z. B. der Lehrkörper an zwölf britischen Universitäten von seinem Doppelwahlrecht Gebrauch machen, was bisher einer Bevorzugung der konservativen Kandidaten gleichkam.
Das britische Verhältniswahlrecht, das nur Direktmandate kennt, bleibt hingegen weiterhin in Kraft. Durch eine Neueinteilung der Wahlkreise (boroughs) soll allerdings in Zukunft eine gerechtere Verteilung der Stimmen gewährleistet werden.

Militärhilfe der Vereinigten Staaten für die Türkei; im Hafen von New York wird der türkische Frachter »Yazgat« mit US-amerikanischen Panzern beladen

US-Waffen für Athen und Ankara

4. Februar. Im Rahmen des Militärhilfsprogramms der Vereinigten Staaten für Griechenland und die Türkei erhalten beide Staaten umfangreiche Waffenlieferungen. Das Programm war am 12. März 1947 von US-Präsident Harry S. Truman gefordert worden; ein entsprechendes Gesetz wurde dann im Mai des vergangenen Jahres vom Kongreß der Vereinigten Staaten gebilligt.
Mit den Hilfslieferungen – sie haben für beide Staaten einen Gesamtumfang von 400 Millionen US-Dollar – soll der griechischen Regierung zum Erfolg im Kampf gegen die Partisanen der Nationalen Befreiungsarmee (ELAS) verholfen werden. Die Militärhilfe der USA schließt auch die Entsendung von 250 Militärberatern ein, die beim Aufbau und der Ausbildung der Streitkräfte helfen sollen. Einen ersten Erfolg gegen die Partisanen hatte die griechische Armee, die derzeit auf eine Stärke von 168 000 Mann gebracht wird, bereits im Januar verzeichnen können, als sie eine Offensive abwehren konnte (→ 5. 1./S. 18).

Entnazifizierung in der Ostzone eingestellt

27. Februar. Die Sowjetische Militäradministration in Deutschland (SMAD) verfügt durch einen Befehl die Einstellung der Tätigkeit der insgesamt 262 deutschen Entnazifizierungskommissionen in der Ostzone. Sie hatten zwischen 1945 und 1948 rund 830 000 ehemalige Mitglieder der Nationalsozialistischen Deutschen Arbeiterpartei (NSDAP) überprüft. 520 000 der Überprüften mußten ihre Positionen räumen.

Die Durchführung der Entnazifizierung war in der Ostzone insgesamt gründlicher als in den übrigen Besatzungszonen Deutschlands betrieben worden. Betroffen war vor allem der öffentliche Dienst, wo die Zahl der Mitglieder der NSDAP besonders hoch war. So wurden allein rund 80% aller Richter und Staatsanwälte, über 70% der Lehrer und bis zu 90% der Beamten aus der Verwaltung entlassen. Die Entfernung der meisten von ihnen erfolgte bereits bis zum Jahresende 1945.

Die Sowjetische Militäradministration verlangte 1945 auch die Registrierung sämtlicher ehemaliger Wehrmachtsoffiziere sowie der früheren Mitglieder von SA, SS und Gestapo. Aufgrund der Ergebnisse dieser Registrierung wurden etwa 150 000 Personen verhaftet, von denen viele in ehemalige deutsche Konzentrationslager wie zum Beispiel Buchenwald gebracht oder in die UdSSR deportiert wurden. Nicht alle der Deportierten, von denen fast die Hälfte ums Leben kam, waren Nationalsozialisten. Bei ihnen handelte es sich auch um oppositionelle Sozialdemokraten und Kommunisten. Die Entnazifizierung erstreckte sich außerdem auf den Bereich der Wirtschaft, wo leitende Angestellte, die der NSDAP angehört hatten, aus ihren Ämtern entfernt wurden.

Wie auch in den Westzonen ergab sich in der Ostzone als Ergebnis der Entnazifizierung das Problem, daß durch die Entlassung eines Großteils von Beamten und Wirtschaftsmanagern das öffentliche Leben zusammenzubrechen drohte. Deshalb wurde von Anfang an versucht, zwischen aktiven Nationalsozialisten und Mitläufern zu unterscheiden. So konnten beispielsweise dringend benötigte Fachkräfte trotz ihrer Mitgliedschaft in der NSDAP ihre Positionen halten.

Die frei gewordenen Stellen in Ämtern und Wirtschaft wurden in der Regel von Kommunisten besetzt (→ 13. 5./S. 79).

Entnazifizierungskommissionen werden aufgelöst

Befehl
des Obersten Chefs der Sowjetischen Militärverwaltung und des Oberbefehlshabers der sowjetischen Besatzungstruppen in Deutschland

Berlin, 26. Febr. (SNB). Die auf Grund der Direktiven des Kontrollrats geschaffenen Entnazifizierungskommissionen haben ihre Aufgaben zur Säuberung des Verwaltungsapparates von ehemaligen aktiven Faschisten und vaterländisch gesinnte Menschen aus dem Volk gab und gibt, die imstande und gewillt sind, jetzt gemeinsam mit den demokratischen Kräften der Gesellschaft an der Sicherung der Einheit und der demokratischen Entwicklung Deutschlands ehrlich mitzuarbeiten.

Aus diesen Gründen und den Wünschen der antifaschistischen demokratischen Parteien und Massenorganisationen der Werktätigen in der sowjetischen Besatzungszone Deutschlands

»Neues Deutschland« meldet das Ende der Entnazifizierung in der Ostzone

Die Parteien in der Ostzone spalten sich

10. Februar. Auf einer Tagung ihres Parteivorstandes in Halle/Saale trennt sich die Liberaldemokratische Partei Deutschlands (LDPD) in der Ostzone von ihrer Berliner Parteiorganisation.

Der Berliner Landesverband der LDPD unter ihrem Vorsitzenden Carl-Hubert Schwennicke hatte sich gegen Bestrebungen von SED und sowjetischer Besatzungsmacht gewehrt, die übrigen Parteien – die Christlich Demokratische Union Deutschlands (CDUD) und die LDPD – in der Ostzone allmählich gleichzuschalten. Am 11. Februar trennt sich dann auch die Ostzonen-CDU von ihrem Berliner Landesverband. Ende 1947 waren ihre beiden Vorsitzenden, Jakob Kaiser und Ernst Lemmer, von der sowjetischen Militärverwaltung abgesetzt worden. Sie hatten versucht, die CDU als Gegenkraft zur SED aufzubauen und sich in diesem Zusammenhang vor allem gegen eine Teilnahme an der von der SED gesteuerten Volkskongreßbewegung ausgesprochen (→ 25. 5./S. 78).

Immer noch Fluchtmöglichkeiten für hohe NS-Funktionäre

23. Februar. In der britischen Hauptstadt London werden die Fluchtwege ehemaliger Angehöriger der NSDAP und der SS bekannt. Sie flohen nach dem Zusammenbruch des Deutschen Reichs 1945 in großer Zahl über Spanien nach Südamerika.

Hilfe bot und bietet ihnen dabei immer noch eine in Madrid von Deutschen aufgebaute Organisation, die von der spanischen Faschistischen Partei finanziell unterstützt wird. Diese nennt sich Hilfskomitee der Faschistischen Partei und betreut nach eigenen Angaben rund 800 Deutsche. Geleitet wird das Hilfskomitee von der gebürtigen Frankfurterin Carla Stauffer. Die Organisation verfügt über Stützpunkte und Kontaktpersonen in vielen Ländern Europas, so z. B. in der italienischen Hafenstadt Genua. Die Flüchtigen melden sich bei den Kontaktpersonen und erhalten falsche Pässe, darunter auch Ausweise des internationalen Roten Kreuzes. Außerdem bekommen sie eine großzügige finanzielle Unterstützung und können anschließend unbehelligt nach Madrid reisen. Dort erhalten sie offizielle Einreisepapiere verschiedener südamerikanischer Staaten und entziehen sich so dem Zugriff der Alliierten.

Ein weiterer bekanntgewordener Fluchtweg von ehemaligen SS-Angehörigen ist die sogenannte Klosterroute. Die Gesuchten begaben sich in den Schutz bestimmter Klöster. Nach einer Weile zogen sie weiter in andere Klöster, bis sie schließlich bei ihren Helfern in Italien ankamen und schließlich gefahrlos nach Madrid weiterreisen konnten. Es wird vermutet, daß die ehemaligen NS-Funktionäre und SS-Offiziere über noch mehr derartige Fluchtwege verfügten bzw. noch verfügen. So wird z. B. der Leiter der ehemaligen Parteikanzlei, Martin Bormann, vermißt. Da seine Leiche bisher noch nicht gefunden werden konnte, wird vermutet, daß auch er nach Südamerika entkommen sein könnte. Einigen früheren NS-Funktionären gelingt indessen die Flucht nicht: So wird die ehemalige Reichsfrauenschaftsführerin, Gertrud Scholtz-Klink, am 29. Februar verhaftet. Sie muß sich demnächst vor dem internationalen Militärtribunal in Nürnberg verantworten.

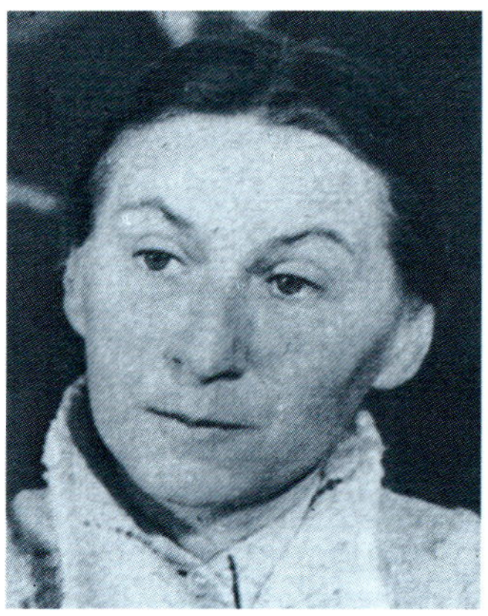

V. l.: Die frühere Reichsfrauenschaftsführerin Gertrud Scholtz-Klink, ihr Ehemann August Heißmeyer sowie der frühere Leiter der Parteikanzlei der NSDAP, Bormann

Mehr Kompetenzen für Bizonenverwaltung

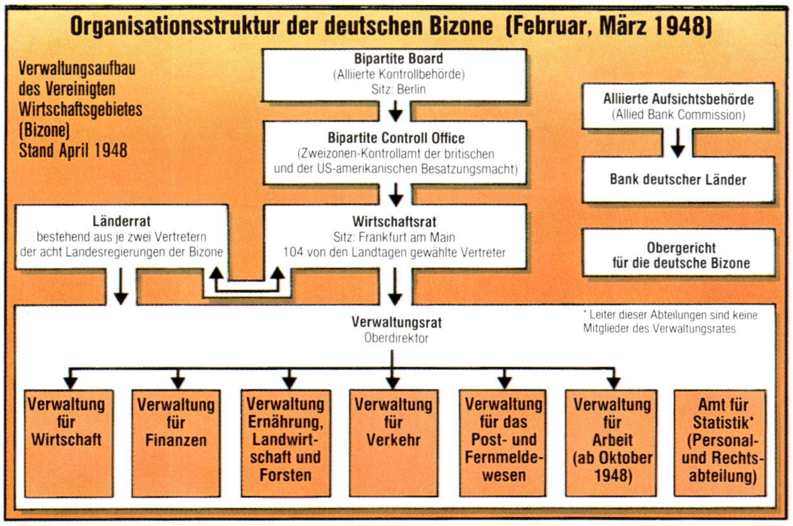

5. Februar. In Frankfurt am Main wird das neue Organisationsstatut für die deutsche Bizone vom britischen und US-amerikanischen Militärgouverneur in Deutschland, den Generälen Sir Brian Robertson und Lucius D. Clay unterzeichnet.

Das Abkommen, das am 9. Februar in Kraft tritt, sieht eine grundlegende Umorganisation der Verwaltung der Bizone vor. Sie setzt sich künftig aus dem Wirtschaftsrat, dem Länderrat und einem Verwaltungsrat zusammen. Außerdem ist die Einrichtung eines Obergerichts, einer Bank deutscher Länder (→ 1. 3./S. 48) und schließlich eine Erweiterung der gesetzgeberischen Befugnisse vorgesehen. Die deutsche Bizone verfügt damit über eine Verwaltung, die bereits die Grundzüge einer künftigen Regierung aufweist.

Im einzelnen sieht die neue Organisationsform zunächst eine Verdopplung der Mitglieder des Wirtschaftsrates auf 104 Parlamentarier vor. Diese werden von den Länderparlamenten der Bizone gewählt.

An die Stelle des bisherigen Exekutivausschusses tritt ein Länderrat, der sich aus je zwei Vertretern der Länderregierungen zusammensetzt. Er hat die Aufgabe, an der Gesetzgebung des Wirtschaftrates mitzuwirken, besitzt ihm gegenüber aber auch ein Abänderungs- und Einspruchsrecht. Der Länderrat tritt einmal im Monat zusammen, sein Vorsitzender wird vierteljährlich neu gewählt, die laufenden Geschäfte besorgt ein Generalsekretär.

Schließlich werden die Direktoren der fünf Verwaltungen der Bizone (Wirtschaft, Finanzen, Landwirtschaft und Ernährung, Verkehr, Post- und Fernmeldewesen) zu einem Verwaltungsrat zusammengefaßt, dessen Vorsitz ein Oberdirektor übernimmt.

Als erstes Organ der Bizone konstituiert sich daraufhin am 23. Februar der Länderrat. Er wählt den bayerischen Ministerpräsidenten Hans Ehard zu seinem Generalsekretär. Neun Mitglieder des Länderrates gehören der SPD, sechs der CDU/CSU und einer den Liberalen an.

Am 24. Februar konstituiert sich der neue Wirtschaftsrat. Das bisherige Präsidium unter Leitung von Erich Köhler (CDU) wird wiedergewählt. Die Wahl der zusätzlichen 52 Parlamentarier war bereits am 14. Februar durch die Länderparlamente erfolgt. Der erweiterte Wirtschaftsrat setzt sich nun aus 40 Vertretern der SPD, 40 der CDU/CSU, 4 der Deutschen Partei (DP), acht Vertretern der Liberalen, sechs Kommunisten, zwei Parlamentariern der Wirtschaftlichen Aufbau-Vereinigung (WAV) sowie vier Abgeordneten des Zentrums zusammen.

Die bizonale Verwaltung ist damit zum dritten Mal seit ihrer Gründung im Jahre 1947 umorganisiert worden. Anfang dieses Jahres hatten sich in Frankfurt am Main Vertreter der Besatzungsmächte und der deutschen Länderregierungen erstmals zu entsprechenden Verhandlungen getroffen. Nach den Vorstellungen des US-Militärgouverneurs General Lucius D. Clay sollte die ineffektiv arbeitende Verwaltung gestrafft und ihre Kompetenz – auch im Hinblick auf eine künftige westdeutsche Regierung – ausgedehnt werden. Die deutschen Vertreter hatten zwar die Möglichkeit, ihre eigenen Vorstellungen einzubringen, am Ende jedoch setzten sich die Besatzungsmächte mit ihren Plänen durch (→ 2. 3./S. 47).

Die Militärgouverneure Clay und Robertson (hinten M.) verhandeln mit den Ministerpräsidenten

Mehr Rechte für die DWK in der Ostzone

13. Februar. Auf Befehl der Sowjetischen Militäradministration in Deutschland (SMAD) wird die Deutsche Wirtschaftskommission (DWK) der Ostzone mit gesetzgeberischen Vollmachten ausgestattet. Durch diese Ausweitung der Kompetenzen entwickelt sich die DWK zur Zentralinstanz der Wirtschaftsplanung. Sie weist ebenso wie der bizonale Wirtschaftsrat (→ 5. 2./S. 35) die Grundzüge einer Regierung auf. Zu diesem Zweck wird die DWK umorganisiert. Künftig steht an ihrer Spitze ein Sekretariat, zu dessen Vorsitzendem Heinrich Rau (SED) und zu seinem stellvertretenden Vorsitzenden Bruno Leuscher (SED) berufen werden. Ihnen stehen vier Stellvertreter zur Seite, die u. a. jeweils für die Bereiche Planung, Industrie, Finanzen, Landwirtschaft und Arbeit zuständig sind. Neben den Stellvertretern gehören dem Sekretariat vier weitere Mitglieder an. Diese beaufsichtigen eine Anzahl von Hauptverwaltungen, die für die einzelnen Wirtschaftszweige, den Verkehr, das Post- und Fernmeldewesen sowie die Bereiche Arbeit und Sozialfürsorge sowie Umsiedler (Flüchtlinge) zuständig sind.

Die Deutsche Wirtschaftskommission ging 1947 aus den Deutschen Zentralverwaltungen der Ostzone hervor, die im Sommer 1945 eingerichtet wurden. Sie handelten zunächst auf Weisung der SMAD und verfügten über keine gesetzgeberischen Befugnisse.

Verband Eisen und Stahl gegründet

24. Februar. In Düsseldorf wird für die deutsche Bizone die Arbeitsgemeinschaft Eisen und Metall gegründet. Es handelt sich dabei um den Zusammenschluß von Unternehmen der produzierenden und verarbeitenden Industrie.

Dieser Verband der Arbeitgeber konnte erst nach dem am 12. Februar erlassenen Gesetz der britischen und der US-amerikanischen Militärregierungen in Deutschland ins Leben gerufen werden, da zuvor alle überzonalen Zusammenschlüsse nach alliiertem Gesetz verboten waren. Vorsitzender des neuen Verbandes wird der Industrielle Hermann Reusch.

Streit um die Reform der Schulen in Bayern

1. Februar. In Bayern liegt ein dritter Entwurf für ein Schulreformgesetz vor. Er ist auf Anordnung der US-amerikanischen Militärregierung vom 5. Januar vom bayerischen Ministerium für Unterricht und Kultus ausgearbeitet worden und sieht die Einführung einer sechsklassigen Volks- sowie dreiklassigen Mittel- und Oberschule vor.

Die Durchführung einer derartigen Schulreform stößt in Bayern jedoch auf erheblichen Widerstand. Vor allem Kultusminister Alois Hundhammer, die katholische Kirche, aber auch weite Teile der Bevölkerung setzen sich gegen die Bestrebungen der Besatzungsmacht, die Einheitsschule durchzusetzen, erbittert zur Wehr.

Im Gegensatz zu anderen deutschen Ländern zeichnete sich das bayerische Schulsystem durch eine Reihe von Besonderheiten aus: So ist hier die konfessionell gebundene Volksschule die Regel; außerdem existieren in zahlreichen Städten und Gemeinden von den Kirchen geleitete Privatschulen.

Während der Zeit des Nationalsozialismus war der Anteil an Bekenntnisschulen abgebaut und die Gemeinschaftsschule durchgesetzt worden. Diese aufgezwungene tiefgreifende Veränderung rief nach dem Ende des Zweiten Weltkrieges um so heftiger das Verlangen nach einer Restauration der alten Schulordnung hervor.

Gegner der Schulreform, Alois Hundhammer, Bayerns Kultusminister

Aber nicht nur in Bayern ist derzeit der Streit um eine allgemeine Schulreform entbrannt. Grundsätzlich geht es weniger um den konfessionell gebundenen Unterricht als vielmehr um die Gliederung des Schulsystems. Die Alliierten hatten zwar den Ländern die Bildungshoheit übertragen, versuchten aber zugleich, ihre eigenen Vorstellungen in diesem Bereich durchzusetzen. Vor allem die britische und die US-amerikanische Besatzungsmacht wollten neben der Durchsetzung der Lehrmittel- und Schulgeldfreiheit statt der bisher üblichen mindestens vierjährigen Volksschulausbildung eine sechsjährige Volksschulausbildung durchsetzen. Als diese Pläne 1947 konkretere Formen annahmen, regte sich überall in den Westzonen Widerstand. Den Besatzungsmächten gelingt es nicht, die eigenen Vorstellungen durchzusetzen. Nur die Landesregierungen von Hessen und Württemberg-Baden zeigten sich bereit, die Dauer der Volksschulausbildung auf mindestens sechs Jahre zu verlängern. Gegen Ende des Jahres 1947 zeichnet sich ein Einlenken der Besatzungsmächte ab.

Kultusminister der Zonen treffen sich

18. Februar. Unter der Schirmherrschaft des Ministerpräsidenten des Landes Württemberg-Baden, Reinhold Maier, kommen in Hohenheim bei Stuttgart die Kultusminister der Länder aller vier Besatzungszonen zu einer zweitägigen Konferenz zusammen. Auf der Tagesordnung stehen keine Beschlußfassungen, vielmehr soll dieses Treffen dem Austausch der verschiedenen bildungspolitischen Ansichten dienen. So bekunden die Teilnehmer ihren Willen, zu einer kulturellen Angleichung der Besatzungszonen beizutragen. Weitgehende Einigkeit besteht auch in der Erkenntnis der Notwendigkeit der Durchführung einer allgemeinen Schulreform in Deutschland (→ 1. 2./S. 36).

Die Konferenz der Kultusminister findet aus zweierlei Gründen Beachtung. Sie zeigt, daß die Länder trotz ihrer Kulturhoheit bereit sind, eine gesamtdeutsche Politik zu formulieren, und sie ist eine der wenigen erfolgreichen offiziellen Begegnungen von Politikern aus der Ostzone und den Westzonen.

Berliner Junge als Maskottchen

13. Februar. Das elfjährige Berliner Waisenkind Jürgen Kübel, das vor fast einem Jahr als US-amerikanischer Soldat verkleidet illegal in Großbritannien einreiste, kehrt nach Berlin zurück.

Kübel hatte als Zehnjähriger in Berlin Freundschaft mit US-Besatzungssoldaten geschlossen. Die Soldaten betrachteten ihn als »Maskottchen« und überließen ihm sogar eine Uniform. Als die Einheit seiner neuen Freunde nach Großbritannien verlegt wurde, ging Kübel mit und nannte sich nun Richard Lawrence. Nach zwei Monaten flog der Schwindel auf. Die britischen Behörden wußten neun Monate lang nichts mit dem Fall anzufangen, konnten den Jungen aber schließlich zur Rückkehr überreden.

Viele Waisenkinder in Deutschland haben ein ähnliches Schicksal. Häufig streunen sie durch die Ruinen der zerstörten Städte und sind auf sich allein gestellt.

Für diese Kinder beginnt der Alltag mit dem Gang zur Schule

Schulspeisung, für viele die einzige warme Mahlzeit am Tag

Kinder gehen auf Hamsterfahrten

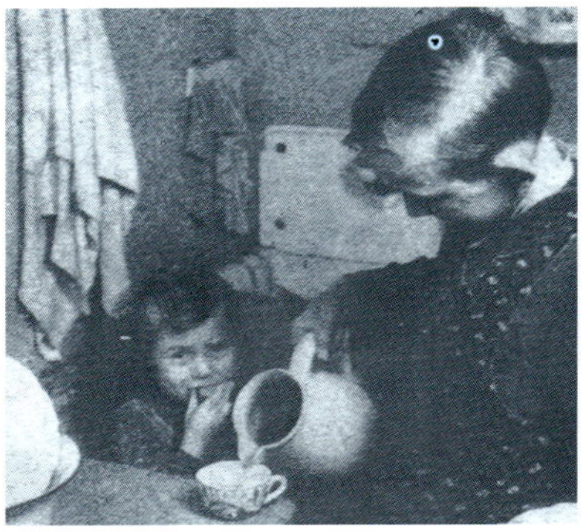

Der Bruder ersetzt hier den Vater

Auch im Sportunterricht beliebt: Das Boxe

Förderung der Wissenschaft

25. Februar. In Göttingen wird die Max-Planck-Gesellschaft zur Förderung der Wissenschaften e.V. gegründet. Im Gebäude der Göttinger Universität treffen sich auf der Gründungssitzung namhafte Vertreter der deutschen Wissenschaft, um die Gesellschaft, die die unmittelbare Rechtsnachfolgerin der Kaiser-Wilhelm-Gesellschaft ist, zu konstituieren. Erster Präsident der neuen Gesellschaft wird Otto Hahn (Nobelpreis für Chemie 1944). Neben dem Präsidenten sind der paritätisch besetzte Senat, bestehend aus Vertretern von Staat, Wissenschaft und Öffentlichkeit, und der Wissenschaftliche Rat für Planung und Verwaltung verantwortlich.

Max Planck

In seiner Antrittsrede würdigt Hahn besonders die Verdienste Max Plancks, des Namensgebers. Planck war von 1930 bis 1937 und 1945/46 Präsident der Kaiser-Wilhelm-Gesellschaft. Auf Anordnung der US-amerikanischen Militärregierung durfte die Gesellschaft unter diesem Namen nicht weiterbestehen. Daraufhin genehmigte die britische Militärregierung in ihrer Zone das Weiterbestehen der alten Vereinigung unter neuem Namen.

Die wissenschaftlichen Leistungen der Max-Planck-Gesellschaft, die nun ihren Sitz nicht mehr in Berlin, sondern in Göttingen in der britischen Besatzungszone hat, könnten nach britischer Ansicht zur Bereicherung der eigenen Forschung genutzt werden.

Die Forschungsaktivität der Gesellschaft erstreckt sich überwiegend auf die Grundlagenforschung in den Natur- und Geisteswissenschaften. Der Schwerpunkt soll im medizinisch-biologischen Bereich und in der Physik angesiedelt werden. Die Gesellschaft will, wie ihre Vorgängerin, Schrittmacherdienste für die Forschung in Deutschland leisten. Durch die Konzentration in einer Reihe von Instituten, die den Universitäten angegliedert werden, soll die Forschung an den Hochschulen eine sinnvolle Ergänzung erhalten.

Der niedersächsische Kultusminister Adolf Grimme (l.) und Otto Hahn (r.)

Die Finanzierung der Gesellschaft erfolgt durch Mitgliedsbeiträge, Spenden und Zuschüsse der niedersächsischen Landesregierung. Der Rückgriff auf eigene Mittel soll es ermöglichen, bei aktuellen Projekten unabhängiger von der staatlichen Wissenschaftsförderung zu sein.

Kaiser-Wilhelm-Gesellschaft

Vorläufer der Max-Planck-Gesellschaft war die Kaiser-Wilhelm-Gesellschaft zur Förderung der Wissenschaften e.V. (KWG), die 1911 in Berlin gegründet wurde. Als Schirmherr und Namensgeber fungierte der deutsche Kaiser Wilhelm II. Er wollte mit dieser wissenschaftlichen Organisation vor allem die Grundlagenforschung auf naturwissenschaftlichem Gebiet zum Nutzen des Deutschen Reiches fördern.

Daher richtete die KWG vorwiegend naturwissenschaftliche Institute ein, an denen von namhaften Wissenschaftlern intensive Forschung betrieben werden sollte, ohne daß diese Lehrverpflichtungen wahrzunehmen hatten. Erster Präsident der KWG war der Theologe Adolf von Harnack, sein Nachfolger 1930 Max Planck. 1946 wurde die KWG auf Beschluß des alliierten Kontrollrates aufgelöst.

»Schlüsselkinder« bleiben am Tag sich selbst überlassen

Jugendliche Schieber unter sich

Allein zwischen Trümmern: Keine Zukunft für Kinder?

Mehl aus Kaffeemühlen; kleine »Köche« am Werk

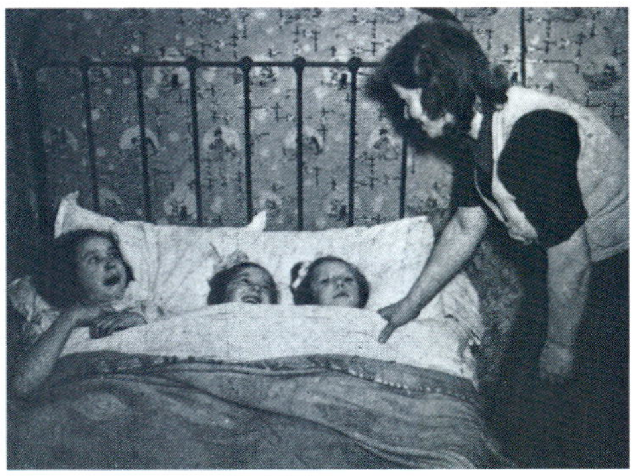

Zu dritt im Einzelbett – »Schlafgemach« 1948

Bildungswesen 1948:

Geregelter Schulbetrieb ist in Deutschland noch unmöglich

Das deutsche Schulwesen ist auch im Jahre 1948 nach den Erschütterungen der Kriegs- und unmittelbaren Nachkriegszeit von einer Normalisierung noch weit entfernt. Ein geregelter Unterricht und eine solide Ausbildung der Kinder und Jugendlichen werden jedoch sowohl von den Besatzungsmächten als auch von den verantwortlichen deutschen Politikern als vordringlich erachtet. Es gilt, die drohende Verwahrlosung vieler Kinder zu verhindern. Außerdem wird der Schule große Bedeutung bei der Umerziehung der deutschen Jugend im demokratischen Sinne zuerkannt.

Das deutsche Schulsystem kann jedoch diesen hohen Anforderungen und Zielen noch in keiner Weise gerecht werden. Fast unüberwindliche Schwierigkeiten stehen der Erfüllung ihrer Erziehungsaufgaben entgegen. Es fehlt überall an Klassenräumen, an Lehrern, aber auch an Unterrichtsmaterialien: Weil viele Schulgebäude zerstört sind oder zur Zeit noch anderweitig genutzt werden – beispielsweise als Flüchtlingsunterkünfte oder Behelfskrankenhäuser –, drängen sich oft 50 oder 60 Kinder in viel zu kleinen Klassenräumen. Zudem herrscht immer noch großer Mangel an Unterrichtsmitteln, seien es Lehrbücher, Bleistifte oder Schulhefte. Für die aus der Schule verbannten Schulbücher aus der Zeit des Nationalsozialismus konnte wegen Papiermangels noch nicht in ausreichendem Maße Ersatz geschaffen werden. Hinzu kommt, daß neue Entwürfe für Schulbücher von den zuständigen Besatzungsbehörden vielfach aus politischen Erwägungen abgelehnt wurden. Als Notbehelf dienen vielerorts veraltete Schulbücher aus der Zeit der Weimarer Republik.

Ein besonders schwerwiegendes Problem ist der Mangel an qualifizierten und erfahrenen Pädagogen. Durchschnittlich 60% aller Lehrer waren nach dem Krieg auf Anordnung der Besatzungsmächte wegen ihrer Mitgliedschaft in der NSDAP aus dem Schuldienst entfernt worden. In einigen deutschen Ländern waren sogar bis zu 90% des Lehrpersonals davon betroffen. Hinzu kommt, daß während des Krieges durch die Einberufungen zum Wehrdienst die Lehrerausbildung stark eingeschränkt war. Die Lage in den Schulen hat sich verschärft, seitdem die geburtenstarken Jahrgänge von 1934 bis 1940 in das schulpflichtige Alter gekommen sind und die Kinder der Flüchtlinge in die Schulen drängen. 20% aller Schüler in Deutschland kommen aus Flüchtlingsfamilien.

Der Unterricht findet immer noch unter erschwerten Bedingungen statt. Schulklassen, in denen ein Lehrer bis zu 70 Schüler zu unterrichten hat, sind eher die Regel; in Ausnahmefällen sind sogar bis zu 150 Schüler zu betreuen.

Der Lernerfolg der Kinder wird häufig durch ihren schlechten Gesundheitszustand und die schwierigen häuslichen Verhältnisse beeinträchtigt. Viele Kinder müssen ohne Väter aufwachsen; die Mütter haben nur wenig Zeit, da sie häufig berufstätig sind, um damit den Lebensunterhalt für die Familien zu bestreiten. Viele Kinder haben bereits einen gefährlichen Grad von Verwahrlosung erreicht. Viele betätigen sich als geschäftstüchtige Schwarzhändler. Gelegenheitsdiebstahl erscheint für viele erstrebenswerter als der regelmäßige Schulbesuch.

In diesem bayerischen Dorf findet der tägliche Schulunterricht aus Mangel an geeigneten Räumlichkeiten in einem ehemaligen Sägewerk statt

Schülerstreik in Hamburg, die Schule wurde beschlagnahmt

Studenten helfen beim Wiederaufbau; studiert wird in der Arbeitspause

Ein Zimmer für mehrere Studenten; zwei Akademiker beim Arbeiten in ihrer beengten Wohnküche

Diese kläglichen Reste der Bibliothek der Universität von Straßburg hat der Zweite Weltkrieg übriggelassen

Karl Valentin – Tod am Faschingstag

9. Februar. In München stirbt der Komiker und Volksschauspieler Karl Valentin (eigentl. Valentin Ludwig Fey) im Alter von 65 Jahren. Valentin, der am 4. Juni 1882 in München geboren wurde, hatte in kabarettistischen Auftritten, Filmrollen und Schallplattenaufnahmen mit oft beißender Ironie die Welt des Kleinbürgertums karikiert. Valentin erlernte zunächst den Beruf des Schreiners, trat nebenbei aber schon in Kneipen und Lokalen auf. 1907 gelang ihm der Durchbruch als Kabarettist. In den Folgejahren trat er nicht nur in München, sondern auch in Berlin, Wien und Zürich auf. Begleitet wurde er seit 1911 regelmäßig von seiner Partnerin Liesl Karlstadt (eigentl. Elisabeth Wellano). Während der Zeit des Nationalsozialismus wurde er mit einem Auftrittsverbot belegt. Nach 1945 fand er nicht mehr die Resonanz der früheren Jahre.

Karl Valentin

Meister der Montage Eisenstein stirbt

11. Februar. In Moskau stirbt der Filmregisseur Sergei M. Eisenstein im Alter von 50 Jahren. Er gilt als einer der herausragenden Regisseure der Welt, sein wohl berühmtester Film ist »Panzerkreuzer Potemkin«, den er im Jahre 1925 fertigstellte. Eisenstein wurde am 23. Januar 1898 in Riga geboren. Ab 1924 drehte er seine ersten Filme. Durch seine Montagetechniken und realistischen Darstellungen beeinflußte er Filmschaffende in der ganzen Welt. In seinen späteren Werken wurde er zunehmend kritischer gegenüber den sowjetischen Machthabern. Deshalb durften seine Filme teilweise in der UdSSR nicht mehr gezeigt werden.

S. Eisenstein

Der Golf von Kalifornien und Nordmexiko aus einer Höhe von 60 Meilen (100 km; Foto von Bord einer V2-Rakete)

USA erproben erbeutete deutsche Raketen

6. Februar. Im Auftrag der US-amerikanischen Luftwaffe finden in White Sands (US-Bundesstaat New Mexico) Versuche mit erbeuteten und nachgebauten Raketen des deutschen Typs V2 statt. Unter der Leitung von Wernher von Braun arbeiten deutsche Wissenschaftler an der Weiterentwicklung der ehemaligen »Vergeltungswaffen«. Die Forschungen sollen dem neuen amerikanischen Großprojekt »Neptun« zugute kommen. In den USA befinden sich so bekannte Wissenschaftler wie Alexander Lippisch, ehemaliger Chefkonstrukteur der Messerschmitt-Flugzeugwerke, Theodor Knacke, Erfinder des Bänderfallschirms, und Philipp von Dörr, Erbauer des Junkers-Windkanals.

Die V2-Rakete auf einer mobilen US-amerikanischen Abschußplattform

Die Geschichte der V-Waffen
Unbemannte, raketengetriebene Flugkörper wurden seit dem 13. Juni 1944 als fliegende Bomben von der ehemaligen deutschen Luftwaffe, während des Zweiten Weltkriegs eingesetzt.
Während die V1 noch einem unbemannten Flugzeug mit Bombenladung glich, ist die V2 die erste funktionsfähige ballistische Raketenwaffe der Welt. Am 3. Oktober 1942 erfolgte der erste geglückte Start der 14 Meter langen und 4,5 t schweren Rakete. Den Antrieb lieferte ein hochexplosives Gemisch aus flüssigem Sauerstoff und Alkohol, das unter Druck in die Brennkammern gepreßt wurde.

Skandinavier sind bei den Winterspielen 1948 erfolgreich

8. Februar. Im schweizerischen Sankt Moritz enden die V. Olympischen Winterspiele. 713 Athleten aus 28 Nationen kämpften in den am 30. Januar eröffneten Spielen um die Medaillen. Die erfolgreichsten Teilnehmer stellten Schweden, Norwegen und die Schweiz. Sie errangen je zehn Medaillen. Die gastgebende Schweiz war noch nie zuvor so stark bei einer Olympiade.

In den fünf nordischen Skiwettbewerben dominierten die skandinavischen Länder. Finnland, Schweden und Norwegen teilten die Medaillen unter sich auf. Der 18-km-Langlauf blieb sogar eine rein schwedische Domäne: Die Gold-, Silber- und Bronzemedaille wurde von schwedischen Sportlern gewonnen.

Eine der herausragenden Persönlichkeiten der nordischen Disziplinen ist der Norweger Birger Ruud. Er gewann bereits 1932 in Lake Placid und 1936 in Garmisch-Partenkirchen die Goldmedaille im Spezialsprunglauf. Diesmal jedoch mußte sich der 36jährige Ausnahmesportler seinem Landsmann Peter Hugsted beugen, der ihn auf den zweiten Platz verwies.

An den sieben alpinen Wettbewerben nahmen Sportler aus 25 Nationen teil. Dem Franzosen Henri Oreiller gelang es, sich in allen drei Disziplinen zu behaupten: Er holte Gold in der Abfahrt und der alpinen Kombination. Nur im Slalom wurde er geschlagen, er gewann Bronze hinter dem Schweizer Edy Reinalter und dem Franzosen James Couttet. Bei den Frauen war die US-Amerikanerin Gretchen Fraser am erfolgreichsten: Sie gewann den Slalom und belegte in der Kombination den zweiten Platz. Die Abfahrt konnte Hedy Schlunegger, Liebling des schweizerischen Publikums, für sich entscheiden.

Die Eisschnellaufwettbewerbe waren wie schon die nordischen Disziplinen eine skandinavische Domäne. Besonders die Norweger setzten sich durch, sie holten in den vier Wettbewerben dreimal Gold, zweimal Silber und einmal Bronze. Der Eisschnellauf zeigte die Grenzen der technischen Möglichkeiten in der Zeitnahme: Drei Sportler liefen die 500 m in 43,2 sec und bekamen daher alle eine Silbermedaille. Gold gewann der Norweger Finn Helgesen mit der Zeit von 43,1 sec.

Der Eiskunstlauf der Männer wurde eine Überraschung. Der 18jährige US-Amerikaner Richard (»Dick«) Button gewann mit einer ungewöhnlich athletischen Kür den Wettbewerb. Der Schweizer Favorit und Publikumsliebling Hans Gerschwiler mußte sich mit dem zweiten Rang zufriedengeben, den dritten Platz belegte der Österreicher Edy Rada. Bei den Damen überzeugte die Kanadierin Barbara Ann Scott, die verdient vor der Österreicherin Eva Pawlik und der Britin Jeanette Altwegg gewann.

Das Zweierbobrennen führte die Schweizer zum Erfolg: Es siegte Schweiz II mit Felix Endrich und Fritz Waller vor Schweiz I mit Fritz Feierabend und Paul Eberhard. Den Viererbobwettbewerb gewann USA II vor Belgien und USA I.

Erstaunliches bot das Skeletonrennen auf der berühmten Cresta-Run-Spezialstrecke in Sankt Moritz. Der Italiener Nino Bibbia gewann vor dem US-Amerikaner John Heaton, der bereits 1928 bei der ersten in Sankt Moritz veranstalteten Olympiade vor 20 Jahren Silber holte.

Das Eishockeyturnier entschied die kanadische Mannschaft für sich. Sie gewann die Goldmedaille vor der Tschechoslowakei und den Eishockeyspielern der Schweiz.

Im Vorfeld hatte es einige Querelen gegeben: Die USA schickten zwei Mannschaften nach Sankt Moritz: die Vertretung des Nationalen Olympischen Komitees (NOK) und die der Amateur Hockey Association (AHA). Der Präsident des Nationalen Olympischen Komitees der USA, Avery Brundage, der auch Vizepräsident des internationalen Olympischen Komitees ist, unterstützte die Teilnahme des NOK-Teams. Er warf der AHA Verstöße gegen den Amateurstatus vor. Bei der Eröffnungsfeier am 30. Januar trug die NOK-Mannschaft dann auch die Flagge der USA, spielen durfte dann jedoch das AHA-Team. Es belegte den vierten Platz, wurde aber nachträglich disqualifiziert.

Die V. Olympischen Winterspiele in Sankt Moritz waren ein voller Erfolg. Es wurden hervorragende sportliche Leistungen geboten, und das trotz der schwierigen Bedingungen. Denn die Folgen des Zweiten Weltkriegs machen auch vor dem Sport nicht halt: Das Geld ist knapp, und die Sportanlagen und Trainingsmöglichkeiten entsprachen nicht immer den Wunschvorstellungen der Sportler. Einen bitteren Nachgeschmack hinterläßt der sich anbahnende Konflikt um den Amateurstatus, der einmal die Zukunft der Olympischen Spiele in Frage stellen könnte.

Der US-amerikanische Eiskunstläufer Richard (»Dick«) Button gewinnt mit einer artistischen Kür die Goldmedaille bei den Olympischen Winterspielen

Barbara Ann Scott aus Kanada, Goldmedaillengewinnerin im Eiskunstlauf, tritt die Nachfolge von Sonja Henie an

Auch sie begeistert die Zuschauer in Sankt Moritz: Eva Pawlik, die Silbermedaillengewinnerin aus Österreich

Henri Oreiller aus Frankreich, der Sieger im Abfahrtslauf, ist hier im Kombinationsslalom auf dem Weg zum Gewinn seiner zweiten Goldmedaille

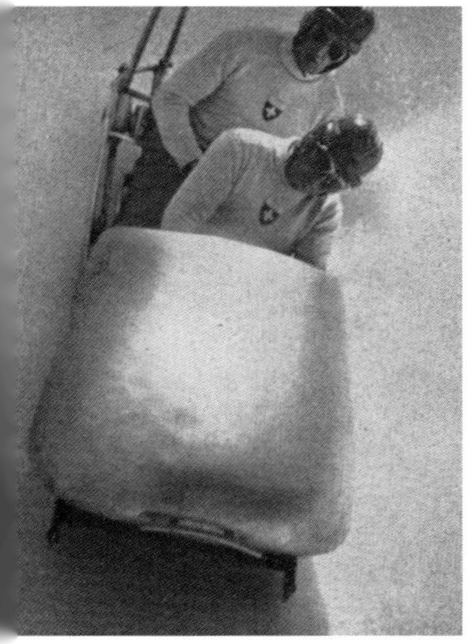

Der Bob Schweiz II mit Felix Endrich und Fritz Waller auf dem Weg zum Sieg

Gretchen Fraser aus den Vereinigten Staaten von Amerika; sie ist in Sankt Moritz die Überraschungssiegerin im Slalom der Damen

Für den Norweger Birger Ruud reicht es 1948 nur zum zweiten Platz, bei den Olympischen Winterspielen 1932 und 1936 war er Sieger im Skispringen

Boxsport äußerst populär

9. Februar. Der US-amerikanische Boxweltmeister im Weltergewicht, Ike Williams, verteidigt in Philadelphia erfolgreich seinen Titel gegen den Herausforderer Livio Minelli aus Italien. Williams schlägt vor 12 000 begeisterten Zuschauern den Italiener klar nach Punkten und wird seiner Favoritenrolle gerecht.
Der Boxsport in der Welt erfreut sich in den ersten Nachkriegsjahren einer großen Popularität. Gerade auch in Deutschland ist er eine der beliebtesten Sportarten. Die Zuschauer strömen zu Tausenden in die Boxarenen, wenn ein interessanter Kampf ansteht. So besuchten z. B. den am 15. Oktober 1947 in Hamburg ausgetragenen Kampf zwischen dem Deutschen Meister im Schwergewicht, Hein ten Hoff, und Herausforderer Walter Neusel 50 000 Zuschauer.
Die Gründe für diese Popularität sind vielschichtig. Zum einen ist ein Boxkampf relativ einfach zu organisieren. Es genügt, in einer Freiluftarena einen Boxring herzurichten und einfache Bänke aufzustellen. Dies ist in der wirtschaftlichen Not, die in Deutschland als Folge des Zweiten Weltkriegs herrscht, ein wichtiger Gesichtspunkt. Ein weiterer Aspekt ist die Identifikation des Publikums mit dem rauhen Sport. Diese Kampfsportart übt für viele Deutsche eine Art Ersatzfunktion aus. Die durch die schwierigen Lebensumstände bedingten aufgestauten Aggressionen, die in dem besiegten Land nicht mehr selbst ausgelebt werden können, werden im Boxring sehr direkt, aber fair von den Sportlern ersatzweise abgebaut.

Vom Feder- bis zum Schwergewicht begeistern die Boxer in aller Welt das Publikum (l. Peter Brander gegen Sörensen)

Baran/Falk Deutsche Meister

22. Februar. In Krefeld enden die Deutschen Meisterschaften im Eiskunstlaufen. Der Paarlaufwettbewerb steht ganz im Zeichen des Paares Ria Baran und Paul Falk. Sie erreichen 11,8 von 12 möglichen Punkten und werden mit großem Vorsprung Deutsche Meister.
Deutscher Meister der Herren wird erwartungsgemäß Horst Faber aus Rießersee, der 384,46 Punkte mit der Platzziffer 5 erhält. Den zweiten Rang belegt der Berliner Ulrich Kuhn mit 373,1 Punkten und der Platzziffer 10. Freimuth Stein aus Nürnberg erringt mit 322 Punkten und der Platzziffer 15 den dritten Platz. Die Damenkonkurrenz gewinnt Irene Braun aus Rießersee mit 267,56 Punkten deutlich vor Marlies Schroer (257,3 Punkte) und Gudrun Olbricht (354,66 Punkte).

Ria Baran und Paul Falk, die deutschen Meister im Paarlauf auf dem Eis

März 1948

Mo	Di	Mi	Do	Fr	Sa	So
1	2	3	4	5	6	7
8	9	10	11	12	13	14
15	16	17	18	19	20	21
22	23	24	25	26	27	28
29	30	31				

1. März, Montag

In Frankfurt am Main wird die Bank Deutscher Länder durch Gesetz der britischen und US-amerikanischen Militärregierungen eingerichtet. →S. 48

In Leipzig beginnt die diesjährige Frühjahrsmesse, die eine Woche dauern wird und an der über 1000 Aussteller aus dem In- und Ausland teilnehmen.

Die letzten 55 000 österreichischen Kriegsgefangenen sind aus der Sowjetunion in ihre Heimat zurückgekehrt (→31. 12./S. 192).

Nach den Worten des schweizerischen Außenministers, Max Petitpierre, wird das Land auch in Zukunft seine Neutralität wahren, sich jedoch am Wiederaufbauprogramm für Europa, dem Marshallplan, beteiligen.

US-Präsident Harry S. Truman bekundet auf einer Pressekonferenz in Washington seinen Wunsch, mit dem sowjetischen Partei- und Regierungschef Josef W. Stalin zusammenzutreffen.

2. März, Dienstag

In Frankfurt am Main tritt der Wirtschaftsrat der deutschen Bizone zusammen; er wählt den Kölner Oberbürgermeister Hermann Pünder zum Vorsitzenden; außerdem werden die Direktoren der Wirtschaftsämter, darunter Ludwig Erhard als Nachfolger von Johannes Semler als Leiter der Wirtschaftsverwaltung, gewählt. →S. 47

Auf der Flugstrecke zwischen Frankfurt am Main und Berlin dürfen deutsche Passagiere in den alliierten Flugzeugen mitfliegen. →S. 47

Der Generalsekretär der tschechoslowakischen kommunistischen Partei, Klement Gottwald, ordnet neben einer Stärkung der Nationalen Front auch eine weitere Säuberung der sozialistischen Partei der Tschechoslowakei an (→25. 2./S. 30).

3. März, Mittwoch

In einem Gespräch mit dem Präsidenten des bizonalen Wirtschaftsrates, Erich Köhler, üben Vertreter der britischen und US-amerikanischen Besatzungsmacht heftige Kritik an der am Vortage erfolgten Wahl der Direktoren der Zweizonenwirtschaftsämter (→2. 3./S. 47).

Der tschechoslowakische Industrieminister Zdeněk Fierlinger unterstreicht in einer Rede in Mährisch-Ostrau die Notwendigkeit der Zusammenarbeit von Kommunisten und Sozialdemokraten (→25. 2./S. 30).

Die ersten Mitglieder des UNO-Sekretariats für Palästina treffen in Jerusalem ein, um dort die Bildung der provisorischen Regierungsorgane vorzubereiten (→14. 5./S. 72).

Das 50-km-Skilanglaufrennen am Holmenkollen in Norwegen gewinnt der Schwede Harald Eriksson in der Zeit von 3:30,9 h. →S. 53

In Paris schlägt eine Eishockeyvertretung Schottlands die Olympiamannschaft Kanadas mit 2:0 Toren.

4. März, Donnerstag

In Deutschland werden die Tagebücher des ehemaligen Reichsministers für Volksaufklärung und Propaganda, Joseph Goebbels, veröffentlicht. →S. 48

In Brüssel beginnen zwischen Großbritannien, Frankreich, Belgien, den Niederlanden und Luxemburg Besprechungen über die Bildung einer Westeuropäischen Union, die bis zum 12. März dauern (→17. 3./S. 49).

Chile und Argentinien unterzeichnen ein Abkommen zur gegenseitigen Unterstützung ihrer territorialen Forderungen in der Antarktis.

5. März, Freitag

Der Länderrat des Wirtschaftsrates der deutschen Bizone bestätigt die Wahl von Hermann Pünder zum Präsidenten des Wirtschaftsrates (→2. 3./S. 47).

Das britische Unterhaus in London verabschiedet die »National Assistance Bill«, ein Sozialgesetzgebungspaket, das u. a. die Sozialversicherung und Krankenversorgung regelt.

Vor dem österreichischen Parlament in Wien erklärt Außenminister Karl Gruber, der Abschluß des Staatsvertrages sei eine letzte Chance für ein gemeinsames Handeln der vier alliierten Siegermächte (→24. 5./S. 77).

In der Tschechoslowakei wird ein Gesetzentwurf veröffentlicht, der die Verstaatlichung zahlreicher Industriebetriebe vorsieht (→25. 2./S. 30).

Der Sicherheitsrat der Vereinten Nationen lehnt im Zuge seiner am 24. Februar begonnenen Debatte über Palästina einen Antrag der USA ab, den Teilungsbeschluß der Vollversammlung der UNO formell zu bestätigen (→14. 5./S. 72).

Für den Fall der Fortsetzung der US-amerikanischen Palästina-Politik drohen die arabischen Staaten mit Verstaatlichung der US-Ölkonzessionen in ihren Ländern. →S. 50

6. März, Sonnabend

Gegen die seit dem 23. Februar in London tagende Deutschland-Konferenz zwischen den USA, Großbritannien, Frankreich und den Beneluxstaaten protestiert die UdSSR erneut (→20. 3./S. 46).

In Genf geht die Schiffahrtskonferenz der Vereinten Nationen mit der Ausarbeitung einer internationalen Konvention zu Ende. Die Konferenz hatte am 19. Februar begonnen.

Die in der britischen Hauptstadt London tagende Sechsmächtekonferenz über Deutschland geht zu Ende. In einem Kommuniqué wird ein föderatives Regierungssystem befürwortet; Deutschland soll sich außerdem an der internationalen Kontrolle der Industriebetriebe des Ruhrgebietes beteiligen (→2. 6./S. 92).

7. März, Sonntag

In Frankreich spricht sich General Charles de Gaulle für einen Zusammenschluß der westeuropäischen Staaten unter Einschluß Deutschlands aus. → S. 49

Die Inselgruppe des Dodekanes in der Ägäis wird in den griechischen Staat eingegliedert.

Ein Untersuchungsausschuß des US-Repräsentantenhauses befürwortet die Bildung eines westeuropäischen Verteidigungspaktes, mit dessen Hilfe sich der Marshallplan besser verwirklichen lasse (→17. 3./S. 49).

In Argentinien erzielen die Peronisten (Partido Laborista) bei Nachwahlen einen Wahlsieg (→5. 12./S. 191).

8. März, Montag

Die niederländische Kolonialverwaltung veranlaßt in Indonesien die Bildung einer provisorischen föderativen Regierung (→19. 12./S. 190).

In der Tschechoslowakei werden mehrere ehemalige Minister, darunter der frühere stellvertretende Ministerpräsident, Peter Zenkl, aus der sozialistischen Partei ausgeschlossen (→25. 2./S. 30).

Vor dem Parlament in Neu-Delhi erklärt Ministerpräsident Jawaharlal Pandit Nehru, Indien werde eine völlig unabhängige Republik sein. Das Verhältnis seines Landes zum britischen Commonwealth of Nations sei noch nicht entschieden (→23. 4./S. 62).

In Palästina schließen sich die jüdischen Untergrundorganisationen Hagana, Irgun Zwai Leumi und die Stern-Bande im Kampf für einen jüdischen Staat zu einer Einheitsfront zusammen (→9. 4./S. 63).

Der Parteitag der ungarischen Sozialdemokraten, der seit dem 5. März tagt, beschließt die Vereinigung mit der kommunistischen Partei.

9. März, Dienstag

In London beginnt eine Konferenz der Gewerkschaften aus 13 Marshallplanländern (→18. 4./S. 59).

In Pakistan gründet Ghaffar Khan mit der pakistanischen Volkspartei die erste Oppositionspartei des überwiegend von Moslems bewohnten Landes (→11. 9./ S. 159).

Von der Hafenstadt Haifa aus werden die ersten britischen Truppen aus Palästina abgezogen (→14. 5./S. 72).

10. März, Mittwoch

In Berlin wird die Umbildung der Deutschen Wirtschaftskommission für die Ostzone bekanntgegeben. Sie besteht künftig aus 13 Hauptverwaltungen (→13. 2./S. 35).

Vor dem Nürnberger Internationalen Gerichtshof werden die Urteile gegen Angehörige des ehemaligen SS-Rasse- und Siedlungshauptamtes gefällt. →S. 48

In Prag stirbt der parteilose tschechoslowakische Außenminister Jan Masaryk nach dem Sturz aus einem Fenster seines Amtssitzes. →S. 49

UNO-Generalsekretär Trygve Lie lehnt es ab, die politischen Vorgänge in der Tschechoslowakei auf die Tagesordnung des Sicherheitsrates in New York zu setzen (→25. 2./S. 30).

Der US-amerikanische Militärgouverneur in Japan, General Douglas MacArthur, gibt die seit dem 3. November 1945 gültigen Richtlinien der US-Besatzungspolitik zur Veröffentlichung frei.

In London wird die Komödie »The Lady's Not For Burning« (Die Dame ist nicht fürs Feuer)« des britischen Dramatikers Christopher Fry uraufgeführt.

11. März, Donnerstag

Niedersachsens Ministerpräsident, Hinrich Wilhelm Kopf, erklärt seinen Rücktritt. Die Koalitionsparteien des Landes hatten sich zuvor nicht auf ein Bodenreform- und Siedlungsgesetz einigen können (→2. 8./S. 136).

Australiens Außenminister, John Evatt, fordert vor dem Parlament in Canberra die Aufstellung einer internationalen Polizeitruppe, die dem Sicherheitsrat der UNO unterstellt werden soll.

Im Hafen von Bremen trifft die Ladung des sogenannten Freundschaftszuges mit 3000 t Hilfsgütern aus den USA ein. →S. 47

12. März, Freitag

In Kopenhagen treffen die Außenminister der Länder Dänemark, Norwegen und Schweden zu Besprechungen über ein skandinavisches Verteidigungsbündnis zusammen.

Der Schweizer Ständerat genehmigt den Beitritt des Landes zum Internationalen Gerichtshof in Den Haag.

13. März, Sonnabend

In Nicaragua ruft die Regierung den Ausnahmezustand aus, um die Unruhen im Land zu beenden.

Die von dem US-amerikanischen Wissenschaftler Alfred Charles Kinsey veröffentlichte Untersuchung über das Sexualverhalten des Mannes löst heftige Diskussionen aus. →S. 52

14. März, Sonntag

Premierminister Clement Attlee gibt bekannt, daß Großbritanniens Kommunisten künftig nicht mehr in Positionen, die für die Sicherheit des Staates wichtig sind, beschäftigt werden dürfen.

Das Märzheft der »Illustrierten Rundschau« erinnert an die deutsche Revolution des Jahres 1848

15. März, Montag

In Frankfurt am Main kündigt der US-amerikanische Militärgouverneur in Deutschland, General Lucius D. Clay Besprechungen der Westmächte über eine Einbeziehung der französischen Besatzungszone in die deutsche Bizone an.

In Paris beginnt die Zweite Marshallplankonferenz, die bis zum 16. März dauert (→16. 3./S. 50).

In China besetzen kommunistische Truppen die Stadt Yenan (→19. 3./S. 50).

Transjordanien erhält seine volle Unabhängigkeit von Großbritannien.

16. März, Dienstag

Die vier alliierten Besatzungsmächte in Deutschland geben den gesamten Telefon- und Telegrammverkehr mit dem Ausland wieder frei.

17. März, Mittwoch

Der Vorsitzende der CDU in der Ostzone, Otto Nuschke, eröffnet im Berliner Admiralspalast den zweiten Deutschen Volkskongreß für Einheit und gerechten Frieden, der bis zum 18. März dauert und auf dem unter anderem die Mitglieder des deutschen Volksrates gewählt werden (→19. 3./S. 47).

US-Präsident Harry S. Truman fordert vor dem Kongreß in Washington die schnelle Verabschiedung des eingebrachten Gesetzes über das Europäische Wiederaufbauprogramm (ERP), den Marshallplan (→2. 4./S. 59).

In der belgischen Hauptstadt Brüssel wird zwischen Frankreich, Großbritannien und den Benelux-Staaten ein Vertrag über die Zusammenarbeit auf wirtschaftlichem, sozialem und kulturellem Gebiet sowie für die kollektive Selbstverteidigung (Brüsseler Pakt) unterzeichnet. →S. 49

In Erfurt sind 300 Menschen an Typhus erkrankt (→S. 24).

18. März, Donnerstag

In Berlin finden Feiern zum Gedenken an den 100. Jahrestag der Revolution von 1848 statt. →S. 48

Das britische Unterhaus in London debattiert über das Projekt einer Tunnelverbindung zwischen Großbritannien und Frankreich.

Im Londoner Wembley-Stadion trennen sich die englische Fußballauswahl und die schottische Vertretung 1:1 unentschieden (→25. 4./S. 67).

19. März, Freitag

Die Militärgouverneure der drei westlichen Besatzungszonen treffen in Berlin zu Besprechungen über die Verschmelzung der drei Zonen zusammen. Sie setzen damit die Londoner Dreimächte-Besprechungen über Deutschland auf der Ebene der Militärregierungen fort (→16. 3./S. 50).

In Berlin tritt der Deutsche Volksrat der Ostzone zu seiner ersten Sitzung zusammen. →S. 47

Der Verwaltungsrat des bizonalen Wirtschaftsrates richtet in Frankfurt am Main eine spezielle Abteilung ein, die sich mit der Durchführung des Europäischen Wiederaufbauprogramms in Deutschland befassen soll (→18. 4./S. 59).

Generalissimus Chiang Kai-shek wird von der Nationalversammlung als Präsident Chinas wiedergewählt. →S. 50

Eine Explosion in einem jugoslawischen Bergwerk nahe Triest fordert 71 Menschenleben. →S. 52

20. März, Sonnabend

In einer Sitzung des Alliierten Kontrollrats in Berlin erklärt der Oberste Chef der SMAD, Marschall Wassili D. Sokolowski, daß aufgrund der Beschlüsse der Londoner Dreimächtekonferenz der Kontrollrat als oberste Regierungsinstanz in Deutschland aufgehört habe, zu existieren. →S. 46

In einer Note an die Sowjetunion und Italien schlagen die Vereinigten Staaten, Großbritannien und Frankreich die Rückgabe des Freistaates Triest an Italien vor (→18. 4./S. 61).

Ein in den US-Bundesstaaten Missouri, Ohio und Illinois tobender Wirbelsturm fordert 42 Todesopfer. →S. 52

In Hollywood, im US-Bundesstaat Kalifornien, werden zum 20. Mal die Preise der Filmakademie, die Oscars, verliehen. Als bester Film des Jahres 1947 wird »A Gentlemen's Agreement« ausgezeichnet (USA, Regie: Darryl Zanuck).

21. März, Sonntag

Zahlreiche ehemalige Militärs und Beamte fliehen aus der Tschechoslowakei. Beim Versuch, das Land zu verlassen, wird unter anderen der ehemalige Ministerpräsident Josef Schramek verhaftet (→25. 2./S. 30).

Das Grand National Steeplechase in Aintree, das schwerste Pferdehindernisrennen der Welt, gewinnt die Stute Sheila's Cottage. →S. 53

Der Tierpark Hagenbeck feiert in Hamburg sein 100jähriges Bestehen. →S. 53

22. März, Montag

Die sowjetischen Besatzungsbehörden in Deutschland stellen ihre Mitarbeit in den Arbeitsausschüssen des Alliierten Kontrollrats ein (→20. 3./S. 46).

23. März, Dienstag

Aus Protest gegen die kommunistische Machtübernahme in der Tschechoslowakei tritt der Botschafter des Landes in Paris, Jindrich Nosek, von seinem Posten zurück (→25. 2./S. 30).

Durch Gesetz erhalten die zu Dänemark gehörenden Faröer-Inseln ein Autonomiestatut.

Der Brite John Cunningham stellt in Hatfield (Großbritannien) mit einem »Vampire«-Düsenjäger einen Höhenrekord auf: Seine Maschine steigt auf eine Höhe von 16 800 m. →S. 173

Avery Brundage, der Präsident des nationalen Olympischen Komitees der USA, spricht sich dafür aus, daß Eishockey künftig keine olympische Sportart mehr ist. →S. 53

24. März, Mittwoch

Nach viermonatiger Dauer geht in Kubas Hauptstadt Havanna die Internationale Handelskonferenz, an der 54 Staaten beteiligt sind, zu Ende. Die Konferenzteilnehmer unterzeichnen eine Charta für die internationale Organisation des Handelsverkehrs. →S. 50

25. März, Donnerstag

Der Chef des Stabes der sowjetischen Militärverwaltung in Deutschland, Generalleutnant G. S. Lukjantschenko, erklärt, daß der Kontrollrat für Deutschland seine Tätigkeit endgültig eingestellt habe (→20. 3./S. 46).

26. März, Karfreitag

Die Regierung der Vereinigten Staaten überreicht der Sowjetunion eine Antwortnote auf deren Protest vom 6. März gegen die Beschlüsse der Londoner Dreimächtekonferenz. Darin stellt sie fest, daß die Sowjetunion in der Ostzone ein totalitäres Regime errichten wolle (→23. 2./S. 33; 2. 6./S. 92).

Die USA verhängen gegen die UdSSR ein Waffenembargo.

27. März, Sonnabend

Lucius D. Clay, der Militärgouverneur der US-amerikanischen Besatzungszone Deutschlands, stellt die Verfahren gegen 300 000 ehemalige minderbelastete Nationalsozialisten ein (→13. 5./S. 79).

Der bizonale Wirtschaftsrat in Frankfurt am Main legt einen Entwurf für eine deutsche Beteiligung am Marshallplan vor (→18. 4./S. 59).

In Ägypten legt König Faruk den Grundstein für den Assuan-Staudamm.

28. März, Ostersonntag

In Rumänien finden Wahlen zur Nationalversammlung statt, bei denen die in der Demokratischen Volksfront zusammengefaßten Parteien 90,8 % der abgegebenen Stimmen erhalten (→3. 1./S. 18).

Die 94. traditionelle britische Ruderregatta der Universitäten Oxford und Cambridge gewinnt der Achter aus Cambridge in der Zeit von 17:50 min. →S. 53

29. März, Ostermontag

Chinas Präsident Chiang Kai-shek läßt sich diktatorische Vollmachten verleihen (→19. 3./S. 50).

30. März, Dienstag

Die Sowjetische Militärverwaltung in Deutschland (SMAD) kündigt in gleichlautenden Noten an die drei westlichen Militärregierungen die Einführung von Kontrollmaßnahmen im Berlinverkehr an. Die SMAD verlangt die Kontrolle über die ein- und ausreisenden Angehörigen der Westalliierten (→24. 6./S. 97).

In der kolumbianischen Hauptstadt Bogotá beginnt die 9. Panamerikanische Konferenz, an der Vertreter von 21 nord- und südamerikanischen Staaten teilnehmen. Sie dauert bis zum 30. April (→30. 4./S. 63; 9. 7./S. 63).

Gegen die Entscheidung des US-Repräsentantenhauses, Spanien in den Marshallplan einzubeziehen, legt die spanische Exilregierung Protest ein.

31. März, Mittwoch

In Frankfurt am Main beginnen zwischen Vertretern der alliierten Aufsichtsbehörde der Bizone und des Wirtschaftsrates Gespräche über die Einbindung der britischen und US-amerikanischen Zone in den Marshallplan (→18. 4./S. 59).

In den USA beschließen der Kongreß und das Repräsentantenhaus in Washington, Marshallplan-Leistungen in Höhe von rund fünf Milliarden US-Dollar zu gewähren (→3. 4./S. 58).

US-Präsident Harry S. Truman unterzeichnet in Washington ein zweites Gesetz über eine Überbrückungshilfe an Österreich, Frankreich und Italien (→2. 1./S. 12; 2. 4./S. 58).

Der britische Militärgouverneur in Deutschland, General Sir Brian Robertson, spricht sich für die Bildung eines westdeutschen Staates im Rahmen einer künftigen westeuropäischen Union aus (→2. 6./S. 92).

Laut Mitteilungen der US-amerikanischen Militärregierung in Deutschland wurden von US-Bürgern seit Juni 1946 mehr als 22 Millionen Geschenkpakete nach Deutschland geschickt.

Gestorben:

4. Ivry sur Seine: Antonin Artaud (* 4. 9. 1896, Marseille), französischer Schriftsteller.

4. Cambridge/Massachusetts: Elsa Brändström, (* 26. 3. 1888, Petersburg/Leningrad), schwedische Philanthropin.

10. Prag: Jan Masaryk (* 14. 9. 1886, Prag), tschechoslowakischer Politiker. →S. 49

23. Clamart: Nikolai A. Berdjajew (* 19. 3. 1874, Obuchowo bei Kiew), russischer Religionsphilosoph.

31. Prag: Egon Erwin Kisch (* 29. 4. 1885, Prag), tschechoslowakischer Journalist.

Das Wetter im Monat März

Station	Mittlere Lufttemperatur (°C)	Niederschlag (mm)	Sonnenscheindauer (Std.)
Aachen	— (5,5)	— (49)	— (125)
Berlin	5,6 (3,9)	— (31)	— (151)
Bremen	— (4,0)	— (42)	— (117)
München	— (3,3)	— (46)	— (142)
Wien	6,7 (4,9)	39 (42)	204 (—)
Zürich	8,6 (4,2)	24 (69)	248 (149)

( ) Langjähriger Mittelwert für diesen Monat
– Wert nicht ermittelt

Abstrakt gestaltetes Titelblatt der Märzausgabe der US-amerikanischen Zeitschrift »Fortune«

Gemeinsame Viermächteherrschaft bricht auseinander

Marschall W. D. Sokolowski

General Lucius D. Clay

General Brian Robertson

General Pierre Koenig

20. März. Im Gebäude des Alliierten Kontrollrats in Deutschland in Berlin tagen die Militärgouverneure der vier Besatzungsmächte in Deutschland zum letzten Mal: Der Oberste Chef der sowjetischen Militärverwaltung (SMAD), Wassili D. Sokolowski, verläßt die Sitzung aufgrund der Überlegungen der Westmächte, einen westdeutschen Staat zu schaffen. Die Sitzung wurde auf Wunsch von Sokolowski einberufen. Sokolowski verlangt von seinen westlichen Kollegen Auskunft darüber, welche Politik deren Regierungen nach Beendigung der Londoner Sechsmächtekonferenz am 6. März (→ 23. 2./S. 33) in Deutschland verfolgen werden. Die westlichen Militärgouverneure, die Generäle Lucius D. Clay (USA), Sir Brian Robertson (Großbritannien) und Pierre Koenig (Frankreich) antworten darauf, sie müßten vor der Weitergabe von Informationen zunächst ihre Regierungen befragen. Sokolowski stellt daraufhin fest, daß aufgrund dieser Haltung die Viermächtekontrolle für Deutschland faktisch nicht mehr bestehe. Er verläßt die Zusammenkunft. Die westlichen Vertreter vertagen daraufhin die Sitzung, ohne einen Termin für ein neuerliches Zusammentreffen festzulegen.

Die Konferenz, auf die sich Sokolowski bezieht, tagte vom 23. Februar bis zum 6. März in London. Vertreter der USA, Großbritanniens, Frankreichs und der Benelux-Staaten waren damals zu Besprechungen über die Bildung eines westdeutschen Staates zusammengekommen. Sie unterbrachen ihre Tagung zunächst am 6. März und teilten in einem Kommuniqué ihren Willen mit, die »Grundlage für die Beteiligung eines demokratischen Deutschland an der Gemeinschaft der freien Völker« schaffen zu wollen. Aus diesem Grund sprachen sie sich auch für eine Einbeziehung der drei Westzonen in das Europäische Wiederaufbauprogramm, den Marshallplan, aus (→ 3. 4./S. 58; 16. 4./S. 59; 18. 4./S. 59).

Bereits zum Zeitpunkt des Abschlusses der Londoner Sechsmächtekonferenz hatte die Regierung der UdSSR die Westmächte wissen lassen, daß sie in deren Politik einen Bruch der alliierten Vereinbarungen zur Deutschlandpolitik sieht. Danach hätten Vereinbarungen, die ganz Deutschland betreffen, im Alliierten Kontrollrat besprochen und entschieden werden müssen. Auch sieht die Sowjetunion in der Londoner Konferenz eine Umgehung des Rates der Außenminister der Siegermächte, in dessen Kompetenz Fragen der politischen Zukunft, insbesondere die Ausarbeitung eines Friedensvertrages und die Bildung einer deutschen Regierung fallen.

Die letzte Tagung des Rates der Außenminister war im Dezember 1947 ergebnislos abgebrochen worden. Zwischen den Vertretern der UdSSR und der Westmächte herrschte in nahezu allen Fragen Uneinigkeit. Die Folge war, daß seit Beginn des Jahres 1948 auf westlicher Seite die Gründung eines westdeutschen Staates immer intensiver debattiert wurde.

Auf der anderen Seite unternahm auch die sowjetische Besatzungsmacht Schritte zur Gründung eines deutschen Staates auf dem Boden der Ostzone. Im Februar hatten die britische und die US-amerikanische Besatzungsmacht die Reform der Bizonenverwaltung veranlaßt (→ 5. 2./S. 35). Diese trägt bereits die Züge einer künftigen Regierung. Die sowjetische Besatzungsmacht reagierte darauf nicht nur mit Protesten, sondern handelte ihrerseits: Am → 13. Februar (S. 35) wurde die Deutsche Wirtschaftskommission der Ostzone (DWK) von der sowjetischen Militärverwaltung mit erweiterten Kompetenzen ausgestattet. Am → 19. März (S. 47) trat dann in der Ostzone mit dem Deutschen Volksrat eine parlamentarische Versammlung zu ihrer ersten Sitzung zusammen. Am selben Tag nahmen die drei westlichen Militärgouverneure Gespräche über die Zusammenlegung ihrer Zonen auf.

Wirtschaftlich und politisch haben sich die Ostzone und die Westzonen bereits so weit auseinanderentwikkelt, daß die Frage eines förmlichen Auseinanderfallens der Viermächteherrschaft in Deutschland nur noch eine Frage der Zeit blieb.

Vergangene Eintracht 1945 (v. l.): Die Oberbefehlshaber Montgomery (Großbritannien), Schukow (UdSSR), Eisenhower (USA) und Koeltz (Frankreich)

Alliierte Kontrolle über Deutschland

20. März. Der Auszug der sowjetischen Vertreter aus der Sitzung des Alliierten Kontrollrats markiert praktisch das Ende der Viermächteverwaltung von Deutschland. Sie war – wenn auch begleitet von zahlreichen Schwierigkeiten – fast drei Jahre aufrechterhalten worden.

Die Einrichtung des Alliierten Kontrollrats erfolgte, nachdem die alliierten Siegermächte des Zweiten Weltkrieges, die USA, die UdSSR, Großbritannien und Frankreich, am 5. Juni 1945 »in Anbetracht der Niederlage« die oberste Gewalt in Deutschland übernommen hatten. Zu diesem Zweck war das Deutsche Reich in vier Besatzungszonen und seine Hauptstadt Berlin, Sitz des Kontrollrates, in vier Sektoren aufgeteilt worden. Jeder der Zonenbefehlshaber war für die ihm unterstellte Zone selbst verantwortlich. Fragen, die ganz Deutschland betreffen, sollten im Kontrollrat gemeinsam beraten und beschlossen werden. Entscheidungen konnten jedoch nur einstimmig getroffen werden. Der Kontrollrat konnte zwar Gesetze erlassen, ihre Anwendung fiel jedoch in die Kompetenz der einzelnen Militärgouverneure. Trotzdem funktionierte die Viermächteverwaltung von Deutschland ungeachtet der sich verschlechternden Beziehungen zwischen der Sowjetunion und ihren westlichen Kriegsverbündeten.

Deutscher Volksrat hat sich konstituiert

19. März. Im sowjetischen Sektor Berlins konstituiert sich der Deutsche Volksrat der Ostzone. Er wurde aufgrund einer Resolution gewählt, die der zweite Deutsche Volkskongreß für Einheit und gerechten Frieden, der vom 17. bis zum 18. März ebenfalls in Berlin tagte, verabschiedete. Der Deutsche Volksrat setzt sich aus insgesamt 400 Mitgliedern zusammen, von denen rund 100 aus den drei westlichen Besatzungszonen stammen. Er versteht sich als Vorform einer gesamtdeutschen Vertretung.
Auf seiner ersten Sitzung beschließt der Deutsche Volksrat die Einrichtung einer Reihe von Ausschüssen, die sich u. a. mit einem Friedensvertrag und der Ausarbeitung einer Verfassung für ganz Deutschland beschäftigen sollen.

In 80 Minuten von Frankfurt nach Berlin

2. März. *Zweimal in der Woche können künftig auch deutsche Fluggäste mit der American Overseas Airlines (AOA) von Frankfurt am Main nach Berlin fliegen. Die Flugzeit zwischen dem Rhein-Main-Flughafen und dem Berliner Flughafen Tempelhof (im Bild: ein Blick auf das zerstörte Tempelhof beim Landeanflug) beträgt 80 Minuten. Die Nachfrage ist so groß, daß die Flüge bereits auf mehrere Monate hinaus ausgebucht sind.*

Pünder Vorsitzender des Wirtschaftsrats

2. März. Auf seiner zwölften Vollversammlung wählt der Wirtschaftsrat des Vereinigten Wirtschaftsgebietes (Bizone) in Frankfurt am Main den Oberbürgermeister von Köln, Hermann Pünder (CDU), zum Vorsitzenden des im Februar eingerichteten Verwaltungsrates (→ 5. 2./S. 35). Anschließend erfolgt die Neuwahl der Direktoren für die Verwaltungen der Bizone. Wiedergewählt werden Edmund Frohne (Verkehr), Hans Schuberth (Post), Hans Schlange-Schöningen (Ernährung) und Alfred Hartmann (Finanzen). Nachfolger des am → 27. Januar (S. 13) abgesetzten Wirtschaftsdirektors Johannes Semler wird der frühere bayerische Wirtschaftsminister Ludwig Erhard. Die Wahl der Direktoren ist von parteipolitischem Streit begleitet.

Gespendete Lebensmittel aus USA sollen Deutschen helfen

11. März. In Bremen trifft der Frachter »Gretna Victory« aus den USA ein. Das Schiff hat rund 3000 t Lebensmittel an Bord, die im Rahmen der »Freundschaftszug«-Aktion von der US-amerikanischen Bevölkerung gesammelt wurden.
Die ungewöhnliche Hilfsaktion begann im November 1947 in Hollywood im US-Bundesstaat Kalifornien. Ein Güterzug fuhr über das Land und bekam bei jedem Aufenthalt Waggons mit Lebensmittelspenden angehängt, die von der Bevölkerung gesammelt worden waren. Die von verschiedenen Hilfsorganisationen und karitativen Verbänden geleitete Aktion sollte die Freundschaft der USA zu Europa symbolisieren. Die Idee des »Freundschaftszugs« stieß auf eine außergewöhnlich starke Resonanz in der US-Bevölkerung: Das Eintreffen des Zuges wurde in vielen Städten mit einem Volksfest gefeiert.
Die in Bremen angekommenen 3000 t Lebensmittel sollen in den nächsten Tagen mit der Eisenbahn nach Düsseldorf, Koblenz, Mainz und Frankfurt am Main transportiert werden.
Auch deutsche Bauern haben angekündigt, sich an der Hilfsaktion der Vereinigten Staaten zu beteiligen. Sie wollen rund 22 t Nahrungsmittel für Bedürftige spenden. So möchten beispielsweise Bauern aus dem Landkreis Sinnheim bei Mannheim 1200 Eier für den »Freundschaftszug« zur Verfügung stellen.
Die Hilfsaktion soll hauptsächlich Kindern und Jugendlichen zugute kommen, die unter den Kriegsfolgen besonders zu leiden haben.
Die schlechte Versorgungslage in Deutschland wäre ohne US-amerikanische Hilfe noch katastrophaler. Nicht nur die CARE-Hilfsaktion, in deren Rahmen bisher weit über zwei Millionen Lebensmittelpakete nach Deutschland gelangten, sondern auch die vielen privaten Geschenksendungen der US-Bevölkerung helfen die Not zu lindern. So traf kürzlich das 22millionste Paket aus den USA in Deutschland ein.

Unterwegs durch Deutschland; der »Freundschaftszug« mit Hilfslieferungen aus den USA im Rheintal

Zusätzlichen »Dampf« spendet ein GI für den Lokführer des »Freundschaftszuges«

Ladung des »Freundschaftszuges« am Ziel; ein Lastwagen voller Lebensmittel und Hilfsgüter wird entladen

Zentralbank für die drei Westzonen

1. März. Ausgestattet mit einem Grundkapital von 100 Millionen Reichsmark wird in Frankfurt am Main die Bank deutscher Länder des Vereinigten Wirtschaftsgebietes (Bizone) eingerichtet. Am 25. März schließt sich auch die französische Besatzungszone an. Die Bank, die auf Veranlassung der US-amerikanischen und der britischen Besatzungsmacht errichtet wird, ist damit die erste Institution, die für alle drei westlichen Besatzungszonen zuständig ist. Vorläufig untersteht sie direkter alliierter Kontrolle.

Die Aufgaben der Zentralbank, die im Hinblick auf die bevorstehende Einbeziehung Westdeutschlands in den Marshallplan und eine Währungsreform eingerichtet wird, entsprechen der einer Notenbank. Außerdem wickelt sie die finanziellen Geschäfte des Wirtschaftsrates der deutschen Bizone ab.

Ihre Leitung setzt sich aus einem Direktorium zusammen, dem neben einem Präsidenten die Leiter der einzelnen Landeszentralbanken angehören (→ 19. 6./S. 93).

100 Jahre deutsche Revolution von 1848

18. März. *In Berlin finden Gedenkfeiern zum 100. Jahrestag der deutschen Revolution von 1848 statt. Unter der offiziellen Regie des Berliner Magistrats rufen die drei demokratischen Parteien SPD, CDU und LDP zu einer Kundgebung vor dem zerstörten Reichstag auf.*

Unter der Losung »Für die Freiheit gegen totalitäre Bestrebungen« versammeln sich daraufhin Zehntausende von Berlinern bei strömendem Regen auf dem Platz der Republik, um den Rednern Franz Neumann (SPD), Jakob Kaiser (CDU) und Carl-Hubert Schwennicke (LDP) zuzuhören (siehe Foto). Im Ostsektor der Stadt Berlin hatte die SED zu einer Massendemonstration der Werktätigen auf dem Gendarmenmarkt aufgerufen.

Haftstrafen für Angehörige der SS

10. März. In Nürnberg verkündet der Internationale Gerichtshof die Urteile gegen 13 Angehörige des ehemaligen Rasse- und Siedlungshauptamtes. Der Hauptangeklagte, der SS-Obergruppenführer Ulrich Greifelt, erhält eine lebenslange Freiheitsstrafe. Das Gericht verurteilt insgesamt sieben Angeklagte zu Gefängnisstrafen, sechs weitere werden freigesprochen.

Einer der drei Richter, Daniel T. O'Connel aus den USA, distanziert sich nach dem Prozeß von den Urteilen: Er hält sie für zu hart. Zwar hätten die Verurteilten die verbrecherischen Ziele Adolf Hitlers unterstützt, seien aber nicht eigenverantwortlich tätig gewesen.

Das Rasse- und Siedlungshauptamt wurde 1931 errichtet und war eine Dienststelle der SS. Seine Aufgabe war die Bearbeitung von Abstammungsgutachten und die Durchführung von »rassenbiologischen« Untersuchungen. Zusätzlich betreute das Amt Siedler, die in die während des Krieges eroberten Gebiete im Osten einwandern wollten.

Tagebücher von Joseph Goebbels in Hamburg veröffentlicht

4. März. Die Hamburger Tageszeitung »Die Welt« publiziert Auszüge aus den Tagebüchern des ehemaligen Propagandaministers des Deutschen Reiches, Joseph Goebbels, aus dem Jahre 1942. Sie wurden nach Kriegsende von US-Besatzungssoldaten aufgefunden und werden jetzt erstmals veröffentlicht. Die Tagebücher offenbaren die Gedanken, Eindrücke und Pläne eines der wichtigsten Vertreter der nationalsozialistischen Schreckensherrschaft.

So notierte Goebbels am 6. März 1942 über den Überfall auf die Sowjetunion: »Nach diesen Ausweisen ergibt sich, daß wir im gesamten Ostfeldzug jetzt an die eine Million Verluste haben, davon 200 000 Tote. Das ist natürlich eine erkleckliche Zahl. Nach Lage der Dinge halte ich es nicht für opportun, diese Zahlen der Öffentlichkeit zu übergeben.« Am selben Tag kommentierte der damalige Propagandaminister die Luftangriffe der Briten: »Im übrigen beschäftigt man sich in London augenblicklich damit, weitere Luftangriffe gegen das Reich anzudrohen. Das ist nun schon so oft geschehen, daß wir es nicht mehr ernst zu nehmen brauchen. Trotzdem lasse ich solche Meldungen nicht in die deutsche Presse hineingeraten, weil es bei uns immer noch Dumme gibt, die auf solche Drohungen hereinfallen.« Über Adolf Hitler schrieb Goebbels am 19. März 1942: »Der Führer ist wirklich zu bedauern. Er muß die ganze Last des Krieges auf seine Schultern nehmen ... Dazu kommt, daß der Führer praktisch wie in einem Konzentrationslager lebt. Ob nun die Posten, die vor seinem Hauptquartier stehen, von der SS oder von irgendeinem Gefangenenlager gestellt werden, das kommt im Effekt auf dasselbe heraus.«

Ein Bild aus vergangenen Tagen: Adolf Hitler (l.), Joseph Goebbels mit Frau Magda nach einer Konzertvorführung in Berlin im Jahre 1935; zehn Jahre später vergiftete das Ehepaar Goebbels zunächst seine Kinder, dann sich selbst; Goebbels nach dem Krieg gefundenes Tagebuch wird derzeit veröffentlicht

Joseph Goebbels wurde am 29. Oktober 1897 in Rheydt geboren. Er studierte Germanistik und promovierte 1921 zum Dr. phil. Verschiedentlich versuchte er sich als Schriftsteller, hatte aber damit keinen großen Erfolg. Nach seinem Eintritt in die NSDAP ging Goebbels 1926 als deren Gauleiter nach Berlin, wo er den Parteiaufbau mit großem Erfolg organisierte. 1928 in den Reichstag gewählt, übernahm er die Leitung der gesamten Parteipropaganda. 1933 wurde Goebbels zum Reichsminister für Volksaufklärung und Propaganda ernannt. Er galt als einer der engsten Vertrauten Hitlers und als Initiator der Judenverfolgung.

ČSR-Außenminister Masaryk begeht in Prag Selbstmord

10. März. Der tschechoslowakische Außenminister, Jan Masaryk, kommt durch einen Sturz aus dem Fenster seiner Dienstwohnung im Prager Czernin-Palais ums Leben. Die tschechoslowakische Regierung gibt offiziell bekannt, Masaryk habe Selbstmord begangen, und ordnet ein Staatsbegräbnis für ihn an.

Während die kommunistisch geführte Regierung in Prag akute Depressionen als Ursache für den Freitod Masaryks nennt, ist man im Westen davon überzeugt, daß der parteilose Masaryk, in dem ein Symbol für die tschechoslowakische Demokratie gesehen wurde, mit dieser Verzweiflungstat gegen die zunehmende Unterdrückung demokratischer Freiheiten in der ČSR protestieren wollte.

In Prag und in den westlichen Hauptstädten ruft die Nachricht vom Tod des 62jährigen Außenministers der ČSR Trauer und Bestürzung hervor. Aus der ganzen Welt treffen Beileidsbekundungen ein, in denen der Verstorbene als ein hervorragender Repräsentant seines Landes gewürdigt wird. Auch der sowjetische Außenminister, Wjatscheslaw M. Molotow, spricht in Moskau dem tschechoslowakischen Botschafter seine Anteilnahme aus.

Jan Masaryk (r.) bei einem seiner letzten Auftritte in der Öffentlichkeit

Das Prager Czernin-Palais; aus einem der Fenster stürzte Jan Masaryk

200 000 trauernde Menschen nehmen am Staatsakt für Jan Masaryk teil

Jan Masaryk war der Sohn des Staatsgründers und ersten Präsidenten der Tschechoslowakischen Republik, Tomáš Garrigue Masaryk. 1919 schlug er die diplomatische Laufbahn ein und vertrat sein Land zunächst in Washington und von 1925 bis 1939 als Botschafter in London. Nach der Zerschlagung der Tschechoslowakei durch Adolf Hitler gehörte Masaryk seit 1940 als Außenminister der tschechischen Exilregierung in London an.

Masaryks Entschluß, auch nach dem kommunistischen Staatsstreich (→ 25. 2./S. 30) mit den neuen Machthabern zusammenzuarbeiten, hatte vor allem im westlichen Ausland Befremden ausgelöst. Schon bald kam es jedoch zwischen dem parteilosen Masaryk, der an seiner demokratischen Haltung keinen Zweifel ließ, und dem kommunistischen Ministerpräsidenten, Klement Gottwald, zum Streit über das Verhältnis der ČSR zur Sowjetunion.

Zusammenschluß von fünf Westmächten

17. März. In der belgischen Hauptstadt Brüssel wird zwischen Frankreich, Großbritannien und den Benelux-Staaten (Belgien, die Niederlande und Luxemburg) ein Vertrag über die Zusammenarbeit auf wirtschaftlichem, sozialem und kulturellem Gebiet sowie über die kollektive Selbstverteidigung (Brüsseler Pakt) unterzeichnet.

Der Vertrag sieht unter anderem folgende Punkte vor:

- ▷ Die Unterzeichnerstaaten verpflichten sich, im Fall eines militärischen Angriffs gegenseitigen Beistand zu leisten
- ▷ Neben der wirtschaftlichen Zusammenarbeit wird auch die Notwendigkeit kultureller Kooperation betont
- ▷ Eine Aggression von seiten Deutschlands soll durch den Vertrag ausgeschlossen werden

Eröffnung der Konferenz über den Abschluß des Brüsseler Paktes: Belgiens Ministerpräsident Paul Henri Spaak (1. v. l.) begrüßt die fünf Delegationen

Die Unterzeichnerstaaten hatten sich in kurzer Zeit auf diesen Vertrag einigen können. Nachdem Ende Dezember zwischen dem britischen Außenminister, Ernest Bevin, seinem französischem Amtskollegen, Georges Bidault, und dem britischen Oppositionsführer Winston S. Churchill Vorgespräche stattgefunden hatten, waren Vertreter der sechs Paktstaaten am 4. März unter dem Vorsitz des belgischen Premierministers Paul Henri Spaak erstmals zusammengetreten. Die Idee, die sie vereint, ist das Bestreben, Westeuropa zu einer politischen Kraft neben den USA und der UdSSR aufzubauen. Obwohl der Vertrag sich formell gegen Deutschland richtet, lassen seine Unterzeichner durchblikken, daß sie mit einer künftigen Aggression eher von seiten der Sowjetunion rechnen (→ 3. 12./S. 190).

General de Gaulle in Compiègne

De Gaulle für die Einheit Westeuropas

7. März. Anläßlich eines Besuches in Compiègne, wo 1918 und 1941 die Unterzeichnung des Waffenstillstands mit Deutschland stattfand, spricht sich General Charles de Gaulle vor 20 000 Zuhörern in einer vielbeachteten Rede für einen politischen Zusammenschluß der Staaten Westeuropas unter Einschluß Deutschlands aus.

Militärischer Erfolg für Chinas Kommunisten

19. März. Generalissimus Chiang Kai-shek wird von der chinesischen Nationalversammlung in Nanking als Präsident des Landes gemäß der neuen Verfassung wiedergewählt. In einer Ansprache vor den Abgeordneten betont er, daß die vor seiner Wahl in Kraft getretene Verfassung des Landes den jetzigen Bestand Chinas garantieren werde.

Am 29. März läßt sich der Präsident vom Parlament mit diktatorischen Vollmachten ausstatten. Mit diesem Schritt will Chiang Kai-shek eine Straffung der politischen und militärischen Entscheidungsbefugnis im Kampf gegen die kommunistischen Truppen im Land erreichen.

Die militärische Lage in China, wo seit 1946 ein Bürgerkrieg tobt, ist derzeit äußerst gespannt. Den kommunistischen Truppen unter Führung von Mao Tse-tung ist es am 25. März gelungen, die Stadt Yenan zurückzuerobern. Die Stadt war erst 1947 von nationalchinesischen Einheiten besetzt worden. Die kommunistischen Armeen setzten ihren Vormarsch in den Süden fort.

Seit Anfang 1947 versuchen die Armeen Chiang Kai-sheks in zwei Offensiven die nach Süden vordringenden kommunistischen Truppen zurückzuschlagen. Dabei soll die industriell entwickelte Mandschurei vollständig erobert werden. Außerdem will man die Gebiete entlang der Bahnlinien Peking–Hankau und Peking–Nanking wieder unter Kontrolle bekommen. Trotz militärischer Unterstützung durch die USA sind die nationalchinesischen Verbände für diesen Kampf an verschiedenen Fronten jedoch zu schwach. Daher gelingt es den Truppen Mao Tse-tungs mit erfolgreichen Gegenvorstößen, zahlreiche Städte der Mandschurei einzukesseln und in der Mitte Chinas weitere Gebiete zu erobern (→ 6. 11./S. 182).

In Bedrängnis: Chiang Kai-shek

Abdallah, König von Transjordanien

Ölboykott gegen Teilung Palästinas

5. März. Aufgrund der sich zuspitzenden Lage in Palästina drohen die Staaten der Arabischen Liga den USA mit der Kündigung ihrer Ölkonzessionen im Nahen Osten.

Die Arabische Liga unter Führung des jordanischen Königs Abdallah wirft den USA vor, den Teilungsplan der UNO für Palästina, der die Errichtung eines jüdischen Teilstaates vorsieht, zu unterstützen und die Juden in Palästina mit Waffen zu versorgen. Die USA beziehen den Großteil ihrer Ölimporte aus dem Nahen Osten.

Zweite Konferenz über Marshallplan

16. März. Nach zweitägiger Dauer endet in Paris die zweite Konferenz des Rates für europäische wirtschaftliche Kooperation (CEEC). Er vereinigt die 16 am Marshallplan beteiligten Länder Europas. Die Teilnehmer der Konferenz, die unter dem Vorsitz des britischen Außenministers Ernest Bevin tagten, erzielten in zwei Punkten eine Einigung: Zum einen erteilen sie den Auftrag, ein gemeinsames Statut für eine ständige internationale Organisation auszuarbeiten, die sich mit der Verteilung der Hilfslieferungen aus den USA befassen soll (→ 16. 4./ S. 59). Zum anderen wird beschlossen, die drei westlichen Besatzungszonen Deutschlands in den Marshallplan einzubeziehen. Die Westzonen werden künftig von Delegierten der Besatzungsmächte und von deutschen Sachverständigen vertreten (→ 18. 4./S. 59).

Charta über den Welthandel verabschiedet

24. März. Nach viermonatiger Dauer endet in Kubas Hauptstadt Havanna die Internationale Konferenz für Handel und Beschäftigung, an der 54 Staaten beteiligt sind, die zusammen 90% des Welthandels bestreiten. Die Konferenzteilnehmer unterzeichnen eine Charta für eine Neuorganisation des internationalen Handelsverkehrs.

Diese Charta soll als Grundlage für eine erhebliche Erleichterung des internationalen Handelsverkehrs dienen. So verpflichten sich die Unterzeichnerstaaten zur Förderung des freien Güteraustausches, zur Senkung von Zöllen, zur gegenseitigen Einräumung der Meistbegünstigung, zum Verzicht auf Außenhandelsmonopole, zum Abbau von Vorzugszöllen und Einfuhrbeschränkungen. Zur Überwachung der Bestimmungen dieser Charta wird eine Internationale Handelsorganisation (ITO) eingerichtet.

Die Konferenz von Havanna tagte seit dem 21. November 1947. Die ganze Zeit über war sie von Meinungsverschiedenheiten geprägt. Gegensätzliche Positionen wurden dabei weniger von einzelnen Staaten als zwischen Staatengruppen deutlich. So setzten sich vor allem die arabischen und südamerikanischen wirtschaftlich rückständigen Staaten für das Recht ein, auch weiterhin Einfuhrbeschränkungen zur Absicherung der eigenen Industrie aufrechtzuerhalten.

Zollschranken hemmen den Welthandel

Seit dem Ende des Ersten Weltkrieges hatten die meisten Staaten versucht, durch die Aufrichtung von Zollschranken die Kriegsfolgen für die eigene Wirtschaft abzuwenden. Am Ende kollidierte dieses Vorgehen aber mit der Notwendigkeit, die eigene Exportwirtschaft zu beleben. Die USA drängen schon seit den 30er Jahren auf eine Neuordnung des Welthandels – obwohl ihre Zollpolitik besonders restriktiv ist. Auf dem Wege zu einer Liberalisierung des Welthandels wurde 1944 die Einrichtung einer Weltbank und eines Weltwährungsfonds beschlossen. Auf Einladung der Vereinten Nationen kamen dann 1947 Vertreter von 23 Nationen in einem Ausschuß zusammen, der in Genf tagte und am 30. Oktober desselben Jahres mit der Unterzeichnung eines internationalen Zoll- und Handelsabkommens (GATT) seine Arbeit abschloß.

Auto 1948:

Deutsche Autoindustrie sieht optimistisch in die Zukunft

Noch immer hat die deutsche Autoindustrie mit Rohstoffengpässen, Facharbeitermangel und geringen Produktionskapazitäten zu kämpfen. Aber trotz aller Schwierigkeiten werden in Deutschland 1948 fast 32 000 Pkw produziert, mehr als in den beiden Vorjahren zusammen. Viele der bekannten Vorkriegsmarken, wie z. B. BMW, Borgward, DKW oder NSU, konnten bisher die Pkw-Fertigung allerdings noch nicht wiederaufnehmen, das Angebot beschränkt sich auf wenige Firmen. Nicht alle zur Zeit in Deutschland produzierten Pkw und Lkw sind frei erhältlich, da viele Autos ausschließlich an Behörden geliefert werden oder in den Export gehen.

Den ersten Rang in der deutschen Autoindustrie nimmt mit nahezu 20 000 produzierten Pkw das Wolfsburger Volkswagenwerk ein. Das Modell 1200 entspricht im wesentlichen dem KdF-Wagen, der Ende der 30er Jahre von Ferdinand Porsche im Auftrag der nationalsozialistischen Regierung konstruiert wurde. Das Modell von 1948 verfügt über einen 25-PS-Motor, der den Wagen auf immerhin 105 km/h Spitzengeschwindigkeit beschleunigt. Die Ausstattung ist betont einfach. So verzichtet das Volkswagenwerk z. B. auf jegliche Chromverzierungen.

Die Opel-Werke in Rüsselsheim bieten den »Olympia« mit 37 PS und einer Höchstgeschwindigkeit von 112 km/h an. Für die Beschleunigung von 0 auf 100 km/h benötigt der Opel 43 sec. Außerdem hat Opel noch den luxuriös ausgestatteten »Kapitän« im Angebot: Er leistet 55 PS, ist 126 km/h schnell und ist in 29 sec auf Tempo 100. Er ist das zur Zeit teuerste deutsche Auto: Er kostet (nach der Währungsreform) 9950 DM.

Die Ford-Werke liefern nur ein Modell: den »Taunus«. Mit 34 PS und einer Höchstgeschwindigkeit von 105 km/h zählt er wie auch der Opel »Olympia« zur Mittelklasse. Luxuriöser ist da schon der Mercedes 170 V, der bis Juni 1948 6200 RM und nach der Währungsreform 8180 DM kostet. Er leistet 38 PS und hat eine Spitzengeschwindigkeit von 108 km/h.

In der internationalen Autoindustrie geht der Trend zu Autos mit einer US-amerikanischen Formgebung. Die Modelle gerade auch der britischen Hersteller unterscheiden sich im Design erheblich von den Vorkriegswagen. Der Grund dafür ist der Export. Da die Autofirmen in den USA die gewaltige Inlandsnachfrage noch nicht decken können, sehen europäische Hersteller gute Chancen, sich auf dem lukrativen US-Markt zu etablieren.

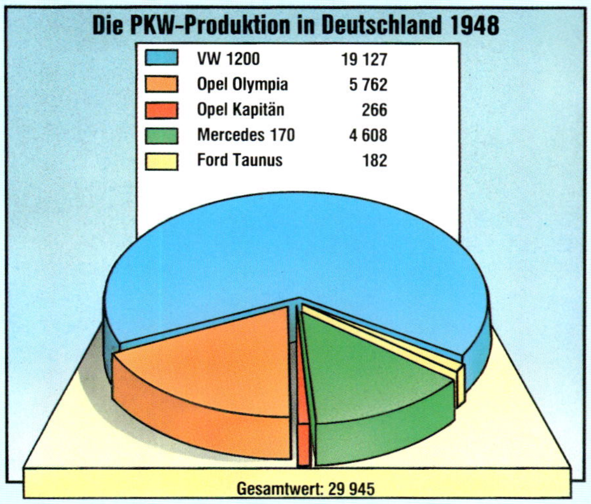

△ *Der neue »Minx« aus den britischen Hillman-Automobilwerken; bei der Konstruktion der Karosserie legte man, was die Form betrifft, neue Maßstäbe an: Die flache Silhouette macht den britischen Wagen vor allem für den Export attraktiv*

◁ *In scharfem Kontrast zur deutschen Autoproduktion steht der Brüsseler Autosalon 1948: Blick in eine der Ausstellungshallen mit den neuesten Modellen aus britischer und US-amerikanischer Produktion; alle Autos sind frei verkäuflich*

Der Opel »Olympia«, Modell 1948, eines der begehrtesten Autos in Deutschland

Fabrikneue Vauxhall-Modelle warten im britischen Luton auf die Verladung

Studie über das männliche Sexualverhalten

13. März. Auch in Deutschland verursacht der im Januar in den USA erschienene »Kinsey-Report« großes Aufsehen und löst nicht nur in Fachkreisen heftige Diskussionen aus. Die von dem US-amerikanischen Wissenschaftler Alfred Charles Kinsey geleitete Untersuchung beschäftigt sich mit dem sexuellen Verhalten der männlichen Bevölkerung in den Vereinigten Staaten.
Die rund 700 Seiten starke Studie wurde in neunjähriger Forschung von Mitarbeitern des Instituts für Sozialforschung der Universität im US-Bundesstaat Indiana unter der Leitung Kinseys erstellt. Erstmals wurden dabei neuartige umfassende statistische Methoden verwandt. So befragten die Wissenschaftler rund 12 000 Männer aller Altersklassen und sozialer Schichten, so daß ein repräsentativer Querschnitt der Bevölkerung möglich wurde. Jeder Teilnehmer beantwortete bis zu 500 Einzelfragen, die nahezu alle Aspekte des Sexuallebens erfassen. Dadurch gelang Kinsey eine genaue Dokumentation des männlichen Sexualverhaltens, die auf eine moralische Wertung verzichtet und sich über bestehende Tabus hinwegsetzt. Kinsey beschränkt sich hauptsächlich auf die reine Datenerfassung; auf eine Deutung und Interpretation der Ergebnisse verzichtet er weitgehend. Dennoch lassen sich aus der Studie weitreichende Schlüsse ziehen, die bisherige Annahmen über das Sexualverhalten der Männer umstürzen. Trotz der engen moralischen und sittlichen Maßstäbe der US-amerikanischen Gesellschaft sind voreheliche Geschlechtsverkehr, Prostituiertenbesuche und »Seitensprünge« offenbar weit verbreitet. Kinsey plant für die Zukunft eine Reihe weiterer Untersuchungen, zunächst über das sexuelle Verhalten von Frauen. Danach will er sich mit Spezialthemen, wie z. B. der Prostitution oder der Sexualerziehung und Aufklärung von Jugendlichen, befassen.

Der Zoologe und Sexualforscher Alfred Charles Kinsey wurde am 23. Juni 1894 im US-Bundesstaat New York geboren; nach seinem Studium betrieb er zunächst Untersuchungen über Insekten; ab 1938 wandte er sich der Erforschung des sexuellen Verhaltens des Menschen zu

»Kinsey-Report« ist für viele schockierend

Der 1894 im US-Bundesstaat New Jersey geborene Alfred Charles Kinsey wurde 1929 Professor der Zoologie an der Universität in Indiana (USA). Nachdem er sich zunächst mit der Insektenkunde beschäftigte, widmete er seit 1938 seine Aufmerksamkeit der Erforschung des menschlichen Sexualverhaltens. Zusammen mit seinen Mitarbeitern im Institut für Sozialforschung begann Kinsey 1939 mit der Befragung von insgesamt 12 000 Männern und erstellte so erstmals eine umfassende Dokumentation über das gerade in den USA mit vielen Tabus belegte Sexualverhalten von Männern.
Interessant ist die Entwicklung des Sexualverhaltens bei Jugendlichen: Dabei scheinen das Elternhaus und die Schule weniger prägend zu sein als bisher angenommen. Das Verhalten wird vielmehr durch die Altersgenossen und Spielgefährten bestimmt. So liegt für viele der Zeitpunkt des ersten sexuellen Kontakts sehr früh: 5% aller befragten Zwölfjährigen hatten bereits intimen Umgang. Kinsey ist der Meinung, daß die Sexualveranlagung bereits mit dem 16. Lebensjahr feststehe. Danach fände nur noch eine Ausformung der früh fixierten Anlage statt.

Titel der deutschen Ausgabe (1955)

Die Ergebnisse der Studie sind für viele Menschen schockierend. Kinsey meint, der Mensch neige dazu, sein eigenes Sexualverhalten als normal zu betrachten. Wenn jemand anders fühle, hielte man dies für pervers.
Für Diskussionsstoff sorgen z. B. folgende Ergebnisse der Untersuchung: 33% der befragten Männer sind homosexuell veranlagt. 70% haben bereits Prostituierte besucht. 68% der Verheirateten hatten vor der Ehe sexuellen Verkehr. Etwa 40% haben bereits einen »Seitensprung« hinter sich, und 70% aller Verheirateten würden dies gern mal ausprobieren.
Allerdings hat das Sexualverhalten scharfe soziale Grenzen: Sexualität wird in der Oberschicht wesentlich stärker tabuisiert und nicht so direkt und offen ausgelebt. So haben z. B. 67% der Männer mit Hochschulbildung vorehelichen Geschlechtsverkehr gehabt, Männer mit Volksschulbildung dagegen zu 98%.

Wirbelsturm fordert 42 Tote in den USA

20. März. In den US-Bundesstaaten Missouri, Illinois, Indiana und Ohio fordert ein Tornado 42 Menschenleben. Mehr als 300 Personen werden zum Teil schwer verletzt, der Sachschaden ist noch unübersehbar. Der Wirbelsturm verwüstet besonders den Südwesten von Illinois. Ganze Dörfer werden durch den Wirbelsturm dem Erdboden gleichgemacht. Strom- und Telefonmasten knicken um; ganze Ortschaften sind von der Außenwelt abgeschnitten.
Immer wieder toben in dieser Region der Vereinigten Staaten heftige Wirbelstürme. Sie erreichen Windgeschwindigkeiten von bis zu 160 km/h und richten häufig verheerende Zerstörungen an. Einen wirksamen Schutz gegen diese Naturkatastrophen gibt es bis heute nicht.

Ein Bild der Verwüstung: ein während des Tornados entgleister Zug

71 Tote bei Unglück in istrischer Zeche

19. März. Auf der jugoslawischen Halbinsel Istrien sterben 71 Bergleute durch eine Schlagwetterexplosion. Zehn Menschen werden vermißt; es wird vermutet, daß sie in einem Stollen Zuflucht fanden und noch verschüttet sind.
Eine Schlagwetterexplosion ist die häufigste Ursache von Grubenunglücken. Unter Schlagwetter versteht man ein Gemisch aus Methan und Luft, das sich leicht unter Tage bilden kann. Wenn dann ein Funke das Gas entzündet, kann es zu einer Katastrophe wie in dem jugoslawischen Bergwerk kommen.

Tierpark Hagenbeck wird 100 Jahre alt

21. März. Der weltbekannte Tierpark Hagenbeck feiert sein 100jähriges Bestehen. Im Hamburger Vorort Stellingen nimmt Lorenz Hagenbeck, der letzte lebende Sohn des Gründers Carl Hagenbeck, die Glückwünsche und Telegramme aus aller Welt entgegen.

Carl Hagenbeck

Am 21. März 1848 hatte Hagenbeck mit der Ausstellung von sechs Seehunden in St. Pauli den Grundstein zu einem erfolgreichen Familienunternehmen gelegt. Mit seiner Idee, Tiere aller Arten in Anpassung an die freie Wildbahn in gitterlosen Freianlagen zu präsentieren, fand Hagenbeck bei Zoologen und Tierparkbesitzern auf der ganzen Welt Zustimmung und Nachahmer. So erbauten die Enkel Heinrich und Lorenz Hagenbeck nach dem Vorbild des Stellinger Tierparks u. a. den Zoo in Rom sowie Freianlagen in den Vereinigten Staaten. Der Wanderzirkus Hagenbeck bereiste mit großem Erfolg alle Kontinente.
Am 25. Juli 1943 beendete ein britischer Luftangriff auf Hamburg die stolze Tradition. 450 Tiere, Tierhäuser, Gehege sowie der Zirkus wurden vernichtet. Seitdem arbeiten die Hagenbecks am Wiederaufbau. Seit dem Kriegsende 1945 sind bereits schon wieder Millionen von Besuchern gezählt worden.

Cambridges Achter in diesem Jahr fünf Bootslängen vor Oxford

28. März. *Die Universitätsmannschaft von Cambridge gewinnt auf der Themse bei London die traditionelle Ruderregatta gegen Oxford mit einem Vorsprung von fünf Bootslängen. Riesige Zuschauermengen säumen die Ufer des Flusses zwischen Putney und dem Ziel in Mortlake anläßlich des 98. Bootsrennens der Teams der beiden englischen Traditionsuniversitäten. Das Duell endet dieses Mal mit dem Sieg des Achters von Cambridge in der Rekordzeit von 17,5 Minuten für die viereinhalb Meilen (7,5 km) lange Regattastrecke. Mit diesem Sieg führt Cambridge in der Serie der Rennen nun mit 52 gegenüber 45 Erfolgen vor Oxford (Im Bild: Cambridge l. vor Oxford).*

Plakat für eine afrikanische Völkerschau im Tierpark Hagenbeck, 1885

Eishockey nicht mehr olympisch?

23. März. Eishockey soll ab sofort keine olympische Disziplin mehr sein. Dies meint der Präsident des Nationalen Olympischen Komitees der USA und Vizepräsident des Internationalen Olympischen Komitees, Avery Brundage, in Washington. Er begründet seine Meinung mit der Verletzung des Amateurstatus durch die US-amerikanischen Profiligen. Nur wenn Eishockey auf einer Amateurbasis in den USA neu organisiert wird, dürfen die Sportler bei den 1952 in Oslo stattfindenden Winterspielen um olympische Medaillen kämpfen.

Schwedischer Sieg am Holmenkollen

3. März. Am norwegischen Holmenkollen enden die einwöchigen internationalen Wintersportwettbewerbe. Zentrales Ereignis ist traditionell das 50-km-Skilanglaufrennen. Es wird von dem Schweden Harald Eriksson in der Zeit von 3:30,9 h gewonnen. Den zweiten Platz belegt der Norweger Halvard Eggset mit 3:32,4 h. Auf dem 317 m hohen Holmenkollen, nordwestlich der norwegischen Hauptstadt Oslo gelegen, werden seit 1883 Wintersportwettkämpfe ausgetragen. Der 50-km-Ski-Marathon gilt als eine der schwersten Wettkampfdisziplinen.

Englische Stute in Aintree erfolgreich

21. März. Das Grand National Steeplechase in Aintree, das schwerste und von Tierschützern scharf kritisierte Pferdehindernisrennen der Welt, gewinnt zum ersten Mal seit 50 Jahren eine Stute. Das Pferd Sheila's Cottage, aus englischem Gestüt, geritten von einem irischen Jokkei, siegt mit einer Länge Vorsprung vor First of Dandies. Bei dem Rennen, das in diesem Jahr unter idealen Witterungsbedingungen stattfand, sind insgesamt 43 Pferde an den Start gegangen. Sie hatten eine Strecke von insgesamt viereinhalb Meilen (etwa 7,5 km) zurückzulegen.

April 1948

Mo	Di	Mi	Do	Fr	Sa	So
			1	2	3	4
5	6	7	8	9	10	11
12	13	14	15	16	17	18
19	20	21	22	23	24	25
26	27	28	29	30		

1. April, Donnerstag

Die sowjetische Militärverwaltung in Deutschland beginnt mit verschärften Kontrollmaßnahmen und Behinderungen an den Verbindungen von und nach Berlin. Sie betreffen vor allem den Verkehr der westlichen Besatzungsmächte; diese richten deshalb eine »kleine Luftbrücke« ein (→ 24. 6./S. 97).

Vor dem US-amerikanischen Militärgerichtshof in Nürnberg bekennt sich der frühere Gauleiter der Auslandsorganisation der NSDAP, Erich W. Bohle, als erster Angeklagter im sogenannten Wilhelmstraßenprozeß für schuldig im Sinne der Anklage (→ 7. 1./S. 20).

Das Saargebiet und Frankreich bilden eine Zollunion (→ 3. 1./S. 18).

Zwischen Polen und der Tschechoslowakei wird die Verpachtung eines Teils des Stettiner Hafens an die Tschechoslowaken vereinbart.

In Palästina dauern die Unruhen an; seit dem Teilungsbeschluß der UNO am 29. November 1947 sind bei Straßenkämpfen 2307 Menschen ums Leben gekommen (→ 9. 4./S. 63; 14. 5./S. 72).

2. April, Freitag

Der Direktor des bizonalen Wirtschaftsamtes, Ludwig Erhard, kündigt im Hinblick auf eine kommende Währungsreform die verstärkte Produktion von Konsumgütern an. → S. 100

In der US-amerikanischen Hauptstadt Washington verabschiedet der Kongreß das Marshallplangesetz. → S. 58

In Paris wird das Theaterstück »Die schmutzigen Hände« von Jean-Paul Sartre uraufgeführt. → S. 65

Der US-amerikanische Schwimmer Joe Verdeur verbessert in Newhaven (USA) den von ihm gehaltenen Weltrekord über 200 m Brust auf 2:31,3 min.

Das Endspiel im Schweizer Fußballpokal zwischen dem FC La Chaux-de-Fonds und dem FC Grenchen endet auch nach zweifacher Verlängerung mit 2:2 Toren unentschieden. Das Wiederholungsspiel gewinnt FC La Chaux-de-Fonds 4:0.

3. April, Sonnabend

Zum Präsidenten des neugeschaffenen Obergerichts der Bizone wird Oberlandesgerichtspräsident Herbert Ruscheweyh, zu seinem Vizepräsidenten Hans Lukaschek ernannt (→ 5. 2./S. 35).

US-Präsident Harry S. Truman unterzeichnet in Washington das Marshallplangesetz. Danach sollen rund fünf Milliarden US-Dollar als Wiederaufbauhilfe verschiedenen europäischen Staaten zur Verfügung gestellt werden. → S. 58

4. April, Sonntag

Das Autolangstreckenrennen von Targa Florio in Italien gewinnt der Italiener Clemente Biondetti auf Ferrari.

5. April, Montag

Vor dem Flughafen von Berlin-Gatow kommt es zum Zusammenstoß zwischen einem britischen Passagier- und einem sowjetischen Jagdflugzeug, bei dem 13 Menschen ihr Leben verlieren. → S. 60

Vor dem Sicherheitsrat der UNO legen die Vertreter der Vereinigten Staaten den Plan für eine zeitlich begrenzte Treuhänderschaft der Weltorganisation über Palästina vor (→ 14. 5./S. 72).

6. April, Dienstag

In der britischen Besatzungszone Deutschlands werden freie Tarifverhandlungen zwischen Arbeitgebern und Gewerkschaften erlaubt.

Das Präsidium des Deutschen Volksrates der Ostzone ersucht den Alliierten Kontrollrat Deutschlands um Genehmigung eines Volksbegehrens über die Einheit Deutschlands, das in der Zeit vom 23. Mai bis zum 13. Juni durchgeführt werden soll (→ 19. 3./S. 47; 23. 5./S. 79).

Zwischen Finnland und der Sowjetunion wird ein Beistandspakt abgeschlossen, der am 28. April vom finnischen Reichstag ratifiziert wird. → S. 63

In Nairobi tagt erstmals das Zentralparlament von Britisch-Ostafrika.

7. April, Mittwoch

Der britische Militärgouverneur in Deutschland, General Sir Brian Robertson, bezeichnet die Wiederherstellung der deutschen Einheit als Ziel der Politik in der deutschen Bizone. Er gibt jedoch zu erkennen, daß man sich vorerst mit zwei Dritteln Deutschlands begnügen müsse (→ 2. 6./S. 92).

Dänemark hat für die deutschen Flüchtlinge im Land seit 1945 insgesamt 500 Millionen Kronen aufbringen müssen.

Die UNO-Weltgesundheitsorganisation (WHO) nimmt im schweizerischen Genf ihre Arbeit auf. → S. 63

8. April, Donnerstag

Die personelle Zusammensetzung der Deutschen Wirtschaftskommission (DWK) der Ostzone wird von der sowjetischen Militärverwaltung Deutschlands bestätigt (→ 13. 2./S. 35).

Aufgrund einer Direktive der US-amerikanischen und der britischen Besatzungsmacht soll in der deutschen Bizone ein neues Preisniveau erreicht werden, was eine Voraussetzung für die Durchführung einer Währungsreform ist (→ 19. 6./S. 93). Im Import- und Exportgeschäft wird der Wechselkurs der Reichsmark gegenüber dem US-Dollar neu festgesetzt (1 RM = 0,30 US-Dollar).

In London wird die erste deutsche Buch-, Zeitschriften- und Zeitungsausstellung seit Kriegsende eröffnet; die Ausstellung dauert bis zum 14. April. → S. 65

US-amerikanischen Wissenschaftlern gelingt die Herstellung von Mesonen, instabilen Atompartikeln. → S. 60

9. April, Freitag

Bayerns Ministerpräsident, Hans Ehard, spricht sich für eine Vereinigung der drei Westzonen Deutschlands aus. Ein westdeutscher Staat werde sich auf die weitere politische Entwicklung in der Ostzone positiv auswirken (→ 2. 6./S. 92).

In Kolumbien kommt es zu schweren Unruhen, in deren Verlauf ein Putschversuch gegen Präsident Mariano Ospina Perez unternommen wird. → S. 63

In dem palästinensischen Dorf Dir Yassein verüben Angehörige der jüdischen Untergrundorganisation Irgun Zwai Leumi ein Massaker an der arabischen Bevölkerung. → S. 63

Wolfgang Staudtes Film »Die Mörder sind unter uns« aus dem Jahre 1946 wird als erster deutscher Nachkriegsfilm in London aufgeführt.

In Berlin wird das britische Kultur- und Informationzentrum mit der Ausstellung »London, das Bild einer Weltstadt« eröffnet. → S. 65

10. April, Sonnabend

Die USA, Großbritannien und Frankreich unternehmen bei der UdSSR einen Vorstoß mit dem Ziel, durch Revision des Friedensvertrages mit Italien die Rückgabe der Hafenstadt Triest an Italien zu ermöglichen. → S. 61

Ein US-Militärgericht in Nürnberg verurteilt 14 ehemalige SS-Führer, unter ihnen den General Heinrich Ohlendorf, wegen Kriegsverbrechen in der Sowjetunion zum Tode durch den Strang.

In der australischen Hafenstadt Adelaide sinken bei einem Sturm 13 Schiffe, darunter auch ein Zerstörer der australischen Marine.

11. April, Sonntag

Die sowjetische Militärverwaltung Deutschlands fordert von den Westmächten, deren Servicestationen an der Autobahn Helmstedt-Berlin zu schließen (→ 24. 6./S. 97).

Frankreichs Ministerpräsident, Robert Schuman, erklärt sich mit der Bildung einer westdeutschen Regierung einverstanden, verlangt jedoch, daß die deutschen Länder in einem künftigen Bundesstaat ein hohes Maß an Selbständigkeit erhalten (→ 2. 6./S. 92).

An der belgischen Grenze entlarvt die deutsche Polizei einen internationalen Schmugglerring.

Im Londoner Wembley-Stadion schlägt die englische Fußballvertretung die Nationalmannschaft Schottlands mit 2:0 Toren (→ 25. 4./S. 67).

12. April, Montag

Aus Anlaß des Jahrestages der Eingliederung der ehemaligen deutschen Ostgebiete erklärt Polens Minister für die wiedergewonnenen Gebiete, Wladislaw Gomulka, sein Land werde diese Gebiete niemals an Deutschland zurückgeben (→ 20. 1./S. 19).

In Tel Aviv beschließt der Zionistische Generalrat die Bildung eines provisorischen Regierungsausschusses für den zukünftigen Staat Israel (→ 14. 5./S. 72).

Arabische Freischärler überfallen in der Nähe von Jerusalem eine jüdische Sanitätskolonne (→ 9. 4./S. 63).

In Frankfurt am Main wird der deutsche Fußballausschuß gegründet. Vertreter der sowjetischen Besatzungszone Deutschlands nehmen nicht teil, die der französischen Zone nur als Beobachter. Erste Amtshandlung des Fußballausschusses ist die Planung einer Deutschen Fußballmeisterschaft. → S. 67

In Hartfield (England) erreicht ein düsengetriebenes Fahrzeug eine Geschwindigkeit von 968,37 km/h und stellt damit einen Weltrekord auf.

13. April, Dienstag

Bei der interalliierten Reparationsagentur in Brüssel werden Schiffe der Handelsflotte Deutschlands (rund 700 000 BRT) zwischen Großbritannien, Frankreich, Norwegen, den Niederlanden, Griechenland und den Vereinigten Staaten aufgeteilt.

Die Sowjetunion lehnt die Revision des Friedensvertrages mit Italien, um eine Rückgabe Triests an Italien zu ermöglichen, ab. → S. 61

In Rumänien wird die Verfassung des Landes nach sowjetischem Vorbild umgeändert (→ 3. 1./S. 18).

In Chicago trennen sich Boxstaffeln der USA und Europas bei einem Wettkampf 4:4. → S. 67

14. April, Mittwoch

In einer Erklärung des Sowjetischen Nachrichtenbüros in der Ostzone (SNB) wird den Westalliierten vorgeworfen, eine getrennte Währungsreform in den Westzonen Deutschlands durchführen zu wollen (→ 19. 6./S. 93).

In Stuttgart findet die Tagung des deutschen Bühnenvereins statt. Sie wählt den Schauspieler Gustaf Gründgens zu ihrem Vorsitzenden.

Das britische Unterhaus in London beschließt, für fünf Jahre die Todesstrafe auszusetzen.

In Rumänien wird unter Führung von Ministerpräsident Petru Groza ein neues Kabinett gebildet. Elf der 21 neuen Minister gehören der kommunistischen Partei an (→ 3. 1./S. 18).

In Shannon (Irland) fordert der Absturz eines »Skyqueen«-Verkehrsflugzeugs 30 Todesopfer.

Erste Ausgabe der in Essen erscheinenden »Westdeutschen Allgemeinen Zeitung« vom 3. April

Nr. 1 / 1. Jahrgang

Verlag: Westdeutsche Allgemeine Zeitung, Verlagsgesellschaft m. b. H., Bochum-Essen, Bochum, Rathausplatz 8, Tel. 6 16 08 (Verlag), 0 64 96 (Redaktion); Essen, Sachsenstraße 36, Tel. 2 49 57 / 58. Redaktion: Bochum, Rathausplatz 8, Tel. 6 64 96. — Druck: Laupenmühlen & Dierichs, Bochum. Erscheint dienstags, donnerstags und samstags. Bezugspreis mtl. 2,— RM. Veröff. unt. Zulassung Nr. 192 der Militärregierung Auflage: 250 000.

Einzelpreis 20 Rpf.

WESTDEUTSCHE ALLGEMEINE ZEITUNG

UNABHÄNGIGES ORGAN FÜR NORDRHEIN-WESTFALEN

Samstag, 3. April 1948

Heute:
Ruhr u. Marshall-Plan (Seite 2)
Sowjets spielen deutsch-nationales Thema (Seite 3)

Krise konzentriert sich auf Berlin

Der Interzonenverkehr von Russen unbehindert — Alliierter Nachschub per Flugzeug

Von unserem Lo-Berichterstatter BERLIN, 2. April

Die endgültigen Maßnahmen der Westmächte als Antwort auf die russische Forderung nach Kontrolle des Verkehrs durch die Sowjet-Zone sind bis Freitag abend nicht bekanntgegeben worden. Die Proteste der Westmächte werden Marschall Sokolowski übermittelt.

Die West-Mächte warten ab, nachdem der britische Generalmajor Brownjohn eine Unterredung mit dem stellvertretenden sowjetischen Gouverneur General Lukjantschenko hatte. Die russische Haltung in dieser Unterredung ist nach britischer Betrachtung „nicht feindlich, aber fest".

Fracht rollt ganz normal

Aus britischer Quelle wird bekannt, daß der Frachtverkehr aus den Westzonen nach Berlin wie üblich verlaufe. In den letzten 24 Stunden sind 6000 bis 7000 t Kohlen in Berlin angekommen und 5000 t sind unterwegs. Ferner trafen in Berlin aus den Westzonen 30 bis 40 Waggons mit Lebensmitteln für die Berliner Bevölkerung ein und weitere 100 Waggons sind im Anrollen.

Nachrichten, daß der Bahnstrang Stendal—Berlin lahmgelegt sei und daß Flugzeuge der Westmächte von russischen Jägern „umkreist" worden seien, wurden britischerseits dementiert. Ausdrücklich wurde hinzugefügt, daß sich keine Zwischenfälle ereignet hätten. Im Laufe des Freitags trafen auch sechs amerikanische Flugzeuge mit Lebensmitteln in Berlin ein.

Der russische Rundfunk in Berlin unterstrich am Freitag abend besonders, daß der Interzonenverkehr für Deutsche nicht die geringste Unterbrechung erfahren hätte und daß am Donnerstag die Abfertigung im Grenzposten Marienborn schneller gewesen sei als sonst.

Polizei an den Grenzen konzentriert

Zur Verstärkung der Polizeikontrolle an der russischen Zonengrenze haben die Länder Sachsen und Brandenburg größere Polizeikräfte an die Länder Mecklenburg, Sachsen-Anhalt und Thüringen abgegeben. Diese Länder waren nicht in der Lage, aus eigenen Kräften jede Grenzkontrolle in vollem Umfange durchzuführen.

In Thüringen wurden sämtliche jüngeren Polizeimannschaften an die Zonengrenze verlegt. In den größeren Städten wie Weimar, Jena, Gera und Erfurt sind die männlichen Polizisten fast völlig aus dem Straßenbild verschwunden und die Verkehrspolizistinnen werden jetzt auch für den Streifendienst eingesetzt.

Die russisch lizenzierte „Berliner Zeitung" schreibt am Freitag, aus der englischen Zone sei eine gewisse Elsa Zuter nach dem Besuch einer Spezialschule nach Bautzen gesandt worden, nachdem sie folgende Instruktionen erhalten habe: „Berauben Sie und töten Sie Antifaschisten und verbreiten Sie dann das Gerücht, daß dieses die russischen Kommunisten getan hätten."

Westliche Sektoren werden isoliert

Der Transportoffizier der sowjetischen Zentralkommandantur in Berlin kündigte an, daß am kommenden Montag genaue Einzelheiten bekanntgegeben werden, wie sich künftig der Warenverkehr zwischen dem sowjetischen Sektor und den übrigen Sektoren Berlins abspielen soll.

Am Donnerstagmorgen erschien plötzlich an den Hauptübergängen zum russischen Sektor russische Militärpolizei, teilweise von deutschen Polizisten begleitet, und kontrollierte, ob jedes Lastfahrzeug die nötigen Papiere für die Warenausfuhr besäße.

Transporte beschlagnahmt

Die russischen Maßnahmen wurden so überraschend in Kraft gesetzt, daß in den ersten Stunden erhebliche Schwierigkeiten sich ergaben. So wurden Lebensmitteltransporte durch den Magistrat zurückgehalten bzw. beschlagnahmt. Auch am Freitag waren an einzelnen Stellen Kontrollen deutscher Polizisten im Gange.

Die „Tägliche Rundschau", das Blatt der sowjetischen Militäradministration, beschuldigt die sozialdemokratischen Magistratsmitglieder, Stadtrat Ernst Reuter, Stadtrat Ernst Füllsack und Stadtrat Gustav Klingelhöfer, illegale Abtransporte aus dem sowjetischen Sektor nach den westlichen Sektoren begünstigt zu haben.

Europa-Appell des Reviers

Von unserem He-Berichterstatter

ESSEN, 2. April

Dr. Heinemann

„Die Ruhr ruft Europa" ist das Motto einer Kundgebung, zu der der Oberbürgermeister von Essen, Dr. Heinemann, im Namen der Oberbürgermeister der Ruhrgroßstädte für den 11. April nach Essen eingeladen hat. Auf der Kundgebung werden der Vorsitzende des Deutschen Gewerkschaftsbundes in der britischen Zone, Dr. h. c. Hans Boeckler, der Beauftragte des Landes Nordrhein-Westfalen beim Frankfurter Wirtschaftsrat, Dr. Karl Spiecker, sowie Ministerpräsident Karl Arnold sprechen.

Dr. Pünder grüßt W·A:Z

Der Vorsitzende des Verwaltungsrates schreibt:

„Es ist mir ein Bedürfnis, der „Westdeutschen Allgemeinen Zeitung" in Bochum anläßlich ihrer ersten Ausgabe von Frankfurt aus einen herzlichen Willkommensgruß zuzurufen. Diese neue Zeitung hat die große Aufgabe übernommen, die Bevölkerung des rheinisch-westfälischen Industriegebietes auf überparteilicher Basis über alle wichtigen Ereignisse deutscher Politik zu unterrichten.

Die Aufgabe ist deshalb so besonders groß, weil dieses Gebiet die Herzkammer Deutschlands ist und das Riesenheer der dort tätigen Menschen einen Anspruch auf letztmögliche Befriedigung seiner pressemäßigen Bedürfnisse hat. Auch ich bin mir in meiner neuen Arbeit als Vorsitzender des Verwaltungsrates des vereinigten Wirtschaftsgebietes der überragenden Bedeutung des rheinisch-westfälischen Industriegebietes nur zu bewußt.

In diesem Sinne erhoffe ich auch eine besonders gute Zusammenarbeit mit der „Westdeutschen Allgemeinen Zeitung."

Frankfurt, den 2. April 1948.

Dr. Hermann Pünder.

Amerikas Europahilfe tritt sofort in Kraft

Marshall-Plan vom Senat und Repräsentantenhaus gebilligt

WASHINGTON, 2. April

Der Marshall-Plan, der nach seiner Annahme durch den Senat am Mittwochabend vom Repräsentantenhaus von 329 gegen 74 Stimmen gebilligt worden ist, wurde am Freitag von dem gemeinsamen Konferenzausschuß des Senats und des Repräsentantenhauses als endgültiger Gesetzentwurf genehmigt.

Präsident Trumen unterzeichnete inzwischen bereits das Gesetz über die Bewilligung von 55 Mill. Dollar als Ueberbrückungshilfe für Oesterreich, Frankreich und Italien.

Die Gesamtauslandshilfe soll mit 6,098 Milliarden Dollar in 4¼ Jahren durchgeführt werden. Für die ersten 12 Monate sind für Europa 5,3 Mill. Dollar vorgesehen.

Griechenland und die Türkei erhalten 275 Mill. Dollar zur militärischen Unterstützung. Die chinesische Regierung wird mit 463 Mill. Dollar unterstützt.

Das Gesetz, das nur noch von Präsident Truman zu unterzeichnen ist und dann sofort in Kraft tritt, ermächtigt die Wiederaufbau- und Finanzierungskorporation, sofort eine Anleihe von einer Milliarde Dollar zur Verfügung zu stellen, um die Europahilfe ingang zu bringen.

Durch die Zwischenhilfe für Oesterreich, Frankreich und Italien treffen die ersten Lieferungen in Italien noch vor den Wahlen ein. Durch die Ueberbrückungshilfe sollen im April Nahrungsmittel, Brennstoffe und Rohmaterialien nach Frankreich für 69 Mill. Dollar, nach Italien für 35 Mill. Dollar und nach Oesterreich für 13,5 Millionen Dollar geliefert werden.

Die Außenminister der 16 am Marshall-Plan beteiligten Staaten werden sich man und Außenminister Marshall eine Vollsitzung in Paris versammeln.

Spanien wird nicht beteiligt

Entgegen dem am Dienstag gefaßten Beschluß des Repräsentantenhauses, Spanien in den Marshall-Plan einzubeziehen, wurde bei der endgültigen Beschlußfassung durch Senat und Repräsentantenhaus eine Beteiligung Spaniens abgelehnt. Vorher hatten Präsident Truman und Außenminsitere Marshall eine Einbeziehung Spaniens abgelehnt.

(ap/reuter)

Palästina — umkämpftes Land

Der Sicherheitsrat der Vereinten Nationen will nochmals Araber und Juden zu einer Waffenruhe auffordern. Bis zum 15. April wird eine Sondersitzung der UNO einberufen. Inzwischen gehen die Kämpfe weiter.

USA erhöhen ihren Militärhaushalt

WASHINGTON, 2. April

Das neue Verteidigungsprogramm der USA sieht eine zusätzliche Erhöhung des Militärhaushaltes für 1948/49 um drei Milliarden Dollar vor. (dpd)

Bizonen-Vorschläge bis 10. 4. fertig

Sofortige Weiterleitung nach Paris — Erhardt erhofft mehr Kalorien

Von unserem Vo-Berichterstatter FRANKFURT, 2. April

Von den Wirtschaftssachverständigen der Militärbehörden und der bizonalen Verwaltungen wird gegenwärtig der endgültige Entwurf für den praktischen Einschluß der Doppelzone in den Marshall-Plan ausgearbeitet. Diese Vorschläge sollen bis zum 10. April den beiden Oberbefehlshabern vorgelegt und dann sofort nach Paris weitergeleitet werden.

Sowohl der Vorsitzende des Verwaltungsrates, Dr. Pünder, als auch der Direktor der Verwaltung für Wirtschaft, Dr. Erhardt, lehnten es am Freitag vor der Presse ab, nähere Angaben über den Inhalt des letzten deutschen Vorschlages zu machen, da sie an die Schweigepflicht gebunden seien.

In seinen Hauptpunkten beziffert dieser deutsche Vorschlag, soweit bisher bekannt ist, die gesamten Jahres-Einfuhrbedürfnisse der Bizone auf 2,25 Milliarden Dollar und den Export auf 660 Millionen.

Frankfurt will Kohle einführen

Außerdem ist eine Kohleneinfuhr von 5 Millionen To. mit der Begründung vorgesehen, daß durch die geforderte hohe Ausfuhr von Ruhrkohle nicht genügend Kohle für die dringlichen Bedürfnisse der eigenen Wirtschaft verbleibt. Auf Wunsch der Militärbehörden dürften die Hauptpunkte des deutschen Vorschlages bei den jetzigen Besprechungen gewisse Aenderungen erfahren.

Wie Dr. Erhard vor der Presse feststellte, sei zu hoffen, daß durch die Einschaltung der Bizone in den Marshall-Plan eine stufenweise Besserung eintritt, spürbar vor allem auf dem Gebiete der Ernährung. Für ein Funktionieren des Marshall-Planes sei aber eine Ernährung von mindestens 1800 Kalorien dringende Voraussetzung.

Wichtige Erklärung Robertsons

am 7. April im Landtag erwartet

Von unserem Sta-Berichterstatter

DÜSSELDORF, 2. April

Die nächste Sitzung des Landtags von Nordrhein-Westfalen, die vom 5. bis 7. April stattfindet, erhält besondere Bedeutung durch eine Erklärung, die der Oberkommandierende der britischen Besatzungszone, General Sir Brian Robertson, am 7. April abgeben wird. Man vermutet in politischen Kreisen, daß sie die Auswirkungen der veränderten weltpolitischen Lage auf Deutschland in irgendeiner Form berühren wird.

Die ganze Bizone vertreten

Aus Anlaß der Robertson-Erklärung wurden zur Mittwoch-Sitzung des Landtages außer dem diplomatischen Korps alle Landtagspräsidenten, Ministerpräsidenten, Fraktionsführer sowie Vertreter der Gewerkschaften, der Wirtschaftskammern, der Kirche und schließlich die Mitglieder des Zonenbeirates und des Wirtschaftsrates der britischen Zone geladen.

Pakenham wieder im Ruhrgebiet

Von unserem Sta-Berichterstatter

DÜSSELDORF, 2. April.

Der britische Deutschland-Minister, Lord Pakenham, der am Donnerstag hier zu einem dreitägigen Besuch eintraf, hatte am Vormittag Besprechungen mit General Bishop und Kardinal Frings. Beim Mittagessen traf er u. a. Ministerpräsident Arnold, Innenminister Menzel und Sozialminister Dr. Amelunxen. Anschließend konferierte er mit führenden britischen Beamten und deutschen Wirtschaftlern. Nach einem kurzen Besuch des Sozialministeriums traf er auf Schloß Röttgen mit Ministerpräsident Arnold und Dr. Adenauer zusammen. Ueber den Inhalt der Besprechungen wurde nichts bekannt.

Lord [illegible]

Das von Ministerpräsident Arnold verfaßte Manifest über eine deutsche Nationalversammlung habe auf Lord Pakenham einen starken Eindruck gemacht, verlautet aus Kreisen, die dem Ministerpräsidenten nahestehen. Die Unterhaltungen über das Manifest gingen weiter.

Zum Neubeginn

Die „Westdeutsche Allgemeine Zeitung", die am heutigen Tage zum erstenmal erscheint, ist die erste deutsche Zeitung in der britischen Besatzungszone, die für die Verbreitung in einem ganzen Land bestimmt ist und von keiner Partei, Wirtschaftsgruppe oder weltanschaulichen Richtung abhängig ist.

Sie sieht es als ihre Aufgabe an, ihre Leser so objektiv wie möglich über die wichtigsten Ereignisse in der Welt, in Deutschland und in ihrer Heimat zu unterrichten und durch eigene Stellungnahme an der Gestaltung einer von freiheitlichem, sozialem und rechtsstaatlichem Geist gelenkten deutschen und europäischen Gemeinschaft mitzuhelfen. Sie will dabei insbesondere die Interessen der Bevölkerung des rheinisch-westfälischen Industriegebiets berücksichtigen und ihre Stimme nach außen sein.

Die „Westdeutsche Allgemeine Zeitung" will nicht zuletzt auch eine Plattform für den freien Austausch verantwortungsbewußter Meinungen zu wichtigen Streitfragen bieten. Sie erwartet deshalb die Mitarbeit auch ihrer Leser.

„Westdeutsche Allgemeine Zeitung"
Redaktion

Nerven in Helmstedt gespannt

Grenzgänger und Autos stauen sich an der Zonengrenze

Von unserem Sch-Berichterstatter HELMSTEDT, 2. April

Auf dem Bahnhof Helmstedt fehlen alle Erscheinungen sensationellen Charakters. Es liegt eine gewisse Spannung in der Luft, aber sie entlädt sich nirgends. Erst draußen, an der Peripherie, wo ein Schlagbaum mitten in Deutschland zwei Welten trennt, wird das Bild lebhafter und bewegter.

In langer Kolonne warten dort die Besitzer eines Interzonen-Passes, meist mit schwerem Gepäck belastet, auf den Austrittsstempel. Einzelne Grenzgänger kommen von „drüben" her. Man bestürmt sie mit Fragen: „Was ist drüben los? — Wie sieht es jenseits aus? — Kann man den Sprung hinüber wagen?"

Alliierte schlechter behandelt

Eigene Beobachtungen lassen erkennen: die seit dem 1. April durchgeführten Grenzmaßnahmen der Russen richten sich in erster Linie gegen die Engländer und Amerikaner. Mitunter werden an den Schlagbäumen deutsche Autos außer der Reihe rasch abgefertigt; Wagen der Alliierten müssen warten und werden wesentlich schärfer kontrolliert. Seit dem 1. April hat kein englischer oder amerikanischer Zug mehr den Bahnhof Helmstedt passiert.

Der Blick in die russische Zone ist verwehrt. Indes lassen Berichte der Grenzgänger, auch wenn man sie skeptisch prüft, den Schluß zu, daß seit zwei Tagen im Grenzgebiet der russischen Zone eine gewisse Panikstimmung herrscht.

In den großen Anmarschstädten Magdeburg, Halle usw. stauen sich die Massen derer, die in die Westzone wollen. Maßnahmen der Russen schüren die Panik.

Rote Häuser

Die einheimische Polizei ist zumeist abgezogen. Ihre Stelle nehmen Polizeitruppen aus dem weiten Hinterland ein, zumeist durchsetzt von rasch einberufenen Hilfspolizisten in Zivil. Die Häuser, in denen die russischen Soldaten untergebracht sind, sind grell rot angestrichen.

Mitunter ergreifen die Russen Maßnahmen, die eine weitere Verkehrsdrosselung erwarten lassen. So wurden vor zwei Tagen in Marienborn sämtliche Handwagen, mit denen Einheimische gewerbsmäßig den Grenzgängern das Gepäck an die Grenze fuhren, von den Russen beschlagnahmt und verbrannt.

Faßt man die unmittelbar an der Grenze gewonnenen Eindrücke zusammen, kommt man zu dem Schluß, daß die Formen des heutigen Grenzverkehrs in der Nervenschlacht um Berlin einem Vorpostengeplänkel ähnelt. Es wird noch nicht geschossen.

Französische Zone baut vor

waz BERLIN, 2. April

Der Anschluß der französischen Zone an eine bizonale Währungsreform für den Fall, daß eine gesamtdeutsche Währungsreform nicht erreicht werden kann, kündigt der „Kurier" an. Das französisch lizenzierte Blatt berichtet, es seien bereits Vorkehrungen für den Anschluß der drei Länderbanken der französischen Zone an die Zentralbank der Bizone getroffen worden.

Sowjet-Frühjahrsmanöver in der Ostzone

Von unserem Lo-Berichterstatter

BERLIN, 2. April.

Zahlreiche Truppen-Transporte von Frankfurt (Oder) nach Thüringen deutet der Berliner „Kurier" als Vorspiel zu großangelegten Frühjahrs-Manövern der sowjetischen Besatzungsmacht. In zahlreichen Waldlagern seien Ansammlungen mittelschwerer Panzer beobachtet worden, die in großen Holzkisten auf Güterwagen herangebracht wurden.

Regierungsumbildung vor dem Abschluß

Waz. DÜSSELDORF, 2. April.

Die durch den Ausschluß der zwei KPD.-Minister aus dem Kabinett von Nordrhein-Westfalen notwendig gewordene Regierungsumbildung soll noch vor der Landtagssitzung am 5. April abgeschlossen werden. Wie verlautet, soll das Wiederaufbauministerium mit einem Vertreter der SPD. und das Ernährungsministerium mit einem Zentrumskandidaten besetzt werden.

Andererseits sind Bestrebungen im Gange die FDP. wieder in die Regierung aufzunehmen, die offenbar vom rechten Flügel der CDU. ausgehen.

Finnisches Kabinett wurde einberufen

HELSINKI, 2. April

Wegen der ins Stocken geratenen Bündnis-Verhandlungen in Moskau berief der finnische Staatspräsident Paasikivi für Freitagabend das Kabinett ein, um zwei aus Moskau zurückgerufene Mitglieder der finnischen Delegation anzuhören.

Finnland versucht auszuhandeln, daß es selbst darüber entscheiden darf, wann es sich durch einen Krieg bedroht fühlt. (ap-dpd)

Taylor konferierte mit General Franco

MADRID, 2. April

Nach der Ablehnung der Beteiligung Spaniens am Marshall-Plan hatte der persönliche Vertreter Präsident Trumans beim Vatikan, Myron Taylor, eine eineinhalbstündige Unterredung mit General Franco. (dpd-reuter)

Im englischen Preston schlägt die Fußballvertretung Englands die Iren mit 4:0 Toren (→25. 4./S. 67).

15. April, Donnerstag

In der tschechoslowakischen Hauptstadt Prag wird ein neuer Verfassungsentwurf für die Tschechoslowakei veröffentlicht (→25. 2./S. 30; 10. 3./S. 49).

16. April, Freitag

In Paris wird das Abkommen über die Organisation für europäische wirtschaftliche Zusammenarbeit (OEEC) unterzeichnet. Hauptaufgabe der OEEC ist die Durchführung der Wiederaufbaupläne im Rahmen des Marshallplans. →S. 59

20 Menschen kommen bei einem Zugunglück in Winsford (Großbritannien) ums Leben, als ein Postzug auf einen haltenden Personenzug prallt.

17. April, Sonnabend

Der Stellvertretende US-amerikanische Militärgouverneur in Deutschland, General Geoffrey Hays, gibt eine Stellungnahme zum Antrag des deutschen Volksrates der Ostzone auf Durchführung eines Volksentscheids ab, in der er erklärt, eine derartige Maßnahme sei nicht erforderlich (→23. 5./S. 79).

In der französischen Besatzungszone Deutschlands wird die Bildung eines übergeordneten Länderratssekretariats gestattet (→2. 6./S. 92).

Die Unterzeichnerstaaten des Brüsseler Paktes bestimmen die britische Hauptstadt London zum Sitz ihrer Organisation. Am Tag zuvor hatten sie die Bildung eines gemeinsamen Generalstabes beschlossen (→17. 3./S. 49).

Auf dem Kongreß der französischen Volksunion (RPF) fordert deren Vorsitzender, General Charles de Gaulle, die Vereinigung Westeuropas. Deutschland soll die Möglichkeit geboten werden, in Form eines lockeren Staatenbundes der Föderation beizutreten.

Harrison Dillard stellt in Lawrence (USA) mit 13,6 sec einen Weltrekord über 110 m Hürden auf. →S. 67

18. April, Sonntag

Das Zweizonenkontrollamt fordert die Direktoren der Verwaltung der deutschen Bizone in Frankfurt am Main auf, Experten an den ständigen Sitz der Organisation für wirtschaftliche Zusammenarbeit (OEEC) nach Paris zu entsenden. →S. 59

In Italien finden Parlamentswahlen statt. Aus ihnen gehen die Christdemokraten mit 48,7 % der abgegebenen Stimmen als Sieger hervor. Zweitstärkste politische Kraft werden die in der Volksfront vereinigten Kommunisten und Linkssozialisten unter Führung von Palmiro Togliatti und Pietro Nenni. →S. 61

In Wien gewinnt in einem Fußball-Länderspiel Österreich gegen die Schweiz mit 3:1 Toren.

19. April, Montag

Birma wird in die Vereinten Nationen aufgenommen (→4. 1./S. 18).

20. April, Dienstag

Zwischen der britischen und sowjetischen Besatzungszone Deutschlands kommt der Schiffstransportverkehr zum Erliegen.

In der britischen Hauptstadt London werden die am 6. März unterbrochenen Besprechungen der Westmächte (USA, Großbritannien, Frankreich und die Benelux-Staaten) über Deutschland wiederaufgenommen (→2. 6. /S. 92).

Die Berliner Stadtverordnetenversammlung stimmt mehrheitlich einem Verfassungsentwurf zu, nach dessen Bestimmungen die Stadt denselben Status wie die übrigen deutschen Länder erhalten soll (→6. 9./S. 152).

21. April, Mittwoch

Der US-amerikanische Handelsminister, Averell Harriman, wird zum Sonderbeauftragten der US-Regierung für den Marshallplan ernannt (→3. 4./S. 58).

Der österreichische Nationalrat beschließt eine Amnestie für minderbelastete ehemalige Nationalsozialisten.

Die Fußballnationalmannschaft der Schweiz unterliegt in einem Fußball-Länderspiel in Budapest der Vertretung Ungarns mit 4:7 Toren.

22. April, Donnerstag

Der alliierte Eisenbahnverkehr zwischen Berlin und den Westzonen kommt endgültig zum Erliegen (→24. 6./S. 97).

Der Wirtschaftsrat der deutschen Bizone beschließt die Bildung eines Ausschusses, der sich mit der wirtschaftlichen Zusammenarbeit zwischen Berlin und der Bizone befassen soll (→5. 2./S. 35).

Die jüdische Verteidigungsliga Hagana erstürmt nach schweren Kämpfen die Hafenstadt Haifa im Norden Palästinas.

23. April, Freitag

In der Ostzone wird die Vereinigung Volkseigener Betriebe (VVB) gegründet. →S. 60

Die Tschechoslowakei schließt mit Bulgarien einen Freundschaftsvertrag für 20 Jahre ab.

In London beginnt die Konferenz der Staaten des Commonwealth of Nations, die bis zum 2. Mai dauert. →S. 62

24. April, Sonnabend

Auf einer Pressekonferenz in Berlin erklärt der US-amerikanische Militärgouverneur in Deutschland, General Lucius D. Clay, die Vereinigten Staaten seien notfalls bereit, in den drei westlichen Besatzungszonen Deutschlands die Durchführung einer separaten Währungsreform zu befürworten (→19. 6./S. 93; 23. 6./S. 96).

25. April, Sonntag

In Hessen und Bayern beginnen Wahlen der Kommunalparlamente und Kreistage. In Hessen geht die SPD als Sieger aus der Abstimmung hervor, das amtliche Wahlergebnis in Bayern wird Anfang Juni veröffentlicht. →S. 60

Die jüdische Untergrundorganisation Hagana besetzt nach schweren Kämpfen mit arabischen Verteidigern ein strategisch wichtiges Gebiet östlich von Jerusalem. Da das Gebiet laut UNO-Beschluß arabisch ist, räumen britische Truppen nach harten Kämpfen das Gebiet und erklären es zur Militärzone.

Die jüdische Untergrundorganisation Irgun Zwai Leumi greift das von der UNO den Arabern zugesprochene Jaffa an.

In Braunschweig stellt Walter Klinge mit der Zeit von 1:07,3 min den Weltrekord des US-amerikanischen Schwimmers Dick Hough über 100 m Brust/Delphin ein. Es ist die erste Weltrekordzeit eines deutschen Sportlers seit 1945.

Im Londoner Wembley-Stadion gewinnt Manchester United durch einen 4:2-Sieg über den FC Blackpool den englischen Fußballpokal. →S. 67

26. April, Montag

Auf einer Delegiertenkonferenz der Landesverbände der KPD der Westzonen wird beschlossen, den Namen der Partei in Sozialistische Volkspartei Deutschlands (SVP) zu ändern.

Die Sowjetunion wirft den USA und Großbritannien vor, den militärischen Flugverkehr in die sowjetische Zone Österreichs zu kommerziellen Zwecken zu mißbrauchen.

27. April, Dienstag

Die Landesregierung von Kärnten protestiert bei der Londoner Konferenz gegen die jugoslawischen Ansprüche auf Gebiete im Süden Österreichs.

28. April, Mittwoch

In Ellwangen in Württemberg wird von Vertretern der CDU ein Verfassungsentwurf für eine Bundesrepublik Deutschland vorgelegt (→S. 195).

Die Deutsche Wirtschaftskommission der Ostzone (DWK) legt fest, daß ihre Beschlüsse künftig in der ganzen sowjetischen Zone rechtsverbindlich sein werden (→13. 2./S. 35).

Die britische Militärregierung in Deutschland protestiert bei der sowjetischen Militärverwaltung gegen die beabsichtigte Gründung der Nationaldemokratischen Partei Deutschlands (NDPD) in der Ostzone (→25. 5./S. 78).

Großbritannien gestattet den zu unabhängigen Republiken gewordenen ehemaligen Kolonien den Beitritt zum Commonwealth of Nations (→23. 4./S. 62).

Die jugoslawische Nationalversammlung verabschiedet in Belgrad ein Gesetz über die Enteignung der privaten Wirtschaftsunternehmen.

In London wird der frühere britische Premierminister Winston Churchill für seine Leistungen als Maler zum außerordentlichen Mitglied der Britischen Akademie ernannt. →S. 66

29. April, Donnerstag

Der US-amerikanische Militärgouverneur in Deutschland, General Lucius D. Clay, erklärt in Frankfurt am Main, man sei von seiten der USA bestrebt, »zum frühesten Zeitpunkt für den größtmöglichen Teil Deutschlands eine Regierung« zu bilden (→1. 7./S. 114).

In der sowjetischen Besatzungszone Deutschlands wird die Demokratische Bauernpartei Deutschlands (DBD) gegründet (→25. 5./S. 78).

Bemühungen der Vereinten Nationen, zwischen Juden und Arabern in Palästina einen Waffenstillstand zu vereinbaren, scheitern (→14. 5./S. 72).

In Glasgow schlägt die schottische Fußballmannschaft in einem Freundschaftsspiel die Auswahl Belgiens mit 2:0 Toren (→25. 4./S. 67).

30. April, Freitag

Großbritannien fordert Schadensersatz von der Sowjetunion für den Absturz eines britischen Passagierflugzeuges vor dem Flughafen von Berlin-Gatow. Die Maschine war am 5. April mit einem sowjetischen Jagdflugzeug zusammengestoßen (→5. 4./S. 60).

Der sowjetische Vorschlag, den alliierten Luftverkehr nach Wien unter Kontrolle der UdSSR zu stellen, wird von den Westmächten abgelehnt.

In der kolumbianischen Hauptstadt Bogotá wird von 20 lateinamerikanischen sowie von den USA der Vertrag zur Bildung der Organisation Amerikanischer Staaten (OAS) unterzeichnet. →S. 63

Gestorben:

4. La Paz: Georg Terramare (*2. 12. 1889, Wien), österreichischer Schriftsteller.

10. Berlin: Wilhelm Külz (*14. 3. 1875, Borna/Sachsen), deutscher Politiker.

14. Heidelberg: Gerhard Anschütz, (*10. 1. 1867, Halle/Saale), deutscher Staatsrechtler.

Geboren:

6. Bisten: Josef (Jo) Leinen, deutscher Politiker.

12. Gerabronn: Joseph (Joschka) Fischer, deutscher Politiker.

Das Wetter im Monat April

Station	Mittlere Lufttemperatur (°C)	Niederschlag (mm)	Sonnenscheindauer (Std.)
Aachen	— (8,8)	— (63)	— (178)
Berlin	11,6 (8,3)	— (41)	— (193)
Bremen	— (8,2)	— (50)	— (185)
München	— (8,0)	— (59)	— (173)
Wien	12,1 (9,6)	16 (54)	211 (—)
Zürich	10,0 (8,0)	64 (88)	186 (173)

( ) Langjähriger Mittelwert für diesen Monat
– Wert nicht ermittelt

Gustaf Gründgens und Ruth Hellberg – ausführlicher Bericht über die Tagung des Deutschen Bühnenvereins in der »Schwäbischen Illustrierten« vom 24. April

Schwäbische ILLUSTRIERTE

9

3. Jahrgang · Stuttgart, 24. April 1948 Preis 40 Pfennig

Gustaf Gründgens in Stuttgart

Stuttgart war in diesen Tagen Mittelpunkt der Tagung des Deutschen Bühnenvereins. Unter den zahlreichen Gästen befand sich Generalintendant Gustaf Gründgens, Düsseldorf, der zum Vizepräsident gewählt wurde. – Unser Foto zeigt ihn mit Ruth Hellberg von den Württembergischen Staatstheatern, wo sie z. Zt. die Hauptrolle in „Undine" spielt

Foto Flöter

USA geben grünes Licht für Wiederaufbauprogramm

3. April. In Washington unterzeichnet US-Präsident Harry S. Truman das Gesetz zur Auslandshilfe der Vereinigten Staaten für das Jahr 1948 (Economic Cooperation Act 1948). Durch dieses Gesetz werden die Vereinigten Staaten für den Zeitraum 1948/1949 insgesamt 5,3 Milliarden US-Dollar für das Europäische Wiederaufbauprogramm zur Verfügung stellen.

Am Marshallplan beteiligen sich insgesamt 16 europäische Staaten. Die Sowjetunion und mit ihr die osteuropäischen Staaten haben eine Beteiligung abgelehnt. Ziel des Marshallplanes, der eine Laufzeit von insgesamt vier Jahren haben wird, ist die Erreichung der wirtschaftlichen Selbständigkeit der europäischen Empfängerländer. Diese erhalten je nach angemeldetem Bedarf Sachlieferungen und in beschränktem Umfang auch Geldmittel. Die von den USA bereitgestellten Gelder werden teilweise als Kredite gewährt.

Ein historischer Augenblick in Washington: Am 3. April 1948 unterzeichnet US-Präsident Harry S. Truman (sitzend) im Oval Office des Weißen Hauses das Gesetz zur Auslandshilfe der Vereinigten Staaten für das Jahr 1948; Waren im Wert von insgesamt 5,3 Milliarden US-Dollar werden die USA 16 europäischen Staaten zur Verfügung stellen; die Behandlung der Gesetzesvorlage hatte in den beiden Häusern des Parlamentes der USA (Senat und Repräsentantenhaus) über drei Monate gedauert

Im ersten Jahr der Laufzeit des Marshallplans wird Großbritannien mit rund 2,3 Milliarden US-Dollar den größten Anteil der Lieferungen erhalten. Es folgt Frankreich mit 1,1 Milliarden, dann Italien mit 703 Millionen US-Dollar. An vierter Stelle werden die drei westlichen Besatzungszonen Deutschlands stehen, für die insgesamt 549,3 Millionen US-Dollar vorgesehen sind. Ein weiterer großer Waren- und Geldbetrag geht mit 599 Millionen US-Dollar an die Benelux-Staaten. Der Restbetrag wird unter Schweden, Norwegen, Island, der Schweiz, Portugal, Griechenland und der Türkei aufgeteilt.

Auf einzelne Warengruppen umgerechnet, werden den europäischen Ländern 31,1% der Kredite in Form von Rohstoffen geliefert, 26,5% sind für Lebensmittel und Kunstdünger, weitere 16% für industrielle Ausrüstungen vorgesehen. 11% entfallen auf Ölprodukte, 6% auf Eisen- und Stahlwaren, 3,4% auf Kohle und 2% auf Holz.

Die Durchführung der Hilfslieferungen wird von US-amerikanischer Seite von einem Administrator, d.h. einem Beauftragten der Regierung organisiert. Er tritt durch einen Sonderbotschafter der USA in Paris mit den europäischen Staaten in Verbindung. Diese treffen derzeit die Vorbereitungen zur Gründung einer ständigen internationalen Organisation, die ihrerseits die Verteilung der Hilfslieferungen aus den USA koordinieren und überwachen wird (→ 16. 4./S. 59).

Wirtschaftliche und politische Stabilisierung Westeuropas

2. April. Mit der Zustimmung des US-amerikanischen Senats und des Repräsentantenhauses in Washington hat der »Economic Cooperation Act«, das Gesetz zur Auslandshilfe der USA (Marshallplan), seine letzte parlamentarische Hürde genommen.

Am 19. Dezember 1947 hatte US-Präsident Harry S. Truman dem Kongreß in Washington den Entwurf für das Auslandshilfegesetz vorgelegt. Es sah bei einer Laufzeit von viereinviertel Jahren Lieferungen im Gesamtwert von 17 Milliarden US-Dollar vor.

Am 8. Januar 1948 begannen die Beratungen in beiden Häusern des US-Parlaments. Dabei standen zunächst 6,8 Milliarden US-Dollar für den Zeitraum 1948/49 zur Debatte. Im Lauf der weiteren parlamentarischen Beratung des Gesetzentwurfes wurde die Summe auf 5,3 Milliarden US-Dollar festgelegt. Am 14. März erfolgte schließlich die Billigung durch den Senat, dem sich am 2. April auch das Repräsentantenhaus anschließt.

Die Gewährung der Marshallplanhilfe hat für die USA sowohl binnen, als auch wichtige außenwirtschaftliche Gründe:

- Die Umstellung der Kriegswirtschaft der Vereinigten Staaten auf den zivilen Bedarf nach 1945 birgt die ständige Gefahr einer Überproduktionskrise
- Die Kriegsfinanzierung der USA war durch Staatsverschuldung und Steuererhöhungen geleistet worden. Nach dem Krieg konnten die Staatsschulden nicht getilgt werden, weil man die hohen Steuereinnahmen zur Festigung der Konjunktur benötigte
- Im Zuge des sich verschärfenden Kalten Krieges sollen die europäischen Nationen gegenüber der Sowjetunion und kommunistischen Ideen resistent gemacht werden
- Das traditionell große Interesse der Vereinigten Staaten an Handelsbeziehungen mit dem alten Kontinent läßt sich wegen der wirtschaftlichen Schwäche der europäischen Nationen derzeit nicht befriedigen.

Initiator des europäischen Wiederaufbauprogramms (ERP) ist der US-amerikanische Außenminister George C. Marshall; er hatte am 5. Juni 1947 in einer Rede ein umfangreiches Hilfsprogramm für Europa vorgeschlagen; bevor der heute 68jährige Marshall 1947 Außenminister der Vereinigten Staaten wurde, machte er als Soldat Karriere; so war er 1939 bis 1945 Generalstabschef

Die OEEC organisiert die Marshallplanhilfe

16. April. Der britische Außenminister Ernest Bevin eröffnet in Paris die dritte und letzte Konferenz des Rates für europäische wirtschaftliche Zusammenarbeit (CEEC). Dieser Rat umfaßt Delegierte der 16 europäischen Länder, die sich am US-amerikanischen Wiederaufbauprogramm (ERP), dem Marshallplan, beteiligen. Außerdem sind die drei westlichen Besatzungszonen – vertreten durch die Besatzungsmächte – in den Rat aufgenommen worden.

Auf der Tagesordnung der Konferenz steht die Gründung der Organisation für europäische wirtschaftliche Zusammenarbeit (OEEC). Diese Organisation soll als ständige Einrichtung die Durchführung der Hilfslieferungen der USA an Europa koordinieren und überwachen.

Die OEEC, die ihren ständigen Sitz in Paris haben wird, setzt sich folgendermaßen zusammen:

▷ Oberstes Organ ist der europäische Wirtschaftsrat (EAC), der die Grundlinien der Politik der Organisation zu bestimmen hat, ihm stehen 17 technische Ausschüsse zur Seite

▷ Der Exekutivausschuß, der mindestens zweimal im Monat tagt, ist für die Durchführung der Entscheidungen des Rates zuständig

▷ Das Generalsekretariat besorgt die Koordinierung der Tätigkeit sämtlicher Organe der OEEC

Auf US-amerikanischer Seite ist in Washington Paul G. Hoffman als Administrator der Regierung der Vereinigten Staaten für die Durchführung der Marshallplanhilfe zuständig. Er vertritt gegenüber der OEEC die Interessen seines Landes. In Paris koordiniert US-Sonderbotschafter Averell Harriman die Hilfe für Europa.

Mit der Einrichtung der OEEC sind die administrativen Vorbereitungen zur Durchführung des US-Hilfsprogramms für Europa abgeschlossen. Während der Laufzeit des ersten Jahres des Marshallplans, das am 1. Juni 1948 beginnt, werden Lieferungen und Finanzhilfen der Vereinigten Staaten im Gesamtwert von 5,3 Milliarden US-Dollar zur Verfügung stehen (→ 3. 4./S. 58).

Die Vorgeschichte des europäischen Wiederaufbauprogramms begann am 5. Juni 1947, als der US-amerikanische Außenminister George C. Marshall hierzu die Anregung gab. Bereits am 12. Juli 1947 kamen in Paris Vertreter von 16 interessierten europäischen Staaten zu einer Konferenz zusammen. Sie beschlossen die Bildung eines Rates zur wirtschaftlichen Zusammenarbeit (CEEC). Im Vorfeld der Konferenz waren Besprechungen zwischen Großbritannien, Frankreich und der Sowjetunion über die Teilnahme der UdSSR gescheitert. Nach Auffassung des sowjetischen Außenministers Wjatscheslaw M. Molotow ist das US-amerikanische Hilfsprogramm mit den Prinzipien der Zusammenarbeit souveräner Staaten unvereinbar. Mit seiner Absage mußten auch die im sowjetischen Einflußgebiet gelegenen osteuropäischen Staaten ihre Bereitschaft zur Mitarbeit am Wiederaufbauprogramm zurücknehmen.

Im weiteren Verlauf des Jahres 1947 verständigten sich die im CEEC vertretenen europäischen Staaten mit den USA prinzipiell über die Form der Durchführung des Hilfsprogramms. Die Bewilligung der Gelder mußte schließlich durch den Kongreß (Parlament) der Vereinigten Staaten erfolgen.

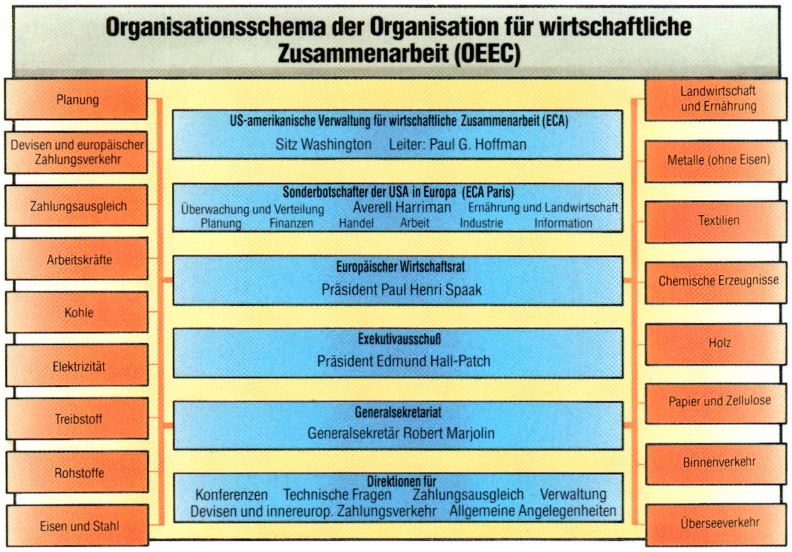

US-Administrator Paul G. Hoffman

Britischer Außenminister Bevin

Am 19. Dezember hatte US-Präsident Harry S. Truman ein entsprechendes Gesetz dem Kongreß vorgelegt. Die Zustimmung beider Häuser, des Senats und des Repräsentantenhauses, erfolgte bis zum 2. April 1948 (→ 2. 4./S. 58).

Inzwischen hatten sich die Mitglieder des CEEC auf einer zweiten Konferenz, die vom 15. bis zum 17. März in Paris stattfand, auf die Einrichtung der OEEC und die Einbeziehung der drei westlichen Besatzungszonen Deutschlands verständigt (→ 16. 3./S. 50; 18. 4./S. 59).

Die 16 europäischen Staaten – und die drei westlichen Besatzungszonen – verfügen mit der OEEC über eine Organisation, die alle Vollmachten hat, um die Marshallplanhilfe für Europa zu koordinieren. Es ist ihnen jedoch nicht gelungen, darüber hinaus entscheidende Weichenstellungen auch für eine politische Integration Europas vorzunehmen (→ 7. 5./S. 77).

Lieferungen an die Westzonen

18. April. Die deutsche Verwaltung des Vereinigten Wirtschaftsgebietes (Bizone) wird von der britischen und der US-amerikanischen Besatzungsmacht aufgefordert, Fachleute zur Teilnahme an Beratungen der Ausschüsse der Organisation für europäische wirtschaftliche Zusammenarbeit (OEEC) nach Paris zu entsenden.

Mit der Gründung der OEEC am → 16. April (S. 59) erfolgte zugleich die Einbindung der drei westlichen Besatzungszonen in die westeuropäische Staatengemeinschaft. Sie werden durch die Militärgouverneure, General Pierre Koenig (Frankreich) und General Sir Brian Robertson (als Bevollmächtigtem der Bizone) vertreten.

In der Rangfolge der Marshallplanhilfe steht Westdeutschland hinter Großbritannien, Frankreich und Italien an vierter Stelle. Von den 549,3 Millionen US-Dollar, die die drei Westzonen in den Jahren 1948/1949 erhalten sollen, werden wichtige Impulse für den Wiederaufbau der Wirtschaft erwartet. Im einzelnen entfallen auf die Bizone Lieferungen im Wert von 437,4 Millionen, auf die französische Besatzungszone 96,4 Millionen und das Saargebiet 15,5 Millionen US-Dollar. Nach Warengruppen aufgeschlüsselt erhält zum Beispiel die Bizone Lieferungen an Tabak im Wert von 12,3 Millionen US-Dollar. Hinzu kommen noch Baumwolle im Wert von 41 Millionen, Maschinen für 25,7 und Lastkraftwagen für 6,8 Millionen US-Dollar. Die französische Zone erhält unter anderem Getreide im Wert von 48,6, gefolgt von Baumwolle für 6,9 US-Dollar.

Die Einbeziehung der Westzonen in die Marshallplanhilfe erfolgt vor dem Hintergrund der Erkenntnis, daß sich mit der UdSSR keine Einigung über die politische und wirtschaftliche Zukunft Deutschlands erzielen ließ und ein europäischer Wiederaufbau ohne Beteiligung des deutschen Wirtschaftspotentials kaum denkbar ist.

Trümmer der britischen »Viking«-Passagiermaschine, die vor dem Flughafen von Berlin-Gatow in der Ostzone abstürzte

Ein Flugzeugunfall mit politischen Folgen

5. April. Im Luftraum vor dem britischen Militärflughafen Gatow am westlichen Stadtrand von Berlin kommt es zu einem Zusammenstoß zwischen einem britischen Passagierflugzeug und einem sowjetischen Jagdflugzeug. Die acht Fluggäste und die vierköpfige Crew der britischen »Viking« kommen ebenso wie der Pilot der sowjetischen »Yak« beim Absturz ums Leben.

Nach offiziellen Angaben der britischen Untersuchungskommission soll der sowjetische Pilot die alliierten Luftregelungen verletzt haben, indem er in den Luftkorridor eindrang, der für den Luftverkehr von und nach Berlin für westalliierte Flugzeuge festgelegt ist. Dagegen behauptet der sowjetische General Alexandrow, daß die britische »Viking« absichtlich die Jagdmaschine gerammt habe, die zum Zeitpunkt der Kollision mit ausgefahrenem Fahrwerk zur Landung auf dem sowjetischen Militärflugplatz Dallgow eingeschwebt sei. Weiterhin wirft er den Briten vor, nach dem Absturz die Trümmer der beiden Maschinen absichtlich verändert zu haben, um ihre Version des Unglückshergangs glaubhaft zu machen.

Die sowjetische Kommission nimmt die Flugzeugkollision außerdem zum Anlaß, eine Revision der alliierten Bestimmungen für den Luftverkehr zwischen Berlin und den Westzonen zu verlangen. Dieser wird als »offensichtlich anormal« bezeichnet, da die westlichen Besatzungsmächte die Luftsicherheitsbestimmungen in den ihnen zugewiesenen Luftkorridoren nicht beachten. Die Sowjets verlangen daher, den Luftverkehr von und nach Berlin über ihrer Besatzungszone einer neuen »gebührenden Ordnung« in ihrem Sinne zu unterwerfen.

Denkmäler warten auf Rücktransport

Diese prominenten Persönlichkeiten aus der deutschen Geschichte warten in Hamburg auf die Rückkehr an ihre Standorte. Es sind Bronzestatuen, die, einst über das ganze Deutsche Reich verteilt, die Sockel zahlreicher Denkmäler zierten. In der Endphase des Zweiten Weltkriegs hatte man sie wegen der Rohstoffknappheit abmontiert und zur Einschmelzung wie hier nach Hamburg transportiert.

Im Hof eines Hüttenbetriebes wurden die »Evakuierten« vorläufig abgestellt (Abb).

Wirtschaft durch VVB zentralisiert

23. April. Mit Befehl Nr. 76 der sowjetischen Militärverwaltung wird in der Ostzone die Vereinigung Volkseigener Betriebe (VVB) gegründet. Dies bedeutet einen weiteren Schritt zu einer Zentralisierung der Wirtschaft der sowjetischen Besatzungszone mit dem Ziel, das dort im Aufbau befindliche sozialistische Wirtschaftssystem von den Westzonen abzukoppeln.

In der VVB sind alle wirtschaftlich wichtigen Betriebe zusammengefaßt, die bisher den Länderregierungen unterstellt waren. Die zentrale Leitung der VVB übernimmt die Deutsche Wirtschaftskommission (→ 13. 2./S. 35), die damit für die Behörden der ganzen Ostzone Weisungsbefugnis erhält und so über die Kompetenzen eines Wirtschaftsministeriums verfügt.

Gemeindewahlen in Hessen und Bayern

25. April. Bei den in Hessen stattfindenden Gemeindewahlen erringt die SPD 35,6% der abgegebenen Stimmen und ist damit stärkste Partei. Die CDU kann 29,1% der Stimmen auf sich vereinigen, die LDP 21,8%. Die KPD erhält nur 7,8%.

Die Gemeinde- und Kreistagswahlen in Bayern gewinnt laut vorläufigem Endergebnis die CSU mit 42,6% deutlich. Die SPD kann nur 22% erringen, die Flüchtlingsgruppen erreichen 16%. Die extrem föderalistische Bayernpartei erhält 6,6% der Stimmen (→ 30. 5./S. 48).

Fortschritte in der Atomforschung

8. April. Im US-Bundesstaat Kalifornien geben Wissenschaftler die künstliche Herstellung von energiereichen Atompartikeln mit dem Namen Mesonen bekannt. Die Herstellung gelang den Wissenschaftlern in dem Teilchenbeschleuniger der Universität Berkeley, einer Anlage zur Erforschung der Atomenergie. Experten halten die künstliche Produktion von Mesonen für die bedeutsamste Leistung in der Atomforschung seit der von den Deutschen Otto Hahn und Fritz Straßmann in Berlin durchgeführten Uranspaltung im Jahre 1938.

Großer Erfolg für Christdemokraten Italiens

18. April. In Italien gewinnen die Christdemokraten überraschend deutlich die Parlamentswahlen. Die von Ministerpräsident Alcide De Gasperi geführte Partei erringt 48,7% der abgegebenen Stimmen und bleibt damit die stärkste politische Kraft. Die Christlichen Demokraten werden mit 304 Sitzen in der Abgeordnetenkammer vertreten sein (bisher 207). Die aus Kommunisten und Linkssozialisten gebildete Volksfront erringt nur 182 Sitze (bisher 219). Die gemäßigten Sozialisten kommen auf 33 Sitze, der liberale Nationale Block auf 19.

Ministerpräsident De Gasperi wertet das Wahlergebnis als eine grundsätzliche Entscheidung der Italiener: Sie hätten sich für den Verbleib im westlichen Lager entschieden und den Kommunisten eine klare Absage erteilt. Die Führer der Volksfront, der Kommunist Palmiro Togliatti und der Linkssozialist Pietro Nenni verlangen eine Beteiligung an der Regierung. Sie drohen mit der Möglichkeit eines Bürgerkriegs, wenn ihrer Forderung nicht entsprochen werden sollte. Nenni kündigt aber gleichzeitig den Rückzug der Linkssozialisten aus der Volksfrontpartei an. Erst 1947 hatte sie sich mit den Kommunisten verbündet.

Einer der Hauptgründe für das gute Abschneiden der Christdemokraten ist die sich abzeichnende Lösung des Triest-Problems. Die im März von den Westmächten vorgeschlagene Rückgabe der Stadt an Italien hat viele Wähler auf die Seite der prowestlichen Partei der Christdemokraten gebracht.

△ Bilder aus der Schlußphase des Wahlkampfes in Italien: 100 000 Menschen versammeln sich vor der Kulisse des Mailänder Doms, um eine Rede des Parteivorsitzenden der Christlichen Demokraten und italienischen Ministerpräsidenten, Alcide De Gasperi, anzuhören; wie in Rom gab es auch in Mailand eine hohe Wahlbeteiligung; die Wahl zum italienischen Parlament selbst verlief ruhig

◁ Der italienische Wahlkampf weckt in allen Schichten der Bevölkerung starke Emotionen. Im Vorfeld der Abstimmung hatten sich die Fronten zwischen Christdemokraten und der von Kommunisten und Linkssozialisten gebildeten Volksfront verhärtet; die Linksparteien drohten zeitweise sogar mit einem Bürgerkrieg

Konflikte um Freistaat Triest

Dem Schicksal Triests gilt das Hauptinteresse der italienischen Bevölkerung. Die Hafenstadt wurde am 10. Februar 1947 von der UNO zu einem Freistaat erklärt und unter internationale Kontrolle gestellt. Triest ist in zwei Zonen geteilt. Der Hafen und der anliegende Küstenstreifen wird von Großbritannien verwaltet, der Südosten von Jugoslawien. Der Freistaat soll sich zwar selbst regieren, aber da der Gouverneur weder Italiener noch Jugoslawe sein darf, blieb das Amt bisher unbesetzt.

In Triest leben rund 800 000 Menschen. Die letzte im Jahre 1921 durchgeführte Volkszählung ergab einen Bevölkerungsanteil von 530 000 Menschen italienischer Herkunft. Dem gegenüber stehen 350 000 aus Jugoslawien stammende Einwohner. Aus dem Anteil von rund 40% der Bevölkerung Triests erklärt sich der Anspruch Jugoslawiens. Belgrad meint außerdem, daß die Stadt einst den Slawen von den Habsburgern »weggenommen« worden sei. Die UdSSR unterstützt Jugoslawien diplomatisch.

Die Westmächte einigten sich am 21. März auf eine Erklärung, in der die Rückgabe Triests an Italien vorgesehen ist. Sie wurde in Italien und Triest von der Bevölkerung mit Begeisterung aufgenommen.

Italiens bisheriger und künftiger Ministerpräsident, Alcide De Gasperi; zugleich ist er Vorsitzender der Christlichen Demokraten, der nach den Wahlen stärksten Partei

Palmiro Togliatti, Vorsitzender der Kommunistischen Partei Italiens; nach der Rückkehr aus sowjetischem Exil wurde er 1944 stellvertretender Ministerpräsident

Pietro Nenni, Vorsitzender der Linkssozialistischen Partei in Italien, die sich mit den Kommunisten im Dezember 1947 in einer Volksfront zusammengeschlossen hat

Giuseppe Saragat hatte aus Protest gegen die Bildung einer Volksfront die sozialistische Partei Italiens verlassen und steht seither den unabhängigen Sozialisten vor

Guglielmo Giannini, Vorsitzender der Jedermanns-Partei, einer 1945 gegründeten mittelständischen Protestpartei, die bei den Wahlen nur fünf Mandate erringt

Vittorio Orlando, Führer der nationaldemokratischen Partei; der Senior des italienischen Parlaments hatte 1943 am Sturz des Diktators Benito Mussolini mitgewirkt

Das britische Commonwealth of Nations 1948

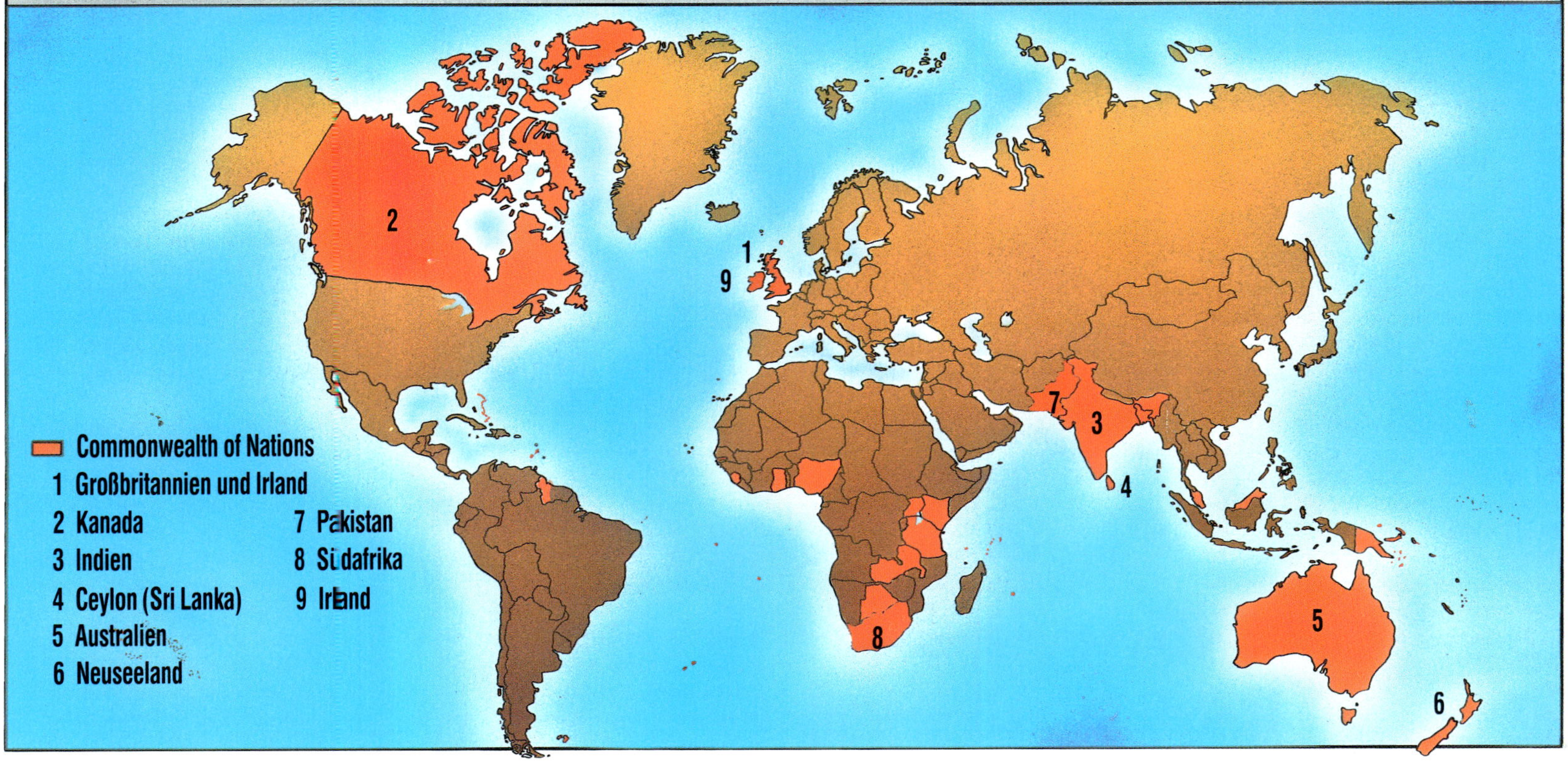

Vom britischen Empire zum Commonwealth

23. April. In London treten die Premierminister der Mitgliedstaaten des britischen Commonwealth zu einer Konferenz zusammen, die bis zum 2. Mai dauert. Unter dem Vorsitz König Georg VI. von Großbritannien beraten die Teilnehmer über Reformen der Gemeinschaft.

Wichtigster Punkt der Tagesordnung ist die Regelung des zukünftigen Verhältnisses der ehemaligen britischen Kolonien, die inzwischen die Unabhängigkeit erlangt haben, wie z. B. Indien, Birma und Ceylon (Sri Lanka). Die einzelnen Mitglieder des Commonwealth sind in Zukunft unabhängige, gleichberechtigte Staaten, die nur durch die »gemeinsame Treue zur Krone« geeint sind. Diese Treue bezieht sich aber nur auf die Tatsache, daß der britische Monarch die einzige beschlußfähige Instanz, die Commonwealthkonferenz, einberuft und leitet. Das britische Mutterland erkennt damit die weltweite Entwicklung zur Entkolonisierung an.

Großbritanniens König Georg VI. ist das Staatsoberhaupt mehrerer Länder des Commonwealth; 1948 verzichtet er auf den Titel »Kaiser von Indien«

In Zukunft wird auch selbständigen Republiken die Vollmitgliedschaft im Commonwealth gewährt. Die Mitglieder können nun auch jederzeit die Völkergemeinschaft verlassen, was vorher nicht möglich war. Vorteile für die Mitglieder liegen neben der engen Verflechtung der Wirtschaft und einer gemeinsamen Devisenverwaltung in der Institution der Commonwealth-Staatsbürgerschaft, die innerhalb der Staatengemeinschaft eine bevorzugte Behandlung gewährleistet.

Ziel der Umwandlung des britischen Commonwealth in das Commonwealth of Nations, wie es seit 1934 heißt, soll es nach britischer Ansicht nicht sein, einen überstürzten Rückzug aus den Kolonien anzutreten, sondern die Beziehungen in einer neuen Staatengemeinschaft zu gemeinsamem Nutzen zu entwickeln.

Britisches Empire in der Auflösung

Das ehemalige britische Weltreich umfaßte 1921 noch eine Fläche von 38 Millionen km^2 mit insgesamt über 450 Millionen Bewohnern.

Neben dem Vereinigten Königreich von Großbritannien und Nordirland mit den Kanalinseln und der Insel Man gehörten Besitzungen in Übersee unter verschiedenen Abhängigkeitsverhältnissen dazu: Im Status der Kolonie, als Kondominium, Protektorat, Schutz- oder Treuhandgebiet. Dieses Weltreich, das vom britischen Kolonialministerium in London verwaltet wurde, war im 18. und 19. Jahrhundert aufgebaut worden.

Der Abfall der amerikanischen Kolonien (1776) machte dann aber deutlich, daß weitentwickelte Kolonien nicht mehr durch koloniale Unterdrückungsmethoden zu beherrschen sind. Der Gedanke einer Genossenschaft der Mitglieder des britischen Weltreichs setzte sich schließlich im Commonwealth of Nations durch.

Pakt zwischen der UdSSR und Finnland

6. April. In Gegenwart des sowjetischen Partei- und Regierungsschefs, Generalissimus Josef W. Stalin, unterzeichnen in Moskau der finnische Ministerpräsident Mauno Pekkala und der sowjetische Außenminister Wjatscheslaw M. Molotow den sowjetisch-finnischen Beistandspakt. Der Pakt, der für eine Dauer von zehn Jahren abgeschlossen wird, garantiert zwar die Blockfreiheit und Unabhängigkeit Finnlands, sieht jedoch für den Fall eines Angriffs den militärischen Beistand der Sowjetunion vor. Obwohl dies nur auf ausdrücklichen Wunsch der finnischen Regierung geschehen kann, führt gerade diese Passage zu heftigen innenpolitischen Auseinandersetzungen in Finnland. Mit Ausnahme der Demokratischen Volksliga, einem Zusammenschluß von Kommunisten und Linkssozialisten, stehen alle finnischen Parteien der Klausel einer Beistandsgarantie der Sowjetunion ablehnend gegenüber.
Finnland hatte 1947 mit der UdSSR einen Friedensvertrag geschlossen. Als am 23. Februar 1948 Stalin in einem persönlichen Schreiben an den finnischen Staatspräsidenten Juho Paasikivi den Abschluß eines Verteidigungspakts vorschlug, löste dies angesichts der sowjetischen Osteuropapolitik die Befürchtung aus, auch Finnland werde nun zum Satelliten der UdSSR. Es gelang jedoch der finnischen Regierungsdelegation, die am 20. März nach Moskau gereist war, die sowjetische Führung zur Zustimmung des von Finnland ausgearbeiteten Vertragsentwurfs zu bewegen. Darin werden Finnlands Blockfreiheit und Unabhängigkeit garantiert (→ 1. 7./S. 119).

Auflauf vor Finnlands Parlament: Was bringt der Vertrag mit der UdSSR?

Organisation der Staaten Amerikas

30. April. In der kolumbianischen Hauptstadt Bogotá wird die Organisation Amerikanischer Staaten (OAS) gegründet. 20 lateinamerikanische Staaten sowie die USA unterzeichnen den Vertrag, der u. a. die Bildung eines gemeinsamen Verteidigungssystems zum Ziel hat. Kanada ist als einziger amerikanischer Staat nicht an der OAS beteiligt.
Mit der Gründung der OAS findet die panamerikanische Bewegung ihren vorläufigen Abschluß. Bereits 1826 hatte Simon Bolívar einen gesamtamerikanischen Kongreß einberufen. 1890 wurde dann die Union der Panamerikanischen Republiken gegründet, die 1910 in Panamerikanische Union umbenannt wurde. Die Zusammenarbeit der beteiligten Staaten beschränkte sich hauptsächlich auf Handels- und Rechtsfragen. Seit 1936 wurde die politische Zusammenarbeit auf Druck der USA verstärkt. In der OAS sind sie das einflußreichste und mächtigste Mitglied.

Massaker zwischen Arabern und Juden

9. April. Angehörige der jüdischen Untergrundbewegung Irgun Zwai Leumi richten unter der arabischen Bevölkerung des Dorfes Dir Yassein in Palästina ein Massaker an. Von den rund 400 Einwohnern werden 254 getötet.
Nach diesem Blutbad läßt die Irgun unter der arabischen Bevölkerung in Palästina Flugblätter mit Fotos der Ermordeten verteilen und droht den Arabern dasselbe Schicksal für den Fall an, daß sie ihre Heimat nicht verlassen. Der Überfall auf Dir Yassein löst unter der arabischen Bevölkerung eine Massenflucht in die Gebiete aus, die laut Teilungsplan der Vereinten Nationen vom 29. November 1947 den Arabern zugesprochen wurden (→ 14. 5./S. 72).
Am 12. April kommt es dann aus Rache für das Massaker der Irgun zum Überfall arabischer Freischärler auf einen jüdischen Sanitätskonvoi im Norden Jerusalems. Die Fahrzeugkolonne, die auf dem Weg zum jüdischen Hadassah-Krankenhaus ein arabisches Wohngebiet passiert, wird von bewaffneten Arabern aus dem Hinterhalt angegriffen. 77 Menschen verlieren dabei ihr Leben.

In Kolumbien tobt ein Bürgerkrieg

9. April. In Bogotá, der Hauptstadt Kolumbiens, kommt es zu schweren Unruhen. Nach der Ermordung des linksliberalen Präsidentschaftskandidaten, Jorge Eliécer Gaitan, wird der Attentäter von einer aufgebrachten Menge gelyncht.
Der Unmut der Bevölkerung richtet sich gegen die Politik der konservativen Regierung, die angekündigte Reformen nicht durchführt. So sollte eine Wahlrechts- und Sozialreform die Rechte der 23 herrschenden Familien des Landes – sie besitzen 60% des Bodens und 40% des Volkseinkommens – beschneiden, um die wachsenden sozialen Spannungen in Kolumbien zu entschärfen. In den Auseinandersetzungen zwischen den rebellierenden Massen mit Polizei und Armee kommen schon am ersten Tag über 300 Menschen ums Leben. In Bogotá wird das Regierungsgebäude, wo zur Zeit der panamerikanische Kongreß tagt, von der Menge gestürmt und in Brand gesetzt (→ 30. 4./S. 63).
Die kommunistische Partei des Landes ruft eine soziale Revolution aus, und setzt sich an die Spitze der Aufständischen.

Der Hafen Brest

April. *Der Hafen von Brest an der bretonischen Atlantikküste ist wieder Liegeplatz der französischen Kriegsmarine. Hauptaufgabe der Werft ist die Reparatur von im Krieg beschädigten Schiffen. Das Schlachtschiff »Jean Bart« (im Bild) war 1942 im Mittelmeer fast vollständig zerstört worden und soll jetzt, nach intensiven Umbauarbeiten, wieder seeklar gemacht werden.*

Weltorganisation für die Gesundheit

7. April. In Genf (Schweiz) nimmt die World Health Organization (WHO) ihre Arbeit auf. Die von der UNO eingesetzte Weltgesundheitsorganisation soll die internationale Gesundheitsfürsorge erfassen, verbessern und fördern.
Die Gründung der WHO wurde bereits 1946 während der Internationalen Gesundheitskonferenz von der UNO beschlossen. Geleitet wird die WHO von einem Exekutivrat, der jährlich eine Vollversammlung abhalten soll. Die Aufgaben der Weltgesundheitsorganisation sind vielfältig. So soll die medizinische Ausbildung in den Entwicklungsländern gefördert und verbessert werden. In der ganzen Welt will die WHO Gesundheitsdienste einrichten. Der Kampf gegen weitverbreitete Epidemien und Seuchen wie z. B. Cholera, Lepra oder Typhus soll international koordiniert werden. Dazu gehört auch eine weltweite statistische Erfassung von Krankheiten. Zusätzlich will die WHO Forschungsvorhaben finanzieren, die eine Verbesserung der gesundheitlichen Situation in der Welt ermöglichen könnten.

Oliver wird von seinem Arbeitgeber verprügelt; Szene aus dem britischen Film »Oliver Twist« (Regie: David Lean) nach dem Roman von Charles Dickens

Ein Meisterwerk des italienischen Neorealismus: »Bitterer Reis« in der Regie Giuseppe De Santis schildert das Schicksal von Landarbeiterinnen in Piemont

Film 1948:

Neorealistischer Film verarbeitet die Gegenwartsprobleme

Im Jahre 1948 erlangt der italienische Film des Neorealismus, der von führenden Regisseuren Italiens seit 1943 gefordert wird, Weltruhm. Die Kennzeichen dieser neuen Stilrichtung sind eine Absage an den Manierismus und an idealistische Überhöhungen.
Stattdessen stehen die Darstellung der Gegenwart und der menschlichen Probleme im Mittelpunkt. Regisseure wie Roberto Rossellini und Vittorio De Sica bedienen sich dabei unkonventioneller Mittel der filmischen Darstellung: Die Szenen werden an Originalschauplätzen, zumeist mit Laiendarstellern, gedreht, wie zum Beispiel Rossellinis Streifen »Deutschland im Jahre Null« und De Sicas »Fahrraddiebe«.
In anderen europäischen Ländern hat dagegen die Filmindustrie keine neuen Stilelemente aufzuweisen. In Frankreich sind zwar auch neorealistische Ansätze – wie etwa in Jean Cocteaus »Die schrecklichen Eltern« – festzustellen, sie setzen sich jedoch nicht durch.
Großbritanniens Film ist seit 1944 wieder zur Adaption bekannter Romane und Bühnenstücke bürgerlichen Geschmacks zurückgekehrt. Herausragendes Werk ist Laurence Oliviers »Hamlet«. Dieser aufwendige Farbfilm nach William Shakespeares Drama läßt den Zuschauer sich wie im Theater fühlen. Der sowjetische Film verliert mit dem Tod Sergei Eisensteins am → 11. Februar (S. 39) seinen international renommiertesten Vertreter. Der neue Trend in der UdSSR geht einmal zur Aufarbeitung historischer Stoffe, zum anderen steht die Verherrlichung des Staats- und Parteiführers der UdSSR, Josef W. Stalin, im Vordergrund.
Die unbestrittene Spitzenstellung in der Filmbranche halten die USA. Die US-amerikanische Filmindustrie, die während des Krieges unter staatlicher Regie stand, gleicht durch Exporte die aufstrebende Konkurrenz des Fernsehens aus.
Die Situation des deutschen Films ist vor allem durch dessen schlechte wirtschaftliche Lage gekennzeichnet. Seit 1945 sind 18 neue deutsche Produktionen in die Kinos gekommen; 1939 betrug die jährliche Produktion 300 bis 400 Filme pro Jahr. Die deutsche Filmindustrie, die während des Krieges in der Ufa-Filmgesellschaft konzentriert war, geriet 1945 unter alliierte Treuhänderschaft. Seither arbeitet in der Ostzone die 1946 lizenzierte DEFA (Deutsche Film-AG) auf halbstaatlicher Grundlage. Ihr unterstehen nicht nur die großen Studioanlagen in Babelsberg bei Berlin, sondern auch 21 festengagierte Regisseure und 200 Schauspieler.
In den Westzonen haben die Besatzungsmächte insgesamt 40 Lizenzen an Filmgesellschaften vergeben. Diese Zersplitterung macht eine effektive Produktion nahezu unmöglich. Die neuen Filmgesellschaften können es sich im Gegensatz zur DEFA nicht leisten, Regisseure oder Schauspieler fest zu engagieren. Schließlich ist es ihnen kaum möglich, die hohen Kosten zur Herstellung von Spielfilmen aufzubringen.
Kassenschlager in den deutschen Kinos sind 1948 aber nicht nur Hollywoodproduktionen oder der deutsche Nachkriegsfilm, vielmehr wieder freigegebene Produktionen aus der Zeit vor 1945, deren Kopien oft schon so abgenutzt sind, daß sie vom Zuschauer viel Toleranz und Geduld verlangen.

Szene aus einem österreichischen Nachkriegsfilm: »Verlorenes Rennen« mit O. W. Fischer (l.) und Curd Jürgens (r.)

Lamberto Maggiorani (M.) als Vater in dem italienischen Film »Fahrraddiebe« des Regisseurs Vittorio De Sica

Laurence Olivier (l.) in der Rolle des Hamlet; Szene aus dem aufwendig ausgestatteten gleichnamigen britischen Farbfilm; Olivier führte auch Regie

Oscar-Preisträger im Jahr 1948: V. l. Darryl Zanuck (»The Gentlemen's Agreement«), Edmund Gwenn, Loretta Young, Ronald Colman, Celeste Holm

»Schmutzige Hände« in Paris

2. April. Im Pariser Théâtre Antoine findet die Uraufführung des Dramas »Die schmutzigen Hände« des französischen Schriftstellers Jean-Paul Sartre statt.

Das Stück spielt in Illyrien, einem fiktiven Balkanland. Am Beispiel einer kommunistischen Widerstandsbewegung gegen das diktatorische Regime in diesem Land setzt sich Sartre mit der Demagogie und Gewalt der kommunistischen Parteidoktrin auseinander. Seine existenzialistische Philosophie wird am Beispiel der Hauptperson des Dramas deutlich. Diese soll im Auftrag der Partei einen Abweichler ermorden. Ohne Autorität über sich zu haben, ist der Mensch – hier dargestellt in der Person des Beauftragten – allein für das verantwortlich, was er aus eigener Entscheidung ist und was aus ihm wird. Sartre will gleichzeitig zeigen, welche Gefahren im freien Entschluß zur Tat liegen.

Das in sechs Bilder aufgeteilte Drama spielt in verschiedenen zeitlichen Ebenen. Sie werden durch die Verbindung des Einzelschicksals mit dem der Gesellschaft miteinander verknüpft. Während das Publikum Sartres Werk feiert, wird es von der Kommunistischen Partei Frankreichs scharf kritisiert (→ S. 201).

Britisches Zentrum eröffnet

9. April. Am Berliner Lehniner Platz wird mit einer Feierstunde in Anwesenheit des britischen Stadtkommandanten, Generalmajor Edwin O. Herbert, ein britisches Kulturzentrum eröffnet. Nachdem 1947 bereits ein sowjetisches Haus der Kultur sowie ein Amerikahaus im Auftrag der US-amerikanischen Besatzungsmacht in Berlin errichtet worden waren, präsentiert sich nun auch Großbritannien mit einem Zentrum für kulturelle Begegnungen.

Vor 300 Ehrengästen betont Herbert besonders die Unterstützung der britischen Militärregierung für dieses Projekt, das für die Berliner Bevölkerung die wiederhergestellte Brücke nach Großbritannien darstellen soll. Zur Eröffnung des Zentrums wird die Ausstellung »London, das Bild einer Weltstadt« gezeigt. Dabei soll die Nachbildung der Nelson-Säule als Symbol den Sieg über die Diktatur verkörpern.

Für die Zukunft sind im britischen Kulturzentrum, das über eine Bibliothek sowie über eine Auswahl von britischen Zeitungen und Zeitschriften verfügt, öffentliche Vorträge und Gespräche zwischen Vertretern beider Völker geplant.

Deutsche Kultur auf Reisen

8. April. In der Londoner Oxfordstreet stellt sich erstmals seit Kriegsende das deutsche Kulturschaffen vor. Im Academy-Filmtheater in der vornehmen Einkaufsstraße der britischen Hauptstadt wird die erste Ausstellung deutscher Bücher, Zeitschriften und Zeitungen eröffnet.

Ebenso läuft hier, vom 9. April an, der erste deutsche Nachkriegsfilm »Die Mörder sind unter uns« (Regie: Wolfgang Staudte) vor täglich ausverkauftem Haus. Die Aufbereitung der jüngsten deutschen Vergangenheit findet bei der britischen Presse ein lebhaftes, meist positives Echo. Die »Daily Mail« ist beeindruckt von der Bitternis, die diesen Film auszeichnet und zeigt sich erschüttert von der gezeigten »Neurotik, Enttäuschung und vom Grauen des zertrümmerten Berlin«. Die Londoner »Times« streicht die Darstellung der wahren Mörder im Hitlerregime als besondere Leistung des Werks heraus. Eine Szene, in der ein SS-Angehöriger als Mustergatte den Weihnachtsbaum schmückt und gleichzeitig Massenhinrichtungen von Männern, Frauen und Kindern anordnet, ruft beim britischen Publikum Entsetzen und Nachdenklichkeit über das Verhalten der Deutschen unter Adolf Hitler hervor.

Die im Foyer des Kinos stattfindende Ausstellung der deutschen Verlage findet ebenso großes Interesse bei den britischen Besuchern. 250 Verlage – die Ostzone ist nicht vertreten – zeigen ihre Erzeugnisse, die nicht so sehr durch die technische Qualität als durch die große Meinungsvielfalt beeindrucken. Bei den Ausstellern gehen zudem Aufträge im Wert von über 350 000 US-Dollar ein.

Winston Churchill als Maler gewürdigt

28. April. Winston S. Churchill wird zum außerordentlichen Mitglied der britischen Royal Academy ernannt. Diese Ehre wird ihm aufgrund der künstlerischen Qualität von drei seiner Gemälde zuteil, die von der Akademie derzeit ausgestellt werden. Nach zahlreichen politischen Auszeichnungen wird nun auch das künstlerische Schaffen des früheren britischen Premierministers und jetzigen Oppositionsführers im britischen Unterhaus gewürdigt.

Der inzwischen 73jährige Churchill malt seit über 30 Jahren. Er begann damit, als er 1915 als Erster Lord der britischen Admiralität zurückgetreten war und zeitweilig keine politische Beschäftigung hatte. Als er damals seinen Kindern einen Malkasten schenkte, fand er selbst an Farben und Pinseln Gefallen. Seither betreibt er dieses Hobby regelmäßig, und die Ergebnisse fanden sogar in der Fachwelt Beachtung. Bereits 1947 wurden zwei seiner Werke in der Royal Academy ausgestellt.

Aber nicht nur als Maler, sondern auch als Autor wissenschaftlicher Werke ist Churchill, der sich in Großbritannien einer ungebrochenen Popularität erfreut, an die Öffentlichkeit getreten. So hat er im Januar während eines Erholungsurlaubs in Marokko die ersten beiden Bände seiner Geschichte des Zweiten Weltkrieges fertiggestellt, die nun veröffentlicht werden. Das Buch, das in der deutschen Übersetzung den Titel »Der Sturm zieht herauf – zwischen den Kriegen« trägt, hat einen Umfang von 900 Seiten und befaßt sich mit den Ursachen für den Ausbruch des Krieges. Im einzelnen erörtert Churchill darin die Folgen des Ersten Weltkrieges, analysiert außerdem den Aufstieg des Nationalsozialismus in Deutschland. Seine Schilderungen enden mit dem 10. Mai 1940, jenem Tag, an dem er zum Premierminister von Großbritannien ernannt wurde. Viele Passagen seines Buches stützen sich auf geheime Aktenbestände und Archivmaterialien. Den größten Teil hatte er jedoch auf seinem Landsitz in der Grafschaft Kent aus dem Gedächtnis einer Reihe von Sekretären diktiert.

Der frühere Premierminister Winston S. Churchill im marokkanischen Marrakesch hinter seiner Staffelei ▷

Vorkriegsrekorde in USA gebrochen

17. April. Bei einem Leichtathletik-Sportfest im US-Bundesstaat Kansas werden zwei Weltrekorde aufgestellt. Harrison Dillard (USA) läuft die 110 m Hürden in 13,6 sec. Sein Landsmann Charles Fonville erzielt bereits in der Qualifikation des Wettbewerbs im Kugelstoßen eine Weite von 17,68 m und verbessert damit die bisherige Bestmarke um ganze 28 cm.

Durch diese Leistungen werden auf dem traditionellen Kansas-Relay-Sportfest in Lawrence zwei Weltrekorde der Vorkriegszeit gebrochen. Den Rekord über 110 m Hürden hielt bisher Forrest Grady Towns mit der Zeit von 13,7 sec. Der US-Amerikaner lief sie 1937 in Oslo. Der neue Kugelstoß-Weltrekordinhaber Fonville bringt das für einen Schwerathleten relativ geringe Gewicht von 88 kg auf die Waage. Die alte Bestmarke im Kugelstoßen hielt Jack Torrance mit 17,40 m. Er stellte sie bereits im Jahre 1934 auf. Damals brachte Torrance mit 134 kg einen Zentner mehr Gewicht als nun Fonville auf die Waage.

Hürden-Weltrekord

17. April. *Der farbige US-Amerikaner Harrison Dillard (rechts im Bild) stellt bei dem Kansas-Relay-Sportfest in den USA einen neuen Weltrekord über die Distanz von 110 m Hürden auf. Er benötigt für die Strecke 13,6 sec und unterbietet damit die alte Bestmarke von Forrest Grady Towns um* ***eine*** *Zehntelsekunde.*

Fußballausschuß für die Westzonen

12. April. In Frankfurt am Main wird der deutsche Fußballausschuß gegründet. Ziel des Verbandes ist die Neuorganisation des Fußballsports in Deutschland und die Ausrichtung einer deutschen Fußballmeisterschaft. Im Beisein aller Verbandsvertreter der drei Westzonen wird Pecco Bauwens zum 1. Vorsitzenden des Fußballausschusses gewählt. Die Delegierten aus der französischen Besatzungszone Deutschlands konnten lediglich als Beobachter nach Frankfurt reisen und dürfen sich nicht an der Abstimmung beteiligen. Vertreter der sowjetisch besetzten Zone verzichteten auf die Teilnahme.

Die Vorsitzenden des neugewählten Vorstandes bestimmen in einer ihrer ersten Amtshandlungen den Turniermodus einer deutschen Fußballmeisterschaft: Bis zum 18. Juli sollen die einzelnen Zonen ihre besten Mannschaften ermitteln und danach in einer Endrunde die Deutsche Meisterschaft ausspielen. Das Finale ist für den 8. August vorgesehen (→ 8. 8./S. 145).

Boxvergleich USA-Europa endet 4:4

13. April. In Chicago im US-Bundesstaat Illinois trennen sich die Box-Staffeln der Vereinigten Staaten und Europas 4:4. Den auf den beiden Kontinenten mit großer Spannung erwarteten Vergleich der Boxer in acht Gewichtsklassen verfolgen mehr als 20 000 Besucher und Journalisten aus der ganzen Welt.

Der »Kampf der Kontinente«, wie ihn der Veranstalter, eine Chikagoer Zeitung, nennt, beginnt für die europäische Auswahl erfreulich. In den Leichtgewichtsklassen haben die Gäste klare Vorteile, so daß sie in Führung gehen. In den Schwergewichtsklassen dominieren jedoch die US-Boxer. Bezeichnend hierfür ist der spektakuläre Kampf zwischen dem Schwergewichtler Clarence Henry (USA) und Fernand Bothy (Belgien). Der Belgier wird von Henry viermal zu Boden geschlagen, kommt aber immer wieder auf die Beine. In der dritten Runde wird Bothy von dem US-Amerikaner erneut schwer getroffen. Er kann sich nicht mehr erholen und wird schließlich ausgezählt.

Britische Fußballmannschaften weiterhin kampfstark

25. April. In London findet das Endspiel um den englischen Fußballpokal statt: Manchester United schlägt den F. C. Blackpool mit 4:2 Toren. 99 000 Zuschauer sehen im Wembley-Stadion eines der dramatischsten Cup-Finals in der Geschichte des englischen Fußballs. Die Mannschaft aus Blackpool geht in der 16. Minute durch einen Elfmeter in Führung. 15 Minuten später gleicht Manchesters Torjäger Jim Rowley zum 1:1 aus. Nun beginnt ein offener Schlagabtausch der beiden Finalisten. In der 36. Minute überlistet Mittelstürmer Alan Mortensen den Torwart der Mannschaft aus Manchester: Blackpool führt erneut. Nach der Pause kommt Manchester besser ins Spiel und ist klar überlegen. Aber erst in der 70. Minute kann Rowley durch einen Kopfball zum 2:2 ausgleichen. Nun läuft bei der Manchester-Elf alles nach Wunsch: Stanley Pearson erzielt fünf Minuten später das Führungstor zum 3:2. In der 85. Minute fällt die Entscheidung: Rowley erhöht durch einen Schuß aus 30 m Entfernung zum 4:2 Endstand.

In diesem Endspiel zeigt sich die Überlegenheit des britischen Fußballs: Alle Länderspiele, die die Nationalmannschaft bestreitet, gewinnt sie deutlich. Auch bei Freundschaftsspielen der Klubmannschaften können sich stets die Engländer durchsetzen. Die Ursache dafür ist die Tatsache, daß die englischen Fußballer durchweg Profis sind. Die Begeisterung der Zuschauer im Mutterland des Fußballs ist so groß, daß selbst die Spiele der zweiten und dritten Liga häufig ausverkauft sind. Dadurch fließt soviel Geld in die Vereinskassen, daß die Spieler gut bezahlt und optimal gefördert werden. Schon 14jährige können in England vom Fußball leben: Sie bekommen von ihrem Verein eine Lehrstelle und können dann regelmäßig trainieren. Vergleichbar sind höchstens die Verhältnisse in Italien, aber gegen den kraftvollen und schnellen Fußball der Engländer haben auch die »Azzurri« in den ersten Nachkriegsjahren keine Chance.

Britischer Profifußball in Aktion: Bild vom Spiel zwischen Chelsea und Derby County; beide Mannschaften gehören der ersten englischen Division an, der stärksten Fußballiga der Welt; ein Grund für die sportliche Stärke ist vor allem die Tatsache, daß der Fußball in Großbritannien professionell betrieben wird

Mai 1948

Mo	Di	Mi	Do	Fr	Sa	So
					1	2
3	4	5	6	7	8	9
10	11	12	13	14	15	16
17	18	19	20	21	22	23
24	25	26	27	28	29	30
31						

1. Mai, Maifeiertag

Der griechische Justizminister Christos Ladas kommt bei einem Sprengstoffanschlag der kommunistischen Aufstandsbewegung (EAM) ums Leben, worauf von der Regierung über die Hauptstadt Athen das Kriegsrecht verhängt wird. →S. 76

Die britische und die US-amerikanische Militärregierung in Deutschland genehmigen eine allgemeine Lohnerhöhung von 15% in ihren Besatzungszonen (→21. 6./S. 94).

2. Mai, Sonntag

Durch einen 2:1-Erfolg über den FC St. Pauli wird der Hamburger Sportverein (HSV) Norddeutscher Fußballmeister.

Beim Automobil-Langstreckenrennen Mille Miglia durch Italien siegt Clemente Biondetti auf Ferrari.

3. Mai, Montag

Während der bürgerkriegsähnlichen Zustände in Griechenland läßt die Regierung 213 Kommunisten und Partisanen hinrichten (→1. 5./S. 76).

In Austin im US-Bundesstaat Texas verursacht ein Wirbelsturm den Einsturz einer Schule. Dabei kommen 15 Kinder ums Leben, 300 Menschen werden zum Teil schwer verletzt.

Der US-amerikanische Dramatiker Tennessee Williams erhält für sein Theaterstück »A Streetcar named Desire« (Endstation Sehnsucht) den Pulitzer-Preis.

4. Mai, Dienstag

In der Ostzone wird ein Befehl der sowjetischen Besatzungsmacht veröffentlicht, in dem das von der nationalsozialistischen deutschen Regierung nach 1933 beschlagnahmte Eigentum deutscher Parteien, Gewerkschaften und anderer Organisationen wieder zurückgegeben wird.

Der britische Außenminister Ernest Bevin schlägt eine Erweiterung der Westunion zu einem nordatlantischen Verteidigungsbündnis vor (→11. 6./S. 103).

In Frankreich treten die kommunistischen Mitglieder des Obersten Gerichtshofes aus Protest gegen die Ernennung des Radikalsozialisten Edgar Faure zum Vizepräsidenten des Gerichts von ihren Ämtern zurück (→18. 10./S. 171).

Die deutsche Zentralverwaltung für das Post- und Fernmeldewesen der Ostzone gibt neue, verschärfte Bestimmungen für den Post- und Paketverkehr zwischen Berlin und den Westzonen bekannt (→24. 6./S. 97).

In Hannover protestieren rund 66000 Arbeiter und Angestellte gegen die unzureichende Versorgung mit Lebensmitteln (→5. 1./S. 12).

In Northfield/USA wird Bertolt Brechts Theaterstück »Der kaukasische Kreidekreis« in englischer Sprache uraufgeführt (→5. 6./S. 107).

5. Mai, Mittwoch

Die US-amerikanische Militärregierung in Deutschland bezeichnet die von der deutschen Zentralverwaltung für das Post- und Fernmeldewesen der Ostzone erlassenen Bestimmungen über den Paketverkehr zwischen Berlin und den Westzonen für die Westsektoren Berlins als unzulässig (→24. 6./S. 97).

In München wird die bis zum 14. Juni dauernde deutsche Presseausstellung eröffnet. →S. 83

6. Mai, Christi Himmelfahrt

Infolge der Massenhinrichtungen in Griechenland, die am 3. Mai auf Anordnung der Regierung begonnen haben, kommt es von seiten Großbritanniens und der UdSSR zu Protesten (→1. 5./S. 76).

In Pilsen in der Tschechoslowakei, das im Mai 1945 durch US-amerikanische Truppen von deutscher Besetzung befreit worden war, finden pro-amerikanische Demonstrationen statt (→25. 2./S. 30).

In Großbritanniens Hauptstadt London werden die Viermächteverhandlungen über einen Friedensvertrag mit dem Land Österreich auf unbestimmte Zeit vertagt (→24. 5./S. 77).

Der belgische Ministerpräsident, Paul Henri Spaak, tritt wegen des Streites um die Sprachregelung an den Schulen des Landes von seinem Amt zurück.

Der US-amerikanische Senator Glenn Taylor wird zu einer sechsmonatigen Bewährungsstrafe verurteilt, weil er als Weißer auf dem Wege zu einer politischen Versammlung im Bundesstaat Alabama demonstrativ einen für die farbige Bevölkerung vorgeschriebenen Eingang benutzte (→3. 2./S. 33).

Das Aufnahmelager Gronenfelde bei Frankfurt an der Oder gibt die Ankunft des 500000. in diesem Jahr aus sowjetischem Gewahrsam in die Heimat entlassenen deutschen Kriegsgefangenen bekannt. →S. 79

In London wird der britische Film »Hamlet« nach dem gleichnamigen Drama von William Shakespeare uraufgeführt; Regisseur, Produzent und Hauptdarsteller ist Laurence Olivier. →S. 81

7. Mai, Freitag

In der niederländischen Hauptstadt Den Haag beginnt ein zweitägiger Europakongreß, der die Voraussetzungen für die Errichtung eines europäischen Parlaments schaffen soll. →S. 77

In Rumänien wird der Vorsitzende der sozialdemokratischen Partei, Constantin Petrescu, verhaftet (→3. 1./S. 18).

Ein tschechisches Verkehrsflugzeug wird auf einem Inlandflug von zwei Frauen nach Bayern entführt.

8. Mai, Sonnabend

Die Organisation für Europäische Wirtschaftliche Zusammenarbeit (OEEC) fordert die 16 europäischen Staaten, die sich am Marshallplan beteiligen, auf, bis zum 22. Mai ihren Bedarf an Hilfsleistungen für das erste Quartal des laufenden Jahres beim Sitz der OEEC in Paris anzumelden (→16. 4./S. 59).

Im Kaschmir-Konflikt zwischen Indien und Pakistan greift die Armee Pakistans auf der Seite der moslemischen Rebellen in die Kämpfe ein. →S. 76

In dem mittelamerikanischen Staat Costa Rica wird nach der Proklamation der Zweiten Republik die Armee aufgelöst.

9. Mai, Sonntag

In der Tschechoslowakei verabschiedet die Nationalversammlung die neue Verfassung, in der das Land als »Volksdemokratie auf dem Wege zum Sozialismus« bezeichnet wird (→7. 6./S. 103).

In Köln wird die im Krieg zerstörte Hohenzollern-Eisenbahnbrücke über den Rhein nach ihrem Wiederaufbau dem Verkehr übergeben. →S. 82

10. Mai, Montag

In der Ostzone wird der Abschluß der Bodenreform bekanntgegeben, die im Herbst 1945 eingeleitet wurde. Alle Güter mit einer Größe von über 100 ha wurden enteignet, aufgeteilt und an landlose Bauern und Landarbeiter vergeben.

Belgien und die Niederlande schließen ein Militärabkommen (→1. 1./S. 18).

In Südkorea finden Wahlen zur Nationalversammlung statt, die unter Aufsicht der Vereinten Nationen (UN) stehen und aus denen die Rechtspartei von Syngman Rhee als stärkste Partei hervorgeht (→9. 3./S. 158).

11. Mai, Dienstag

In Italien wird der frühere Minister für wirtschaftliche Zusammenarbeit, Luigi Einaudi, zum Staatspräsidenten gewählt. →S. 77

12. Mai, Mittwoch

Die arabischen Verteidiger Jaffas ergeben sich angreifenden jüdischen Verbänden (→25. 5./S. 75).

13. Mai, Donnerstag

Die US-amerikanische Militärregierung in Deutschland hebt das Beschäftigungsverbot für ehemalige Mitglieder der NSDAP auf. →S. 79

Die Stadtverordnetenversammlung von Berlin beauftragt den Magistrat, Maßnahmen zur Errichtung einer Freien Universität in den Westsektoren der Stadt zu ergreifen (→4. 12./S. 200).

Die Deutsche Wirtschaftskommission der Ostzone (DWK) beschließt die Aufstellung eines Zweijahresplans für den wirtschaftlichen Wiederaufbau in den Jahren 1949 und 1950.

In Heidelberg findet die achte Interzonenkonferenz der deutschen Gewerkschaften statt.

In München müssen die Kammerspiele und die Bayerische Staatsoper ihren Spielplan vorläufig aussetzen, da zahlreiche Schauspieler und Sänger infolge der schlechten Ernährung entkräftet sind.

Eine schweizerische Firma stellt in der US-amerikanischen Hauptstadt Washington einen Anrufbeantworter vor. →S. 83

14. Mai, Freitag

Der britische und der US-amerikanische Militärgouverneur in Deutschland, General Sir Brian Robertson und General Lucius D. Clay, teilen Vertretern der bizonalen Wirtschaftsverwaltung in Frankfurt am Main mit, daß künftig zwei deutsche Vertreter an der Durchführung des Europäischen Wiederaufbauprogramms beteiligt werden (→16. 4./S. 59).

Der französische Stadtkommandant von Berlin, General Jean Ganeval, verbietet die Durchführung des vom Deutschen Volksrat in der Ostzone beantragten Volksbegehrens über die Einheit Deutschlands (→23. 5./S. 79).

In Tel Aviv proklamiert David Ben Gurion den Staat Israel. →S. 72

Der Alliierte Kontrollrat für Österreich legt die Besatzungskosten neu fest; sie betragen künftig 10,5% des Bundeshaushalts (→24. 5./S. 77).

Die Deutsche-Film AG (DEFA) der Ostzone kündigt für das Produktionsjahr 1948/49 15 neue Spielfilme an. →S. 81

15. Mai, Sonnabend

Truppen der arabischen Nachbarstaaten Israels rücken in den am Vortag proklamierten Staat ein (→25. 5./S. 75).

Die US-amerikanische Besatzungsmacht in Österreich erhält wieder freie Durchfahrt durch die sowjetisch besetzte Zone des Landes.

In Italien startet das bis zum 6. Juni dauernde Radstraßenrennen Giro d'Italia. Die 4164 km lange Rundfahrt gilt als das nach der Tour de France schwerste Rennen der Welt (→6. 6./S. 109).

In Berlin verteidigt in einem Boxkampf um die deutsche Schwergewichtsmeisterschaft Hein ten Hoff seinen Titel gegen Arno Kölblin durch K.o. in der fünften Runde. →S. 87

16. Mai, Pfingstsonntag

Neuer Schachweltmeister wird in der sowjetischen Hauptstadt Moskau Michail Botwinnik aus der UdSSR. →S. 86

Nach Angaben der Vereinten Nationen befinden sich noch rund 625000 Flüchtlinge in Europa, in Mittel- und Fernost in Lagern der UN-Flüchtlingsorganisation.

Letzte Parade der Briten vor dem Verlassen Jerusalems – großer Bericht in »The Illustrated London News« vom 29. Mai über die Unabhängigkeit Israels

THE ILLUSTRATED LONDON NEWS

SATURDAY, MAY 29, 1948.

THE END OF A THIRTY-YEAR MANDATE WHICH EARNED BITTER CRITICISM FOR BRITAIN ABROAD—YET WHOSE CONCLUSION SAW THE IMMEDIATE OUTBREAK OF OPEN JEWISH-ARAB HOSTILITIES: GENERAL CUNNINGHAM SALUTING THE COLOURS OF THE H.L.I. AS HE LEFT GOVERNMENT HOUSE, JERUSALEM, FOR THE LAST TIME.

At midnight, May 14-15, Britain laid down the complex and onerous responsibilities which she has sustained since the armies of General Allenby broke the power of the Turkish forces in Palestine in 1917; and on the afternoon of May 14 the standard of the High Commissioner was struck at Government House and, with a piper playing on the roof, Lieut.-General Sir Alan Cunningham left the building for the last time. He flew to Haifa in an aircraft piloted by the Air Officer Commanding in Palestine, Air Commodore Dawson. At the Haifa airport he greeted Arab and Jewish dignitaries, and after inspecting a guard of honour of the 1st Battalion, the Grenadier Guards, at the heavily-guarded harbour, went on board the cruiser *Euryalus*, which fired a salute.

Der Autorennfahrer Giuseppe Farina aus Italien gewinnt auf Maserati den Großen Preis von Monaco.

17. Mai, Pfingstmontag

Die USA beenden ihre zweijährigen Atombombenversuche auf dem Eniwetok-Atoll im Südpazifik. →S. 85

Bei einem Fußball-Länderspiel in Wien schlägt die Nationalmannschaft Österreichs die Vertretung der Schweiz 3:1.

18. Mai, Dienstag

In Frankfurt am Main wird des 100. Jahrestages der ersten deutschen Nationalversammlung gedacht; die Gedenkfeiern finden in der wiederaufgebauten Paulskirche statt. →S. 81

Die US-amerikanische Militärregierung erläßt ein Einfuhrverbot für sowjetisch lizenzierte Presse-Erzeugnisse in ihre Besatzungszone. →S. 83

Erstmals seit Kriegsende dürfen Deutsche wieder zu kurzen Besuchsreisen nach Großbritannien fahren.

19. Mai, Mittwoch

In Wien tagt der Kongreß des österreichischen Gewerkschaftsbundes.

In Chicago (USA) wird eine Kamera vorgestellt, die innerhalb kurzer Zeit ein Negativ entwickelt und fixiert. →S. 83

In Turin besiegt die englische Fußballauswahl die italienische Nationalmannschaft mit 4:0 Toren (→25. 4./S. 67).

20. Mai, Donnerstag

Die sowjetische Zentralkommandantur in Berlin hebt ein von der Stadtverordnetenversammlung ausgesprochenes Verbot auf, öffentliche Einrichtungen zur Einschreibung für die Teilnahme am Volksbegehren des Volksrates der Ostzone zu benutzen (→23. 5./S. 79).

Die Sowjetische Militäradministration in Deutschland (SMAD) protestiert bei der US-amerikanischen Militärverwaltung gegen ein Verbot der Einfuhr sowjetisch lizenzierter Veröffentlichungen in die US-amerikanische Zone (→18. 5./S. 83).

In Frankfurt am Main findet eine Konferenz des Deutschen Städtetages statt. →S. 81

In Saigon wird General Nguyen Van Xuan zum Ministerpräsidenten der provisorischen Zentralregierung Vietnams gewählt. →S. 76

Der österreichische Bundeskanzler Leopold Figl protestiert gegen die Neufestsetzung der Besatzungskosten durch die Alliierten und erklärt die Besetzung Österreichs für rechtswidrig (→24. 5./S. 77).

Ägyptische Truppenverbände haben auf ihrem Vormarsch nach Palästina die Negev-Wüste, Gasa und Hebron erobert (→25. 5./S. 75).

Der Leiter des evangelischen Hilfswerks, Eugen Gerstenmaier, gibt bekannt, daß allein im März rund eine Million Geschenkpakete von US-Amerikanern nach Deutschland geschickt wurden.

Die Fußballnationalmannschaft der Schweiz unterliegt in Zürich der englischen Auswahl mit 0:4 Toren.

21. Mai, Freitag

In Finnland kommt es nach Abschluß des Beistandspaktes mit der Sowjetunion zu einer Regierungskrise (→6. 4./S. 63; 1. 7./S. 119).

Robert Heinlein, der Leiter des Flugforschungsinstituts der US-amerikanischen Marine, gibt in Washington bekannt, daß ein Flug zum Mond in absehbarer Zeit möglich sein wird. →S. 85

22. Mai, Sonnabend

In Hannover wird die bis zum 6. Juni dauernde 2. Exportmesse eröffnet. →S. 82

23. Mai, Sonntag

In Berlin beginnt die Auslegung der Listen für das vom Deutschen Volksrat der Ostzone initiierte Volksbegehren für die Einheit Deutschlands. →S. 79

Israelische Truppen haben in einem Gegenangriff nach tagelangen Kämpfen die syrischen Einheiten der arabischen Armee aus dem Jordan-Tal vertrieben und erhebliche Geländegewinne gemacht (→25. 5./S. 75).

In Italien wird unter Führung des christdemokratischen Ministerpräsidenten Alcide De Gasperi eine neue Regierung gebildet (→18. 4./S. 61).

Der polnische Primas der katholischen Kirche, Kardinal August Hlond, wendet sich gegen eine marxistische Beeinflussung der Jugend.

In Frankfurt am Main endet der deutsche Schriftstellerkongreß, der am 21. Mai begonnen hatte.

Der belgische Boxer Cyrille Belannoit wird durch einen Punktsieg über Titelverteidiger Marcel Cerdan aus Frankreich neuer Weltmeister im Mittelgewicht (→21. 9./S. 163).

In Schaffhausen unterliegt die schweizerische Fußballauswahl England 0:6.

24. Mai, Montag

Die US-amerikanische Regierung gibt bekannt, daß sie die Verhandlungen über einen Staatsvertrag für Österreich nicht wieder aufnimmt, solange die UdSSR ihren Standpunkt in der Reparationsfrage nicht ändert. →S. 77

In Jugoslawien werden auf Anordnung der Regierung über 1000 Kleinunternehmen in staatliches oder in Genossenschaftseigentum überführt (→26. 6./S. 102).

In London wird Benjamin Brittens Oper »The Beggars Opera« (Die Bettleroper) uraufgeführt. →S. 124

In Hamburg unterliegt der ehemalige Boxschwergewichtsweltmeister Max Schmeling Walter Neusel nach Punkten. →S. 87

25. Mai, Dienstag

In der Ostzone treten die Gründungsausschüsse zur Bildung der Demokratischen Bauernpartei Deutschlands (DBD) zusammen. →S. 78

Arabische Truppen erobern die Altstadt von Jerusalem (→31. 5./S. 75).

In Leipzig wird die Aufführung von Eugene O'Neills »Trauer muß Elektra tragen« nach fünf Vorstellungen aus politischen Gründen verboten.

26. Mai, Mittwoch

Der Wirtschaftsrat der deutschen Bizone bittet die alliierten Militärregierungen, die geforderten Demontageleistungen nochmals zu überprüfen.

In der Ostzone wird die Einrichtung einer zentralen Notenbank mit Sitz in Potsdam beschlossen. →S. 79

Bei den Parlamentswahlen in Südafrika erleiden die Unionisten von Ministerpräsident Feldmarschall Jan Christiaan Smuts eine Niederlage gegen die Nationalisten von Daniel Malan. →S. 76

27. Mai, Donnerstag

Die bulgarische Regierung beschließt die Verstaatlichung sämtlicher Bodenschätze des Landes.

28. Mai, Freitag

Die britische Regierung wirft der Schweiz vor, sie habe ihre vertragliche Verpflichtung zur Liquidierung der deutschen Guthaben auf Schweizer Konten in Höhe von 500 Millionen Schweizer Franken nicht erfüllt; die Regierung in Bern weist diese Vorwürfe zurück.

Der Chef der Nachrichtenkontrolle der US-amerikanischen Militärregierung in Deutschland, Oberst Gordon E. Textor, gibt in Berlin die Aufhebung des Verbotes der Einfuhr sowjetisch lizenzierter Veröffentlichungen in die US-amerikanische Zone bekannt (→18. 5./S. 83).

Der stellvertretende Oberste Chef der Sowjetischen Militäradministration in Deutschland (SMAD), Generalleutnant Michail J. Dratwin erklärt auf einer Pressekonferenz in Berlin, die Sowjetische Militäradministration halte die Durchführung einer Währungsreform nur in allen Besatzungszonen Deutschlands für sinnvoll (→23. 6./S. 96).

Das Schloß Schönbrunn bei Wien, das der britischen Besatzungsmacht in Österreich als Hauptquartier diente, wird an Österreichs Regierung zurückgegeben.

In München treffen 54 der 202 Gemälde aus dem ehemaligen Besitz des Berliner Kaiser-Friedrich-Museums aus New York kommend wieder in Deutschland ein; die Bilder waren im Jahre 1945 von den Vereinigten Staaten beschlagnahmt worden. →S. 86

29. Mai, Sonnabend

Durch den Einsatz von aus der Tschechoslowakei gelieferten Jagdflugzeugen vom Typ »Messerschmitt 109« der ehemaligen deutschen Luftwaffe gelingt es der israelischen Armee, den Vormarsch der ägyptischen Einheiten nach Palästina zu stoppen (→25. 5./S. 75).

Der Sicherheitsrat der Vereinten Nationen verkündet einen Waffenstillstandsbefehl für Palästina. Zum Leiter der UNO-Vermittlungskommission wird der Vorsitzende des schwedischen Roten Kreuzes, Graf Folke Bernadotte, ernannt (→17. 9./S. 158).

Polen und Bulgarien schließen in Warschau einen Freundschafts- und Beistandspakt ab.

30. Mai, Sonntag

Bei den Kommunalwahlen in Bayern erleidet die CSU eine schwere Niederlage. →S. 78

Das Innenministerium der Tschechoslowakei gibt das Ergebnis der Parlamentswahlen bekannt, bei denen die in der Nationalen Front vereinigten Parteien rund 90% der abgegebenen Stimmen erhielten (→7. 6./S. 103).

In Paris enden die französischen Tennismeisterschaften. Im Herrenfinale schlägt Frank Parker aus den Vereinigten Staaten Jaroslaw Drobny aus der Tschechoslowakei in vier Sätzen. Bei den Damen kann sich die Französin Nelly Laundry gegen die US-Amerikanerin Shirley Fry durchsetzen.

31. Mai, Montag

Der ehemalige Beauftragte der britischen Regierung für die besetzten Gebiete Deutschlands, Sir Francis Aungier Pakenham, Mitglied der Labour-Party, wird zum neuen britischen Minister für die Zivilluftfahrt ernannt. →S. 79

In der britischen Besatzungszone Deutschlands wird eine Teilamnestie für ehemalige SS-Angehörige verkündet (→13. 5./S. 79).

Irakische Truppen besetzen nach schweren Kämpfen das Westufer des Jordan in Palästina. →S. 75

In Portland (US-Bundesstaat Oregon) kommt es infolge von langanhaltenden Regenfällen zu einer Hochwasserkatastrophe. →S. 85

Geboren:

26. London: David Bowie, britischer Rockmusiker und Filmschauspieler.

Das Wetter im Monat Mai

Station	Mittlere Lufttemperatur (°C)	Niederschlag (mm)	Sonnenscheindauer (Std.)
Aachen	– (12,8)	– (67)	– (205)
Berlin	15,0 (13,7)	– (46)	– (239)
Bremen	– (12,8)	– (56)	– (231)
München	– (12,5)	– (103)	– (217)
Wien	17,1 (14,6)	26 (71)	284 (–)
Zürich	14,9 (12,5)	51 (107)	231 (207)

( ) Langjähriger Mittelwert für diesen Monat
– Wert nicht ermittelt

Der deutsche Export blüht wieder, berichtet die in US-amerikanischer Lizenz erscheinende Zeitschrift »Heute« in ihrem zweiten Maiheft

Gründung Israels in Tel Aviv verschärft den Konflikt zwischen

Ende des britischen Mandats in Palästina: Großbritanniens Hoher Kommissar, Sir Alan Cunningham (l.), verläßt das Land

14. Mai. Wenige Stunden vor Abzug der letzten britischen Mandatstruppen aus Palästina wird in Tel Aviv der Staat Israel proklamiert. Unter strengen Sicherheitsvorkehrungen verliest im Gebäude des Museums für Moderne Kunst David Ben Gurion, der sozialistische Führer der zionistischen Bewegung, vor dem provisorischen Staatsrat die Gründungsurkunde. Am nächsten Tag beginnen die Nachbarländer Israels, die Staaten der Arabischen Liga, die in der Gründung des Staates Israel einen völkerrechtswidrigen Akt sehen, mit der militärischen Invasion (→31. 5./S. 75).

Der neue jüdische Staat wird den historischen Namen Israel tragen. Die feierliche Proklamation der Gründung schließt mit den Worten: »Wir strecken allen Nachbarstaaten und ihren Völkern die Hand zum Frieden und auf gute Nachbarschaft entgegen und appellieren an sie, mit dem in seinem Lande selbständig gewordenen jüdischen Volke in gegenseitiger Hilfe zusammenzuarbeiten ... Gestützt auf das natürliche und historische Recht des jüdischen Volkes und auf die Resolution der Vereinten Nationen, proklamieren wir die Gründung des jüdischen Staates im Heiligen Lande.«

Zur Hauptstadt des neuen Staates und Sitz des zu wählenden Parlamentes (Knesset) wird Tel Aviv bestimmt. Israel erhält die Form einer parlamentarischen Demokratie. Ministerpräsident der provisorischen Regierung, die aus 13 Kabinettsmitgliedern besteht, wird David Ben Gurion; zum ersten Staatspräsidenten wählt der provisorische Staatsrat den Vorsitzenden des jüdischen Weltkongresses, Chaim Weizmann. Die ersten Parlamentswahlen sind für Januar 1949 geplant.

Nach über 25jähriger Dauer endet damit das Mandat Großbritanniens über Palästina. Als letzter Brite verläßt der Hohe Kommissar, Sir Alan Cunningham, Jerusalem und begibt sich in Haifa an Bord des Kreuzers »Euryalus«. Die britischen Truppen, deren Aufgabe es war, bewaffnete Auseinandersetzungen zwischen Juden und Arabern zu verhindern, verloren bei Gefechten und durch Terroranschläge 338 Soldaten und Zivilangestellte.

Noch am Tage der Gründung gibt US-Präsident Harry S. Truman bekannt, daß die Vereinigten Staaten Israel als souveränen Staat anerkennen. Die Sowjetunion läßt durch ihren UNO-Delegierten in New York, Andrei A. Gromyko, ankündigen, daß auch sie mit dem neuen Staat Israel diplomatische Beziehungen aufnehmen werde, gibt jedoch noch keine formelle Erklärung ab. Großbritannien und Frankreich schließen sich diesem Schritt zunächst nicht an. Die Regierungen in London und Paris wollen erst die weitere politische Entwicklung im Nahen Osten abwarten. Innerhalb der nächsten Tage wird Israel von weiteren Staaten anerkannt, darunter Polen, die Tschechoslowakei, Jugoslawien und Uruguay.

Staatsbesuch in Washington: Nur elf Tage nach Gründung des Staates Israel besucht dessen erster Präsident, Chaim Weizmann, die USA (im Bild: Weizmann, r., überreicht Präsident Harry S. Truman im Weißen Haus eine Thora-Rolle); der jüdische Staat war noch am Tage seiner Gründung, dem 14. Mai 1948, von den Vereinigten Staaten anerkannt worden; auch die Sowjetunion hat sich zur baldigen Aufnahme diplomatischer Beziehungen entschlossen

Im November 1947 hatte die UN-Vollversammlung einen Plan angenommen, der die Teilung Palästinas in einen jüdischen und einen arabischen Staat vorsah. Die wirtschaftliche Einheit Palästinas sollte in Form einer Union gewahrt bleiben und das Gebiet um Jerusalem unter internationale Verwaltung gestellt werden. Für den Sommer 1948 waren Wahlen in den arabischen und jüdischen Teilgebieten geplant, die zur Bildung von zwei unabhängigen Regierungen führen sollten. Das britische Mandat sollte spätestens am 1. August 1948 enden.

Die Araber lehnten diesen Vorschlag strikt ab, und die Kämpfe zwischen den beiden Bevölkerungsgruppen nahmen an Intensität zu. Die jüdischen Selbstschutzorganisationen und arabische bewaffnete Kräfte liefern sich in Palästina erbitterte Kämpfe um die Vorherrschaft im Land. Der Vormarsch der jüdischen Kampfeinheiten zwingt große Teile der arabischen Bevölkerung zur Flucht aus den umkämpften Gebieten in die arabischen Nachbarstaaten (→9. 4./S. 63; 19. 7./S. 119).

den Juden und den Arabern im Nahen Osten

Die Flagge des neugegründeten Staates mit dem sechszackigen Davidstern weht hier über einer belebten Straße in Tel Aviv. Die zahlreichen Militärlastwagen mit Nachschub für die kämpfende Armee erinnern daran, daß der jüdische Staat seit seiner Proklamierung gegen eine Übermacht der Streitkräfte der Arabischen Liga um seine Existenz kämpfen muß. Die ständige Präsenz ihrer bewaffneten Einheiten führt den Bewohnern israelischer Städte und Dörfer täglich ihre bedrohte Lage vor Augen. Auch in den westlichen Besatzungszonen Deutschlands blickt man mit großem Interesse auf den Konflikt im Nahen Osten (Titelblatt der US-amerikanisch lizenzierten Illustrierten »Heute«).

Langer Weg ins »Gelobte Land«

14. Mai. Mit der Gründung des Staates Israel geht für viele Juden ein jahrhundertealter Traum in Erfüllung. Nachdem das jüdische Volk länger als 1500 Jahre über die ganze Welt verstreut gelebt hatte und immer wieder das Opfer von Verfolgung geworden war, leben nun wieder Juden in einem eigenen Staat.

Der erste Staat Israel (hebräisch: Das Volk Gottes) war unter König Saul um das Jahr 1020 v. Chr. gegründet worden. Nach der Zerstörung Jerusalems durch römische Legionen im Jahre 70 n. Chr. mußten die meisten Juden aus Palästina fliehen und lebten seitdem als diskriminierte Minderheit unter fremden Völkern. Stets blieb jedoch bei ihnen die religiös bestimmte Hoffnung auf die Rückkehr in das »Gelobte Land« lebendig.

Im 19. Jahrhundert besserte sich zeitweise die Lage der Juden. Aus dem Wiedererstarken des Antisemitismus in Europa nach 1880 zogen jedoch manche von ihnen die Schlußfolgerung, daß das jüdische Volk nur in einem eigenen Staat in Freiheit würde leben können.

Mit seinem 1896 erschienenen Buch »Der Judenstaat« wurde der Wiener Journalist Theodor Herzl der Begründer der zionistischen Bewegung, deren Ziel die Errichtung eines jüdischen Staates in Palästina war. Seit der Jahrhundertwende wanderten Juden nach Palästina aus, um sich im Land ihrer Väter als Siedler niederzulassen. Anfangs zielten die Vorstellungen der Zionisten noch auf einen Staat, in dem Juden und Araber gemeinsam leben sollten. Aufgrund der sich seit Mitte der 30er Jahre verschärfenden Spannungen zwischen beiden Bevölkerungsgruppen wurde dieses Konzept bald verworfen. Das 1942 veröffentlichte Biltmore-Programm sah nunmehr die Gründung eines rein jüdischen Staates in Palästina vor. Gegen den Willen der britischen Mandatsmacht wird im Mai 1948 der autonome Staat Israel proklamiert.

Sprengstoffanschlag in Jerusalem; Passanten betrachten den Kadaver eines getöteten Esels im Araberviertel

Stacheldrahtbarrieren sollen vor dem Ende des britischen Mandats Juden und Araber in Jerusalem trennen

Arabische Freiwillige bewachen die Klagemauer der Juden in Jerusalem

Straßenkämpfe in der Hafenstadt Haifa; ein Palästinenser verschanzt sich hinter einer Sandsackbarrikade

Jüdische Einwanderer treffen nach der Gründung Israels im Hafen Haifa ein

Der Zionismus kollidiert mit dem arabischen Nationalgefühl

Der Ursprung des Palästina-Konflikts liegt vor allem im Zusammenstoß des Zionismus (→ 14. 5./S. 73) mit dem erwachenden arabischen Nationalbewußtsein zu Anfang des 20. Jahrhunderts. Nach dem Zusammenbruch des Osmanischen Reiches, zu dem Palästina seit 1517 gehört hatte, strebten die arabischen Völker nach staatlicher Selbständigkeit.

In Palästina geriet diese Bewegung mit zionistischen Aktivitäten in Konflikt, die auf die Schaffung eines jüdischen Staates gerichtet waren. Bei der Verschärfung der Auseinandersetzung spielte die widersprüchliche Politik Großbritanniens gegenüber Juden und Arabern eine entscheidende Rolle. Um die Unterstützung beider Gruppen im Ersten Weltkrieg zu gewinnen, versprach die britische Regierung Arabern wie Juden die Erfüllung ihrer nationalen Wünsche. In der Balfour-Deklaration von 1917 erklärte sie ihr Einverständnis mit der »Errichtung einer nationalen Heimstätte für das jüdische Volk in Palästina«.

Im Jahre 1920 wurde Palästina auf Beschluß des Völkerbundes britisches Mandatsgebiet. In den folgenden Jahren stieg die Zahl der jüdischen Einwanderer kontinuierlich an; 1928 lebten rund 190 000 Juden in Palästina, was einem Bevölkerungsanteil von rund 18% entsprach. Die Juden ließen sich zumeist in Wüstenregionen nieder, die sie von arabischen Großgrundbesitzern gekauft hatten und unter großen Anstrengungen fruchtbar machten.

Die aufgestauten Spannungen zwischen Juden und Arabern entluden sich 1936 in einem arabischen Aufstand, der von den Briten gemeinsam mit jüdischen Selbstschutzgruppen niedergeschlagen wurde.

Nach Ende des Zweiten Weltkriegs, der den Juden durch die Ausrottungspolitik der Nationalsozialisten in Europa schreckliche Leiden gebracht hatte, nahm die Einwanderung nach Palästina sprunghaft zu. Großbritannien wandte sich hilfesuchend an die UNO. Im November 1947 beschloß deren Vollversammlung die Teilung Palästinas in einen jüdischen und einen arabischen Staat.

Der Präsident des schwedischen Roten Kreuzes, Graf Folke Bernadotte (l. mit Frau), ist von den Vereinten Nationen zum Vermittler im Palästina-Krieg berufen worden. Der 52jährige ist ein Neffe des schwedischen Königs Gustav V. 1930 gab er seine Militärkarriere auf, um sich karitativen Aufgaben zu widmen (→ 17. 9./S. 158)

Nach der Staatsgründung beginnt Krieg an drei Fronten

31. Mai. Im Krieg zwischen Israel und seinen Nachbarstaaten erreichen die arabischen Truppen mit der Überquerung des Jordan bei Nablus einen weiteren Erfolg.
Bereits einen Tag nach der Gründung Israels am → 14. Mai (S. 72) begann die Invasion der arabischen Truppen, die unter dem Befehl des Königs von Transjordanien, Abdallah, stehen. Der arabischen Armee gehören bewaffnete Kontingente aus Ägypten, dem Irak, Syrien, dem Libanon und die Arabische Legion Transjordaniens unter dem Oberbefehl des früheren britischen Offiziers John Glubb an.
Den insgesamt 37 000 arabischen Soldaten stehen auf israelischer Seite nur etwa 28 000 Kämpfer gegenüber. Abgesehen von dieser numerischen Überlegenheit sind die Angreifer auch besser ausgerüstet. Die arabischen Truppen können meist mit Panzer- und Artillerieunterstützung operieren, während die israelische Armee zunächst nur über Infanteriewaffen und einige leichte Feldgeschütze verfügt. Diesen Nachteil können die Israelis erst im Laufe des Jahres ausgleichen; vor allem Lieferungen von Waffen und Ausrüstungsmaterial aus der Tschechoslowakei und den USA tragen zur Steigerung der Kampfkraft Israels bei. Zum Vorteil für die militärisch unterlegenen Einheiten der israelischen Armee wirkt sich die mangelnde Koordination auf arabischer Seite aus. So verzögert sich der Angriff der libanesischen Streitkräfte um drei Wochen. Auch in taktischer Hinsicht und in der Ausbildung sind die arabischen Armeen, mit Ausnahme der Arabischen Legion, den Israelis unterlegen.
Im Mai ist die Arabische Liga jedoch noch auf dem Vormarsch:
15. Mai: Syrische Truppen eröffneten ihre Offensive östlich des Sees Genezareth; ein irakischer Angriff über den Jordan konnte von den Israelis abgeschlagen werden.
20. Mai: In ihrem Frontabschnitt eroberten ägyptische Truppen in vier Tagen die Negev-Wüste, Gasa und die Stadt Hebron.
25. Mai: Truppen der Arabischen Legion besetzten die Altstadt von Jerusalem.

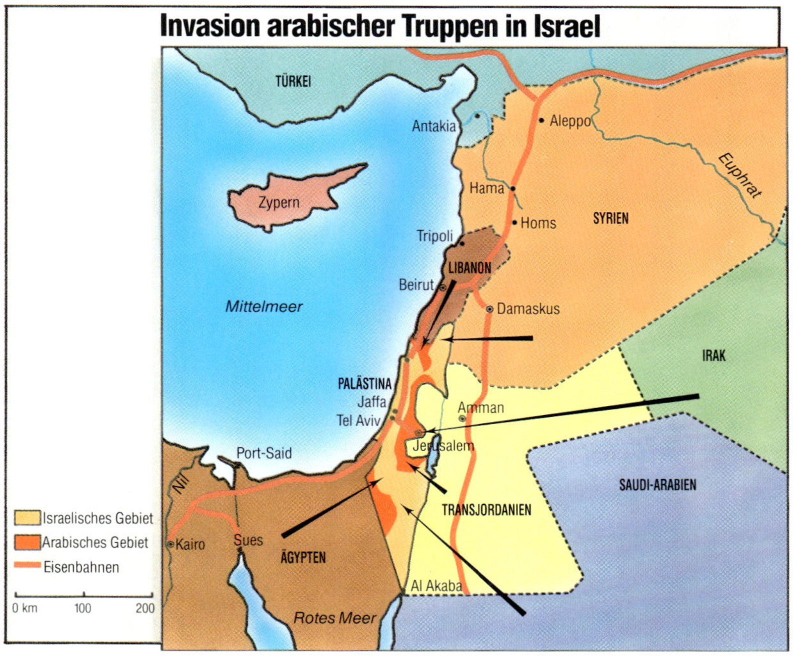

Untergrundorganisationen bilden den Kern der israelischen Streitkräfte

Zu Beginn des Krieges schließen sich die Untergrundorganisationen Hagana, Irgun Zwai Leumi und die Stern-Bande zusammen. Sie bilden seither die israelischen Streitkräfte.
Die ersten Panzer der Armee sind ein britischer »Cromwell« und zwei »Sherman«, die von jüdischen Experten auf Schrottplätzen in Italien gekauft und notdürftig repariert worden sind. Die Munition dazu wird von Tauchern aus dem Hafen von Haifa geborgen, wo sie beim Abzug der Briten versenkt wurde. Die Geschosse werden in Heimarbeit wieder funktionsfähig gemacht. Die tschechoslowakische Regierung gewährt Israel einen Kredit in Höhe von zwölf Millionen US-Dollar und liefert dafür Waffen und Munition. So erhält die israelische Armee Flugzeuge des Typs »Messerschmitt 109« der ehemaligen deutschen Luftwaffe, britische »Spitfire«- und »Mosquito«-Jagdflugzeuge, insgesamt 32 Panzer, 5015 Maschinengewehre, 24 500 Gewehre und fast 60 Millionen Schuß Munition. Diese Lieferungen erweisen sich bald als ausschlaggebend für den Krieg.

Chaim Weizmann, geboren 1871, stammt aus einer russisch-jüdischen Familie. Er studierte in Deutschland und in der Schweiz, seit 1903 arbeitete er als Chemiker in Großbritannien. 1917 erwirkte er die Balfour-Deklaration, die zum britischen Palästina-Mandat und damit zur Vorstufe des Judenstaates Israel führte. Seit 1920 ist Chaim Weizmann Präsident der zionistischen Weltorganisation.

David Ben Gurion, geboren 1886 in Polen, kam bereits 1906 nach Palästina. Nach einem Jurastudium in Istanbul arbeitete er als Zeitungsredakteur und gründete die jüdische Gewerkschaft Histadrut. 1930 war er Mitbegründer der sozialistischen Arbeiterpartei Mapai, deren Führer er wurde. Seit 1935 ist er Präsident der Jewish Agency, der jüdischen Vertretung für Palästina bei den Vereinten Nationen in New York.

Menachem Begin, geboren 1913 in Brest-Litowsk, absolvierte ein Jurastudium in Warschau und floh 1939 vor den einrückenden deutschen Truppen. Er kämpfte während des Krieges auf alliierter Seite und ging 1942 nach Palästina. Dort schloß er sich der jüdischen Untergrundbewegung Irgun Zwai Leumi an. Unter seiner Führung wurde der Kampf gegen die britische Mandatsmacht intensiviert.

Abdallah, Emir und König von Jordanien, wurde 1882 in Mekka geboren. Er entstammt der Dynastie der Haschimiden, eines alten arabischen Königsgeschlechts; sein Bruder Faisal ist König im Irak. Abdallah wurde 1921 von Großbritannien als Emir des neugebildeten Staates Transjordanien (das Gebiet östlich des Jordan) eingesetzt. Im Jahr 1946, nach der Unabhängigkeit, nahm er den Titel König an.

Sir John Bagot Glubb (genannt Glubb Pascha), geboren 1882 in Preston (Großbritannien), ist der Oberbefehlshaber der Arabischen Legion, der Armee Transjordaniens. Als britischer Offizier ging er 1920 in den Irak. 1930 trat er in die jordanische Armee ein, deren Generalstabschef er 1939 wurde. Seitdem konnte Glubb die Arabische Legion zur schlagkräftigsten Armee der arabischen Staaten ausbauen.

Südafrikaner wählen die Apartheidspartei

26. Mai. Aus den Parlamentswahlen in Südafrika gehen die Nationalisten mit Daniel Malan an der Spitze als Sieger hervor. Im neuen Parlament verfügen sie über fünf Sitze mehr als die Unionisten, die bislang die Regierung gestellt hatten. Wahlberechtigt waren nur die weißen Einwohner der südafrikanischen Union.
Der Wahlkampf war von der Auseinandersetzung um die Rassenpolitik bestimmt. Der bisherige Ministerpräsident, Feldmarschall Jan Christiaan Smuts, befürwortete eine gemäßigte Rassentrennungspolitik. Dagegen tritt der 74jährige Malan, ein ehemaliger Prediger der Niederländisch-Reformierten Kirche, für die völlige Entrechtung der 7,7 Millionen schwarzen Südafrikaner ein.

Südafrikas Wahlsieger: Daniel Malan

System der Rassentrennung in Südafrika

Der Begriff Apartheid stammt aus der Burensprache Afrikaans und bedeutet Gesondertheit. Er bezeichnet die strikte Separierung der Rassen in allen öffentlichen und privaten Bereichen. Ziel der Apartheid ist es, durch räumliche, politische, wirtschaftliche und soziale Trennung der Rassen deren gesonderte Entwicklung zu erreichen und so die Vorherrschaft der rund 2,2 Millionen Weißen über 7,7 Millionen Schwarze und rund 900 000 Mischlinge zu sichern.
Die schwarzen Einwohner Südafrikas besitzen weder das aktive oder passive Wahlrecht, noch ist es ihnen erlaubt, politische Parteien oder Gewerkschaften zu gründen. Auch aus dem Wirtschaftsleben sind sie weitgehend ausgeschlossen, z. B. ist ihnen der Erwerb von Grundbesitz verboten. Sämtliche öffentlichen Einrichtungen wie Schulen, Krankenhäuser und Theater sind streng nach Rassen getrennt. Darüber hinaus sind unter dem Apartheidssystem auch persönliche Kontakte zwischen weißen und schwarzen Südafrikanern auf ein Mindestmaß eingeschränkt.

Wahlverlierer Jan Christiaan Smuts

61 Hinrichtungen in Griechenland

1. Mai. Der griechische Justizminister Christos Ladas kommt bei einem Handgranatenanschlag in Athen ums Leben. Der Attentäter gibt sich gegenüber der Polizei als Anhänger der kommunistischen Partei zu erkennen. Daraufhin verhängt die Regierung über weite Teile des Landes das Kriegsrecht.
Als Vergeltung für den Anschlag läßt sie zwischen dem 4. und dem 9. Mai insgesamt 61 Angehörige der kommunistischen Partei hinrichten. Sie waren unter anderem wegen der Tötung von Kollaborateuren der deutschen Besatzungsmacht im Zweiten Weltkrieg zu Gefängnisstrafen verurteilt worden.
Die Massenhinrichtungen in Griechenland, in dem seit 1946 ein Bürgerkrieg tobt, lösen nicht nur in der UdSSR, sondern auch im verbündeten Großbritannien Proteste aus. Auf Anfrage aus London teilt die Regierung in Athen mit, daß sich rund 18 000 Griechen, zumeist Sympathisanten des Partisanengenerals Markos Wafiadis (General Markos) in Konzentrationslagern befinden (→ 5. 1./S. 18; 19. 6./S. 103).

Frankreich etabliert Regierung in Saigon

20. Mai. In Saigon im Süden Vietnams, wird General Nguyen Van Xuan auf Initiative Frankreichs von einem Nationalkongreß zum Ministerpräsidenten der provisorischen Zentralregierung von Vietnam gewählt. Dem Kongreß gehören 40 Repräsentanten der politisch führenden Gruppe des Landes an. Diese wollen eine Machtübernahme der nationalkommunistischen Unabhängigkeitsbewegung (Vietminh) unter Führung von Ho Chi Minh verhindern.
Vietnam besteht aus den drei Provinzen Tonking mit der Hauptstadt Hanoi im Norden, Annam in der Mitte (Hauptstadt Hué) und Kotschinchina im Süden (Hauptstadt Saigon). Zusammen mit den Königreichen Laos und Kambodscha bildet es die Indochinesische Föderation, die wiederum Bestandteil der französischen Union ist. Frankreich versucht seit 1945 seine Kolonialherrschaft über Indochina, die 1863 begann und 1941 an Japan verlorenging, wieder zu errichten. Diesem Vorhaben setzt die nordvietnamesische Unabhängigkeitsbewegung Ho Chi Minhs in weiten Teilen des Landes erfolgreichen politischen und militärischen Widerstand entgegen. Sie gründete im September 1945 in den von ihr besetzten Gebieten die Demokratische Republik Vietnam, die Frankreich im März 1946 als Bestandteil der französischen Union anerkannte. Trotzdem gingen die Kämpfe zwischen Vietminh und Frankreich weiter. Nach einem französischen Luftangriff auf die nordvietnamesische Hafenstadt Haiphong im November 1946 begann ein verlustreicher Dschungelkrieg des Vietminh gegen Frankreich.
Mit der Bildung einer provisorischen Regierung in Saigon verfolgt Frankreich das Ziel, den Einfluß der Vietminh zumindest in der Mitte und im Süden des Landes zurückzudrängen. Jedoch gibt sich General Nguyen Van Xuan mit einer eingeschränkten Souveränität nicht zufrieden.

Der Kaiser von Annam, Bao Dai (r. am Tisch sitzend) und Frankreichs Hoher Kommissar in Vietnam, Emile Bollaert (l.)

Kaschmirkonflikt weiter ungelöst

8. Mai. Der Streit zwischen Indien und Pakistan um die Zukunft des von beiden Staaten beanspruchten Kaschmir weitet sich aus. Reguläre pakistanische Truppen greifen in die Kämpfe zwischen den Rebellen und Einheiten der Indischen Armee ein. Seit dem Oktober 1947, als sich der Maharadscha von Kaschmir, Abdullah, der Indischen Union anschloß, stehen indische Elitesoldaten dort im Abwehrkampf gegen die moslemischen Aufständischen (→ 30. 1./S. 17). Diese fordern den Anschluß Kaschmirs, dessen Bevölkerung zu 75% aus Moslems besteht, an den Moslemstaat Pakistan unter Mohammad Ali Dschinnah. Die hinduistische Maharadschaherrschaft geht bis in das 19. Jahrhundert zurück.

M. A. Dschinnah

Der Europakongreß tagt in Den Haag

7. Mai. *Im niederländischen Parlamentsgebäude in Den Haag wird ein zweitägiger Paneuropakongreß eröffnet. An ihm nehmen rund 900 Delegierte aus allen europäischen Ländern, die sich am Marshallplan beteiligen, teil. Auch eine Delegation aus den drei westlichen Besatzungszonen ist vertreten. Mit Ausnahme der kommunistischen Parteien repräsentieren sie alle politischen Gruppierungen auf dem europäischen Kontinent.*
Herausragende Persönlichkeit auf dem Kongreß ist der ehemalige britische Premierminister Winston S. Churchill. Er gilt als einer der geistigen Väter der Paneuropabewegung. Zu Beginn des Kongresses äußert sich Churchill in einer vielbeachteten Rede zur Frage der europäischen Einigung. Seiner Auffassung nach ist in Zukunft mit drei beherrschenden Staatengruppen in der Welt zu rechnen: Neben den Einflußbereichen der USA und der UdSSR wird Europa ein Eckpfeiler dieser Weltordnung sein (Im Bild: Winston Churchill am Rednerpult).

Noch kein Staatsvertrag für Österreicher

24. Mai. Die Regierung der Vereinigten Staaten gibt in Washington bekannt, daß sie vorerst nicht bereit ist, die Verhandlungen über einen Staatsvertrag für Österreich wiederaufzunehmen, solange die UdSSR nicht ihre Haltung ändert.
Die UdSSR besteht auf umfangreichen Reparationslieferungen aus österreichischem Besitz und bekräftigt überdies die Ansprüche Jugoslawiens auf Teile Kärntens, der Steiermark und des Burgenlandes. Jugoslawien begründet seine Forderungen mit der Beteiligung von Österreichern an den Kampfhandlungen des Zweiten Weltkriegs auf seiten der deutschen Wehrmacht.
Am 14. Januar 1947 hatten Vertreter der vier Besatzungsmächte in London Gespräche über einen Staatsvertrag aufgenommen. Vertreter Österreichs nahmen ebenfalls an den Beratungen teil. Eine Einigung erzielten die Siegermächte nur in wenigen Punkten. So wird Österreich als Opfer und nicht als Verbündeter des nationalsozialistischen Deutschen Reiches bezeichnet.

Figl beweist sein Verhandlungsgeschick

Österreichs Bundeskanzler Leopold Figl gilt unter seinen Zeitgenossen als unerschrockener Vertreter österreichischer Interessen gegenüber den Besatzungsmächten. Bekannt ist vor allem sein besonderes Geschick im Umgang mit den Vertretern der UdSSR im Alliierten Kontrollrat in Wien.
Figl, geboren am 2. Oktober 1902, entstammt einer Bauernfamilie. Nach seiner Ausbildung zum Diplom-Landwirt leitete er seit 1934 den Niederösterreichischen Bauernbund. Wegen seines Widerstandes gegen den »Anschluß« Österreichs an das Deutsche Reich wurde er 1938 verhaftet und verbrachte die Jahre bis zum Kriegsende in KZ-Haft. 1945 gehörte er zu den Mitbegründern der Österreichischen Volkspartei (ÖVP), deren Vorsitzender er gegenwärtig ist.
In der ersten österreichischen Nachkriegsregierung Karl Renners (SPÖ) hatte Figl das Amt des Vizekanzlers inne. Nach Renners Wahl zum Bundespräsidenten im Dezember 1945 wurde Leopold Figl Bundeskanzler.

Leopold Figl, seit Dezember 1945 Bundeskanzler von Österreich

Einaudi – Italiens Staatspräsident

11. Mai. In Italien wird der 74jährige Luigi Einaudi zum Staatspräsidenten gewählt. Er gilt als Mitstreiter des christdemokratischen Ministerpräsidenten Alcide De Gasperi, der zusammen mit Liberalen, Republikanern und Sozialdemokraten den Verbleib Italiens im westlichen Lager befürwortet (→ 18. 4./S. 61).
Einaudi wurde 1874 in Piemont geboren. Er studierte Wirtschaftswissenschaften und erhielt eine Professur an der Universität von Turin. 1919 wurde Einaudi Mitglied des italienischen Senats. 1943 verließ er aus Protest gegen die Politik Benito Mussolinis seine Heimat. Nach dem Sturz der Faschisten trat er in die Regierung ein und bekleidete verschiedene Ministerposten. Als Finanzminister sah er in der Bekämpfung der Inflation eine seiner Hauptaufgaben und erzielte durch seine rigorose Sparpolitik Erfolge für das von wirtschaftlichen Problemen gebeutelte Italien. 1947 berief De Gasperi Einaudi zum Stellvertretenden Ministerpräsidenten.

Die Gründung neuer Parteien in der Ostzone

25. Mai. In der Ostzone wird die Gründung der Demokratischen Bauernpartei Deutschlands (DBD) vorbereitet. Die Gründungsausschüsse der DBD wenden sich vor allem an die mehr als 500 000 Neubauern, die seit dem Beginn der Bodenreform in der Ostzone im Herbst 1945 zu selbständigen Landwirten geworden sind.

Eine zweite neue Partei in der Ostzone steht im Mai ebenfalls kurz vor ihrer Gründung. Es handelt sich dabei um die Nationaldemokratische Partei Deutschlands (NDPD). Gründungsausschüsse hatten sich bereits im Frühjahr in den fünf Ländern der sowjetischen Besatzungszone gebildet. Als Vorsitzender der NDPD ist Lothar Bolz vorgesehen, der vor 1933 der KPD angehörte, während der Zeit der nationalsozialistischen Herrschaft in Deutschland im sowjetischen Exil lebte und seit 1946 der SED angehört. Seit März verfügt die NDPD in der »National-Zeitung« bereits über ein eigenes Parteiblatt, in dem gezielt um ehemalige Nationalsozialisten und Angehörige der deutschen Wehrmacht geworben wird. Die NDPD gibt sich darüber hinaus in ihrer Propaganda betont antimarxistisch und nationalistisch, was unter der Bevölkerung der Ostzone zunächst Erstaunen, im Westen lautstarke Proteste und Empörung auslöst.

Der designierte Vorsitzende der NDPD, Lothar Bolz (l.), wurde 1903 geboren; er gehörte vor dem Jahr 1933 der KPD an; Ernst Goldenbaum (r.), geboren 1898, gehörte seit 1920 der KPD an; er wird Vorsitzender der Demokratischen Bauernpartei

Die Gründung von DBD und NDPD ist gezielt von der sowjetischen Besatzungsmacht und der SED vorbereitet worden. Insofern stellen diese politischen Gruppierungen für die SED, die in der Parteienlandschaft der Ostzone eine Führungsrolle beansprucht, keine Gefahr dar. NDPD und DBD verhalten sich gegenüber der SED betont loyal. Ihre Zulassung hat vielmehr zum Ziel, Anhänger von CDU und LDP abzuwerben, um diese beiden Parteien zu schwächen.

Die Parteienlandschaft in der Ostzone hat sich seit 1945 entscheidend verändert. Damals waren zunächst zwei Parteien, die schon vor 1933 bestanden hatten, wiedergegründet worden: KPD und SPD. Ihnen folgten mit der CDU und der LDP zwei Neugründungen, die sich vor allem an Wähler aus bürgerlichen Schichten wenden. Obwohl sich die Parteien in Deutschland zunächst nur auf Zonenebene zusammenschließen konnten, verstanden sie sich jedoch von Anfang an als reichseinheitliche Interessenvertretungen. Mit der Gründung der SED in der Ostzone im April 1946 durch die Verschmelzung von SPD und KPD hatte die sozialdemokratische Partei in Mitteldeutschland aufgehört zu existieren. Die Spitzenfunktionäre von CDU und LDP gerieten in der Folgezeit immer mehr unter Druck von seiten der SED und der sowjetischen Besatzungsmacht.

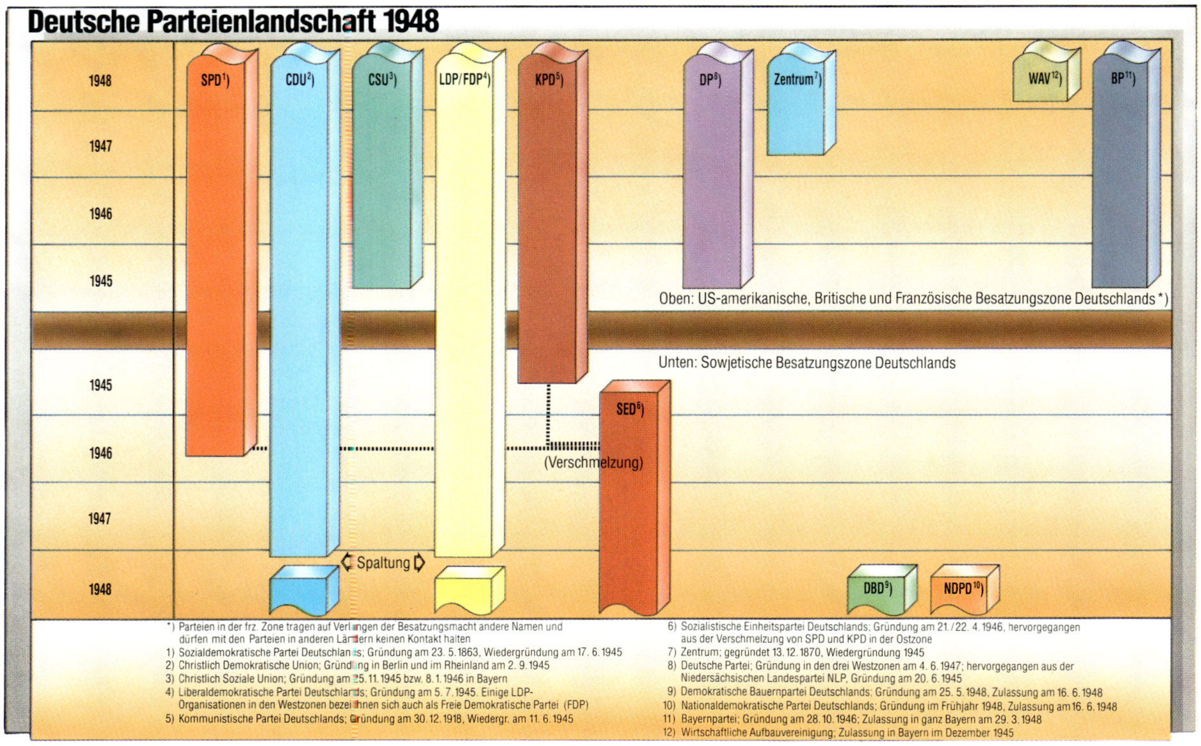

Auch Bayerns Sozialdemokraten unter ihrem Vorsitzenden Waldemar von Knoeringen erleiden bei den Gemeindewahlen leichte Stimmenverluste

CSU-Niederlage bei Gemeindewahlen

30. Mai. Bei den Kommunalwahlen in Bayern erleidet die CSU eine schwere Niederlage. Landesweit verliert sie über die Hälfte ihres Stimmenanteils.

Große Gewinnerin der Wahlen, die nach Landgemeinden und Städten getrennt abgehalten wurden (→ 25. 4./S. 60), ist die Bayernpartei (BP), die erst im März 1948 auf Landesebene zugelassen wurde. Mit 15,6% der Stimmen konnte sie ihr Ergebnis von 1946 mehr als verdoppeln, wobei sie besonders von der Krise innerhalb der CSU profitierte. Die SPD mußte geringe Stimmeneinbußen hinnehmen; die KPD verzeichnete einen Zuwachs von rund 3%.

Im einzelnen entfielen auf die SPD 30,9% der abgegebenen Stimmen, auf die CSU 18,5% (gegenüber 43% im Jahre 1946), auf die Bayernpartei 15,6%, auf die KPD 10%. Die FDP konnte ihren Stimmenanteil um rund 4% auf 7,6% verbessern. Auffallend ist das gute Abschneiden der »Flüchtlingsgruppen« und freier Wählergemeinschaften, die 6,1% bzw. 6,3% auf sich vereinigen konnten. Die Wahlbeteiligung lag bei knapp 78%.

Die SPD ist nunmehr auf Gemeindeebene stärkste Partei in Bayern. Ihr Vorsitzender, Waldemar von Knoeringen, fordert angesichts des für die Sozialdemokraten positiven Wahlausgangs unverzügliche Neuwahlen zum Landtag (→ 24.4./S.60).

500 000. Heimkehrer aus der Sowjetunion

6. Mai. Im Durchgangslager Gronenfelde in der Nähe von Frankfurt an der Oder trifft der 500 000. aus sowjetischer Kriegsgefangenschaft entlassene Heimkehrer ein. Allein im April 1948 entließ die Sowjetunion 43 954 ehemalige Wehrmachtsangehörige.

Über die Gesamtzahl der noch in der Sowjetunion verbliebenen Kriegsgefangenen gibt es nur Schätzungen, da die UdSSR das Genfer Kriegsgefangenenabkommen von 1929 nicht unterzeichnet hat und dem Internationalen Roten Kreuz keine genauen Zahlenangaben zur Verfügung stellt. Experten vermuten, daß sich noch etwa 250 000 ehemalige deutsche Soldaten in der Sowjetunion befinden. Berichten der Heimkehrer zufolge sind die Zustände in den Lagern häufig unmenschlich. Die medizinische Versorgung der Gefangenen sei mangelhaft und die hygienische Situation in den Lagern meist katastrophal. Geschwächt durch Hunger und Kälte, würden viele Gefangene sterben. Kontakte zu Angehörigen in Deutschland gestatten die Sowjets nicht, so daß viele Familien im ungewissen über den Verbleib ihrer Verwandten leben.

Bis zur deutschen Kapitulation im Jahre 1945 sind insgesamt mehr als elf Millionen Wehrmachtsangehörige von den Alliierten gefangengenommen worden. Die USA, Frankreich und Großbritannien ließen inzwischen die meisten Kriegsgefangenen frei (→ 31. 12./S. 192).

Der 500 000. aus sowjetischer Kriegsgefangenschaft entlassene Heimkehrer im Durchgangslager Gronenfelde bei Frankfurt an der Oder; nach eigenen Angaben hat die UdSSR seit 1945 1,5 Millionen deutsche Soldaten entlassen

Wiedereinstellung von NS-Mitgliedern

13. Mai. Die US-amerikanische Militärregierung in Deutschland gibt die Aufhebung des Gesetzes über das Beschäftigungsverbot für ehemalige Mitglieder der NSDAP bekannt. Ein Sonderausschuß des Länderrats der US-amerikanischen Besatzungszone in Stuttgart wird beauftragt, Richtlinien für die Wiedereinstellung der Entlassenen auszuarbeiten.

Die Regierung der Vereinigten Staaten hatte ihren Militärgouverneur in Deutschland, General Lucius D. Clay, bereits im Sommer 1947 aufgefordert, die Entnazifizierung bis Ende März 1948 einzustellen. Im Zuge der angestrebten Beschleunigung des Wiederaufbaus der deutschen Verwaltung und Wirtschaft sollen politisch zwar belastete, aber beruflich qualifizierte deutsche Fachkräfte nicht länger von der Ausübung ihrer Berufe ausgeschlossen werden. Ziel der Besatzungspolitik ist die Einbeziehung möglichst weiter Kreise der deutschen Bevölkerung in die Vorbereitungen zur Bildung eines westdeutschen Staates.

Der Entschluß zur Beendigung der Entnazifizierung wird vor allem auf deutscher Seite kritisiert, weil bisher in der Regel nur die Verfahren in leichteren Fällen abgeschlossen werden konnten. Etwa 30 000 Schwer- und Schwerstbelastete warten noch immer auf ihre Aburteilung; sollten ihre Verfahren plötzlich eingestellt werden, käme dies einer Rehabilitierung gleich (→ 27. 2./S. 34).

Emissionsbank für sowjetische Zone

26. Mai. In der Ostzone wird die Deutsche Emissions- und Girobank mit Sitz in Potsdam gegründet, die am 1. Juni ihre Tätigkeit aufnehmen soll. Sie ist als Gegenstück zur Bank deutscher Länder, die seit dem → 1. März (S. 48) in den drei Westzonen besteht, gedacht.

Aufgabe der Emissionsbank, die als unselbständiges Regierungsorgan der Deutschen Wirtschaftskommission (DWK) untersteht, ist die Koordination der regionalen Emissionsbanken in den Ländern der Ostzone. Außerdem soll sie als Organ der Wirtschaftsplanung tätig werden. Ein Notenausgaberecht ist laut Satzung nicht vorgesehen (→ 23. 6./S. 96; 21. 7./S. 117).

Sir Pakenham zu deutschfreundlich

31. Mai. Sir Francis Aungier Pakenham wird zum britischen Minister für Zivilluftfahrt ernannt.

Seit Anfang 1947 war er als parlamentarischer Staatssekretär im Außenministerium mit der Überwachung der Tätigkeit der britischen Militärregierung in Deutschland beauftragt. Pakenham, ein Mitglied der Labour-Partei, führte während seiner Amtszeit unter anderem eine Reform der britischen Militärverwaltung in Deutschland durch. Diese beschränkt sich seither nur noch auf Überwachungsfunktionen. Bei den Deutschen genoß Pakenham großes Ansehen, zumal er sich bei seiner Regierung für deutsche Belange engagierte. In Großbritannien machte man ihm deshalb den Vorwurf der Deutschenfreundlichkeit, was als ein Grund für seine Ablösung angesehen wird.

Francis Aungier Pakenham, neuer britischer Minister für Zivilluftfahrt

Volksbegehren für deutsche Einheit

23. Mai. Im sowjetischen Sektor Berlins beginnt die Auslegung der Unterschriftenlisten für ein Volksbegehren. Ziel ist es, eine Willensbekundung der Bevölkerung für die deutsche Einheit zu erreichen. Die Durchführung des Volksbegehrens wurde am 17. März (→ 19. 3./S. 47) auf dem von der SED initiierten zweiten Volkskongreß beschlossen. Damit soll der Absicht der Westalliierten, einen westdeutschen Teilstaat zu errichten, entgegengewirkt werden. Das Volksbegehren, das von der sowjetischen Militärregierung unterstützt wird, darf in den Westsektoren der Stadt nicht durchgeführt werden. Es wird von den Westalliierten verboten.

Arbeit und Soziales 1948:

Sonderschichten sollen das geringe Einkommen verbessern

Die Währungsreform am →19. Juni (S. 93) verändert das Leben in den Westzonen Deutschlands. Der durch die Einführung der »harten« DM ausgelöste Optimismus erfaßt auch die Unternehmen. Sie bemühen sich, ein möglichst umfangreiches Warensortiment anzubieten. Allerdings sind die Produkte vielfach zu teuer. Da die Löhne bis zum Herbst nur um rund 15% steigen, sind die Preise für die meisten Arbeitnehmer zu hoch. So kostet z. B. ein einfaches Paar Schuhe über 30 DM. Der durchschnittliche Stundenlohn bewegt sich zwischen 80Pfennigen und 1,40 DM. Ein gelernter Arbeiter verdient im Schnitt 250 DM im Monat, wovon noch rund 50 DM Steuern entrichtet werden müssen. Zieht man dann noch die Miete ab, bleibt nicht mehr viel zum Leben übrig.

Der Arbeitswille der Deutschen ist jedoch hoch, denn es lohnt sich wieder, hart zu arbeiten. Überall werden freiwillige Sonderschichten eingelegt, um am Monatsende etwas mehr Geld in der Lohntüte zu haben. Die Arbeitsbedingungen allerdings verbessern sich nur sehr langsam. Immer noch fehlt es an geeigneter Bekleidung, und die Lebensmittelversorgung bleibt weiterhin unzureichend.

Die in Deutschland immer noch weit verbreitete Arbeitslosigkeit hat mehrere Ursachen. Die hohe Zahl von Flüchtlingen aus den ehemaligen deutschen Ostgebieten sorgt für eine Verschärfung auf dem ohnehin angespanntem Arbeitsmarkt. Noch immer sind viele Betriebe durch die Zerstörungen des Zweiten Weltkriegs und die Demontagen der letzten Jahre nicht in der Lage, den Stand der Vorkriegsproduktion zu erreichen und brauchen deshalb nicht mehr so viele Arbeitskräfte. Dringend benötigt dagegen die Industrie qualifizierte Facharbeiter.

Die Gewerkschaften setzen sich hauptsächlich für die Bekämpfung der Arbeitslosigkeit ein und bemühen sich um eine Eindämmung der steigenden Preise. Eine Überwachung und Festsetzung von Preisen und Löhnen lehnen sie jedoch entschieden ab.

Pause in einem US-amerikanischen Anthrazit-Bergwerk: Die Arbeitsbedingungen für Bergleute sind überall in der Welt gleich hart; darin unterscheidet sich der amerikanische Kumpel nicht von seinem deutschen Kollegen

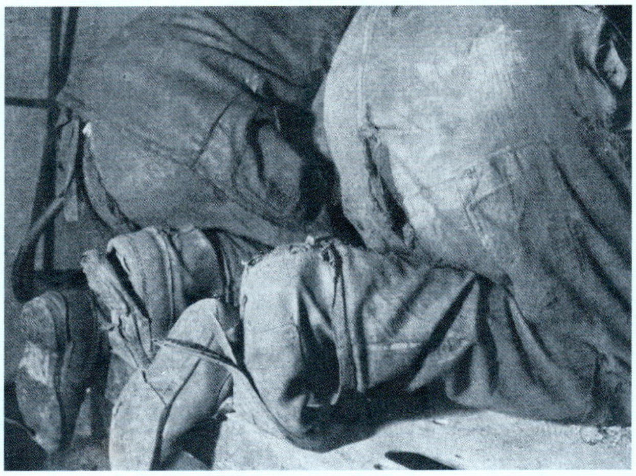

Harte Arbeitsbedingungen und schlechte Ernährung kennzeichnen nicht allein die Situation in Deutschlands Industrie; überall fehlt es auch an geeigneter Arbeitsbekleidung und Arbeitsschuhen, wie dieses Foto zeigt: Zerschlissene Hosen und Schuhe erhöhen das Unfallrisiko und bieten keinen Schutz

Seit dem Krieg sind Frauen als Arbeitskräfte begehrt: Auch in der Nachkriegszeit, in der noch viele Männer in Kriegsgefangenschaft sind, kann auf Frauen, wie z. B. diese Schrankenwärterin, nicht verzichtet werden

Wiederaufbau und Reparaturarbeiten bestimmen vielfach die Arbeitswelt der Nachkriegsjahre, dies trifft nicht nur für Deutschland, sondern auch für die meisten der europäischen Nachbarstaaten zu: Blick in ein französisches Ausbesserungswerk

Ein Hauer bei der Arbeit, der die Kohle aus dem Flöz herausbricht; sein Beruf ist in Zeiten des Mangels an Brennstoff für Kraftwerke, Industrie und Haushalte besonders wichtig; Bergleute erhalten daher Sonderrationen an Lebensmitteln

Arbeitslosigkeit, eine der Folgeerscheinungen der Währungsreform in Deutschland, viele Unternehmen sind seit Juni 1948 gezwungen, mit dem neuen Geld knapp zu kalkulieren, zahlreiche Arbeitsplätze in der Wirtschaft gehen daher verloren

Mai 1848: Das erste deutsche Parlament

18. Mai. In der Paulskirche in Frankfurt am Main findet ein Festakt zum 100. Jahrestag der ersten deutschen Nationalversammlung statt. Die im Krieg stark beschädigte Kirche ist in nur zwölf Monaten wiederaufgebaut worden. In seiner Festansprache schlägt der Schriftsteller Fritz von Unruh einen Bogen von den demokratischen Forderungen des Paulskirchen-Parlaments im Jahre 1848 zu den heutigen Aufgaben einer gesellschaftlichen Erneuerung Deutschlands im Geiste von Demokratie und Toleranz.

Vor 100 Jahren, im Mai 1848, trat in der Frankfurter Paulskirche das erste frei gewählte deutsche Parlament zusammen. Es setzte sich zur Aufgabe, eine konstitutionelle Verfassung mit festgeschriebenen Bürgerrechten auszuarbeiten und einen einheitlichen deutschen Nationalstaat zu schaffen. Obwohl beide Vorhaben damals am Widerstand der deutschen Fürsten scheiterten, wurde die Paulskirche zu einem Symbol für die demokratischen Traditionen Deutschlands. In seiner eindringlichen Rede betont Fritz von Unruh, daß die demokratischen Ziele der Revolution von 1848 nach den Jahren der nationalsozialistischen Diktatur den Deutschen immer wieder ins Bewußtsein gerufen werden müssen.

Frankfurts Paulskirche wird für die Gedenkfeier wiederhergerichtet

1848 als Vorbild für die Gegenwart

18. Mai. Zum 100. Jahrestag des Zusammentretens des ersten deutschen Parlaments hält der Schriftsteller Fritz von Unruh in der Frankfurter Paulskirche die Festansprache (Auszüge):

»1848, da fühlten unsere Vorväter noch in sich selber den Schwerpunkt. Er hieß: Wille zur Freiheit. 33 Jahre nachdem das deutsche Volk zusammen mit Österreich, Rußland und England in der ›Heiligen Allianz‹ das napoleonische Joch abgeschüttelt hatte, aber aus den Befreiungskriegen keine Freiheitskriege geworden waren, da erhob sich das deutsche Bewußtsein aus seinem sumpfigen Verhältnis zwischen Monarchen und Untertanen, entschlossen, die Ketten seines ›allerdurchlauchtigsten Serenissimi‹-Gewimmels im eigenen Lande auch noch abzureißen und die Throne einer im kalten Egoismus erstarrten Fürstenmacht zu stürzen . . .

Wille zur Freiheit, dieser magische Rausch der Märzrevolution hatte die Volksgesamtheit so erfaßt, daß sie ihre besten Söhne in die Paulskirche entsandte, um in einem einigen Impuls . . . eine deutsche Republik zu schaffen . . .«

DEFA in Potsdam plant 15 neue Filme

14. Mai. Die in Potsdam-Babelsberg ansässige Deutsche-Film-AG (DEFA) gibt bekannt, daß für das Produktionsjahr 1948/49 die Herstellung von 15 abendfüllenden Spielfilmen geplant ist.

Als einzige deutsche Filmgesellschaft kündigt die DEFA zusätzlich eine Reihe von Kinder- und Bildungsfilmen an. Außerdem soll der sowjetische Regisseur Ilja Trauberg in die Leitung der DEFA eintreten.

Die DEFA ist die einzige Filmgesellschaft der sowjetischen Besatzungszone Deutschlands. Kritiker werfen ihr vor, einseitige politische Propaganda in ihren Produktionen zu betreiben. Die Mehrzahl der geplanten Projekte wird aktuelle und politische Themen zum Inhalt haben. Nur ein Lustspiel ist vorgesehen: »Träum nicht Annette« mit Jenny Jugo in der Hauptrolle.

Der Städtetag fordert Hilfe

20. Mai. Der Deutsche Städtetag wählt auf seiner Hauptversammlung in der Paulskirche in Frankfurt am Main die amtierende Oberbürgermeisterin von Berlin, Louise Schroeder, zu seiner Präsidentin. Mit dieser Wahl soll die Verbundenheit der Westzonen mit Berlin dokumentiert werden. Die versammelten Oberbürgermeister aus den Westzonen unterstreichen die Bedeutung einer funktionierenden Gemeindeverwaltung für die Festigung der Demokratie und fordern eine stärkere Unterstützung der Städte bei ihren vielfältigen Aufgaben.

Die Präsidentin des Deutschen Städtetages Louise Schroeder (l.) und Ferdinand Friedensburg, Bürgermeister von Berlin; die 1887 geborene Louise Schroeder gehört seit 1910 der SPD an; derzeit steht sie dem Magistrat von Berlin vor

»Hamlet« von Olivier wird uraufgeführt

6. Mai. In London wird in Anwesenheit des britischen Königs Georg VI. der Film »Hamlet« nach dem Drama von William Shakespeare uraufgeführt. Hauptdarsteller, Regisseur und Produzent des mit Spannung erwarteten Films ist der britische Schauspieler Laurence Olivier.

Weitere Hauptrollen sind mit Basil Sidney (König), Eileen Herlie (Königin) und Jean Simmons (Ophelia) besetzt. Der in einer Drehzeit von sieben Monaten fertiggestellte Film kostete 500 000 englische Pfund. Nach Meinung maßgeblicher Kritiker ist das ehrgeizige Projekt hervorragend gelungen. Zwar mußten im Drehbuch einige Passagen der Originalvorlage gestrichen oder umgestellt werden, um den Film nicht zu lang werden zu lassen, dennoch sei Olivier ein Meisterwerk der Filmkunst geglückt (→ S. 64).

Die Hohenzollernbrücke in Köln kann wieder für den Eisenbahnverkehr freigegeben werden

9. Mai. *Eine der wichtigsten Eisenbahnbrücken in Deutschland ist wieder befahrbar. In Anwesenheit zahlreicher Ehrengäste, darunter der Vorsitzende des bizonalen Verwaltungsrates, Hermann Pünder, wird die Hohenzollernbrücke in Köln dem Verkehr übergeben. 314 Züge werden dieses eindrucksvolle technische Bauwerk, das den Kölner Hauptbahnhof mit dem Stadtteil Deutz verbindet, pro Tag befahren. Die rheinische Metropole hat damit ihre Stellung als einer der bedeutendsten Eisenbahnknotenpunkte im europäischen Schienennetz wiedererlangt. Die einst viergleisige Brücke war im Zweiten Weltkrieg zerstört worden (Bild links: Die zerstörte Brücke 1946). Einige der in den Rhein gestürzten Brückenbögen konnten gehoben werden; das Mittelstück mußte jedoch durch eine provisorische Konstruktion ersetzt werden.*
Insgesamt 2338 zerstörte Brücken haben im Krieg die größten Lücken in das deutsche Eisenbahnnetz gerissen. Da ihre Reparatur sehr aufwendig ist, bleibt der Schienenverkehr auch noch 1948 erheblich behindert (Bild rechts: Interessierte Einwohner Kölns beobachten, wie der erste Eisenbahnzug auf der wiedereröffneten Hohenzollernbrücke den Rhein überquert).

Hannovermesse 1948 verläuft enttäuschend

22. Mai. Die diesjährige Hannovermesse öffnet ihre Pforten. Auf der bis zum 6. Juni dauernden Verkaufsausstellung bieten rund 2300 Firmen ihre Produkte an. Zahlreiche Besucher aus dem In- und Ausland sind nach Hannover gereist, um auf dieser größten Messe der Westzonen Deutschlands Waren zu kaufen oder zu verkaufen.
Der anfängliche Optimismus der Aussteller wird jedoch bald getrübt, denn das Exportgeschäft bleibt weit hinter den Erwartungen zurück. 1416 Exportaufträge im Wert von nur 15 Millionen US-Dollar werden abgeschlossen. Damit liegt das Ergebnis weit unter dem des Vorjahres: 1947 waren es noch Aufträge im Wert von 32 Millionen US-Dollar. Für diesen drastischen Rückgang sind vor allem die zunehmenden Importbeschränkungen des Auslands verantwortlich, das auf diese Weise seine heimische Industrie schützen will. Ein weiterer Grund für das schlechte Verkaufsergebnis: Die Aussteller zeigen zu wenig Neuheiten, da noch kein Patentamt die Entwicklungen der deutschen Firmen wirksam schützt (→ 1. 10./S. 169).
Sehr verbreitet sind auf der Messe Kompensationsgeschäfte, deren Wert nicht erfaßt ist, aber sehr hoch sein dürfte.
Trotz aller Schwierigkeiten gibt es auch in diesem Jahr einen Messeschlager: Ein Hamburger Hersteller zeigt eine Weltzeituhr, die gleichzeitig fünf Zeitzonen anzeigen kann. Sie ist die erste serienmäßig hergestellte Uhr dieses Typs in der Welt.

Kurz nach Messebeginn schließt das Volkswagenwerk einen Vertrag ab

Ein neues Teleobjektiv für Leica-Kameras mit Spiegelreflexeinrichtung

Hannovermesse 1948, das bescheiden ausgestattete Messegelände

Dieses Kleinstradio aus deutscher Produktion geht nur in den Export

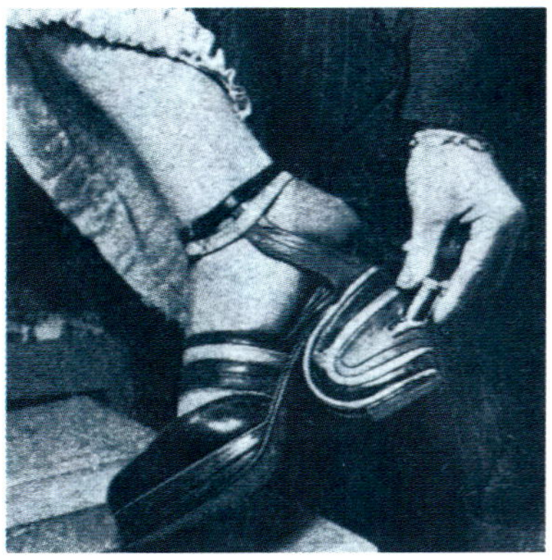

Messeschlager und Modegag: Schuh mit Puderdose und Lippenstift

Presseausstellung als Publikumsmagnet

5. Mai. In München wird die erste deutsche Presseausstellung nach dem Krieg eröffnet. Bereits drei Tage nach Eröffnung zählt sie mehr als 20 000 Besucher.

Die Ausstellung bietet einen Überblick über die Geschichte des Zeitungswesens von seinen Anfängen bis zur Gegenwart. Gezeigt werden unter anderem Intelligenzblätter aus der Zeit des Absolutismus, politische Propaganda aus den Jahren der napoleonischen Herrschaft, Zeitungen aus dem deutschen Kaiserreich, aus der Weimarer Republik und den Jahren des Nationalsozialismus. Außerdem sind fast alle Verlage aus der US-amerikanischen Besatzungszone zum Teil mit eigenen Ständen vertreten. Die Besucher können sich erstmals seit 1945 einen Eindruck von der wiedergewonnenen Pressevielfalt verschaffen.

Auch bieten die Aussteller einen umfassenden Überblick über die Entwicklung der Druckkunst und der Kommunikationstechnik. So sind neben alten Handpressen moderne Rotationsmaschinen zu besichtigen; Nachrichtenagenturen zeigen ihre Sendeapparate.

Besonderes Interesse findet die Redaktion der während der Ausstellung hergestellten »Tageszeitung«. Ihr Entstehungsprozeß kann vom Eingang der Agenturmeldungen bis zur Auslieferung der druckfrischen Zeitung täglich beobachtet werden.

Ein Bild vom »Pressekrieg« in Berlin: Ein Polizist sorgt in den Westsektoren der Stadt dafür, daß die Berliner die Zeitung ihrer Wahl kaufen können

Hauptattraktion sind ausländische Verlage, die sich erstmals im Nachkriegsdeutschland präsentieren. Vertreten sind unter anderem Frankreich, Österreich und die Niederlande. Die britische Presse stellt ihre auflagenstärksten und angesehensten Zeitungen vor, darunter die »Daily Mail«, »Daily Mirror«, »News Chronicle«, »Daily Telegraph« und die traditionsreiche Tageszeitung »The Times«.

Die meisten Besucher zieht der Stand der USA an. Gestaltet hat ihn die Informationskontrollabteilung der US-amerikanischen Militärregierung (ICD). Wochenmagazine aus den Vereinigten Staaten, die zum Verkauf angeboten werden, sind binnen kurzem vergriffen.

Die Münchener Presseausstellung dokumentiert mit ihrem Publikumserfolg das große Interesse der deutschen Bevölkerung an umfassender und freier Berichterstattung in Zeitungen und Zeitschriften.

»Pressekrieg« der Besatzungsmächte

18. Mai. Die US-amerikanische Militärregierung verbietet die Einfuhr sowjetisch lizenzierter Zeitungen, Zeitschriften und Bücher aus der Ostzone in ihr Besatzungsgebiet. Sie reagiert damit auf die Beschlagnahme von Zeitungen aus den Westzonen durch die sowjetische Besatzungsmacht. Davon sind vor allem die in den Westsektoren Berlins erscheinenden Zeitungen betroffen.

Schon seit Ende 1946 versucht die sowjetische Besatzungsmacht, die Einfuhr solcher Zeitungen, über deren Inhalt sie nicht bestimmen kann, zu verhindern. Andererseits ist sie bemüht, durch die Förderung des Exports von Zeitungen in die Westzonen für ihre Politik zu werben. Aus diesem Grund gelang es den Alliierten immer wieder, den freien Austausch von Presseerzeugnissen zwischen den Besatzungszonen durch Abmachungen sicherzustellen. Infolge des sich verschlechternden politischen Klimas in Deutschland ist die Unterbindung eines freien Informationsaustausches nur noch eine Frage der Zeit.

Erfindungen sollen Alltag erleichtern

13. Mai. In der US-amerikanischen Hauptstadt Washington werden zahlreiche Erfindungen der Öffentlichkeit vorgestellt. Sie sollen Erleichterungen in den verschiedensten Lebensbereichen bringen.

Gute Verkaufschancen geben Experten einer aus der Schweiz stammenden Erfindung: Ein automatischer Anrufbeantworter, der selbsttätig Telefongespräche annehmen kann und dem Anrufer ermöglicht, kurze Nachrichten zu hinterlassen.

Ein neuartiger Kochherd kann mitteils eines Senders fernbedient werden. Er ermöglicht das Garen von Speisen bequem vom Auto aus in einem Umkreis von 20 km. Auch bei üblichen Herden hat die Technik Einzug gehalten: Kochplatten werden jetzt automatisch geregelt und halten während der gesamten Garzeit eine konstante Hitze.

Edvin H. Lands erste Sofortbildkamera von Polaroid

Fertige Fotos nun in Sekunden

19. Mai. In der US-amerikanischen Stadt Chicago stellt die Polaroid Corporation eine Kamera vor, die innerhalb von Sekunden ein fertiges Schwarzweißfoto herstellt. Das Bild wird in der Kamera entwickelt und besitzt eine erstaunlich gute Wiedergabequalität. Damit geht ein von vielen Fotofreunden langgehegter Wunsch in Erfüllung: Die Sofortbildkamera.

Das Verfahren wurde von Edvin H. Land entwickelt und basiert auf der Durchdringung von unbelichteten und belichteten Silbersalzen vom Negativ auf das Positiv. Die Grundlagen der Sofortbildfotografie wurden 1941 in Deutschland erarbeitet. Edith Weyde und André Rott von den Firmen Agfa und Gevaert erhielten ein Patent auf die von ihnen entwickelte Methode der Silbersalzdiffusion. Dies ermöglichte die Herstellung von Fotokopien für den Bürobedarf. An eine Nutzung für die Hobbyfotografie wurde jedoch noch nicht gedacht, da die Technik sehr viel Platz benötigte. Land verfeinerte das Verfahren und miniaturisierte die erforderlichen Bauteile, bis sie in eine handliche Kamera paßten. Das nächste ehrgeizige Ziel des US-amerikanischen Erfinders ist die Entwicklung einer Sofortbildkamera für Farbaufnahmen.

Unterhaltung 1948:

Exotik und Ironie im Schlagertext

Heimat, Fernweh und Flucht aus der Realität – das sind die wichtigsten Themen des deutschen Nachkriegsschlagers.
In Anbetracht der Tatsache, daß Millionen Deutsche ihre Heimat verloren haben, verwundert es kaum, daß sich Gerhard Winklers »Möwe, du fliegst in die Heimat« aus dem Jahre 1946 inzwischen zum Evergreen entwickelt hat. Und wenn Rudi Schuricke nach seinen »Caprifischern« nun die »Florentinischen Nächte« besingt, dann drückt er damit die geheimen Sehnsüchte vieler aus, die für einige Augenblicke die Trümmerwelt vergessen wollen. Lonny Kellners und René Carols »Im Hafen von Adano« folgt ebenfalls diesem erfolgreichen Rezept. Dabei spielt es überhaupt keine Rolle, daß es die Stadt Adano in Wirklichkeit nicht gibt. Hauptsache, der Name hat einen exotischen Klang.
Neben dieser Art von gefühlsbetonten Schlagern setzen sich aber auch originelle und ironische Titel durch: Karl Berbuers »Trizonesien-Song« (»Wir sind die Eingeborenen von Trizonesien«), eine treffende Anspielung auf das in Besatzungszonen aufgeteilte Deutschland, entwickelt sich 1948 beinahe zu einer »Ersatz-Nationalhymne«.
Alles in allem jedoch spielt der deutsche Schlager nur eine untergeordnete Rolle auf dem Markt der Unterhaltungsmusik. Noch immer hat er sich nicht von der jüngsten Vergangenheit erholt, als er ganz in den Dienst nationalsozialistischer Propaganda gestellt war. Auch wirtschaftlich steht es mit der Unterhaltungsindustrie nicht zum besten. Zwar haben die Plattenpressen, wie die Deutsche Grammophon Gesellschaft in Hannover, ihre Produktion wiederaufgenommen; was sie produzieren, kann sich – weder quantitativ noch qualitativ – mit dem, was aus Übersee kommt, messen: In den Vereinigten Staaten werden 1948 über 400 Millionen Schallplatten verkauft. Ob Swing, klassischer Jazz, Boogie-Woogie oder auch der neue Bebop – Unterhaltungsmusik »made in USA« ist bei den Hörern in Deutschland weiterhin Trumpf.

Sketch mit Hans Nielsen als Kunstmaler im »Schwarzen Jahrmarkt« des Berliner Kabaretts »Ulenspiegel«

Schieber und Schwarzer Markt sind beliebte Themen deutscher Kleinkunstbühnen, wie hier in Stuttgart

Auftritt der Sängerin Velma Middleton beim Jazzfestival in Nizza

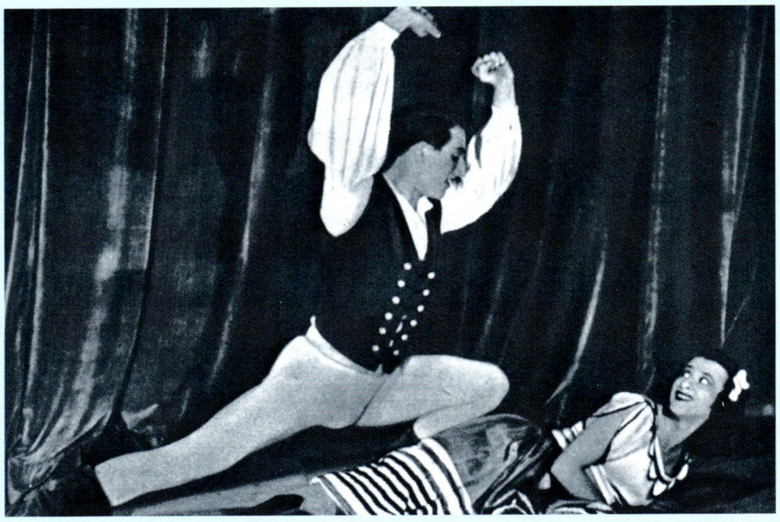

Die Stuttgarter »Hinterbliebenen«, eines der wenigen Kabaretts in Deutschland, das auch nach der Währungsreform vor ausverkauftem Haus spielt

Der König des klassischen Jazz in Aktion: Louis Armstrong hat 1948 beim Jazzfestival im südfranzösischen Nizza einen triumphalen Auftritt

Carola Höhn und Alfred Vohrer, Synchronsprecher eines US-Films

Hochwasserkatastrophe in den USA verwüstet weite Landesteile

31. Mai. *In den US-amerikanischen Bundesstaaten Oregon, Washington und Idaho fordern schwere Überschwemmungen zahlreiche Todesopfer. Die Flüsse Columbia und Willmett führen infolge schwerer Regenfälle extremes Hochwasser, das mehrere Städte bedroht.*
In der Industriestadt Vanport-City bricht das Hochwasser die Dämme des Columbia-Rivers und überflutet die 18 700 Einwohner zählende Stadt innerhalb von 40 Minuten (Foto). Hunderte von Menschen ertrinken, als die meterhohe Flutwelle die Wohngebiete unter Wasser setzt. Unter den Opfern sind viele Kinder. Der Sachschaden beläuft sich allein in dieser Region auf über 100 Millionen US-Dollar. Ebenfalls bedroht ist die Stadt Portland in Oregon. Rund 30 000 Menschen müssen hier evakuiert werden.

USA berichten über Atombombentests

17. Mai. Im Weißen Haus in Washington, dem Amtssitz von US-Präsident Harry S. Truman, wird ein Bericht über den bisherigen Verlauf der Atombombenversuche der Vereinigten Staaten veröffentlicht. Wie daraus hervorgeht, soll die Versuchsreihe, die im Südpazifik durchgeführt wurde, »erfolgreich« verlaufen sein. Die Vereinigten Staaten haben im Pazifik seit 1946 unter strenger Geheimhaltung mehrere Nuklearsprengköpfe gezündet. Erst 1947 wurden Bilder von den Explosionen veröffentlicht. Mit den Versuchen soll die Auswirkung der Sprengkraft und der radioaktiven Strahlung auf Kriegsmaterial sowie auf den menschlichen und tierischen Organismus untersucht werden.

Das Weiße Haus in Washington; im Amtssitz des US-amerikanischen Präsidenten wird über das Programm zur Erprobung der Nuklearwaffen in letzter Instanz entschieden – noch sind die USA im Besitz des Atombombenmonopols

Der Flug zum Mond erscheint möglich

21. Mai. In der US-amerikanischen Hauptstadt Washington gibt der Leiter des Flugforschungsinstituts der US-Marine, Robert Heinlein, bekannt, daß Wissenschaftler einen Flug zum Mond in absehbarer Zeit für möglich halten. Allerdings seien noch viele Probleme zu bewältigen, zu deren Lösung ein erheblicher finanzieller Aufwand nötig wäre.
Eines der Hauptprobleme ist das Fehlen einer geeigneten Rakete. Die bisher entwickelten Flugkörper besitzen nicht den Schub, der nötig ist, um die Erdanziehungskraft zu überwinden. Nicht ausreichend erforscht ist auch der Einfluß der Schwerelosigkeit auf den Menschen. Dennoch scheint die Lösung dieser Probleme durchaus möglich. Die USA erprobten im April ein neues Raketengeschoß, das bereits bei seinem ersten Testflug in einer Höhe von 125 km eine Geschwindigkeit von 4827 km/h erreichte. Von den Daten, die die an Bord befindlichen Meßinstrumente über Funk an eine Bodenstation übermittelten, erhoffen sich die Wissenschaftler wichtige Ergebnisse über Flugeigenschaften von Raketengeschossen.

W. von Braun
Braun, an der Entwicklung der deutschen V 2-Rakete beteiligt, schuf die Voraussetzungen für US-amerikanische Weltraumraketen

Um einem Flugkörper zu ermöglichen, den 384 405 km von der Erde entfernten Mond zu erreichen, erwägen die US-amerikanischen Wissenschaftler, Raketen mit mehreren Brennstufen auszurüsten.
So könnte das Problem der kurzen Brenndauer gelöst werden. Bereits 1947 startete auf dem US-Luftwaffenstützpunkt White Sands eine Weiterentwicklung der deutschen V 2-Rakete, der vier zusätzliche Raketentriebwerke unter den Rumpf montiert worden waren. Damit wurde eine höhere Startgeschwindigkeit erzielt. Nach dem Erreichen einer bestimmten Höhe erfolgte dann automatisch die Absprengung der Hilfstriebwerke.

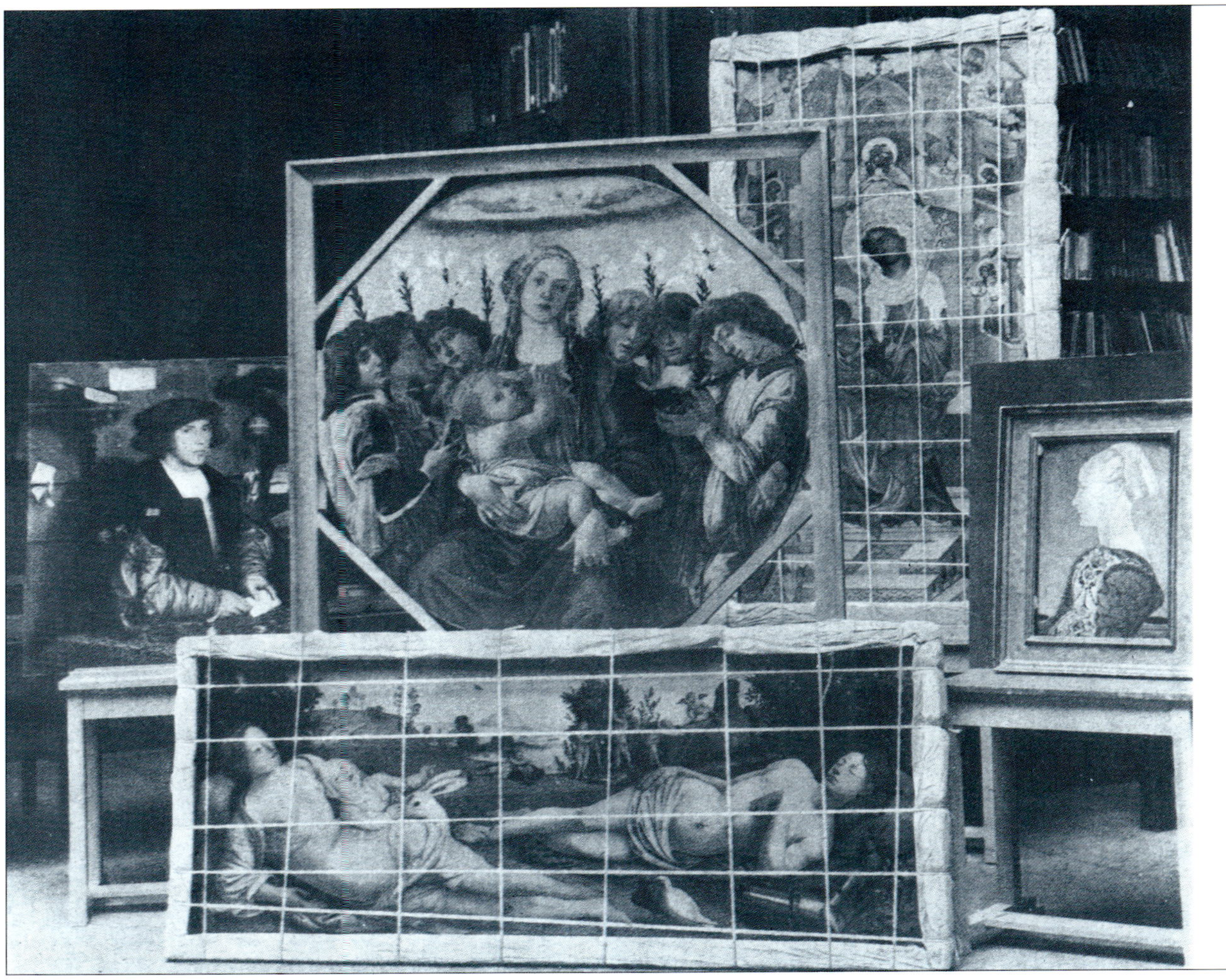

»Mann mit Goldhelm« aus den USA zurück

28. Mai. *In München treffen aus den USA kommend 54 von insgesamt 202 Gemälden ein, die 1945 von der US-amerikanischen Armee in einem deutschen Salzbergwerk entdeckt und in die Vereinigten Staaten überführt worden waren. Die Meisterwerke werden vom 13. Juni an im Münchener Haus der Kunst ausgestellt.*
Die Bilder – ehemals im Besitz des Berliner Kaiser-Friedrich-Museums – treffen unter militärischer Bewachung aus New York ein, nachdem sie in der Washingtoner Nationalgalerie für sechs Wochen ausgestellt waren. Dort sahen über eine Million US-Amerikaner die Kunstschätze der europäischen Malerei. Unter den Bildern befinden sich Werke von Raffael, Tizian, Albrecht Dürer sowie das Gemälde »Der Mann mit dem Goldhelm«.
Die Bilder verbleiben zunächst in der Obhut der US-Armee bis über ihre Rückgabe eine Regelung erreicht wird. (Im Bild: Piero di Cosimo »Venus, Amor und Mars« (u.); Sandro Botticelli »Madonna« (o.); Hans Holbein d. J. »Bildnis des Kaufmanns Georg Gisze« (l.).)

Michail Botwinnik wird Schachweltmeister

16. Mai. In der sowjetischen Hauptstadt Moskau gewinnt Michail M. Botwinnik (UdSSR) den Weltmeistertitel im Schach. Am Ende eines Kandidatenturniers besiegt er seinen schärfsten Konkurrenten, den Exweltmeister Max Euwe (Niederlande), mit 3,5:1,5 Punkten. In der entscheidenden letzten Partie muß Euwe bereits nach dem 15. Zug Remis akzeptieren und verliert damit seine Chance auf den Titel.
Nach dem Tod von Alexandr A. Aljochin im Jahre 1945 mußte die Weltmeisterschaft neu ausgetragen werden. Ab Dezember 1947 kämpften fünf Kandidaten in der niederländischen Stadt Den Haag und in Moskau um den Titel. Dabei schlug Botwinnik Wassili Smyslow (UdSSR) mit 3:2, Samuel Reshevsky (UdSSR) mit 3,5:1,5, Paul P. Keres (UdSSR) mit 4:1 und Euwe mit 3,5:1,5 Punkten. Euwe, der ebenso wie Botwinnik als ein Vertreter einer wissenschaftlichen und strategischen Spielführung gilt, war bereits einmal Schachweltmeister. Er hatte 1935 den Titel von Aljochin gewonnen, verlor ihn jedoch zwei Jahre später wieder an ihn.
Der Weltmeisterschaftstitel wird seit 1851 vergeben. Von 1866 bis 1894 trug ihn der Österreicher Wilhelm Steinitz, dann löste ihn der Deutsche Emanuel Lasker ab. 1921 wurde José Raúl Capablanca aus Kuba bester Schachspieler der Welt, bis 1927 Aljochin den Titel errang.
Das aus dem persischen Raum stammende Schach ist eines der ältesten Brettspiele der Welt. Heute ist es vor allem in der UdSSR ein populärer Volkssport und übertrifft an Beliebtheit sogar Sportarten wie Fußball oder Eishockey. Obwohl das Spielfeld aus nur 64 Feldern besteht, auf denen zwei Spieler je 16 Figuren mit unterschiedlichen Eigenschaften bewegen können, gibt es eine Vielzahl von Zugmöglichkeiten. Mathematiker haben errechnet, daß ein Schachspieler theoretisch eine Million Jahre spielen könnte, ohne jemals eine Partie wiederholen zu müssen.

	Botwinnik	Euwe	Smyslow	Reschewsky	Keres	
Botwinnik		1½1½½	½½1½½	1½011	11110	14
Euwe	0½0½½		00100	0½½00	0½000	4
Smyslow	½½0½½	11011		½½1½½	00½1½	11
Reschewsky	0½100	1½½11	½½0½½		1½01½	10½
Keres	00001	1½111	11½0½	0½10½		10½

Die Tabelle zeigt den Endstand des Schachweltmeisterschaftsturniers

Michail Botwinnik

Der 1911 in Leningrad geborene Michail Botwinnik gewann bereits mit 17 erstmals die UdSSR-Meisterschaft, die er bis 1945 noch fünf Mal erringen sollte. Am 16. Mai 1948 erlebt dann Botwinnik seinen bisher größten Triumph: Den Gewinn der Weltmeisterschaft im Schach.

Zu Beginn der entscheidenden fünften Runde: Hein ten Hoff (r.) und sein Herausforderer Arno Kölblin

Der Herausforderer kann den harten Schlägen ten Hoffs nichts entgegensetzen, er geht zu Boden

Arno Kölblin liegt k.o. am Boden; Hein ten Hoff bleibt Deutscher Meister im Schwergewicht

Hein ten Hoff bleibt Deutscher Schwergewichtsmeister

15. Mai. In einem Kampf um die Deutsche Meisterschaft im Schwergewichtsboxen verteidigt Hein ten Hoff seinen Titel gegen Arno Kölblin durch einen K.o.-Sieg in der fünften Runde. Rund 45 000 Zuschauer sehen im Berliner Olympiastadion den Sieg des favorisierten Deutschen Meisters. Der 94,5 kg schwere Herausforderer Kölblin kann zunächst den wendigeren ten Hoff auf Distanz halten. Schon in der dritten Runde zeigt sich jedoch, daß Kölblin das Tempo des Kampfes nicht mehr halten kann. Er geht in der fünften Runde nach einem harten Schlag zu Boden. Kölblin erhebt sich noch einmal, wird erneut schwer getroffen und geht k.o.

Hein ten Hoff wird im Herbst gegen den Sieger aus dem am → 24. Mai (S. 87) stattfindenden Kampf zwischen Max Schmeling und Walter Neusel antreten (→ 29. 5./S. 87).

Boxschwergewichtsmeisterschaft vor großer Kulisse: 45 000 Menschen haben sich im Berliner Olympiastadion eingefunden

Max Schmeling unterliegt Walter Neusel

24. Mai. In Hamburg besiegt der Boxer Walter Neusel den ehemaligen Schwergewichtsweltmeister Max Schmeling nach Punkten. In dem auf zehn Runden angesetzten Kampf kann Neusel vier Runden für sich entscheiden, Schmeling nur zwei. Die restlichen Runden verlaufen unentschieden. Der von 40 000 Zuschauern verfolgte Kampf sollte entscheiden, wer im Herbst gegen den amtierenden deutschen Meister im Schwergewicht, Hein ten Hoff, antreten soll (→ 15. 5./S. 87; 31. 10./S. 125). Der 43jährige Schmeling kann bis zur vierten Runde leichte Vorteile gegenüber dem 40jährigen Neusel herauskämpfen. Er wirkt sehr beweglich und kontrolliert seinen Gegner, der mehrmals vom Ringrichter ermahnt werden muß, sauber zu boxen. Ab der fünften Runde wird Neusel stärker. Die siebente und achte Runde verlaufen wieder ausgeglichen. Dann aber wird Schmeling schwächer; Neusel scheint die bessere Kondition zu besitzen. Die beiden letzten Runden gehen klar an Neusel, der von den Punktrichtern zum Sieger erklärt wird.

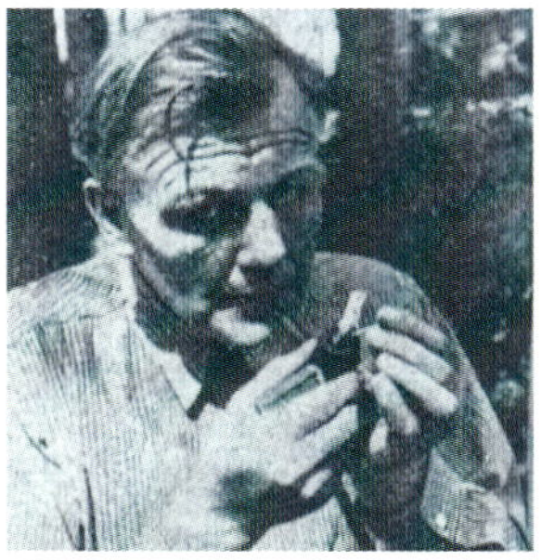

Überraschungssieger Neusel

Schmeling (l.) hat verloren

Das Boxidol Max Schmeling

Der 1905 geborene Max Schmeling begann 1924 seine Karriere als Berufsboxer. 1926 wurde er Deutscher Meister im Halbschwergewicht und ein Jahr später Europameister. Er wechselte in das Schwergewichtslager und wurde 1928 auch in dieser Klasse Deutscher Meister. Am 12. Juni 1930 errang Schmeling in den USA die Weltmeisterschaft im Schwergewicht. Unter dubiosen Umständen verlor er 1932 seinen Titel und konnte ihn nicht wiedergewinnen.

Juni 1948

Mo	Di	Mi	Do	Fr	Sa	So
	1	2	3	4	5	6
7	8	9	10	11	12	13
14	15	16	17	18	19	20
21	22	23	24	25	26	27
28	29	30				

1. Juni, Dienstag

Der Sonderbeauftragte von US-Präsident Harry S. Truman für die Durchführung des Marshallplanes, Averell Harriman nimmt in Paris am Sitz der Organisation für europäische wirtschaftliche Zusammenarbeit (OEEC) seine Tätigkeit auf (→ 16. 4./S. 59).

In Genf (Schweiz) beginnt die zweite Generalversammlung der Internationalen Zivilluftfahrt-Organisation (ICAO); sie endet am 21. Juni.

In der chinesischen Provinz Hunan südlich des Flusses Jangtsekiang werden acht Millionen Menschen durch eine Hochwasserkatastrophe obdachlos.

In Halle an der Saale explodiert ein Hydrierwerk: 33 Menschen werden getötet, 150 verletzt.

2. Juni, Mittwoch

Die seit April tagende Konferenz von Regierungsvertretern der USA, Großbritanniens, Frankreichs und der Benelux-Staaten endet in London. In dem Schlußkommuniqué wird u. a. die Bildung einer Bundesregierung für die drei westlichen Besatzungszonen Deutschlands empfohlen. → S. 92

3. Juni, Donnerstag

Erstmals nimmt ein deutscher Beobachter, Otto Schniewind, als Vertreter des Wirtschaftsrates der deutschen Bizone an den Beratungen über den Marshallplan in Paris teil (→ 16. 4./S. 59).

In Südafrika wird Daniel F. Malan (Nationalpartei) vom Parlament zum neuen Ministerpräsidenten und Außenminister des Landes gewählt (→ 26. 5./S. 76).

Die Sowjetunion erläßt Finnland 50% der noch zu leistenden Reparationen (→ 6. 4./S. 63; 1. 7./S. 119).

Das britische Kriegsministerium erläßt ein Ausfuhrverbot für Waffen in den Nahen Osten (→ 27. 12./S. 191).

Auf dem Berg Mount Palomar im US-Bundesstaat Kalifornien wird ein Spiegelteleskop in Betrieb genommen, das eine Reichweite von einer Milliarde Lichtjahre hat. → S. 106

4. Juni, Freitag

In Wien wird der Internationale Sozialistenkongreß eröffnet, der bis zum 7. Juni dauert; an ihm nehmen Vertreter aus 17 Nationen teil.

In Berlin wird der US-amerikanische Spielfilm »Die besten Jahre unseres Lebens« erstmals in Deutschland aufgeführt (→ S. 64).

5. Juni, Sonnabend

Die Pariser Regierung erkennt die Unabhängigkeit Vietnams im Rahmen der Französischen Union an (→ 20. 5./S. 76).

Bertolt Brechts Theaterstück »Herr Puntila und sein Knecht Matti« wird in Zürich uraufgeführt. → S. 107

6. Juni, Sonntag

Die Einwohnerzahl der größten US-amerikanischen Stadt, New York, hat die Acht-Millionen-Grenze überschritten. Im Jahre 1945 hatte sie noch bei sieben Millionen gelegen. → S. 107

In München wird das Balett »Abraxas« von Werner Egk uraufgeführt. → S. 107

Das italienische Radstraßenrennen Giro d'Italia gewinnt Fiorenzo Magni aus Italien. → S. 109

7. Juni, Montag

Der britische Militärgouverneur in Deutschland, General Sir Brian Robertson, gibt bekannt, daß dem Antrag der KPD der britischen Besatzungszone Deutschlands auf Umbenennung in Sozialistische Volkspartei Deutschlands (SVP) nicht stattgegeben wird.

Der Generalsekretär der tschechoslowakischen kommunistischen Partei, Klement Gottwald, wird Präsident der Tschechoslowakei. Er tritt die Nachfolge von Eduard Beneš an, der aus politischen Gründen zurückgetreten war. → S. 103

Rumänien und Ungarn werden 50% der Reparationsleistungen an die Sowjetunion erlassen.

Der Komponist Richard Strauss wird von der Spruchkammer in Garmisch-Partenkirchen vom Vorwurf der Unterstützung des nationalsozialistischen Regimes in Deutschland entlastet. → S. 107

8. Juni, Dienstag

Zwischen den Niederlanden, Belgien und Luxemburg wird ein Abkommen über eine 1950 in Kraft tretende Wirtschaftsunion geschlossen (→ 1. 1./S. 18).

In Rothwesten bei Kassel beenden deutsche Währungsfachleute technische Vorbereitungen zur Durchführung einer Währungsreform in den drei westlichen Besatzungszonen Deutschlands, die sie auf Anweisung der westlichen Besatzungsmächte trafen. Dieses sogenannte Konklave hatte am 20. April begonnen. → S. 100

9. Juni, Mittwoch

Die US-amerikanische Militärregierung in Deutschland erkennt die Unabhängige Gewerkschaftsorganisation (UGO) als rechtmäßige Gewerkschaftsvertretung in den Westsektoren Berlins an.

Das Zentralorgan der SED, »Neues Deutschland«, veröffentlicht ein angebliches Spionagegeständnis des am 2. November 1947 aus dem britischen in den sowjetischen Sektor Berlins entführten Journalisten Dieter Friede.

In Niedersachsen bildet Ministerpräsident Hinrich Wilhelm Kopf eine neue Regierung, die sich aus Vertretern von SPD, CDU und Zentrum zusammensetzt.

Der US-amerikanische Außenminister George C. Marshall gibt die Zustimmung seiner Regierung zu den Beschlüssen der Londoner Sechsmächtekonferenz bekannt und fordert die Sowjetunion zugleich auf, den Zusammenschluß aller vier Besatzungszonen Deutschlands zu ermöglichen (→ 2. 6./S. 92).

In der schweizerischen Stadt Vevey treffen sich die Bürgermeister einiger deutscher und französischer Großstädte, um Möglichkeiten einer deutsch-französischen Annäherung zu sondieren.

10. Juni, Donnerstag

In London unterzeichnen Vertreter von 33 Ländern, darunter auch die UdSSR, die internationale Seerechtscharta.

Das US-Verteidigungsministerium gibt die Anschaffung von neuen 2201 Kampfflugzeugen bekannt. → S. 103

In Athen heiratet Exkönig Michael I. von Rumänien Prinzessin Anne von Bourbon-Parma. → S. 106

Der dänische Passagierdampfer »Kjoebenhavn« läuft im Kattegatt auf eine Mine aus dem Zweiten Weltkrieg. Von den 400 Passagieren können nur 259 gerettet werden.

In der britischen Hauptstadt London muß aus Witterungsgründen die traditionelle Geburtstagsparade für König Georg VI. abgesagt werden. → S. 106

11. Juni, Freitag

Der Kongreß der USA billigt in Washington eine von Senator Arthur C. Vandenberg eingebrachte Resolution (»Vandenberg-Resolution«), mit der die verfassungsrechtlichen Voraussetzungen für den Beitritt der Vereinigten Staaten zu einer nordatlantischen Verteidigungsgemeinschaft geschaffen werden. → S. 103

Der französische Außenminister Georges Bidault erklärt, ein Anschluß der französischen Besatzungszone an die deutsche Bizone komme erst dann in Frage, wenn in den Westzonen Deutschlands eine föderalistische Regierungsform garantiert ist (→ 2. 6./S. 92).

Eine Offensive libanesischer Truppen bringt im Krieg gegen Israel ganz Galiläa in arabische Hand (→ 25. 5./S. 75).

Auf Vermittlung des UNO-Vertreters Graf Folke Bernadotte tritt ein vierwöchiger Waffenstillstand zwischen Israel und den arabischen Staaten in Kraft (→ 25. 5./S. 75; 17. 9./S. 158).

In Moskau stellt die sowjetische Diskuswerferin Nina Dumbadse mit 50 m einen Weltrekord auf.

12. Juni, Sonnabend

In Ungarn kommt es zur Verhaftung von zahlreichen katholischen Geistlichen, die sich gegen die Verstaatlichung des Kircheneigentums durch die Regierung wenden (→ 26. 12./S. 190).

13. Juni, Sonntag

Das vom Deutschen Volksrat initiierte Volksbegehren für Einheit und gerechten Frieden findet mit einem zustimmenden Ergebnis der Befragten in der Ostzone seinen Abschluß (→ 23. 5./S. 79).

Ein US-Flugzeug vom Typ »XS-1« erreicht bei einem Testflug in einer Höhe von 25 000 m angeblich eine Geschwindigkeit von 2750 km/h. → S. 173

14. Juni, Montag

Die britische Militärregierung in Deutschland lehnt sowjetische Vorschläge über eine Regelung des Binnenschiffsverkehrs zwischen Berlin und den Westzonen ab (→ 24. 6./S. 97).

Aus der britischen Besatzungszone Deutschlands wird erstmals seit Kriegsende wieder Bier in das Ausland exportiert (→ 11. 9./S. 162).

Ein viermotoriges Flugzeug der US-Luftfahrtgesellschaft Pan American Airways bewältigt die Ost-West-Atlantikroute in der Rekordzeit von 11:59 h. → S. 173

15. Juni, Dienstag

Die Sowjetische Militäradministration in Deutschland (SMAD) verfügt die Sperrung der Autobahn zwischen den drei westlichen Besatzungszonen und Berlin (→ 24. 6./S. 97).

Während eines Streiks in der französischen Industriestadt Clermont-Ferrand kommt es zu einer Straßenschlacht zwischen Arbeitern und der Polizei, bei der über 400 Menschen verletzt werden (→ 12. 9./S. 159).

16. Juni, Mittwoch

Die Sowjetische Militäradministration in Deutschland (SMAD) erteilt der Nationaldemokratischen Partei Deutschlands (NDPD) und der Demokratischen Bauernpartei (DBD) die Zulassung auf Zonenbasis (→ 25. 5./S. 78).

Aus Protest gegen das Verhalten des US-amerikanischen Stadtkommandanten in Berlin, Oberst Frank Howley, verlassen die sowjetischen Vertreter die Alliierte Stadtkommandantur von Berlin. Diese stellt damit ihre Arbeit auf der Ebene der Kommandanten ein (→ 21. 12./S. 197).

17. Juni, Donnerstag

In Wien wird der Leiter der österreichischen Kriminalpolizei, Anton Marek, von der sowjetischen Besatzungsmacht unter dem Vorwurf der Spionage verhaftet (→ 5. 11./S. 183).

Die französische Nationalversammlung billigt das Londoner Sechsmächte-Abkommen über Deutschland, äußert aber Vorbehalte wegen der Kontrolle der Kohlen- und Stahlproduktion an der Ruhr (→ 2. 6./S. 92).

DIE WELT. Verl.-Ges.m.b.H., (24a) Hamburg 36, Gr Bleichen 38—52 Ausgabe NORD Tel. 34 10 10, nachts u. sonntags 34 54 71 u. 34 07 45. Postsch.: Hbg 123 000 · Drahtanschr.: Weltverlag. Zweigbetr.: (22a) Essen, Sachsenstraße 36. Ausgabe WEST Tel 279 21. Postsch.: Essen 667 85. (1) Berlin-Wilmersdorf. Badensche Straße 48. Ausgabe BERLIN. Verlag: Tel. 86 41 67/68. Redaktion: 75 02 81. Postsch.: Berlin NW 5940.

DIE WELT

AUSGABE WEST

Bezugsbedingungen: Durch Agenten dienstags, donnerstags u. samstags frei Haus ohne Anzeigen-Sonderdienst monatl. RM 2,15 (einschl. 25 bzw. 30 Pf. Agenturgebühr) u. 35 Pf. Zustellgebühr. Bei Abholung RM 2,15. Durch die Post RM 2,15 (einschl. 23,2 Pf. Postgebühr) zuzüglich 36 Pf. Zustellgeld. Postabonnements bestimmt der Verlag. Anzeigen: Preisliste Nr. 9. (Ausgabe Berlin vorerst ohne Anzeigen.)

ÜBERPARTEILICHE ZEITUNG FÜR DIE BRITISCHE ZONE

Nr. 71 3. Jahrgang * Samstag, 19. Juni 1948 Preis 20 Pf.

Währungsreform von den drei Westmächten proklamiert

„Deutsche Mark" ab Montag eingeführt

Löhne und Preise bleiben – Schuldenmoratorium bis 26. Juni – Kopfquote 60 DM in zwei Raten – In Berlin noch alte Mark Konten blockiert – Abwertung, Lastenausgleich und Steuerreform kommen später – Ein- und Ausfuhr von Altgeld verboten

In der Nacht vom Sonntag auf Montag um 0 Uhr erhalten die drei Westzonen Deutschlands eine neue Währung. Sie heißt „Deutsche Mark". Gleichzeitig verliert das alte Geld seine Gültigkeit.

Das erste Gesetz zur Neuordnung des deutschen Geldwesens ist von den Militärregierungen Großbritanniens, der Vereinigten Staaten und Frankreichs Freitag abend verkündet worden.

Münzen und Noten des alten Geldes bis zu einer Mark bleiben im Umlauf, sind aber nur noch ein Zehntel des Nennwertes wert. Jede Deutsche Mark hat hundert deutsche Pfennige.

Zunächst erhält jeder Einwohner der 3 Westzonen einen Kopfbetrag von 60 Deutsche Mark im Umtausch gegen 60 Mark Altgeld. 40 davon werden sofort, die übrigen 20 binnen zwei Monaten ausgezahlt. Der Umtausch erfolgt am Sonntag auf den Lebensmittelkartenstellen. Stammkarten und Kennkarten sind mitzubringen. Der Familienvorstand kann den Umtausch für die Familie vollziehen.

Das übrige Altgeld sowie Bank- und Sparguthaben werden später in Deutsche Mark umgetauscht. Das Umtauschverhältnis wird in Kürze bekanntgegeben.

Alle Schulden sind bis Ende nächster Woche gestundet. Löhne und Preise werden durch die Währungsreform nicht betroffen.

Einzelheiten der Maßnahmen

Das alte Geld, die Reichsmark, die Rentenmark und die Alliierte Militärmark, ist vom 21. Juni an ungültig. Die einzige Ausnahme sind Altgeldnoten und Münzen mit einem Nennwert von höchstens 1 Mark. Diese Noten und Münzen werden bis zum Ersatz durch neues Kleingeld im Umlauf bleiben, und zwar werden sie ein Zehntel ihres bisherigen Nennwertes wert sein. Niemand braucht jedoch mehr als höchstens fünfzig Einzelstücke dieses alten Kleingeldes in Zahlung zu nehmen. Briefmarken bleiben ebenfalls zu einem Zehntel ihres Nennwertes gültig.

Als erste Maßnahme erhält jeder Einwohner der Westzonen eine bestimmte Summe der neuen Deutschen Mark. Dieser Kopfbetrag beläuft sich auf 60 Mark, die gegen den gleichen Betrag von Altgeld ausgezahlt werden. Hiervon werden 40 Mark diesen Sonntag ausgezahlt und die restlichen 20 Mark binnen zwei Monaten. Für eine Familie von 4 Personen können also zum Beispiel 240 Mark Altgeld eingezahlt werden, wofür die Familie sofort 160 Deutsche Mark und binnen zwei Monaten weitere 80 Mark erhält.

Andere Geldbeträge in Händen des deutschen Publikums, ebenso wie Guthaben bei Banken, Sparkassen, Postsparkassen und Postscheckämtern werden zu einem späteren Zeitpunkt in Deutsche Mark umgetauscht werden. Das Umtauschverhältnis, das den Geldumlauf drastisch reduzieren wird, sowie weitere Einzelheiten über den Umtausch dieser Beträge werden in Kürze in weiteren Gesetzen bekanntgegeben.

Bei diesem späteren Umtausch von Altgeld wird der bereits erhaltene Kopfbetrag von den zur Auszahlung oder zur Gutschreibung gelangenden Beträgen deutscher Mark abgezogen. Wer also zum Beispiel ein Bankguthaben hat, das durch den späteren Umtausch auf 200 Mark zusammenschrumpft, bekommt davon die sechzig Mark abgezogen, die er ja bereits als Kopfgeld in der neuen Währung erhalten hat.

Die Auszahlung der D-Mark

Die Auszahlung des Kopfbetrages erfolgt durch dieselben Stellen, die für die Verteilung der Lebensmittelkarten zuständig sind, und zwar jetzt am kommenden Sonntag. Für die Auszahlung gelten die folgenden Anweisungen, die jeder zu befolgen hat, um sofort neues Geld zu erhalten.

Einzelpersonen müssen ihre Stammkarten und ihre Kennkarten vorweisen und 60 Mark Altgeld zum Umtausch einhändigen. Für Familien erfolgt die Auszahlung an den Familienvorstand gegen Vorlegung der Stammkarten und Kennkarten aller Familienmitglieder und Einzahlung von je 60 Mark Altgeld für jedes einzelne Familienmitglied. Personen, die durch Krankheit oder anderweitig körperlich verhindert sind, können einen Vertreter entsenden, der jedoch durch einen Brief mit Angabe des Verhinderungsgrundes bevollmächtigt sein muß.

Wenn ein Familienoberhaupt durch Krankheit oder anderweitig körperlich verhindert ist, kann ein anderes Familienmitglied die Kopfbeträge für die Familie erhalten, wobei ebenfalls eine Vollmacht vorzulegen ist. Für Reisende gelten besondere Bestimmungen, die sie bei der nächsten Ausgabestelle des Neugeldes erfahren.

Versorgung Berlins wird gesichert

Die Währungsneuordnung erstreckt sich zunächst nicht auf Berlin, da Berlin von den vier Besatzungsmächten gemeinsam verwaltet wird. Die drei Militärregierungen werden jedoch dafür Sorge tragen, daß die wirtschaftlichen Verbindungen Berlins zum Westen, die für den Wohlstand der Stadt unentbehrlich sind, aufrechterhalten und verstärkt werden.

Löhne und Gehälter bleiben

Löhne und Gehälter sind in der neuen Währung in gleicher Höhe wie bisher zahlbar.

Lohn- und Gehaltsempfänger, die handelsüblich halbmonatlich oder monatlich im voraus bezahlt werden, erhalten für die Zeitspanne vom zehnten Tag nach Inkrafttreten der neuen Währung bis zum nächsten Zahltag eine Nachzahlung in Höhe von siebzig Prozent des in diesen Tagen verdienten Geldes, das sie vor der Währungsreform im voraus in Altgeld erhalten haben.

Für alle Reichsmarkverpflichtungen wird ein Moratorium von einer Woche, also bis zum 26. Juni, gewährt. Das heißt, daß während dieser Woche keine Schulden zu bezahlen sind.

Preise werden von der Neuordnung der Währung nicht berührt. In Gesetze, Verordnungen, Verwaltungsakten, Kontrakten und andern rechtsgeschäftlichen Erklärungen tritt die neue Währung einfach an die Stelle der alten.

Betriebe erhalten auf Antrag eine Übergangshilfe für geschäftliche Zwecke in der neuen Deutschen Mark. Dieser Betrag bemißt sich nach der Zahl der Arbeitnehmer und der Höhe der Altgeldguthaben des Betriebes, und zwar beträgt die Übergangshilfe sechzig Deutsche Mark je Arbeitnehmer, höchstens jedoch eine Deutsche Mark für jede Reichsmark Altgeldguthaben.

Ablieferung des Altgeldes

Um den Umtausch des umlaufenden Altgeldes und der Bank- und Sparkassenguthaben vorzubereiten, ist das in den Westzonen vorhandene Altgeld bis zum 26. Juni, also bis Ende nächster Woche, anzumelden und abzuliefern. Alles bis zu diesem Stichtag nicht angemeldete oder abgelieferte Altgeld verfällt.

Um eine gerechte Heranziehung des Besitzes an Sachwerten zu gewährleisten, wird den deutschen gesetzgebenden Stellen die Ausarbeitung eines Gesetzes über den Lastenausgleich als vordringliche, innerhalb von sechs Monaten zu lösende Aufgabe übertragen. Auch eine Steuerreform wird so schnell wie möglich auf die Währungsreform folgen.

Vordruck A und B

Zum Zwecke der Anmeldung und Ablieferung des Altgeldes müssen Einzelpersonen einen Vordruck A ausfüllen, der ihnen gleichzeitig mit dem Kopfbetrag ausgehändigt wird. Betriebe verwenden einen Vordruck B, der bei den Banken erhältlich ist. Instruktionen für das Ausfüllen der Vordrucke werden über den Rundfunk bekanntgegeben und in den Zeitungen veröffentlicht.

Das Altgeld ist also bis zum 26. Juni anzumelden und abzuliefern, und zwar bei den Banken und Sparkassen, beziehungsweise bei Hilfsumtauschstellen, die von den Landeszentralbanken hierzu ermächtigt werden.

Altgeld kann nicht abgegeben werden bei Postscheckämtern, besonders wichtig ist, daß jede Einzelperson und jeder Betrieb grundsätzlich nur einmal Altgeld abgeben und anmelden darf.

Altgeldvernichtung erlaubt

Es ist verboten, Altgeld in die Westzonen einzuführen oder aus den Westzonen auszuführen. Erlaubt ist natürlich, die im eigenen Besitz befindlichen Altgeldnoten zu vernichten statt sie abzuliefern.

Das neue Geld, das hier im Bild gezeigt wird, wird entsprechend der Kopfzahl der Personen jedes Haushalts ausgegeben. Eine Person erhält einen 20-Mark-Schein, drei 5-Mark-Scheine, einen 2-Mark-Schein, zwei 1-Mark-Scheine und zwei 50-Pf.-Scheine. Zwei Personen erhalten drei 20-Mark-Scheine, zwei 5-Mark-Scheine, zwei 2-Mark-Scheine, vier 1-Mark-Scheine und vier 50-Pf.-Scheine. Drei Personen erhalten einen 50-Mark-Schein, zwei 20-Mark-Scheine, vier 5-Mark-Scheine, einen 2-Mark-Schein, vier 1-Mark-Scheine und acht 50-Pf.-Scheine.

Vorläufiger Wechselkurs

Times—Welt-*Dienst*

Frankfurt, 18. Juni

Als vorläufige Maßnahme wird der Umwechslungskurs der Mark von Montag nächster Woche ab auf 30 amerikanische Cents festgesetzt. Alle Exporte und Importe werden nach diesem Umwechslungskurs gerechnet. Es ist jedoch nicht beabsichtigt, der neuen Deutschen Mark in nächster Zukunft einen internationalen Wechselkurs zu geben.

Berlin:

Alte Mark bleibt noch

Berlin, 18. Juni (Eig. Ber.)

Gemeinsame Erklärung von General Ganeval, General Herbert und Oberst Howley, den Kommandanten der drei westlichen Sektoren an die Bevölkerung von Berlin:

Die Währungsreform ist soeben offiziell in den drei Westzonen Deutschlands verkündet worden. Diese Währungsreform erstreckt sich nicht auf Berlin.

Die Stadt Berlin bleibt unter der Viermächtekontrolle der Kommandantur und ist daher nicht von Maßnahmen berührt, die in irgendeiner Zone getroffen werden. Die Reichsmark bleibt die Währung in Berlin. Für die Bezahlung aller Lieferungen aus den Westzonen Deutschlands wird die Reichsmark weiterhin angenommen werden. Alle Nahrungsmittel und andere Lieferungen aus dem Westen nach Berlin werden wie bisher fortgesetzt.

Die Westmächte werden fortfahren, in Berlin ihren Verpflichtungen nachzukommen, ihre Rechte auszuüben und sich für den wirtschaftlichen Wiederaufbau der Stadt einzusetzen.

Notenabstempelung in der Ostzone

dpd **Berlin,** 18. Juni

In der Ostzone wird man lediglich eine Kennzeichnung der gegenwärtig umlaufenden Reichsmarknoten in den allernächsten Tagen vornehmen, wie von unterrichteter Seite mitgeteilt wird. Geldtechnische Vorbereitungen, wie sie in den Westzonen seit Monaten getroffen wurden, hat man in der Ostzone bisher unterlassen oder zumindest noch nicht so weit vorangetrieben, daß man schon in den nächsten Wochen zur Ausgabe neuer Noten schreiten könnte.

Nur Illusionen vernichtet

Ansprache Oberdirektor Dr. Pünders — Hitlers Schuldkonto liquidiert

Frankfurt, 18. Juni (Eig. Ber.)

Unmittelbar nach Verkündung der Währungsreform nahm der Vorsitzende des Verwaltungsrats, Oberdirektor Dr. Pünder, in einer Rundfunkrede zu den von der Militärregierung erlassenen Gesetzen Stellung. Er erklärte dazu u. a. folgendes:

Die Militärregierungen haben heute die Gesetze verkündet, durch welche in den Westzonen eine Währungsreform eingeleitet wird. Damit hat der Zustand der Spannungen und Erwartungen einen gewissen Abschluß gefunden. Nur einen gewissen Abschluß deshalb, weil ein weiteres Gesetz in etwa einer Woche erscheinen wird. Erst dieses weitere Gesetz wird über das Schicksal unseres alten Geldes endgültig befinden. Aber die von allen Einsichtigen seit langem herbeigesehnte Währungsreform ist nunmehr da.

Die nun heute in Kraft tretenden Gesetze sind Militärgesetze, aber ihr Inhalt betrifft uns Deutsche. Deshalb glaube ich, als oberster deutscher Amtsträger in dem vereinigten Wirtschaftsgebiet, der Bevölkerung der Westzonen eine kurze deutsche Stellungnahme zu der Währungsreform schuldig zu sein.

Von deutscher Seite sind viele Wünsche, Anregungen und, ich darf wohl sagen, auch Warnungen an die Militärregierung herangebracht worden, und deutsche Sachverständige haben sich in unermüdlicher, äußerst entsagungsvoller und oft mit schwersten Gewissenskonflikten belasteter Arbeit seit Monaten bemüht, die von den Alliierten in Aussicht genommene Lösung im Rahmen der möglichen deutschen Verhältnisse, deutschen Auffassungen und deutschen Wünschen anzupassen.

Daß die Reform manches bringt, was berechtigte Kritik herausfordern wird, soll nicht bestritten werden. Aber jeder, der in Wort und Schrift sich kritisch zu der Reform äußert, sollte sich ernsthaft vorher fragen, ob seine Kritik mehr nutzen oder mehr schaden wird. Denn das Entscheidende ist im Augenblick die Schaffung einer Atmosphäre vertrauensvoller Zuversicht.

Was die Währungsreform nimmt, das sind keine echten Vermögenswerte mehr gewesen, sondern zerstört werden eigentlich nur Illusionen. Wenn die Millionen deutscher Sparer in der nächsten Woche über das endgültige Schicksal ihrer Spargelder aufgeklärt werden, dann mögen sie sich sagen: Diese Spargelder wurden vernichtet, als Adolf Hitler seinen verbrecherischen Krieg vorbereitete und führte, als er Hunderte von Milliarden deutschen Volksvermögens sinnlos vergeudete. Damals bereits waren die ersparten Vermögen zerstört worden, auch wenn bis zum heutigen Tag eine Papierfassade bestehen blieb und die Bevölkerung in dem Wahn gehalten wurde, daß ihre Ersparnisse unverändert oder womöglich noch vermehrt durch den Krieg hindurchgerettet werden konnten.

Aber gemeinsam müssen wir die Not tragen, ebenso wie wir gemeinsam aufbauen wollen. Die faulenzenden Schieber und Eckensteher des Schwarzen Marktes müssen jetzt verschwinden. Deshalb hätten auch alle berufenen deutschen Stellen großen Wert darauf gelegt, alle einschlägigen Maßnahmen auf dem Gebiete der Währungsreform, der Steuerreform und des Lastenausgleichs, die wir nur als Teilstücke eines einheitlichen Ganzen ansehen, in eigener Verantwortung durchführen zu können.

Ich möchte dem, was ich gesagt habe, nur noch ein kurzes Schlußwort der Ermutigung anfügen. Zur Beunruhigung oder gar Panik ist nicht der mindeste Anlaß.

Erste Stellungnahme

Dr. Adenauer, Vorsitzender der CDU:

Köln, 18. Juni (Eig. Ber.)

In Stunden von entscheidender Bedeutung für die 40 Millionen Deutschen in den drei Westzonen, so erklärte Dr. Adenauer, hat es keinen Zweck, nachdem die Würfel gefallen sind, Betrachtungen darüber anzustellen, wie die Würfel hätten geworfen werden sollen. Es gibt für jeden Deutschen nur eins: mit aller Kraft die Situation zu meistern. Jeder Deutsche muß alles, was er kann, tun, damit diese Währungsreform ein Erfolg wird. Der demoralisierende Zustand der letzten 1½—2 Jahre war nicht weiter erträglich.

(Fortsetzung Seite 7)

Russen sperren Interzonengrenze

Kommandantursitzung abgelehnt

Von unserer Berliner Schriftleitung

Berlin, 18. Juni

Die sowjetische Militärverwaltung hat mit Wirkung vom 19. Juni 0 Uhr den Interzonenzugverkehr eingestellt. Der Kraftwagenverkehr und der Fußgängerverkehr wurde nur in der Richtung vom Westen nach Osten untersagt. Der Güterverkehr soll aufrecht erhalten werden, sowjetische Behörden haben sich aber genaue Kontrollmaßnahmen vorbehalten.

*

Berlin, 18. Juni

Oberst Jelisarow, der zur Zeit die Geschäfte des sowjetischen Kommandanten führt, sandte folgendes Schreiben an den französischen Kommandanten, General Ganeval:

„Herr General!

Ich habe Ihr Schreiben mit dem Vorschlag erhalten, morgen, am 19. Juni, eine Sitzung der alliierten Kommandanten einzuberufen, auf der Sie die Mitteilung zu machen beabsichtigen, daß in Westdeutschland durch die französischen, britischen und amerikanischen Besatzungsbehörden eine separate Währungsreform durchgeführt werde, was heute abend durch den Rundfunk bereits allgemein zur Kenntnis gebracht wurde.

Sie können sich vorstellen, Herr General, wie sehr ich bedaure, daß ich — aus Ihnen bekannten Gründen in Anspruch genommen — der Möglichkeit beraubt bin, Ihre liebenswürdige Einladung anzunehmen.

Was die Meinung der sowjetischen Kommandantur über die separate Währungsreform in Westdeutschland anbetrifft, so glaube ich, daß Ihnen wohl bekannt ist, daß die sowjetischen Besatzungsbehörden diese einseitige Aktion, die die Potsdamer Beschlüsse und das Abkommen über den Kontrollmechanismus in Deutschland verletzt, kategorisch verurteilen.

Mit aufrichtiger Hochachtung

Gardeoberst A. Jelisarow."

Was nicht im ersten Gesetz steht

Von Dr. Robert Platow

Die ersten amtlichen Mitteilungen, die die „Welt" heute ihren Lesern vermittelt, enthalten noch nicht das gesamte Währungsreformwerk.

Es fehlt zunächst das, was mit der allergrößten Spannung von der Öffentlichkeit erwartet wird, nämlich die Bekanntgabe des Schnitts. Aber man kann annehmen, daß die bisherigen Informationen der „Welt" zutreffen, daß nämlich der Geldschnitt 10:1 betragen wird; das alle Geldkonten auf ein Zehntel selbstverständlich erst als freie Quote ausgeschüttet werden wird, wenn die Konten steuerlich überprüft worden sind. Es steht auch nicht in den bisherigen amtlichen Meldungen, ob diese freibleibende Quote nach Prüfung sofort in vollem Umfange freigegeben werden wird, oder beispielsweise in zwei Etappen von je 5 v. H.

Eine offene Frage ergibt sich im Zusammenhang mit der Auszahlung der Kopfquote, die jede einzelne Person, die im Besitze eines blauen Personalausweises ist und im Westen ihren Wohnsitz hat, erhalten soll. Gegen Hingabe von 60 RM erhält bekanntlich jede einzelne Person am 20. Juni beim Wirtschaftsamt 40 neue D-Mark sofort ausgezahlt und später die restlichen 20 D-Mark.

(Fortsetzung Seite 8)

Die neue Deutsche Mark und die Währungsreform sind die beherrschenden Themen der Ausgabe der »Welt« vom 19. Juni

In Italien werden Frauen bei Lohnzahlung und Berufsausbildung den Männern gesetzlich gleichgestellt.

18. Juni, Freitag

Der Oberste Chef der Sowjetischen Militäradministration in Deutschland (SMAD), Marschall Wassili D. Sokolowski, erklärt, durch die geplante separate Währungsreform in den Westzonen würden die Potsdamer Beschlüsse der Alliierten über Deutschland von 1945 verletzt (→19. 6./S. 93; 24. 6./S. 97).

In einer Note an Großbritannien bezeichnet die Regierung der UdSSR die Beschlüsse der Londoner Sechsmächtekonferenz über Deutschland als illegal (→2.6./S. 92).

In Amsterdam endet das am 10. Juni eröffnete Musikfest für zeitgenössische Musik. →S. 107

19. Juni, Sonnabend

Das Gesetz zur Neuordnung des Geldwesens der westlichen Besatzungszonen wird von den drei westlichen Militärregierungen veröffentlicht; mit Wirkung vom 21. Juni wird die Reichsmark von der Deutschen Mark (DM) als gesetzliches Zahlungsmittel abgelöst. →S. 93

Zwischen den Westsektoren Berlins und den drei westlichen Besatzungszonen Deutschlands wird auf Anordnung der sowjetischen Besatzungsmacht der Eisenbahn- und Kraftfahrzeugverkehr unterbrochen (→24. 6./S. 97).

Die griechische Armee beginnt eine großangelegte Offensive gegen die Partisanen unter Führung von Markos Wafiadis (General Markos). →S. 103

20. Juni, Sonntag

In den drei westlichen Besatzungszonen Deutschlands wird mit der Ausgabe der DM begonnen. →S. 96

In den drei Westzonen Deutschlands wird vom Direktor der Wirtschaftsverwaltung der Bizone, Ludwig Erhard, die Aufhebung der Rationierung von über 400 Waren angekündigt (→19. 6./S. 93).

Auf dem Konvent der Republikanischen Partei der USA in Philadelphia wird der Gouverneur des Staates New York, Thomas E. Dewey, zum Präsidentschaftskandidaten gewählt (→S. 103).

In Paris wird der US-amerikanische Spielfilm »The Outlaw« (Regie: Howard Hawks) in europäischer Erstaufführung gezeigt. →S. 106

Im Londoner Stadtteil Wimbledon beginnen die inoffiziellen Tennisweltmeisterschaften, die am 3. Juli abgeschlossen werden (→3. 7./S. 125).

Im Berliner Olympiastadion gewinnt der Hamburger Karl Schmidt die Mittelgewichtsmeisterschaft. Er besiegt den bisherigen Titelträger Fritz Gahrmeister aus Berlin nach Punkten.

In Forest Hills nahe New York gewinnt Jack Kramer aus den USA die US-amerikanischen Meisterschaften der Berufstennisspieler. Er besiegt seinen Landsmann Bobby Riggs in vier Sätzen.

21. Juni, Montag

Das zweite Gesetz zur Neuordnung des Geldwesens in den Westzonen wird veröffentlicht. Es legt den Geldumlauf auf zehn Milliarden DM fest. →S. 94

An der britischen Universität Manchester wird von den Wissenschaftlern Frederick C. Williams und Tom Kilburn ein elektronischer Computer fertiggestellt und patentiert (→30. 6./S. 105).

22. Juni, Dienstag

Der Oberste Chef der Sowjetischen Militäradministration in Deutschland (SMAD), Marschall Wassili D. Sokolowski, kündigt als Reaktion auf die Währungsreform in den Westzonen die Durchführung einer Währungsreform in der Ostzone einschließlich des gesamten Gebietes von Groß-Berlin an (→23. 6./S. 96).

Für die drei westlichen Besatzungszonen Deutschlands wird von den drei Westalliierten ein neues Steuergesetz unterzeichnet. →S. 100

In Berlin werden Besprechungen zwischen Sachverständigen der vier alliierten Siegermächte über die Durchführung einer Währungsreform in der Stadt ergebnislos abgebrochen (→23. 6./S. 96).

US-amerikanische Wissenschaftler entdecken das Vitamin B 12, mit dem die bisher als unheilbar geltende Blutkrankheit, die perniziöse Anämie gezielt bekämpft werden kann. →S. 105

23. Juni, Mittwoch

Aufgrund des Befehls Nr. 111 der Sowjetischen Militäradministration in Deutschland (SMAD) wird in der Ostzone eine Währungsreform durchgeführt. →S. 96

Die Stadtverordnetenversammlung Berlins billigt einen Antrag, wonach sowohl die Deutsche Mark (DM) als auch die ostzonale Mark der deutschen Notenbank als Zahlungsmittel in ganz Berlin anerkannt werden. →S. 96

Der Güterverkehr zwischen den Westzonen und Berlin wird auf Veranlassung der Sowjetischen Militäradministration in Deutschland (SMAD) unterbrochen. Lieferungen von Braunkohle und Strom in die Westsektoren Berlins werden eingestellt (→24. 6./S. 97).

24. Juni, Donnerstag

Die Sowjetunion unterbricht den gesamten Landverkehr aus den Westzonen nach Berlin. →S. 97

General Lucius D. Clay, der US-amerikanische Militärgouverneur in Deutschland, bekräftigt die Entschlossenheit der USA, ihre Präsenz in Berlin aufrechtzuerhalten. →S. 99

Für die drei westlichen Sektoren Berlins wird ein Währungsgesetz veröffentlicht: Neben der Deutschen Mark (DM), die mit dem Buchstaben »B« überstempelt wird, ist auch die ostzonale Mark gültiges Zahlungsmittel.

Auf Veranlassung der britischen Besatzungsbehörden wird der Güterverkehr von der britischen Zone in die Ostzone eingestellt. →S. 97

Der US-amerikanische Kongreß in Washington beschließt die Einführung der allgemeinen Wehrpflicht für Männer im Alter von 19 bis 26 Jahren.

25. Juni, Freitag

Auf Befehl der sowjetischen Zentralkommandantur Berlins wird die Lieferung von Lebensmitteln in die drei Westsektoren eingestellt (→24. 6./S. 97).

In Warschau endet eine Konferenz der Außenminister der Staaten Osteuropas, die sich mit den Beschlüssen der Londoner Sechsmächtekonferenz über Deutschland befaßt. →S. 92.

In Köln entdeckt die Polizei das Warenlager eines Schwarzhändlers. Dort lagern über fünf Millionen Zigarren und Zigaretten, eine Million Rasierklingen und diverse Autoersatzteile (→21. 6./S. 101).

Der US-amerikanische Boxer Joe Louis verteidigt in New York den Weltmeistertitel im Schwergewicht gegen Joe Walcott durch K.o. in der elften Runde. →S. 109

26. Juni, Sonnabend

Der US-amerikanische Militärgouverneur in Deutschland, General Lucius D. Clay, ordnet die Versorgung Berlins mit Lebensmitteln über eine Luftbrücke an. →S. 98

In den drei westlichen Besatzungszonen Deutschlands wird das dritte Gesetz zur Währungsreform (Umstellungsgesetz) veröffentlicht (→19. 6./S. 93).

Jugoslawien wird aus dem Kommunistischen Informationsbüro (Kominform) ausgeschlossen, der Sitz der Institution wird von Belgrad nach Bukarest verlegt. →S. 102

27. Juni, Sonntag

In Prag fusionieren die Kommunistische und Sozialdemokratische Partei der Tschechoslowakei (→25. 2./S. 30).

28. Juni, Montag

In einer Erklärung der US-amerikanischen Regierung wird festgestellt, daß die Versorgung der Westsektoren Berlins mit Lebensmitteln auf dem Luftwege gewährleistet sei (→26. 6./S. 98).

In Großbritannien wird wegen eines seit zwei Wochen andauernden Streiks der Londoner Dockarbeiter der Notstand ausgerufen.

In London treffen der US-amerikanische Unterstaatssekretär, William Draper, und der britische Außenminister, Ernest Bevin, zu Besprechungen über die Lage in Berlin zusammen (→24. 6./S. 97).

In Hamburg findet die Uraufführung des Schauspiels »Armut, Reichtum, Mensch und Tier« von Hans Henny Jahnn statt (→S. 201).

Bei einem Erdbeben auf der japanischen Insel Hondo kommen 5000 Menschen ums Leben. →S. 105

29. Juni, Dienstag

Die Stadtverordnetenversammlung Berlins faßt den Beschluß, wegen der Blokkade der Westsektoren der Stadt die Vereinten Nationen in New York anzurufen (→6. 9./S. 152).

Der Zonenbeirat für die britische Besatzungszone Deutschlands stellt seine Tätigkeit ein und überantwortet sich dem bizonalen Wirtschaftsrat in Frankfurt am Main (→5.2./S. 35).

Die kommunistische Partei Jugoslawiens weist die vom Kommunistischen Informationsbüro (Kominform) gegen ihren Vorsitzenden, Josip Broz Tito, erhobenen Vorwürfe zurück (→26. 6./S. 102).

30. Juni, Mittwoch

Die Versorgung der Westsektoren Berlins durch die Luftbrücke wird nach Sperrung der Binnenwasserstraßen durch die Sowjetische Militäradministration in Deutschland (SMAD) in vollem Umfang aufgenommen (→26. 6./S. 98).

Der britische Stadtkommandant von Berlin, General Edwin O. Herbert, kündigt die Beteiligung Großbritanniens an der Luftbrücke zur Versorgung der Stadt an (→26. 6./S. 98).

In der nordvietnamesischen Stadt Hanoi etabliert sich eine neue Zentralregierung Vietnams (→20. 5./S. 76).

Die Dockarbeiter der britischen Hauptstadt London kehren nach einem über zwei Wochen andauernden Streik wieder an ihre Arbeitsplätze zurück.

Die US-amerikanischen Bell-Laboratories stellen in New York der Öffentlichkeit erstmals einen Spitzenleistungstransistor vor, der von John Bardeen, William Shockley und Walter F. Brattain entwikkelt wurde. →S. 105

In Frankreich wird die 4902 km lange Tour de France gestartet. Nach 21 Etappen werden die 126 Teilnehmer der Radrundfahrt am 26. Juli in Paris erwartet (→26. 7./S. 125).

Gestorben:

6. Bandol/Frankreich: Louis Jean Lumière (*5. 10. 1864, Besançon), französischer Chemiker und Filmpionier.

Das Wetter im Monat Juni

Station	Mittlere Lufttemperatur (°C)	Niederschlag (mm)	Sonnenscheindauer (Std.)
Aachen	— (15,9)	— (77)	— (200)
Berlin	17,4 (16,5)	— (62)	— (244)
Bremen	— (16,0)	— (59)	— (218)
München	— (15,8)	— (121)	— (201)
Wien	17,5 (17,6)	62 (68)	236 (—)
Zürich	15,9 (15,5)	155 (138)	203 (220)

( ) Langjähriger Mittelwert für diesen Monat
– Wert nicht ermittelt

Schwere Auseinandersetzungen in New York über die Vorführung des kriegshetzerischen Films »Der eiserne Vorhang«. Die »Neue Berliner Illustrierte« berichtet in ihrem dritten Juniheft darüber

1948/25 - 3. JUNIHEFT - IV. JAHRGANG
BERLIN 20 PF., AUSWÄRTS 30 PF. — VERLAGSORT BERLIN

NEUE Berliner Illustrierte

„WIR WOLLEN KEINEN NEUEN KRIEG!"

Aufnahme: UP

riefen tausende New-Yorker, die gegen die Vorführung des kriegshetzerischen Films „Der Eiserne Vorhang" protestierten und zum Boykott eines Machwerks aufforderten, dessen einziger Sinn die geistige Vorbereitung eines dritten Weltkrieges ist. Obwohl Polizei die Demonstranten auseinanderprügelte, sammelten sie sich immer wieder und riefen den Kinobesuchern zu: „Keinen Cent für diesen Faschisten-Film!" Der Erfolg blieb nicht aus. Die Kinobesitzer melden, daß die Besucherzahl um 50% gesunken ist und weigern sich, den Film, „der so schlechte Kasse macht", weiter vorzuführen

Westdeutscher Staat in Aussicht gestellt

2. Juni. In London endet die Sechsmächtekonferenz, an der Vertreter der USA, Großbritanniens, Frankreichs und der Benelux-Staaten (Belgien, die Niederlande und Luxemburg) teilnahmen.

Sie haben sich in einem Kommuniqué, das am 7. Juni veröffentlicht wird, auf eine ganze Reihe einschneidender Maßnahmen einigen können, die für die politische Zukunft der drei westlichen Besatzungszonen Deutschlands von entscheidender Bedeutung sind:

▷ Zur Kontrolle der Industrie des Ruhrgebietes ist die Einrichtung einer internationalen Behörde vorgesehen, an der auch deutsche Vertreter beteiligt werden sollen (→ 28.12./S. 196)

▷ Belgien, die Niederlande und Luxemburg erhalten die Zusage, in Zukunft mit den drei westlichen Besatzungsmächten in der deutschen Frage zusammenarbeiten zu können

▷ Der wirtschaftliche Zusammenschluß der drei westlichen Besatzungszonen soll in absehbarer Zeit erreicht werden

▷ Mit den Ministerpräsidenten der Länder werden Gespräche über die Einrichtung einer verfassunggebenden Versammlung aufgenommen (→ 1.9./S. 150)

Die USA und Großbritannien wollen die Gründung eines westdeutschen Staates; US-Außenminister Marshall (l.) und sein britischer Amtskollege Ernest Bevin

Die Londoner Sechsmächtekonferenz war am → 23. Februar (S. 33) zusammengetreten. Ziel der Beratungen war die Schaffung der Voraussetzungen für die Bildung eines westdeutschen Staates. Kurze Zeit zuvor, im Dezember 1947, war der letzte Versuch der USA, Großbritanniens und Frankreichs gescheitert, gemeinsam mit der UdSSR eine Einigung über die Zukunft Deutschlands zu erzielen. Am 5. März 1948 endete die erste Runde der Konferenz mit der Empfehlung, den Westen Deutschlands in den Marshallplan einzubeziehen.

Als am 20. April die Vertreter der sechs Mächte wieder in der britischen Hauptstadt zusammentraten, ging es ihnen vor allem darum, Frankreichs Zustimmung zur Bildung eines deutschen Weststaates zu erhalten.

Drei Westzonen sollen eine Regierung bilden

Das Londoner Deutschland-Kommuniqué vom 7. Juni 1948 (Londoner Empfehlungen) gliedert sich in fünf Abschnitte. Sie befassen sich mit der Beteiligung der Benelux-Staaten an der Erörterung der deutschen Frage (Abschnitt I), mit der Rolle der deutschen Wirtschaft und der Kontrolle der Ruhrindustrie (Abschnitt II). Ferner empfehlen sie die Einberufung einer verfassunggebenden Versammlung (Abschnitt III) und sehen die Möglichkeit von Grenzkorrekturen vor (Abschnitt IV). Abschnitt V betrifft vor allem Sicherheitsfragen (Auszüge):

Abschnitt I: »Die Empfehlungen sehen besondere Maßnahmen für die enge Zusammenarbeit zwischen den Militärbefehlshabern und den Vertretern der Benelux-Ländern in Deutschland in all den Fragen vor, die die Interessen der Benelux-Staaten berühren.«

Abschnitt II: »... wurde Übereinstimmung darüber erzielt, daß das wirtschaftliche Leben der Länder Westeuropas und eines demokratischen Deutschlands eng miteinander verbunden werden muß. ... Es wurde Übereinstimmung erzielt, die Errichtung einer internationalen Behörde für die Kontrolle des Ruhrgebiets zu empfehlen, in der die Vereinigten Staaten, das Vereinigte Königreich, Frankreich, die Benelux-Länder und Deutschland vertreten sein sollen.«

Abschnitt III: »Die Delegierten erkennen an, daß es bei Berücksichtigung der augenblicklichen Lage notwendig ist, dem deutschen Volk Gelegenheit zu geben, die gemeinsame Grundlage für eine freie und demokratische Regierungsreform zu schaffen, um dadurch die Wiedererrichtung der deutschen Einheit zu ermöglichen, die zum gegenwärtigen Zeitpunkt zerrissen ist. ... Die Delegationen sind ... übereingekommen, ihren Regierungen zu empfehlen, daß die Militärgouverneure eine gemeinsame Sitzung mit den Ministerpräsidenten der Westzonen Deutschlands abhalten sollen. Auf dieser Sitzung werden die Ministerpräsidenten Vollmacht erhalten, eine verfassunggebende Versammlung zur Ausarbeitung einer Verfassung einzuberufen ...«

Abschnitt V: ..., daß es keinen allgemeinen Rückzug der Besatzungstruppen aus Deutschland geben könne, solange der Frieden in Europa nicht gesichert ist«. ... Das Verbot der deutschen Wehrmacht und des deutschen Generalstabes, wie es in dem Viermächteabkommen niedergelegt ist, wurde ebenso von neuem bestätigt, wie die Ausübung der Kontrolle über die Entwaffnung, Entmilitarisierung, Industriekapazität.

Reaktion auf die Londoner Konferenz

25. Juni. In der polnischen Hauptstadt Warschau enden zweitägige Beratungen der Außenminister der UdSSR und sieben osteuropäischer Staaten. Sie befaßten sich mit den Ergebnissen der Londoner Sechsmächtekonferenz, die am → 2. Juni (S. 92) ihren Abschluß fand.

Ein von den Teilnehmern unterzeichnetes Kommuniqué wendet sich in scharfer Form gegen die Absicht der drei westlichen Besatzungsmächte Deutschlands, in ihren Zonen die Gründung eines Staatswesens vorzubereiten.

Frankreich, Großbritannien und die USA werden aufgefordert, die Beschlüsse der Potsdamer Konferenz vom August 1945 über die Entmilitarisierung und Demokratisierung

Der Außenminister der Sowjetunion, Wjatscheslaw M. Molotow

Deutschlands konsequent einzuhalten. Außerdem verlangen die in Warschau versammelten Außenminister eine Beteiligung der UdSSR an der Kontrolle des Ruhrgebietes, die Bildung einer deutschen Regierung und die Ausarbeitung eines Friedensvertrages für Deutschland.

Die Warschauer Beschlüsse entsprechen den Forderungen der UdSSR. Nachdem die Westmächte die Ministerpräsidenten der Länder der drei Westzonen aufgefordert haben, eine verfassunggebende Versammlung einzuberufen, beabsichtigt die Sowjetunion, ihre weitere Politik mit den anderen Staaten Osteuropas abzustimmen.

Währungsreform in den drei westlichen Besatzungszonen

19. Juni. In den drei westlichen Besatzungszonen tritt das Gesetz über die Neuordnung des »deutschen Geldwesens« in Kraft (→23. 6./S. 96). Mit Wirkung vom 21. Juni verliert die Reichsmark (RM) ihre Gültigkeit. Alleiniges gesetzliches Zahlungsmittel ist nun die Deutsche Mark (DM).

Neben dem Währungsgesetz legen weitere Gesetzeswerke die Bestimmungen der Währungsreform fest:

- ▷ Das Emissionsgesetz, das am 20. Juni in Kraft tritt, regelt den Notenumlauf sowie die Rechte der Bank deutscher Länder in Frankfurt am Main; insgesamt stehen rund zehn Milliarden DM zur Ausgabe bereit
- ▷ Das Umstellungsgesetz vom 27. Juni legt die Bewertung von Reichsmarkkonten (Altgeldguthaben), Bausparverträgen, Spareinlagen und Renten fest

Mit der Währungsreform sind folgende Maßnahmen verbunden:

- ▷ Jeder Einwohner der Westzonen kann vom 20. Juni an 40 RM als sogenannte »Kopfquote« im Verhältnis von 1:1 in DM (auch D-Mark genannt) umtauschen; die Ausgabe weiterer 20 DM zu diesem Kurs ist für den August vorgesehen
- ▷ Das im Umlauf befindliche Bargeld wird im Verhältnis von 100:5; Bank- und Sparguthaben sowie Verbindlichkeiten werden im Verhältnis 10:1 abgewertet
- ▷ Löhne, Gehälter und Mieten müssen vom nächsten Fälligkeitstermin an in der neuen Währung im Verhältnis 1:1 bezahlt werden
- ▷ Juristische Personen erhalten zur Sicherstellung der Liquidität zunächst einen Kredit von 60 DM für jeden Beschäftigten
- ▷ Die Guthaben öffentlicher Einrichtungen werden gestrichen; um laufende Kosten bestreiten zu können, erhalten sie Betriebsmittel, die sich an den Betriebseinnahmen im vergangenen halben Jahr orientieren

Mit diesen Maßnahmen wird dem deutschen Geldmarkt ein Kaufkraftüberhang von 37 Milliarden Reichsmark entzogen.

Außerdem kündigt noch am Abend des 20. Juni, dem Tag der Ausgabe des neuen Geldes, der Direktor der Wirtschaftsverwaltung der deutschen Bizone, Ludwig Erhard, über den Rundfunk die Aufhebung der Rationierung für mehr als 400 Verbrauchsgüter an. Zwei Tage zuvor hatte der Wirtschaftsrat ein entsprechendes »Gesetz für Bewirtschaftung und Preispolitik nach der Geldreform« verabschiedet. Da jedoch eine Genehmigung durch die Besatzungsmächte noch aussteht, stößt Erhards Maßnahme bei den Westmächten auf scharfe Kritik; die Ankündigung wird jedoch von ihnen nicht rückgängig gemacht.

Am 20. Juni, einem regnerischen Sonntag, bilden sich überall in den drei Westzonen vor den Ausgabestellen der Lebensmittelkarten lange Schlangen von Wartenden, die gegen Vorlage ihrer Lebensmittelkarte oder ihres Personalausweises 40 Reichsmark zum Kurs von 1:1 in neue Deutsche Mark umtauschen wollen. Bündelweise wandern die alten Reichsbank- oder Rentenmarknoten in die Papiermühlen.

Bereits einen Tag später machen sich die Auswirkungen des Währungsschnittes und der Aufhebung der Bewirtschaftung deutlich bemerkbar: Die Regale der Geschäfte sind plötzlich wieder gefüllt, Waren, an denen es zuvor mangelte, sind in ausreichenden Mengen vorhanden.

Die Vorbereitungen für die Währungsreform waren unter Wahrung strengster Geheimhaltung von den drei westlichen Besatzungsmächten getroffen worden. Sie wurden in Anbetracht der sich verschärfenden politischen Gegensätze zwischen Ost und West seit der Jahreswende 1947/48 beschleunigt betrieben (→S. 100). Vorsorglich hatte man bereits seit Oktober 1947 neues Geld in den USA drucken und in die deutsche Bizone transportieren lassen.

Deutsche Stellen waren an den Vorbereitungen zur Währungsreform kaum beteiligt. Zwar richtete der bizonale Wirtschaftsrat im Juli 1947 eine »Sonderstelle Geld und Kredit« ein. Die dort tätigen Währungs- und Finanzexperten wurden jedoch erst am 20. April 1948 von den Alliierten herangezogen: Ein Bus der US-Streitkräfte brachte sie zu dem sogenannten Währungskonklave in einem Militärstützpunkt in Rothwesten, nordöstlich von Kassel. Dort arbeiteten sie, unter strenger Abschirmung von der Außenwelt, bis zum 8. Juni mit alliierten Vertretern technische Details aus.

20. Juni 1948: Schon in den frühen Morgenstunden bilden sich vor den Ausgabestellen des neuen Geldes lange Schlangen

Ein Ausgabeschalter für das neue Geld, die Deutsche Mark (DM), manche haben hierfür stundenlang im Regen gewartet

Erste Folgen der Geldreform

21. Juni. In den drei westlichen Besatzungszonen Deutschlands hat die Reichsmark ihre Gültigkeit verloren. Insgesamt 40 Reichsmark haben die Deutschen am Vortag zum Kurs von 1:1 in die neue Deutsche Mark (DM) eintauschen können. Staunende Menschenmengen drängen sich vor den plötzlich prall gefüllten Schaufensterauslagen der Geschäfte; begehrte Mangelwaren sind plötzlich frei verkäuflich. Die Geschäftsleute haben sie in Erwartung der Währungsreform zurückgehalten und gehortet.
Über 400 Artikel sind bereits von der Bewirtschaftung ausgenommen worden, darunter auch Hausrat, Möbel, Fahrräder, Radioapparate und Autos. Grundnahrungsmittel bleiben vorläufig noch rationiert. Auch eine Reihe anderer begehrter Waren, darunter Spinnstoffe, Schuhe, Seife, Tabak, Mineralöl, Kohle und Holz für den Hausbrand, Glühlampen und Autoreifen unterliegen weiterhin der Bewirtschaftung. Aber schon machen sich die ersten Anzeichen eines Überangebotes, wie zum Beispiel bei Obst und Gemüse, bemerkbar.
Die Menschen reagieren auf die ungewohnte Fülle des Warenangebotes noch zurückhaltend. Umfragen ergeben, daß zwei Tage nach der Währungsreform noch rund 65% der Bewohner ihr eingetauschtes Geld, die sogenannte Kopfquote von 40 DM unangetastet gelassen haben. Noch läßt sich nicht übersehen, welche Folgen die Ausgabe des neuen Geldes für jeden einzelnen haben wird. Die gesetzlichen Bestimmungen zur Durchführung der Währungsreform sind für viele kaum zu durchschauen. Dabei steht jetzt schon fest, daß die Besitzer von Sparguthaben hart betroffen sind. Eigentümer von Immobilien oder Sachwerten hat die radikale Abwertung des Geldes kaum berührt (→ 19. 6./S. 93).
In den kommenden Tagen und Wochen läßt sich allmählich ein erster Überblick über die Folgen der Währungsreform gewinnen. Die Kauflust steigt; der Bedarf, vor allem an Kleidung und Haushaltswaren ist immens. Geschäftsleute, die ihre Kunden bisher häufig mit Geringschätzung betrachteten, haben sich schnell auf die neue Lage eingestellt. Sie sind freundlich und lassen mit sich handeln. Nach Jahren der Bewirtschaftung müssen sich die Preise erst wieder einpendeln.
Sehr bald sind die gehorteten Vorräte verkauft, die Verknappung der Waren führt zu einem starken Preisanstieg. Dagegen bleibt der allgemeine Lohnstopp vorerst bestehen. In erster Linie soll damit die Kaufkraft in der Bevölkerung gebremst werden. So liegt das Durchschnittseinkommen im Juni bei rund 300 DM. Zwar sind die Steuern kurze Zeit nach der Währungsreform gesenkt worden, aber eine Abgabenbelastung von beispielsweise 50 DM wird nun als besonders schmerzlich empfunden. Als ein hoher Kostenfaktor fallen plötzlich auch die Mieten ins Gewicht. Auf der anderen Seite kosten zum Beispiel ein Kilo Schweinefleisch 6 bis 8 DM und ein paar Schuhe rund 32 DM. In vielen Haushalten bleiben deshalb häufig weniger als 50 DM in der Woche zur Bestreitung des Lebensunterhaltes übrig. Man beginnt zu sparen, was wiederum ganze Wirtschaftszweige schmerzlich zu spüren bekommen. So bleiben Zeitungen, die bislang keine Schwierigkeiten hatten, ihre große Auflagen zu verkaufen, liegen. Theater, Kinos und Varietés, die nach dem Krieg wie Pilze aus dem Boden schossen, klagen über Besucherschwund. Gaststätten, in denen häufig kein freier Platz zu finden war, bleiben leer. Aus den Kurorten und Feriengebieten sind die Besucher in Scharen abgereist.
Obwohl mit einem empfindlichen Ansteigen der Arbeitslosenzahlen gerechnet wird, reagiert der Arbeitsmarkt noch uneinheitlich. In den Arbeitsämtern lassen sich allerdings immer mehr Beschäftigungslose registrieren, darunter auch viele, die es bisher nicht nötig hatten zu arbeiten, weil sie andere Einnahmequellen (zum Beispiel auf dem Schwarzmarkt) hatten. Viele Unternehmen entlassen Arbeitskräfte, weil sie angesichts ihrer nun dünnen Kapitaldecke zu Rationalisierungen gezwungen sind.
Das freie Spiel von Angebot und Nachfrage zwingt zur Anpassung an die Erfordernisse des Marktes. Bei denjenigen, die ihren Arbeitsplatz nicht verlieren, macht sich bald eine Steigerung der Arbeitsproduktivität bemerkbar. Das Geld, mit dem sie entlohnt werden, ist nämlich wieder etwas wert.

US-Zigaretten im Verkauf; noch ist Tabak rationiert, die Zuteilungen reichen jedoch aus und kosten kaum mehr als bisher auf dem Schwarzmarkt

Erster Einkauf nach der Währungsreform, prüfende Blicke in einem Bekleidungsgeschäft im britischen Sektor von Berlin: Ist die Ware ihr Geld wert?

Service lohnt sich wieder, eine DM kostet das Glas Wein, das dieser Weinverkäufer in den Bahnhöfen an der Rheinstrecke den Reisenden anbietet

Nach dem »Tag X«, die Schaufenster der Lebensmittelgeschäfte sind gefüllt wie seit über zehn Jahren nicht mehr; man kann sich endlich wieder sattessen

Waren frei verkäuflich; ein Anblick, an den sich der »Normalverbraucher« erst wieder gewöhnen muß; die Preise sind allerdings zum Teil recht hoch

Einst Millionenwerte – jetzt Altpapier; Ende Juni 1948 stapeln sich die Bündel wertloser Reichsmarkscheine in den Banken wie hier in Hamburg

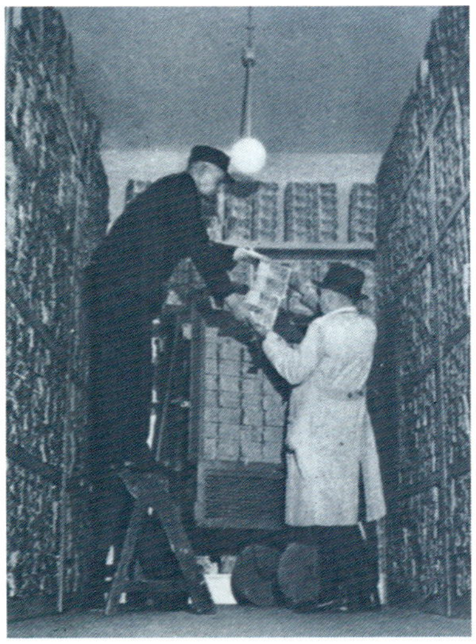

108 Millionen Reichsmark werden hier in einer Berliner Bank gelagert

Es waren einmal 50 Reichsmark – wozu taugt das alte Geld sonst noch?

Unter strenger Bewachung wandern Altgeldbestände in die Papiermühlen

Im wahren Sinn des Wortes liegt das (wertlose) Geld jetzt auf der Straße

Neue Währung in der Ostzone

23. Juni. Aufgrund des Befehls Nr. 111 der Sowjetischen Militäradministration in Deutschland (SMAD) wird in der Ostzone und im Gebiet von Groß-Berlin die Durchführung einer Währungsreform angeordnet. Nachdem am →19. Juni (S. 93; 21. 6./S. 94) in den drei Westzonen eine Währungsreform angekündigt worden war, sah sich die sowjetische Besatzungsmacht zum schnellen Handeln gezwungen, weil sonst die Ostzone mit entwerteter Reichsmark (RM) aus den Westzonen überschwemmt worden wäre.

Die Ausführungsbestimmungen des SMAD-Befehls und einer auf den 21. Juni zurückdatierten Anordnung der Deutschen Wirtschaftskommission der Ostzone (DWK) sehen eine differenzierte Abwertung des alten Geldes vor:

70 RM können als »Kopfquote« zum Kurs von 1:1 umgetauscht werden; weitere Bargeldbestände werden im Verhältnis 10:1 abgewertet.

Die Umwertung der Sparkonten erfolgt gestaffelt:

▷ Sparkonten bis zu 100 RM können 1:1 umgetauscht werden

▷ Sparguthaben bis zu 1000 RM werden im Verhältnis 5:1 und ab 5000 RM im Verhältnis 10:1 abgewertet

▷ Ab 5000 RM Guthaben muß der Kontoinhaber den rechtmäßigen Erwerb des Geldes nachweisen. Als nicht rechtmäßig erworbenes Geld werden unter anderem Schwarzmarktgewinne und Einkünfte aus Spekulationsgeschäften bezeichnet

Vorläufig stehen in der Ostzone noch keine neuen Banknoten zur Verfügung, weil es an hochwertigem Papier für den Druck fehlt. Da jedoch die Währungsumstellung innerhalb kurzer Zeit vorgenommen werden muß, behilft man sich mit Kupons, die auf die alten Geldscheine geklebt werden. Nicht beklebte Scheine verlieren ihre Gültigkeit. Das neue Geld trägt daher vorerst die Bezeichnung »Kuponmark« (→21. 7./S. 117).

Die Anordnung der sowjetischen Besatzungsmacht zur Währungsreform in der Ostzone schließt das gesamte Stadtgebiet von Berlin, also auch die drei Westsektoren der Stadt, ein. Dies hat zur Folge, daß die Westalliierten die Durchführung der Währungsreform in ihren Sektoren untersagen. Am 24. Juni kündigen sie ihrerseits die Ausdehnung der westzonalen Währungsreform auf den Westteil Berlins an, was ursprünglich von ihnen nicht beabsichtigt war. Noch am 22. Juni hatten sie ihre prinzipielle Bereitschaft gegenüber der UdSSR bekundet, die Westsektoren Berlins in eine ostzonale Währungsreform einzubeziehen – sofern dies unter gemeinsamer Kontrolle geschehe. Einen derartigen Schritt lehnte die SMAD jedoch ab. Auf die Einführung der DM – versehen mit dem Stempelaufdruck »B« – in Berlin reagiert die sowjetische Seite mit der Blockade der Stadt (→24. 6./S. 97). Zugleich verbietet sie den Besitz und die Einfuhr der DM in den Ostsektor der Stadt; dagegen besitzen in den Westsektoren sowohl die DM als auch die »Kuponmark« Gültigkeit.

Die Durchführung einer Währungsreform in der Ostzone ist in erster Linie eine Abwehrmaßnahme gegen den entsprechenden Schritt in den Westzonen. Für die Bevölkerung in der Ostzone hat die Währungsreform daher auch keine einschneidenden Veränderungen zur Folge: Die Rationierung der meisten Waren bleibt weiter bestehen.

Währungsreform in der Ostzone und in Berlin; eine wartende Menschenschlange vor einer Filiale des Stadtkontors im sowjetischen Sektor der Stadt

Gesetzesbestimmungen zur Regelung der Währungsreform

20. Juni. Das wichtigste Gesetz zur Durchführung der Währungsreform in den drei westlichen Besatzungszonen, die auf Anordnung der Militärregierungen der Westmächte durchgeführt wird, ist das »Erste Gesetz zur Neuordnung des Geldwesens«. Das Gesetz hat folgenden Wortlaut (Auszüge):

»Die Militärgouverneure und Obersten Befehlshaber der amerikanischen, der britischen und der französischen Zone sind zu dem Zwecke, die Folgen der durch den Nationalsozialismus herbeigeführten Währungszerrüttung zu beseitigen, dahin übereingekommen, ... einheitliche Gesetze zur Neuordnung des Geldwesens zu erlassen. Es wird daher das Folgende verordnet:

(§ 1) 1. Mit Wirkung vom 21. Juni 1948 gilt die Deutsche-Mark-Währung. Ihre Rechnungseinheit bildet die Deutsche Mark, die in hundert deutsche Pfennige eingeteilt ist.

2. Alleinige gesetzliche Zahlungsmittel sind vom 21. Juni 1948 an: 1. Die auf Deutsche Mark oder Pfennig lautenden Noten und Münzen, die von der Bank deutscher Länder ausgegeben werden.

(§ 6) Jeder Einwohner des Währungsgebiets erhält im Umtausch gegen Altgeldnoten ... desselben Nennbetrags bis zu sechzig Deutsche Mark in bar (Kopfbetrag). Ein Teil des Kopfbetrags in Höhe von nicht mehr als vierzig Deutsche Mark wird sofort ausgezahlt, der Rest innerhalb von zwei Monaten. Für den Fall, daß dem Berechtigten bei dem späteren Umtausch von Altgeld ein Anspruch auf Beträge in Deutscher Mark zusteht, bleibt die Anrechnung des Kopfbetrages hierauf vorbehalten.

(§ 7) Die Kopfbeträge werden ausgezahlt von den Stellen, die für die Ausgabe der Lebensmittelkarten der Berechtigten zuständig sind ...

(§ 10) Das am Tage des Inkrafttretens dieses Gesetzes im Währungsgebiet vorhandene Altgeld ist ... bis zum 26. Juni 1948 abzuliefern und anzumelden.

Marschall Wassili D. Sokolowski

Im Gegenzug zur Währungsreform in den Westzonen verordnet die Sowjetische Militäradministration in Deutschland (SMAD) am 23. Juni durch Befehl Nr. 111 ihres Militärgouverneurs, Marshall Wassili D. Sokolowski, für die Ostzone und das Gebiet von Groß-Berlin ebenfalls eine Geldreform (Auszug):

»In den westlichen Besatzungszonen Deutschlands ist die separate Währungsreform durchgeführt. Die Einheit des Geldumlaufes – die Grundlage der wirtschaftlichen Verbundenheit der einzelnen Gebiete des Landes – ist zerstört.

Unter Berücksichtigung der Vorschläge der Deutschen Wirtschaftskommission und der Wünsche der deutschen demokratischen Öffentlichkeit befehle ich:

1. Ab 24. Juni 1948 auf dem gesamten Territorium der Sowjetischen Besatzungszone Deutschlands und auf dem Gebiet Groß-Berlins neue Geldscheine einzuführen: Reichsmark und Rentenmark ... mit aufgeklebten Spezialkupons«.

UdSSR verhängt Blockade über die Westsektoren Berlins

24. Juni. Auf Anordnung der Sowjetischen Militäradministration in Deutschland (SMAD) wird der gesamte Eisenbahnverkehr zwischen den Westsektoren Berlins und den westlichen Besatzungszonen unterbrochen. Mit diesen Sperrmaßnahmen sind die Westsektoren von Berlin nun vollständig blockiert. Als einzige Verbindung zu den Westzonen stehen noch die drei alliierten Luftkorridore offen. Zugleich verfügt die SMAD die Einstellung aller Stromlieferungen aus umliegenden Kraftwerken in den Westteil der Stadt und untersagt die Belieferung der Westsektoren mit Lebensmitteln aus der Ostzone.

Patrouillefahrten der US-amerikanischen Besatzungsmacht in Berlin kurze Zeit nach Beginn der Blockade der Stadt

Etappen auf dem Weg zur Blockade

24. Januar: Ein mit westalliierten Soldaten besetzter Eisenbahnzug wird auf der Fahrt von Helmstedt nach Berlin elf Stunden lang in der Ostzone festgehalten.

30. März: Der stellvertretende sowjetische Militärgouverneur in Deutschland, General Michail J. Dratwin, kündigt verschärfte Kontrollen auf den Verbindungswegen von und nach Berlin an.

2. April: Der US-amerikanische Militärgouverneur in Deutschland, General Lucius D. Clay, ordnet als Reaktion auf die zunehmenden Behinderungen des alliierten Verkehrs von und nach Berlin die Errichtung der »Kleinen Luftbrücke« zur Versorgung der US-amerikanischen Garnison in der Stadt an.

15. Juni: Die Autobahn zwischen Berlin und Helmstedt wird wegen angeblich notwendiger Reparaturarbeiten an der Elbbrücke bei Magdeburg gesperrt.

19. Juni: Die sowjetischen Besatzungsbehörden beginnen mit der Unterbrechung des gesamten Personenverkehrs auf Straße, Schiene und Wasserwegen.

Als die Westalliierten am 18. Juni für ihre Besatzungszonen eine Währungsreform ankündigten, verschärfte sich die Situation dramatisch. Kern des Streites ist die Frage, in welches Währungsgebiet die Westsektoren Berlins einbezogen werden (→ 23. 6./S. 96). Die UdSSR betrachtet dagegen die Westsektoren Berlins als wirtschaftlichen Bestandteil ihrer Besatzungszone.

Die Versorgung Berlins aus der Luft ist angelaufen; Entladung einer US-amerikanischen Transportmaschine auf dem Flughafen im Bezirk Tempelhof

Blockade gefährdet Viermächtestatus

24. Juni: Die Blockade der Westsektoren Berlins durch die sowjetische Besatzungsmacht ist eine unmittelbare Reaktion auf die Währungsreform in den drei westlichen Besatzungszonen Deutschlands.

Schon seit Jahresbeginn wirft die UdSSR den Westalliierten vor, die im Potsdamer Abkommen von 1945 getroffenen Vereinbarungen über eine gemeinsame Deutschlandpolitik gebrochen zu haben. Auf die Pläne der Westmächte, in ihren Besatzungszonen die Gründung eines Staatswesens vorzubereiten, reagierte die UdSSR bereits am → 20. März (S. 46) mit ihrem Auszug aus dem Alliierten Kontrollrat. Nach ihrer Auffassung hat die Viermächteverwaltung Deutschlands aufgehört zu existieren. Sie sieht daher für die Präsenz der Westmächte in Berlin keine rechtliche Grundlage mehr.

Mit der Blockade Berlins ist der Fortbestand des Viermächtestatus der Stadt akut gefährdet. Zwar hatten sich die vier Alliierten auf eine gemeinsame Besetzung der Stadt geeinigt; mit Ausnahme der Luftwege sind aber keine Vereinbarungen über die Verkehrsverbindungen getroffen worden.

Der Zonengrenzübergang an der Autobahn Helmstedt–Berlin; wenige Tage nach Verhängung der Blockade stauen sich dort Hunderte von Lastkraftwagen

General Clay ordnet die Versorgung Berlins aus der Luft an

26. Juni. Der US-amerikanische Militärgouverneur in Deutschland, General Lucius D. Clay, gibt Anweisung, die Versorgung der blockierten Westsektoren Berlins auf dem Luftwege aufzunehmen. Bereits am → 24. Juni (S. 99) ist er in einer Rede entschieden für den Verbleib der Westmächte in der früheren deutschen Reichshauptstadt eingetreten. Die Regierung der Vereinigten Staaten scheint jedoch dem Vorhaben Clays zunächst äußerst skeptisch gegenüberzustehen.

Nach Verhängung der Blockade über Berlin (→ 24. 6./S. 97) stehen die Westalliierten vor einer schweren Entscheidung: Sollen sie dem Druck der Sowjetunion nachgeben und sich aus ihren Sektoren zurückziehen? Dies hätte zwangsläufig die Eingliederung der Westsektoren Berlins in die Ostzone zur Folge. Oder sollen sie die Herausforderung annehmen und ein Zeichen für ihre Entschlossenheit setzen, ihre Präsenz in Berlin aufrechtzuerhalten?

Ungeachtet der Bedenken seiner Regierung telefonierte Clay am Morgen des 24. Juni mit dem Oberbefehlshaber der US-Luftwaffe, General Curtis Le May, und forderte sämtliche verfügbaren Militärmaschinen der US-Luftwaffe an. Sie sollten sofort nach Deutschland verlegt und zum Transport von Versorgungsgütern nach Berlin eingesetzt werden. Schon in den Morgenstunden des 25. Juni trafen die ersten Maschinen mit Lebensmitteln in der blockierten Stadt ein. Es handelte sich dabei um zweimotorige Flugzeuge des Typs »C-47 Dakota«, die 2,5 t Fracht transportieren können.

Am 28. Juni nimmt auch die britische Besatzungsmacht Versorgungsflüge nach Berlin auf. Sie setzt dabei unter anderem Maschinen vom Typ »Tudor«, »Lancastrian« sowie »Sunderland«-Flugboote ein, die auf der Havel wassern.

Frankreich beschränkt sich aus Mangel an eigenen Flugzeugen vorerst auf logistische Unterstützung.

Ebenfalls am 28. Juni werden 35 viermotorige Flugzeuge vom Typ »C-54 Skymaster« mit einer Transportkapazität von je 10 t aus den USA nach Deutschland beordert. Somit stehen der Luftbrücke, die den Codenamen »Operation Vittles« erhält, nunmehr insgesamt 147 Maschinen zur Verfügung.

Trotz der schnellen Reaktion auf Seiten der Westalliierten bleibt es jedoch vorerst fraglich, ob eine Versorgung Berlins aus der Luft auf Dauer möglich ist (→ 29. 7./S. 115).

Entladung eines Generators auf dem Flughafen Gatow; auch Industriegüter werden nach Berlin eingeflogen

Milchflaschen in einem Transportflugzeug; auch Grundnahrungsmittel werden per Luftbrücke nach Berlin gebracht

Ein Bild, das bald zum Alltag im blockierten Berlin gehört; eine zweimotorige C-47 »Dakota« der US-Luftwaffe beim Landeanflug auf den Flughafen Tempelhof

Rückblick auf die Anfänge der Luftbrücke

Die folgenden Erinnerungen an die ersten Tage der Luftbrücke stammen von Jack O. Bennett. Er gehörte zu den ersten Piloten, die Versorgungsgüter in das blockierte Berlin einflogen. Der 1914 geborene US-Amerikaner hatte nach seinem Studium unter anderem als Testpilot gearbeitet. Seit 1945 leitete er die Europa-Direktion der American Overseas Airlines (AOA):

»Anfänglich arbeiteten die Amerikaner und Briten getrennt. Die Briten benutzten den nördlichen Korridor und flogen von Wunstorf in der Nähe von Hannover zum Berliner Flughafen Gatow. Die Amerikaner flogen über den südlichen Korridor ein. Beide verließen die Stadt dann durch den mittleren Luftweg.

Berlins Flughafen Tempelhof war für derartigen Massenverkehr denkbar ungeeignet. Er besaß nur eine provisorische Stahllandebahn, wie wir sie schon in Hanau (bei Frankfurt am Main) kennengelernt hatten. Gestartet wurde vom Gras aus. Schließlich wurden dann noch zwei Zementbahnen angelegt. Die Landungen waren für unerfahrene Piloten abenteuerlich, da man die relativ dicht angrenzenden Wohnhäuser praktisch nur um Handbreite überflog. Aber dann kam die Luftbrücke doch richtig in Gang. Am vierten Tag wurden 384 Tonnen eingeflogen …

Falls ein Pilot aus irgendeinem Grund seinen Landeanflug versiebte, mußte er sofort wieder durchstarten und durch den mittleren Korridor Berlin verlassen. Sein Flug war umsonst. Aber es gab nun einmal keinen anderen Weg, um gefährliche Staus zu vermeiden.

Alle leeren Flugzeuge kehrten im Abstand von drei Minuten über den mittleren Korridor nach Hannover, Frankfurt oder Wiesbaden zurück – in vier verschiedenen Höhen, genauso, wie sie hereingekommen waren. Aus Berlin heraus betrug die Geschwindigkeit 288 Kilometer pro Stunde, da die Maschinen jetzt leichter geworden waren.«

Jack O. Bennett im Cockpit eines der »Rosinenbomber«

Clay organisiert Berlin-Versorgung

24. Juni. Lucius D. Clay, seit 1947 US-amerikanischer Militärgouverneur in Deutschland, erklärt nach einer Besprechung in seinem Hauptquartier in Heidelberg, daß nur ein Krieg die Vereinigten Staaten aus Berlin vertreiben könnte.

Im Gegensatz zur US-amerikanischen Regierung zeichnet sich General Clay von Beginn der Blockade an durch die Entschlossenheit aus, die Präsenz der USA in Berlin aufrechtzuerhalten. Er ist außerdem überzeugt, daß die Bevölkerung im Westteil der Stadt auch über einen längeren Zeitraum aus der Luft versorgt werden kann.

Clays Zuversicht resultiert aus seinen einschlägigen Erfahrungen als Logistikexperte im Zweiten Weltkrieg. Auch im Hinblick auf eine Versorgung Berlins aus der Luft kann er auf Erfahrungen aus den vergangenen zwei Monaten zurückblicken. Am 2. April 1948 hatte er angesichts zunehmender Behinderungen auf den Zufahrtswegen in die Stadt kurz entschlossen die Versorgung der US-Garnison Berlins mit Flugzeugen angeordnet (»Kleine Luftbrücke«).

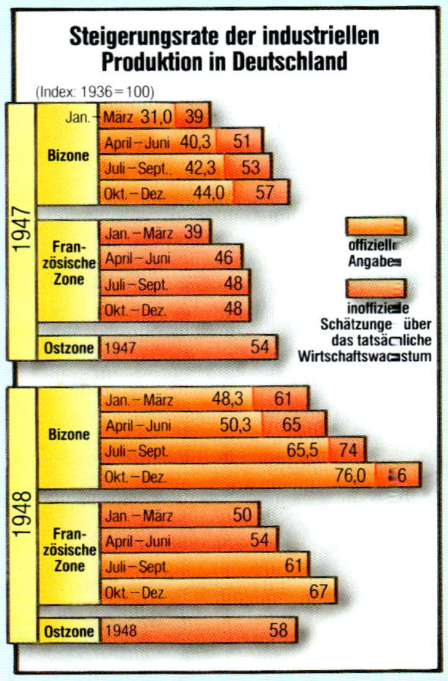

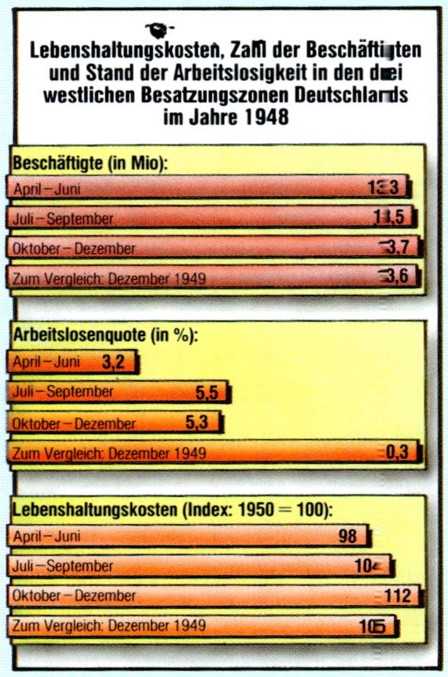

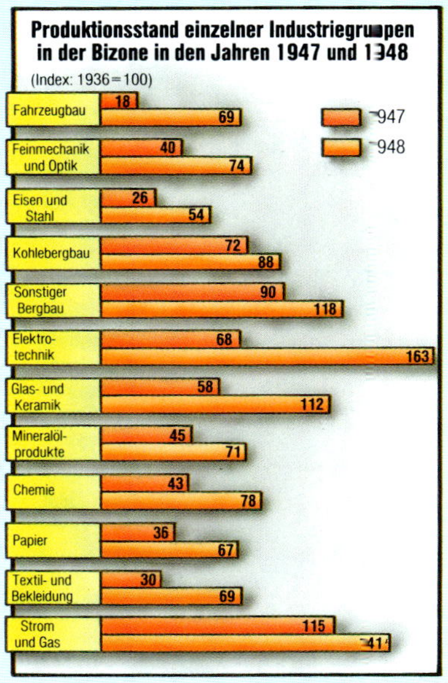

Wirtschaft 1948:

Der Weg zur Währungsreform in Deutschland

Die Währungsreform vom 20. Juni 1948 bleibt auch noch am Ende des Jahres ein wirtschaftlich riskantes und mit zahlreichen sozialen Härten verbundenes Unternehmen. Es ist noch nicht abzusehen, ob das neue Geld, die Deutsche Mark (DM), die in sie gesetzten Hoffnungen erfüllen kann: Im Laufe des Jahres erhöht sich das Geldvolumen von rund sechs auf über 14 Milliarden DM und führt zu inflationären Tendenzen. Während die Lebenshaltungskosten im zweiten Halbjahr 1948 um 14% steigen, bleiben die Löhne bis zum 3. November eingefroren. Außerdem schnellen die Arbeitslosenzahlen in die Höhe, von rund 472 000 im März auf über 950 000 bei Jahresende.

Die Notwendigkeit einer Währungsreform stand in Deutschland nie in Zweifel. Umstritten bleibt hingegen die Frage, ob damit gleichzeitig eine Liberalisierung der Wirtschaft einhergehen soll. Nicht nur Sozialdemokraten und Gewerkschaften, sondern auch weite Kreise in der CDU sehen einen wirtschaftlichen Aufschwung nur durch systematische Planung und Lenkung des Bedarfs an Verbrauchsgütern gewährleistet. Dagegen vertritt Ludwig Erhard, seit März 1948 Direktor der Wirtschaftsverwaltung der deutschen Bizone, die Auffassung, Wachstum könne nur eine wettbewerbsorientierte Markwirtschaft gewährleisten. Bewußt nimmt er dabei negative soziale Folgen in Kauf. Zum einen vertraut er auf die regulierenden Kräfte des Marktes, zum anderen soll ein Netz von Sozialleistungen, wie Arbeitslosenunterstützung und Lastenausgleich soziale Härten lindern. Erhard setzt seine wirtschaftspolitischen Vorstellungen schließlich durch, indem er am 18. Juni ein Gesetz zur Abschaffung der Bewirtschaftung vom Wirtschaftsrat verabschieden läßt. Es wird (ohne Genehmigung der Alliierten) am Tag der Währungsreform zur Anwendung gebracht. Ansonsten wurde die Währungsreform fast ausschließlich von den Westalliierten vorbereitet, die sich über die dringende Notwendigkeit eines solchen Schrittes prinzipiell einig waren.

Der Zweite Weltkrieg hatte das Deutsche Reich rund 510 Milliarden Reichsmark (RM) gekostet. Diese Summe war zum größten Teil durch eine verdeckte Verschuldung des Staates aufgebracht worden. Der hierdurch entstandene Kaufkraftüberhang machte sich wegen eines Lohn- und Preisstopps bis Kriegsende für die privaten Verbraucher jedoch kaum bemerkbar. 1945 betrug die Höhe der Geldmittel, die in Deutschland im Umlauf waren, rund 300 Milliarden RM. Dieser riesigen Geldmenge stand eine durch Kriegszerstörungen, Demontagen, Reparationen und verordnete Produktionsbeschränkungen rapide gesunkene Industriekapazität in Deutschland gegenüber.

Auch die Alliierten trugen zur Steigerung des Geldüberhanges bei, indem sie an ihre Angehörigen 16 Milliarden RM Besatzungsgeld ausgaben. Zur Abwendung einer offenen Inflation wurden daher der Lohn- und Preisstopp und das System der Rationierung der Waren beibehalten. Die Bedürfnisse der Bevölkerung konnten jedoch auf dem Wege staatlicher Lenkung nicht annähernd befriedigt werden. Anreize zur Steigerung der Produktion fehlten, die Arbeitsmoral sank, Waren wurden gehortet, und der Schwarzmarkt blühte.

Die Alliierten hatten bereits 1945 damit begonnen, im Kontrollrat die Frage einer Geldreform zu erörtern. Sie verfolgten dabei zunächst jedoch sehr unterschiedliche wirtschaftliche Ziele.

Während Großbritannien und Frankreich anfänglich vor allem daran gelegen war, Deutschland als wirtschaftlichen Konkurrenten auf Dauer zu schwächen, hatten sich die Vereinigten Staaten einer zurückhaltenden Besatzungspolitik verschrieben. Sie wollten lediglich soziale Unruhen in Deutschland verhindern. Die UdSSR war vor allem an der Lieferung von Reparationen interessiert; gleichzeitig begann sie in der Ostzone mit dem Aufbau der Strukturen für eine staatlich gelenkte Planwirtschaft.

Dennoch war man sich in Anbetracht des andauernden Elends in Deutschland über die Notwendigkeit einer Verringerung der Geldmenge im Prinzip einig. Zur Debatte standen dabei die Freigabe der Preise oder ein Währungsschnitt, d. h. eine Reduzierung des Nennbetrages des Geldes.

Erste konkrete Überlegungen wurden seit Anfang 1946 von US-amerikanischer Seite angestellt: Sie hatte unter dem Codenamen »Operation Bird Dog« mit der Koordination der Planungen für eine Währungsreform begonnen. Im Mai 1946 legten dann drei namhafte US-Finanzwissenschaftler, Gerhard Colm, Joseph M. Dodge und Raymond W. Goldsmith, einen Plan vor, der im Kern eine rigorose Reduzierung der Geldmenge im Verhältnis 10:1 und die Schaffung eines Lastenausgleichs zur Milderung sozialer Härten vorsah (→ 1. 12./S. 197).

Seit September 1946 war der Colm-Doge-Goldsmith-Plan Grundlage der Diskussionen im Alliierten Kontrollrat. Zwar signalisierten alle vier Besatzungsmächte ihr grundsätzliches Einverständnis, aber in Detailfragen kam es sehr bald zu Auseinandersetzungen, unter anderem über die Frage der Druckorte für das neue Geld. Während die UdSSR auf der Herstellung eines Teils der Noten in ihrer Besatzungszone, nämlich in Leipzig, beharrte, verlangten die Westmächte, daß der Druck nur unter gemeinsamer Aufsicht im gemeinsam verwalteten Berlin erfolgen dürfe.

Der Bruch zwischen den Alliierten infolge des eskalierenden Kalten Krieges verhindert schließlich ein gemeinsames Vorgehen: Seit Dezember 1947 besteht zwischen ihnen über die politische Zukunft Deutschlands kein Konsens mehr. Auf Seiten der Westmächte wird daher mit Vorbereitungen für die Bildung eines Staatswesens in ihren Zonen begonnen. Die Sowjetunion reagiert am 20. März 1948 mit dem Auszug aus dem Kontrollrat. Daraufhin forcieren die Westalliierten ihrerseits die Vorbereitungen für eine separate Währungsreform in ihren Besatzungszonen.

Durch die Währungsreform erhält die Wirtschaft im Westteil Deutschlands entscheidende Impulse. Sie verfestigt aber auch die wirtschaftliche und damit die politische Teilung des Landes, in dem nun zwei Währungen existieren.

Endmontage einer Schnellzuglok in einer Lokomotivfabrik; zwei schwere Laufkräne setzen Kessel, Rahmen und den Führerstand auf die Räder

Privatstollen im Ruhrgebiet; gegen Pacht kann man hier Kohle fördern

Frauen sind auch in der deutschen Automobilproduktion eingesetzt

Die Schwerindustrie ist das Rückgrat vieler europäischer Volkswirtschaften; in diesem Stahlwerk kommt gerade eine 26 t schwere Gußform aus der Walze

Schwarzmarkt ist am Ende

21. Juni. Der schwarze Markt bricht zusammen. Die großen und die kleinen Schieber sind die eindeutigen Verlierer der Währungsreform in den drei westlichen Besatzungszonen Deutschlands. Mit der Einführung der Deutschen Mark (DM) hat der reguläre Markt von der Wirtschaft wieder voll Besitz ergriffen (→ 19. 6./S. 93).

Als sich in den vergangenen Wochen die Gerüchte über eine bevorstehende Geldreform verdichteten, wurde das Schwarzmarktgeschäft noch einmal hektisch. Die Preise erreichten wenige Tage vor dem 20. Juni nochmals Rekordwerte: So wurde zum Beispiel die »Ami« (US-amerikanische Zigarette) mit bis zu 40 RM (pro Stück) gehandelt, und das Pfund Kaffee war nicht mehr unter 1500 RM zu haben.

Nachdem die Währungsreform am 19. Juni verkündet worden war, geriet der Schwarzmarkt in Panik. Es war gelungen, sowohl den Termin als auch die einzelnen Bestimmungen der Reform bis zuletzt geheim zu halten, so daß die Schwarzhändler überrumpelt werden konnten. Der Glaube vieler Schieber, auch die neue Währung werde die Mangelwirtschaft in Deutschland nicht beseitigen, erweist sich als falsch:

▷ Mit der Einführung der Deutschen Mark (DM) wird gleichzeitig die Rationierung vieler Waren aufgehoben

▷ Durch systematische Razzien der Polizei wird das Vertrauen in die neue Währung gestärkt

Selbst die großen Bargeldbestände, über die die Schwarzhändler verfügen, sind wertlos geworden. Aus Furcht, über ihren Erwerb Rechenschaft ablegen zu müssen, halten viele das Geld zurück oder verbrennen es. Auf diese Weise werden schätzungsweise einige Milliarden Reichsmark vernichtet. Nach dem 21. Juni flaut das Schwarzmarktgeschäft schnell ab. Verzweifelt versuchen manche Schieber noch immer, den regulären Markt zu unterlaufen, indem sie ihre Waren preiswerter als in den Geschäften anbieten: In Frankfurt am Main verlangen sie zum Beispiel für die Packung »Amis« nur 5 DM – eine Mark weniger, als sie im Laden kostet.

Warnung vor dem Schwarzmarkt

Diese Szene gehört bald der Vergangenheit an: Razzia auf einem Schwarzmarkt in Bulmke (Gelsenkirchen)

Alte und neue Schwarzmarktpreise

Vor der Währungsreform:

US-Zigaretten (pro Stück):	bis zu	40,00 RM
Deutsche Zigaretten (pro Stück)	bis zu	12,00 RM
Kaffee (500 g):	bis zu	1 500,00 RM
Butter (500 g):	rund	800,00 RM
Brot (500 g):		70,00 RM
Damenstrümpfe (ein Paar):		850,00 RM

Letzte Angebote nach der Währungsreform:

US-Zigarette (pro Stück)	0,25 bis 0,50 DM
Deutsche Zigaretten (pro Stück)	0,15 bis 0,25 DM
Kaffee (500 g):	rund 35,00 DM
Butter (500 g):	8,00 bis 16,00 DM
Brot (500 g):	1,00 bis 2,00 DM
Damenstrümpfe (ein Paar):	15,00 bis 40,00 DM

Die Sowjetunion bricht mit Jugoslawien

26. Juni. Das kommunistische Informationsbüro (Kominform), ein Verbund europäischer kommunistischer Parteien unter Führung der KPdSU, beschließt auf einer Geheimsitzung in der rumänischen Hauptstadt Bukarest den Ausschluß der kommunistischen Partei Jugoslawiens (KPJ).

In einem offiziellen Kommuniqué heißt es zur Begründung, die jugoslawischen Kommunisten hätten die Prinzipien des proletarischen Internationalismus verletzt und eine antisowjetische Haltung eingenommen.

In diesem Zusammenhang richtet das Kominform schwere persönliche Vorwürfe gegen den jugoslawischen Ministerpräsidenten Josip Broz Tito. Dieser habe »von unmäßigem Ehrgeiz, Hochmut und Prahlsucht getrieben« die führende Rolle der UdSSR in der internationalen kommunistischen Bewegung in Zweifel gezogen und sich gegen die Politik ihres Vorsitzenden, Josef W. Stalin, gestellt. Ähnliche Attacken richten sich auch gegen die engsten Vertrauten Titos, Außenminister Edvard Kardelj und Milovan Djilas, Vizepräsident des Politbüros der KPJ. Zugleich appelliert das Kominform an diejenigen Mitglieder der KPJ, die sich weiterhin der UdSSR verbunden fühlen, Tito zu stürzen.

Der Hauptvorwurf gegen die jugoslawischen Kommunisten lautet, sie hätten eine nationalistische Politik betrieben, den Führungsanspruch der Sowjetunion in Frage gestellt und darüber hinaus schwere ideologische Fehler begangen.

Der Bruch des Kominform mit Jugoslawien markiert den Höhepunkt eines seit geraumer Zeit schwelenden Konfliktes zwischen den Partei- und Staatsführungen der UdSSR und des Balkanlandes. Beobachter in der jugoslawischen Hauptstadt Belgrad erwarten, daß die Entscheidung des Kominform den Auftakt für eine massive Kampagne gegen Jugoslawien bildet.

Mit wachsendem Mißtrauen beobachtete Stalin den immer offensichtlicher werdenden Kurs Titos, der eine politische Selbständigkeit seines Landes anstrebt. Die Länder Ost- und Südosteuropas, die seit dem »kalten Staatsstreich« in der Tschechoslowakei vom →25. Februar (S. 30) vollständig in den sowjetischen Machtbereich eingegliedert waren, sollten durch ein hohes Maß an politischer und ideologischer Integration auf Dauer an die UdSSR gebunden werden. Die sowjetische Partei- und Staatsführung erblickte in der Politik Titos die Gefahr des Ausbruchs eines ihrer bisher treuesten Verbündeten. Als zur Jahreswende 1947/48 jugoslawische Pläne einer Balkan-Föderation mit Bulgarien und Albanien bekannt wurden, fürchtete Stalin das Entstehen eines zweiten kommunistischen Machtzentrums. Im März 1948 gab Stalin den Abzug aller sowjetischen Wirtschafts- und Militärberater aus Jugoslawien bekannt. Seither haben sich die Beziehungen zwischen den beiden Ländern rapide verschlechtert.

Truppenparade in der jugoslawischen Hauptstadt Belgrad, Ministerpräsident Josip Broz Tito (r.) strebt einen eigenen politischen Weg Jugoslawiens an

Ideologischer Bruch mit Jugoslawien; UdSSR-Parteichef Josef W. Stalin

Scharfe Angriffe gegen die KP Jugoslawiens

In der Begründung des Kommunistischen Informationsbüros (Kominform) für den Ausschluß der kommunistischen Partei Jugoslawiens heißt es u.a.:

»Das Informationsbüro ist der Ansicht, daß Grundlage aller ... Fehler der Führung der jugoslawischen kommunistischen Partei unstreitig die Tatsache ist, daß in den letzten fünf bis sechs Monaten in ihrer Führung nationalistische Elemente eine dominierende Stellung erlangt haben, die dort auch früher getarnt vorhanden waren; daß daher die Führung der jugoslawischen kommunistischen Partei mit den internationalen Traditionen der kommunistischen Partei Jugoslawiens gebrochen hat.... Indem sie ihr geringes Verständnis für die internationale Lage und ihre Einschüchterung durch die erpresserischen Drohungen der Imperialisten erkennen lassen, glauben die jugoslawischen Führer, daß sie durch Einräumen von Konzessionen bei den imperialistischen Staaten Wohlwollen erzwingen können. Sie glauben, ... schrittweise das Volk von Jugoslawien auf diese Staaten, das ist auf den Kapitalismus, orientieren zu können.«

Der Weg bis zum Bruch mit Stalin

Unter den Staaten Ost- und Südosteuropas, die seit dem Ende des Zweiten Weltkrieges in den Herrschaftsbereich der Sowjetunion eingegliedert wurden, nahm Jugoslawien von Anfang an eine Sonderstellung ein. Marshall Josip Broz Tito, der als charismatisch geschilderte Vorsitzende der kommunistischen Partei seines Landes, ist der einzige kommunistische Machthaber, der seine Position nicht der Präsenz sowjetischer Streitkräfte verdankt.

Kommunistisch geführte Partisaneneinheiten hatten in der Endphase des Zweiten Weltkrieges die deutschen Besatzungstruppen aus eigener Kraft vertrieben. Im nationalen Befreiungskampf Jugoslawiens hatte sich Tito in führender Position bald legendären Ruhm erworben. Weil ihm Armee und Jugend seither treu ergeben sind, kann er der Partei- und Staatsführung der UdSSR stets mit großem Selbstbewußtsein gegenübertreten.

Seit 1945 war das Verhältnis zwischen Jugoslawien und der Sowjetunion aus diesem Grund mehreren Belastungsproben ausgesetzt: So kritisierte bereits 1946 Partei- und Staatschef Josef W. Stalin Titos Engagement für die kommunistischen Partisanen im griechischen Bürgerkrieg. Stalin befürchtete, daß dort ein möglicher Sieg der Kommunisten ein militärisches Eingreifen der Westmächte zur Folge haben würde.

Weiteren Konfliktstoff bilden die Sowjetisch-jugoslawischen Aktiengesellschaften, aus denen der Wirtschaft Jugoslawiens entgegen den Versprechungen der Sowjetunion ökonomische Nachteile erwachsen.

Besonderes Mißtrauen erregten aber in der UdSSR Titos Pläne auf dem Balkan. Vor allem sein Ziel, mit Bulgarien und Albanien eine Föderation zu errichten, wurde von Stalin als Untergrabung des sowjetischen Führungsanspruches angesehen und führte schließlich zum Bruch mit dem jugoslawischen Bundesgenossen.

Dewey, Wallace, Truman bewerben sich um die US-Präsidentschaft

Thomas Edmund Dewey, geboren 1902 in Owosso (US-Bundesstaat Michigan) kandidiert für die Republikanische Partei. Er ist der Enkel von George Martin Dewey, einem der Gründer der Partei. Der Rechtsanwalt Dewey amtiert seit 1942 als Gouverneur des Bundestaates New York und tritt für Sozialreformen sowie erhöhte Rüstungsausgaben ein.

Henry Agard Wallace, geboren 1888 in Adair (US-Bundesstaat Iowa), war von 1941–1945 unter Roosevelt Handelsminister. Wegen politischer Differenzen mit dessen Nachfolger Truman trat er 1946 aus der Demokratischen Partei aus. Er gründete eine neue Partei, die nun mit einem sozialpolitischen Reformprogramm antritt (→ 2. 11./S. 180).

Harry S. Truman, geboren 1884 in Lamar (US-Bundesstaat Missouri), ist der Kandidat der Demokratischen Partei für das Amt des Präsidenten. Er hatte im April 1945 nach dem Tod von Franklin D. Roosevelt die Präsidentschaft übernommen. Truman ist studierter Jurist und wurde 1934 und 1940 in seinem Heimatstaat in den Senat gewählt.

Staatspräsident Beneš tritt zurück

7. Juni. Der tschechoslowakische Staatspräsident, Eduard Beneš, tritt von seinem Amt zurück. In einem Schreiben an den kommunistischen Ministerpräsidenten, Klement Gottwald, erklärt Beneš, sowohl sein angegriffener Gesundheitszustand als auch die politische Gesamtlage in seinem Lande hätten ihn zu diesem Schritt bewogen.

Nach den Parlamentswahlen vom 30. Mai, bei denen eine von den Kommunisten (KPČ) geführte Einheitsliste 89,3% der Stimmen auf sich vereinigen konnte, war allgemein mit dem Rücktritt von Beneš gerechnet worden. In den vergangenen Wochen hatte Beneš aus seiner Ablehnung des kommunistischen Regimes keinen Hehl gemacht. Vor allem die Unterdrückung oppositioneller Kräfte nach der kommunistischen Machtübernahme am →25. Februar (S. 30) widersprach seiner demokratischen Gesinnung. So weigerte er sich auch seit Wochen, die von der KPČ nach sowjetischem Vorbild formulierte Verfassung zu unterschreiben (→3. 9./S. 159).

Abstimmung über Militärbündnisse

11. Juni. Mit 64 gegen 4 Stimmen verabschiedet der Senat der Vereinigten Staaten eine vom Vorsitzenden seines Außenpolitischen Ausschusses eingebrachte Resolution. Sie schafft die gesetzlichen Voraussetzungen für den Beitritt der USA zu regionalen Militärbündnissen in Friedenszeiten. Damit stehen der Vorbereitung von Verhandlungen mit Kanada und den Staaten des Brüsseler Paktes über die Schaffung eines nordatlantischen Verteidigungsbündnisses keine Hindernisse mehr im Weg. Die sog. Vandenberg-Resolution ist ein wichtiger Bestandteil der außenpolitischen Neuorientierung der Vereinigten Staaten. Nach dem Ende des Zweiten Weltkrieges verfolgte die US-Regierung das Ziel, gemeinsam mit Großbritannien, der UdSSR, Frankreich und China eine friedliche Weltordnung zu garantieren. Inzwischen ist dieses Konzept einer politischen Stategie gewichen, die eine Eindämmung der als expansionistisch eingeschätzten Sowjetunion durch regionale Bündnisse vorsieht (→3. 12./S. 190).

Flugzeuge für US-Luftwaffe

10. Juni. Der US-amerikanische Verteidigungsminister James Forrestal gibt in Washington die Bestellung von 2201 Kampfflugzeugen bekannt. Der Wert der Neuanschaffungen beträgt 1,345 Milliarden US-Dollar. Durch diese Investition soll die US-Luftwaffe modernisiert und deren Kampfkraft erhöht werden.

Die Aufträge beinhalten 1405 Düsenjäger, 553 Transportflugzeuge und 243 Kampfbomber. Zusätzlich sollen neue Aufklärungsflugzeuge in Dienst gestellt werden, die ihre ersten Testflüge erfolgreich abgeschlossen haben: Sie erreichen in 12 000 m Höhe eine Geschwindigkeit von 1650 km/h.

Zwei sechsmotorige Maschinen des Typs B-36 A, eines neuen Bombertyps für die US-amerikanische Luftwaffe, insgesamt erhält die Luftwaffe 243 neue Bomber

Wieder Niederlage für General Markos

19. Juni. Griechische Regierungstruppen starten im Grammosgebirge nahe der Grenze zu Albanien eine Offensive gegen die dort operierenden aufständischen Partisanen.

Insgesamt nehmen daran sechs Divisionen mit rund 30 000 Soldaten teil. Unterstützung leistet auch die griechische Luftwaffe mit zahlreichen Bombenangriffen. Dagegen können die Partisanen, die unter dem Befehl von Markos Wafiadis (General Markos) stehen, nur rund 25 000 Mann aufbieten.

Im Verlauf der Offensive, die zu erbitterten Gefechten führt, werden die von Markos befehligten Verbände in die Defensive gedrängt. Markos selbst muß schließlich sein Hauptquartier auf albanisches Gebiet verlegen. Die militärische Initiative hatte er bereits zu Beginn des Jahres verloren, als ein Angriff der Partisanen auf die Stadt Konitsa scheiterte. Konitsa, nahe der albanischen Grenze gelegen, sollte zum Sitz der von ihm am 24. Dezember 1947 ausgerufenen Gegenregierung werden (→5. 1./S. 18; 1. 5./S. 76).

Luftaufnahme von Manhattan; dichtgedrängt stehen die Wolkenkratzer an der Südspitze der Halbinsel

Auch das ist New York: Die 3rd Avenue in Manhattan in einem armen Viertel der Stadt

Die Skyline von New York, im Vordergrund zwei Neubaugebiete für 31 000 Menschen mitten in Manhattan

Blick über den Hudson-River auf New Yorks Stadtteil Manhattan, das Zentrum der Acht-Millionen-Stadt an der amerikanischen Ostküste, links die Brooklyn-Bridge, rechts die Manhattan-Bridge

New York erreicht Acht-Millionen-Grenze

6. Juni. Die US-amerikanische Stadt New York hat die Einwohnerzahl von acht Millionen Menschen überschritten. Damit hat die Metropole seit 1945 einen Bevölkerungszuwachs von rund einer Million Menschen zu verzeichnen. New York, das amtlich New York City heißt, ist die größte Stadt der USA. Sie ist aber nicht der Regierungssitz des Staates New York, dessen Hauptstadt Albany ist. New York ist das politische und wirtschaftliche Zentrum der Ostküste. Die das Bild der Stadt prägenden Wolkenkratzer liegen auf der Insel Manhattan. Hier ist das Herz der Millionenstadt, und hier begann auch die Geschichte dieser Metropole.

Bis zum 17. Jahrhundert lebten hier Indianer vom Stamm der Algonquin. 1524 entdeckte der Italiener Giovanni de Verrazano die Insel. 1609 erforschte der Brite Henry Hudson den Fluß (der jetzt seinen Namen trägt), an dessen Mündung die Insel liegt. Seine Berichte lockten andere Entdecker nach Amerika, der Niederländer Adrien Block landete 1613 auf Manhattan. Er überwinterte auf der Insel und gab ihr den Namen »Nieuw Nederland«. 1625 erklärten die Niederlande die Gegend an der Hudsonmündung zur Kolonie und gaben das Land zur Besiedlung frei. 1626 kaufte der Deutsche Peter Minnewit aus Wesel für Waren im Werte von 60 Gulden die gesamte Insel den Indianern ab. Er nannte die dort errichtete Siedlung »Nieuw Amsterdam«. Die Nachbarinsel nannte er »Breukelen«, das spätere Brooklyn. Der Gouverneur der niederländischen Siedlung, Peter Stuyvesant, hatte großen Anteil an der Besiedlung der 1650 bereits 1500 Einwohner zählenden Kolonie. 1674 fiel die Stadt in die Hände der Engländer, die sie nun in New York umbenannten.

1750 zählte New York bereits 15 000 Einwohner; davon waren rund die Hälfte Schwarze, die aus Afrika als Sklaven hierher verschleppt worden waren. Nach dem Sieg der 13 ehemaligen britischen Kolonien im Jahre 1776 wurde New York zunächst zur Hauptstadt der USA erklärt. Um 1800 betrug die Einwohnerzahl der Stadt bereits 600 000 Menschen, immer mehr Europäer wollten sich hier eine neue, bessere Existenz aufbauen. Die meisten Einwanderer kamen aus Großbritannien, Deutschland und Irland. Die Masse der Bewohner New Yorks lebte jedoch in armseligen Baracken, da die neue Welt nur wenigen Wohlstand brachte. 1870 überschritt die Einwohnerzahl New Yorks die Millionengrenze. 28 Jahre später schloß sich die Stadt mit ihren Nachbargemeinden Queens, Richmond, Brooklyn und Bronx zusammen, dadurch erhöhte sich die Einwohnerzahl auf 3,5 Millionen. Immer mehr Menschen kamen in die jetzt bevölkerungsreichste Stadt der Welt, nun vor allem auch Italiener und Juden.

New York wird häufig als Schmelztiegel bezeichnet. Genaugenommen trifft dies aber nicht zu. Denn die große Zahl der verschiedenen Sprachen und Rassen der Einwanderer ergibt zwar eine einzigartige Mischung, aber ihre kulturelle Identität haben die Immigranten keineswegs aufgegeben. So gibt es z. B. Italienerviertel, in denen die Amtssprache Englisch kaum gesprochen wird.

Wachsende Zahl an Millionenstädten

New York ist mit acht Millionen Einwohnern vor Tokio (6,3 Millionen) die zur Zeit größte Stadt der Welt. Allerdings bereitet es Schwierigkeiten, genaue Vergleichszahlen anderer Städte zu ermitteln. Die Definitionen über die Ausdehnung einer Stadt sind sehr unterschiedlich; manche Statistiker rechnen z. B. Vororte zum Stadtgebiet dazu. Ein Trend läßt sich aber mit Sicherheit feststellen: Immer mehr Menschen ziehen in der Hoffnung auf bessere Lebensbedingungen in die Ballungszentren.

Allerdings werden die Hoffnungen der Menschen auf ein besseres Leben in der Stadt häufig enttäuscht; besonders in den Metropolen der Entwicklungsländer herrschen oft katastrophale Lebensverhältnisse. Dennoch zählte man 1939 weltweit 37 Städte mit mehr als einer Million Einwohner, im Jahr 1914 waren es erst 16.

Vitamin B 12 hilft gegen Blutkrankheit

22. Juni. Nach Berichten des US-Magazins »Science« entdeckten Wissenschaftler in den USA das Vitamin B 12. Durch das Vitamin B 12 erhoffen sich die Forscher ein wirkungsvolles Mittel gegen die weitverbreitete perniziöse Anämie, eine bösartige Form der Blutarmut.

Bis 1926 kannten die Mediziner keine Möglichkeit, an dieser Blutkrankheit leidende Patienten zu behandeln. Dann entdeckten Wissenschaftler, daß sich bei einem täglichen Verzehr von rund 500 g Leber Heilerfolge bei den Patienten einstellen. Daraufhin versuchte die pharmazeutische Industrie, diejenige Substanz in der Leber zu finden und zu isolieren, die für die Genesung der Kranken verantwortlich ist. Dies gelang schließlich Wissenschaftlern eines Chemiekonzerns im US-Bundesstaat New Jersey.

Die Entdeckung des Vitamins B 12 macht vielen Patienten, die an Blutarmut leiden, Hoffnung. Schon eine tägliche Gabe von 3 mg des Vitamins soll ausreichen, die Krankheit wirksam zu bekämpfen.

Neuer Transistor ersetzt Röhren

30. Juni. Wissenschaftler der Bell-Laboratories stellen in den USA einen neuen Hochleistungstransistor vor. Die Entwickler des elektronischen Bausteins, William Shockley, Walter F. Brattain und John Bardeen, hatten 1947 den Transistor erfunden. Er ist in der Lage, Ströme und Spannungen zu verstärken. Dabei ist er wesentlich kleiner als eine herkömmliche Elektronenröhre.

Besonders interessant ist der neue Hochleistungstransistor für die Entwicklung von Rechenanlagen. Das neue Bauteil könnte die zu großen und zuviel Strom verbrauchenden Röhren in den Rechnern ersetzen. Der zur Zeit größte Rechner der Welt, der 1947 in den USA entwickelte »SSEC«, besitzt 12 500 Röhren und 21 500 Relais. Er wiegt etwa 30 t und verbraucht 200 kW Strom. Er kann bis zu 30 zehnstellige Zahlen speichern und Multiplikationen in nur zwei Millisekunden ausführen. Mit Hilfe des neuen Transistors könnte eine Rechenanlage der Zukunft wesentlich kleiner und leistungsfähiger werden.

Eine Erdbebenkatastrophe in Japan fordert über 5000 Todesopfer

28. Juni. *Ein schweres Erdbeben erschüttert die Insel Hondo in Japan. Mindestens 5000 Menschen sterben an den Folgen schwerer Erdstöße, etwa 400 000 werden obdachlos. Die 85 000 Einwohner zählende Stadt Fukui wird innerhalb einer Minute total verwüstet (Abb.). Die in der ganzen Welt berühmte Seidenindustrie geht in Flammen auf und wird völlig zerstört. Das Erdbeben ist das heftigste, das seit Beginn des Jahrhunderts Japan erschüttert hat.*

Ein Theater im Zentrum Fukuis wird von den Erdstößen mitten in einer Vorstellung zum Einsturz gebracht, wobei Hunderte von Menschen sterben. Auch die Stadt Ischikawo wird von dem Beben zerstört. Rund 3000 Gebäude stürzen ein und lassen den überraschten Menschen kaum eine Chance zur Flucht. Durch gebrochene Gasrohre und zerstörte Elektrizitätsanlagen brechen überall in den vom Beben betroffenen Städten Brände aus. Die Flammen finden in den meist aus Holz erbauten Häusern reichlich Nahrung und sorgen in kürzester Zeit für deren vollständige Vernichtung. Das Erdbeben trifft die unter den Folgen der Niederlage im Zweiten Weltkrieg leidenden Menschen hart, die Existenz vieler Japaner ist durch die Naturkatastrophe vernichtet worden.

Reichweite von einer Milliarde Lichtjahre

3. Juni. Im US-amerikanischen Bundesstaat Kalifornien wird im Institut für Technologie in der Nähe von St. Diego ein 200-Zoll-Spiegelteleskop in Betrieb genommen. Das auf dem Mount Palomar errichtete Teleskop hat eine Reichweite von rund einer Milliarde Lichtjahre und ermöglicht den Astronomen tiefe Einblicke in das Universum.

Das Riesenteleskop ist nach dem 1938 verstorbenen US-amerikanischen Astronomen George Ellery Hale benannt, der sich vor allem in der Sonnenbeobachtung verdient gemacht hat: Er entdeckte 1908 Magnetismus in den Sonnenflecken. Das neue Hale-Teleskop kostete 6,5 Millionen US-Dollar; die Mittel stellte die Rockefeller-Stiftung zur Verfügung.

Mit dem Hale-Teleskop erhalten die Astronomen ein äußerst leistungsfähiges Instrument zur Erforschung des Kosmos. Die gesamte Anlage auf dem Mount Palomar wird in der Zukunft noch erweitert: 1950 soll die letzte Ausbaustufe abgeschlossen werden. Mit diesem Projekt unterstreichen die US-amerikanischen Wissenschaftler ihre führende Rolle in der astronomischen Forschung: Die größten und leistungsfähigsten Observatorien der Welt befinden sich in den Vereinigten Staaten: So z. B. die 1938 erbaute Sternwarte auf dem Mount Hamilton oder die des Mac Donald Observatoriums auf dem Mount Locke in Texas, die 1939 errichtet wurde. Eine von von den Wissenschaftlern immer noch hochgeschätzte Einrichtung ist das Hooker-Teleskop auf dem Mount Wilson, das aus dem Jahre 1918 stammt. Es gehört auch 1948 noch zu den leistungsfähigsten Einrichtungen zur Erforschung des Universums.

Der mit einer Genauigkeit von einem hunderttausendstel Millimeter geschliffene Hohlspiegel ist ein wichtiger Bestandteil des neuen Spiegelteleskops

Radiowellen aus dem Weltraum

Bei der Erforschung des Kosmos spielt ein noch verhältnismäßig junges Teilgebiet der Sternkunde eine immer bedeutendere Rolle: Die Radioastronomie. 1931 führte der US-amerikanische Gelehrte Karl G. Jansky im Auftrag einer Telefongesellschaft Studien über die Ursache von Störungen im interkontinentalen Fernsprechverkehr durch. Er stellte fest, daß die Störungen unter anderem aus dem Weltraum kamen. Es handelt sich dabei um Radiofrequenzstrahlen, die Planeten, Galaxien und andere Quellen im Weltall aussenden. Aus dieser Strahlung können die Radioastronomen mit Hilfe von Empfangsanlagen Informationen über Alter, Zustand, und Beschaffenheit von Sternen, Planeten und Galaxien gewinnen. Radioteleskope ersetzen jedoch nicht optische Instrumente wie das neue Hale-Spiegelteleskop, sondern ergänzen die astronomische Forschung.

Regen verhindert die Feier

10. Juni. *250 000 Einwohner Londons hatten sich vor dem Buckingham-Palace eingefunden, um der offiziellen Geburtstagsfeier des britischen Königs Georg VI. beizuwohnen (Foto). Zum ersten Mal seit 1939 sollte die Truppenparade wieder mit voller Prachtentfaltung stattfinden. Doch kurz vor dem Beginn wird das große Ereignis abgesagt: Meteorologen haben vor möglichen Regenschauern gewarnt – und die hätten den kostbaren Uniformen schwer geschadet.*

Streit um Jane Russel

20. Juni. *In Paris wird der Film »The Outlaw« (Der Geächtete) erstmals in Europa aufgeführt. Er hatte in den USA einen Sturm der Entrüstung hervorgerufen. Grund dafür ist der für die neue (enge) Mode hervorragend prädestinierte Brustumfang der Hauptdarstellerin, Jane Russel (im Bild). Während Frauenvereine in den USA die Aufführung des Films verbieten wollten, urteilte ein Gericht: »Jane Russel ist ein anziehendes Musterexemplar amerikanischer Weiblichkeit«.*

Die Heirat eines Ex-Königs

10. Juni. *Königliche Hochzeit in Athen: In der Kapelle des Königspalastes geben sich Ex-König Michael I. (Foto, 2. v. l.) von Rumänien und Prinzessin Anne von Bourbon-Parma (Foto, l.) das Jawort. Beide hatten sich bei den Hochzeitsfeierlichkeiten der britischen Thronfolgerin Prinzessin Elisabeth mit Philip Mountbatten in London im November 1947 kennengelernt. Kurze Zeit später mußte König Michael abdanken und in die Schweiz ins Exil gehen* *(→ 3. 1./S. 18)**.*

Brechts »Puntila« in Zürich uraufgeführt

5. Juni. Im Schauspielhaus Zürich wird Bertolt Brechts Volksstück »Herr Puntila und sein Knecht Matti« in der Inszenierung von Kurt Hirschfeld mit großem Erfolg uraufgeführt. Der anwesende Autor wird vom Publikum gefeiert.

In einer lockeren Szenenfolge wird das spannungsreiche Verhältnis zwischen dem versoffenen Gutsbesitzer Puntila und seinem Chauffeur Matti gezeigt. Puntila ist eine gespaltene Persönlichkeit: Im Vollrausch ein herzensguter Mann, der seine Mitmenschen mit Wohltaten überhäuft, verwandelt er sich, sobald er nüchtern wird, in einen rücksichtslosen Ausbeuter. Nüchtern verlobt er seine Tochter Eva mit einem langweiligen Beamten. Im Zustand überschwenglicher Trunkenheit verspricht er sie seinem Chauffeur. Doch Matti kennt die zwei widersprüchlichen Seiten seines Herrn zu gut, um dessen im Rausch gemachte Versprechungen ernst zu nehmen. Schließlich verläßt Matti seinen Herrn, der nur im Alkoholrausch ein anständiger Mensch, nüchtern jedoch »nicht mehr zurechnungsfähig« und ein rachsüchtiger Despot ist.

Der »Puntila« ist nicht das erste Brecht-Stück, das in Zürich uraufgeführt wird. Schon während des Zweiten Weltkriegs, als Brecht im Exil in den Vereinigten Staaten lebte, hatten mehrere seiner Werke am dortigen Schauspielhaus ihre Uraufführung. So im Jahre 1941 das Antikriegsdrama »Mutter Courage und ihre Kinder« und 1943 das Schauspiel »Leben des Galilei«, in dem am Beispiel des italienischen Gelehrten Galileo Galilei (1564–1642) die Frage nach der ethischen Verantwortung des Wissenschaftlers gestellt wird.

Szenenfoto von der Uraufführung von Bertolt Brechts »Herr Puntila und sein Knecht Matti«, das in Anwesenheit des Autors in Zürich uraufgeführt wird

Marcel Luipart und Irina Kladovova in Werner Egks Ballett »Abraxas«, das in München uraufgeführt wird

Großer Erfolg für modernes Ballett

6. Juni. In der Münchener Staatsoper findet die Uraufführung des Balletts »Abraxas« des deutschen Komponisten Werner Egk statt. Das Publikum reagiert begeistert.

Erst nach dem 48. Vorhang (der Rekord der Staatsoper stand bisher bei 38) können sich Komponist und Künstler von den begeisterten Zuschauern verabschieden. Das Ballett, dessen Thema die Versuchung des Faust durch den Teufel variiert, ist gleichfalls ein Triumph für den Choreographen und Solotänzer, Marcel Luipart, der in München ein klassisches Ballett aufbauen will, in dem Tänzer und Tänzerinnen des Corps den Solisten ebenbürtig sein sollen. Neben Luipart tanzen in München die gefeierten Primaballerinen Irina Kladovova aus Prag und Solange Schwarz von der Pariser Oper.

Werner Egk

Probleme gab es für die Zuschauer, die zur Uraufführung ein Libretto erstehen wollten. Dieses durfte auf amtliche Verfügung nicht verkauft werden. Grund ist das dritte Bild im Stück, in dem sich Faust und die Hexe Archisposa auf dem Gipfel einer Liebesraserei in der Hölle zu eindeutig näherkommen.

Entnazifizierung von Richard Strauss

7. Juni. Die Spruchkammer in Garmisch-Partenkirchen (Oberbayern) stuft den 85jährigen Komponisten Richard Strauss in die Gruppe der Entlasteten ein.

In dem Verfahren sollte das Verhalten von Strauss während der nationalsozialistischen Herrschaft in Deutschland geklärt werden. Die Anklage warf dem berühmten Komponisten unter anderem vor, daß er von 1933 bis 1935 als Vorsitzender der Reichsmusikkammer amtiert hatte. Strauss, der nie der NSDAP angehört hatte, wird in allen Punkten freigesprochen. In der Urteilsbegründung heißt es sogar, Strauss habe »der nationalsozialistischen Gewaltherrschaft offen und geheim Widerstand geleistet.«

In der Öffentlichkeit war das Verfahren gegen den Komponisten seit langem als peinlich empfunden worden. Zum Zeichen der Versöhnung will der bayerische Ministerpräsident, Hans Ehard, Strauss die Entnazifizierungsurkunde persönlich überreichen.

22. Musikfest in Amsterdam

18. Juni. In Amsterdam endet das 22. Musikfest für zeitgenössische Musik, veranstaltet von der »International Society for Contemporary Music«, einem Zusammenschluß von Komponisten, Kritikern und Musikern aus drei Kontinenten. Kammermusik und Orchesterstücke aus Europa, Amerika und Australien geben einen Eindruck der gegenwärtigen Tendenz in der modernen Musik.

Die deutsche Delegation, vertreten durch Heinrich Strobel und den Wiener Musikprofessor Josef Rufer, stellt in der niederländischen Hauptstadt einen Antrag auf Wiederzulassung zu diesem internationalen Forum, der einstimmig angenommen wird. Damit ist das musikalische Deutschland wieder in den europäischen Kulturkreis einbezogen.

Während der achttägigen Veranstaltung stellen sich die Komponisten der Kritik des Publikums. Interpretiert von renommierten Solisten und dem Amsterdamer Concertgebouw-Orchester hört man vor allem Klangexperimente nach dem Vorbild der Musik von Igor Strawinski und Arnold Schönberg, wie die »Sechs Symphonischen Etüden« des Polen Artur Malawski oder die »Sinfonetta« von Walter Piston (USA).

Selbstporträt von Arnold Schönberg, seine Zwölftonmusik beeinflußt entscheidend die zeitgenössische Musik

»Nummer I« von Jackson Pollock, einem Vertreter des Action Painting (1948; Museum of Modern Art, New York)

Malerei 1948:

Ost-West-Gegensatz nun auch in der Kunst

Während in Paris mit Werken des abstrakten Expressionismus neue Maßstäbe für die Kunst der Nachkriegszeit gesetzt werden, beginnt sich in Deutschland allmählich auch auf kulturellem Gebiet der »Eiserne Vorhang« zu senken. Ein Aufsatz des sowjetischen Kulturexperten und Offiziers der sowjetischen Militärregierung, Alexander Dymschitz, in der »Täglichen Rundschau« eröffnet den sogenannten Realismus-Formalismus-Streit in der Ostzone. Dies geschieht in Anlehnung an die Kulturkampagne, die 1946 durch das Politbüromitglied Andrej A. Schdanow in der UdSSR eingeleitet wurde. Besonders auffällig ist die ideologische Abgrenzung gegenüber der westlichen Kunst. Diese wird als »dekadentes formalistisches Neuerertum ohne jeden ideellen Gehalt« abgelehnt. In der Ostzone bekennt sich die Sozialistische Einheitspartei (SED) zu den Thesen von Dymschitz und richtet ihre Kulturpolitik danach aus.

Das erste prominente Opfer dieser Bewegung wird der Berliner Maler Karl Hofer, der sich aktiv an den Diskussionen über Kunst und Politik beteiligt und in seinen Bildern der revolutionären Arbeiterbewegung verpflichtet ist. Trotzdem wird er von der SED, die sich als Partei der Arbeiterklasse versteht, abgelehnt: »Die Absage an den Realismus führt zu grenzenloser Verarmung des künstlerischen Schaffens .... An Stelle des lebendigen Lebens offenbart sich uns in den Bildern von Professor Hofer eine Art Maskentheater, ein Mummenschanz . . .«

Die Abgrenzung gegenüber den unerwünschten Vertretern der modernen deutschen Kunst vollzieht sich in der Ostzone unter anderem mittels der Gründung von parteiideologisch kontrollierten Künstlergruppen, die sich »zum Realismus gegen Formalismus« bekennen und eine den politischen Verhältnissen angepaßte Kunst schaffen. So formiert sich in Dresden eine Gruppe, die sich »Das Ufer« nennt, und die unter der Führung des Malers Ernst Nolde den »sozialistischen Realismus« in der Kunst propagiert. Zunächst trifft die SED mit ihrer Kulturpolitik noch auf entschiedenen Widerspruch bei vielen Künstlern und Kritikern. Die Kunstszene kann nicht ohne weiteres davon überzeugt werden, daß die Werke von Karl Hofer, Ernst Barlach und Käthe Kollwitz – nachdem sie unter den Nationalsozialisten als »entartet« verboten waren – nunmehr einen »pessimistischen Charakter« tragen und nicht im Sinne des »neuen Menschen« sein sollen.

Außerhalb Deutschlands, in der Kunstmetropole Paris, setzt der spanische Maler Pablo Picasso neue Maßstäbe: Seine Töpferwerke, die er während eines Aufenthaltes auf den Antillen geschaffen hat, setzen das Pariser Publikum in Erstaunen, wenn auch mancher Kritiker nicht weiß, wie er Picassos neueste Kreationen einordnen soll.

Maler wie der Spanier Picasso oder sein Landsmann Salvador Dali machen Paris zu einem Zentrum der Avantgarde, das Künstler aus aller Welt anzieht. Vorherrschend sind die emotional-kreativen Kunstrichtungen, die sich in ihren Werken auf Gefühl und Spontanität berufen. Gemeinsamer Wahlspruch der unterschiedlichsten Stile ist: »Befreiung vom Formalismus und doktrinären Formgesetzen«.

»Akt auf rotem Diwan« (1948) von Francis Gruber, der 1948 stirbt

Keramik-Ausstellung von Picasso

Surrealer Künstler Salvador Dali

1. Jahresausstellung des Art Club

Louis verteidigt den Titel gegen Walcott

25. Juni. Der US-amerikanische Boxweltmeister im Schwergewicht, Joe Louis, besiegt im New Yorker Yankee-Stadion Joe Walcott. Er schlägt den Herausforderer in der elften Runde k.o., obwohl sein Landsmann bis dahin den Kampfverlauf bestimmte.

Louis verteidigt zum 25. Mal seinen Titel, dies gelang vor ihm noch keinem Boxer. Nach dem Kampf kündigt er seinen Rücktritt für das Jahr 1949 an; Louis möchte als ungeschlagener Weltmeister abtreten. Der »braune Bomber«, wie er von seinen Anhängern genannt wird, wirkte in seinen letzten Kämpfen nicht mehr so überzeugend wie früher. Schon im Dezember 1947 gewann er nur mühsam gegen Joe Walcott und verdankte seine Titelverteidigung einem unter Experten umstrittenen Punktsieg.

Joe Louis wurde am 13. Mai 1914 in Lafayette (US-Bundesstaat Alabama) geboren. Mit 18 Jahren begann er seine Karriere als Amateurboxer und siegte in 43 von 54 Kämpfen durch K.o. Seitdem wurde er der »braune Bomber« genannt. 1934 wechselte er in das Profilager über. Seitdem verlor er nur einen einzigen Kampf: Am 19. Juni 1936 besiegte ihn Max Schmeling in New York durch K.o. in der 12. Runde. Doch Louis überwand diesen Rückschlag schnell, forderte am 22. Juni 1937 den amtierenden Schwergewichtsweltmeister James J. Braddock heraus und schlug ihn in der achten Runde k.o. Danach verteidigte Louis seinen Titel 25 Mal. Eine solche Erfolgsbilanz kann bisher noch kein Boxer vorweisen.

Joe Louis (l.) und Joe Walcott (r.) mit Eddie Sagan vom New Yorker Athletikverband bei der Unterzeichnung des Kontraktes für den Kampf am 25. Juni

Fiorenzo Magni gewinnt den Giro d'Italia

6. Juni. Der italienische Radrennfahrer Fiorenzo Magni gewinnt den Giro d'Italia. Er legt die 4164 km lange Strecke in einer Durchschnittsgeschwindigkeit von 33,116 km/h zurück und benötigt eine Gesamtzeit von 124:51:52 h. Den Bergpreis kann der Vorjahressieger des Giros, Fausto Coppi, erringen.

Der Giro d'Italia ist das bedeutendste Radstraßenrennen nach der Tour de France. Die Rundfahrt wurde am 15. Mai in Mailand gestartet. Die in diesem Jahr außergewöhnlich lange Strecke führte die 77 Teilnehmer über Turin, Genua, Siena und Rom bis nach Bari. Die nächsten Stationen waren Neapel, Florenz, Bologna, Venedig und Udine. Nur 41 Fahrer waren den Strapazen gewachsen und erreichten das Ziel. Bis zum Schluß blieb es außergewöhnlich spannend: Magni, Ezio Cecchi und der Favorit Coppi (alle Italien) blieben eng beisammen. Der schärfste Rivale Magnis blieb Cecchi, der nach der 17. Etappe das rosa Trikot abgeben mußte.

Der Giro d'Italia wurde erstmals im Jahre 1909 ausgetragen. Er entwickelte sich rasch zu einem sportlichen Höhepunkt und erfreut sich weit über die Grenzen Italiens hinaus einer großen Popularität. Millionen Radsportbegeisterter verfolgen jedes Jahr das Rennen an den Strekken. Der erfolgreichste Teilnehmer ist Alfredo Binda. Der Italiener gewann zwischen 1927 und 1933 fünfmal den Giro d'Italia und dreimal die Straßenweltmeisterschaft. Insgesamt gewann er 41 Etappen der nach der Tour de France schwersten Radrundfahrt der Welt.

Fiorenzo Magni, Sieger des Giro d'Italia 1948, erhält während einer schwierigen Etappe von einem Begleiter einen Beutel mit Erfrischungen gereicht

Juli 1948

Mo	Di	Mi	Do	Fr	Sa	So
			1	2	3	4
5	6	7	8	9	10	11
12	13	14	15	16	17	18
19	20	21	22	23	24	25
26	27	28	29	30	31	

1. Juli, Donnerstag

Den Ministerpräsidenten der Länder der westlichen Besatzungszonen Deutschlands werden von den drei Westmächten drei Dokumente (»Frankfurter Dokumente«) überreicht. →S. 114

Nach dem Ausscheiden der sowjetischen Vertreter stellt die Alliierte Kommandantur in Berlin ihre Tätigkeit auf Viermächtebasis ein. Die drei westlichen Besatzungsmächte beschließen allerdings, die Arbeit in der Kommandantur fortzusetzen (→21. 12./S. 197).

Bei den Wahlen zum finnischen Reichstag erringt die konservative Bauernpartei die Mehrheit der Sitze. →S. 119

Frankreichs Ministerpräsident, Robert Schuman, verkündet eine neue staatliche Preispolitik, die vor allem die Festsetzung von Preisen für Waren des täglichen Bedarfs regelt (→19. 7./S. 119).

In der Berliner Staatsoper findet die deutsche Erstaufführung von Sergei Prokofjews Ballett »Romeo und Julia« statt.

2. Juli, Freitag

Die dänische Regierung lehnt den Wunsch des Berliner Magistrats ab, das Problem der Blockade Berlins vor den Sicherheitsrat der UNO in New York zu bringen (→24. 6./S. 97).

In Wien wird das Marshallplanabkommen zwischen Österreich und den USA unterzeichnet. Österreich soll im Rahmen der Marshallplanhilfe Zuwendungen in Höhe von insgesamt 2,8 Millionen US-Dollar erhalten (→9. 8./S. 141).

Der Jamaikaner Herbert McKenley läuft bei den US-amerikanischen Leichtathletikmeisterschaften in Milwaukee im US-Bundesstaat Wisconsin Weltrekord über 400 m in der Zeit von 45,9 sec. →S. 125

3. Juli, Sonnabend

Der Oberste Chef der Sowjetischen Militäradministration in Deutschland (SMAD), Marschall Wassili D. Sokolowski, erklärt, es bestehe derzeit keine Möglichkeit, den Landverkehr zwischen Berlin und den Westzonen wieder aufzunehmen (→24. 6./S. 97).

Für die drei Westsektoren Berlins wird eine zweite Währungsverordnung erlassen (→23. 6./S. 96).

In der Ostzone wird mit dem Aufbau einer Streitmacht, der Kasernierten Volkspolizei (KVP) begonnen (→31. 12./S. 195).

Drei Monate nach Aufnahme der Lieferungen im Rahmen des Marshallplans haben die USA eine Gesamtleistung von 762 747 140 US-Dollar erbracht, was 58% der vorgesehenen Gesamtausgaben entspricht (→9. 8./S. 141).

Albanien bricht die diplomatischen Beziehungen zum Nachbarland Jugoslawien ab (→21. 7./S. 119).

In London enden die inoffiziellen Tennis-Weltmeisterschaften von Wimbledon. Das Herreneinzel des am 20. Juni begonnenen Tuniers gewinnt Bob Falkenburg aus den USA. →S. 125

4. Juli, Sonntag

Die britische Luftwaffe setzt erstmals Wasserflugzeuge des Typs »Sunderland« zur Versorgung des blockierten Berlins ein (→29. 7./S. 115).

Zwischen den USA und den Staaten Österreich, Dänemark, Irland, Griechenland, Island, Italien, Luxemburg, den Niederlanden und Norwegen sollen bilaterale Abkommen im Rahmen des europäischen Wiederaufbauprogramms (ERP), geschlossen werden (→16. 4./S. 59).

5. Juli, Montag

In Großbritannien wird das Gesundheitswesen verstaatlicht. Außerdem ist die Mitgliedschaft in der Unfall- und Altersversicherung von nun an obligatorisch; Krankenversicherungen können auf freiwilliger Basis abgeschlossen werden.

In Griechenland wird der Kanal von Korinth, der die Halbinsel Peloponnes vom Festland trennt, wiedereröffnet. Er war während des Zweiten Weltkriegs verschüttet worden.

6. Juli, Dienstag

Das britische Unterhaus in London billigt das mit den USA geschlossene Abkommen im Rahmen des Marshallplanes (→16. 4./S. 59).

Die Regierungen der USA, Großbritanniens und Frankreichs legen bei der Regierung der UdSSR förmlichen Protest gegen die Blockade der Westsektoren Berlins ein (→24. 6./S. 97).

In Washington nehmen die Unterzeichnerstaaten des Brüsseler Paktes mit Kanada und den USA erste Verhandlungen über die Gewährung von Militärhilfe an Westeuropa auf (→17. 3./S. 49).

7. Juli, Mittwoch

Erstmals transportieren US-amerikanische Transportflugzeuge über die Luftbrücke Kohle in das blockierte Berlin (→29. 7./S. 115).

In den Niederlanden finden Parlamentswahlen statt, aus denen die Katholische Volkspartei als stärkste politische Kraft hervorgeht.

Die Polnische Arbeiterpartei (PPR) kündigt die Kollektivierung der Landwirtschaft Polens an.

Der Sicherheitsrat der UNO appelliert an Israel und die arabischen Staaten, den am 11. Juni vereinbarten Waffenstillstand einzuhalten (→19. 7./S. 119).

8. Juli, Donnerstag

Im Hotel »Rittersturz« bei Koblenz treten die Ministerpräsidenten der Länder der drei westlichen Besatzungszonen Deutschlands zu zweitägigen Beratungen über die am 1. Juli von den Besatzungsmächten überreichten »Frankfurter Dokumente« zusammen (→1. 7./S. 114, 1. 9./S. 150).

Die Reparationslieferungen aus den drei westlichen Besatzungszonen Deutschlands an die UdSSR werden eingestellt.

9. Juli, Freitag

Nach Beendigung des Waffenstillstandes in Palästina entbrennen neue schwere Kämpfe zwischen Israelis und den Truppen der arabischen Nachbarstaaten (→19. 7./S. 119).

10. Juli, Sonnabend

In Palästina beginnen syrische Truppeneinheiten eine Offensive gegen die Streitkräfte Israels, die bis zum 18. Juli dauert, jedoch keinen militärischen Erfolg mit sich bringt (→27. 13./S. 191).

11. Juli, Sonntag

In Nordkorea wird ein Programm zur Bildung einer Regierung bekanntgegeben und für den 25. August die Durchführung von Parlamentswahlen angekündigt (→9. 9./S. 158).

Oberst Frank Howley, US-amerikanischer Stadtkommandant von Berlin, gewinnt ein Springturnier um einen vom französischen Militärgouverneur in Deutschland, General Pierre Koenig, gestifteten Preis.

12. Juli, Montag

Die britische Regierung entläßt bis auf 80 000 im Nahen Osten internierte Soldaten alle deutschen Kriegsgefangenen (→31. 12./S. 192).

Auf dem Konvent der Demokratischen Partei der Vereinigten Staaten von Amerika in Philadelphia wird US-Präsident Harry S. Truman für eine Wiederwahl nominiert (→S. 103; 2. 11./S. 180).

Die verfassunggebende Versammlung Südkoreas stimmt einem eigenen Verfassungsentwurf zu (→9. 9./S. 158).

Der Film »Deutschland im Jahre Null« von Roberto Rossellini erhält bei den Filmfestspielen in Locarno den ersten Preis. →S. 123

13. Juli, Dienstag

Die deutsche Filmkomödie »Der Herr vom anderen Stern« mit Heinz Rühmann in der Hauptrolle (Regie: Heinz Hilpert) wird in Berlin uraufgeführt. →S. 122

14. Juli, Mittwoch

Die Ergebnisse der zweitägigen Konferenz der Ministerpräsidenten der Länder der drei westlichen Besatzungszonen Deutschlands im Hotel »Rittersturz« bei Koblenz stoßen bei den Militärgouverneuren der westlichen Besatzungsmächte auf Kritik (→1. 7./S. 114).

Der sächsische Innenminister, Kurt Fischer (SED), wird zum Präsidenten der neuen deutschen Verwaltung des Innern der Ostzone ernannt (→13. 2./S. 35).

Auf den Vorsitzenden der italienischen Kommunistischen Partei, Palmiro Togliatti, wird in Rom ein Attentat verübt, bei dem er verletzt wird. →S. 119

In einer Antwortnote auf den Protest der Westmächte gegen die Blockade Berlins vom 6. Juli macht die UdSSR die Westalliierten für die Sperrung der Zugangswege in die Stadt verantwortlich, läßt jedoch die Möglichkeit von Verhandlungen offen (→24. 6./S. 97).

Das chilenische Parlament beschließt ein Gesetz, das die kommunistische Partei des Landes verbietet.

15. Juli, Donnerstag

Auf Schloß Niederwald bei Rüdesheim am Rhein treffen die Ministerpräsidenten der Länder der drei westlichen Besatzungszonen Deutschlands für zwei Tage zu einer weiteren Beratung über die am 1. Juli von den Besatzungsmächten überreichten »Frankfurter Dokumente« zusammen (→1. 7./S. 114).

Der saarländische Landtag verabschiedet ein Staatsangehörigkeitsgesetz, wonach ein Teil der deutschen Bewohner des Landes den Status von Ausländern erhält.

Laut Angaben der US-Militärregierung in Deutschland sind rund 60% der Richter und 76% der Staatsanwälte in Bayern ehemalige Mitglieder der Nationalsozialistischen Deutschen Arbeiterpartei (NSDAP).

In Bloomington im US-Bundesstaat Indiana findet die Uraufführung von Kurt Weills Oper »Down in the Valley« statt. →S. 123

16. Juli, Freitag

Ein nach dem Attentat auf den italienischen KP-Vorsitzenden, Palmiro Togliatti ausgerufener Generalstreik wird abgebrochen (→14. 7./S. 119).

17. Juli, Sonnabend

Die jugoslawische Regierung in Belgrad verbietet den Verkauf der Zeitschrift des Kominform, des Kommunistischen Informationsbüros (→21. 7./S. 119; 26. 6./S. 102).

18. Juli, Sonntag

Der Berliner Großindustrielle Günter Quandt wird von der Spruchkammer in München in einem Entnazifizierungsverfahren als Mitläufer eingestuft. →S. 116

In Palästina kommt es zum Abschluß eines zweiten Waffenstillstandes zwischen Israel und seinen arabischen Gegnern (→19. 7./S. 119).

In den Westsektoren Berlins findet eine von deutschen Künstlern organisierte Großkundgebung gegen die Unterdrückung politischer Freiheiten in der Ostzone statt. →S. 122

Ferienstimmung vermittelt die US-amerikanische Zeitschrift »Life« in ihrer Juliausgabe

19. Juli, Montag

Mit der Luftbrücke zur Versorgung der blockierten Westsektoren Berlins wird der regelmäßige Transport von Kohle per Flugzeug aufgenommen (→ 29. 7./S. 115).

Große Teile der arabischen Bevölkerung in Palästina haben wegen des seit dem 14. Mai 1948 andauernden Krieges ihre Heimat verlassen. → S. 119

Nach einer Abstimmungsniederlage in der Nationalversammlung tritt Frankreichs Ministerpräsident Robert Schuman von seinem Amt zurück. → S. 119

Zwischen den USA und Jugoslawien wird ein Abkommen geschlossen, das die Begleichung der Schulden aus Hilfslieferungen der Vereinigten Staaten während des Zweiten Weltkrieges und die Entschädigung für verstaatlichten US-amerikanischen Besitz in Jugoslawien regelt.

In der Ostzone wird Schnaps als erstes Genußmittel von der Bewirtschaftung ausgenommen. → S. 117

20. Juli, Dienstag

Die drei westlichen Militärgouverneure in Deutschland drängen die Ministerpräsidenten der Länder der drei Westzonen, die am 1. Juli überreichten »Frankfurter Dokumente« uneingeschränkt anzunehmen (→ 1. 7./S. 114).

In den USA werden acht führende Funktionäre der kommunistischen Partei, darunter ihr Vorsitzender William Z. Foster, verhaftet; sie werden verdächtigt, einen Umsturz in den Vereinigten Staaten geplant zu haben.

In Südkorea wird Syngman Rhee zum ersten Präsidenten des Landes gewählt (→ 9. 9./S. 158).

21. Juli, Mittwoch

Zum zweiten Mal treten die Ministerpräsidenten der Länder der drei westlichen Besatzungszonen Deutschlands im Schloß Niederwald bei Rüdesheim am Rhein zu zweitägigen Beratungen über die am 1. Juli von den Besatzungsmächten überreichten »Frankfurter Dokumente« zusammen (→ 1. 7./S. 114).

In der Ostzone wird die Deutsche Emissions- und Girobank in Deutsche Notenbank umbenannt. → S. 117

Die Deutsche Wirtschaftskommission (DWK) der Ostzone beschließt einen Zweijahresplan für die wirtschaftliche Entwicklung in der sowjetischen Besatzungszone Deutschlands.

André Marie wird von der französischen Nationalversammlung gegen die Stimmen der Kommunisten zum neuen Ministerpräsidenten des Landes gewählt (→ 19. 7./S. 119).

Auf dem Parteitag der jugoslawischen Kommunisten in Belgrad werden die Anschuldigungen des Kommunistischen Informationsbüros (Kominform) zurückgewiesen. Parteichef Josip Broz Tito beschuldigt seinerseits das Kominform, zum Bürgerkrieg in Jugoslawien aufzurufen. → S. 119

Das britische Unterhaus in London beschließt, die Brotrationierung mit Wirkung vom 25. Juli aufzuheben.

22. Juli, Donnerstag

In einer Volksabstimmung entscheidet sich die Bevölkerung Neufundlands für den Anschluß an Kanada; die Insel war seit 1907 britisches Dominium und wurde seit 1934 vom britischen Kolonialministerium direkt verwaltet.

23. Juli, Freitag

Der stellvertretende Parteivorsitzende der SED, Walter Ulbricht, kündigt in einer Rede in Werder bei Potsdam eine politische Säuberung seiner Partei an (→ 29. 7./S. 117).

Die französische Militärregierung in Deutschland befiehlt die sofortige Demontage von 38 Betrieben in Württemberg-Hohenzollern, unter denen sich u.a. sämtliche Fabriken der Uhrenindustrie befinden (→ 13. 8./S. 138).

24. Juli, Sonnabend

Die deutsche Wirtschaftskommission (DWK) ordnet für die Ostzone die Ausgabe der »Deutschen Mark der Deutschen Notenbank« an (→ 21. 7./S. 117).

Nach Angaben der österreichischen Volkspartei (ÖVP) befinden sich noch immer 13 000 Österreicher in Kriegsgefangenschaft, der größte Teil davon in der Sowjetunion (→ 31. 12./S. 192).

Die Fortschrittspartei der USA nominiert auf ihrem Parteikonvent in Philadelphia den ehemaligen Handelsminister Henry A. Wallace zum Präsidentschaftskandidaten (→ S. 103; 2. 11./S. 180).

25. Juli, Sonntag

In den Halbfinalen der Deutschen Fußballmeisterschaft gewinnt in Mannheim der 1. FC Nürnberg gegen den FC St. Pauli mit 3:2 Toren. In Wuppertal schlägt der 1. FC Kaiserslautern die SpVg. Neuendorf 5:1 (→ 8. 8./S. 145).

26. Juli, Montag

In einer abschließenden Besprechung mit den Militärgouverneuren der drei westlichen Besatzungszonen Deutschlands in Frankfurt am Main einigen sich die Ministerpräsidenten der westdeutschen Länder unter anderem auf die Einberufung eines Parlamentarischen Rates zur Ausarbeitung eines Grundgesetzes (→ 1. 7./ S. 114).

Die Verwaltung für Verkehr der deutschen Bizone gibt in Frankfurt am Main die Einstellung des Güterverkehrs zwischen der Bizone und der Ostzone bekannt (→ 24. 6./S. 97).

Der Berliner Polizeipräsident, Oberst Paul Markgraf, wird vom amtierenden Oberbürgermeister der Stadt, Ferdinand Friedensburg, von seinem Amt suspendiert (→ 6. 9./S. 152).

In Frankreich wird unter Ministerpräsident André Marie ein neues Koalitionskabinett gebildet, in dem der zurückgetretene Ministerpräsident Robert Schuman das Amt des Außenministers bekleidet (→ 19. 7./S. 119).

In Hannover treffen die ersten Kinder aus den ehemaligen Ostgebieten ein, die während der Vertreibung 1945 von ihren Eltern getrennt worden waren und sich zeitweilig in der Obhut polnischer Familien befanden.

Der Italiener Gino Bartali gewinnt in Paris die Tour de France. Er bewältigt das 4922 km lange Radrennen in der Zeit von 147:10:30 h. Die Mannschaftswertung der am 30. Juni gestarteten Tour gewinnt Belgien. → S. 125

27. Juli, Dienstag

Der vom Amt suspendierte Berliner Polizeipräsident Paul Markgraf weigert sich zurückzutreten und amtiert mit sowjetischer Billigung im sowjetischen Sektor der Stadt weiter (→ 6. 9./S. 152).

In London wird ein Abkommen über die Lieferung von Düsenjägern an Frankreich geschlossen. Damit soll die französische Luftwaffe modernisiert werden.

28. Juli, Mittwoch

In einem Werk der Badischen Anilin & Soda-Fabrik (BASF) in Ludwigshafen am Rhein ereignet sich eine Explosionskatastrophe, bei der 178 Menschen ums Leben kommen. → S. 118

In Hamburg findet die deutsche Erstaufführung des Dramas »Die Irre von Chaillot« des französischen Schriftstellers Jean Giraudoux statt. → S. 123

29. Juli, Donnerstag

Der US-amerikanische Luftwaffengeneral William Tunner übernimmt das Kommando über die in der Berliner Luftbrücke eingesetzten Lufttransportgeschwader. → S. 115

In Berlin beschließt der Vorstand der SED die Umformung der Partei in eine »Partei neuen Typus« nach sowjetischem Vorbild. → S. 117

Der Parteiführer der finnischen sozialdemokratischen Partei, Karl-August Fagerholm, erhält von Staatspräsident Juho Paasikivi den Auftrag, eine neue Regierung zu bilden (→ 1. 7./S. 119).

In London werden die XIV. Olympischen Sommerspiele eröffnet. An den Wettkämpfen, die bis zum 14. August dauern, nehmen 4 099 Teilnehmer aus 59 Staaten teil. → S. 126

30. Juli, Freitag

Vor dem US-amerikanischen Militärgericht in Nürnberg werden die Urteile im I.G. Farben-Prozeß verkündet; zehn der angeklagten Direktoren des Konzerns werden freigesprochen, 13 weitere Angeklagte erhalten Freiheitsstrafen von bis zu acht Jahren. → S. 116

Ein sogenanntes Berliner Dokument über die Einbeziehung der deutschen Bizone in den Marshallplan wird in Frankfurt am Main veröffentlicht.

Die Handelsgesellschaft Groß-Berlin wird von der Deutschen Wirtschaftskommission der Ostzone (DWK) im sowjetischen Sektor Berlins gegründet. (→ 15. 10./S. 172).

In Belgrad wird die Konferenz über die Regelung der Donauschiffahrt eröffnet, die bis zum 18. August dauert.

Der ungarische Staatspräsident Zoltán Tildy tritt von seinem Amt zurück. Grund ist die Verhaftung seines Schwiegersohns Victor Csornoky wegen des Verdachts auf Hochverrat (→ 26. 12./S. 190).

31. Juli, Sonnabend

Vor dem US-amerikanischen Militärgericht in Nürnberg werden die Urteile im Krupp-Prozeß verkündet. Der Hauptangeklagte Alfried Krupp von Bohlen und Halbach wird zu zwölf Jahren Gefängnis verurteilt (→ 30. 7./S. 116).

Der sowjetische Partei- und Regierungschef, Generalissimus Josef W. Stalin, empfängt in Moskau die Botschafter der drei westlichen Besatzungsmächte Deutschlands zu Gesprächen über die zugespitzte politische Lage in und um Berlin (→ 6. 9./S. 152).

Der österreichische Bundespräsident Karl Renner eröffnet die diesjährigen Salzburger Festspiele, die bis zum 14. August dauern. → S. 121

Gestorben:

4. Wien: Richard Teschner (* 21. 3. 1879, Karlsbad), österreichischer Maler und Puppenspieler.

5. Neuilly-sur-Seine: Georges Bernanos (* 20. 2. 1888, Paris), französischer Schriftsteller und Dramatiker.

15. Washington: John Joseph Pershing (* 13. 9. 1860, Linn County/Missouri), US-amerikanischer General.

23. Los Angeles-Hollywood: David Wark Griffith (* 22. 1. 1875, La Grange), US-amerikanischer Regisseur. → S. 123

Geboren:

7. Zürich: Luc Bondy, schweizerischer Theater- und Filmregisseur.

16. Tel Aviv: Pinchas Zukerman, israelischer Violinist.

22. Emden: Otto Waalkes (»Otto«), deutscher Komiker.

Das Wetter im Monat Juli

Station	Mittlere Lufttemperatur (°C)	Niederschlag (mm)	Sonnenscheindauer (Std.)
Aachen	— (17,5)	— (75)	— (190)
Berlin	18,0 (18,3)	— (70)	— (242)
Bremen	— (17,4)	— (92)	— (207)
München	— (17,5)	— (137)	— (226)
Wien	18,1 (19,5)	87 (84)	229 (—)
Zürich	15,5 (17,2)	170 (139)	147 (238)

( ) Langjähriger Mittelwert für diesen Monat
– Wert nicht ermittelt

Die illustrierte Zeitschrift »Heute« beginnt am 1. Juli mit einer Reportage über das Familienleben verschiedener Völker

Westzonen sollen eine Verfassung erhalten

1. Juli. Die Militärgouverneure der drei westlichen Besatzungszonen Deutschlands, die Generäle Lucius D. Clay (USA), Sir Brian Robertson (Großbritannien) und Pierre Koenig (Frankreich), übergeben in Frankfurt am Main den elf Ministerpräsidenten der westdeutschen Länder die »Frankfurter Dokumente«. Hierbei handelt es sich um drei Schriftstücke, die auf den Grundlagen der Ergebnisse der Londoner Sechsmächtekonferenz, die am → 2. Juni (S. 92) endete, erarbeitet wurden.

Die Bestimmungen des ersten Dokuments enthalten Richtlinien zur Ausarbeitung der Verfassung eines künftigen westdeutschen Staates:

- ▷ Eine verfassunggebende Versammlung muß bis spätestens zum → 1. September (S. 150) einberufen werden
- ▷ Die Teilnehmer der verfassunggebenden Versammlung sind von den Länderparlamenten zu wählen; die Anzahl der Delegierten richtet sich jeweils nach der Bevölkerungszahl der Länder
- ▷ Die auszuarbeitende Verfassung soll die individuellen Rechte und Freiheiten des einzelnen und einen föderalistischen Staatsaufbau garantieren
- ▷ Der ausgearbeitete Verfassungsentwurf muß von den Besatzungsmächten genehmigt und anschließend der Bevölkerung der Länder zur Abstimmung vorgelegt werden

Im zweiten Dokument erhalten die Ministerpräsidenten den Auftrag, die derzeit bestehenden Ländergrenzen zu überprüfen und gegebenenfalls Änderungen vorzuschlagen. Das dritte Dokument umreißt schließlich das Besatzungsstatut für den künftigen westdeutschen Staat.

Ministerpräsidenten der Länder der Westzonen; darunter Hans Ehard (Bayern, 1. v. r.), Wilhelm Kaisen (Bremen, 2. v. r.) und Christian Stock (Hessen, 4. v. r.)

Vom 8. bis zum 10. Juli treffen die elf Ministerpräsidenten zu einer ersten Konferenz im Hotel »Rittersturz« bei Koblenz am Rhein zusammen. Im Prinzip akzeptieren sie die Bestimmungen der »Frankfurter Dokumente«, sprechen sich jedoch dafür aus, alles zu vermeiden, »was dem zu schaffenden Gebilde den Charakter eines Staates verleihen würde«. Die Bedenken gegen die Gründung eines Staates resultieren einmal aus der Tatsache, daß dieser das Territorium von nur drei der vier Besatzungszonen umfassen soll. Zum anderen ist durch das von den Westmächten geplante Besatzungsstatut die politische Souveränität des zu gründenden Staatsgebildes von vorneherein eingeschränkt.

Die deutschen Bedenken führen zu erheblichen Differenzen mit den westlichen Militärgouverneuren. Nach ihrer Auffassung sind die »Frankfurter Dokumente« ein großzügiges Angebot.

So sind zwei weitere Konferenzen der Ministerpräsidenten, die am 15. und 16. sowie am 21. und 22. Juli im Jagdschloß Niederwald bei Rüdesheim stattfinden, notwendig, ehe am 26. Juli in einer abschließenden Besprechung mit den Militärgouverneuren in Frankfurt am Main ein Kompromiß erzielt wird.

Man einigt sich darauf, die künftige Verfassung als »vorläufig« zu bezeichnen und sie deshalb »Grundgesetz« statt »Verfassung« zu nennen. Den Ausdruck »verfassunggebende Versammlung« ersetzt man durch den Begriff »Parlamentarischer Rat« (→ 10. 8./S. 136).

Hessens Ministerpräsident Christian Stock (SPD)

R. Maier, Ministerpräsident von Württemberg-Baden

Berlins Oberbürgermeister Ernst Reuter (SPD)

Der bayerische Ministerpräsident Hans Ehard (CSU)

Wenig Rechte für deutschen Staat

1. Juli. Mit der Übergabe der »Frankfurter Dokumente« sind die Weichen zur Gründung eines westdeutschen Staates gestellt. Obwohl damit eine politische Teilung Deutschlands verbunden ist, soll durch den föderativen Aufbau des Teilstaates die Möglichkeit zur Wiedervereinigung aller vier Besatzungszonen offengehalten werden.

Das vorgesehene Besatzungsstatut schränkt die Souveränität des künftigen deutschen Staates in entscheidenden Bereichen ein. So behalten sich die Westmächte zum Beispiel weiterhin die Kontrolle über die Außenbeziehungen und die Wahrung individueller Freiheitsrechte vor. Trotzdem stellen die »Frankfurter Dokumente« einen großen Fortschritt dar, enthalten sie doch die Aufforderung an die Deutschen in den Westzonen, sich an der Gestaltung ihrer politischen Zukunft zu beteiligen.

Nachdem im Dezember 1947 ein letzter Versuch gescheitert war, sich mit der Sowjetunion auf ein gemeinsames Konzept für die Zukunft Deutschlands zu verständigen, beschleunigten vor allem die USA und Großbritannien die Gründung eines westdeutschen Teilstaates.

Zu diesem Zweck wurde bereits im Februar 1948 der bizonale Wirtschaftsrat in Frankfurt am Main mit erweiterter gesetzgeberischer Kompetenz ausgestattet (→ 5. 2./S. 35).

Im selben Monat trat auch die Londoner Sechsmächtekonferenz zusammen, an der Vertreter der USA, Großbritanniens, Frankreichs und der Benelux-Staaten teilnahmen (→ 23. 2./S. 33; 2. 6./S. 92). Zur Debatte stand unter anderem der staatsrechtliche Rahmen für den künftigen westdeutschen Staat: Während die USA einen Bundesstaat bevorzugten, trat Frankreich für die Bildung eines Staatenbundes ein. Die Vorstellungen Großbritanniens waren auf einen dezentralen Einheitsstaat gerichtet. Es gelang den USA schließlich, ihre Vorstellungen durchzusetzen.

Luftbrücke immer besser organisiert

29. Juli. Der US-amerikanische Luftwaffengeneral William Tunner übernimmt das Kommando über die in der Berliner Luftbrücke eingesetzten Lufttransportgeschwader. Unter seiner Leitung wird die Versorgung der blockierten Westsektoren der Stadt generalstabsmäßig organisiert. Im Juli 1948 stehen für die Luftbrücke (»Operation Vittles«) 269 britische und 314 US-amerikanische Transportflugzeuge zur Verfügung, von denen ein Großteil im Einsatz ist. Jede Maschine absolviert täglich bis zu vier Flüge zu den beiden Berliner Flughäfen in Gatow und Tempelhof. Sie landen dort in einem Abstand von nur drei Minuten.

Für die Versorgung Berlins aus der Luft stehen drei Luftkorridore zur Verfügung, die in Richtung Hamburg (Nordkorridor), Hannover (Mittelkorridor) und Frankfurt am Main (Südkorridor) verlaufen.

Während der Nordkorridor in beiden Richtungen beflogen wird, sind die beiden anderen zu »Einbahnstraßen« deklariert worden: So wird der Südkorridor aus Frankfurt am Main nur für Hinflüge, der Mittelkorridor nach Hannover ausschließlich für Rückflüge benutzt.

Wegen der immer dichter werdenden Flugfolge steht für die Maschinen in Berlin kein Warteraum in der Luft zur Verfügung. Flugzeuge, die sich verspätet haben, müssen daher durchstarten und in Richtung Hannover zurückfliegen. Die erfolgreiche Koordination aller Flüge erfordert nicht nur einen ausgeklügelten Zeitplan, sondern auch den Einsatz modernster elektronischer Hilfsmittel, wie zum Beispiel das Radar. Ihre Installation wird zur Zeit vorgenommen. Außerdem müssen die elf in die Luftbrücke einbezogenen Flughäfen in Westdeutschland ausgebaut werden. Dasselbe trifft für die beiden Berliner Flughäfen zu.

Seit Verhängung der Blockade über die Westsektoren Berlins durch die sowjetische Besatzungsmacht in Deutschland am →24. Juni (S. 97) haben US-amerikanische und britische Flugzeuge bereits rund 28 000 t Güter in die Stadt geflogen. Dabei handelte es sich in erster Linie um Lebensmittel. Um Transportraum und Gewicht zu sparen, werden sie vorher getrocknet. Als am 7. Juli die USA Kohleflüge aufnehmen wollten, mußte dieser Versuch nach wenigen Tagen abgebrochen werden. Der Kohlestaub begann sich in den Kabinen statisch aufzuladen, so daß Explosionsgefahr bestand. Das Problem wurde gelöst, indem man die Kohle in dichtgewebte und reißfeste Säcke verpackte. So konnte Berlin vom 19. Juli an auch regelmäßig mit dem dringend benötigten Brennstoff versorgt werden (→26. 6./S. 98; 31. 12./S. 198).

Im Luftleitzentrum des Flughafens Berlin-Gatow: Der britische Koordinator der Luftbrücke Luftmarschall Tedder (M.) vor einem Modell des Flugplatzes

Auf einer großen Tafel im Flughafen Tempelhof wird die Ankunft eines jeden Flugzeuges in Berlin registriert

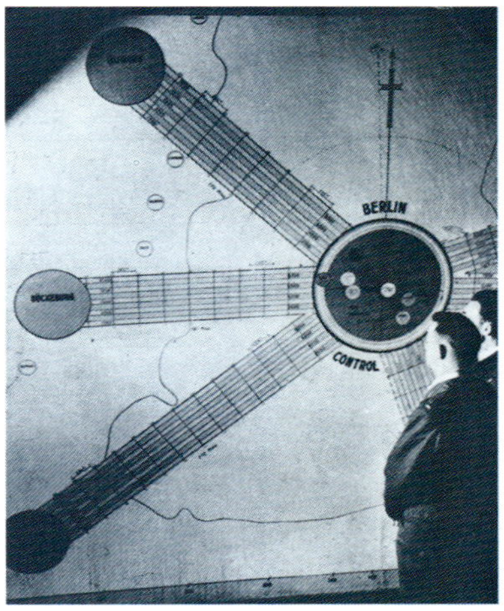

Schautafel der drei Luftkorridore von und nach Berlin; in der Mitte sind die Flughäfen der Stadt markiert

Nach der Landung in Berlin erstatten diese Piloten der britischen Royal Air Force vor einer Karte ihrem Vorgesetzten Bericht über den Flug

Eine »Sunderland« ist auf dem Wannsee gewassert, sie gehört zu den ersten britischen Flugbooten, die im Rahmen der Luftbrücke zum Einsatz kommen

Industrielle werden zu Gefängnis verurteilt

30. Juli. Nach zwölfmonatiger Verhandlungsdauer werden im Nürnberger Prozeß gegen 23 ehemalige Direktoren der I.G. (Interessengemeinschaft) Farbenindustrie AG (abgekürzt I.G. Farben), des einstmals größten Chemiekonzerns der Welt, die Urteile verkündet. Das US-amerikanische Militärgericht verurteilt 13 Angeklagte zu Gefängnisstrafen zwischen anderthalb und acht Jahren. Zehn Angeklagte werden freigesprochen.

Die höchsten Strafen mit acht Jahren Gefängnis erhalten Otto Ambros und Walther Dürrfeld. Sie werden vom Gericht für schuldig befunden, während der Zeit der nationalsozialistischen Herrschaft in Deutschland Häftlinge aus Konzentrationslagern als Sklavenarbeiter beschäftigt zu haben. So hatte die I.G. Farbenindustrie 1942 in der Nähe des Konzentrationslagers Auschwitz ein Chemiewerk errichten lassen, in dem KZ-Häftlinge bis zur völligen körperlichen Erschöpfung arbeiten mußten.

Unmittelbar nach der Urteilsverkündung beantragt der Verteidiger Rudolf Dix im Namen aller Angeklagten die Aufhebung der Urteile. Zur Begründung führt er aus, die den Angeklagten zur Last gelegten Taten stellten weder einen Verstoß gegen das Völkerrecht noch gegen bestehende Gesetze der Vereinigten Staaten dar. Das Gericht weist den Antrag sogleich als offensichtlich unbegründet zurück.

Blick in den Sitzungssaal des Internationalen Gerichtshofes in Nürnberg während der Verhandlungen gegen Alfried Krupp von Bohlen und Halbach

Am folgenden Tag endet vor einer anderen Kammer des US-amerikanischen Militärgerichts in Nürnberg der Prozeß gegen den Besitzer des Krupp-Konzerns, Alfried Krupp von Bohlen und Halbach, und elf Direktoren seines Unternehmens. Das Urteil gegen Krupp lautet auf zwölf Jahre Gefängnis und Einziehung seines Vermögens. Zehn Angeklagte werden zu Gefängnisstrafen zwischen zwei Jahren und zehn Monaten und zwölf Jahren verurteilt. Einer der Direktoren kommt frei.

In der Anklageschrift ist ihnen ebenso wie den Direktoren der I.G. Farben vorgeworfen worden, während des Zweiten Weltkrieges in den Betrieben des Konzerns Kriegsgefangene und Häftlinge aus Konzentrationslagern beschäftigt zu haben. Zwischen 1940 und 1945 mußten rund 70 000 ausländische Zwangsarbeiter, 5 000 KZ-Häftlinge und etwa 23 000 Kriegsgefangene unter unmenschlichen Bedingungen in den Krupp-Werken arbeiten. Von der Anklage der Beteiligung an der Vorbereitung eines Angriffskrieges wird Krupp allerdings freigesprochen.

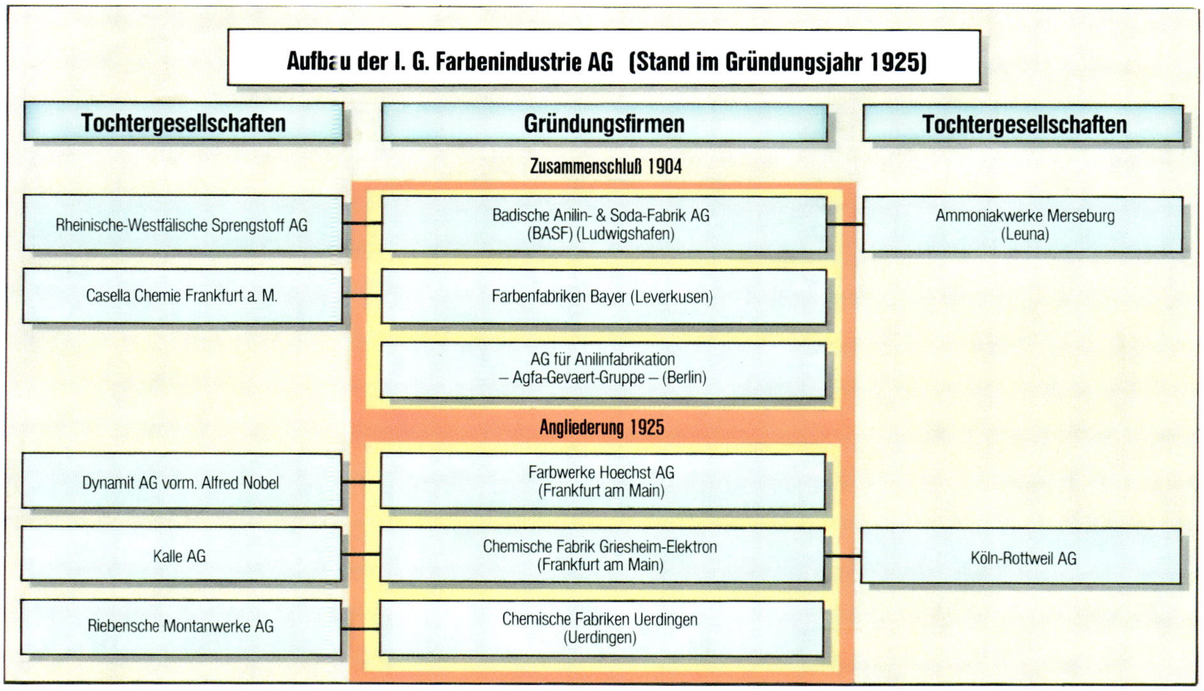

Entnazifizierung von Günter Quandt

18. Juli. Der Berliner Großindustrielle Günter Quandt wird von einer Spruchkammer in München in einem Entnazifizierungsverfahren als Mitläufer eingestuft.

Der 67jährige Unternehmer, der als einer der reichsten Männer Deutschlands gilt, war zeitweise mit der späteren Frau des Reichsministers für Volksaufklärung und Propaganda, Joseph Goebbels, Magda, verheiratet. In dem Spruchkammerverfahren machte Quandt geltend, daß er zum Eintritt in die Nationalsozialistische Deutsche Arbeiterpartei (NSDAP) durch Goebbels gezwungen worden sei. Dieser habe ihm für den Fall seiner Weigerung mit der Entziehung des Sorgerechts für seinen Sohn Harald gedroht.

Günter Quandt hatte den Grundstein für sein Industrieimperium nach 1920 gelegt. Zu Beginn des Zweiten Weltkrieges war er Hauptaktionär und Mitglied des Aufsichtsrates von mehr als 50 Industriebetrieben und Versicherungen.

I.G. Farben vor der Entflechtung

30. Juli. Die Verurteilung der leitenden Direktoren der I.G. Farbenindustrie AG in Nürnberg rückt das einst größte Chemieunternehmen der Welt wieder in den Mittelpunkt des öffentlichen Interesses.

Bereits im November 1945 hatten die Alliierten die Auflösung der I.G. Farben wegen ihrer Verstrickung in die Verbrechen des nationalsozialistischen Regimes verfügt. Die geplante endgültige Entflechtung erweist sich jedoch aufgrund der Größe des Unternehmens als komplizierte organisatorische Aufgabe.

Die Ursprünge der I.G. Farbenindustrie AG gehen auf das Jahr 1904 zurück, als sich die Farbenfabriken Bayer AG (Leverkusen), die Badischen Anilin- & Sodafabriken (Ludwigshafen) und die Berliner Agfa-Gevaert-Gruppe zusammenschlossen. Im Jahre 1925 wurden weitere Chemieunternehmen angegliedert, darunter die Farbwerke Hoechst bei Frankfurt am Main.

Im Zweiten Weltkrieg erlangte das Unternehmen durch die Herstellung von synthetischem Kautschuk (Buna) und Benzin eine zentrale Bedeutung für die Kriegswirtschaft.

Die SED wird zu einer »Partei neuen Typus«

29. Juli. Der Vorstand der Sozialistischen Einheitspartei Deutschlands (SED) beschließt eine umfassende »Säuberung der Partei von feindlichen und entarteten Elementen«. Mit dieser Säuberung setzt die Umwandlung der SED, der mächtigsten politischen Kraft in der Ostzone, in eine »Partei neuen Typus« ein. Die bisher gültige These Anton Ackermanns vom »besonderen deutschen Weg zum Sozialismus« wird verworfen und durch die ideologische Festlegung auf das sowjetische Vorbild ersetzt.

Der Kurswechsel vollzieht sich vor dem Hintergrund des Ausschlusses Jugoslawiens aus dem Kommunistischen Informationsbüro am → 26. Juni (S. 102). In dieser Organisation haben sich neun kommunistische Parteien Europas unter sowjetischer Führung zum Zwecke einer einheitlichen ideologischen Ausrichtung zusammengeschlossen. Bis zum Bruch mit Jugoslawien hatte die Führung der UdSSR den ausländischen kommunistischen Parteien noch gestattet, einen eigenen Weg zum Sozialismus einzuschlagen. Seit Ende Juni betreibt sie die ausschließliche Ausrichtung der kommunistischen Parteien auf das sowjetische Modell.

A. Ackermann

Wilhelm Pieck, einer der Vorsitzenden der SED

Walter Ulbricht, Vertreter des neuen SED-Kurses

Mit Pieck SED-Vorsitzender: Otto Grotewohl

Von diesem neuen politischen Kurs ist auch die SED unmittelbar betroffen. Für sie bedeutet dies die Beschleunigung eines ideologischen und organisatorischen Wandels, der schon seit Jahren im Gange ist.

Die SED entstand 1946 durch die Verschmelzung der Sozialdemokratischen mit der Kommunistischen Partei Deutschlands (KPD). Dieser Zusammenschluß war von der KPD-Führung betrieben und von der sowjetischen Besatzungsmacht unterstützt worden, nachdem sich abzeichnete, daß es den deutschen Kommunisten nicht aus eigener Kraft gelingen würde, zur führenden politischen Macht aufzusteigen. Die Gründung einer Sozialistischen Einheitspartei Deutschlands in den drei Westzonen scheiterte am Widerstand der SPD bereits in den Ansätzen. Auch in Berlin konnten die Sozialdemokraten ihre Selbständigkeit behaupten.

Dagegen begann die SED in der Ostzone ihre politische Führungsrolle gegenüber den anderen Parteien systematisch auszubauen. Gleichzeitig drängten frühere kommunistische Funktionäre den sozialdemokratischen Einfluß in der Partei mehr und mehr zurück. Während noch 1948 ehemalige Sozialdemokraten die Mehrheit der rund zwei Millionen Mitglieder der SED stellen, ist der Einfluß ehemaliger KPD-Funktionäre in den Führungsgremien bereits dominierend.

Die jetzt einsetzende Umwandlung der SED in eine »Partei neuen Typus« zielt auf die vollständige Ausschaltung des Einflusses sozialdemokratischer und oppositioneller Strömungen innerhalb der Partei.

Der »deutsche Weg zum Sozialismus«

Eines der Hauptmerkmale des im Juli 1948 eingeleiteten Kurswechsels der Sozialistischen Einheitspartei Deutschlands (SED) ist die Aufgabe des Anspruchs, einen eigenständigen Weg zum Sozialismus gehen zu wollen. Statt dessen erfolgt eine strikte Orientierung auf das sowjetische Gesellschaftsmodell.

Am 9. Februar 1946 hatte Anton Ackermann, Mitglied des Parteivorstandes der Kommunistischen Partei Deutschlands (KPD) in einem Aufsatz »einen besonderen deutschen Weg zum Sozialismus« befürwortet. Zum damaligen Zeitpunkt – die Vereinigung von KPD und SPD war bereits beschlossen – erregte die These Ackermanns beträchtliches Aufsehen. In Anbetracht des Widerstandes vieler Sozialdemokraten gegen eine Verschmelzung mit den Kommunisten, sollte sie zum Abbau ihres Mißtrauens dienen. Auch nach Gründung der SED blieb die These vom »besonderen Weg« Bestandteil des Programms der Partei. Sie bekannte sich zwar ausdrücklich zum Marxismus; wollte sich aber von dem Ruf befreien, eine von der Sowjetunion abhängige Partei zu sein.

Neue Geldscheine für die Ostzone

21. Juli. Auf Beschluß ihres Verwaltungsrates wird die Deutsche Emissions- und Girobank der Ostzone in Deutsche Notenbank umbenannt. Sie war am → 26. Mai (S. 79) in Potsdam als Gegenstück zur Bank deutscher Länder in den Westzonen gegründet worden und untersteht der DKW, der Deutschen Wirtschaftskommission (→ 13. 2./S. 35).

Wenige Tage später, am 24. Juli, verordnet die DWK für die Ostzone die Ausgabe der »Deutschen Mark der Deutschen Notenbank«. Sie löst die seit dem Erlaß der Währungsreform am → 23. Juni (S. 96) im Umlauf befindliche Kuponmark ab. Während die offizielle Kurzbezeichnung des neuen Geldes »DM« lautet, bürgern sich jedoch zur besseren Unterscheidung bald Begriffe wie »DM-Ost« oder »Ostmark« ein. Dementsprechend wird die DM der Westzonen auch als »DM-West« oder »Westmark« bezeichnet.

Kontrolle gegen den Schwarzmarkt im sowjetischen Sektor von Berlin

Die Ausgabe der Kuponmark war als Übergangslösung gedacht. Hierbei handelt es sich um alte Reichsmarkscheine, die mit Spezialkupons beklebt wurden. Aufgrund der schlechten Druckqualität ließen sich die Aufkleber leicht fälschen. Auf den Druck neuer Geldscheine war wegen des Mangels an hochwertigem Papier verzichtet worden.

Spirituosen ohne Marken erhältlich

19. Juli. Die Militärregierung der sowjetischen Besatzungszone in Deutschland gibt bekannt, daß ab sofort Spirituosen von der Bewirtschaftung ausgeschlossen werden. Damit ist Schnaps als erstes »Lebensmittel« in der Ostzone frei verkäuflich und in unbegrenzten Mengen erhältlich.

Die Preise sind allerdings für viele Kunden zu hoch: Ein Liter Schnaps (40% Vol.) kostet rund 70 ostzonale Mark. Der Grund dafür ist die sehr hohe Besteuerung von Spirituosen. Die sowjetische Militärregierung erwartet für das Haushaltsjahr 1948/49 eine Steuereinnahme von drei Milliarden ostzonalen Mark. Das entspricht einem Anteil von fast 40% am Gesamtsteueraufkommen der Ostzone.

Explosionsunglück in Ludwigshafen

28. Juli. Auf dem Gelände der Badischen Anilin- & Sodafabrik (BASF) in Ludwigshafen (französische Besatzungszone) ereignet sich ein schweres Explosionsunglück.
In dem Werk, das zum Chemiekonzern I. G. Farben gehört (→ 30. 7 /S. 116), war hochexplosiver Dimethyl-Äther aus einem Kesselwagen ausgeströmt und hatte sich selbst entzündet. Durch die ungeheure Wucht der Explosion werden mehrere Werksgebäude total zerstört. Das ganze Ausmaß der Katastrophe ist erst Tage später überschaubar: 178 Tote und mehr als 2500 Verletzte werden aus den Trümmern der Chemiefabrik geborgen.

Rettungsaktion unter Lebensgefahr
Um 15.45 Uhr bleiben in der Umgebung des Ludwigshafener Chemiewerks die Uhren stehen. Der Druckwelle der Explosion halten viele Uhrwerke nicht stand. Für die herbeieilenden Rettungsmannschaften geht es um jede Sekunde.
So operiert Major Clarence Herrit vom Heidelberger US-Hospital inmitten explodierender Chemikalien einen Arbeiter, der unter einem umgestürzten Dampfkessel eingeklemmt ist. Da der Kessel nicht zu bewegen ist, muß er dem Mann das Bein amputieren. Ein Krankenwagen rast mit den ersten Geretteten zum Hospital nach Mannheim. Er stößt in voller Fahrt mit einem Lkw zusammen, ein Toter und ein Schwerverletzter sind die Folge.

Das Werksgelände, das sich mit 18 Betonhallen und einer Vielzahl von Produktions- und Verwaltungsgebäuden über fast 14 km am Rheinufer erstreckt, bietet nach dem Unglück ein Bild der Verwüstung. Durch die Wucht der Explosion sind noch im Umkreis von mehreren Kilometern die Fensterscheiben der Häuser zerstört worden. Die Menschen laufen zu Tausenden an den Rhein, um sich vor der ätzenden Gaswolke zu retten, die durch die Explosion entstanden ist. Die meisten Verletzten erleiden schwere Verbrennungen durch auslaufende Säure und giftige Gase; viele sind erblindet. Die Rettungsmannschaften können meist nur mit Gasmasken an die Unglücksstelle vordringen.

Wenige Stunden nach der Explosionskatastrophe von Ludwigshafen bietet das Werksgelände ein Bild der Verwüstung

Auf dem Gelände der BASF wüten noch immer Brände

Eine schwarze Rauchsäule erhebt sich über Ludwigshafen

Die arabische Bevölkerung ist auf der Flucht

19. Juli. Auch nach Inkrafttreten des zweiten Waffenstillstands im Krieg zwischen Juden und Arabern (→ 25. 5./S. 75), reißt der Strom arabischer Flüchtlinge aus den umkämpften Gebieten nicht ab. Die arabische Zivilbevölkerung ist Hauptleidtragende der von beiden Seiten mit unerbittlicher Härte geführten Kämpfe (→ 17. 9./S. 158).

Bereits vor der Gründung Israels am → 14. Mai (S. 72) und dem Ausbruch des Krieges hatten viele Palästinenser ihre Heimat verlassen. So waren nach Terroranschlägen der jüdischen Untergrundorganisationen Hagana und Irgun Zwai Leumi (→ 9. 4./S. 63) mehrere Tausend Palästinenser in diejenigen Gebiete geflüchtet, die im UN-Teilungsplan von 1947 der arabischen Bevölkerung zugesprochen worden waren. Zum Zeitpunkt des Endes der britischen Mandatsherrschaft waren schon zwei Drittel der arabischen Einwohner (300 000 Menschen) aus den Gebieten Westpalästinas, die den jüdischen Teilstaat bilden sollten, vertrieben worden.

Zwei Monate nach Kriegsausbruch kommt es nun infolge des israelischen Vormarschs zu einer weiteren Flüchtlingswelle. Abermals treten Zehntausende Palästinenser überstürzt die Flucht in die Nachbarstaaten Israels an, wo sie die Hilfe ihrer arabischen Glaubensgenossen zu finden hoffen.

Schlangen vor den Geschäften in Jerusalem, wegen der Blockade der Araber ist die Lebensmittelversorgung gestört, auch Brennmaterial ist knapp

Fluchtbewegung der Palästinenser

Von den ursprünglich 1,4 Millionen arabischen Einwohnern Palästinas sind seit Beginn des Krieges 846 000 Menschen aus ihrer Heimat geflohen oder vertrieben worden. Die Flüchtlingsströme verteilen sich auf die folgenden Länder:

Jordanien	460 000
Ägypten (Gasastreifen)	200 000
Libanon	104 000
Syrien	82 000

Die eintreffenden Flüchtlinge werden von den Staaten der Arabischen Liga in provisorisch errichteten Zeltlagern zusammengefaßt. Da sie nur einen kleinen Teil ihrer Habe auf die Flucht mitnehmen konnten, fehlt es ihnen dort am Nötigsten. In den Lagern herrscht bald bitteres Elend. Die Situation verschlechtert sich laufend, da die Aufnahmeländer nicht gewillt oder auch nicht in der Lage sind, die hereinströmenden Flüchtlingsmassen ausreichend zu versorgen und sie zu integrieren.

Schwere Kämpfe um Jerusalem

Schauplatz der heftigsten und verlustreichsten Kämpfe des Palästina-Krieges ist Jerusalem. Hier stehen den israelischen Einheiten, die von Oberstleutnant Moshe Dayan befehligt werden, die Elitetruppen der jordanischen Armee gegenüber. Während die israelischen Truppen den arabischen Gegner an allen Fronten zurückdrängen können, erleiden sie im Kampf um Jerusalem eine Niederlage.

Da Jerusalem sowohl für die Juden als auch für die Araber eine heilige Stadt ist, wird um ihren Besitz mit besonderer Härte gekämpft. Trotz des Einsatzes jüdischer Eliteverbände kann die Altstadt, wo sich das größte Heiligtum der Juden, die Klagemauer, befindet, nicht gehalten werden. Am 28. Mai verlassen die letzten jüdischen Bewohner vor den andrängenden Arabern das jüdische Viertel der Altstadt. Die Neustadt bleibt weiter in den Händen der Israelis, denen es auch gelingt, die lebenswichtige Verbindungsstraße zur neuen Hauptstadt Israels, Tel Aviv, freizukämpfen. Ein Hauptziel israelischer Politik wird es in Zukunft sein, die Stadt Jerusalem wieder in israelischen Besitz zu bringen.

Wahlen in Finnland: Ende einer Krise

1. Juli. Bei den Parlamentswahlen in Finnland erleidet die kommunistische Demokratische Volksunion eine Niederlage. Sie verfügt nur noch über 39 statt bisher 51 Mandate. Stärkste politische Kraft wird die konservative Bauernpartei mit künftig 56, gefolgt von den Sozialdemokraten mit 55 Sitzen im Parlament. Neuer Regierungschef wird der Sozialdemokrat Karl-August Fagerholm. Der Ausgang der Wahlen beendet eine innenpolitische Krise (→ 6. 4./S. 63).

K. A. Fagerholm

Politiker durch Attentat verletzt

14. Juli. In Rom wird der Vorsitzende der Kommunistischen Partei Italiens (KPI), Palmiro Togliatti, durch ein Attentat eines parteilosen Sizilianers schwer verletzt. Aus Protest ruft die KPI zusammen mit den Gewerkschaften den Generalstreik aus. Sie werfen Ministerpräsident Alcide De Gasperi in Zusammenhang mit dem Anschlag vor, die neofaschistischen Umtriebe in Italien nicht ausreichend zu bekämpfen und fordern den Rücktritt der Regierung in Rom.

Palmiro Togliatti

Robert Schuman ist zurückgetreten

19. Juli. Frankreichs Ministerpräsident Robert Schuman tritt zurück. Er hatte bei der Beratung des Militärhaushaltes in der Nationalversammlung eine Abstimmungsniederlage erlitten. Während die Sozialisten, die mit Schumans Volksrepublikanischer Partei (MRP) und den Radikalsozialisten eine Koalition bilden, eine Kürzung der Militärausgaben um zwölf Milliarden Franc fordern, ist Schuman nur zu einer Senkung um fünf Milliarden bereit (→ 18. 10./S. 171).

Robert Schuman

Jugoslawien weist Vorwürfe zurück

21. Juli. Auf dem Parteitag der jugoslawischen kommunistischen Partei unter Führung von Parteichef Josip Broz Tito werden die Anschuldigungen des Kominform, des Kommunistischen Informationsbüros in scharfer Form zurückgewiesen. Nach dem Ausschluß Jugoslawiens aus dem Kominform am → 26. Juni (S. 102) versucht die Sowjetunion gemeinsam mit den Staaten ihres Einflußbereiches das Balkanland zu isolieren und ideologisch zu brandmarken.

Josip Broz Tito

Urlaub in Übersee: Für Fotografen legte sich das Revuegirl vom New Yorker Broadway in Pose

Nicht ungefährlich: Das »Sliding« – diese »Wassersportart« ist in den Vereinigten Staaten derzeit in Mode; der Schwimmer nimmt Anlauf, wirft sich flach in die Brandung und gleitet bis zu 50 m weit

Urlaub und Freizeit 1948:

Kein Geld für Urlaubsreisen

Für die meisten Deutschen ist eine Reise in die bekannten und beliebten Urlaubsorte der Alpen sowie an der Nord- und Ostseeküste immer noch ein unerschwingliches Vergnügen. In den Zeiten des Hungers und Elends liegen zudem Gedanken an einen erholsamen Ferienaufenthalt fern.

Deutschlands Kur- und Urlaubsorte wie z. B. Berchtesgaden oder Westerland auf Sylt, können sich dennoch über fehlende Gäste zunächst nicht beklagen. Neben einigen wenigen Gutsituierten sind es vor allem Schwarzhändler und Großschieber, die Hotels und Pensionen bevölkern.

Mit der Währungsreform im Juni (→ 19. 6./S. 93; 21. 6./S. 94) ändert sich dieses Bild radikal: Die meisten Gäste verlassen überstürzt ihr Urlaubsdomizil; allein 30 000 in der Gegend um Garmisch-Partenkirchen. Sie fürchten, am nächsten Tag nur noch wertloses Papier in der Brieftasche zu tragen. Dabei spielen sich auf den Bahnhöfen häufig groteske Szenen ab. Es kommt zu Tumulten: Für einen Platz in den überfüllten Zügen werden den Schaffnern bis zu 3000 RM geboten.

Für Hotel- und Restaurantbesitzer in den Urlaubszentren hat die Währungsreform zunächst katastrophale Folgen. Viele Hotels stehen leer, Personal muß entlassen werden. So sind z. B. in Bad Reichenhall über 11 000 Betten frei. Lediglich die Gäste aus den USA, die, wie die US-amerikanischen Besatzungssoldaten, über die begehrten US-Dollars verfügen, bleiben den Urlaubsgebieten treu.

Auch die Reichsbahn spürt die Auswirkungen der Währungsreform. Weil das Geld plötzlich knapp geworden ist, bleiben die Züge leer. Sie verkündet daraufhin drastische Tarifsenkungen. Der Preis für Fernfahrkarten wird um 25 %, der für Gesellschaftsfahrten um bis zu 50 % gesenkt. Gleichzeitig wird auch der Komfort der Reisezüge deutlich verbessert. Auf einigen Strecken setzt die Mitropa wieder Speise- und Schlafwagen ein.

Kurverwaltungen und Reisebüros entschließen sich nach der Währungsreform, bei den Deutschen wieder die Reiselust zu wecken. Große Reklameaktionen werden gestartet und ungewöhnliche Billigangebote offeriert. So kann man mitunter in den besten Hotels ein feudales Schlafgemach schon für 2 DM pro Nacht mieten. Trotzdem bleiben im Sommer 1948 die meisten Deutschen während ihres Urlaubs zu Hause. Sie suchen an den nahen Ufern von Flüssen und Seen Erholung oder verbringen die Ferien ganz einfach auf dem heimischen Balkon.

Ferienkolonie an der niederländischen Nordseeküste; die Idylle war einst im Zweiten Weltkrieg Teil des ausgedehnten Bunkersystems des Atlantikwalls

Der Wannsee im blockierten Berlin mit nicht ungewöhnlichem »Badegast«

Salzburger Festspiele wieder im alten Glanz

31. Juli. Im österreichischen Salzburg beginnen die diesjährigen Festspiele (bis 14. 8.) mit der Aufführung der Oper »Orpheus und Eurydike« von Christoph Willibald Gluck. Der traditionelle Festspielsommer erinnert in diesem Jahr wieder an die glanzvollen Zeiten der 30er Jahre, als Salzburg zur Festspielzeit internationaler Treffpunkt von Musikbegeisterten war.

Unter strahlend blauem Himmel erinnert in Salzburg nur noch weniges an die Zerstörungen des Zweiten Weltkrieges. Der Wiederaufbau hat hier große Fortschritte gemacht, so ist unter anderem das Mirabell-Schloß restauriert worden, das Mozarthaus ist wiedererstanden, und die Bombentrichter, die im Vorjahr noch den Kurpark verunstalteten, sind unter neuen Grünanlagen verschwunden. Alle Luxushotels der Stadt und der Umgebung sind mit internationalen Gästen belegt. Über 360 Journalisten berichten über die Vorgänge auf den Festspielbühnen.

Einer der Glanzpunkte der Festspiele ist der »Orpheus«, der in der Felsenreitschule aufgeführt wird. Die in den Fels gehauenen Arkadengänge rund um diese Freilichtbühne verleihen der Inszenierung eine besondere Atmosphäre.

Unter der Regie von Oskar Fritz Schuh dirigiert Herbert von Karajan Chor und Orchester der Wiener Staatsoper. Als Solistinnen überzeugen Maria Cebotari, Sena Jurinac und Elisabeth Höngen in diesem von der internationalen Presse als »Salzburger Sensation« apostrophierten Stück. Aber auch die Inszenierung der Oper »Fidelio« von Ludwig van Beethoven unter der Leitung von Wilhelm Furtwängler wird von vielen Festspielbesuchern als ein Höhepunkt im diesjährigen Opernprogramm empfunden. »Karajan oder Furtwängler«: An dieser Frage entzündet sich der Meinungsstreit der Musikinteressierten.

Zur Festspieltradition gehört in Salzburg die Aufführung des Schauspiels »Jedermann« von Hugo von Hofmannsthal auf dem Domplatz. Die Allegorie vom Sterben des reichen Mannes und der Nichtigkeit irdischer Besitztümer steht unter der Regie von Helene Thimig, die eine frühere Inszenierung ihres verstorbenen Mannes, Max Reinhardt, wieder zur Aufführung bringt. Wie im Vorjahr spielt Attila Hörbiger den Jedermann, Ernst Deutsch den Tod. Als zweites Schauspiel steht Franz Grillparzers »Des Meeres und der Liebe Wellen« auf dem Programm.

Für die Freunde klassischer Musik werden zudem noch 16 Orchester-, Kammer- und Domkonzerte der Wiener Philharmoniker angeboten.

Und auch kulinarisch will Salzburg, nach den Hungerjahren der Nachkriegszeit, etwas besonderes bieten: Parallel zum Festspielprogramm präsentiert eine Konditorei ein »Mehlspeisen-Festprogramm«.

Sehen und gesehen werden; Salzburgs Festspielgäste geben den Aufführungen wieder einen festlichen Rahmen

Höhepunkt der diesjährigen Salzburger Festspiele ist die Aufführung von Ludwig van Beethovens Oper »Fidelio« (hier ein Szenenfoto), unter der musikalischen Leitung des berühmten deutschen Dirigenten Wilhelm Furtwängler

Salzburg, die europäische Hauptstadt der Musik; ein weiterer Höhepunkt der Festspiele ist die Aufführung von Mozarts »Entführung aus dem Serail«

Diese Autokennzeichen beweisen das internationale Flair Salzburgs

Die Leselust der Deutschen hält weiter an

In diesem Sommer gehört Lesen zu den beliebtesten Freizeitbeschäftigungen der Deutschen. Bei wem die finanziellen Mittel nicht ausreichen, um in diesem Jahr eine Ferienreise zu unternehmen – und das gilt für die meisten Deutschen – der träumt sich oft mit einem Buch in die Ferne. Reiseerzählungen stehen in der Gunst der Leser ganz obenan. Großen Erfolg hat zum Beispiel Kurt Tucholskys Roman »Schloß Gripsholm«, der innerhalb der Reihe Rowohlts Rotationsromane (rororo) herausgekommen ist. Tucholskys bereits vor 1933 erstmals erschienene Erzählung, die während der Herrschaft des Nationalsozialismus in Deutschland verboten war, beschreibt in mehreren witzigen Episoden die Reise eines Paares ins sommerliche Schweden.

Die Titel der Reihe rororo zählen zu den beliebtesten Büchern in Deutschland. Diese im Zeitungsdruckverfahren hergestellte Rotationsromane waren 1946 erstmals auf den Markt gebracht worden, um dem Bedürfnis der Deutschen nach billigen Büchern zu entsprechen. Vor allem solche Autoren werden in dieser Reihe verlegt, deren Bücher nach 1933 im nationalsozialistischen Deutschland nicht mehr erscheinen durften.

In der tristen Nachkriegszeit besteht auch ein großes Bedürfnis an humoristischer Literatur, die den bedrückenden Alltag wenigstens für einige Stunden vergessen läßt. Besonderer Beliebtheit erfreuen sich daher etwa der gerade erschienene Schelmenroman von Martin Beheim-Schwarzbach »Die diebischen Freuden des Herrn von Bißwanger Haschezek« oder Peter Bamms Roman »Ex ovo«. Gern gelesen werden auch die Erzählungen und Feuilletons von Erich Kästner. Bei aller Leichtigkeit der Formulierungen und allem Witz enthalten Kästners Texte doch meist auch nachdenkliche Kritik an den vielen Mißständen der deutschen Gegenwart.

Große Verbreitung finden zudem die zahlreichen politisch-kulturellen Zeitschriften. Diese oft sehr anspruchsvollen Blätter mit ihren Aufsätzen, Gedichten und Reisebeschreibungen finden in der Nachkriegszeit eine besonders aufnahmebereite Leserschaft. Diese Zeitschriften, die zumeist programmatische Titel wie »Neues Abendland. Zeitschrift für Politik, Kultur und Geschichte«, »Die Besinnung«, »Horizont« oder »Das goldene Tor« führen, erreichen in der ersten Jahreshälfte Auflagen bis zu 20 000 Exemplaren. In einer Zeit, in der es noch sehr schwierig ist, sich durch Reisen ein persönliches Bild von den Zuständen im eigenen Land zu machen, stoßen Reportagen und Berichte aus den verschiedensten Bereichen der Gesellschaft bei den Zeitschriftenlesern auf besonders großes Interesse.

Die Währungsreform (→ 19. 6./S. 93) hat jedoch auch für den deutschen Buch- und Zeitschriftenmarkt schwerwiegende Folgen. Die Nachfrage nach Druckerzeugnissen geht drastisch zurück. Mit dem knapp gewordenen Geld, das jetzt aber wieder etwas wert ist, befriedigt man zunächst einmal die dringendsten materiellen Bedürfnisse, nachdem eine Vielzahl langentbehrter Waren plötzlich wieder in den Geschäften zu haben ist. Der Kauf von Büchern wird zunächst hintan gestellt. Die Zeitschriften verlieren einen großen Teil ihrer Leser, und viele müssen ihr Erscheinen ganz einstellen. Die Verlage sind aufgrund der fehlenden Nachfrage gezwungen, ihre Produktion einzuschränken oder müssen Konkurs anmelden.

Vergangenheitsbewältigung im Roman

Vorherrschende Themen vielgelesener neuer Bücher sind das Erlebnis des Zweiten Weltkriegs, der Nationalsozialismus und die Probleme der deutschen Gegenwart.

Kampf gegen das Nazi-Regime

Beträchtliches Aufsehen erregt bei seinem Erscheinen in diesem Jahr der Roman »Der nie verlor« des Goethepreisträgers 1948, Fritz von Unruh (→ 28. 8./S. 144).

Die Handlung des Romans setzt im Jahre 1939, kurz vor dem Ausbruch des Zweiten Weltkrieges, ein. Hauptfigur ist der deutsche Schriftsteller Kasper Uhle, der in Paris im Exil lebt. Uhle hatte sich als Hauptmann im Ersten Weltkrieg geschworen, dem Irrsinn des Krieges künftig entgegenzutreten und war zum aktiven Pazifisten geworden. Durch die Begegnung mit einer polnischen Tänzerin, die das Testament Adolf Hitlers gestohlen hat, wird Uhle in eine weitverzweigte Verschwörung gegen das nationalsozialistische Regime verwickelt. Dabei sieht er sich mit vielen Naziführern persönlich konfrontiert.

Suche nach einer besseren Welt

Einem verbreiteten Bedürfnis, der bedrückenden Gegenwart zu entfliehen, kommt der Roman »Die Unauffindbaren« von Ernst Kreuder entgegen. Das Buch ist eine Mischung aus phantastischer Erzählung und Kriminalroman. Der Autor beschreibt darin die Abkehr einer Gruppe gleichgesinnter Freunde von einer als kalt und inhuman empfundenen Welt. Die Freunde sind nicht bereit, sich den Zwängen einer feindlichen Gesellschaft zu unterwerfen und begeben sich auf die Suche nach einem glücklicheren Ort; dieser kann für sie jedoch nur in ihrer Phantasie existieren.

Schicksale im Widerstandskampf

Viel diskutiert wird in diesem Jahr ein weiterer Roman, der sich mit der nationalsozialistischen Vergangenheit auseinandersetzt: »Jeder stirbt für sich allein«, des 1947 verstorbenen Hans Fallada. Geschildert wird das Schicksal des Berliner Werkzeugmeisters Otto Quangel, der nach dem Tod seines Sohnes im Feldzug gegen Frankreich, zum Widerstandskämpfer gegen das Regime wird. Auf selbstverfaßten Postkarten, die er zusammen mit seiner Frau Anna in die Briefkästen der umliegenden Häuser steckt, ruft er zum Kampf gegen Adolf Hitler auf. Erst nach mehreren Monaten kommt die Geheime Staatspolizei dem Ehepaar auf die Spur. Im Prozeß vor dem Volksgerichtshof bewahren Quangel und seine Frau ihre aufrechte Haltung und bleiben die moralischen Sieger. Beide werden zum Tode verurteilt. Der Roman endet mit einem Ausblick auf die Nachkriegszeit, in der die Menschen sich eine neue, bessere Welt aufbauen.

Heinz Rühmann als Hauptdarsteller in »Der Herr vom anderen Stern«

Filmkomödie hat in Berlin Premiere

13. Juli. In Berlin wird die Filmkomödie »Der Herr vom anderen Stern« mit Heinz Rühmann in der Hauptrolle uraufgeführt. Regissseur des Films ist Heinz Hilpert, die Musik schrieb der Komponist Werner Egk. Die Komödie versucht, mit satirischen Mitteln die Nachkriegsverhältnisse in Deutschland aufs Korn zu nehmen.

In der Filmhandlung landet ein außerirdischer Mann auf der Erde und gerät in die Mühlen der Bürokratie. Er muß sich mit vielen Alltagsproblemen herumschlagen und wird schließlich sogar in eine kriminelle Affäre verwickelt.

Künstler fordern »geistige Freiheit«

18. Juli. In Berlin protestieren vor dem Schöneberger Rathaus rund 20 000 Menschen, unter ihnen zahlreiche Künstler und Angehörige intellektueller Berufe, gegen die Unterdrückung geistiger Freiheit in der Ostzone. Die Veranstaltung steht unter dem Motto »Geistige und persönliche Freiheit«.

Namhafte Schriftsteller und Schauspieler, wie z. B. Hans Söhnker und Victor De Kowa, wenden sich in ihren Ansprachen gegen die zunehmende Repression in der Ostzone. Unter dem Beifall der Menge ruft De Kowa aus: »Ich will ein freier Mensch sein; ich kann es nur, wenn alle anderen auch frei sind.«

Film über Deutschland wird preisgekrönt

12. Juli. Auf dem Filmfestival in Locarno in der Schweiz wird dem italienischen Film »Deutschland im Jahre Null« der erste Preis zuerkannt. Sein Regisseur, der 42jährige Roberto Rossellini, gilt als einer der bedeutendsten Vertreter des italienischen Neorealismus, einer Stilrichtung, die sich um eine möglichst genaue Darstellung der sozialen und politischen Wirklichkeit bemüht.

Schauplatz des preisgekrönten Films ist das Berlin der unmittelbaren Nachkriegszeit. In der zerstörten Stadt herrschen Hunger und Elend. Die Menschen sind von den schrecklichen Erlebnissen des Krieges noch immer verstört und kämpfen um das nackte Überleben. In dieser äußeren und inneren Trümmerlandschaft befinden sich alle gesellschaftlichen Normen und Bindungen in Auflösung. Hauptfigur des Films ist der 13jährige Berliner Edmund, dessen Mutter tot ist und dessen Vater an schwerer Tuberkulose leidet. Edmund ist daher der Haupternährer einer vierköpfigen Familie. Durch Schwarzmarktgeschäfte und kleine Diebstähle schafft er täglich zwar Lebensmittel heran, aber es reicht nie dazu, sich einmal satt zu essen.

Im Laufe der Handlung entsteht in Edmund der Gedanke, seinem immer schwächer werdenden Vater Gift zu geben. Ein ehemaliger Lehrer Edmunds, hatte ihn durch Andeutungen darauf gebracht. Nachdem der Vater dann tatsächlich stirbt, irrt Edmund zwei Tage voller Verzweiflung durch die Ruinen der Stadt.

Der Italiener Roberto Rossellini erhält den Filmpreis von Locarno

Von Gewissensbissen gepeinigt, stürzt er sich beim Anblick des Leichenzuges aus dem obersten Stockwerk eines halbzerstörten Hauses.

Rossellini dokumentiert in seinem unpathetischen Film, der aus einer losen Reihung von Bildern und Begebenheiten besteht, die Situation und das Lebensgefühl der Deutschen wenige Wochen nach dem Ende des Zweiten Weltkriegs. Gedreht wurde »Deutschland im Jahre Null« größtenteils an Originalschauplätzen ausschließlich mit deutschen Laienschauspielern, die Rossellini zum Teil auf der Straße angesprochen hatte. Dies trägt wesentlich zu dem realistischen Eindruck dieses Films bei.

Szene aus Rossellinis neorealistischem Film »Deutschland im Jahre Null«

Oper von Kurt Weill in den USA uraufgeführt

15. Juli. Im US-Bundesstaat Indiana wird von Studenten der Bloomington-Universität Kurt Weills Oper »Down in the Valley« uraufgeführt. Die Texte schrieb Arnold Sundgaard. Die Oper kommt ohne aufwendige Bühnenbilder aus und ist deshalb auch für Schüler- und Studentenaufführungen geeignet.

Kurt Weill wurde am 2. März 1900 in Dessau geboren. Er war ein Schüler der Komponisten Engelbert Humperdinck und Ferruccio Busoni. 1921 entstand Weills erste Sinfonie und das auf seinen späteren Stil hinweisende »Berliner Requiem«. Ab 1926 widmete er sich zunehmend dem kritischen Musiktheater. Zusammen mit dem deutschen Schriftsteller und Dramatiker Bertolt Brecht entwickelte Weill eine Theaterform, die eine Synthese aus zeitgenössischer Unterhaltungsmusik und kritischen Texten darstellt. Typisch hierfür sind die das Bühnengeschehen kommentierenden Lieder. Sein wohl bekanntestes Werk ist die am 30. April 1928 in Berlin uraufgeführte »Dreigroschenoper«. 1933 mußte Kurt Weill wegen seiner jüdischen Herkunft aus Deutschland emigrieren.

Mußte 1933 emigrieren: Kurt Weill

Filmpionier Griffith stirbt in Hollywood

23. Juli. In Hollywood (US-Bundesstaat Kalifornien) stirbt der 73jährige David Wark Griffith. Er gilt als einer der erfolgreichsten Filmregisseure und Produzenten der US-amerikanischen Stummfilmperiode.

Sein größter Leinwanderfolg war der 1915 entstandene Film »Geburt einer Nation« (Birth of a Nation). In diesem, inzwischen als klassisch bezeichneten Werk, verarbeitete er die Geschichte des US-amerikanischen Bürgerkrieges (1861–1865).

Griffith war maßgeblich an der Entstehung der Filmmetropole Hollywood beteiligt, die seit den 20er Jahren weltweit gültige Maßstäbe für die Filmindustrie setzt. Durch die Verwendung von neuen Stilmitteln und die kreative Anwendung der anfangs noch nicht voll erkannten technischen Möglichkeiten des Mediums Film wurde Griffith zu einem der einflußreichsten Männer in Hollywood. Filmische Ausdrucksmittel wie die Großaufnahme, Rückblenden und Parallelmontagen wurden von Griffith erstmals verwendet.

Die Menschlichkeit besiegt die Habgier

28. Juli. In den Münchner Kammerspielen findet unter der Regie von Hans Schweikart die deutsche Erstaufführung des Schauspiels »Die Irre von Chaillot« des französischen Dramatikers Jean Giraudoux statt. Der Zweiakter aus dem Nachlaß des 1944 verstorbenen Schriftstellers findet nach der Pariser Uraufführung im Jahre 1946 nun auch den Weg an die deutschen Bühnen.

Giraudoux zeigt in diesem Stück ein Gleichnis vom Kampf des Individuums gegen den anonymen Kollektivismus. Einige skrupellose Ölmagnaten versuchen, die Stadt Paris in ihre Hand zu bekommen, um dort vermutete Ölquellen auszubeuten. Dagegen setzten sich die letzten »Freien« zur Wehr, die gegen die Vernichtung von Gefühl und jeglicher Menschlichkeit revoltieren. An die Spitze des Aufstandes stellt sich eine alte Dame, die in Chaillot, dem Stadtteil, in dem sie lebt, die »Irre« genannt wird.

Sie lockt die von ihrer Gier getriebenen Ausbeuter in die labyrinthischen Kloaken unter der Stadt, wo sie elend umkommen.

Musik 1948:

Großes Interesse an Neuer Musik

Die Begeisterung der Deutschen für klassische Musik ist ungebrochen. Konzerte, Opern- und Ballettaufführungen finden fast immer vor ausverkauften Häusern statt. Nach der Währungsreform gehen die Besucherzahlen allerdings zurück: Wegen des knappen Geldes stellen die Deutschen einen Konzertbesuch zunächst zurück.
Von dem allgemeinen Interesse am Musikleben ist die Neue Musik mit ihren ungewohnten Rhythmen und Klängen nicht ausgenommen. Im Gegenteil, die musikalische Avantgarde stößt in Deutschland auf eine wachsende Aufnahmebereitschaft. Bei vielen Zuhörern besteht nach zwölf Jahren nationalsozialistischer Kulturpolitik ein großer Nachholbedarf an den neuen Entwicklungen in der internationalen Musik. Die Werke exilierter oder vom NS-Regime verfemter Komponisten wie Paul Hindemith und Ernst Křenek erregen in Deutschland großes Aufsehen.
Zu den herausragenden musikalischen Ereignissen des Jahres gehört die Begegnung mit dem Werk Arnold Schönbergs. Der seit 1933 in den USA lebende und arbeitende Komponist ist Begründer der Zwölftontechnik (Dodekaphonie) in der Musik. Einer Komposition, die in dieser Technik geschrieben wurde, liegt eine Reihe aus den zwölf gleichberechtigten Tönen einer Tonleiter zugrunde. Schönbergs Vorstellungen einer neuen, atonalen Musik werden von dem französischen Dirigenten, Komponisten und Musiktheoretiker, René Leibowitz, im Rahmen der internationalen Tage für neue Musik in Darmstadt einem größeren Publikum nahegebracht.
Neben Darmstadt gibt es noch eine Reihe anderer Festivals zeitgenössischer Musik, so daß Kritiker bereits von dem Beginn eines »goldenen Zeitalters« der Neuen Musik sprechen. Zu den wichtigsten Uraufführungen zählt in diesem Jahr Arnold Schönbergs Orchesterstück für Erzähler, Männerchor und Orchester op. 46 »Ein Überlebender aus Warschau« das in den USA uraufgeführt wird. Das Werk stellt mit expressiven musikalischen Mitteln das Schicksal von Juden im Warschauer Getto dar.

Der britische Dirigent Ian Whyte mit dem BBC Scottish Orchestra

Malcolm Sargent, Chefdirigent des Liverpool Philharmonic Orchestra

Wilhelm Furtwängler dirigiert das Augusteo-Orchester aus Rom

Schönbergs Musik im Mittelpunkt

Ein Beispiel für die positive Reaktion vieler Kritiker auf die moderne Musik (Heinz Joachim in: »Die Welt« vom 14. 8. 1948):

»Das Problem Schönberg, das seit 25 Jahren die Kenner bewegt, ist in der Öffentlichkeit bisher völlig vernachlässigt worden. Erst heute reift die Zeit heran, in der es ausgetragen wird. Ungewöhnlich faszinierten ... Schönbergs fünf Klavierstücke Op. 23. Was diese Musik aus der Romantik herübernimmt, ist geistig so filtriert, daß es die Musiker ... noch lange beschäftigen wird.«

Benjamin Brittens »Bettleroper« (The Beggar's Opera) kommt in Cambridge zur Aufführung. In Frankfurt am Main wird die I. Sinfonie des jungen Deutschen Karl Amadeus Hartmann erstmals gespielt und in München zeigt Werner Egk sein Ballett »Abraxas« (→ 6. 6./S. 107).
Bei aller Aufgeschlossenheit reagieren Konzertbesucher und die Kritik auf die neuen Klänge beim ersten Hören jedoch eher ratlos. Auch die deutschen Komponisten der jungen Generation zeigen sich von der musikalischen Entwicklung der vergangenen Jahre, deren Hauptwerke sie erst jetzt hören können, vielfach verwirrt. 1948 schreibt zum Beispiel der Komponist Hans Werner Henze: »... Die Eindrücke, die namentlich in den ersten Nachkriegsjahren auf die junge Künstlergeneration in Deutschland einstürmen, [waren] so vielfältig und chaotisch, daß sie von diesen jungen Menschen noch nicht zu einem ... Gesamtbild verdichtet werden konnten.«

Ein Wiedersehen mit Österreich: Nach zehn Jahren dirigiert Bruno Walter 1948 wieder in Wien

Der dänische Wagner-Tenor Lauritz Melchior bei einem Deutschlandbesuch 1948 in Heidelberg

Anneliese Müller als Oktavian (r.) in der Berliner Inszenierung des »Rosenkavalier«

Gino Bartali Gewinner der Tour de France

26. Juli. In der französischen Hauptstadt Paris endet die 35. Tour de France. Sieger in der Gesamtwertung bei diesem härtesten Straßenradrennen der Welt wird der Italiener Gino Bartali mit einem Vorsprung von 20 Minuten vor dem Belgier Brick Schotte. In der Mannschaftswertung belegen Belgien den ersten und Frankreich den zweiten Platz. Von 126 Fahrern, die am 30. Juni gestartet waren, erreichen nur 44 in Paris das Ziel. Der Sieger Bartali legte die insgesamt 4922 km lange Strecke der Tour de France in 147:10:30 h zurück und kam so auf eine Durchschnittsgeschwindigkeit von 33,018 km/h. Von den 21 Etappen des Rennens konnte er sieben für sich entscheiden.

Für den 34 Jahre alten Gino Bartali ist dies nach zehn Jahren der zweite Sieg bei der Tour de France – eine Leistung, die im professionell betriebenen Radrennsport einmalig ist. Nachdem er 1935 eine Profilizenz für den Radsport erhalten hatte, gewann er bereits in den beiden folgenden Jahren den Giro d'Italia, das berühmteste Straßenradrennen Italiens. 1937 nahm er erstmals an der Tour de France teil, mußte jedoch nach einem Sturz aufgeben. 1938 dann ging Bartali in Frankreich als Sieger durchs Ziel.

1948 hatte Bartali sein herausragendes Können als Radrennfahrer erneut unter Beweis gestellt. Besonders beeindruckte er durch geschickt verteilte Zwischenspurts auf den Steigungen in den Alpen und den Pyrenäen, wo er anschließend durch rasante Abfahrten seinen Vorsprung weiter ausbauen konnte.

Siegerehrung für Gino Bartali aus Italien; der Gewinner der 35. Tour de France war in Paris mit 20 Minuten Vorsprung durchs Ziel gefahren; Bartali bestach sowohl auf den Bergstrecken als auch im Flachland durch sein Können; rund eine Million Zuschauer säumten die 4922 km lange Strecke; zehn Millionen verfolgten die Tour an den Radios

US-Amerikaner dominieren in Wimbledon

3. Juli. In der britischen Hauptstadt London enden die inoffiziellen Tennis-Weltmeisterschaften von Wimbledon. Im Finale des Herreneinzels bezwingt Robert Falkenburg (USA) den Australier John Bromwich in fünf Sätzen: 6:1, 0:6, 6:2, 3:6 und 7:5 lautet das Endergebnis.

Das Damenfinale des am 20. Juni begonnenen Turniers bestreiten Louise Brough und Doris Hart (beide USA). Mit 6:3 und 8:6 kann Brough das Dameneinzel in zwei Sätzen für sich entscheiden. Das Herrendoppel gewinnen die Australier Bromwich und Frank Sedgman gegen die US-Amerikaner Thomas Brown und George Mulloy in vier Sätzen: 5:7, 7:5, 7:5 und 9:7. Das Finale im Damendoppel ist eine reine US-amerikanische Angelegenheit. Dabei kann die Siegerin des Dameneinzels, Brough, zusammen mit ihrer Partnerin Margaret Osborne-Du Pont das Duo Hart/Patricia Todd mit 6:3, 3:6 und 6:3 bezwingen. Das gemischte Doppel gewinnen Brough/Bromwich gegen Hart/Sedgman (AUS) in drei Sätzen: 6:2, 3:6 und 6:3 lautet der Endstand.

Gelungener Schnappschuß vom Wimbledon-Turnier in London: Die Britin Joy Gannon schied allerdings schon in der Vorrunde aus; sie unterlag der späteren Finalteilnehmerin im Dameneinzel, Doris Hart, aus den Vereinigten Staaten

Der Weltrekordler Herbert McKenley aus Jamaika beim Trainingslauf

McKenley bricht Harbigs Weltrekord

2. Juli. Der Jamaikaner Herbert McKenley stellt bei den offenen US-amerikanischen Leichtathletik-Meisterschaften in Milwaukee (Wisconsin) einen Weltrekord auf. Er läuft die 400 m in 45,9 sec und bricht damit die 1939 von Rudolf Harbig aufgestellte Bestmarke von 46,0 sec.

Der am 10. Juli 1922 in Jamaika geborene McKenley gilt als der erste Weltklasseläufer aus der Karibik. Der in den USA ausgebildete Athlet lief bereits 1946 und 1947 mehrere Jahresweltbestzeiten.

Rudolf Harbig wurde am 8. November 1913 in Dresden geboren. Erst im Alter von 20 Jahren begann der gelernte Tischler Sport zu treiben. Unter der Anleitung seines Trainers Waldemar Gerschler stellten sich rasch erste Erfolge ein. Bei den Olympischen Spielen 1936 in Berlin gewann Harbig eine Bronzemedaille mit der 4 × 400 m Staffel. 1938 bewies er seine Fähigkeiten auch auf der 800 m Distanz: Harbig errang in Paris den Europameistertitel. Am 15. Juli 1939 lief er mit 1:46,6 min Weltrekord über 800 m, diese Leistung ist bis jetzt noch nicht unterboten worden. Am 12. August 1939 setzte er mit einer Zeit von 46,0 sec auch über die 400 m Distanz die Weltbestmarke.

Die 1000 m Strecke beherrschte Harbig ebenfalls: Am 24. Mai 1941 lief er in Dresden mit 2:21,5 min Weltrekord. 1942 endete Harbigs Karriere, er wurde zur Wehrmacht eingezogen. Am 5. März 1944 ist Rudolf Harbig in der Ukraine gefallen.

Olympische Spiele in London eröffnet

29. Juli. In Großbritannien beginnen die XIV. Olympischen Sommerspiele. Nach dem Entzünden der olympischen Flamme spricht der britische König Georg VI. vor 83 000 Zuschauern im Londoner Wembley-Stadion die traditionelle Eröffnungsformel für die ersten olympischen Sommerspiele seit 1936.

4 099 Sportler aus 59 Nationen werden bis zum 14. August in 17. Sportarten insgesamt 136 Wettbewerbe austragen (→ 14. 8./S. 132). Obwohl Deutsche und Japaner als Verursacher des Zweiten Weltkriegs nicht teilnehmen dürfen und die UdSSR mit Hinweis auf die Kriegszerstörungen in Europa auf eine Teilnahme verzichtet, ist die Zahl der beteiligten Sportler und Nationen noch niemals so hoch gewesen.

Das Exekutivkomitee des Internationalen Olympischen Komitees (IOC) hatte sich schon am 24. August 1945 für London, das bereits 1908 Schauplatz olympischer Spiele war, als Austragungsort entschieden und ließ sich diese Entscheidung von der IOC-Vollversammlung am 5. September 1946 in Lausanne bestätigen. Der Grund für die Vergabe an London war die bereits vorhandene Ausstattung mit hervorragend ausgebauten Sportanlagen, so daß die Vorbereitung der Spiele nur relativ geringe Kosten verursachte. Die Leichtathletik- und Fußballwettbewerbe werden im Wembley-Stadion ausgetragen, das lediglich eine neue Aschenbahn erhielt. Die Schwimmwettkämpfe finden im nahegelegenen Empire-Pool statt, wo sich auch eine Arena für die Boxer befindet. Die Radrennen werden in Herne Hill ausgetragen; die Basketballmannschaften treffen in der Empress-Hall aufeinander. Lediglich die Ruder- und Segelwettkämpfe finden außerhalb Londons statt (in Henley und Torbay). Auf den Bau eines olympischen Dorfes, in dem die Sportler für die Dauer der Olympischen Spiele wohnen könnten, ist wegen zu hoher Kosten verzichtet worden. Statt dessen sind die Athleten in nahegelegenen Schulen und Kasernen untergebracht.

Den Sportlern in Japan und Deutschland bleibt die Hoffnung, daß sie an den nächsten Sommerspielen, die 1952 in der finnischen Hauptstadt Helsinki stattfinden sollen, teilnehmen dürfen.

Der Student John Mark dreht mit der olympischen Flamme eine Ehrenrunde, bevor er das olympische Feuer entzündet

Donald Finlay (auf dem Podest), erfolgreicher britischer Leichtathlet, spricht im Namen aller an den Wettkämpfen beteiligten Sportler aus insgesamt 59 Nationen den olympischen Eid, wonach sie sich zur Fairness verpflichten

König Georg VI. nimmt in der Ehrenloge des Londoner Wembley-Stadions den Beifall der 4099 Sportler entgegen

Höhepunkt der Feier: Das olympische Feuer wird entzündet ▷

August 1948

Mo	Di	Mi	Do	Fr	Sa	So
						1
2	3	4	5	6	7	8
9	10	11	12	13	14	15
16	17	18	19	20	21	22
23	24	25	26	27	28	29
30	31					

1. August, Sonntag

In Moskau übergeben Vertreter der Regierungen der Vereinigten Staaten, Großbritanniens und Frankreichs dem sowjetischen Außenminister Wjatscheslaw M. Molotow Noten, in denen Viermächteverhandlungen über Berlin und Deutschland angeboten werden.

Vor einem Untersuchungsausschuß des US-amerikanischen Kongresses in Washington werden Mitglieder früherer Regierungen der Spionage für die Sowjetunion beschuldigt.

In Hannover erscheint zum ersten Mal die Zeitschrift »Stern«, herausgegeben von Henri Nannen.

Das Deutsche Derby gewinnt das Pferd Birkhahn unter Jockei Erich Böhlke auf der Rennbahn Hamburg-Horn. →S. 145

2. August, Montag

Der nordrhein-westfälische Landtag verabschiedet in Düsseldorf ein Bodenreformgesetz, das die Fläche privaten Grundeigentums auf höchstens 125 ha festsetzt; das Gesetz wird jedoch von der britischen Militärregierung in Deutschland abgelehnt.

Die Ungarische Vereinigte Arbeiterpartei nominiert als Nachfolger des am 30. Juli zurückgetretenen Staatspräsidenten Ungarns, Zoltán Tildy, Arpad Szakasits zum Kandidaten für das Amt des Präsidenten (→26. 12./S. 190).

In München kommt es aus Protest gegen überhöhte Lebensmittelpreise zu Plünderungen von mehreren Geschäften und Ausschreitungen gegen zahlreiche Einzelhändler. →S. 137

3. August, Dienstag

Der Deutsche Volksrat der Ostzone verabschiedet die von ihm erarbeiteten Vorschläge einer Verfassung für eine Deutsche Demokratische Republik. →S. 136

Das britische Königspaar gibt in London einen Empfang für die bisherigen Medaillengewinner bei den Olympischen Sommerspielen (→14. 8./S. 132).

4. August, Mittwoch

Delegierte aus den Ländern Südbaden, Württemberg-Baden und Württemberg-Hohenzollern beschließen, die Voraussetzungen für die Bildung eines Südweststaates prüfen zu lassen.

Die US-amerikanische Militärregierung in Bayern verfügt die Abschaffung der Schulgeldpflicht mit Wirkung vom 1. September 1948 (→1. 2./S. 36).

In Rumänien werden auf Beschluß der Regierung alle konfessionellen Schulen unter staatliche Leitung gestellt; außerdem wird das Eigentum aller Auslandsschulen verstaatlicht.

Die jugoslawische Regierung protestiert vor dem Sicherheitsrat der Vereinten Nationen gegen den Anschluß von Teilen des Freistaates der Hafenstadt Triest an Italien und besteht auf der Wahl eines neutralen Gouverneurs für die Stadt (→18. 4./S. 61).

5. August, Donnerstag

Der Landtag von Nordrhein-Westfalen verabschiedet einen Gesetzentwurf über die Verstaatlichung des Kohlebergbaus; das Gesetz wird am darauffolgenden Tag von der britischen Militärregierung abgelehnt. →S. 136

6. August, Freitag

Das Kabinett von Württemberg-Hohenzollern tritt aus Protest gegen neue französische Reparationsforderungen zurück (→13. 8./S. 138).

In der früheren Berliner Staatsbibliothek wird eine vielbeachtete Ausstellung unter dem Motto »Das neue deutsche Kinderbuch« eröffnet.

7. August, Sonnabend

Der ehemalige Vorsitzende der Wirtschaftlichen Aufbauvereinigung (WAV), Alfred Loritz, läßt sich in München wieder zum alleinigen Vorsitzenden der Partei ausrufen. →S. 136

Drei Millionen Menschen werden durch eine schwere Hochwasserkatastrophe im Gebiet des Jangtsekiang und des Gelben Flusses in China obdachlos.

8. August, Sonntag

Die italienische Regierung gibt in Rom ihr Wirtschaftsprogramm bekannt, dessen Schwerpunkt in der Bekämpfung der Inflation sowie der Arbeitslosigkeit liegt (→18. 4./S. 61).

In Köln wird die erste deutsche Fußballmeisterschaft nach Kriegsende entschieden. Meister der Westzonen wird der 1. FC Nürnberg durch einen 2:1-Sieg über den 1. FC Kaiserslautern. →S. 145

9. August, Montag

Als erster diplomatischer Vertreter der Sowjetunion trifft der Sonderbeauftragte für Israel, Pawel I. Jarschow, in Haifa ein (→14. 5./S. 72).

Die Kreditbewilligungen der USA im Rahmen des Marshallplanes überschreiten die Marke von einer Milliarde US-Dollar. →S. 141

Das US-amerikanische Außenministerium in Washington erklärt, daß die Vereinigten Staaten keinerlei Ansprüche auf Gebiete in der Antarktis erheben und auch die Ansprüche anderer Staaten – wie zum Beispiel die Argentiniens – nicht anerkennen.

In Kopenhagen wird die am 25. Juli begonnene internationale Konferenz zur Verteilung der Rundfunkfrequenzen vertagt. →S. 143

Im Finale der Deutschen Tennismeisterschaften am Hamburger Rothenbaum siegt der Berliner Gottfried von Cramm gegen den Wuppertaler Helmut Gulc in vier Sätzen. →S. 145

10. August, Dienstag

Auf Schloß Herrenchiemsee in Oberbayern tritt der bis zum 23. August tagende Verfassungskonvent zusammen, um Richtlinien für das Grundgesetz eines westdeutschen Staates zu erarbeiten. →S. 136

Der Bayerische Rundfunk in München wird in eine Anstalt öffentlichen Rechts umgewandelt (→1. 1./S. 23).

In Italien wird die von der kommunistischen Partei und einigen anderen Linksparteien gebildete Volksfront aufgelöst (→18. 4./S. 61).

In der bulgarischen Hauptstadt Sofia vereinigen sich die sozialistische und kommunistische Partei des Landes zur bulgarischen Arbeiterpartei. →S. 141

Der ehemalige Ministerpräsident der Tschechoslowakei, Peter Zenkl, und der ehemalige Erziehungsminister des Landes, Jaroslav Sransky, fliehen in die US-amerikanische Besatzungszone Deutschlands (→25. 2./S. 30).

Eduard Rhein stellt ein neuartiges Verfahren zur Herstellung von Schallplatten vor (→31. 8./S. 143).

In Stockholm stellt der schwedische Geher Lars Hindmar einen Weltrekord auf. Er benötigt für fünf englische Meilen (ca. 8 km) 35:35,2 min.

11. August, Mittwoch

Die saarländische Regierung lehnt ihre Teilnahme an der Ausarbeitung einer westdeutschen Verfassung mit der Begründung ab, daß sich das Saarland als autonomer Staat nicht zu Deutschland gehörig betrachtet (→1. 9./S. 150).

In Paris nimmt die französische Nationalversammlung ein Notstandsprogramm der Regierung an, das eine Finanz- und Wirtschaftsreform des Landes ermöglichen soll (→12. 9./S. 159).

12. August, Donnerstag

Die US-amerikanische Regierung erkennt den Anspruch Südkoreas an, allein die legitime Vertretung Gesamtkoreas darzustellen. Gleichzeitig wird John J. Muccio zum Sonderbevollmächtigten der USA mit dem Status eines Botschafters ernannt (→9. 9./S. 158).

Im Südosten Schottlands und im Norden Englands kommt es infolge langanhaltender Regenfälle zu katastrophalen Überschwemmungen; zahlreiche Verkehrsverbindungen sind unterbrochen, über 21 Brücken werden von den Wassermassen fortgespült. →S. 141

In Rheydt bei Mönchengladbach beginnen die 60. Deutschen Schwimmeisterschaften. Die Wettkämpfe dauern bis zum 17. August.

13. August, Freitag

Die Ministerpräsidenten der Länder der drei westlichen Besatzungszonen Deutschlands verständigen sich in telefonischer Absprache auf die Wahl der Stadt Bonn als Tagungsort des Parlamentarischen Rates. →S. 136

Die sowjetische Besatzungsmacht in Deutschland erklärt, daß die drei westlichen Besatzungsmächte ihr Recht auf Präsenz in den Westsektoren Berlins verwirkt hätten.

Auf dem Potsdamer Platz in Berlin, durch den die Grenze zwischen dem sowjetischen Sektor und den Westsektoren der ehemaligen Reichshauptstadt verläuft, wird nach Übergriffen sowjetischer Soldaten bei einer Razzia gegen Schwarzhändler von den Westalliierten ein provisorischer Sperrzaun errichtet.

Der Nordwestdeutsche Rundfunk (NWDR) beschließt die Einrichtung eines Fernsehversuchsbetriebes in Hamburg. →S. 143

Nachfolger des am 4. August verstorbenen Staatspräsidenten von Württemberg-Hohenzollern, Lorenz Bock, wird der bisherige Justizminister des Landes, Gebhard Müller (CDU). →S. 138

In Stuttgart wird das erste deutsche Büro der Organisation für Wissenschaft, Erziehung und Kultur (UNESCO) der Vereinten Nationen eröffnet.

14. August, Sonnabend

Die rumänische Nationalversammlung in Bukarest beschließt die Auflösung sämtlicher Privatbanken des Landes.

In der polnischen Hauptstadt Warschau endet die am 8. August eröffnete internationale Konferenz der Werktätigen Jugend mit der Verabschiedung einer Weltcharta der Jugendrechte.

In London enden die XIV. Olympischen Sommerspiele. 4099 Athleten aus 59 Staaten nahmen an den Wettbewerben teil. →S. 132

15. August, Sonntag

Die westdeutschen Landtage beginnen mit der Wahl ihrer Delegierten für den Parlamentarischen Rat in Bonn; die Wahlvorgänge dauern bis zum 30. August (→1. 9./S. 150).

Nach Angaben der US-amerikanischen Militärregierung in Deutschland beläuft sich die Zahl ihrer Mitarbeiter und deren Angehörigen zur Zeit auf insgesamt 34000 Personen.

In Seoul wird mit Billigung der Vereinten Nationen die Republik Südkorea ausgerufen (→9. 9./S. 158).

In Köln wird der 700. Jahrestag der Grundsteinlegung des Domes, des Wahrzeichens der Stadt, feierlich begangen. →S. 139

Michèle Morgan in ihrem neuen Film »Ruf des Nordens«; Titelbild der in der französischen Besatzungszone erscheinenden Zeitschrift »Badische Illustrierte« vom 28. August

16. August, Montag

In einem der drei alliierten Luftkorridore nach Berlin bedrängen sowjetische Düsenjäger eine britische Passagiermaschine (→29. 7./S. 115).

Die Tagung der Organisation für europäische wirtschaftliche Zusammenarbeit (OEEC), die am 14. August in Paris begonnen hatte, endet, ohne daß eine Einigung über ein Verteilungsprogramm der Wirtschaftshilfe aus dem Marshallplan erzielt werden kann (→9. 8./S. 141).

Der israelische Staatsrat beschließt in Tel Aviv, statt der bisher in Palästina gültigen Währung das »Israel-Pfund« als alleiniges Zahlungsmittel einzuführen.

Das größte, bisher in Großbritannien gebaute Flugzeug, die »Brabacon I, Mark I« mit einer Spannweite von 77 m, absolviert seine ersten Testflüge (→S. 173).

17. August, Dienstag

Ein Mißtrauensantrag der SPD im bizonalen Wirtschaftsrat gegen den Direktor der Wirtschaftsverwaltung, Ludwig Erhard, wird mit den Stimmen von CDU-CSU und der Deutschen Partei (DP) abgewiesen (→28. 10./S. 169).

Zwischen Italien und Jugoslawien finden Besprechungen über eine endgültige Festlegung der gemeinsamen Grenze statt (→18. 4./S. 61).

18. August, Mittwoch

In Belgrad wird die auf einem sowjetischen Entwurf beruhende Donaukonvention gegen die Stimme der USA bei Stimmenthaltung Großbritanniens und Frankreichs angenommen.

19. August, Donnerstag

In Lindau am Bodensee kommt es zur letzten gesamtdeutschen Tagung der Interzonenkonferenz von deutschen Gewerkschaften aus allen vier Besatzungszonen Deutschlands.

Die chinesische Regierung beschließt eine Währungsreform auf Goldbasis mit dem Ziel, Löhne und Preise zu stabilisieren (→6. 11./S. 182).

20. August, Freitag

Der Gewerkschafter Anton Storch (CDU) wird zum ersten Direktor der neugeschaffenen Verwaltung für Arbeit des bizonalen Wirtschaftsrates gewählt (→5. 2./S. 35).

Die Paßkontrollen an den Grenzen zwischen den drei westlichen Besatzungszonen Deutschlands werden auf Anordnung der alliierten Militärregierungen aufgehoben.

Auf Befehl der Sowjetischen Militäradministration in Deutschland (SMAD) wird in Berlin der Leiter der Zentralen Kohlenorganisation, Kurt Mückenberger, unter dem Vorwurf, seiner Dienstpflicht nicht nachgekommen zu sein, verhaftet.

Präsident Sao Shwe Thaik von Birma verhängt wegen der anhaltenden inneren Unruhen durch Aufstände kommunistischer Widerstandsgruppen und revoltierender Militäreinheiten das Kriegsrecht (→4. 1./S. 18).

21. August, Sonnabend

Seit dem 28. Juni dieses Jahres sind insgesamt 113 994 t Güter von westalliierten Flugzeugen in das blockierte Berlin eingeflogen worden (→29. 7./S. 115).

Das Zweimächtekontrollamt der britischen und der US-amerikanischen Besatzungsmacht gibt bekannt, daß die Industrieproduktion in der deutschen Bizone gegenüber dem Vormonat um über 20% gestiegen ist und sich von 50 auf 60% des Produktionsstandes von 1936 erhöht hat.

In den Vereinigten Staaten wird ein Gerät zur telefonischen Übertragung von Fotografien vorgestellt.

22. August, Sonntag

Griechische Regierungstruppen haben nach zweimonatigen Kämpfen die Partisanen aus dem Grammosgebirge nahe der Grenze zu Albanien vertrieben. Die Masse der Aufständischen ist über die Grenze entkommen (→19. 6./S. 103).

In Amsterdam findet bis zum 4. September eine Weltkirchenkonferenz statt, auf der die Gründung eines Weltverbandes der christlichen Kirchen beschlossen wird. →S. 141

Die USA beginnen damit, ihre Luftstreitkräfte systematisch auf Düsenflugzeuge umzustellen (→10. 6./S. 103).

In Frankfurt am Main endet nach viertägiger Dauer das Deutsche Turnerfest. →S. 144

In Berlin verteidigt der Boxer Gustav Eder seinen Titel als Deutscher Meister im Weltergewicht. →S. 145

23. August, Montag

Nach Ablauf der dreijährigen Besatzungszeit ziehen sich die US-amerikanischen Besatzungstruppen bis auf wenige Militärberater aus dem Land Südkorea zurück (→9. 9./S. 158).

Weltmeister der Straßenfahrer der Radprofis wird in Walkenburg (Niederlande) der Belgier Brick Schotte; er benötigt für den 275,4 km langen Kurs 7:30:00 h.

24. August, Dienstag

Die in der Ostzone in Kürze fälligen Gemeinde-, Kreis- und Landtagswahlen werden von der Sowjetischen Militäradministration (SMAD) auf den Herbst 1949 verlegt. →S. 138

In Paris beschließt die Nationalversammlung, die für den Oktober vorgesehenen Gemeindewahlen in Frankreich bis zur Verabschiedung einer Verwaltungsreform in den Departements zu verschieben (→18. 10./S. 171).

Im Luftraum über Hanau stoßen zwei US-amerikanische Transportflugzeuge zusammen. Die vier Besatzungsmitglieder, die mit ihren Maschinen Versorgungsgüter in das blockierte Berlin transportieren sollten, finden dabei den Tod (→29. 7./S. 115).

25. August, Mittwoch

Der Vorsitzende der Sozialistischen Einheitspartei Deutschlands (SED), Wilhelm Pieck, bezeichnet die Sperrung der Transportwege zwischen Berlin und den Westzonen als eine notwendige und begrüßenswerte Maßnahme (→24. 6./S. 97).

Nach deutschen Berechnungen belaufen sich die bisher an die ehemaligen Kriegsgegner geleisteten Reparationen auf einen Gesamtwert von 418 Milionen US-Dollar (etwa 1,5 Milliarden DM).

In Wroclaw, dem früheren Breslau wird der Weltkongreß der Kulturschaffenden eröffnet, an dem Vertreter aus 45 Ländern teilnehmen. Der Kongreß dauert bis zum 28. August. →S. 141

Die an der Ostküste der USA herrschende Hitzewelle hat bisher 150 Todesopfer gefordert. In New York wird mit 37°C der bisher heißeste Tag in der Geschichte der Stadt gemessen.

26. August, Donerstag

Das südbadische Kabinett in Freiburg im Breisgau tritt aus Protest gegen die von Frankreich geforderten Reparationen zurück (→13. 8./S. 138).

27. August, Freitag

Österreich wird Mitglied der Weltbank und des in der US-Hauptstadt Washington ansässigen Internationalen Währungsfonds (IWF).

Das britische Verteidigungsministerium in London gibt die Reduzierung seiner Streitkräfte von bisher 931 000 auf 846 000 Mann bekannt.

28. August, Sonnabend

In Frankfurt am Main wird der deutsche Dramatiker und Schriftsteller Fritz von Unruh mit dem Goethepreis der Stadt ausgezeichnet. →S. 144

Die französische Regierung unter Ministerpräsident André Marie tritt nach Meinungsverschiedenheiten innerhalb des Kabinetts über die Wirtschaftspolitik zurück (→18. 10./S. 171).

In Weimar wird das Nationaltheater nach aufwendigen Umbauarbeiten wiedereröffnet. Als Prunkstück gilt die neuartige »Raumbühne«, die als erste in Europa dem Zuschauer das Gefühl vermittelt, in das Theaterspiel unmittelbar einbezogen zu sein.

29. August, Sonntag

In Leipzig öffnet die bis zum 3. September andauernde diesjährige Herbstmesse ihre Tore.

Die australische Regierung beschließt, dem Mutterland Großbritannien zur Stärkung seiner angeschlagenen Wirtschaft eine Finanzhilfe in Höhe von zehn Millionen Pfund Sterling zu gewähren.

30. August, Montag

Die Botschafter der drei Westmächte einigen sich mit dem sowjetischen Außenminister Wjatscheslaw M. Molotow über die Einführung der ostzonalen Mark in ganz Berlin unter Viermächtekontrolle, sofern die vier Militärgouverneure Einverständnis über die technischen Voraussetzungen erzielen.

Außenminister Robert Schuman wird mit der Bildung einer neuen französischen Regierung beauftragt (→19. 7./S. 119; 12. 9./S. 159).

In Ungarn werden 84 hohe Staatsbeamte von der Polizei unter dem Vorwurf der Verschwörung gegen das Regime verhaftet (→26. 12./S. 190).

31. August, Dienstag

In Rüdesheim am Rhein wird die dritte Ministerpräsidentenkonferenz der drei westlichen Besatzungszonen Deutschlands eröffnet. Sie berät unter anderem die Empfehlung des Herrenchiemseer Verfassungskonvents. Der Berliner Stadtrat Ernst Reuter und der ehemalige Reichstagspräsident Paul Löbe nehmen als Gäste teil (→10. 8./S. 136).

Im Alliierten Kontrollrat in Berlin treffen die vier alliierten Militärgouverneure zu Beratungen über die Aufhebung der Sperre der Verbindungswege zwischen Berlin und den Westzonen sowie die Frage der Einführung der Ostmark in ganz Berlin zusammen.

In Warschau tritt das Zentralkomitee der Polnischen Arbeiterpartei (PPR) zu einer Tagung zusammen (→3. 9./S. 159).

Als zehnte Sonderorganisation der Vereinten Nationen wird die Internationale Flüchtlingsorganisation (IRO) als Nachfolgeorganisation der UNRRA (United Nations Relief and Refugee Association) gegründet.

Die britische Regierung in London beziffert die Kosten der Beteiligung an der Luftbrücke zur Versorgung Berlins für Großbritannien auf bisher eine Million Pfund Sterling (→29. 7./S. 115).

Zwei US-amerikanischen Technikern gelingt die Entwicklung einer Mikrorillen-Schallplatte mit einer Spieldauer von 45 Minuten. →S. 143

Gestorben:

21. Sherman/USA: Arshile Gorky (*25. 10. 1905, Hayotz Dzore), US-amerikanischer Maler armenischer Herkunft.

31. Moskau: Andrei A. Schdanow (*26. 2. 1892, Mariupol/Schdanow), sowjetischer Politiker. →S. 140

Das Wetter im Monat August

Station	Mittlere Lufttemperatur (°C)	Niederschlag (mm)	Sonnenscheindauer (Std.)
Aachen	— (17,2)	— (82)	— (188)
Berlin	17,8 (17,2)	— (68)	— (212)
Bremen	— (17,1)	— (79)	— (182)
München	— (16,6)	— (96)	— (211)
Wien	19,3 (18,6)	76 (68)	245 (—)
Zürich	17,3 (16,6)	95 (132)	185 (219)

( ) Langjähriger Mittelwert für diesen Monat
– Wert nicht ermittelt

Das Ende der XIV. Olympischen Spiele in London – ausführlicher Bericht in der »France Illustration« in der Ausgabe vom 21. August

France
ILLUSTRATION

N° 151 | 21 AOUT 1948 | 60 FRANCS

CLOTURE DE LA XIVᵉ OLYMPIADE

Les jeux olympiques de Wembley ont pris fin le 14 août. Dans les derniers concours la France s'est adjugé en cyclisme et en équitation des titres qui lui ont permis de terminer troisième derrière les États-Unis et la Suède. Au cours de la cérémonie de clôture, le lord-maire de Londres, Sir Frederick Wells, a reçu en dépôt, selon le rite traditionnel, le drapeau olympique dont il aura la garde jusqu'aux XVᵉˢ jeux, qui doivent se dérouler en 1952 à Helsinki. Phot. I. N. P.

USA bei Olympischen Sommerspielen in London erfolgreich

14. August. In der britischen Hauptstadt London enden die XIV. Olympischen Sommerspiele. In den am → 29. Juli (S. 126) begonnenen Wettbewerben bewiesen die USA ihre sportliche Übermacht. Sie errangen 38 Gold-, 27 Silber- und 19 Bronzemedaillen. Die Schweden konnten im Medaillenspiegel den zweiten Platz, die Sportler Frankreichs den dritten Rang belegen. Deutsche und japanische Athleten durften an den Spielen nicht teilnehmen.

17 Tage lang kämpften 4099 Sportler aus aller Welt in 136 Wettbewerben um 408 Medaillen. Trotz ständiger Regenfälle kam es zu spannenden sportlichen Kämpfen.

Eine herausragende Leistung bot die Niederländerin Fanny Blankers-Koen, die vor den Spielen bereits acht Weltrekorde aufgestellt hatte. Die 30jährige zweifache Mutter dominierte die Leichtathletikwettbewerbe, bei denen sie vier Goldmedaillen errang: Über 100 und 200 m, 80 m Hürden und mit der 4 × 100-m-Staffel. Nur dem US-Amerikaner Jesse Owens gelang mit vier gewonnenen Goldmedaillen 1936 in Berlin ein solcher Erfolg. Ein weiterer Ausnahmeathlet errang zwei Medaillen: Der 26jährige Tschechoslowake Emil Zatopek gewann den 10 000-m-Lauf und konnte über die 5000-m-Distanz hinter dem Belgier Gaston Reiff den zweiten Platz belegen

Spannend verlief auch der 100-m-Finallauf der Herren. Favorit war der Weltrekordhalter über 100 englische Yards, Mel Patton (USA). Er startete jedoch schlecht und hatte keine Chance mehr, einen Medaillenrang zu erreichen. Sein Landsmann Harrison Dillard, der Weltrekordhalter über 110 m Hürden, erreichte als erster das Ziel. Norwood Ewell (USA) und der Panamese Lloyd LaBeach liefen jedoch fast genauso schnell, so daß nur ein Zielfoto den Sieg Dillards bestätigen konnte. Es war das erste Mal, daß bei einer Olympiade diese technische Neuheit verwendet wurde. Auch über die 200-m-Distanz mußten sich Ewell und LaBeach mit der Silber- und Bronzemedaille begnügen: Diesmal lief Mel Patton ein gutes Rennen und gewann Gold.

Der Zehnkampf wurde überraschend von dem erst 17 Jahre alten US-Amerikaner Robert Mathias gewonnen. Er bestritt in London erst seinen dritten Zehnkampf überhaupt und eroberte sich die Sympathien der Zuschauer. Beim Diskuswerfen und Kugelstoßen der Damen gewann die Französin Micheline Ostermeyer zwei Goldmedaillen. Obwohl eine ausgesprochene Kugelstoßspezialistin, nahm sie am Diskuswettbewerb teil – und gewann. Beim Hochsprung belegte sie den dritten Rang.

Die Schwimmwettbewerbe der Herren wurden von den USA dominiert, die alle Goldmedaillen gewannen. Die US-amerikanische 4 × 100-m-Staffel schwamm mit der Zeit von 8:46 min auch den einzigen Weltrekord der Schwimmer. In dem Gewichtheberturnier dominierten ebenfalls die USA. Der nur 1,42 m große Joe de Pietro hob im Bantamgewicht 307,5 kg und gewann. Die Ringerwettbewerbe erwiesen sich als Domäne der türkischen und schwedischen Athleten: Sie gewannen sechs bzw. fünf Goldmedaillen.

Die XIV. Olympischen Spiele in London waren ein großer Erfolg. Unübersehbar bleibt jedoch, daß die sportliche Leistungsexplosion der Vorkriegsjahre durch den Zweiten Weltkrieg gestoppt wurde.

Das Finale des 5000-m-Laufes der Herren; noch führt der Tschechoslowake Emil Zatopek vor dem Belgier Gaston Reiff

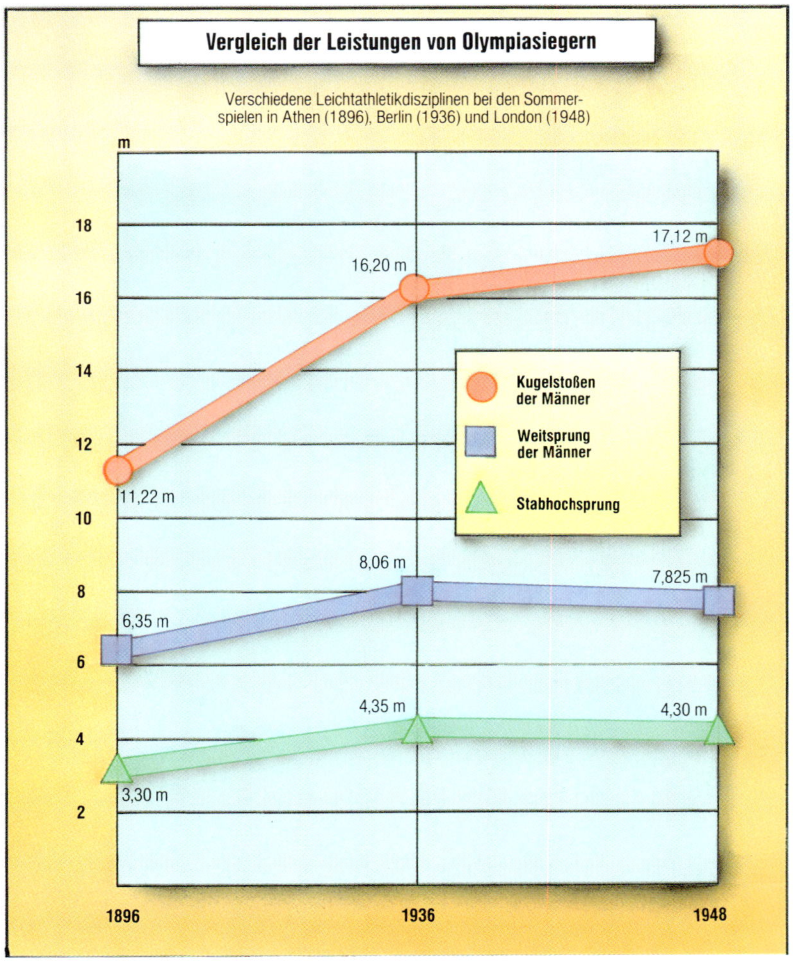

Ergebnisse von drei Olympiaden im Vergleich: Auffallend ist der Leistungsabfall zwischen 1936 und 1948 ▷

Fanny Blankers-Koen (r.) aus den Niederlanden läuft die 100 m in 11,9 sec

200-m-Lauf: Fanny Blankers-Koen schafft die Strecke in nur 24,4 sec

Sieg für die 4× 100-m-Staffel: Fanny Blankers-Koen (2.v.l.) als Schlußläuferin

Fanny Blankers-Koen: Weltrekord über 80 m Hürden; ihre Zeit: 11,2 sec

Eine Laufstudie des Olympiasiegers über 400 m Hürden, Roy Cochran aus den USA, der mit einer Zeit von 51,1 sec einen olympischen Rekord aufstellt

Siegerin des Hochsprungwettbewerbes der Frauen, Alice Coachman (USA)

Der Australier John Winter gewinnt die Goldmedaille im Hochsprung

Willie Steel (USA) springt eine Weite von 7,82 m und erringt damit Gold

Start zum Finallauf über 100 m der Herren (v.l.): Harrison Dillard (USA), E. M. McDonald Bailey (Großbritannien), Alistair McCorquodale (Großbritannien), Lloyd LaBeach (Panama), Norwood Ewell (USA) und Mel Patton (ebenfalls USA)

Große Leistungen im Gewichtheben; alle Sieger der Disziplin stellen Rekorde auf, wie im Leichtgewicht Ibrahim Hassan Shams (Ägypten) mit 360 kg

Zielfoto des Finales über 100 m Kraul der Herren; der US-amerikanische Schwimmer Walter Ris (auf Bahn fünf) schlägt nach kraftvollem Spurt als erster an

Das siegreiche französische Team bei der 4000-m-Mannschaftsverfolgung; gezählt wird die Zeit des dritten den Zielstrich überfahrenden Teilnehmers

Silbermedaillengewinner im Kugelstoßen: Francis J. Delaney (USA)

Der Goldmedaillengewinner im Säbel-Einzel, Aladar Gerevich (Ungarn, r.), der hier gerade den unterlegenen Italiener Gastone Dare in Bedrängnis bringt

Michael Reusch (Schweiz) am Barren

US-Mannschaft am Schwebebalken

Spektakuläre Zwischenfälle bei den Olympischen Spielen

Mitten im Sprung bricht der Stab; der US-amerikanische Leichtathlet Harry Cooper kommt unverletzt davon

Der Favorit versagt mitten im Lauf; Harrison Dillard aus den Vereinigten Staaten kommt beim 110-m-Hürdenlauf aus dem Rhythmus, so daß er schließlich vor einer der Hürden stoppen muß

Ein erster Entwurf für das Grundgesetz

10. August. Im alten Schloß auf der Insel Herrenchiemsee in Oberbayern tritt ein Sachverständigenausschuß zur Ausarbeitung von Empfehlungen für das Grundgesetz eines künftigen westdeutschen Staates zusammen. Dieser Verfassungskonvent setzt sich aus Politikern und 20 Sachverständigen aus den elf Ländern der drei westlichen Besatzungszonen zusammen.

Nach zweiwöchigen Beratungen leitet der Konvent am 31. August den Ministerpräsidenten der Länder den »Entwurf eines Grundgesetzes« in Form einer Denkschrift zu. Viele der darin enthaltenen 149 Artikel sind in verschiedenen Versionen formuliert. Damit unterstreicht der Konvent seine politische Neutralität und den rein empfehlenden Charakter der Ergebnisse seiner Arbeit.

Anders als in der Verfassung der Weimarer Republik sind die Menschenrechte im Grundgesetzentwurf an den Anfang gestellt. Auch soll die Macht des Staatspräsidenten eingeschränkt werden. Über die Form einer zweiten Kammer des künftigen Parlaments ist man sich dagegen nicht einig geworden: Neben einer Vertretung der Länderregierungen steht die Einrichtung eines unabhängigen Senats zur Diskussion (→ 1. 9./S. 150).

Kohlehalde im Ruhrgebiet, Nordrhein-Westfalen will Zechen sozialisieren

Bonn: Verfassungsberatung

13. August. In telefonischer Absprache einigen sich die Ministerpräsidenten der elf Länder der drei westlichen Besatzungszonen Deutschlands auf die ehemalige kurkölnische Residenzstadt Bonn als Tagungsort für den Parlamentarischen Rat (→ 1. 9./S. 150). In aller Eile wird dort die Pädagogische Akademie als Tagungsstätte hergerichtet; außerdem müssen für die Delegierten Übernachtungsmöglichkeiten und Arbeitsräume bereitgestellt werden. Neben Bonn hatten sich auch die Städte Frankfurt am Main, Karlsruhe, Celle, Düsseldorf und Köln beworben. Die Wahl war auf Bonn gefallen, weil sich die Ministerpräsidenten darüber einig waren, auch in der britischen Besatzungszone einen Ort zu wählen, an dem Vorbereitungen zur Gründung eines westdeutschen Staates getroffen werden. Mit der Festlegung des Tagungsortes für den Parlamentarischen Rat soll jedoch keine Vorentscheidung über eine künftige Bundeshauptstadt gefällt werden.

Keine Sozialisierung der Kohlewirtschaft

5. August. Auf einer Sondersitzung des nordrhein-westfälischen Landtages wird mit den Stimmen von SPD, KPD und Zentrum ein Gesetz zur Sozialisierung der Kohlewirtschaft verabschiedet. Die britische Militärregierung versagt diesem Gesetz jedoch die Zustimmung.

Die Abgeordneten der FDP stimmen gegen das Gesetz; die CDU-Fraktion des Landtages enthält sich mehrheitlich der Stimme. Der Fraktionsvorsitzende der CDU, Konrad Adenauer, begründet in einer Erklärung die Stimmenthaltung seiner Partei: Die CDU sei grundsätzlich für die Sozialisierung der Kohlewirtschaft, jedoch strebe sie ihre Überführung in Gemeineigentum und nicht wie die Sozialdemokraten in Staatseigentum an.

Nach den Bestimmungen des Gesetzes sollen sämtliche Kohlevorkommen auf dem Gebiet Nordrhein-Westfalens sowie alle Förderanlagen, deren Wert auf 2,7 Milliarden DM beziffert wird, in den Besitz des Landes übergehen. Das alleinige Recht zum Kohleabbau soll auf eine neuzuschaffende Selbstverwaltung Kohle, eine Körperschaft des öffentlichen Rechts, übergehen. Über Art und Umfang der Entschädigung für die früheren Besitzer hat der Landtag keine Beschlüsse gefaßt.

Politisches Verwirrspiel um Alfred Loritz

7. August. Anhänger des Vorsitzenden der Wirtschaftlichen Aufbauvereinigung (WAV), Alfred Loritz, stürmen in München das Hauptquartier der Partei und rufen Loritz zum alleinigen Vorsitzenden der WAV aus. Den amtierenden Parteivorstand, Julius Höllerer, erklären sie für abgesetzt.

Die Polizei vermutet, daß Alfred Loritz, der seit September 1947 im Untergrund lebt, die spektakuläre Aktion selbst inszeniert hat, um seinen Anspruch auf den Parteivorsitz durchzusetzen.

Loritz war im Juli 1947 als bayerischer Sonderminister für die Entnazifizierung abgesetzt und unter dem Vorwurf des Meineides und der Beteiligung an Schwarzmarktgeschäften verhaftet worden. Im September 1947 konnte er aus der Untersuchungshaft entkommen und zeitweilig in der Schweiz untertauchen. Führende Funktionäre der in Flügelkämpfen zerstrittenen WAV hatten daraufhin im Oktober 1947 versucht, durch die Wahl mehrerer Parteivorsitzender den Zerfall der Partei aufzuhalten.

Alfred Loritz, WAV-Vorsitzender

Der Rechtsanwalt Alfred Loritz hatte die Wirtschaftliche Aufbauvereinigung als Sammelbecken verschiedener Interessengruppen 1945 in Bayern gegründet. Die WAV versteht sich selbst als eine Wirtschaftspartei, abgesondert vom traditionellen Parteiensystem. Zugleich vertritt sie antiparlamentarische, nationalistische und föderalistische Ansichten. Ihr Gründer Loritz, der die WAV diktatorisch führte, gilt als eine rhetorisch begabte, politisch jedoch undurchschaubare Persönlichkeit. Bei den Wahlen zum bayerischen Landtag im Jahre 1946 errang die WAV 7,4% der Stimmen.

Volksrat billigt den Verfassungsentwurf

3. August. Im sowjetischen Sektor Berlins tritt der Deutsche Volksrat der Ostzone zur vierten Sitzung seit seiner Gründung am 17. März (→ 19. 3./S. 47) zusammen. Auf der Tagesordnung steht die Verabschiedung von Richtlinien für die Verfassung einer zu bildenden »Deutschen Demokratischen Republik«.

Der Volksrat, der sich als einzig legitime Vertretung des deutschen Volkes versteht, schlägt vor, als oberstes Gremium der zu schaffenden Republik eine Volkskammer einzurichten. Kandidaten für dieses Parlament sollen nicht nur von den Parteien, sondern von den Massenorganisationen (wie zum Beispiel den Gewerkschaften) aufgestellt werden. Der Verfassungsentwurf soll im Herbst vom dritten Deutschen Volkskongreß verabschiedet werden (→ S. 195).

Proteste gegen das hohe Preisniveau

2. August. Aufgebrachte Hausfrauen stürmen auf dem Münchener Viktualienmarkt die Verkaufsstände. Aus Verärgerung über die sprunghaft gestiegenen Preise vor allem für Eier und Geflügel stoßen sie Eierkisten um, zertreten den Inhalt oder werfen ihn den flüchtenden Händlern hinterher.
Nicht nur in München, sondern überall in den drei westlichen Besatzungszonen Deutschlands wächst der Unmut über die hektisch steigenden Preise für Lebensmittel und Konsumgüter. In zahlreichen Industriebetrieben kommt es aus Protest gegen die Preisentwicklung zu Arbeitsniederlegungen. Anderenorts, wie beispielsweise in Lübeck, werden lokale Käuferstreiks organisiert: Acht Tage lang will man hier vom 6. August an nur noch die am dringendsten benötigten Waren einkaufen. Diese Käuferstreiks bleiben nicht ohne Wirkung. So werden zum Beispiel in Münster (Westfalen) Obst und Gemüse von einem auf den anderen Tag um 25% billiger angeboten. In anderen Städten sind sogar Preisnachlässe von bis zu 50% zu beobachten.

Verbrauchssteuern sollen sinken

1. August. Der Verwaltungsrat der deutschen Bizone beschließt in Frankfurt am Main eine erhebliche Senkung der Verbrauchssteuern für Kaffee, Tabak, Branntwein und Bier. Ein Pfund Kaffee soll danach statt bisher 30 DM nur noch elf bis zwölf DM kosten. Zigaretten, deren Stückpreis zur Zeit zwischen 0,16 DM und 0,20 DM schwankt, verbilligen sich um 50%. Der Preis für einen Liter Bier soll sich künftig um eine DM bewegen.

Durch die plötzliche Liberalisierung des Marktes nach der Währungsreform hat sich das Preis-Leistungs-Verhältnis noch immer nicht normalisiert. Die Aufhebung des Rationierungssystems führte zu einem Ansturm der Verbraucher auf die Geschäfte. Infolge der Verknappung mancher Waren kommt es zu beträchtlichen Preissteigerungen.

◁ *In München machen Hausfrauen auf diese Weise ihrem Ärger über die hohen Lebensmittelpreise Luft*

Schicksale entlassener Kriegsgefangener

1948 ist der größte Teil der einst 11,7 Millionen deutschen Kriegsgefangenen in die Heimat entlassen worden. Doch das Schicksal vieler der über 1,5 Millionen Vermißten bleibt weiter ungeklärt. In dieser Zeit ereignen sich immer wieder menschliche Tragödien: Manch einer der aus der Gefangenschaft Entlassenen muß zu Hause feststellen, daß er offiziell für tot erklärt worden ist und seine Frau mittlerweile einen anderen Mann geheiratet hat.

Zu solchen Situationen kann es kommen, weil die rechtliche Möglichkeit besteht, daß die Angehörigen verschollener Menschen diese nach einer bestimmten Zeit für tot erklären lassen. Während des Zweiten Weltkrieges und in der unmittelbaren Nachkriegszeit haben viele Ehefrauen vermißter Soldaten von dieser Regelung Gebrauch gemacht. Vom gesetzlichen Standpunkt aus gesehen, gelten diese Frauen als verwitwet. Die meisten dieser Witwen sind inzwischen eine zweite Ehe eingegangen. Kehrt jedoch der für tot erklärte Ehemann nach mehreren Jahren aus der Kriegsgefangenschaft zurück, sind alle Beteiligten mit einer fast aussichtslos scheinenden Situation konfrontiert.

Die Frau steht vor einer schweren Entscheidung. Vor allem, wenn beide Männer die Fortsetzung der Ehe wünschen, gerät sie in innere Konflikte. In diesem Fall sehen die Bestimmungen nämlich vor, daß sie allein darüber entscheiden muß, mit welchem Mann sie ihre Ehe fortsetzten will. Für den Fall, daß sie die Auflösung der zweiten Ehe wünscht, kann sie nur mit ihrem ersten Mann die Ehe fortsetzen. Der zweite Ehemann gilt als nichtschuldig geschiedener Ehemann. Wenn sich die Frau aber dafür entscheidet, weiterhin mit ihrem zweiten Ehemann zusammenzuleben, hat der erste Mann, auch wenn die Todeserklärung offiziell aufgehoben wurde, keine rechtliche Möglichkeit, etwas dagegen zu unternehmen.

Die Situation kompliziert sich noch, wenn aus der zweiten Ehe bereits Kinder hervorgegangen sind. Entscheidet sich die Frau für die Auflösung der zweiten Ehe und die Wiederverheiratung mit ihrem ersten Mann, behält der Vater der Kinder und zweite Ehemann die elterliche Gewalt über seine Kinder und muß für deren Unterhalt aufkommen. Die Ehefrau kann jedoch verpflichtet werden, aus eventuellen Einkünften oder Vermögen einen Beitrag zum Unterhalt der Kinder zu leisten.

Das Problem der für tot Erklärten gehört zum Alltag der deutschen Nachkriegsgesellschaft. Es hat sogar in die Literatur Eingang gefunden: 1947, kurz vor seinem Tod, wurde Wolfgang Borcherts Schauspiel »Draußen vor der Tür« uraufgeführt. Borchert zeigt darin das Schicksal eines Heimkehrers, der feststellen muß, daß seine Frau inzwischen mit einem anderen Mann zusammenlebt.

Aber auch für diejenigen Heimkehrer, die von ihren Familien voller Freude empfangen werden, ergeben sich bald zahlreiche Schwierigkeiten: Durch den Zweiten Weltkrieg haben sich in der deutschen Gesellschaft soziale Umbrüche vollzogen, deren Auswirkungen erst jetzt zum Tragen kommen. In der langen Zeit der Abwesenheit haben sich die Kinder von ihren Vätern entfremdet. Mancher Familienvater sieht seinen Nachwuchs bei seiner Heimkehr überhaupt zum ersten Mal. Hinzu kommt, daß sich die Frauen als Ernährer und Alleinerziehende oft so weit emanzipiert haben, daß sie vollkommen selbständig geworden sind. Ihre Ehemänner bedürfen aufgrund jahrelanger Entbehrungen während der Gefangenschaft noch lange Zeit der Pflege und können zum Unterhalt der Familien kaum etwas beitragen, was zu einem starken Autoritätsverlust der Männer führt. Viele Heimkehrer finden sich außerdem in der völlig veränderten Umgebung nur schwer zurecht.

Eine große Zahl von Ehen hält den besonderen Belastungen der Nachkriegszeit nicht stand. Die Scheidungsquote ist seit 1945 sprunghaft angestiegen. 1948 erreicht sie ihren Höchststand: Seit der Jahrhundertwende sind in Deutschland in keinem Jahr so viele Ehen geschieden worden. Auf 10 000 Einwohner kommen 18,8 Scheidungen, 1939 waren es dagegen nur 8,9. Als Ursache für die große Zahl an Scheidungen wird vor allem der hohe Anteil von sogenannten Kriegsehen angegeben, in denen sich die Ehepartner nach ihrer Heirat kaum sahen. Hinzu kommen wirtschaftliche Schwierigkeiten, die zur Zerrüttung vieler Ehen führen. Auch die beengten Wohnverhältnisse spielen als Scheidungsgrund eine große Rolle. Infolge der Überbelegung vieler Wohnungen durch Einquartierungen kommt es zwischen den Menschen wegen des »Aufeinandersitzens« immer wieder zu Spannungen und Streit.

Trotz weitverbreiteter sozialer Auflösungserscheinungen halten die Deutschen am traditionellen Familienbild fest. Im Mittelpunkt steht weiterhin die Gestalt des autoritären Familienvaters.

Trauriges Wiedersehen mit der Heimat: Heimkehrer inmitten von Trümmern

Politikerprotest gegen Demontagen

13. August. Der Landtag von Württemberg-Hohenzollern (französische Besatzungszone) wählt als Nachfolger des am 4. August verstorbenen Lorenz Bock den bisherigen Justizminister Gebhard Müller zum neuen Staatspräsidenten. Als erste Amtshandlung bittet Müller die am 6. August zurückgetretenen Minister des Kabinetts, ihre Ämter weiterzuführen. Die Regierung hatte wegen der von der französischen Militärregierung angekündigten weitreichenden Demontagepläne am 6. August aus Protest demissioniert. Unter anderem sollen die Betriebe der Uhrenindustrie fast vollständig demontiert werden.

Wahlen in Ostzone werden verschoben

24. August. Der sowjetische Militärgouverneur in Deutschland, Marschall Wassili D. Sokolowski, verfügt die Verschiebung der Kreis- und Landtagswahlen in der Ostzone auf den Herbst 1949. Ursprünglich sollten die Wahlen in diesem Herbst abgehalten werden. In einer offiziellen Erklärung heißt es, man entspreche damit einem Wunsch der Bevölkerung. Politische Beobachter im Westteil Deutschlands sind jedoch überzeugt, die Besatzungsmacht habe sich zu diesem Schritt entschlossen, um eine Wahlniederlage der Sozialistischen Einheitspartei Deutschlands (SED) zu verhindern.

Umtauschkurse für DM-West und DM-Ost

2. August. Die ersten drei privaten Wechselstuben öffnen in den Berliner Westsektoren ihre Pforten. Dort kann Deutsche Mark (DM) der Bank deutscher Länder der Westzonen gegen Deutsche Mark der Deutschen Notenbank der Ostzone getauscht werden. Gegenwärtig liegt der Kurs bei 2,20 ostzonale Mark für eine DM. Seit den Währungsreformen in Deutschland sind im Westteil Berlins anders als im Ostsektor beide Währungen zugelassen. Da viele Berliner im Ostteil der Stadt wohnen, im Westteil aber arbeiten, besteht für den Geldumtausch großer Bedarf (→ 19. 6./S. 93; 23. 6./S. 96).

Kölner Dom: 700-Jahr-Feier

15. August. Unter großer Beteiligung der Bevölkerung finden in Köln die Feiern zum 700jährigen Jubiläum der Grundsteinlegung des Kölner Domes statt.
Zu den Feierlichkeiten haben sich neben Zehntausenden von Gästen hohe kirchliche Würdenträger aus aller Welt eingefunden, unter ihnen der Kardinal von München und Freising, Michael von Faulhaber, und der Wiener Kardinal Theodor Innitzer. Als Abgesandter von Papst Pius XII. ist Kardinal Clemens Micara aus Rom in die Domstadt gekommen. Er überbringt dem Kölner Kardinal Josef Frings die Segenswünsche des Heiligen Vaters Pius XII.
Den Höhepunkt der Feierlichkeiten bildet eine Prozession vom Rheinufer zum Dom mit anschließendem Pontifikalamt in der prächtig ausgeschmückten Kathedrale. Unter den Klängen der großen Orgel hält die Prozession Einzug in den erst zum Teil wieder aufgebauten Dom. Die Messe zelebriert der päpstliche Legat, Kardinal Micara. Es erklingt die e-Moll Messe von Anton Bruckner. Anschließend erteilt der Kardinal den versammelten Gläubigen in der Kirche und auf dem Domplatz den Segen.
Am Nachmittag kommen im Kölner Stadion über 100 000 katholische Laien zu einer eindrucksvollen Kundgebung zusammen.
Mehrere ausländische Würdenträger finden in ihren Ansprachen bewegende Worte der Versöhnung und der religiösen Neubesinnung. Der Vertreter des niederländischen Episkopats, Lemmens von Roeymond, ruft den Versammelten zu: »Wir Deutsche und Holländer wollen alles vergessen und verzeihen, was zwischen den beiden Völkern lag. Wir wollen eins werden in Glauben und Hoffnung. Laßt uns für dieses Ziel kämpfen, arbeiten, opfern.«
Am Vorabend des Jubiläums fand in der Aula der Kölner Universität ein Festakt statt. Es sprachen unter anderen der Kölner Kardinal Josef Frings und der Ministerpräsident des Landes Nordrhein-Westfalen, Karl Arnold. Die Redner wiesen übereinstimmend auf die Bedeutung des Domes auch als ein nationales Symbol der Deutschen hin.
Ein großes Volksfest rund um den Dom bildet den Rahmen für die vielfältigen kirchlichen und kulturellen Veranstaltungen.

Das Pontifikalamt zur 700-Jahr-Feier des Kölner Domes

Der 700 Jahre alte Dom ragt majestätisch aus den Trümmern der Altstadt

Grundsteinlegung Mariä Himmelfahrt 1248

Am 15. August 1248, dem Tag Mariä Himmelfahrt, legte Erzbischof Konrad von Hochstaden den Grundstein des Kölner Doms. Der gotische Neubau wurde an der Stelle des Hildebald-Doms aus dem 9. Jahrhundert nach Plänen des deutschen Baumeisters Gerhard von Riele errichtet. Vorbild war die Kathedrale von Amiens in Frankreich. Der Bau dieses bedeutendsten gotischen Sakralbaus in Deutschland nahm mehrere Jahrhunderte in Anspruch. Erst 1880 wurden die letzten Gebäudeteile vollendet.
Zu Anfang schritten die Bauarbeiten zügig voran. Im Jahre 1322 konnte der Chor, der älteste Teil der Kirche, geweiht werden. Rund 100 Jahre später, 1448/49, war der Südturm so weit fertiggestellt, daß mit dem Einbau der Glocken begonnen werden konnte. In den Jahren zwischen 1350 und 1508/09 wurden das Lang- und das Querhaus bis zu einer Höhe von etwa 15 m hochgeführt.
Nach 1500 gerieten die Arbeiten vor allem aus Geldmangel allmählich ins Stocken. Von 1560 bis 1842 ruhte der Bau völlig; die halbfertige Kirche wurde dem Verfall preisgegeben und großer Teile ihres Schmuckes beraubt. Im Jahre 1796 benutzten französische Truppen nach der Besetzung Kölns den Dom als Lagerraum für Lebensmittel und Pferdefutter.
Zu Anfang des 19. Jahrhunderts rückte der Kölner Dom im Zeichen der deutschen Nationalbewegung nach dem Sieg über Napoleon wieder in den Blick der Öffentlichkeit. Man sah in ihm jetzt vor allem ein nationales Denkmal. Viele Künstler und Publizisten forderten seine Vollendung. Im September 1842 gab das Kölner Dombaufest, an dem auch der preußische König Friedrich Wilhelm IV. teilnahm, das offizielle Signal zum Weiterbau. Jährlich wurden dafür rund 300 000 Mark aufgebracht.
Am 15. Oktober 1880 fand im Beisein von Kaiser Wilhelm I. die feierliche Einweihung des nach über 600jähriger Bauzeit fertiggestellten Doms statt. Im Zweiten Weltkrieg wurde er durch Spreng- und Brandbomben stark beschädigt. Seit 1945 arbeitet die Dombauhütte an der Restaurierung.

Der Leichnam Andrei A. Schdanows im offenen Sarg; den Trauerzug führt neben Josef W. Stalin (r.) Außenminister Wjatscheslaw M. Molotow (vorn, 3.v.r.) an

Schdanow – einer der »Falken« im Kreml

31. August. In Moskau stirbt im Alter von 52 Jahren Andrei A. Schdanow. Er gehörte zuletzt dem höchsten Entscheidungsgremium der UdSSR, dem Politbüro der Kommunistischen Partei der Sowjetunion (KPdSU[B]), an und galt als ein möglicher Nachfolger des derzeitigen Partei- und Staatschefs, Generalissimus Josef W. Stalin.
Bevor Schdanow mit einem eindrucksvollen Staatsbegräbnis an der Moskauer Kremlmauer beigesetzt wird, ist der Leichnam im Moskauer Gewerkschaftshaus aufgebahrt. Am offenen Sarg halten Mitglieder der sowjetischen Partei- und Staatsführung, darunter auch Stalin, zeitweilig Totenwache.
Um den plötzlichen Tod Schdanows, der bis zuletzt aktiv in der Politik tätig war, ranken sich im westlichen Ausland sofort zahlreiche Gerüchte und Spekulationen. Sie beschäftigen sich mit den mysteriösen Umständen seines Todes und den Auswirkungen auf den künftigen politischen Kurs der Sowjetunion.
Schdanow galt im Politbüro als Vertreter einer harten innen- und außenpolitischen Linie. Nach dem Ende des Zweiten Weltkrieges initiierte er eine großangelegte Kulturkampagne, die sich insbesondere gegen westliche Einflüsse und als »dekadent« bezeichnete Strömungen im Kulturleben der Sowjetunion richtet. Der »sozialistische Realismus« wurde als verbindliche Stilrichtung vorgeschrieben.
Auch auf dem Feld der Außenpolitik trat Schdanow als Vertreter eines strikt antiwestlichen Kurses hervor. Maßgeblichen Anteil hatte er an der Eingliederung der osteuropäischen Staaten in den Herrschaftsbereich der UdSSR. Im September 1947 bestimmte er in einer Rede anläßlich der Gründung des Kommunistischen Informationsbüros (Kominform) die sowjetische ideologische Gegenposition in den Auseinandersetzungen des sich verschärfenden Kalten Krieges.

Schdanow: Vertreter einer harten Linie

Beobachter im westlichen Ausland knüpfen an den Tod Andrei A. Schdanows zahlreiche Spekulationen über den künftigen ideologischen und außenpolitischen Kurs der Sowjetunion. Unklar ist ferner, welche Folgen der Tod eines der aussichtsreichsten Kandidaten für die Nachfolge von Parteichef Josef W. Stalin hat.
Schdanow war innerhalb des Politbüros der KPdSU einer der schärfsten Verfechter einer antiwestlichen Politik. Den Höhepunkt seiner Macht erreichte er, als er 1945 nach erfolgreicher Verteidigung Leningrads nach Moskau zurückkehrte und dort seine Machtposition ausbaute.
Ebenfalls nach Einschätzung westlicher Beobachter galt als sein schärfster Rivale im Politbüro der stellvertretende Ministerpräsident Georgi M. Malenkow. Von ihm heißt es, er vertrete gegenüber den Staaten des Westens eine eher moderate Politik.
Eine der letzten politischen Handlungen Schdanows war der Ausschluß Jugoslawiens aus dem Kommunistischen Informationsbüro (→ 26. 6./S. 102).

Der Lebensweg Andrei Schdanows

Andrei A. Schdanow wurde am 26. Februar 1896 in der ukrainischen Hafenstadt Mariupol (heute Schdanow) am Asowschen Meer geboren. Seit 1930 war er Mitglied des Zentralkomitees der Kommunistischen Partei der Sowjetunion (KPdSU).

A. Schdanow

1934 übernahm er die Leitung der Leningrader Parteiorganisation. In den Jahren 1934 bis 1938 beteiligte er sich maßgeblich an den großen politischen Säuberungen in der UdSSR; 1939 stieg er dann in das Politbüro der KPdSU, das höchste politische Entscheidungsgremium in der Sowjetunion, auf. Während des Zweiten Weltkrieges leitete Schdanow die Verteidigung des von deutschen Truppen eingeschlossenen Leningrad.

Parteienfusion in Ländern Osteuropas

10. August. In Bulgarien schließen sich die kommunistische Partei des Landes (BKP) und die sozialdemokratische Partei (BRSDP) zusammen. Dieser Schritt erfolgt auf Drängen der Kommunisten, die in den vergangenen Monaten sozialdemokratische Gegner einer Vereinigung unter Druck gesetzt haben.

Bulgarien ist der vierte Staat im sowjetischen Herrschaftsbereich, in dem die Bemühungen der Kommunisten um Verschmelzung mit sozialdemokratischen oder sozialistischen Parteien zum Erfolg führten. Bereits 1946 schlossen sich in der sowjetischen Besatzungszone Deutschlands KPD und SPD zur Sozialistischen Einheitspartei Deutschlands (SED) zusammen. Im Februar 1948 kam es in Rumänien zur Vereinigung beider Arbeiterparteien; im Juni folgte die ČSR. Im selben Monat fusionierten Kommunisten und Sozialisten auch in Ungarn.

Neue Kredite der Marschallplanhilfe

9. August. In der US-amerikanischen Hauptstadt Washington genehmigt der Administrator des Marschallplans, Paul Hoffman, neue Kredite in einer Höhe von 94 Millionen US-Dollar. Damit haben die Bewilligungen im Rahmen der Marschallplanhilfe erstmals die Milliardengrenze überschritten (→ 16. 4./S. 59; 31. 12./S. 196).

Im einzelnen sollen die neuen Kredite wie folgt verteilt werden: Großbritannien erhält 35 Millionen, China 33,7 Millionen und Österreich 2,8 Millionen US-Dollar. Die restlichen Mittel bekommen Dänemark, Frankreich, Griechenland, Norwegen und die Niederlande. Die USA stellen der deutschen Bizone 1,8 Millionen US-Dollar zur Verfügung. Mit dem Geld sollen die in Deutschland so dringend benötigten Maschinen für den Bergbau sowie Baumwolle für die Textilindustrie gekauft werden.

Wiedervereinigung der Christenheit

22. August. In der niederländischen Stadt Amsterdam wird die Weltkirchenkonferenz eröffnet. Thema der bis zum 4. September dauernden Versammlung ist die Gründung eines Weltverbandes der christlichen Kirchen mit dem Fernziel einer Wiedervereinigung der gesamten Christenheit. Vertreter der römisch-katholischen Kirche beteiligen sich nicht an den Beratungen.

An der Tagung nehmen Vertreter von christlichen Glaubensrichtungen der unterschiedlichsten Prägungen teil. So beraten in Amsterdam u.a. Vertreter der protestantischen Kirchen, Quäker, Baptisten und Methodisten. Die Teilnehmer sind sich darüber einig, daß eine Angleichung der unterschiedlichen Glaubensauffassungen zunächst weder möglich noch erstrebenswert sei. Die Gründung des Weltverbandes ermögliche jedoch einen fruchtbaren Gedankenaustausch.

Kulturkonferenz im früheren Breslau

25. August. In der Technischen Hochschule der schlesischen Stadt Wroclaw, dem früheren Breslau, wird ein dreitägiger »Kongreß der Intellektuellen zur Verteidigung der Kultur« eröffnet. Über 500 Künstler und Wissenschaftler aus der ganzen Welt haben sich versammelt, um einer weiteren Verschärfung des Kalten Krieges entgegenzutreten. Zu den Teilnehmern zählen weltbekannte Persönlichkeiten, wie die Maler Pablo Picasso und Fernand Léger, die Schriftsteller Ilja Ehrenburg und Martin Andersen-Nexö sowie die französische Physikerin Irène Joliot-Curie.

Die Rede des russischen Schriftstellers Alexander A. Fadejew vergiftet jedoch die Atmosphäre dieser mit hohen Erwartungen verknüpften Konferenz. Fadejew bezeichnet die meisten Künstler im Westen als »Mystiker«, »Pornographen« oder »Schreibtischhyänen«.

Schweres Unwetter über Nordengland

12. August. Tagelange sintflutartige Regenfälle haben in der britischen Grafschaft North Yorkshire nahe der Grenze zu Schottland zu schweren Überschwemmungen geführt. Die Wassermassen überfluten weite Landstriche, zerstören Brücken und blockieren Eisenbahnlinien.

Zahllose Bäche haben sich in reißende Ströme verwandelt, die gewaltige Schlammassen mit sich führen. Wasser und Schlamm richten in mehreren Ortschaften an Häusern und Fabrikeinrichtungen schwere Schäden an. In einigen Dörfern steht das Wasser in den Straßen bis zu zwei Meter hoch.

Die Landwirtschaft des betroffenen Gebietes hat durch das Unwetter rund 20% des Ackerlandes und große Viehbestände verloren. Pioniere der britischen Streitkräfte beginnen mit der Wiederherstellung der zerstörten Verkehrswege. Allein 21 eingestürzte Eisenbahnbrücken sind wieder aufzubauen. Außerdem muß ein mehrere Kilometer langer See leergepumpt werden, der sich infolge des Regens entlang der Eisenbahnlinie von Edinburgh nach London gebildet hat und diese wichtige Nord-Süd-Verkehrsverbindung zu überfluten droht.

Hier haben Wasser und Schlamm ein Chaos hinterlassen

Unter den Gleisen ist diese Brücke fortgespült worden

Eine neue »Seenlandschaft«, ganze Landstriche hat das schwere Unwetter in Großbritannien unter Wasser gesetzt

Essen und Trinken 1948:

Die Hungerzeiten sind nun vorbei

Noch zu Beginn des Jahres 1948 konnte sich in Deutschland kaum jemand vorstellen, daß eines absehbaren Tages die Regale der Lebensmittelgeschäfte wieder gefüllt sein würden.

Der Hunger, seit Kriegsende ständiger Begleiter der Deutschen bestimmt auch in der ersten Hälfte des Jahres noch den Alltag. Seit August 1939 sind die Lebensmittel rationiert. Das Zuteilungssystem hat das Kriegsende überdauert, funktioniert jedoch nur unzulänglich. Aus Protest gegen die mangelhafte Versorgung kommt es in vielen Orten der Westzonen zu Streiks und Demonstrationen. Doch gibt es inmitten des Mangels auch Inseln des Überflusses. Es sind vor allem Schwarzhändler und Menschen mit entsprechenden »Beziehungen«, die einen relativen Wohlstand genießen können; nicht zu vergessen die Bauern, auf deren Höfen viele Stadtbewohner ein- und ausgehen, um dort zum Beispiel ihren Schmuck gegen Kartoffeln zu tauschen.

Am 20. Juni ist die Zeit des Mangels mit einem Schlag vorbei (→ 19. 6./S. 93; 21. 6./S. 94). Mit der Währungsreform wird das Ende des Rationierungssystems verkündet. Schon am folgenden Tag sind Schaufensterauslagen und Regale in den Lebensmittelgeschäften gefüllt. Viele Händler hatten in Erwartung der Währungsreform ihre Waren zurückgehalten und gehortet. Zwar bleiben einige Grundnahrungsmittel weiterhin bewirtschaftet, aber schon im Oktober wird z. B. die Rationierung von Kartoffeln aufgehoben. Begehrte Waren wie Speck, Wurst, Schokolade und Kaffee sind nun frei erhältlich. Kaum ist das neue Geld in den Händen der Deutschen, kommt es zu einem Sturm auf die Geschäfte. Die Folgen in Form von Preissteigerungen lassen nicht lange auf sich warten. Die Preise klettern so stark, daß der monatliche Lebensmitteletat vieler Menschen übermäßig belastet wird. Vor der Währungsreform war die Beschaffung von Lebensmitteln das Hauptproblem; nach der Ausgabe des neuen Geldes sind es die hohen Preise.

Hamsterfahrer wie hier auf dem Bahnhof von Berlin-Wannsee gehörten bis zur Währungsreform zum Alltag

Durch Schulspeisungen erhalten in der Zeit des Hungers Kinder oft die einzige nahrhafte Mahlzeit am Tag

Ein Bild wie aus dem Schlaraffenland: So sehen viele Schaufenster schon am Tag nach der Währungsreform aus; die meisten Lebensmittelhändler hatten zuvor haltbare Waren gehortet, statt sie für wertloses Geld zu verkaufen

Ein Bild, das der Vergangenheit angehört, Nahrungssuche im Müll

Eine der Ursachen, für die Preisentwicklung liegt unter anderem darin, daß sich nach den langen Jahren der Bewirtschaftung das Verhältnis von Angebot und Nachfrage erst einpendeln muß. Die Reaktionen der Verbraucher auf die steigenden Preise sind heftig: Wo Handeln und Feilschen nichts mehr helfen, äußern die Menschen ihren Unmut in rabiater Form. Marktstände werden gestürmt, Händler verprügelt. Vielerorts werden Käuferstreiks organisiert, deren Wirkung nicht lange auf sich warten läßt. Preisnachlässe von bis zu 60% sind keine Seltenheit. Am Ende des Jahres 1948 ist der Anblick, den die Einkaufsstraßen und Wochenmärkte der westdeutschen Städte bieten, mit dem kärglichen Erscheinungsbild zu Jahresanfang in keiner Weise mehr vergleichbar. Die Deutschen in den drei westlichen Besatzungszonen können sich seit dem 21. Juni wieder sattessen. Die verbesserte Ernährungslage macht sich in nahezu allen Lebensbereichen bemerkbar; vor allem aber bewirkt sie eine enorme Steigerung der Arbeitsproduktivität.

Doch nicht allen Deutschen ist es möglich, sich auf freien Märkten mit Nahrungsmitteln zu versorgen. So müssen sich die Berliner in den blockierten Westsektoren der Stadt weiterhin mit kargen Rationen bescheiden. Noch schlimmer sieht es in der Ostzone aus, wo es trotz Währungsreform zu keiner Aufhebung der Bewirtschaftung von Lebensmitteln kommt.

4000 DM für Fernsehversuche in Hamburg

13. August. Der Verwaltungsrat des Nordwestdeutschen Rundfunks (NWDR) beschließt die Errichtung eines Fernsehversuchsbetriebes in Hamburg. Dadurch soll verhindert werden daß Deutschland den Anschluß an diese sich rasant entwikkelnde Technik verliert. So wird z. B. in Großbritannien bereits ein regelmäßiges Fernsehprogramm ausgestrahlt. In den USA besitzen schon rund 750 000 Menschen einen Fernsehempfänger, 1947 waren es erst 200 000. Der Hamburger Versuch soll mit monatlich 4 000 DM finanziert werden.

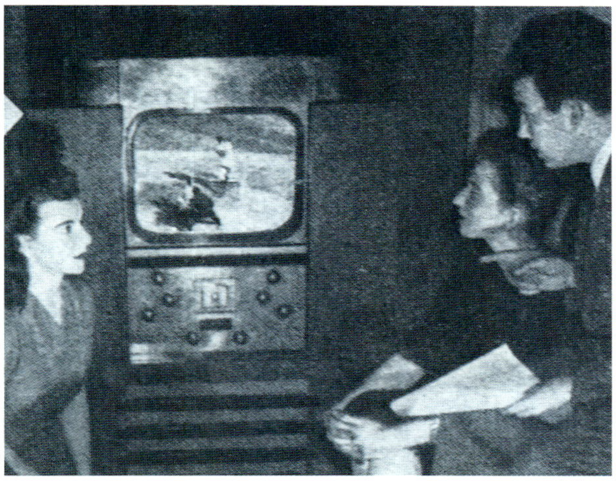

Fernsehdirektübertragung in den USA; Sportreportagen gewinnen durch ihre Aktualität noch mehr Lebendigkeit; die ersten Fernsehübertragungen von Sportereignissen wurden von der Deutschen Reichspost während der Olympischen Spiele 1936 durchgeführt

Die Fernsehtechnik wurde maßgeblich von dem Berliner Paul Nipkow beeinflußt. Er erhielt 1884 ein Patent auf eine rotierende Scheibe, die eine spiralförmige Lochung aufwies. Sie verwandelte ein Bild in einzelne Lichtpunkte, das dann von einer zweiten, genauso gestalteten Scheibe wieder zusammengesetzt werden konnte. Damit wurden die Prinzipien einer Fernsehübertragung deutlich: Ein Bild muß in Bildpunkte zerlegt werden, die dann nacheinander übertragen werden können. Die Bildpunkte müssen in Zeilen angeordnet und so schnell übertragen werden, daß für das menschliche Auge ein natürlicher Bildablauf gewährleistet wird.

Das 1895 von Ferdinand Braun konstruierte Kathodenstrahloszilloskop (Braunsche Röhre) ermöglichte zusammen mit der sich später entwikkelnden Elektronik die Einrichtung von ersten Fernsehversuchsbetrieben. So übertrug die britische Rundfunkgesellschaft BBC bereits 1930 ein Fernsehspiel. 1936 bot die deutsche Post einen neuartigen Service: Die Wettkämpfe der Olympischen Sommerspiele in Berlin wurden übertragen. Der Ausbruch des Zweiten Weltkriegs ließ jedoch ab 1939 eine Fortsetzung der aufwendigen Versuche nicht mehr zu.

Neuheiten der Rundfunktechnik

Spektakuläre Entwicklungen in der Rundfunktechnik sind 1948 selten. Da die europäischen Hersteller noch unter den Folgen des Zweiten Weltkriegs leiden, stellt lediglich die US-amerikanische Industrie einige Neuheiten vor. In einigen Rundfunkempfängern werden jetzt maschinell gedruckte Schaltungen verwendet, die preiswert zu produzieren sind und zusammen mit deutlich kleiner gewordenen Röhren kompaktere Geräte ermöglichen. So ist beispielsweise ein Radio erhältlich, das wie eine Uhr am Arm getragen werden kann. Bei den Heimempfängern soll ein »magisches Auge« die Senderabstimmung erleichtern: Es zeigt an, ob der gewünschte Sender exakt eingestellt wurde. Die US-Industrie plant auch weit in die Zukunft: Ein farbiges Fernsehen wird in absehbarer Zeit für möglich gehalten.

Eröffnung des RIAS im US-Sektor von Berlin

Etikett einer Schellackplatte aus dem Jahre 1912

1907 erschien diese Schellackplatte in Berlin

Rundfunktagung

9. August. In der dänischen Hauptstadt Kopenhagen wird die seit zwei Wochen tagende europäische Rundfunkkonferenz unterbrochen. Vertreter aus 16 Staaten hatten vergeblich versucht, eine Neuverteilung der Sendefrequenzen für Europas Rundfunkstationen vorzunehmen. Für 380 Rundfunksender in Europa stehen nur 200 Frequenzen zur Verfügung. Während das Deutsche Reich 1939 18 Wellen erhalten hatte, sieht ein von der UdSSR vorgelegter Plan künftig nur zwei, ein britischer Plan hingegen acht Frequenzen vor.

Langspielplatte in den USA vorgestellt

31. August. In absehbarer Zeit werden Schallplatten erhältlich sein, deren Spieldauer statt bisher acht rund 45 Minuten beträgt: Peter Goldmark und William Bachman von der Forschungsabteilung des US-amerikanischen Medienkonzerns Columbia Broadcasting System (CBS) ist es gelungen, eine Mikrorillen-Schallplatte zu entwickeln.

Diese neuartige Langspielplatte (LP) wird bei einer Geschwindigkeit von 33⅓ Umdrehungen (statt bisher 78 Umdrehungen) in der Minute abgespielt und hat eine Spieldauer von insgesamt 45 Minuten. Außerdem gelang es Goldmark und Bachman, die Tonqualität entscheidend zu verbessern; Verzerrungen, verursacht durch die Abspielnadel, treten bei der neuen Schallplatte nicht mehr auf. Eine weitere Neuerung betrifft die Haltbarkeit der neuen Schallplatte: Sie wird nicht mehr aus Schellack, sondern aus Vinylit hergestellt und ist daher unzerbrechlich. Einen Nachteil hat die neue Entwicklung allerdings doch: Um die Langspielplatten abspielen zu können, müssen neue Plattenspieler hergestellt werden.

Goethepreis 1948 geht an Fritz von Unruh

28. August. In der Frankfurter Paulskirche wird dem deutschen Schriftsteller Fritz von Unruh der diesjährige Goethepreis der Stadt Frankfurt verliehen. Die Verleihungsurkunde nennt den Preisträger einen »Vorkämpfer der Demokratie und Geistesfreiheit«.

In seiner Dankesrede bekennt sich von Unruh zu einer Dichtung, die nicht länger nur sich selbst genügt, sondern zur verändernden Tat drängt. Die Erfahrung zweier Weltkriege habe ihn gelehrt, daß der Dichter mit der Kraft seines Wortes in das politische Geschehen eingreifen müsse: »Ja, es dünkte mir inmitten dieser Schlächterei im Schlachthaus der Schlachten plötzlich jedes, wenn auch noch so glanzvoll gedichtete Wort . . . fragwürdig, wenn es dies ›wirkliche Leben‹ nicht zu schützen vermag vor der despotischen Willkür verantwortungsloser Abenteurer! Darum wollte ich von nun an nicht mehr l'art pour l'art, sondern l'art pour action.«

Neben diesem Plädoyer für eine »Dichtung der Tat« enthält die Rede einen Appell an die Zuhörer, sich aus dem Dasein der Massenmenschen zu erheben und wieder unverwechselbare Persönlichkeiten zu werden. Voraussetzung dafür sei jedoch, daß der moderne Mensch die Fähigkeit zur Liebe zurückgewinne; denn nur die Liebe könne die Menschen »aus der entmenschten Welt« wieder zu sich und ihren Mitmenschen zurückführen.

Mit dem Goethepreis, den in früheren Jahren unter anderem der Begründer der Psychoanalyse, Sigmund Freud (1929), der Schriftsteller Hermann Hesse (1946) und der Philosoph Karl Jaspers (1947) erhalten haben, ehrt die Stadt Frankfurt einen Künstler, der seinen Idealen des Friedens, der Humanität und des Individualismus stets konsequent gefolgt ist. Der 1885 geborene Fritz von Unruh entstammt einer alten preußischen Offiziersfamilie. Der Familientradition folgend, schlug er zunächst die Offizierslaufbahn ein. 1912 vor die Wahl gestellt, sein erstes Theaterstück »Offiziere«, das sich kritisch mit dem Problem der militärischen Unterordnung auseinandersetzt, von der Bühne zurückzuziehen oder den Dienst zu quittieren, entschied er sich für die Kunst.

Aus dem Ersten Weltkrieg kehrte Fritz von Unruh als überzeugter Pazifist zurück. Die grausame Sinnlosigkeit des Krieges prangerte er in der 1918 entstandenen Tragödie »Ein Geschlecht« an, die mit ihrer kraftvollen, oft ekstatischen Sprache zu den Hauptwerken des literarischen Expressionismus zählt. In den folgenden Jahren entstanden unter anderen die Dramen »Platz« (1920), »Stürme« (1924) und »Bonaparte« (1927) – leidenschaftliche Anklagen gegen Krieg und Militarismus. Bereits 1932 verließ er Deutschland. Die Stationen seines Exils waren Frankreich und ab 1940 die USA. Im Mai 1948 kam von Unruh nach Deutschland zurück. Noch im Exil hatte er den Roman »Der nie verlor« vollendet, dessen Hauptfigur einen erbitterten Kampf gegen die Nazis führt (→ S. 122).

Fritz von Unruh mit Hessens Ministerpräsident Stock (l.) und Frankfurts Oberbürgermeister Walter Kolb (r.)

4000 Turner in Frankfurt

22. August. In Frankfurt am Main endet nach viertägiger Dauer das erste Deutsche Turnfest seit dem Ende des Zweiten Weltkriegs. An den 41 Wettkämpfen nahmen rund 4000 deutsche Sportler teil. Dabei ging es den Veranstaltern nicht in erster Linie um sportliche Höchstleistungen, sondern um die Förderung des Nachwuchses.

Der Stuttgarter Theo Wied siegte in zwei Wettbewerben. Er konnte den Deutschen Zwölfkampf (neun Geräte- und drei volkstümliche Übungen) sowie den Olympischen Zwölfkampf (nur Geräteübungen) für sich entscheiden. Das Volksturnen der Damen gewann die Nürnbergerin Irma Bogner. Am Barren, an den Ringen und beim Pferdsprung erzielte sie jeweils Bestnoten. Im Weitsprung erreichte sie eine Weite von fünf Metern, die 75 m lief sie in 10,5 sec. Die Siegerin des Frauenvierkampfes wurde Marianne Schulze-Entrup aus Münster, die ihre beste Leistung im Kugelstoßen mit einer Weite von 13,14 m erzielte.

Das Deutsche Turnfest wurde innerhalb kürzester Zeit organisiert. Ein besonders schwieriges Problem war die Unterbringung einer so großen Zahl von Teilnehmern. Im Stadtwald wurden Zelte errichtet, die über 1000 Menschen eine Übernachtungsmöglichkeit boten.

Bei der Eröffnungsveranstaltung am 19. August in der Paulskirche sagte der Oberbürgermeister von Frankfurt am Main, Walter Kolb: »Die Turnerinnen und Turner sollen... in jede große und kleine Stadt... den Ruf hineintragen: Wir Deutsche wollen leben, wir wollen in Frieden und Freiheit arbeiten, wir wollen mithelfen beim Aufbau einer friedlichen und fortschrittlichen Welt.« Mit diesen Worten erinnerte Kolb an die freiheitlich-demokratischen Traditionen des vor 100 Jahren in Hanau gegründeten Allgemeinen Deutschen Turnerbundes.

Eröffnungsfeier des Deutschen Turnfestes in Frankfurt am Main; rund 4000 meist junge Sportler nehmen daran teil

Mit einer Rede des Frankfurter Oberbürgermeisters Walter Kolb (M.) geht die Abschlußfeier des Deutschen Turnfestes im Waldstadion der Stadt zu Ende

75 000 Zuschauer erleben im Köln-Müngersdorfer Stadion den 2:1-Sieg des 1. FC Nürnberg über den 1. FC Kaiserslautern

Nürnberg siebtes Mal Deutscher Meister

8. August. Der 1. FC Nürnberg gewinnt die erste Deutsche Fußballmeisterschaft nach Ende des Zweiten Weltkriegs. Er besiegt in Köln den 1. FC Kaiserslautern mit 2:1 Toren. Damit hat der 1. FC Nürnberg bereits seine siebente Deutsche Meisterschaft errungen und ist somit der erfolgreichste Fußballverein Deutschlands.
Das 39. Finale der erstmals 1903 ausgetragenen Deutschen Meisterschaft erregt in Deutschland großes Interesse. Das Müngersdorfer Stadion in Köln war schon Wochen vorher ausverkauft, für die 75 000 Eintrittskarten lagen mehr als 300 000 Bestellungen vor. Das Endspiel wird den hochgesteckten Erwartungen der Zuschauer gerecht.
Die Abwehrspieler der favorisierten Nürnberger Mannschaft lassen den vielgerühmten Sturm des 1. FC Kaiserslautern nicht zur Entfaltung kommen. Auch Spielmacher Fritz Walter gelingt es in der ersten Halbzeit kaum, Lücken in die gut gestaffelte Deckung der Nürnberger zu reißen. Bereits in der zwölften Minute erzielt Konrad Winterstein nach einer gelungenen Kombination durch ein Kopfballtor das 1:0 für Nürnberg. Wiederum durch Kopfball erhöht Torjäger Hans Pöschl in der 25. Minute auf 2:0. Die Entscheidung zugunsten des 1. FC Nürnbergs scheint frühzeitig gefallen.

Die frischgebackenen Deutschen Meister des 1. FC Nürnberg; zum siebten Mal seit 1920 gewinnt der Club ein Endspiel um den begehrten Meistertitel

Nach der Halbzeitpause sehen die Zuschauer jedoch eine deutlich bessere Leistung des 1. FC Kaiserslautern. Den Spielern vom Betzenberg gelingt es jetzt, sich dem Nürnberger Druck zu entziehen. Vor allem Fritz Walter, der ständig in der Abwehr und im Sturm aushilft, beweist nun sein überragendes technisches Können. Immer wieder ist der Spielmacher Ausgangspunkt der Kaiserslauterer Angriffe. In der 69. Minute schießt Walter aus einer Entfernung von zehn Metern scharf auf das Tor. Ein Nürnberger Verteidiger fälscht den Schuß ab, so daß der Torwart keine Chance hat, den Ball zu halten. Damit steht es nur noch 2:1, das Finale zur Deutschen Fußballmeisterschaft wird noch einmal spannend. Beflügelt durch den Anschlußtreffer, bestürmen die Pfälzer nun pausenlos das Tor der Nürnberger. Fritz Walter glänzt dabei immer wieder durch kluges und präzises Zuspiel. Doch mit großem kämpferischem Einsatz kann die Nürnberger Hintermannschaft den Druck abwehren. Die Anstrengungen der Pfälzer, noch den Ausgleich zu erzielen, bleiben erfolglos. Der 1. FC Nürnberg wird durch einen 2:1-Sieg über den 1. FC Kaiserslautern Deutscher Fußballmeister 1948.

Von Cramm gewinnt Finale in Hamburg

9. August. In Hamburg besiegt der Berliner Gottfried von Cramm im Finale zur Deutschen Tennismeisterschaft den Wuppertaler Helmut Gulc in vier Sätzen.
Das Finale im Dameneinzel gewinnt die Kölnerin Ursula Rosenow glatt in zwei Sätzen gegen ihre Klubkameradin Inge Pohmann.
In einem hochklassigen Match kann von Cramm den ersten Satz mühsam mit 6:4, den zweiten Satz leicht mit 6:1 gewinnen. Den dritten Satz verliert der »Tennisbaron« 4:6, obwohl er schon mit 3:0 in Führung gegangen war. Von Cramm steigert seine Leistung jedoch im vierten Satz, gewinnt 6:4 und entscheidet damit das Match. Weniger Mühe hat im Damenfinale die Kölnerin Rosenow. Sie gewinnt glatt mit 6:2 und 8:6 gegen Pohmann.

»Eiserner Gustav« bleibt Boxmeister

22. August. Im Boxring der Berliner Waldbühne verteidigt Gustav Eder vor 15 000 Zuschauern zum 32. Mal in Folge seinen deutschen Meistertitel im Weltergewicht. Dem 40jährigen, der seit 18 Jahren in Deutschland bei Titelkämpfen ungeschlagen ist, reicht nach zwölf Runden ein Unentschieden gegen den Herausforderer Leo Starosch, der über die gesamte Kampfdistanz vergeblich gegen den »eisernen Gustav« ankämpft. Nach 20 Jahren als Berufsboxer dementiert Eder weiterhin Gerüchte über Rücktrittsabsichten.

Birkhahn ist der Schnellste im Derby

1. August. Auf der Rennbahn am Horner Moor bei Hamburg wird das diesjährige Derby ausgetragen. Vor 40 000 Zuschauern siegt der Hengst Birkhahn unter Jockei Erich Böhlke in dieser klassischen Prüfung für Rennpferde. Die Plätze zwei und drei belegen Angeber und Salvator. Für das Siegerpferd gibt es das begehrte »Blaue Band« der Hansestadt, für den Besitzer des dreijährigen Hengstes, den Stall Hoppegarten, 25 000 DM an Preisgeld.
Zwölf Pferde hatten sich für das Rennen über die 2400 Meter lange Derbystrecke qualifiziert.

September 1948

Mo	Di	Mi	Do	Fr	Sa	So
		1	2	3	4	5
6	7	8	9	10	11	12
13	14	15	16	17	18	19
20	21	22	23	24	25	26
27	28	29	30			

1. September, Mittwoch

In Bonn am Rhein konstituiert sich der Parlamentarische Rat für die drei westlichen Besatzungszonen Deutschlands. →S. 150

Der US-amerikanische Außenminister George C. Marshall gibt in Washington bekannt, daß die Vereinigten Staaten an Großbritannien und Frankreich mit der Bitte herantreten werden, ihre Demontagepolitik in Deutschland zu überprüfen (→6. 12./S. 197).

Der ehemalige Reichsfinanzminister Hjalmar Schacht wird von einem württembergischen Gericht in einem Entnazifizierungsverfahren als entlastet bezeichnet. →S. 155

Das US-amerikanische Verteidigungsministerium plant den Bau eines düsenangetriebenen 46-Tonnen-Bombers. Das Flugzeug soll Atombomben tragen und auf einem Flugzeugträger stationiert werden können (→S. 173).

2. September, Donnerstag

Auf der philippinischen Insel Camiguin bricht der Vulkan Mount Hibokhibok aus; die gesamte Inselbevölkerung (rund 45 000 Menschen) muß bis zum 9. September evakuiert werden.

3. September, Freitag

Władisław Gomułka verliert sein Amt als Generalsekretär der Kommunistischen Arbeiterpartei Polens (PPR). →S. 159

In Großbritannien finden die seit Kriegsende größten Manöver der britischen Luftstreitkräfte unter Beteiligung der im Lande stationierten Geschwader der US-amerikanischen Luftwaffe statt.

In London stellt der Läufer Herbert McKenley aus Jamaika mit der Zeit von 32,4 sec einen Weltrekord über 300 m auf (→2. 7./S. 125).

4. September, Sonnabend

In Österreich werden auf Beschluß der Regierung die Lebensmittelrationen auf 2100 Kalorien pro Person und Tag erhöht; rund 55% der Lebensmittel für die Österreicher werden im Rahmen des Marshallplanes geliefert.

Im schweizerischen Interlaken endet der Kongreß der Europäischen Parlamentarischen Union mit der Aufforderung an die Teilnehmerstaaten des Marshallplans (einschließlich der drei westlichen Besatzungszonen Deutschlands), eine verfassunggebende Versammlung für Europa einzuberufen.

In Prag gibt die tschechoslowakische Polizei die Verhaftung von zahlreichen Priestern und Nonnen bekannt, die einer Verschwörung gegen den Staat verdächtigt werden (→25. 2./S. 30).

Königin Wilhelmina der Niederlande unterzeichnet die Abdankungsurkunde und überläßt ihrer Tochter Juliana den Thron (→6. 9./S. 160).

Ein Streik der Hafenarbeiter legt den Ladeverkehr in den Häfen der Westküste der Vereinigten Staaten lahm.

5. September, Sonntag

In Mainz endet nach dreitägiger Dauer der erste Deutsche Katholikentag seit Kriegsende; Papst Pius XII. übermittelt über den Rundfunk eine Grußbotschaft. →S. 155

In Paris stellt Frankreichs Ministerpräsident Robert Schuman sein neues Kabinett vor (→19. 7./S. 119; 12. 9./S. 159).

Die Abgeordneten der bulgarischen Nationalversammlung beschließen in Sofia die Verlängerung ihrer Amtsperiode um ein Jahr auf fünf Jahre.

In Forest Hills nahe New York gewinnt die Mannschaft der Vereinigten Staaten den Tennis-Davis-Cup. Sie besiegt die Vertretung Australiens mit 5:0 Punkten. →S. 163

6. September, Montag

In Berlin dringen Demonstranten in das im sowjetischen Sektor gelegene Berliner Stadthaus ein; die Stadtverordneten verlegen daraufhin ihren Tagungsort in den britischen Sektor der Stadt. →S. 152

Warenlieferungen der Marshallplanhilfe der USA werden künftig mit einem einheitlichen Wappen als Kennzeichen versehen. →S. 155

In Amsterdam wird Kronprinzessin Juliana zur Königin der Niederlande gekrönt. →S. 160

US-Präsident Harry S. Truman eröffnet mit einer Rede vor Gewerkschaftern in Detroit im US-Bundesstaat Michigan den Wahlkampf der Demokratischen Partei der USA (→2. 11./S. 180).

7. September, Dienstag

In Berlin werden die Besprechungen der vier alliierten Militärgouverneure über eine Beilegung der Berlinkrise auf unbestimmte Zeit vertagt (→6. 9./S. 152).

Auf Antrag der kommunistischen Partei Frankreichs spricht die Nationalversammlung in Paris dem neuen Kabinett unter Ministerpräsident Robert Schuman das Mißtrauen aus (→12. 9./S. 159).

In China findet eine Offensive der kommunistischen Truppen statt, die nach Überschreiten des Gelben Flusses die Hauptstadt der Provinz Honan, Tschengtschou vom Nachschub abschneiden (→6. 11./S. 182).

Ein Unwetter über Norditalien verursacht schwere Überschwemmungen im Gebiet der Stadt Asti, wobei 120 Menschen ums Leben kommen.

Ein Leichtathletik-Länderkampf zwischen Österreich und der Schweiz in Wien wird von der österreichischen Mannschaft mit 63:31 Punkten gewonnen.

8. September, Mittwoch

In Bonn beginnt eine zweitägige Debatte des Parlamentarischen Rates über ein Grundgesetz für einen westdeutschen Staat (→1. 9./S. 150; 15. 9./S. 151).

Eine Gruppe freiwilliger Ordner, die am 6. September in Berlin eine Störung der Sitzung der Stadtverordnetenversammlung im Stadthaus zu verhindern versuchte, wird von sowjetischem Militär verhaftet (→6. 9./S. 152).

9. September, Donnerstag

Auf einer Kundgebung in Berlin, zu der sich mehr als 300 000 Teilnehmer eingefunden haben, richtet der gewählte Oberbürgermeister Ernst Reuter einen leidenschaftlichen Appell an die Adresse der Westalliierten, Berlin nicht aufzugeben. →S. 153

In Ungarn werden mehrere Mitglieder der evangelischen Kirche, darunter Bischof Lajos Ordas, wegen Devisenvergehen verhaftet (→26. 12./S. 190).

In Pjongjang wird die Volksdemokratische Republik Korea (Nordkorea) ausgerufen; Ministerpräsident ist Kim Il Sung. →S. 158

10. September, Freitag

In Köln erscheint die erste Ausgabe der »Allgemeinen Kölnischen Rundschau«, der ersten überregionalen Parteizeitung der CDU in der britischen Besatzungszone Deutschlands. →S. 155

Die französische Militärregierung in Deutschland gibt bekannt, daß vom 1. Oktober an für ihre Besatzungstruppen keine Lebensmittel mehr aus Deutschland geliefert werden.

In Paris einigen sich Vertreter der 16 am Marshallplan beteiligten europäischen Staaten endgültig auf eine Verteilung der Hilfslieferungen der Vereinigten Staaten (→6. 9./S. 155).

11. September, Sonnabend

In Hannover erscheint die erste Ausgabe der SPD-Parteizeitung »Neuer Vorwärts« (→10. 9./S. 155).

In Luxemburg endet nach einwöchiger Dauer der Kongreß der Bewegung zur Schaffung einer Weltregierung. Die 500 Delegierten aus 30 Ländern wählen den Briten Sir John Boyd-Orr zu ihrem Vorsitzenden.

Nachfolger des verstorbenen Generalgouverneurs von Pakistan, Mohammad Ali Dschinnah, wird der bisherige Generalgouverneur von Ostbengalen, Khwaja Nazimuddin. →S. 159

Infolge von langanhaltenden Regenfällen kommt es zu schweren Überschwemmungen in der japanischen Stadt Nagasaki, bei denen 53 Menschen ums Leben kommen.

In München wird das diesjährige Herbstfest eröffnet, das bis zum 25. September dauert; erstmals seit Kriegsende wird dort wieder Starkbier mit einer Stammwürze von 8% angeboten. →S. 162

12. September, Sonntag

In Prag veröffentlicht das Organ der tschechoslowakischen kommunistischen Partei, »Rude Pravo«, ein Gesetz zum Schutz der Republik nach dem u.a. die Behinderung von Staatsorganen als Hochverrat gilt (→25. 2./S. 30).

In Frankreich stellt Ministerpräsident Henri Queuille sein neues Kabinett vor. →S. 159

In der belgischen Hafenstadt Antwerpen bricht unter der Leitung des schweizerischen Physikers Auguste Piccard eine Tiefsee-Expedition in den Golf von Guinea auf. →S. 157

Die Österreicherin Herma Bauma verbessert in Wien die Weltrekordmarke im Speerwerfen auf 48,63 m. →S. 163

Die Deutschen Vereinsmeisterschaften der Leichtathleten in München gewinnt bei den Männern der TSV 1860 München, bei den Damen siegt die Mannschaft des SSV Wuppertal.

13. September, Montag

In Berlin verurteilt ein sowjetisches Militärgericht fünf Deutsche, die nach der Kundgebung am 9. September verhaftet worden waren, zu je 25 Jahren Zwangsarbeit (→6. 9./S. 152; 9. 9./S. 153).

In Paris beginnt eine Außenministerkonferenz, bei der die Vertreter der USA, der Sowjetunion, Großbritanniens und Frankreichs über die Zukunft der italienischen Kolonien verhandeln.

Der Vorsitzende der französischen Volksunion (RPF), General Charles de Gaulle, fordert in mehreren Reden die Ausschreibung von Neuwahlen in Frankreich (→12. 9./S. 159).

Militärs der Indischen Union besetzen den unabhängigen Fürstenstaat Hyderabad, nachdem es dort zu Unruhen gekommen war. →S. 159

14. September, Dienstag

Zum Abschluß des SPD-Parteitages in Düsseldorf, der am 11. September begonnen hatte, wird Kurt Schumacher zum ersten und Erich Ollenhauer zum zweiten Vorsitzenden der Partei gewählt. →S. 154

Die Berliner SED erklärt, sie werde an den für den 14. November geplanten Wahlen zur Stadtverordnetenversammlung nicht teilnehmen (→5. 12./S. 194).

Eine Spruchkammer in Königstein am Taunus beschließt in einem Entnazifizierungsverfahren, den Industriellen Fritz Thyssen in die Gruppe der Minderbelasteten einzustufen.

Die französische Nationalversammlung in Paris spricht der neuen, von Henri Queuille gebildeten Regierung das Vertrauen aus (→12. 9./S. 159).

Von den Demonstrationen gegen eine Spaltung Berlins vor dem zerstörten Reichstag am 9. September berichtet »The Illustrated London News« am 18. September

THE ILLUSTRATED LONDON NEWS

SATURDAY, SEPTEMBER 18, 1948.

AN IMPRESSIVE DEMONSTRATION WHICH STRESSES THE ANTI-COMMUNIST FEELING IN BERLIN: THE SOCIAL DEMOCRATS' MEETING IN THE PLATZ DER REPUBLIK, IN FRONT OF THE RUINED REICHSTAG, ON SEPTEMBER 9.

As illustrated and described on pages 310-311 in this issue, a number of Communist demonstrations directed against the City Assembly led to a mass meeting of anti-Communists in the Platz der Republik, in the British Sector, on September 9, to protest against the denial of freedom to, and pressure brought to bear on, the elected representatives of the people. An estimated crowd of over 100,000 were addressed by Dr. Friedensburg, the acting Chief Burgomaster, Dr. Suhr, the chairman of the City Assembly, and trade union representatives. The meeting was both impressive and orderly and the occasion was marred only by the hooliganism which broke out at its conclusion. The Soviet flag was torn down from the Brandenburger Tor and Russian soldiers relieving the guard at the Red Army war memorial were stoned. During the disturbances shots were fired into the British Sector, and about thirty people are reported to have been wounded. It was later announced that the Communist-Socialist Unity Party were to hold a workers' counter-demonstration in the Russian Sector on September 12.

Die britische Regierung gibt in London die Verlängerung der Militärdienstzeit der zur Demobilisierung vorgesehenen Truppen um drei Monate bekannt.

In Österreich werden die Grenzen der Bundesländer aus der Zeit vor dem Anschluß an das Deutsche Reich im Jahre 1938 wiederhergestellt.

15. September, Mittwoch

In Bonn am Rhein werden die Ausschüsse des Parlamentarischen Rates zur Erarbeitung eines Grundgesetzes für Westdeutschland gewählt. →S. 151

In Paris kommt es zu schweren Straßenschlachten zwischen der Polizei und Arbeitern der verstaatlichten Flugzeugwerke Frankreichs, die sich im Streik befinden (→18. 10./S. 171).

Die europäische Wellenlängenkonferenz, die seit dem 25. Juni in Kopenhagen tagt, endet mit der Verabschiedung eines neuen Verteilungsplans für die Sendefrequenzen der europäischen Rundfunkstationen (→9. 8./S. 143).

Bei Parlamentswahlen in Rhodesien erreicht die weiße Regierungspartei (United Party) die absolute Mehrheit.

In Muroc, im US-Bundesstaat Kalifornien, stellt der Major der US-amerikanischen Streitkräfte, Robert Johnson, einen Flugweltrekord auf: Er erreicht mit einem F-86-Düsenjäger eine Geschwindigkeit von 1079,84 km/h. →S. 157

16. September, Donnerstag

In Berlin endet die 13. Tagung des Parteivorstandes der SED, die am Vortage begonnen hatte, mit dem Beschluß zur Bildung einer Zentralen Parteikontrollkommission (→29. 10./S. 170).

Die Regierungschefs von Württemberg-Baden, Württemberg-Hohenzollern und Südbaden beschließen in Bühl die Zusammenlegung der drei Länder zu einem Südweststaat.

Unter Vorsitz des österreichischen Bundeskanzlers Leopold Figl einigen sich Gewerkschaften und Arbeitgeberverbände des Landes auf eine allgemeine Lohnerhöhung von 6%.

Ein Taifun im Norden der japanischen Hauptinsel Hondo fordert mehr als 500 Todesopfer.

17. September, Freitag

Das US-amerikanische Generalkonsulat in Frankfurt am Main teilt mit, daß ab sofort das Einwanderungsverbot in die USA für Deutsche und Österreicher aufgehoben ist. Außerdem werden auch wieder Besuchsvisa ausgestellt.

In Prag wird der ehemalige Kommandant des Konzentrationslagers Theresienstadt, Rudolf Heindl, zum Tode verurteilt und zwölf Stunden später hingerichtet.

Der schwedische UNO-Vermittler in Palästina, Graf Folke Bernadotte, wird in Jerusalem von jüdischen Terroristen der Stern-Bande erschossen. →S. 158

In Italien beschließen die Vertreter von rund 600 000 katholischen Arbeitern die Gründung einer neuen Gewerkschaftsorganisation, die vom kommunistischen Italienischen Gewerkschaftsverband unabhängig sein soll.

18. September, Sonnabend

Auf ihrem dritten Parteitag in Erfurt wählen die Delegierten der CDU der Ostzone Otto Nuschke zum Vorsitzenden; die Delegierten beschließen außerdem, die Verständigung mit der Sowjetunion als ein besonderes Anliegen der CDU zu betrachten (→10. 2./S. 34; 25. 5./S. 78).

Die Militärregierungen der US-amerikanischen und britischen Besatzungszonen in Deutschland beschließen, Warenlieferungen aus der Bizone in die Ostzone zu unterbinden (→6. 9./S. 152).

In Indonesien wird ein kommunistischer Aufstandsversuch im Keim erstickt (→19. 12./S. 190).

Das Pfund Sterling wird um 30% abgewertet; der neue Wechselkurs gegenüber dem US-Dollar beträgt nun 1:2,8.

In Grenoble kommt es nach einer Rede des Vorsitzenden der französischen Volksunion, General Charles de Gaulle, zu Zusammenstößen zwischen seinen Anhängern und Mitgliedern der kommunistischen Partei (→18. 10./S. 171).

19. September, Sonntag

Bei den Parlamentswahlen in Schweden kann die regierende sozialdemokratische Partei trotz geringer Stimmenverluste ihre Rolle als stärkste politische Kraft behaupten.

20. September, Montag

Die israelische Regierung erläßt ein Verbot der Untergrundorganisationen Irgun Zwai Leumi, Hagana und der Stern-Bande und verfügt deren Eingliederung in die reguläre Armee; die Stern-Bande setzt ihre illegale Tätigkeit jedoch fort.

Bei einem Erdrutsch im indischen Bundesstaat Assam werden 500 Menschen verschüttet und können nur noch tot geborgen werden.

21. September, Dienstag

In Westmakedonien schlagen griechische Truppen eine Offensive der kommunistischen Partisanen unter dem Befehl des Generals Markos zurück (→19.6./S.103).

Truppeneinheiten der kommunistischen Befreiungsarmee erobern die Hauptstadt der chinesischen Provinz Schantung, Tsinan (→19. 3./S. 50; 6. 11./S. 182).

Im US-amerikanischen Bundesstaat New Jersey schlägt der Franzose Marcel Cerdan den US-Amerikaner Tony Zale durch technischen K.o. und erringt damit den Boxweltmeistertitel im Mittelgewicht. →S. 163

22. September, Mittwoch

Im Entnazifizierungsverfahren gegen den ehemaligen Generalstabschef der deutschen Wehrmacht, Generaloberst Franz Halder, erklärt die Münchener Spruchkammer diesen für nicht belastet.

Die drei westlichen Besatzungsmächte Deutschlands fordern die Regierung der Sowjetunion in diplomatischen Noten erneut auf, die Blockade Berlins zu beenden (→6. 9./S. 152).

In zahlreichen Demonstrationen und Protestkundgebungen in Norditalien werden Lohnerhöhungen für die 1,1 Millionen Staatsangestellten gefordert.

23. September, Donnerstag

Ein Militärtribunal der sowjetischen Militärverwaltung in Deutschland (SMAD) reduziert die Strafen gegen fünf der nach den Demonstrationen vom 13. September zu je 25 Jahren Zwangsarbeit verurteilten Berliner auf ein bis acht Jahre (→6. 9./S. 152).

24. September, Freitag

Das Mitglied des Parteivorstandes der SED, Anton Ackerman, wird dazu gezwungen, seine im Jahre 1946 aufgestellte These vom »deutschen Weg zum Sozialismus« offiziell zu widerrufen (→29. 7./S. 117).

In Frankreich findet ein zweistündiger Generalstreik gegen die Wirtschaftspolitik der Regierung statt.

Die bulgarische Regierung ersucht um Aufnahme des Landes in die Vereinten Nationen.

25. September, Sonnabend

Durch Störungen in den drei Luftkorridoren von und nach Berlin versucht die sowjetische Besatzungsmacht in Deutschland die Versorgung der Stadt durch die Luftbrücke zum Erliegen zu bringen (→29. 7./S. 115; 31. 12./S. 198).

Die ungarische Regierung gibt die Verstaatlichung der in US-amerikanischem Besitz befindlichen Ölgesellschaften bekannt (→26. 12./S. 190).

26. September, Sonntag

In Berlin-Schöneberg stürzt die Decke eines Kinos während einer Vorstellung ein; dabei sterben 18 Menschen, 50 Personen werden zum Teil schwer verletzt.

In Prag beginnt ein Kongreß des Internationalen Genossenschaftsbundes, der bis zum 29. September dauert.

27. September, Montag

Der Berliner Magistrat beschließt die Anrufung des Sicherheitsrates der Vereinten Nationen zur Lösung der Krise um Berlin (→5. 12./S. 194).

In den USA veröffentlicht der Untersuchungsausschuß für unamerikanische Umtriebe einen Bericht über angebliche Spionage in der Atomindustrie, wobei führende Wissenschaftler der geheimdienstlichen Tätigkeit für die Sowjetunion beschuldigt werden.

28. September, Dienstag

Die Verteidigungsminister der fünf Staaten des Brüsseler Paktes (Großbritannien, Frankreich, Belgien, die Niederlande und Luxemburg) fassen den Beschluß zum Aufbau einer Verteidigungsgemeinschaft, der sämtliche westeuropäischen Truppen angehören sollen (→17. 3./S. 49; 3. 12./S. 190).

Die ungarische Regierung ersucht um die Aufnahme des Landes in die Vereinten Nationen.

29. September, Mittwoch

Der polnische Ministerrat beschließt, ab 1. November die Brot- und Mehlrationierung aufzuheben.

Die Westmächte ersuchen den Generalsekretär der Vereinten Nationen, Trygve Lie, die Berlinkrise auf die Tagesordnung des Sicherheitsrates der Vereinten Nationen zu setzten (→5. 12./S. 194).

Der belgische Leichtathlet Gaston Reiff läuft in Brüssel die 2000 m in der Weltrekordzeit von 5:07,0 min.

Das US-amerikanische Verteidigungsministerium in Washington verfügt ein vorläufiges Startverbot für alle Düsenjäger vom Typ F 84; Grund ist die hohe Zahl von Abstürzen aus ungeklärter Ursache in den letzten Monaten (→S. 173).

30. September, Donnerstag

Der Chef der Stern-Bande, der letzten illegalen jüdischen Untergrundorganisation, Nathan Friedmann Yellin, wird in Haifa festgenommen.

Gestorben:

3. Sezimovo Ustí: Eduard Beneš (*28. 5. 1884, Kožlány), tschechoslowakischer Politiker. →S. 159

10. Coburg: Ferdinand I. (*26. 2. 1861, Wien), Zar der Bulgaren 1908 bis 1918.

11. Karatschi: Mohammad Ali Dschinnah (*25. 12. 1876, Karatschi), pakistanischer Politiker, erster Generalgouverneur von Pakistan. →S. 159

13. Berlin: Paul Wegener (*11. 12. 1874, Rittergut Bischdorf/Ostpreußen), deutscher Schauspieler und Filmregisseur.

17. Jerusalem: Folke Bernadotte, Graf von Wisborg (*2. 1. 1895, Stockholm), schwedischer Philantrop, UN-Kommissar in Palästina. →S. 158

17. Moscia bei Ascona: Emil Ludwig (*25. 1. 1881, Breslau), deutsch-schweizerischer Schriftsteller.

Das Wetter im Monat September

Station	Mittlere Lufttemperatur (°C)	Niederschlag (mm)	Sonnenscheindauer (Std.)
Aachen	— (14,5)	— (68)	— (160)
Berlin	15,2 (13,8)	— (46)	— (194)
Bremen	— (14,0)	— (60)	— (164)
München	— (13,4)	— (84)	— (176)
Wien	16,2 (15,0)	45 (56)	216 (—)
Zürich	14,4 (13,5)	48 (101)	176 (166)

( ) Langjähriger Mittelwert für diesen Monat
– Wert nicht ermittelt

Wiederaufbau des Dresdner Zwingers; Bildbericht im ersten Septemberheft der »Neuen Berliner Illustrierten«

NEUE

1948/36 - 1. SEPTEMBERHEFT - IV. JAHRGANG
BERLIN 20 PF., AUSWÄRTS 30 PF. — VERLAGSORT BERLIN

Berliner Illustrierte

EIN MEISTERWERK DES DRESDENER ZWINGERS ERWACHT ZU NEUER SCHÖNHEIT Aufnahme: Heyphot

Schon zeichnen sich im Sandsteinblock die Konturen der Atlasfigur – eine der schönsten Arbeiten Balthasar Permoser's, die Bildhauer nach einem zufällig erhaltengebliebenen Gipsabguß maßgenau nachbilden. Bald wird Atlas wieder den Wallpavillon des Zwingers krönen, der nach seiner Zerstörung durch angloamerikanische Flieger neu ersteht. (Zu unserem Bildbericht auf Seite 7)

Eröffnungsansprache des nordrhein-westfälischen Ministerpräsidenten Karl Arnold in Bonn; in der Mitte die 65 Delegierten des Parlamentarischen Rates, links die Vertreter der Besatzungsmächte

Das Zoologische Museum König in Bonn am Rhein, wo sich am 1. September der Parlamentarische Rat konstituiert

Die feierliche Konstituierung des Parlamentarischen Rates

1. September. In der ehemaligen kurkölnischen Residenzstadt Bonn am Rhein konstituiert sich der Parlamentarische Rat der drei westlichen Besatzungszonen Deutschlands. Er hat die Aufgabe, für einen künftigen westdeutschen Staat ein Grundgesetz auszuarbeiten. Am →15. September (S. 151) werden dazu Arbeitsausschüsse gebildet.

Im Laufe des August hatten die elf Länderparlamente der Westzonen insgesamt 65 Delegierte für dieses Gremium nominiert. Je 27 gehören der SPD und der CDU/CSU an; fünf sind Mitglieder der liberalen Parteien; die KPD, das Zentrum und die Deutsche Partei (DP) stellen je zwei Abgeordnete. Hinzu kommen fünf nicht stimmberechtigte Vertreter aus Berlin. Die Vorsitzenden der Fraktionen sind der Justizminister von Württemberg-Hohenzollern, Carlo Schmid (SPD), der bayerische Staatsminister Anton Pfeiffer (CDU/CSU-Fraktion) und Theodor Heuss (Liberale), ehemaliger Kultusminister des Landes Südbaden.

Die erste Sitzung des Parlamentarischen Rates findet in feierlichem Rahmen im Gebäude des Zoologischen Museums König statt. Neben den 65 Abgeordneten sind die Ministerpräsidenten der westdeutschen Länder sowie Vertreter der drei westlichen Besatzungsmächte nach Bonn gekommen.

Als Ministerpräsident des gastgebenden Landes Nordrhein-Westfalen hält Karl Arnold (CDU) die Eröffnungsansprache. Mit Blick auf die Frage der deutschen Einheit betont er, daß in Bonn zwar nur ein Grundgesetz für die westlichen Besatzungszonen geschaffen werde, man werde jedoch ein Gesetzeswerk erarbeiten, auf dessen Grundlage letzten Endes alle Deutschen leben könnten. In einer weiteren Rede wendet sich Hessens Ministerpräsident, Christian Stock (SPD), entschieden gegen den Eindruck, mit der Einrichtung des Parlamentarischen Rates werde die Spaltung Deutschlands vorangetrieben.

Nach Abschluß der Feierstunde begeben sich die Delegierten in den großen Sitzungssaal der Pädagogischen Hochschule. Dort eröffnet am Nachmittag der Präsident der Hamburger Bürgerschaft, Adolf Schönfelder (SPD), die erste Plenarsitzung des Parlamentarischen Rates. Auf der Tagesordnung steht unter anderem die Wahl eines Präsidenten. Die Delegierten bestimmen für dieses Amt den Vorsitzenden der CDU der britischen Besatzungszone, Konrad Adenauer.

Anschließend kommt es in der Frage der Beteiligung der Berliner Vertreter zu einer Auseinandersetzung. So stößt der Vorschlag, die Vertreter Berlins an den Sitzungen teilnehmen zu lassen, bei dem kommunistischen Abgeordneten Max Reimann auf Ablehnung. Ein drohender Tumult kann dadurch abgewendet werden, daß sich die Abgeordneten in einer Abstimmung für die Teilnahme der Berliner Delegierten aussprechen (→1. 7./S. 114; 10. 8./S. 136; 10. 12./S. 184).

Abgeordnete des Parlamentarischen Rates, der in der Bonner Akademie tagt, l. R. v. l.: Hans Christoph Seebohm (DP), Johannes Brockmann (Zentrum), Adolf Süsterhenn (CDU), Anton Pfeiffer (CSU) und der Präsident, Konrad Adenauer (CDU)

Die erste Sitzung des Parlamentarischen Rates in Bonn; Carlo Schmid (am Rednerpult), der Vorsitzende des Hauptausschusses bei seiner Eröffnungsansprache

Hinweisschilder in der Nähe von Bonn; in aller Eile mußten die Vorbereitungen zur Aufnahme des Parlamentarischen Rates getroffen werden

Der Präsident Konrad Adenauer

1. September. Konrad Adenauer, Vorsitzender der CDU in der britischen Besatzungszone, rückt mit seiner Wahl zum Präsidenten des Parlamentarischen Rates in den Mittelpunkt des Interesses der deutschen Öffentlichkeit. Dem 72jährigen Politiker gelingt es, die Arbeiten am Grundgesetz für den künftigen westdeutschen Staat entscheidend mitzuprägen.

Konrad Adenauer (CDU)

Von den 65 Abgeordneten, die sich am 1. September in Bonn erstmals versammeln, verfügt Adenauer über die größte parlamentarische Erfahrung. Von 1917 bis 1933 bekleidete er das Amt des Oberbürgermeisters von Köln. In den Jahren 1920 bis 1933 war er außerdem Mitglied des preußischen Staatsrats, dessen Präsidentschaft er 1921 übernahm. Nach der nationalsozialistischen Machtergreifung im Jahre 1933 wurde er aus allen Ämtern entlassen. Im Mai 1945 setzte ihn die US-amerikanische Besatzungsmacht wieder als Oberbürgermeister von Köln ein; nach Abzug der US-Amerikaner und Übernahme der Stadt durch britische Besatzungstruppen wurde er jedoch schon im Oktober desselben Jahres wieder entlassen. Seit 1946 ist Adenauer Vorsitzender der Christlich-Demokratischen Union Deutschlands (CDU), zu deren Gründungsmitgliedern er 1945 gehörte.

Konrad Adenauer zählt zu den Politikern, die den Auftrag der drei westlichen Besatzungsmächte zur Gründung eines westdeutschen Teilstaates begrüßen (→ 2. 6./S. 92).

Hauptausschuß unter Schmid

15. September. Carlo Schmid, Professor für Völkerrecht in Tübingen und Justizminister des Landes Württemberg-Hohenzollern, hat als Vorsitzender des Hauptausschusses eine Schlüsselstellung in der künftigen Arbeit des Parlamentarischen Rates in Bonn. Der Sozialdemokrat Schmid, der seit 1947 dem Vorstand seiner Partei angehört, leitet das für die Gestaltung der verfassungsrechtlichen Struktur des künftigen deutschen Teilstaates entscheidende Gremium. Mit der Wahl Schmids hat die SPD sich einen maßgeblichen Einfluß auf die Arbeit des Parlamentarischen Rates in Bonn sichern können.

Carlo Schmid (SPD)

Carlo Schmid wurde am 3. Dezember 1896 in der französischen Stadt Perpignan als Sohn eines deutschen Vaters und einer französischen Mutter geboren. Nach einem Jura-Studium arbeitete er zunächst als Rechtsanwalt, dann von 1925 bis 1940 als Richter. Nach der Besetzung Frankreichs durch die deutsche Wehrmacht im Jahre 1940 war er bis 1944 als Kriegsverwaltungsrat in der nordfranzösischen Stadt Lille tätig. Seit 1945 hat er an der Universität Tübingen den Lehrstuhl für Völkerrecht inne. Schmid, der sich auch als Übersetzer literarischer Werke aus dem Französischen einen Namen machte, trat erst 1945 der SPD bei. Im selben Jahr wurde er von der französischen Besatzungsmacht als Regierungschef des Landes Württemberg-Hohenzollern eingesetzt; seit 1948 ist er auch stellvertretender Staatspräsident.

Die Einrichtung der Ausschüsse in Bonn

15. September. Nachdem am 8. und 9. September das Plenum des Parlamentarischen Rates in Bonn zu einer ersten allgemeinen Aussprache zusammengetreten ist, steht nun die Wahl von mehreren Fachausschüssen auf der Tagesordnung.

Als wichtigstes Gremium wird der sogenannte Hauptausschuß eingerichtet, dem 21 Mitglieder angehören. Unter dem Vorsitz von Carlo Schmid (SPD) und seinem Stellvertreter Heinrich von Brentano (CDU) hat dieser die Aufgabe, die Entwürfe eines Grundgesetzes für einen westdeutschen Staat in allen Stadien zu erörtern. Den Beratungen des Parlamentarischen Rates liegen die Empfehlungen zugrunde, die vom Verfassungskonvent im oberbayerischen Herrenchiemsee im August erarbeitet wurden (→ 10. 8./S. 136; 10. 12./S. 194).

Neben den Angehörigen des Hauptausschusses werden am 15. und 16. September auch die Mitglieder von sechs Fachausschüssen gewählt. Diese sind unter anderem für Grundsatzfragen, Grundrechte, die Abgrenzung der Zuständigkeit zwischen Bund und Ländern, Finanzfragen, Fragen der Rechtspflege und für das Wahlrecht zuständig. Die Vorschläge der Fachausschüsse werden einem Redaktionsausschuß übermittelt, der sie zu Verfassungsartikeln umformuliert.

Die Spaltung der Berliner Stadtverwaltung kündigt sich an

6. September. Wegen der Demonstrationen, die eine ordnungsgemäße Tagung im Neuen Stadthaus im Ostsektor Berlins unmöglich machen, wird die Sitzung der Berliner Stadtverordnetenversammlung von ihrem Vorsitzenden Otto Suhr in den britischen Sektor Berlins verlegt. Mit der Weigerung der SED, an Sitzungen außerhalb des Neuen Stadthauses teilzunehmen, ist die Spaltung der Berliner Stadtverordnetenversammlung praktisch vollzogen (→5. 12./S. 184).

Grund für den Auszug der Stadtverordneten ist eine von der SED organisierte Demonstration, an der sich in den Vormittagsstunden hauptsächlich die Belegschaften von Betrieben aus dem sowjetischen Sektor beteiligten. Eine größere Zahl von Demonstranten erstürmte das Neue Stadthaus und drang dabei in den Plenarsaal vor. Die für 12.00 Uhr anberaumte Stadtverordnetenversammlung konnte daher nicht stattfinden. Der Vorsteher des Stadtparlaments, Otto Suhr (SPD), vertagte die Sitzung, nachdem die Abgeordneten von SPD, CDU und LDP beschlossen hatten, den Tagungsort in den britischen Sektor zu verlegen.

Die Berliner Stadtverordnetenversammlung ist in den vergangenen Monaten bereits mehrfach gestört worden. Die Demonstranten, die von der SED und der sowjetischen Besatzungsmacht unterstützt werden, fordern die Einführung der Ostmark in ganz Berlin.

Seit der Durchführung getrennter Währungsreformen in Deutschland im Juni (→19. 6./S. 93; 23. 6./S. 96) verlangen die Sowjets die Übernahme der Ostmark auch in den Westsektoren Berlins. Damit unterstreichen sie ihre Forderung nach wirtschaftlicher Einbeziehung der gesamten Stadt in die Ostzone. Die Westmächte reagierten auf dieses Verlangen mit der Einführung der Deutschen Mark (DM) der Westzonen in ihren Sektoren der ehemaligen Reichshauptstadt. Diesen Schritt beantwortete die sowjetische Seite mit der Verhängung einer Blockade über den Westteil der Stadt (→24. 6./S. 97).

Nach Verhängung der Blockade hatten die Westmächte zunächst am 6. August bei der sowjetischen Regierung in Moskau eine Protestnote überreicht. Die sowjetische Regierung erklärte sich daraufhin bereit, die Blockade zum 15. August aufzuheben, falls auf die Einführung der DM in den Westsektoren Berlins verzichtet werde. Während sich die Westmächte in der Währungsfrage kompromißbereit zeigen, lehnen sie eine weitere Bedingung, nämlich den Verzicht auf die Gründung eines westdeutschen Staates, strikt ab (→2. 6./S. 92).

Seit Ende Juni hat sich auch das innenpolitische Klima in Berlin erheblich verschlechtert. Alle Anzeichen deuten auf eine politische und administrative Spaltung der Stadt hin. So wurden auf Druck des sowjetischen Stadtkommandanten, General Alexander G. Kotikow, aus mehreren Abteilungen des Magistrats leitende Beamte entlassen, die sich der wachsenden Einflußnahme der SED auf die Stadtverwaltung widersetzt hatten. Der Magistrat von Berlin veranlaßte daraufhin die Verlegung einiger Abteilungen in die Westsektoren der Stadt.

Einen ersten Höhepunkt erreichten die Auseinandersetzungen um die politische Vorherrschaft in der Stadt, als am 26. Juli Bürgermeister Ferdinand Friedensburg (CDU) den Berliner Polizeipräsidenten, Paul Markgraf (SED), wegen der verfassungswidrigen Entlassung von Polizeibeamten vom Dienst suspendierte. Markgraf erklärte seine Amtsenthebung jedoch für unwirksam und übt im sowjetischen Sektor die Amtsgeschäfte weiter aus. General Kotikow hatte die Suspendierung nicht anerkannt. In den Westsektoren amtiert seit dem 26. Juli Polizeivizepräsident Johannes Stumm als kommissarischer Polizeipräsident.

Die Spaltung der Berliner Polizei macht sich dann am 6. September besonders dadurch bemerkbar, daß die bei der Erstürmung des Neuen Stadthauses anwesenden Polizisten dem Geschehen tatenlos zusehen. Freiwillige Ordner, die den Schutz der Stadtverordnetenversammlung garantieren sollten, werden dagegen verhaftet. Einigen gelingt es, in das Büro des französischen Verbindungsoffiziers beim Magistrat zu flüchten. Zwei Tage später werden auch sie – obwohl ihnen vom sowjetischen Stadtkommandanten freies Geleit zugesichert worden war – festgenommen.

Aus Protest gegen die Erstürmung des Neuen Stadthauses versammeln sich am 9. September mehr als 300 000 Berliner vor der Ruine des Reichstagsgebäudes zur größten politischen Kundgebung seit Kriegsende (→9. 9./S. 153).

◁ *Demonstranten verschaffen sich mit Gewalt Zutritt zum Neuen Stadthaus im sowjetischen Sektor Berlins*

»Völker der Welt, schaut auf Berlin«

9. September. Über 300 000 Berliner versammeln sich vor der Ruine des Reichstagsgebäudes zur größten politischen Kundgebung in der Stadt seit Kriegsende. Unmittelbarer Anlaß ist die Erstürmung des Stadthauses am → 6. September (S. 152). Zugleich richtet sich die Veranstaltung generell gegen die Unterdrückung politischer Freiheiten im sowjetischen Sektor Berlins.

Höhepunkt der Kundgebung ist eine Rede des gewählten Oberbürgermeisters der Stadt, Ernst Reuter. Mit Blick auf die Verhandlungen der vier Besatzungsmächte über eine Beendigung der Blockade Berlins appelliert er im Namen Berlins an die Weltöffentlichkeit:

»Heute ist der Tag, wo das Volk von Berlin seine Stimme erhebt ... Denn wir wissen, worum es heute geht bei den Verhandlungen im

Ernst Reuter bei seiner berühmten Rede vor der Ruine des Reichstages

Kontrollratsgebäude ... Wir wollen nur eins klar sagen: In all diesem Handeln und Verhandeln wollen wir Berliner kein Tauschobjekt sein. Uns kann man nicht eintauschen, uns kann man nicht verhandeln, und uns kann man auch nicht verkaufen ... Ihr Völker der Welt, ihr Völker in Amerika, in England, in Frankreich, in Italien! Schaut auf diese Stadt, und erkennt, daß ihr diese Stadt und dieses Volk nicht preisgeben dürft ...«.

◁ 300 000 Berliner demonstrieren auf dem Platz der Republik gegen die Erstürmung des Neuen Stadthauses

Der Weg der Sozialdemokratie nach 1945

Die Sozialdemokratische Partei Deutschlands (SPD) hat in den Jahren 1945 bis 1948 ihren politischen Führungsanspruch als traditionsreichste deutsche Partei nicht in die Praxis umsetzen können. Nur in den Ländern Hamburg, Bremen, Hessen, Niedersachsen, Schleswig-Holstein und in Berlin konnte sie bei Wahlen die Christlich-Demokratische Union überflügeln. Im bizonalen Wirtschaftsrat in Frankfurt am Main steht die SPD seit 1947 in der Opposition. In dem seit → 1. September 1948 (S. 150) in Bonn tagenden Parlamentarischen Rat nimmt sie hingegen eine starke Position ein. Sie stellt dort mit Carlo Schmid den Vorsitzenden des wichtigen Hauptausschusses (→ 15. 9./S. 151).

Plakat der Sozialdemokratischen Partei Deutschlands zum Wiederaufbau Deutschlands von 1946

Auf ihrem dritten Nachkriegsparteitag vom 11. bis 14. September in Düsseldorf setzen sich die Sozialdemokraten kritisch mit dem politischen und wirtschaftlichen Kurs in den drei Westzonen auseinander. Den Bemühungen vieler politischer Gruppen, wirtschaftliche und gesellschaftliche Strukturen aus der Zeit vor 1945 zu erhalten, stellt die SPD unter anderem folgende programmatische Aussagen entgegen:

- ▷ Unter der Losung »Sozialismus als Tagesaufgabe« fordert sie die Verstaatlichung der Grundstoffindustrie, eine Bodenreform und die Überführung der Großbanken in Gemeineigentum
- ▷ Einmütig lehnt die SPD die Abtrennung des Saargebietes ab und fordert außerdem die Rückgabe der Gebiete östlich von Oder und Neiße
- ▷ Eine Wiedervereinigung von Deutschland soll vor allem durch die politische und wirtschaftliche Stärkung der Westzonen erreicht werden
- ▷ Gegenüber den Besatzungsmächten verlangt die SPD ein selbstbewußteres Auftreten der Deutschen

Unmittelbar nach Kriegsende begannen Sozialdemokraten mit dem Wiederaufbau ihrer Partei. Während die westlichen Besatzungsmächte im Jahre 1945 den Aufbau von Parteien vorerst nur auf regionaler Ebene zuließen, konnte sich die SPD im sowjetischen Besatzungsgebiet bereits im Juni 1945 auf Zonenebene etablieren. In Berlin hatte sich unter der Führung von Otto Grotewohl ein Zentralausschuß gebildet. In der britischen Besatzungszone richtete der frühere Reichstagsabgeordnete Kurt Schumacher in Hannover ein Büro ein, von dem aus er den Wiederaufbau der SPD in den Westzonen betrieb.

Seit 1945 verfolgt die SPD unter dem Vorsitz Kurt Schumachers einen antikommunistischen Kurs

Bis Oktober 1945 konnte Kurt Schumacher seine Führungsposition in den Westzonen festigen. Auf einer Konferenz in Wennigsen bei Hannover einigte er sich mit Otto Grotewohl darauf, daß sich der Zentralausschuß künftig auf die Leitung der SPD in der Ostzone beschränkt.

Lebensweg Kurt Schumachers

Kurt Schumacher wurde am 12. Oktober 1895 in Culm/Westpreußen (heute Chelmno/Polen) geboren. 1914, bei Ausbruch des Ersten Weltkriegs, meldete er sich als Kriegsfreiwilliger. Nach einer schweren Verwundung mußte sein rechter Arm amputiert werden. 1915 nahm er ein Jura-Studium auf und promovierte 1926 zum Dr. phil.

Im Jahre 1918 trat Schumacher der SPD bei. Von 1924 bis 1931 war er Abgeordneter im württembergischen Landtag, ab 1930 im Deutschen Reichstag.

Unmittelbar nach der Machtergreifung der Nationalsozialisten im Jahre 1933 wurde Schumacher verhaftet und bis 1943 in verschiedenen Konzentrationslagern gefangen gehalten. 1944 erfolgte seine erneute Verhaftung für mehrere Wochen.

Am 6. Mai 1945 gründete Schumacher, dessen Gesundheit durch die lange Haft ruiniert war, in Hannover den ersten Ortsverein der SPD. Seit Mai 1946 ist er Vorsitzender der SPD und in seiner führenden Position unumstritten. Auch bei politischen Gegnern genießt Schumacher hohes Ansehen.

Die Kommunistische Partei Deutschlands (KPD) drängte mit Unterstützung der sowjetischen Besatzungsmacht auf eine Vereinigung mit den Sozialdemokraten, die im April 1946 mit Gründung der Sozialistischen Einheitspartei Deutschlands (SED) in der Ostzone vollzogen wurde.

Schumacher bewertete die Gründung der SED als ein »zwangsweises Einschmelzen« der Sozialdemokratie in die KPD. Eine Zusammenarbeit mit den Kommunisten lehnte er ab und konnte sich mit dieser Haltung in den Westzonen durchsetzen.

Prägt das politische Profil der SPD, der Vorsitzende Kurt Schumacher

SPD fordert mehr Selbstbewußtsein

14. September. Nach dreitägiger Dauer endet in Düsseldorf der dritte Nachkriegsparteitag der Sozialdemokratischen Partei Deutschlands (SPD). Ihr Vorsitzender, Kurt Schumacher, wird mit überwältigender Mehrheit in seinem Amt bestätigt; stellvertretender Parteivorsitzender bleibt Erich Ollenhauer.

Schumacher selbst konnte wegen schwerer Erkrankung am Parteitag nicht teilnehmen.

Der SPD-Parteitag war am 11. September mit einem internationalen Sozialistentreffen eröffnet worden, an dem Vertreter sozialistischer und sozialdemokratischer Parteien aus Österreich, der Schweiz, Italien, Schweden, den Niederlanden und Frankreich teilnahmen.

In einer Rede, die beim Parteitag verlesen wurde, übte Schumacher scharfe Kritik an der Politik des bizonalen Wirtschaftsrates in Frankfurt am Main. In den folgenden Tagen setzen sich auch die Parteitagsdelegierten mit der Wirtschaftspolitik in den drei westlichen Besatzungszonen Deutschlands sehr kritisch auseinander. In mehreren Resolutionen fordert der Parteitag unter anderem ein umfangreiches Sozialisierungsprogramm und eine selbstbewußtere Haltung gegenüber den Besatzungsmächten. Darüber hinaus bekräftigt die SPD ihre Forderung nach einem Verbleib des Saargebietes bei Deutschland und spricht sich für die Rückgewinnung der ehemaligen deutschen Ostgebiete aus.

72. Katholikentag in Mainz beendet

5. September. In Mainz nehmen über 160 000 Menschen an der Schlußkundgebung des 72. Deutschen Katholikentages teil. Im Mittelpunkt der Veranstaltung steht eine über Rundfunk ausgestrahlte Ansprache von Papst Pius XII. Er ruft die deutschen Katholiken auf, weiterhin treu und mutig den Prinzipien der römisch-katholischen Kirche zu folgen. Es gelte, mit großem Einsatz für die Freiheit der Kirche zu kämpfen. Seit der Eröffnungsfeier am 2. September haben rund 200 000 katholische Christen an den Veranstaltungen des ersten Katholikentages nach einer Unterbrechung von 16 Jahren teilgenommen.

Hjalmar Schacht gilt als entlastet

1. September. Der ehemalige deutsche Reichsbankpräsident und Reichswirtschaftsminister Hjalmar Schacht wird von der Spruchkammer des Internierungslagers Ludwigsburg bei Stuttgart in dem Berufungsverfahren zur Feststellung seiner Mitschuld an der Gewaltherrschaft der Nationalsozialisten als entlastet bezeichnet. Schacht war am 13. Mai 1947 in der ersten Instanz zu acht Jahren Arbeitslager verurteilt worden. Das Gericht hatte seine Mitverantwortung an der Aufrüstung des Deutschen Reichs zur Vorbereitung eines Krieges als erwiesen angesehen.

Zeitungen von SPD und CDU zugelassen

10. September. In Köln erscheint die erste Ausgabe der »Allgemeinen Kölnischen Rundschau«. Sie ist die erste Parteizeitung der Christlich-Demokratischen Union (CDU), die in der gesamten britischen Besatzungszone erscheinen kann. Am darauffolgenden Tag gibt die Sozialdemokratische Partei Deutschlands (SPD) mit dem »Neuen Vorwärts« in Hannover ebenfalls eine erste überregionale Parteizeitung heraus. Das Erscheinen dieser beiden Zeitungen steht im Zeichen einer veränderten Lizenzierungspolitik der westlichen Besatzungsmächte. Sie hatten bisher überparteilichen Zeitungen den Vorzug gegeben.

»Nicht klagen, handeln!« – Unter diesem Motto tagt der 72. Deutsche Katholikentag in Mainz; im Bild Josef Kardinal Frings aus Köln (1. R.; 2. v. l.)

Der ehemalige Reichsfinanzminister Hjalmar Schacht (l.) nach vier Jahren Haft wieder frei; im Hintergrund (3. v. l.) erwartet ihn sein Verteidiger

Neuer Vorwärts

ZENTRALORGAN DER SOZIALDEMOKRATISCHEN PARTEI DEUTSCHLANDS

Chronik der Woche

Aufbau gegen Terror

Vor dem Pariser Welttheater

Der Kopf der Woche

Wieder Parteizeitungen in den Westzonen: Der »Neue Vorwärts« (SPD)

NUMMER 1 – JAHRGANG 1

Allgemeine Kölnische Rundschau

FREITAG, 10. SEPTEMBER 1948

FÜR CHRISTENTUM UND DEMOKRATIE

Deutschland-Ausgabe

Werden die Besprechungen scheitern?

Aus dem Inhalt

Verhandlungspause in Berlin

Letzte Meldungen

„Reichseinheit, aber kein Einheitsreich“

Deutsche Presse-Ausstellung

Die »Allgemeine Kölnische Rundschau«, eine Parteizeitung der CDU

Kennzeichen für die Marshallplanhilfe

6. September. Alle Hilfsgüter, die von den Vereinigten Staaten im Rahmen der Marshallplanhilfe nach Europa transportiert werden, erhalten ab sofort ein einheitliches Wappen. Es erinnert in seiner farblichen Gestaltung an die Flagge der USA und trägt in der Mitte den Aufdruck »For European Recovery supplied by the U.S.A.« (für den europäischen Wiederaufbau – gestiftet von den Vereinigten Staaten).

Obwohl die 16 europäischen Länder, die sich am Marshallplan beteiligen, bereits im April dieses Jahres eine grundsätzliche Einigung über die Verteilung der US-amerikanischen Hilfslieferungen erzielten, gelingt es der OEEC, der Organisation für europäische wirtschaftliche Zusammenarbeit (→ 16. 4./S. 59) erst am 11. September, eine Verständigung über die genaue Verteilung der Hilfslieferungen auf die einzelnen Staaten herbeizuführen. In den Jahren 1948/49 erhalten danach Großbritannien rund 1,2 Milliarden, Frankreich 1 Milliarde, Italien 61 Millionen und die Niederlande 50 Millionen US-Dollar. Für die deutsche Bizone sind 414 Millionen und für die französische Zone 100 Millionen US-Dollar vorgesehen. Alle diese Gelder werden in Form von Warenlieferungen verteilt; insgesamt stellen die USA etwa 4,8 Milliarden US-Dollar zur Verfügung (→ 31. 12./S. 196).

Für die drei westlichen Besatzungszonen Deutschlands werden nach Angaben des US-amerikanischen Militärgouverneurs, General Lucius D. Clay, die ersten Lieferungen Anfang Oktober erwartet. In erster Linie wird es sich dabei um Rohstoffe, wie zum Beispiel Baumwolle, handeln. Zum gegenwärtigen Zeitpunkt werden die Transporte vorbereitet.

Entgegen den hohen Erwartungen, die man in Deutschland an das europäische Wiederaufbauprogramm knüpft, hat die deutsche Wirtschaft von den in Aussicht gestellten Geldern noch nicht profitieren können. Eine spürbare Verbesserung der wirtschaftlichen Lage konnte im ersten Halbjahr 1948 weitgehend aus eigener Kraft erreicht werden. Die Verzögerungen bei der Marshallplanhilfe werden mit Sorge beobachtet, weil man sich durch Hilfe aus den USA ein Gelingen der Währungsreform erhofft (→ 19. 6./S. 93).

Der Eisenbahnverkehr auf den mit großem Aufwand reparierten Strecken spielt u. a. eine bedeutende Rolle beim Abtransport der Trümmer in den Städten

Öffentlicher Nahverkehr in Deutschlands Städten im Jahre 1948, überfüllte Straßenbahnen, deren Fenster noch immer nicht ersetzt werden konnten

Straßen und Verkehr 1948:

Probleme für die deutschen Bahnen

Hauptverkehrsträger in Deutschland ist und bleibt die Eisenbahn. Der Zustand des Schienennetzes, der Lokomotiven und Waggons stellt auch einen Gradmesser für den Stand des Wiederaufbaus der deutschen Wirtschaft nach dem Kriege dar: Trotz umfangreicher Instandsetzungs- und Wiederaufbauarbeiten hat die deutsche Eisenbahn ihre alte Leistungsfähigkeit aus der Vorkriegszeit noch längst nicht wieder erreicht.

Die Deutsche Reichsbahn war 1945 von den Besatzungsmächten beschlagnahmt worden. Sie übertrugen die Betriebsführung den einzelnen Reichsbahndirektionen. Eine zentrale deutsche Verwaltung für die Eisenbahn existiert seither nicht mehr. Rund 50% des deutschen Streckennetzes befinden sich gegenwärtig auf dem Gebiet der drei westlichen Besatzungszonen, 30% in der Ostzone, der Rest liegt in den ehemaligen deutschen Ostgebieten.

Durch die Zoneneinteilung und die wirtschaftliche Spaltung Deutschlands infolge der Währungsreform verlieren die wichtigsten deutschen Eisenbahnlinien, die bisher in Ost-West-Richtung verliefen, allmählich ihre Bedeutung. Sowohl in der Ostzone wie auch in den drei westlichen Besatzungszonen fließen die Verkehrsströme jetzt hauptsächlich in Nord-Süd-Richtung.

Die Eisenbahnen, die das Hauptverkehrsmittel in Deutschland darstellen, sind zumeist hoffnungslos überfüllt

Tausende von Güterwaggons warten zur Zeit noch auf ihre Instandsetzung, Baustoffe und Ersatzteile fehlen

Kleiner Grenzverkehr mitten in Deutschland; ein Zonengrenzübergang zwischen Hessen und der Ostzone

Piccard will bis in 4000 m Tiefe tauchen

12. September. An Bord des Schiffes »Scaldis« startet von der belgischen Hafenstadt Antwerpen aus eine internationale Expedition zu Tiefseetauchversuchen im Golf von Guinea vor der Küste Westafrikas.

Das von der belgischen Nationalstiftung für wissenschaftliche Forschung finanzierte Unternehmen steht unter der Leitung des schweizerischen Physikers Auguste Piccard. Zusammen mit seinem langjährigen Assistenten Max Cosyns will Piccard als erster Mensch in eine Tiefe von 4000 m vordringen.

Für diese Expedition hat Piccard in mehrjähriger Arbeit ein Spezialgerät entwickelt, das den extremen Bedingungen in dieser Tiefe gewachsen ist. Das »Bathyscaphe« genannte Unterseeboot besteht aus einer Stahlkugel von zwei Metern Durchmesser. Die neun bis 15 cm dicken Außenwände können einem Wasserdruck von 60000 t standhalten. Zwei 15 cm dicke Plexiglasscheiben gewähren den Insassen ein relativ weites Blickfeld. Zur Ausleuchtung der näheren Umgebung des Bootes dienen zwei leistungsstarke Quarzlampen, die an der Außenwand der Kugel angebracht sind. Wie ein »Tiefseeballon« wird das »Bathyscaphe« frei im Wasser schweben. Ein Kurzwellensender hält während der Tauchfahrt die Verbindung zum Mutterschiff »Scaldis« aufrecht. Die Tauch- und Aufstiegsgeschwindigkeit kann durch Öffnen von Gastanks bzw. das Abwerfen von Ballast reguliert werden. Auf dem Meeresgrund bewegt sich das »Bathyscaphe« mit Hilfe eines Schraubenantriebs fort.

Den bisherigen Tiefseetauchrekord hält der US-amerikanische Wissenschaftler William Beebe, der im Jahre 1934 mit einer Stahlkugel eine Tiefe von 923 m erreichte. Im Gegensatz zur Konstruktion Piccards war Beebes Tauchgerät durch eine Stahltrosse fest mit dem Begleitschiff verbunden. Hierdurch war sein Aktionsradius eingeschränkt.

Auguste Piccard stellt sich im belgischen Antwerpen den Fragen der Journalisten vor dem Aufbruch der Expedition zur Erforschung der Tiefe der Meere

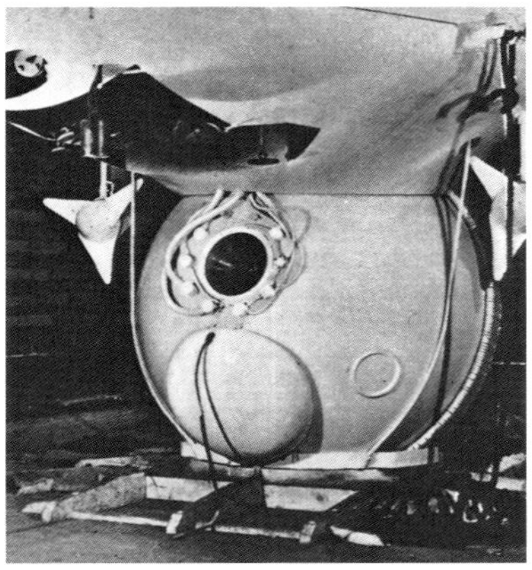

Das »Bathyscaphe«, das von Auguste Piccard entwickelte Unterseeboot

Der Physiker Auguste Piccard

Auguste Piccard, dessen Tiefsee-Expedition in den Golf von Guinea Wissenschaftler in aller Welt mit Spannung verfolgen, wurde am 28. Januar 1884 in dem schweizerischen Ort Lutry geboren. Von 1917 bis 1922 war er Professor für Physik an der Technischen Hochschule in Zürich. Danach lehrte er bis 1939 und wieder 1946/47 in Brüssel. Ein erster Schwerpunkt seiner wissenschaftlichen Arbeit lag in der Erforschung der die Erde umgebenden Lufthülle. Im Jahre 1931 unternahm Piccard von Augsburg aus mit einem Ballon seinen ersten Steigflug in die Stratosphäre. Dabei erreichte er eine maximale Höhe von 15781 m und konnte wichtige Erkenntnisse über die physikalische Beschaffenheit der äußeren Lufthülle gewinnen. Diese Leistung wurde im Jahre 1934 von seinem Zwillingsbruder Jean, noch übertroffen: Dieser stieg mit einem Ballon bis in eine Höhe von 17500 m auf.

Nach seinen Stratosphärenflügen zog es Auguste Piccard in die unbekannten Tiefen der Meere. Schon 1939 begann er mit Vorbereitungen für eine Tiefsee-Expedition.

Weltrekord für Serienflugzeuge

15. September. In Muroc (US-Bundesstaat Kalifornien) stellt Robert Johnson, Major der US-Luftwaffe, mit einem F-86 Kampfflugzeug einen Geschwindigkeitsweltrekord für in Serie gebaute Flugzeuge auf. Er erreicht eine Geschwindigkeit von 1079,84 km/h, obwohl die Maschine nicht speziell für einen Rekordflug ausgerüstet worden war.

Das Kampfflugzeug wird für die US-Luftwaffe bereits in großen Stückzahlen produziert. Auffällig an dem Düsenjäger sind die ungewöhnlich angeordneten Tragflächen, die nicht rechtwinklig am Rumpf befestigt sind, sondern schräg nach hinten weisen. Dadurch sollen die guten Flugeigenschaften des Jägers auch in extremen Geschwindigkeitsbereichen und großen Höhen erhalten bleiben (→ S. 173).

Major Johnson steigt nach dem Rekord aus der F-86 Maschine, mit der er eine Geschwindigkeit von 1079,84 km/h flog

Korea wird in zwei Staaten gespalten

9. September. In der nordkoreanischen Stadt Pjongjang wird durch einen einstimmigen Beschluß der obersten Nationalversammlung die Demokratische Volksrepublik Korea proklamiert. Das Amt des Ministerpräsidenten übernimmt Kim Il Sung. Er ist zugleich Vorsitzender der kommunistischen Partei Koreas und damit die politisch einflußreichste Person im Norden des Landes.

Kim Il Sung (eigentlich Kim Ir Sen) hatte 1934 eine Partisanengruppe im Kampf gegen die Japaner geführt. Nach seiner Flucht in die UdSSR baute er dort koreanische Partisaneneinheiten zum Kampf gegen die japanische Besatzungsmacht auf. Im Zweiten Weltkrieg kämpfte er auf seiten der Roten Armee; als sowjetischer Major kehrte er im August 1945 nach Korea zurück.

Bereits am 15. August wurde in Seoul, der Hauptstadt des Südteils der koreanischen Halbinsel, die »Republik Korea« ausgerufen. Als Staatspräsident amtiert hier Syngman Rhee. Dieser hatte nach seinem Studium in den USA seit 1910 den Widerstand gegen die japanischen Besatzer organisiert. Zwischen 1919 und 1941 stand er der koreanischen Exilregierung vor, die damals in der chinesischen Hafenstadt Schanghai residierte. Aus dem anschließenden Exil in den Vereinigten Staaten kehrte Syngman Rhee 1945 in seine Heimat zurück.

Wandzeitung in Seoul; der Süden der koreanischen Halbinsel ist bereits seit dem 15. August ein unabhängiger Staat; der Norden folgt am 9. September

Mit der Ausrufung zweier Staaten ist die Spaltung Koreas offiziell vollzogen. Nachdem die japanische Besatzungsmacht 1945 kapituliert hatte, besetzten sowjetische und US-amerikanische Truppen das Land, das sie auf der Höhe des 38. Breitengrades teilten. Am 27. Dezember 1945 vereinbarten die USA und die UdSSR die Bildung einer provisorischen Regierung für ganz Korea. Der Versuch einer Regierungsbildung wie auch die 1947 von den Vereinten Nationen beschlossenen freien Wahlen in beiden Teilen des Landes scheiterten jedoch am Widerstand der sowjetischen Besatzungsmacht. Diese unterstützte einseitig die im Norden amtierende provisorische Regierung unter Kim Il Sung. Freie Wahlen unter Aufsicht der Vereinten Nationen konnten daher nur im Süden des Landes abgehalten werden.

Die Etappen der Teilung Koreas

Obwohl am 15. August im Süden und am 9. September im Norden Koreas jeweils unabhängige Staaten proklamiert wurden, unterstreichen sowohl das kommunistische Nordkorea als auch der westlich orientierte Süden ihren Alleinvertretungsanspruch für das gesamte koreanische Volk.

Die koreanische Halbinsel war im Jahre 1945 von den USA und der UdSSR auf der Höhe des willkürlich gewählten 38. Breitengrades geteilt worden. Zuvor stand das Land unter der Herrschaft Japans, dessen Einfluß in Korea bis in das Jahr 1876 zurückreichte. Im Jahre 1910 wurde Korea vom japanischen Kaiserreich annektiert. Gegen die Besatzungspolitik der Japaner regte sich bald nationaler Widerstand, der jedoch in zwei Fraktionen, eine kommunistische und eine bürgerlich-nationalistische gespalten war. Nach dem Zweiten Weltkrieg wurde der Norden Koreas von sowjetischen, der Süden von Truppen der USA besetzt.

Attentat auf UNO-Vermittler Graf Bernadotte in Jerusalem

17. September. Der von den Vereinten Nationen (UNO) eingesetzte Vermittler im Palästinakrieg, der 53jährige Schwede Folke Bernadotte Graf von Wisborg, fällt in Jerusalem einem Attentat zum Opfer. Die Täter, Angehörige einer jüdischen Untergrundorganisation, können unerkannt entkommen.

Die Wagenkolonne der UN-Waffenstillstandskommission wird gegen 17 Uhr in einer Straße der jüdischen Neustadt Jerusalems überfallen. Drei maskierte Männer springen aus einem Jeep, mit dem sie die Straße gesperrt haben, auf den Wagen Bernadottes zu und eröffnen mit automatischen Waffen das Feuer. Bernadotte und einer seiner Begleiter, der französische Oberst Jean Serot, werden aus nächster Nähe mit Kopfschüssen ermordet. Die anderen Insassen des von Geschossen durchsiebten Wagens werden schwer verletzt.

Die Mitglieder des Sicherheitsrates der Vereinten Nationen in Paris erheben sich im Gedenken an den ermordeten Graf Folke Bernadotte von ihren Sitzen

Staatsakt in Schweden für den ermordeten Grafen Folke Bernadotte

Mit dem Tod Bernadottes verliert die UNO einen engagierten Vertreter einer friedlichen Lösung des seit dem 14. Mai andauernden Krieges in Palästina (→31. 5./S. 75). Der schwedische Diplomat hatte in Jerusalem mit israelischen Regierungsvertretern über die Einhaltung des am →19. Juli (S. 119) eingetretenen Waffenstillstands zwischen der israelischen Armee und den Verbänden der arabischen Liga verhandelt. Hatten die israelischen Verantwortlichen zunächst noch eine Waffenpause begrüßt, so änderte sich ihre Haltung jedoch mit der Aussicht auf einen baldigen militärischen Sieg (→27. 12./S. 191). Das Attentat zerstört die Hoffnungen auf baldigen Frieden im Palästinakrieg.

Trauer in der ČSR um Eduard Beneš

3. September. *In Sezimovo Ustí in Böhmen stirbt auf seinem Landsitz der frühere tschechoslowakische Staatspräsident Eduard Beneš im Alter von 64 Jahren (Abb.). Die Nachricht vom Tod des Mitbegründers eines unabhängigen tschechoslowakischen Staates wird von der Bevölkerung mit Trauer und Bestürzung aufgenommen. Die Prager Regierung ordnet eine sechstägige Staatstrauer und ein Staatsbegräbnis an (→ 7. 6./S. 103).*

Gomułka verliert den Parteivorsitz

3. September. Auf einer Sitzung des Zentralkomitees der Kommunistischen Arbeiterpartei Polens (PPR) wird der Generalsekretär Władysław Gomułka seines Amtes enthoben. Den Parteivorsitz übernimmt in Personalunion Staatspräsident Bolesław Bierut. Gomułka behält jedoch das Ministerium für die befreiten Gebiete, das für die Verwaltung der ehemals deutschen Ostgebiete zuständig ist (→ 20. 1./S. 19).

Gomułka wird unter anderem vorgeworfen, sich »nationalistischen und bourgeoisen Einflüssen« zugänglich gezeigt und die führende Rolle der Kommunistischen Partei der UdSSR angezweifelt zu haben. Des weiteren hält man ihm seine Kritik am Ausschluß der jugoslawischen Kommunisten aus dem Kommunistischen Informationsbüro (Kominform) vor (→ 26. 6./S. 102).

Neue Regierung in Frankreich gebildet

12. September. In Paris stellt der neugewählte Ministerpräsident Henri Queuille von der Radikalsozialistischen Partei sein Kabinett vor. Der Koalitionsregierung von Sozialisten, Radikalsozialisten, der Volksrepublikanischen Bewegung (MRP) und fünf kleineren Parteien gehören 15 Minister an.

Queuilles Regierung ist bereits die zehnte seit der Befreiung Frankreichs von deutscher Besatzung im Jahre 1944. Nach dem Scheitern von Ministerpräsident André Marie im August war am 7. September auch ein Versuch Robert Schumans (MRP) fehlgeschlagen, die seit Monaten andauernde Regierungskrise durch Kabinettsneubildung zu beenden (→ 19. 7./S. 119). Das Kabinett Queuille steht vor der Aufgabe, die Finanzschwäche Frankreichs zu überwinden (→ 18. 10./S. 171).

Generalgouverneur Pakistans ist tot

11. September. In Karatschi stirbt im Alter von 72 Jahren der Moslemführer und Generalgouverneur Pakistans, Mohammad Ali Dschinnah. Er hatte im August 1947 anläßlich der Erlangung der Unabhängigkeit des indischen Subkontinents von der britischen Kolonialherrschaft die Gründung des souveränen Moslemstaates Pakistan erreicht.

Dschinnah, der in Großbritannien ein Studium der Rechte absolvierte, war seit 1920 als Präsident der indischen Moslemliga in führender Position am Unabhängigkeitskampf Indiens beteiligt gewesen. Im Gegensatz zu Mohandas Karamchand Gandhi, dem geistigen Führer der Hindus, der die Einheit des indischen Subkontinents bewahren wollte (→ 30. 1./S. 14; 30. 1./S. 17), trat Dschinnah erfolgreich für ein unabhängiges Pakistan ein.

Indien annektiert unabhängigen Staat

13. September. Truppen der Indischen Union besetzen den auf indischem Territorium gelegenen, aber bisher politisch unabhängigen Fürstenstaat Hyderabad und erzwingen damit dessen Eingliederung in die Indische Union. Vorausgegangen waren Verhandlungen zwischen der Regierung in Neu-Delhi und den Vertretern des regierenden Fürsten von Hyderabad, Asaf Jahi, der versucht hatte, den seit 1724 bestehenden souveränen Status Hyderabads zu behaupten. Durch den Einmarsch der indischen Militäreinheiten ist nun der letzte Fürstenstaat auf dem Gebiet des indischen Subkontinents in einen der Nachfolgestaaten Britisch-Indiens – Indien und Pakistan – aufgegangen (→ 30. 1./S. 17). Widerstand gegen die Annexion wird von der Armee gewaltsam gebrochen.

Władysław Gomułka, abgesetzter Generalsekretär der KP Polens

Zum neuen französischen Ministerpräsidenten gewählt: Henri Queuille

Mohammad Ali Dschinnah, ein Foto, das kurz vor seinem Tod entstand

Syed Kasim Razvi (M.) Führer der Moslems im Fürstenstaat Hyderabad

Juliana wird in Amsterdam gekrönt

6. September. Juliana der Niederlande wird in der Amsterdamer Nieuwe Kerk im Beisein beider Häuser des Parlaments zur Königin gekrönt. Damit ist die Tochter der bisherigen Königin Wilhelmina, die am 4. September aus gesundheitlichen Gründen abgedankt hatte, neues Staatsoberhaupt der Niederlande. Die Feierlichkeiten zur Thronübergabe hatten bereits im August begonnen. Königin Wilhelmina unternahm mehrere Reisen, um sich von ihren Landsleuten zu verabschieden. Am 4. September unterzeichnete sie die Abdankungsurkunde und bestimmte Juliana zu ihrer Nachfolgerin. Die neue Königin der Niederlande ist seit 1937 mit dem Deutschen Prinz Bernhard zu Lippe-Biesterfeld verheiratet. Juliana hat vier Kinder: Irene, Margriet, Maria Christina und ihre in der Thronfolge an erster Stelle stehende älteste Tochter Beatrix.

In Europa gibt es zehn Monarchien
1948 ist die Monarchie eine weitverbreitete Staatsform. In Europa gibt es Königreiche wie z. B. Großbritannien, Schweden, Norwegen, Dänemark, Belgien, Spanien und die Niederlande sowie Großherzogtümer (Luxemburg), Fürstentümer (Liechtenstein, Monaco). Es sind jedoch konstitutionelle Monarchien, d. h. der Monarch ist zwar das offizielle Staatsoberhaupt, greift aber selten aktiv in die Politik ein und beschränkt sich fast ausschließlich auf repräsentative Aufgaben.

Wilhelmina hatte bereits 1947 zeitweilig ihre Amtsgeschäfte an ihre Tochter abgegeben. Die 1880 in Den Haag geborenen Monarchin bestieg am 6. September 1898 als Nachfolgerin ihres Vaters, Wilhelm III., den Thron. 1901 heiratete sie Hendrik von Mecklenburg, der bereits 1934 verstarb. Ihr einziges Kind, Prinzessin Juliana, wurde am 30. April 1909 in Den Haag geboren. Die Jahre der deutschen Besetzung der Niederlande verbrachte Königin Wilhelmina im Exil. Sie flüchtete im Mai 1940 zusammen mit der niederländischen Regierung in die britische Hauptstadt London, wo sie sich maßgeblich an der Widerstandsbewegung beteiligte.

Königin Juliana der Niederlande (vorne l.) aus dem Hause Oranje-Nassau verliest den Treueeid an ihr Volk

Königliche Familie mit königlichen Gästen: Königin Juliana, Prinz Bernhard (M.) und Prinzessin Beatrix (vorne, 4. v. l.)

Höhepunkt der Krönungsfeier: Königin Juliana leistet den Eid auf die niederländische Verfassung

Feiern auch im Amsterdamer Olympiastadion; eine symbolische Krone wird in die Arena getragen

Königin Juliana und Prinz Bernhard mit ihren Kindern: (v. l.) Beatrix, Irene, Margriet, Maria Christina

Geburtstagsfeier für die frühere Königin der Niederlande, Wilhelmina, in Amsterdam

Juliana in der Krönungskutsche auf dem Weg zur Vereidigung

Die erste Thronrede der neuen Königin in Den Haag (21. 9.)

Werbung für den Ford 1949 in einer US-amerikanischen Zeitschrift

Französische Reifenreklame weckt die Sehnsucht nach Urlaubsreisen

Werbung für Süßes in den USA, in Deutschland noch undenkbar

Werbung 1948:

Es lohnt sich wieder, Werbung zu treiben

Die Währungsreform in Deutschland (→ 19. 6./S. 93) bedeutet auch für die Werbewirtschaft einen tiefen Einschnitt.

In den Kriegs- und Nachkriegsjahren, in denen der Absatz von Produkten aller Art durch das Rationierungssystem geregelt war, bedurfte es keiner besonderen Verkaufsförderung. Anzeigen in den Zeitungen und Zeitschriften dienten in erster Linie dazu, traditionsreiche Markennamen nicht in Vergessenheit geraten zu lassen.

Vor der Währungsreform waren es in erster Linie die Besatzungsmächte, deutsche Verwaltungsstellen und vor allem auch die wiedererstandenen politischen Parteien, die Werbung betrieben. Auf den Plakattafeln waren in erster Linie Aufrufe, behördliche Verordnungen, öffentliche Bekanntmachungen und die Veranstaltungshinweise von Theatern, Kinos und Varietés zu finden.

Daneben entwickelte sich ein reger privater Anzeigenmarkt: Auf Zetteln an Zäunen, Wänden, Mauerresten boten Menschen Gegenstände aller Art zum Verkauf oder Tausch an.

Mit der Ausgabe der neuen Deutschen Mark (DM) und der Aufhebung der Rationierung in den drei westlichen Besatzungszonen ändert sich die Situation im Juni. Plötzlich bestimmen wieder Angebot und Nachfrage den Gang des Geschäftslebens.

Das bedeutet für Einzelhändler und Fabrikanten gleichermaßen wieder die Notwendigkeit der Werbung für die von ihnen hergestellten Produkte.

Anscheinend gewöhnen sich Hersteller und Verkäufer jedoch erst zögernd an das freie Spiel der Kräfte des Marktes. Nur langsam erscheinen in den Zeitungen und Zeitschriften die ersten größeren Anzeigen.

Deren Einfallsreichtum läßt jedoch, was ihren Inhalt und ihre grafische Gestaltung angeht, noch viel zu wünschen übrig.

Von den Verbänden der Werbewirtschaft wird allerdings u.a. gefordert, daß die Werbung künftig keinem behördlichen Genehmigungsverfahren mehr unterworfen wird. Außerdem verlangen die Werbeexperten eine Freigabe der Rundfunkwerbung.

Nach der Zeit der weitgehenden Reglementierung während der nationalsozialistischen Herrschaft in Deutschland, sieht die Werbewirtschaft nach der Währungsreform erstmals wieder eine Chance, ihre lange brachliegenden kreativen Möglichkeiten und ihren Witz zu entfalten.

Anzeigenseite aus einer deutschen Illustrierten nach der Währungsreform

Wieder Vollbier auf Münchner Volksfest

11. September. Auf Münchens Theresienwiese wird das diesjährige Herbstfest eröffnet, das seit 1946 in bescheidenem Rahmen anstelle des traditionellen Oktoberfestes gefeiert wird. Auf dem Volksfest, das zwei Wochen dauert, wird erstmals seit Kriegsende wieder Vollbier mit einer Stammwürze von 8% ausgeschenkt. Die Maß kostet in den Festzelten 1,20 DM. Im Vergleich zu den vergangenen Jahren hat sich das Angebot an Speisen und Vergnügungen erheblich verbessert. Es gibt wieder Brathendl, für die allerdings Preise zwischen acht und 20 DM verlangt werden. Der Eintritt zu den Karussells kostet durchschnittlich 0,50 DM.

Der Ausschank von Vollbier auf Münchens Herbstfest geschieht vorläufig noch ohne Genehmigung des Kontrollamtes der US-amerikanischen und britischen Besatzungsmacht in der deutschen Bizone. Erst am 16. September 1948 wird die Erlaubnis hierzu erteilt.

Deutschlands Bierproduktion war seit 1945 erheblichen Einschränkungen unterworfen. Vollbier wurde – wenn überhaupt – nur für den Export oder für die Angehörigen der Besatzungstruppen gebraut. Für die deutsche Bevölkerung gab es lediglich Dünnbier mit einer Stammwürze zwischen 1,7 und 3%. In der US-amerikanischen und in der britischen Besatzungszone war die Bierproduktion zeitweilig sogar gänzlich verboten worden.

Das ersehnte 8%ige Bier ist auf der Münchner »Wiesn« eingetroffen

US-Tennisspieler gewinnen Davis-Cup

5. September. In Forest Hill bei New York gewinnt die US-amerikanische Tennis-Nationalmannschaft durch einen 5:0-Sieg über die Mannschaft Australiens den Davis-Cup.

Den Grundstein für den Erfolg legten die US-amerikanischen Titelverteidiger am ersten Spieltag durch den Gewinn der beiden Einzel. Frank Parker (USA) kam gegen seinen australischen Gegner Billy Sidwell mit 6:4, 6:4, 6:4 zu einem ungefährdeten Dreisatzsieg. Auch Ted Schröder (USA) hatte mit dem Australier Adrian Quist wenig Mühe und siegte glatt mit 6:3, 4:6, 6:0 und 6:0. Die 8000 Zuschauer auf dem Centre Court waren vor allem mit der schwachen Leistung von Quist unzufrieden. Am folgenden Tag brachte das Doppel die Entscheidung zugunsten der US-Mannschaft. George Mulloy und Billy Talbert bezwangen das australische Duo Billy Sidwell und Timothy D. Long mit 8:6, 9:7, 2:6 und 7:5. Die abschließenden Einzel hatten keine Bedeutung mehr für den Ausgang des Davis-Cups.

Am diesjährigen Davis-Cup-Wettbewerb, der seit 1902 zum 36. Mal ausgetragen wurde, hatten sich 30 Nationalmannschaften beteiligt, davon 25 aus Europa. Bislang haben sich nur vier Nationen in die Siegerliste des Davis-Cup-Wettbewerbs eintragen können; die USA allein 14 Mal. Es folgen England mit neun, Australien mit sieben Siegen. Frankreich war bisher sechsmal erfolgreich.

Österreicherin mit neuem Weltrekord

12. September. Die österreichische Speerwerferin und diesjährige Olympiasiegerin (→14. 8./S. 132) Herma Bauma stellt in Wien mit einer Weite von 48,63 m einen Weltrekord auf. Trotz ungünstiger Witterung verbessert sie die von ihr selbst am 29. Juni 1947 gesetzte Weltbestmarke um 42 cm. Allerdings erreichten die UdSSR-Sportlerinnen Ludmilla Anokina (50,20 m) und Klaudra Majutschaja (50,32 m) am 20. und 23. September 1947 in Moskau bereits größere Weiten. Ihre Rekorde wurden jedoch international nicht anerkannt, da die UdSSR nicht dem Leichtathletik-Weltverband IHHF angehört.

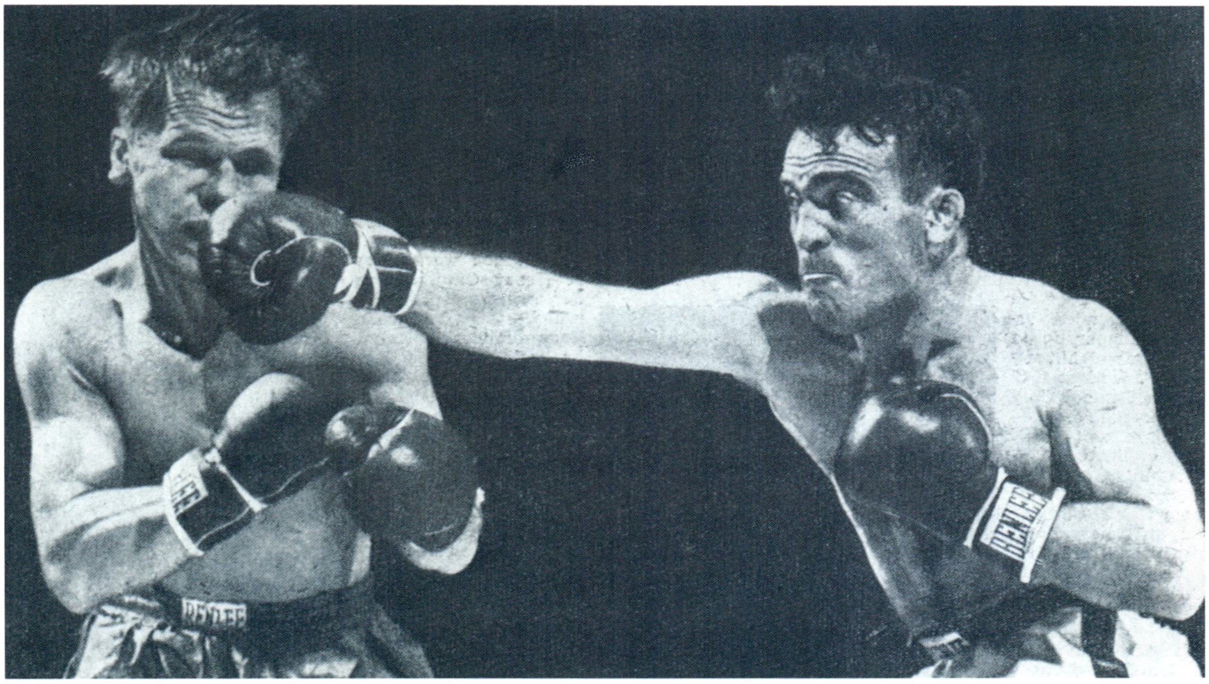

Marcel Cerdan (r.) und Tony Zale in ihrem Kampf um die Weltmeisterschaft im Mittelgewichtsboxen; der Herausforderer Cerdan aus Frankreich landet in der elften Runde einen schweren Treffer gegen den US-Amerikaner Tony Zale

Französisches Boxidol wird Weltmeister

21. September. In Jersey City (US-Bundesstaat New Jersey) wird der Franzose Marcel Cerdan neuer Boxweltmeister im Mittelgewicht. Er besiegt den Titelverteidiger Tony Zale (USA) durch technischen K. o. in der zwölften Runde.

Der 32jährige Cerdan sorgt damit für eine Sensation im Profiboxsport, da sein Gegner vor dem Kampf als hoher Favorit gehandelt wurde. Er ist zudem der erste Europäer seit 1938, der die Chance zu einem Titelkampf in den Vereinigten Staaten erhält. Vor zehn Jahren war es der deutsche Schwergewichtler Max Schmeling, der als Herausforderer von Joe Louis anerkannt wurde – und unterlag. Cerdan nutzt seine Chance im Roosevelt-Stadion vor 45 000 Zuschauern, die von dem schnellen und fair geführten Kampf begeistert sind. In den USA zeigt sich zur Zeit beim Box-Publikum eine Verlagerung des Interesses zu den leichteren Gewichtsklassen: Einen zu gleicher Stunde stattfindenden Schaukampf zwischen Weltmeister Joe Louis und Pat Comicky wollen in Washington nur rund 10 000 Zuschauer sehen.

Obwohl Cerdan durch sein Auftreten im Trainingscamp vor dem Kampf mehr Mißfallen als Sympathie bei den Amerikanern erregte – er steht in dem Ruf, »ständig in Parfüm gebadet« zu sein und sich »wie eine Filmdiva« zu benehmen – zeigt er sich beim ersten Gong als ein würdiger Herausforderer im Boxring. Er übernimmt sofort die Initiative, kann einige Treffer am Kopf seines Gegners landen und verblüfft Zale durch seine schnelle Beinarbeit. Bis zur sechsten Runde hat sich der Franzose einen klaren Punktvorteil erkämpft. Das vorgelegte Tempo des Herausforderers hat den Favoriten in die Defensive gezwungen, aus der er sich nicht mehr befreien kann. Mit zunehmender Kampfdauer zeigen sich Ermüdungserscheinungen beim Titelverteidiger, der versucht, durch Klammern und Halten seines Gegners Verschnaufpausen einzulegen. In der elften Runde bringt ein Leberhaken das Ende des Kampfes. Zwar kann der Gong den hilflos taumelnden Amerikaner vor dem Auszählen durch Ringrichter Paul Chavilier retten, doch zur nächsten Runde kann er nicht mehr antreten.

Die Speerwerferin Herma Bauma; sie hatte bei den Olympischen Spielen in London als erste österreichische Leichtathletin eine Goldmedaille gewonnen

Oktober 1948

Mo	Di	Mi	Do	Fr	Sa	So
				1	2	3
4	5	6	7	8	9	10
11	12	13	14	15	16	17
18	19	20	21	22	23	24
25	26	27	28	29	30	31

1. Oktober, Freitag

In München wird für die drei westlichen Besatzungszonen das Deutsche Patentamt gegründet; es tritt die Nachfolge des Reichspatentamtes in Berlin an. → S. 169

Als Vorform eines einheitlichen Sportbundes für die Ostzone wird in Berlin der Deutsche Sportausschuß gegründet.

In Berlin besetzt die Polizei die unter ostzonaler Verwaltung stehenden S-Bahnhöfe in den Westsektoren der Stadt. An den Tagen zuvor hatte die Reichsbahnpolizei alle im Bahnhofsbereich angebotenen westlichen Zeitungen beschlagnahmen lassen.

Der irische Ministerpräsident John Costello legt dem Parlament in Dublin einen Gesetzesentwurf vor, der den Austritt des Landes aus dem britischen Commonwealth of Nations vorsieht.

2. Oktober, Sonnabend

In Frankfurt am Main wird der Hessische Rundfunk als Anstalt des öffentlichen Rechts gegründet (→ 1. 1./S. 23).

Auf Befehl der westlichen Militärregierungen übernimmt die Westberliner Polizei die Aufsicht über die S-Bahnhöfe in den Westsektoren Berlins. Diese hatten bisher der Polizei des sowjetischen Sektors unterstanden.

In Wien hat die im US-amerikanischen Exil verfaßte Tragikomödie »Der Bockerer« von Ulrich Becher Premiere; das Stück befaßt sich mit der Zeit der nationalsozialistischen Herrschaft in Österreich 1938 bis 1945.

Das erste Grand Prix-Autorennen von Großbritannien seit 1945, das auf dem britischen Luftwaffenstützpunkt Silverstone bei Towchester stattfindet, gewinnt der Italiener Luigi Villoresi auf Maserati. → S. 175

3. Oktober, Sonntag

In Moskau werden Reisebeschränkungen für das Personal und die Angehörigen ausländischer Missionen und Konsulate eingeführt; die Diplomaten dürfen sich nun nur noch im Umkreis von 50 km um Moskau frei bewegen.

Im Süden von Belgisch-Kongo (heute Zaïre) werden umfangreiche uranhaltige Erzvorkommen entdeckt.

4. Oktober, Montag

Der Sicherheitsrat der Vereinten Nationen tritt zu einer Debatte über die Blockade der Westsektoren Berlins durch die sowjetische Besatzungsmacht in Deutschland zusammen (→ 31. 12./ S. 194; 24. 6./S. 97).

Die Signatarstaaten des Brüsseler Paktes, Frankreich, Großbritannien und die Beneluxstaaten, bilden eine gemeinsame Kommission für Verteidigungsfragen (→ 17. 3./S. 49).

In Frankreich rufen kommunistische und christliche Gewerkschaften zu einem Generalstreik der Bergarbeiter auf (→ 18. 10./S. 171).

Die sowjetische Regierung ersucht in einer offiziellen Note die italienische Regierung um die Auslieferung der im Friedensvertrag der Sowjetunion zugeteilten Einheiten der italienischen Kriegsflotte.

5. Oktober, Dienstag

Der UNO-Sicherheitsrat beschließt gegen die Stimmen der Sowjetunion und der Ukraine, die Frage der Blockade der Westsektoren der Stadt Berlin auf die Tagesordnung zu setzen (→ 31. 12./S. 198).

Im Palästinakrieg brechen an der israelisch-ägyptischen Front neue Kämpfe aus (→ 27. 12./S. 191).

Vor der Westküste der Vereinigten Staaten hält die US-amerikanische Marine die größten Seemanöver seit Kriegsende ab.

In der Nähe von München landet ein aus der Tschechoslowakei entführtes Flugzeug. Von den 15 Insassen bitten zwölf um politisches Asyl, darunter die Frau und der Sohn des stellvertretenden Ministerpräsidenten Viliam Siroky.

6. Oktober, Mittwoch

Im chinesischen Bürgerkrieg räumen nach mehreren Offensiven kommunistischer Einheiten die Regierungstruppen die Hauptstadt der Mandschurei, Tschangtschun (→ 6. 11./S. 182).

Das tschechoslowakische Parlament verabschiedet in Prag ein Gesetz zum Schutz der Republik (→ 25. 2./S. 30).

7. Oktober, Donnerstag

Der Schweizer Ständerat billigt das von der Regierung vorgelegte Abkommen über die Beteiligung des Landes an der OEEC, der Organisation für die wirtschaftliche Zusammenarbeit Europas (→ 16. 4./S. 59).

In Japan muß die Regierung unter Ministerpräsident Tetsu Katayama wegen der Verwicklung eines seiner Kabinettsmitglieder in einen Finanzskandal zurücktreten (→ 9. 2./S. 32).

Bertolt Brechts Theaterstück »Der kaukasische Kreidekreis« wird in Northfield (USA) in deutscher Sprache uraufgeführt (→ 5. 6./S. 107).

8. Oktober, Freitag

Die Stadtverordnetenversammlung von Berlin, die seit dem 6. September im britischen Sektor der Stadt zusammentritt, beschließt, am 5. Dezember Neuwahlen in der Stadt abhalten zu lassen (→ 6. 9./ S. 152; 5. 12./S. 194).

Max Fechner, stellvertretender Vorsitzender des Zentralsekretariats der SED, wird zum Präsidenten der deutschen Justizverwaltung für die Ostzone ernannt (→ 13. 2./S. 35).

Die am 3. Oktober eröffnete Frankfurter Herbstmesse geht zu Ende; auf ihr wurden Geschäftsabschlüsse mit einem Gesamtvolumen von mehr als 600 Millionen DM getätigt. → S. 170

Der britische General Sir William Slim wird von König Georg VI. zum neuen Chef des Generalstabes des britischen Empire ernannt.

9. Oktober, Sonnabend

Der US-amerikanische Außenminister George C. Marshall unterstreicht in Paris in einer Rede vor Gewerkschaftern aus zwölf Ländern, die sich am Europäischen Wiederaufbauprogramm (ERP) beteiligen, die politische und wirtschaftliche Bedeutung des von ihm initiierten Programms (→ 6. 9./S. 155; 31. 12./S. 196).

10. Oktober, Sonntag

Der französische Innenminister Jules Moch betrachtet den am 4. Oktober veröffentlichten Aufruf zum Generalstreik der Bergarbeiter als Folge eines Befehls des am 31. August verstorbenen Initiators des Kommunistischen Informationsbüros (Kominform), Andrei A. Schdanow (→ 31. 8./S. 140; 18. 10./S. 171).

Vor Beginn des Kriegsverbrecherprozesses gegen den ehemaligen Oberbefehlshaber der italienischen Streitkräfte, Marschall Rodolfo Graziani, kommt es in Rom zu Demonstrationen von Neofaschisten. → S. 171

Fußballvertretungen aus der Schweiz bestreiten mehrere Freundschaftsspiele gegen Auswahlmannschaften süddeutscher Städte. → S. 175

Bei einem Fußball-Länderspiel in London schlägt England Irland 6 : 2.

11. Oktober, Montag

Griechische Regierungstruppen beginnen eine Großoffensive gegen kommunistische Aufständische im Raum von Vitsi im Norden des Landes (→ 19. 6./S. 103).

Der spanische Staatschef, Generalissimus Francisco Franco Bahamonde, erklärt in Sevilla, er sei im Kriegsfalle bereit, einen Beitrag zur Bekämpfung des Kommunismus in Europa zu leisten.

Auf der Bahnlinie zwischen Düsseldorf und Krefeld wird erstmals seit Kriegsende wieder ein Speisewagen eingesetzt.

12. Oktober, Dienstag

In einer amtlichen Mitteilung der französischen Regierung heißt es, es werde eine Revision der angekündigten Demontagen in Deutschland erwogen (→ 13. 8./S. 138).

Der US-amerikanische Präsident, Harry S. Truman, beziffert den Wert der Waffenlieferungen an die nationalchinesische Regierung für die erste Hälfte des Jahres 1948 auf über 88 Millionen US-Dollar (→ 6. 11./S. 182).

13. Oktober, Mittwoch

Der Bergarbeiter Adolf Hennecke aus Zwickau übertrifft in einer Sonderschicht das Förderungssoll für Bergarbeiter in der Ostzone um 380%. → S. 168

In Durban (Südafrika) kommt es zu Unruhen zwischen Indern und schwarzen Einwohnern (→ 26. 5./S. 76).

14. Oktober, Donnerstag

Israelische Streitkräfte brechen das Waffenstillstandsabkommen vom → 19. Juli (S. 119) und greifen an mehreren Stellen in der Wüste Negev ägyptische Einheiten an (→ 27. 12./S. 191).

Nachdem sich die italienische Regierung geweigert hat, einer sofortigen Lohnerhöhung zuzustimmen, treten etwa 60% der Staatsangestellten in den Streik.

In Tokio wird der ehemalige Ministerpräsident, Shigeru Yoshida, vom Parlament mit der Neubildung der Regierung beauftragt (→ 9. 2./S. 32).

In der schwedischen Hauptstadt Stockholm wird Heinrich Sutermeisters Oper »Raskolnikoff« nach Motiven des Romans »Schuld und Sühne« von Fjodor M. Dostojewski uraufgeführt.

15. Oktober, Freitag

Der Koordinator der US-amerikanischen Marshallplanhilfe für Europa, Paul Hoffman, erklärt in Washington, die diesjährige Finanzhilfe der Vereinigten Staaten habe bereits so großen Erfolg gehabt, daß im kommenden Jahr eine Kürzung der Hilfslieferungen in Frage kommen kann (→ 6. 9./S. 155; 31. 12./S. 196).

Im Ostteil Berlins wird der Zentralausschuß Freier Markt gegründet. → S. 172

Die Borsig-Maschinenwerke in Berlin werden auf Befehl der französischen Militärregierung demontiert. → S. 169

Eine Spruchkammer in München entscheidet, den gesamten Nachlaß Adolf Hitlers einzuziehen. → S. 170

16. Oktober, Sonnabend

Die Verteidigungsminister Norwegens, Dänemarks und Schwedens geben auf einer Konferenz in Oslo die Bildung einer skandinavischen Verteidigungskommission bekannt.

Der US-amerikanische Präsident, Harry S. Truman, gibt Anweisungen, sofort mit der Aufstellung von Reserveeinheiten der Armee zu beginnen.

17. Oktober, Sonntag

Bei den Gemeindewahlen in Nordrhein-Westfalen erreicht die CDU 37,6% der abgegebenen Stimmen, gefolgt von der SPD mit 35,9% und dem Zentrum mit 9,7%. → S. 169

In Paris treffen sich die fünf Außenminister der Staaten des Brüsseler Paktes zu Besprechungen über ein Militärbündnis (→ 11. 6./S. 103; 3. 12./S. 190).

Die Ergebnisse der Kommunalwahlen in den westlichen Besatzungszonen Deutschlands beherrschen die Dienstagsausgabe der in Hamburg erscheinenden Tageszeitung »Die Welt« vom 19. Oktober

DIE WELT, Verl.-Ges.m.b.H., (24a) Hamburg 36, Gr.Bleichen 38—52. Ausgabe NORD. Tel. 34 10 10, nachts u. sonntags 34 54 71 u. 34 07 45. Postsch.: Hbg. 123 000 Drahtanschr.: Weltverlag. Zweigbetr., (22a) Essen, Sachsenstraße 36, Ausgabe WEST. Tel. 2 79 21. Postsch.: Essen 6 67 85 (1) Berlin-Wilmersdorf, Badensche Straße 48, Ausgabe BERLIN, Verlag: Tel. 86 41 87/68. Redaktion: 75 02 81, Postsch.: Berlin NW 59 40.

DIE WELT

ÜBERPARTEILICHE ZEITUNG FÜR DIE BRITISCHE ZONE

AUSGABE WEST

Bezugsbedingungen: Durch die Agenturen der Welt dienstags, donnerstags und samstags frei Haus monatlich 2,15 DM (einschließlich 25 bzw 30 Pfennig Agenturgebühr) und 35 Pfennig Zustellgebühr. Bei Abholung 2,15 DM. Durch die Post 2,15 DM (einschließlich 21,8 Pfennig Postgebühr) zuzüglich 27 Pfennig Zustellgeld. Postabonnements bei jedem Postamt. Anzeigenpreisliste Nr. 10

Nr. 123 3. Jahrgang * Dienstag, 19. Oktober 1948 Preis 20 Pf.

Endergebnisse der Kommunalwahlen

KPD verlor 40 v.H.

Alle anderen Parteien erhielten Stimmenzuwachs
Größte Gewinne bei SPD, CDU und FDP

Mit mehr als 40 v. H. Stimmverlust hat die KPD Nordrhein-Westfalens bei den Kommunalwahlen am Sonntag am schlechtesten abgeschnitten. Alle anderen Parteien konnten ihre Stimmzahl erhöhen. Die CDU blieb weiterhin die stärkste Partei. Im Vergleich zu den Landtagswahlen 1947 gewann die CDU etwa 180 000, die SPD etwa 350 000 Stimmen. Die Wahlbeteiligung betrug 68,18 v. H.

Von insgesamt 8 499 308 Wahlberechtigten wurden 5 464 821 gültige Stimmen abgegeben. Damit liegen die gültigen Wahlstimmen um 366 351 höher als bei den Gemeindewahlen 1946.

Vergleiche mit den Kommunalwahlen mit Oktober 1946 zu ziehen, ist nur mit gewissen Vorbehalten möglich, weil damals nach einem völlig anderen System gewählt wurde und jeder Wähler drei Stimmen abgab. Die Vergleiche mit den Landtagswahlen vom 20. April 1947 ergeben folgendes Bild (auf 1000 abgerundet):

	17. 10. 48		20. 4. 47	
CDU	2 054 000	37,59 %	1 873 687	37,5 %
SPD	1 961 000	35,89 %	1 601 723	32,0 %
KPD	438 000	8,02 %	701 017	14,0 %
FDP	378 000	6,91 %	298 665	6,0 %
Zentrum	528 000	9,66 %	489 092	9,8 %
DKP/DRP	9 000	0,17 %	—	—
RVP	16 000	0,30 %	13 251	—
RFS	59 000	1,07 %	—	—
Unabhängige . . .	21 082	0,38 %	855	—

Die vorläufigen amtlichen Ergebnisse der Gemeindewahlen in den wichtigsten Großstädten Nordrhein-Westfalens

		Stimmen	(%)	Sitze	1946 % und Sitze	
Aachen	CDU	24 124	(55,3)	21	(64,1)	33
	SPD	13 231	(30,4)	12	(21,6)	4
	KPD	3 006	(6,8)	3	(5,8)	1
	FDP	—		—	—	—
	Ztr.	751	(0,6)	—	—	—
Bielefeld	CDU	23 151	(31,9)	10	(39,3)	16
	SPD	34 130	(40,8)	15	(50,2)	22
	KPD	3 517	(5,4)	—	(6,0)	1
	FDP	9 375	(10,2)	4	(4,4)	—
	Ztr.	2 019	(1,7)	—	—	—
Bochum	CDU	45 274	(34,8)	14	(41,7)	18
	SPD	55 329	(42,6)	17	(41,9)	25
	KPD	12 561	(9,7)	4	(14,3)	2
	FDP	5 412	(0,4)	—	(0,3)	—
	Ztr.	5 092	(0,3)	—	(1,8)	—
Dortmund	CDU	67 666	(31,1)	17	(35,1)	12
	SPD	99 958	(45,0)	25	(46,3)	36
	KPD	25 645	(11,7)	6	(12,6)	2
	FDP	16 966	(7,8)	4	(3,6)	1
	Ztr.	7 240	(3,3)	—	(2,4)	—
Düsseldorf	CDU	83 914	(41,5)	20	(47,2)	40
	SPD	63 325	(31,3)	15	(31,0)	8
	KPD	23 311	(11,5)	6	(12,3)	2
	FDP	12 659	(6,3)	3	(2,2)	—
	Ztr.	14 858	(7,3)	4	(5,3)	1
Duisburg	CDU	55 323	(32,5)	15	(39,5)	28
	SPD	65 716	(40,1)	18	(34,8)	15
	KPD	18 380	(11,2)	5	(14,2)	3
	FDP	12 764	(7,8)	3	(5,2)	1
	Ztr.	13 525	(8,3)	4	(6,2)	1
Essen	CDU	72 333	(30,7)	17	(38,9)	30
	SPD	82 462	(35,0)	19	(34,2)	19
	KPD	24 502	(10,4)	6	(12,1)	2
	FDP	10 550	(4,5)	1	(3,6)	1
	Ztr.	36 238	(15,4)	8	(11,2)	2
Köln	CDU	89 917	(43,1)	19	(53,4)	41
	SPD	79 714	(35,2)	18	(34,6)	8
	KPD	22 951	(10,0)	5	(9,3)	2
	FDP	15 295	(8,5)	3	(0,7)	—
	Ztr.	3 534	(1,8)	—	—	—
Münster	CDU	13 007	(31,7)	11	(43,3)	27
	SPD	11 832	(28,7)	10	(24,7)	5
	KPD	1 121	(2,7)	—	(4,3)	—
	FDP	3 108	(7,5)	3	(5,4)	1
	Ztr.	11 176	(27,1)	10	(22,3)	3
Wuppertal	CDU	35 079	(21,3)	17	(28,8)	8
	SPD	48 534	(29,5)	23	(34,5)	34
	KPD	18 020	(10,9)	9	(13,1)	2
	FDP	28 127	(17,1)	13	(11,3)	2
	Ztr.	13 911	(8,4)	7	(7,6)	1

In der Tabelle konnten die Vergleichszahlen für die Stimmen der einzelnen Parteien aus den Kommunalwahlen 1946 nicht angeführt werden, da das jetzt angewandte Wahlsystem erheblich von dem damaligen abweicht. Wir geben daher nur einen prozentualen Vergleich. (Siehe auch Seite 5)

Wahl ohne Sensationen

Von unserem innenpolitischen Mitarbeiter

Die Kommunalwahlen brachten weder den auf der einen Seite prophezeiten Rechtsruck noch das von der anderen Seite vorhergesagte Protestergebnis gegenüber der Politik des Frankfurter Wirtschaftsrates. Wie das vorläufige Gesamtergebnis zeigt, ergaben sich nur gewisse Korrekturen der bisherigen politischen Vertretungen in den Gemeinden Nordrhein-Westfalen. Die CDU erhöhte ihre Stimmenzahl gegenüber der letzten Landtagswahl um ein geringes und erzielte auch prozentual einen kleinen Gewinn. Die SPD konnte an manchen Stellen einen erheblichen Stimmenzuwachs erringen und verminderte damit im Gesamtergebnis ihren Abstand zur CDU.

Die KPD mußte ihren nach 1945 stärksten Stimmrückgang hinnehmen. Ihre Verluste in Nordrhein-Westfalen sind noch größer als die im Frühjahr 1948 bereits bei den Kommunalwahlen in Süddeutschland der Fall war. Daran hat auch der starke Aufwand an Plakaten und Flugzetteln, der, gemessen an dem, was die übrigen Parteien aufwenden konnten, um ein vielfaches überwog, nichts ändern können. Sie haben es dem neuen Wahlsystem zu verdanken, wenn sich der starke Stimmenverlust in der Zahl der erhaltenen Sitze nicht so stark bemerkbar macht.

Ein Vergleich mit den Wahlstimmen, die bei der Landtagswahl 1947 für die einzelnen Parteien abgegeben wurden, ergibt gewisse Aufschlüsse. Es erhielten CDU 1 874 452, SPD 1 601 389, KPD 701.615, FDP 299 115, Zentrum 488 150, RVP 13 722, DRP 24 649 Stimmen.

Die Zahl der zu den Kommunalwahlen abgegebenen Gesamtstimmen liegt um rund 160 000 über der bei der Landtagswahl abgegebenen Stimmenzahl. Mit Ausnahme der KPD konnten gegenüber der Landtagswahl stimmenmäßig sämtliche Parteien Gewinne erzielen. Im engeren Industriegebiet erreichte erstmalig die Radikalsozialistische Freiheitspartei und in den westlichen Kreisen um Aachen die Rheinische Volkspartei beachtliche Stimmanteile.

Der prozentuale Anteil der Parteien an den in direkter Wahl und auf den Reservelisten erreichten Sitzen der Gemeindevertretung beträgt bei CDU 37,8 %, SPD 35,9 %, Zentrum 9,6 %, KPD 7,8 %, FDP 6,9 %, RFP 1,1 %, sonstige Parteien 0,9 %.

Die Stimmabgabe verlief in allen Orten ruhig und ohne Zwischenfälle. Lediglich in Duisburg wurde ein bisher noch nicht restlos aufgeklärter Wahlschwindel versucht. Sieht man von dem Stimmenverlust der KPD ab, so verliefen die Wahlen zu den Gemeindevertretungen im Lande Nordrhein-Westfalen völlig ohne Sensationen.

Gesamtbild kaum verändert

Von unseren Berichterstattern

Bg. **Bielefeld**, 18. Oktober

Wenn sich auch das Gesamtbild in Ost-Westfalen gegenüber 1946 kaum verändert hat, so sind die Einzelergebnisse doch recht unterschiedlich ausgefallen. Erhebliche Einbuße bis zu zwei Dritteln erlitt die KPD, während die FDP ihre Position wesentlich verstärken konnte. Sie ist nunmehr in 8 von 14 Kreistagen mit 28 Abgeordneten gegenüber früher 2 vertreten.

Geplanter Wahlschwindel aufgedeckt

Kü **Duisburg**, 18. Oktober

In Duisburg kam es beim Ablauf der Wahlen zu Zwischenfällen, da bereits am Samstagnachmittag versucht wurde, in verschiedenen Stadtteilen Wahlausweise von Nichtwählern oder wahlmüden Personen zum Preise von 5 DM abzukaufen. Der Oberstadtdirektor von Duisburg verständigte durch Polizeifunk noch am Samstagabend das Land.

Für den Sonntag ordnete der Oberstadtdirektor eine verschärfte Wahlkontrolle an. Neben dem Wahlausweis mußte bei der Stimmabgabe der Personalausweis vorgezeigt werden. Viele Wähler mußten unverrichteter Sache umkehren, da sie ihren Personalausweis nicht bei sich trugen. Die Ursache für die verhältnismäßig geringe Wahlbeteiligung sieht man nicht zuletzt darin, daß viele Wähler den zweiten Weg zur Wahlurne scheuten.

Wuppertal: Sieben Fraktionen

Ha. **Wuppertal**, 18. Oktober

Außer der RVP erhielten die übrigen 7 Parteien in Wuppertal Mandate. Die SPD hat prozentual eine leichte Einbuße erlitten und durch das neue Wahlsystem ihre bisherige Zweidrittel-Mehrheit verloren. Die CDU gewann einen Teil ihrer bei der letzten Landtagswahl verlorenen Stimmen zurück. Die bisher in Wuppertal nicht vertretene RSF erhielt 5 Mandate. Die konservative Partei behauptete ihre Stimmenzahl und erhielt ebenfalls 5 Mandate.

SPD-Erfolg in Köln

Bl. **Köln**, 18. Oktober

Die CDU, die im Kölner Stadtparlament bisher 41 Sitze hatte, errang nur 19 Mandate. Die SPD, die bisher 8 Vertreter im Stadtparlament hatte, errang insgesamt 17 Sitze. Die Kommunisten gewannen 3 Sitze und sind nun mit 5 Abgeordneten in der Stadtvertretung.

Alle sind zufrieden

Eine Rundfrage unserer Korrespondenten bei führenden Politikern Nordrhein-Westfalens über die Ergebnisse der Wahlen ergab folgendes Bild:

Stimmenzahl prozentual erhöht

Köln, 18. Oktober (Eig. Ber.)

Die CDU könne mit dem Ergebnis der Wahl durchaus zufrieden sein, erklärte Dr. Adenauer. Die CDU habe gegenüber den Landtagswahlen zum Teil sogar ihre Stimmen, prozentual gesehen, erhöhen können. Man dürfe nicht vergessen, daß SPD und KPD den Wahlkampf mit der Behauptung geführt hätten, die CDU trage die Schuld an den Preissteigerungen in den letzten Monaten. So habe die CDU einen schweren Stand gehabt.

Verstärkte Vertrauenskundgebung

Dortmund, 18. Oktober (Eig. Ber.)

Der Vorsitzende der SPD-Landtagsfraktion von Nordrhein-Westfalen, Oberbürgermeister Henßler, betonte: Wir als SPD sehen in diesem Wahlergebnis eine verstärkte Vertrauenskundgebung der Bevölkerung für unsere Politik. Der Stimmenrückgang bei der Landtagswahl gegenüber der ersten Gemeindewahl ist fast überall aufgeholt, zum Teil das prozentuale Stimmenverhältnis sogar verbessert.

Nihilismus in der Politik überwunden

Düsseldorf, 18. Oktober (Eig. Ber.)

In einer Stellungnahme zu den Wahlen, die von der Landesregierung herausgegeben wird, betont der Ministerpräsident von Nordrhein-Westfalen, daß der von Pessimisten befürchtete parteipolitische Erdrutsch völlig ausgeblieben sei, obwohl die Gemeindewahlen von vielen lokalen Vorgängen beeinflußt wurden. Der Stimmenanfall bei einzelnen Parteien bestätige vielmehr eine gesundere politische Grundhaltung der Bevölkerung Nordrhein-Westfalens; was im Hinblick auf die politische Aufgabe der nächsten Monate von großer Wichtigkeit sei. Der Nihilismus in der Politik scheine in großem Maße überwunden werden zu können.

Ablehnung des Zwei-Parteien-Systems

Düsseldorf, 18. Oktober (Eig. Ber.)

Der Erste Vorsitzende der FDP, Minister a. D. Blücher, betonte, er sei froh, daß sich die Anhängerschaft seiner Partei organisch vermehre. Auch im Lande Nordrhein-Westfalen setze sich der liberale Gedanke bei den staatsbürgerlich denkenden Wählern mehr und mehr durch. Das sei eine Ablehnung des Zwei-Parteien-Systems.

Keine unechten Majoritäten mehr

Rinkerode, 18. Oktober (Eig. Ber.)

Johannes Brockmann, der Vorsitzende der Zentrumspartei, erklärt zum Wahlergebnis: Das Zentrum hat nicht nur seine Position in Nordrhein-Westfalen behauptet, sondern es ist durch den Zustrom neuer Wähler über eine halbe Million hinausgewachsen. Die unechten Majoritäten, die bisher in den Gemeindeparlamenten von Nordrhein-Westfalen diktieren konnten, sind zusammengebrochen.

Das neue Wahlsystem bewährt

Düsseldorf, 18. Oktober (Eig. Ber.)

Das Wahlsystem sei neuartig gewesen, betonte Landeswahlleiter Dr. Rasche vom Innenministerium, aber es habe sich gezeigt, daß man danach wählen könne, was von verschiedenen Stellen bezweifelt wurde.

Zuspitzung in Frankreich

Armee besetzt Gruben

Tränengas gegen Bergarbeiter

UP **Paris**, 18. Oktober

Mit Tränengas mußten sich Armee-Einheiten und Abteilungen der Sicherheitsgarde am Montagnachmittag in St. Etienne zur Wehr setzen, als etwa 1000 Berg- und Metallarbeiter den Versuch unternahmen, eine durch die Ordnungsstreitkräfte der Regierung besetzte Kohlengrube zu stürmen. Auf beiden Seiten gab es Verletzte.

Am Montagvormittag hatte die Regierung Queuille die durch den Streik bedrohten Kohlengruben unter den bewaffneten Schutz ihrer Ordnungsstreitkräfte gestellt und damit die Auseinandersetzung mit den kommunistisch geführten Gewerkschaften der Entscheidung nähergebracht. Ausgelöst wurde die Maßnahme der Regierung durch den Beschluß der kommunistischen Streikleitung, den Grubennotdienst für 24 Stunden einzustellen.

Unmittelbar nach ihrem Eintreffen übernahmen die Armee-Einheiten fünf der durch Überflutung am meisten bedrohten Gruben, die von den Streikposten ohne Widerstand aufgegeben wurden. In zwei Gruben gelang es, die Pumpeinrichtung wieder in Gang zu bringen, während drei andere Gruben bereits hoffnungslos überflutet waren und auf Monate hinaus ausfallen werden.

Bei dem Zusammenstoß in St. Etienne bewarfen die streikenden Arbeiter die Soldaten mit Steinen und schlugen mit Stöcken auf sie ein. Nachdem die Streikenden zurückgetrieben worden waren, wurden die Postenketten um die Grube verstärkt.

Im nordfranzösischen Kohlengebiet bleibt die Lage weiterhin angespannt, ohne daß es jedoch bisher zu Zwischenfällen gekommen wäre. Etwa ein Dutzend Panzer rollten im Laufe der letzten Nacht durch Douai, doch blieben Truppen und Mobilgarde während des Tages unsichtbar.

Die Regierung scheint den Erfolg ihrer Aktion im mittelfranzösischen Gebiet abzuwarten, bevor sie im traditionell roten Norden zu weiteren Aktionen übergeht.

Zur Durchführung ihrer Maßnahmen zog die Regierung in aller Eile Elitetruppen auf dem Eisenbahnwege und mit Lastkraftwagen zusammen. Einheiten der in Deutschland stationierten Besatzungsarmee und motorisierte Einheiten mit Tanks wurden ebenfalls herangezogen.

Innenminister Jules Moch, der in einer Radioansprache den Einsatz der Armee zum Schutze der arbeitswilligen Bergleute bekanntgab, bezeichnete das Vorgehen des kommunistisch geführten Gewerkschaftsverbandes als „unglaublichen Beschluß, der einmalig in der Gewerkschaftsgeschichte Frankreichs dasteht und sich gut in die Anordnungen des Kominform einfügt".

„Kein französischer Bürger und kein französischer Bergarbeiter würde es der Regierung vergeben", fuhr Moch fort, „wenn sie heute abend oder in der Nacht auf Dienstag eine Überflutung aller Stollen zuließe. Das ganze Land wird hierüber sein Urteil fällen."

Ganz Frankreich einverstanden

Paris, 18. Oktober

Mit dem Befehl an die Streikenden, ab heute morgen die Sicherheitsmaßnahmen in den Kohlenbergwerken auf 24 Stunden einzustellen, haben sich die kommunistisch orientierten C. G. T. anscheinend übernommen. Sie hat nicht nur das Berufsbewußtsein vieler Bergarbeiter verletzt, sondern nunmehr der Regierung einen Anlaß zum Eingreifen in die Hand gegeben, das die Zustimmung des überwiegenden Teiles der Franzosen finden wird.

Als Innenminister Moch heute nachmittag in einer Radioansprache erklärte, daß kein französischer Bürger oder Bergarbeiter der Regierung die durch Einstellung der Pumpen verursachte Überflutung der Gruben verzeihen würde, befand er sich auf festerem Boden als irgendein Regierungssprecher seit langer Zeit.

Umgehungsbahn für Berlin

Russen wollen Reparationszüge der Kontrolle entziehen

Von unserer Berliner Schriftleitung

Berlin, 18. Oktober

Die Luftbrücke werde auch dann aufrechterhalten werden, wenn die Republikaner im November die Regierung in den USA übernehmen sollten, weil sie keine Frage der Parteipolitik sei, erklärte der außenpolitische Berater des republikanischen Präsidentschaftskandidaten Dewey, John Foster Dulles, der am Sonntag in Berlin eintraf.

In die Westsektoren verlegt

Da der seines Postens enthobene ehemalige Leiter der Magistratsabteilung für Arbeit, Schmidt (SED), sich weigerte, seine Amtsräume zu verlassen, mußte die Abteilung für Arbeit in die Westsektoren umziehen.

Die Markgraf-Polizei hat am Samstag die Überwachung des im Ostsektor gelegenen Sitzes des Amts für Arbeit übernommen, um zu verhindern, daß Akten aus dem Gebäude fortgeschafft werden.

Der ehemalige sowjetische Theateroffizier in Berlin und spätere stellvertretende Leiter des „Hauses der Sowjetkultur" in Berlin, Major Mosjakow, wurde, wie der „Telegraf" meldet, von einem sowjetischen Militärtribunal in Berlin zu 15 Jahren Zwangsarbeit verurteilt. Der Geschäftsführer des im Ostsektor gelegenen Künstlerklubs „Möve", Herr Faber, erhielt 25 Jahre Zwangsarbeit. Beide wurden beschuldigt, Kompensationsgeschäfte getätigt und „illegale Verbindungen" zu Künstlern in den Westsektoren unterhalten zu haben.

Auf Befehl der SMA wurde mit dem Wiederaufbau der zum Teil demontierten Bahnstrecke zwischen Königswusterhausen und Babendorf sowie der Verlängerung des Schienenstranges bis zur Zossener Strecke begonnen, um die „sowjetischen Interessenzüge" mit Reparationsgütern direkt nach dem im Ostsektor gelegenen Schlesischen Bahnhof leiten zu können, die bisher durch den US-Sektor fahren mußten.

PoW-Zug freigegeben

Der von den sowjetischen Behörden in Seddin in der Nähe von Potsdam aufgehaltene Heimkehrerzug mit 400 ehemaligen deutschen Kriegsgefangenen aus Munsterlager traf Sonntag früh um 3 Uhr in Berlin ein. Obwohl die Sowjets eine freie Durchfahrt des Zuges nach Belin gestattet hatten, hielten sie den Zug am Samstag in Seddin für zehn Stunden auf und forderten die entlassenen Kriegsgefangenen auf, mit fahrplanmäßigen Zügen nach Berlin weiterzureisen.

„Heilige" Waffen"

Wittenberg, 18. Oktober (Eig. Ber.)

„Ihr habt heute die Waffen aus den Händen von Arbeitern bekommen. Sie haben Euch damit ein Heiligtum in die Hand gegeben. Tragt diese Waffen so, wie sie es von Euch erwarten", sagte der Innenminister von Sachsen-Anhalt Siewert (SED) bei der feierlichen Übergabe von Gewehren durch Arbeiterdelegationen an die „Volkspolizei".

Finanzpläne für Westverteidigung

Geheimkonferenz der Fachminister in Paris

Von unserem außenpolitischen Mitarbeiter

Hamburg, 18. Oktober

Für den weiteren Ausbau und die Finanzierung der westeuropäischen Verteidigung wurden wichtige Beschlüsse gefaßt. Die Finanzminister der fünf Westeuropastaaten verabschiedeten am Sonntag in Paris in geheimen Besprechungen langfristige Pläne der wirtschaftlichen und finanziellen Zusammenarbeit und bereiteten die wichtige Sitzung des Konsultativrats, das heißt der Außenminister der Westunion vor, die am 25. Oktober stattfindet.

Über die Sitzung der westeuropäischen Finanzminister, an der der französische Ministerpräsident Queuille und Schatzkanzler Sir Stafford Cripps teilnahmen, wurde ein britisches Kommuniqué herausgegeben, in dem es u. a. heißt:

Im einzelnen wurde bekannt, daß der Haushalt für den Stab des Fünfmächte-Oberkommandos und für bestimmte Ausbildungspläne im Mittelpunkt der Aussprache stand. Die Finanzierung dieser Haushalte muß gesichert sein, noch bevor die Verteidigungspläne im ganzen genehmigt sind. Die auf lange Sicht berechnete gemeinsame Wirtschaftspolitik wird in engstem Kontakt mit der Europäischen Wirtschaftskommission der Marshall-Hilfe erfolgen.

Demontage-Kommuniqué in Kürze

London, 18. Oktober (Eig. Ber.)

Die erwartete amtliche Mitteilung über die Demontagefrage dürfte nicht mehr lange auf sich warten lassen.

Inzwischen kann festgestellt werden, daß eine Reihe von Pressemeldungen über den angeblichen Inhalt der Vereinbarungen ungenau ist. Dies gilt, wie ihr Korrespondent von gutunterrichteter Seite erfährt, unter anderem von einer am Samstag aus London verbreiteten Agenturmeldung, die unter anderem folgende Ziffern angab: Die Demontage von 126 größeren Werken solle zeitweilig eingestellt werden, und gleichzeitig sollten die Demontagearbeiten an weiteren 457 Fabriken bis zum Abschluß der Untersuchung verlangsamt werden, wo diese Werke mit größtmöglichem Nutzen für das europäische Wiederaufbauprogramm Verwendung finden würden.

Diese Zusammenstellung ergibt keinen Sinn, da die Gesamtzahl der Betriebe in der Britischen Zone, die überhaupt auf der Reparationsliste stehen, nur 496 beträgt. Die Zahl 126 bezieht sich offenbar auf die Betriebe, in denen Demontagearbeiten nicht begonnen haben.

Marshall in Rom

Rom, 18. Oktober

Außenminister Marshall ist, aus Athen kommend, am Montag in Rom eingetroffen, wo er eine Unterredung mit Staatspräsident Einaudi, Ministerpräsident de Gasperi und Außenminister Graf Sforza hatte. Bei seiner Ankunft erklärte er: „Ich hoffe auf einen langen Frieden."

Marshall hatte am Wochenende in Athen mit König Paul von Griechenland, Ministerpräsident Sophoules und dem geschäftsführenden Außenminister Stohanophoulos Besprechungen über die militärische Hilfe für Griechenland gehabt.

Blutige Zwischenfälle in Pistoia

Am gleichen Tag begann in Italien die zweite Streikwelle innerhalb von einer Woche mit der Proklamation eines 24stündigen Generalstreiks in der Provinz Pistoia durch die dortige Gewerkschaftskammer. Gleichzeitig kündigte die Gewerkschaftsorganisation von Toskana einen einstündigen Sympathiestreik an.

Am Samstag kam es bei einem Versuch von 5000 Demonstranten, die Regierungsgebäude von Pistoia zu stürmen, zu blutigen Zwischenfällen. Die Polizei ging mit Tränengasbomben und blinden Schüssen gegen die Menge vor, die mit einem Hagel von Steinen und Schüssen antwortete. (AP-UP)

Heute wieder Sicherheitsrat

Times—Welt-*Dienst*

Paris, 18. Oktober

Der Sicherheitsrat wird morgen zwei Sitzungen abhalten. Am Vormittag berät er über die Verletzungen der Waffenruhe in Palästina und am Nachmittag nimmt er die Diskussion über den Berliner Disput wieder auf.

Zwischen den Vertretern der drei am Berliner Streit beteiligten Westmächte fanden heute nachmittag Besprechungen über die Beantwortung der zwei Fragen statt, die der Präsident am Freitag an die Großmächte gerichtet und auf die Wyschinsky die Antwort verweigert hatte.

Um eine Zersplitterung zu vermeiden, wird beabsichtigt, Sir Alexander Cadogan die Hauptantwort auf die erste Frage zu überlassen. Die zweite Frage über den Zusammenbruch der Verhandlungen in Berlin soll ausführlich vom amerikanischen Delegierten Dr. Jessup beantwortet werden.

Niemand ist heute abend sicher, was nach dieser Beantwortung geschehen wird. Viele Beobachter nehmen an daß sich der Sicherheitsrat erneut bis zur zweiten Hälfte der Woche vertagt, um den sechs „Neutralen" Zeit zur Vorbereitung einer Resolution zu geben. Aber hierfür bestehen bisher keinerlei Anzeichen.

Politruks in der CSR

AP **Prag**, 18. Oktober

Präsident Gottwald erklärte vor dem neugebildeten Korps der politischen Instruktoren in der tschechoslowakischen Armee, daß er deren Aufgabe als die zur Zeit wichtigste in der Armee überhaupt ansehe. Gottwald hob die Notwendigkeit hervor, den Soldaten „die politische Bedeutung des Marxismus und Leninismus beizubringen und sie in der glänzenden militärischen Taktik der Sowjetarmee" zu unterweisen. Offiziere und Soldaten sollten zu einer „unbeugsamen Freundschaft zur Sowjetunion" erzogen werden.

„Keine Sensation um Schlange-Schöningen"

Von unserem Frankfurter Büro

Frankfurt a. M., 18. Oktober

„Es gibt morgen keine Sensation um Schlange-Schöningen", erklärte Dr. Holzapfel nach der Fraktionssitzung der CSU/CDU vor Pressevertretern. Man habe sich geeinigt, die gegen Dr. Schlange-Schöningen erhobenen Vorwürfe so lange zurückzustellen, bis eine persönliche sachliche Aussprache mit dem Direktor der Verwaltung für Ernährung möglich ist.

Holzapfel betonte, zweifellos seien gewisse Schwierigkeiten vorhanden, die sich aus der Tatsache ergäben, daß auf dem landwirtschaftlichen Sektor alle Dinge bewirtschaftet seien, während auf dem Gebiet der gewerblichen Waren freie Wirtschaft herrsche. Eine schematische Übertragung sei zwar nicht möglich, da die Ernährungswirtschaft einen völlig anderen Charakter habe, aber eine gewisse Koordinierung der Systeme müsse versucht werden.

Südschleswig-Gespräche in London

Von unserem Berichterstatter

E. A. **London**, 18. Oktober

Im Vordergrund der heute in London zwischen britischen Regierungsvertretern und einer Delegation aller dänischen Parteien unter Führung des Außenministers Rasmussen eröffneten Besprechungen über Südschleswig dürften folgende Fragen stehen: 1. Die dänische Flüchtlingsfrage; 2. Die Rechte und Stellung der dänischen Minderheit; 3. Die Frage einer verwaltungsmäßigen Trennung von Schleswig und Holstein. Es ist nicht anzunehmen, daß diesbezügliche dänische Wünsche Aussicht auf Erfüllung haben.

In der Nähe von Neu-Isenburg bei Frankfurt am Main stürzt kurz nach dem Start ein US-amerikanisches Transportflugzeug vom Typ »Skymaster« ab, dabei stirbt die dreiköpfige Besatzung.

18. Oktober, Montag

Der österreichische Handelsminister, Erwin Kolb, beziffert in Wien das Volumen des Außenhandels seines Landes für das erste Halbjahr 1948 auf eine Gesamtsumme von einer Milliarde Schilling.

Französische Polizei und Einheiten der Republikanischen Garde besetzen in der Industriestadt St.-Etienne zahlreiche Kohlegruben. →S. 171

Die Regierungen Großbritanniens und Frankreichs signalisieren gegenüber den Vereinigten Staaten ihre Zustimmung zu einer baldigen Einschränkung der Demontagen in ihren Besatzungszonen Deutschlands (→6. 12./S. 197).

19. Oktober, Dienstag

Der Wirtschaftsrat der deutschen Bizone in Frankfurt am Main nimmt gegen die Stimmen der kommunistischen Mitglieder ein Gesetz zur Erhebung eines Notopfers Berlin an. →S. 169

Der Zugang zu den Westsektoren Berlins wird von der sowjetischen Besatzungsmacht nur noch vom Ostteil der Stadt aus gestattet (→31. 12./S. 198).

Im Vorstand der SED-Bezirksorganisation von Groß-Berlin findet eine Umbesetzung statt; der bisherige Vorsitzende des Freien Deutschen Gewerkschaftsbundes (FDGB) der Ostzone, Hans Jendretzky, löst die bisherigen Vorsitzenden Karl Litke und Hermann Matern ab.

In Italien wird ein parteiunabhängiger Freier Allgemeiner Gewerkschaftsbund (LCGIL) gegründet.

20. Oktober, Mittwoch

Der sowjetische Stadtkommandant von Berlin, Generalmajor Alexander G. Kotikow, billigt die Abhaltung von Wahlen in ganz Berlin unter der Voraussetzung, daß die in den Westsektoren verbotenen Organisationen wie der Freie Deutsche Gewerkschaftsbund (FDGB) und der Kulturbund der Ostzone zur Wahl zugelassen werden (→5. 12./S. 194).

Der Warenverkehr zwischen der Ostzone und Berlin wird von ostzonaler Seite umfassenden Kontrollen unterworfen (→24. 6./S. 97).

In den Kohlebergwerken der Ostzone setzt eine Aktivistenbewegung ein, die sich eine Übererfüllung des Arbeitsplansolls zum Ziel setzt (→13. 10./S. 168).

Ein Vorschlag der Regierung der UdSSR, alle Atomwaffen zu zerstören, wird vom politischen Ausschuß der UNO in Paris abgelehnt. →S. 171

Der südkoreanische Präsident Syngman Rhee verhängt nach Aufständen kommunistischer Rebellen das Kriegsrecht über das Land (→9. 9./S. 158).

21. Oktober, Donnerstag

In Preswick (Schottland) stürzt ein niederländisches Passagierflugzeug ab. Bei dem Unglück kommen 34 Menschen ums Leben; es wird vermutet, daß die Maschine beim Landeanflug einen Hochspannungsmast streifte.

Bob Bonte aus den Niederlanden schwimmt in Amsterdam zwei Weltrekorde: Die 400 m Brust in 5:40,2 min und die 500 m Brust in 7:10,6 sec.

22. Oktober, Freitag

In Berlin beginnt unter dem Vorsitz von Otto Grotewohl (SED) die fünfte Sitzung des Deutschen Volksrates, die sich mit einem Verfassungsentwurf für eine »Deutsche Demokratische Republik « befaßt (→3. 8./S. 136).

Ein Militärtribunal der sowjetischen Besatzungsmacht in Deutschland beschuldigt die Berliner Politiker Ernst Reuter, Otto Suhr, Franz Neumann, Ferdinand Friedensburg, Kurt Mattik und Rudolf Markewitz der fortgesetzten Kriegshetze (→5. 12./S. 194).

Walter Ulbricht, stellvertretender Vorsitzender der Sozialistischen Einheitspartei Deutschlands (SED), bezeichnet die Oder-Neiße-Linie als endgültige Friedensgrenze zu Polen.

Der Sicherheitsrat der UNO ordnet einen Waffenstillstand in Palästina und den Rückzug der Israelis auf die Stellungen vom 14. Oktober an. Die Feuereinstellung tritt daraufhin in Kraft; die von israelischen Truppen eroberte strategisch wichtige Ost-West-Achse Majdal–Hebron wird jedoch nicht, wie vereinbart, geräumt (→27. 12./S. 191).

23. Oktober, Sonnabend

Nach einer Umbildung in der Führungsspitze der albanischen kommunistischen Partei wird Staatspräsident Enver Hoxha zum Generalsekretär der kommunistischen Partei ernannt (→10. 12./S. 191).

24. Oktober, Sonntag

In der UdSSR startet ein Agrarentwicklungsprogramm zur landwirtschaftlichen Erschließung Sibiriens und des europäischen Teils der Sowjetunion.

Der deutsche Meister im Schwergewichtsboxen, Hein ten Hoff, verteidigt in der Berliner Waldbühne seinen Titel gegen Adolf Kleinholdermann knapp nach Punkten.

25. Oktober, Montag

Der amtierende Oberbürgermeister von Berlin, Ferdinand Friedensburg, erklärt zu den am 20. Oktober vom sowjetischen Stadtkommandanten, General Alexander G. Kotikow, aufgestellten Vorbedingungen für Wahlen in ganz Berlin, sie bedeuteten die Weigerung der sowjetischen Besatzungsmacht, in Berlin freie Wahlen zuzulassen (→5. 12./S. 194).

Bei den Kommunalwahlen in Schleswig-Holstein entfallen auf die SPD 39,7% und auf die CDU 37,8% der abgegebenen Stimmen (→17. 10./S. 169).

Vertreter der fünf Länder des Brüsseler Paktes (Großbritannien, Frankreich, Belgien, die Niederlande und Luxemburg) sowie der USA, Kanadas und Italiens einigen sich in der französischen Hauptstadt Paris über die Einrichtung eines nordatlantischen Verteidigungsbündnisses (→11. 6./S. 103; 3. 12./S. 190).

Die 42. Radrundfahrt durch die Lombardei gewinnt der Italiener Fausto Coppi. Er bewältigt die 222 km lange Strecke in 5:51:55 h.

26. Oktober, Dienstag

Die sowjetische Militärregierung fordert von den österreichischen Bundesbahnen die Ablieferung von 540 Lokomotiven und 5575 Güter- und Personenwaggons.

27. Oktober, Mittwoch

Um den Erfolg des Marschallplanes zu garantieren, verzichten Frankreich und Großbritannien auf die Demontage von 300 Fabriken in ihren deutschen Besatzungszonen (→31. 12./S. 196).

In Paris hat das Schauspiel »Belagerungszustand« von Albert Camus Premiere.

Der in Berlin ansässige Suchdienst für vermißte Deutsche führte seit August 1946 eine Million Menschen zusammen.

28. Oktober, Donnerstag

Vor dem internationalen Gerichtshof in Nürnberg werden im Prozeß gegen hohe Offiziere des ehemaligen Oberkommandos der Deutschen Wehrmacht (OKW) unter anderem General Walter Warlimont zu lebenslanger Haftstrafe, acht weitere Angeklagte zu fünf bis 20 Jahren Gefängnis verurteilt.

Die deutschen Gewerkschaften veranstalten in Frankfurt am Main eine Protestkundgebung gegen die Wirtschaftspolitik Ludwig Erhards. Nach den Ausschreitungen verhängt die US-amerikanische Militärregierung ein Ausgehverbot über die Stadt. →S. 169

Der sowjetische Partei- und Regierungschef, Generalissimus Josef W. Stalin, beschuldigt die Westmächte der Verletzung der Viermächtevereinbarungen über Berlin und einer aggressiven Politik gegenüber der Sowjetunion.

Die Berliner Philharmoniker unter Leitung ihres Dirigenten Wilhelm Furtwängler beginnen eine mehrwöchige Gastspielreise durch Großbritannien. Es ist die erste Auslandstournee des Orchesters seit Kriegsende.

29. Oktober, Freitag

Erich W. Gniffke, Mitglied des Zentralsekretariats der SED, flieht aus der Ostzone in die US-amerikanische Besatzungszone. →S. 170

Infolge des andauernden Bürgerkrieges in Griechenland verhängt Ministerpräsident Themistokles Sofulis über das Land den Belagerungszustand (→1. 5./S. 76).

Im chinesischen Bürgerkrieg kapitulieren in der Mandschurei zwölf Divisionen der nationalchinesischen Armee vor den Kommunisten (→6. 11./S. 182).

In den Vereinigten Staaten wird Thomas Manns 1947 erstmals veröffentlichter Roman »Doktor Faustus« zum »Buch des Monats« gewählt.

30. Oktober, Sonnabend

Erich W. Gniffke, Mitglied des Zentralsekretariats der Sozialistischen Einheitspartei Deutschlands (SED) wird nach seiner Flucht aus dem Ostsektor Berlins in den Westen aus der Partei ausgeschlossen (→29. 10./S. 170).

In Baden-Baden in der französischen Besatzungszone Deutschlands entsteht der Südwestfunk als Anstalt öffentlichen Rechts.

Mit der Kapitulation der Garnison von Mukden geht der nationalchinesischen Armee im Kampf gegen die kommunistischen Truppen Mao Tse-tungs der letzte Stützpunkt in der Mandschurei verloren (→6. 11./S. 182).

31. Oktober, Sonntag

Der frühere Zentralsekretär der Sozialistischen Partei Österreichs und jetzige Nationalrat, Erwin Scharf, wird wegen prokommunistischer Einstellung aus der Partei ausgeschlossen.

In Bratislava gewinnt die Mannschaft der Tschechoslowakei ein Fußball-Länderspiel gegen Österreich mit 3:1 Toren.

In Berlin verliert Max Schmeling gegen den deutschen Halbschwergewichtsmeister Richard Vogt klar nach Punkten. Der ehemalige Boxweltmeister Schmeling erklärt nach dem Kampf seinen Abschied vom Boxsport. →S. 175

Gestorben:

4. Schaffhausen: Georg Kulenkampff (*23. 1. 1898, Bremen), deutscher Violinenvirtuose.

10. München: Siegmund von Hausegger (*16. 8. 1872, Graz), österreichischer Dirigent und Komponist.

12. Hamburg: Alfred Kerr (*25. 12. 1867, Breslau), deutscher Essayist und Kulturkritiker.

18. Hamburg: Walter von Brauchitsch (*4. 10. 1881, Berlin), deutscher Generalfeldmarschall des Zweiten Weltkrieges.

24. Bad Ischl: Franz Lehár (*30. 4. 1870, Komorn), österreichisch-ungarischer Operettenkomponist.

Das Wetter im Monat Oktober

Station	Mittlere Lufttemperatur (°C)	Niederschlag (mm)	Sonnenscheindauer (Std.)
Aachen	— (10,0)	— (64)	— (123)
Berlin	9,0 (8,8)	— (58)	— (123)
Bremen	— (9,4)	— (47)	— (104)
München	— (7,9)	— (62)	— (130)
Wien	10,5 (9,6)	51 (57)	95 (—)
Zürich	10,3 (8,4)	25 (80)	121 (108)

( ) Langjähriger Mittelwert für diesen Monat
– Wert nicht ermittelt

Hanna Rucker in dem Film »Wohin die Züge fahren«; die »Schwäbische Illustrierte« stellt diesen Film in ihrem ersten Oktoberheft vor

Schwäbische ILLUSTRIERTE

21

3. Jahrgang · Stuttgart, 9. Oktober 1948 · Preis 40 Pfg

24 SEITEN

OFFENHERZIG

und ohne Scheu erzählt das Mädchen Martha dem Jugendfreund während einer herbstlichen Kahnfahrt von Erlebnissen, die besser ungesagt geblieben wären. Wird er ihr verzeihen können? — Eine lebensechte Szene aus dem Film „Wohin die Züge fahren" und zugleich eine erste Bekanntschaft mit Hanna Rucker auf der Leinwand, worüber wir auf den Seiten 22 und 23 ausführlich berichten

Foto: Hubs Flöter

Kumpel Hennecke weit voraus

Zwickau (ND). In der Grube „Karl Liebknecht" vom Steinkohlenwerk „Gottes Segen" in Zwickau hat der Kumpel Adolf Hennecke in einer Sonderschicht am 13. Oktober eine beispielgebende Leistung vollbracht, die die Aktivistenbewegung auf eine höhere Stufe stellt. Er förderte während seiner Achtstundenschicht mit dem Preßlufthammer 24,4 cbm Steinkohle, was bei einer Arbeitsnorm von 6,3 cbm je Schicht 380 Prozent des Tagessolls bedeutet. Damit hat Hennecke die Leistungen der besten Häuer um 200 Prozent übertroffen.

Das »Neue Deutschland« (18. 10. 1948); Henneckes Rekordschicht ist ein beherrschendes Thema in der Ostzonenpresse

Adolf Hennecke überbietet Soll um 387%

13. Oktober. In einem Steinkohlebergwerk im sächsischen Oelsnitz (Erzgebirge) fördert der Bergmann Adolf Hennecke in einer Schicht 24,4 m³ Kohle und überbietet damit das vorgegebene Plansoll um 387%. Mit dieser Leistung wird in der Ostzone eine großangelegte »Aktivistenbewegung« zur Steigerung der Arbeitsproduktivität eingeleitet.

Bis Ende 1948 schließen sich etwa 4200 Arbeiter dieser Bewegung an, die fortan den Namen Henneckes führt. Vorbild ist die »Stachanow-Bewegung« in der UdSSR. Dort hatte im Jahre 1935 der Bergmann Alexei G. Stachanow in einem Kohlebergwerk des Donez-Beckens mit 102 t Kohle sein Plansoll um 1400% überboten.

Eine breitangelegte »Aktivistenbewegung« soll die niedrige Arbeitsproduktivität steigern helfen, erste Auswirkungen der Rekordleistung Adolf Henneckes

Die »Hennecke-Bewegung« steht im Zusammenhang mit den Vorgaben eines Zweijahresplanes für die Wirtschaft der Ostzone, der seit dem 30. Juni von der Sozialistischen Einheitspartei Deutschlands (SED) propagiert wird. Dieser Plan, dessen Laufzeit bis 1950 reicht, sieht eine generelle Steigerung der Produktion um mehr als 30% vor; die Arbeitsproduktivität soll ebenfalls um 30% gesteigert werden. Sie liegt zur Zeit nur bei durchschnittlich 50% des Vorkriegsstandes. Um dieses Ziel zu erreichen, beabsichtigen die SED und die Sowjetische Militäradministration in Deutschland (SMAD), für die kommenden Jahre besondere Anreize zur Leistungssteigerung zu schaffen. Unter anderem ist geplant, ein den Arbeitsleistungen angepaßtes Lohnsystem, einschließlich des nach dem Krieg abgeschafften Akkordlohnes wieder einzuführen. Dies wurde bereits 1947 von der SMAD in einem Befehl gefordert, hatte bisher jedoch nicht zu den gewünschten Erfolgen geführt. Der sowjetischen Militärverwaltung geht es vor allem darum, speziell in den Industriezweigen, die Reparationsgüter herstellen, bessere Produktionsergebnisse zu erzielen. Um dies zu bekräftigen, legte man die Rekordschicht Henneckes bewußt auf den ersten Jahrestag dieses Befehls der sowjetischen Militärverwaltung.

Henneckes Rekordleistung ist das Ergebnis sorgfältiger und intensiver Vorbereitungen. So wurde in dem Bergwerk »Karl Liebknecht« ein besonders ertragreiches und günstig gelegenes Flöz ausgewählt. Jeder Arbeitsgang war genau vorausberechnet worden. Außerdem stellte man Hennecke für seinen Rekord eine Reihe von Helfern und die modernsten Arbeitsgeräte zur Verfügung.

Henneckes Rekord wird von vielen Arbeitern in der Ostzone als unrealistisch und manipuliert empfunden. Zudem fürchten sie, unter erheblich ungünstigeren Arbeitsbedingungen zu ähnlich hohen Leistungen verpflichtet zu werden.

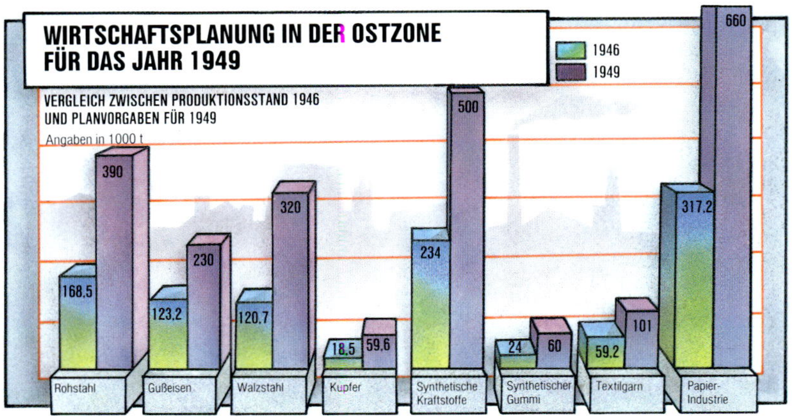

Hennecke eifert Stachanow nach

Adolf Hennecke, der am 25. März 1905 in Meggen, einem Ortsteil von Lennestadt im Sauerland, geboren wurde, ist seit seiner Rekordleistung vom 13. Oktober 1948 Symbolfigur einer breitangelegten Aktivistenbewegung in der Ostzone.

Seit Ende der 20er Jahre arbeitet Hennecke als Hauer im Steinkohlebergbau in Oelsnitz (Erzgebirge). Vor 1933 war er Funktionär der kommunistischen Revolutionären Gewerkschaftsopposition (RGO). Nach dem Ende des Zweiten Weltkrieges trat er zunächst der Sozialdemokratischen Partei Deutschlands (SPD) bei; seit 1946 ist er Mitglied der SED. Schon vor seiner Rekordschicht hatte er sich durch hohe Arbeitsleistungen und sein Engagement in der SED hervorgetan. Dies war auch ein Grund dafür, daß ihn die SED in Sachsen für die Rekordleistung auswählte.

Der Anstoß für die von Hennecke ausgelöste Aktivistenbewegung kam offensichtlich von der sowjetischen Besatzungsmacht, die das Beispiel der »Stachanow-Bewegung« auf die Ostzone übertragen sehen will. Der sowjetische Bergmann Alexei G. Stachanow hatte 1935 das Plansoll in einer Schicht um 1400% übertroffen. Diese Rekordleistung wurde zum Anlaß genommen, die Arbeitsnormen im Kohlebergbau der UdSSR beträchtlich zu erhöhen.

Adolf Hennecke erreichte Rekordleistung in präpariertem Flöz

Gemeindewahlen in der britischen Zone

17. Oktober. Bei den Gemeindewahlen in Nordrhein-Westfalen muß die Kommunistische Partei Deutschlands (KPD) schwere Stimmeneinbußen hinnehmen. Im Vergleich zur Landtagswahl vom 20. April 1947 sinkt ihr Anteil von 14% auf 8%. Die CDU bleibt mit 37,5% der Stimmen auf Gemeindeebene stärkste Partei. Die SPD erzielt 35,9%; FDP und Zentrumspartei können 6,9% bzw. 6,7% der abgegebenen Stimmen auf sich vereinigen. Die Wahlbeteiligung lag bei 67,3%, wobei in den Städten westlich des Rheins nur etwa 55% der Wahlberechtigten ihre Stimme abgaben.

Den Wahlkampf bestimmten vor allem zwei Themen: Die Blockade Berlins durch die sowjetische Besatzungsmacht (→ 24. 6./S. 97) sowie die starken Preiserhöhungen seit der Währungsreform (→ 19. 6./S. 93).

Am 24. Oktober finden auch in Schleswig-Holstein Gemeindewahlen statt. Auf die SPD entfallen 39,7%, auf die CDU 37,8%. Die FDP erringt 5,8%, die KPD 3,3% der Stimmen. Der Südschleswigsche Wählerverband (SSW), dessen Politik auf eine Annäherung an Dänemark gerichtet ist, erzielt einen Stimmenanteil von 6,5%.

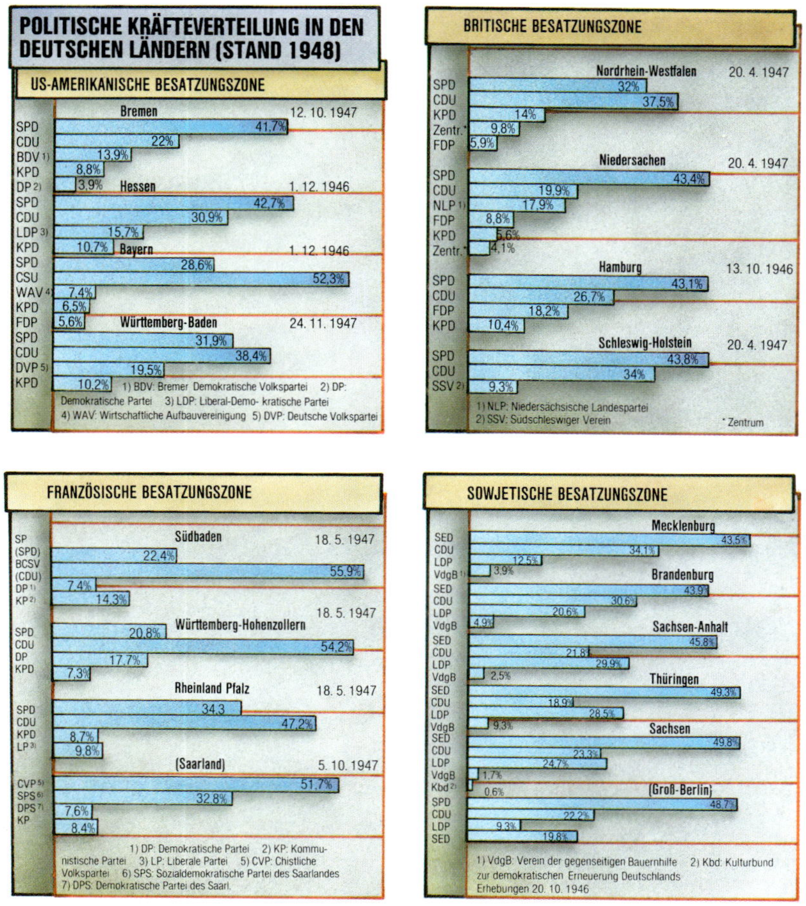

Proteste gegen die Politik von Erhard

28. Oktober. In Frankfurt am Main veranstalten die deutschen Gewerkschaften eine Protestkundgebung gegen die Wirtschaftspolitik des bizonalen Wirtschaftsrates. Als es anschließend zu Ausschreitungen von Demonstranten kommt, verhängt die US-amerikanische Militärregierung ein zeitweiliges Ausgehverbot über die Stadt.

Im Mittelpunkt der Kritik der Gewerkschaften steht Ludwig Erhard, Direktor der Wirtschaftsverwaltung der deutschen Bizone. Als Vertreter einer neoliberalen Wirtschaftspolitik hatte er am Tag der Währungsreform eigenmächtig die Aufhebung der Rationierung von Waren verkündet (→ 21. 6./S. 94). Erhard nahm mit seiner Maßnahme bewußt ein Ansteigen der Preise und Arbeitslosenzahlen in Kauf. Von allen Protesten unbeeindruckt vertritt er die Auffassung, daß sich Preise, Löhne und Beschäftigungszahlen selbst regulieren können (→ S. 100). Proteste gegen Erhards Politik kommen aus nahezu allen politischen Richtungen. Auch in der Presse wird immer häufiger der Abbruch des Experiments der Preisfreigabe gefordert (→ 12. 11./S. 183).

»Notopfer Berlin« bezahlt Luftbrücke

19. Oktober. Der Wirtschaftsrat der drei westlichen Besatzungszonen Deutschlands beschließt in Frankfurt am Main die Einführung einer Sondersteuer für das Vereinigte Wirtschaftsgebiet, mit der Gelder zur Unterstützung Berlins aufgebracht werden sollen. Dieses Notopfer Berlin wird zur Finanzierung der über die Luftbrücke eingeflogenen Versorgungsgüter eingesetzt.

Durch die Währungsreform (→ 19. 6./S. 93) und die Belastung durch die Blockade der Westsektoren Berlins (→ 24. 6./S. 97) ist im Berliner Haushalt ein monatlicher Fehlbetrag von 88,5 Millionen DM entstanden. Diese schwierige finanzielle Situation der Stadt soll durch das »Notopfer« behoben werden. Zusammen mit US-amerikanischer Finanzhilfe aus dem seit 1946 laufenden GARIDA-Programm (Hilfsfonds für die besetzten Gebiete) hofft man, das Berliner Haushaltsdefizit in Zukunft auszugleichen.

Demontage der Borsigwerke

15. Oktober. Auf Befehl der französischen Besatzungsmacht beginnen Arbeitskolonnen in den Berliner Borsig-Werken mit der Demontage von Werkzeugmaschinen und Drehbänken. Bereits 1945 hatte die sowjetische Besatzungsmacht dort Fabrikeinrichtungen abbauen lassen. Die Demontage, die während der Blockade der Stadt vorgenommen wird, stößt bei Magistrat und Gewerkschaften auf heftigen Protest.

Lokreparatur bei Borsig in Berlin vor der zweiten Demontage durch die französische Besatzungsmacht, einst war das 1837 gegründete Unternehmen der größte Hersteller von Dampflokomotiven auf dem europäischen Kontinent

Erfindungen werden wieder geschützt

1. Oktober. In München wird das Deutsche Patentamt gegründet. Es tritt die Nachfolge des ehemaligen Reichspatentamtes in Berlin an und ist zuständig für die drei westlichen Besatzungszonen. Damit ist es deutschen Erfindern und Ingenieuren wieder möglich, ihre Entwicklungen schützen zu lassen.

Die Notwendigkeit einer Institution, die Erfindungen vor Nachahmung bewahrt, ist besonders während der im Mai 1948 veranstalteten Hannovermesse deutlich geworden (→ 22. 5./S. 82). Viele Aussteller wagten es nicht, ihre neuesten Entwicklungen vorzustellen und zeigten nur wenig Neuheiten. Dadurch hielt sich die Nachfrage an deutschen Erzeugnissen in Grenzen, und viele ausländische Interessenten verzichteten auf den Einkauf »veralteter« Technologien. Das neugegründete Deutsche Patentamt wird ab sofort Patente erteilen und über einen Zeitraum von 18 Jahren schützen.

Nachlaß von Hitler wird beschlagnahmt

15. Oktober. In München entscheidet eine Spruchkammer, den gesamten Nachlaß des ehemaligen Führers des Deutschen Reichs, Adolf Hitler, einzuziehen. Auch das Vermögen seiner Frau Eva, geb. Braun, darf nicht ausbezahlt werden.

Die formale Verhandlung wird nach dem Entnazifizierungsgesetz durchgeführt, laut dem Hitler in Abwesenheit zu einer Höchststrafe von zehn Jahren Arbeitslager hätte verurteilt werden können. Die Spruchkammer sieht jedoch den Tod Hitlers und seiner Frau als erwiesen an und regelt daher lediglich den Nachlaß.

Nach dem Spruchkammerurteil wird das Vermögen Hitlers eingezogen. Der aus einem Haus in München, Grundstücken in Berchtesgaden, zahlreichen Ölgemälden und einer Honorarforderung an einen Verlag in Höhe von fünf Millionen Reichsmark bestehende Nachlaß fällt nicht an seine in Berchtesgaden ansässige Schwester Paula Wolf. Das Testament Hitlers wird nicht anerkannt, da es nicht handschriftlich von ihm verfaßt worden war.

Spruchkammerverfahren ohne Angeklagten: Adolf Hitlers Stuhl bleibt leer

Frankfurter Messe war voller Erfolg

8. Oktober. Nach sechstägiger Dauer schließt die Frankfurter Messe ihre Pforten. Insgesamt 1815 Aussteller aus 32 verschiedenen Branchen zeigten in Frankfurt am Main auf einer Ausstellungsfläche von rund 65 000 m^2 ihre Produkte. Den größten Anteil hatten Erzeugnisse der Maschinenbauindustrie, gefolgt von Textilien, Lederwaren und Lebens- und Genußmitteln.

Das Publikumsinteresse übertraf alle Erwartungen. Über 300 000 Besucher sind an den sechs Messetagen in die Ausstellungshallen geströmt. Auch mehrere ausländische Firmen, unter anderem aus Italien, den Niederlanden, Großbritannien und Frankreich waren mit eigenen Ständen vertreten.

Sämtliche Aussteller äußern sich sehr zufrieden über den Verlauf dieser ersten Messe in den Westzonen seit der Währungsreform (→ 19. 6./S. 93), die als Gradmesser für das verbesserte wirtschaftliche Klima gesehen wird. Es wurden Geschäfte in einer Gesamthöhe von 600 Millionen DM abgeschlossen.

Flucht eines führenden Politikers der SED in die US-Zone

29. Oktober. Erich W. Gniffke, Mitglied des Zentralsekretariats der Sozialistischen Einheitspartei Deutschlands (SED), flieht aus dem sowjetischen Sektor Berlins in die US-amerikanische Besatzungszone Deutschlands. Dort wird er in Frankfurt am Main vom hessischen Ministerpräsidenten Christian Stock (SPD), empfangen und findet anschließend im Gästehaus der Staatsregierung Hessens vorläufig Aufnahme.

Am 30. Oktober gibt der Vorstand der SED den Ausschluß Gniffkes aus der Partei bekannt. Als Grund wird »Parteibetrug« angegeben. Dem geflohenen Spitzenfunktionär wirft man außerdem vor, er habe innerhalb der SED eine parteifeindliche Gruppe aufgebaut mit dem Ziel, in der SED wieder sozialdemokratische Prinzipien einzuführen. Gniffke selbst hatte einen Tag vor seiner Flucht in einem Schreiben an den Vorstand der SED die Gründe für seinen Bruch mit dieser Partei dargelegt. Er erhebt darin den Vorwurf, daß sich die SED durch einen politischen Kurswechsel seit Sommer 1948 von den Prinzipien einer demokratischen Partei entfernt habe.

SED-Funktionär Erich W. Gniffke nach seiner Flucht aus der Ostzone

Die Flucht Gniffkes, der in der SED dem höchsten Entscheidungsgremium angehörte, wird in Deutschland als politische Sensation empfunden. Sie steht in engem Zusammenhang mit dem am → 29. Juli (S. 117) gefaßten Beschluß des SED-Vorstandes, eine »Partei neuen Typus« zu schaffen. Damit wurde die Umwandlung der SED nach dem Vorbild der kommunistischen Partei der UdSSR (KPdSU) eingeleitet. Betroffen sind davon vor allem ehemalige Sozialdemokraten innerhalb der Sozialistischen Einheitspartei Deutschlands.

Als der Parteivorstand der SED am 16. September die Einrichtung einer Zentralen Parteikontrollkommission beschloß, setzte eine umfassende Säuberung der Partei ein. Treibende Kraft bei der Ausschaltung ehemaliger Sozialdemokraten ist Walter Ulbricht, stellvertretender Vorsitzender der SED. Ulbricht, der vor 1946 der KPD angehörte, gilt auch als derjenige Politiker, der mit Unterstützung der sowjetischen Besatzungsmacht an der Angleichung der SED an das Vorbild KPdSU maßgeblich beteiligt ist. Das Vorgehen Ulbrichts war für Gniffke ein weiterer Grund, die SED zu verlassen.

Erich W. Gniffke, der am 14. Februar 1895 in Elbing/Westpreußen geboren wurde, gehörte 1945 zu denjenigen Sozialdemokraten, die in Berlin die SPD wieder gründeten. Am 20. März 1946 wurde er stellvertretender Vorsitzender der Partei in der Ostzone. Gemeinsam mit dem ersten Vorsitzenden, Otto Grotewohl, und anderen führenden Parteipolitikern befürwortete er eine organisatorische Vereinigung mit der KPD. Nachdem diese im April 1946 vollzogen worden war, wurde er in den Parteivorstand der neuen SED gewählt. Er gilt als Verfechter eines »besonderen deutschen Weges zum Sozialismus«, wie ihn die SED bis 1948 propagierte, und war deshalb nicht bereit, den Kurswechsel zur »Partei neuen Typus« mitzuvollziehen.

Unruhen bei Streiks in Mittelfrankreich

18. Oktober. In Frankreich überschatten landesweite Streiks und schwere Zusammenstöße zwischen Polizeikräften und demonstrierenden Arbeitern die Vorbereitungen für die auf den 7. November festgesetzten Wahlen zur Nationalversammlung. Die Schwerpunkte der Streiks liegen in der Stahlindustrie und im Kohlebergbau.

Einen Höhepunkt erreichen die Unruhen, als am Morgen des 18. Oktober auf Anordnung von Innenminister Jules Moch Polizei und Einheiten der Republikanischen Garde in der mittelfranzösischen Industriestadt St.-Étienne mehrere bestreikte Kohlezechen besetzen. Daraufhin kommt es zu gewalttätigen Auseinandersetzungen zwischen Arbeitern und der Polizei. Zur Zuspitzung der Lage hatte der Beschluß der kommunistischen Gewerkschaft (CGT) geführt, von den bestreikten Kohlengruben nun auch das Sicherheitspersonal abzuziehen. Dies würde zwangsläufig zur Überflutung der Stollen führen; die Zechen wären auf Monate hinaus stillgelegt.

Streiks und Unruhen in der französischen Industriestadt St.-Étienne; die kommunistischen Gewerkschaften suchen die Kraftprobe mit der Regierung

Mit ihren seit Wochen anhaltenden Streiks wollen die gewerkschaftlich organisierten Arbeiter spürbare Lohnerhöhungen durchsetzen. Infolge der anhaltenden Wirtschafts- und Finanzkrise Frankreichs hat sich das Lohn-Preisgefälle ständig zu Ungunsten der Lohnempfänger vergrößert.

Sowohl die kommunistisch orientierte Gewerkschaft CGT als auch die kommunistische Partei Frankreichs verfolgen mit den Streikaktionen neben diesen tariflichen auch politische Ziele.

So wollen sie die umfangreiche Wirtschaftshilfe der Vereinigten Staaten von Amerika für Frankreich im Rahmen des Marshallplans (→ 3. 4./S. 58) zu Fall bringen.

Stalingrad – Aufbau am Schauplatz der Wende des Weltkrieges

Oktober. *Der Wiederaufbau Stalingrads (heute Wolgograd) kommt langsam in Gang (Foto rechts). Noch müssen viele Einwohner in behelfsmäßigen Baracken wohnen (Foto links). Bereits 350 000 der einst über eine halbe Million Einwohner sind inzwischen in ihre Heimatstadt zurückgekehrt. Zwischen dem 19. August 1942 und dem 2. Februar 1943 hatte um die Stadt an der Wolga zwischen der Roten Armee und der deutschen Wehrmacht die wohl entscheidende Schlacht des Zweiten Weltkrieges stattgefunden, in deren Verlauf Stalingrad nahezu vollständig zerstört wurde. Im Verlauf des Angriffs der Deutschen gelang es der 6. Armee unter General Friedrich Paulus zunächst, einen Großteil Stalingrads zu besetzen. Eine erfolgreiche sowjetische Gegenoffensive führte am 22. November 1942 dann zur Einkesselung der deutschen Verbände, die schließlich am 2. Februar kapitulierten. Von den 250 000 eingeschlossenen deutschen Soldaten konnten rund 34 000 ausgeflogen werden; 130 000 gerieten in sowjetische Gefangenschaft. Von ihnen sind bisher nur 6000 nach Deutschland zurückgekehrt.*

Demonstrationen von Neofaschisten

10. Oktober. In der italienischen Hauptstadt Rom werden bei einer Straßenschlacht zwischen Neofaschisten und der Polizei 30 Menschen verletzt. Anlaß für die Demonstration ist der bevorstehende Kriegsverbrecherprozeß gegen den ehemaligen Marschall der italienischen Streitkräfte, Rodolfo Graziani. Ihm wird vorgeworfen, während des Zweiten Weltkriegs mit der deutschen Wehrmacht zusammengearbeitet und die Interessen Italiens mißachtet zu haben.

Faschistische Tendenzen sind in Italien immer noch weitverbreitet. Die von Benito Mussolini im Jahre 1921 gegründete Partito Nazionale Fascista (PNF) erlangte 1922 die Macht. Ziel der extrem nationalistisch, antikommunistisch und undemokratisch ausgerichteten Partei war die Schaffung des State Totalitario; eines Staates, in dem der Einzelne sich den Interessen der Nation bedingungslos unterzuordnen hat. Erst 1943 ermöglichten die militärischen Mißerfolge Mussolinis die Befreiung Italiens vom Faschismus.

Keine Einigung über Kontrolle des Atoms

20. Oktober. In Paris verabschiedet der politische Ausschuß der Vereinten Nationen eine Resolution, mit der der Atomenergieausschuß zur Wiederaufnahme seiner Arbeit angewiesen wird. Damit sind die fünf Großmächte, die USA, Großbritannien, Frankreich, die UdSSR und China aufgefordert, in gemeinsamen Verhandlungen eine Lösung für die Frage der Atomenergiekontrolle zu finden.

Zuvor hatte der politische Ausschuß einen Vorschlag der UdSSR abgelehnt, einen Vertrag abzuschließen, der eine Atomkontrolle bei gleichzeitiger Zerstörung aller vorhandenen Atomwaffen zum Ziel hat.

Über die Frage der Atomenergiekontrolle wird in den Vereinten Nationen seit 1946 ergebnislos verhandelt. Die USA, bislang die einzige Macht, die über Atomwaffen verfügt, stimmen einer internationalen Kontrolle zwar im Prinzip zu, verlangen aber, daß die Einhaltung eines Abkommens in den einzelnen Staaten überwacht wird. Dies lehnt die UdSSR jedoch ab.

»Freie Läden« in der Ostzone

15. Oktober. Im sowjetischen Sektor Berlins konstituiert sich ein Zentralausschuß Freier Markt. Ihm gehören unter anderem Vertreter der Konsumgenossenschaften und der Gewerkschaften an. Der Ausschuß soll mit der Versorgung kleinerer und mittlerer Industriebetriebe mit Lebensmitteln beauftragt werden.

Ebenfalls im Oktober gibt die Deutsche Wirtschaftskommission (DWK) der Ostzone die Einrichtung einer Staatlichen Handels-Organisation (HO) bekannt. Die HO, die das Monopol zum Verkauf freier Waren haben wird, soll in erster Linie dazu dienen, überschüssige Kaufkraft bei der Bevölkerung abzuschöpfen. Zu diesem Zweck ist der Aufbau eines Netzes sogenannter Freier Läden vorgesehen, in denen bezugscheinfreie Lebensmittel und Konsumgüter zum Kauf angeboten werden. An die Einrichtung der HO-Läden knüpft man die Erwartung, den Schwarzmarkt wirksam bekämpfen zu können. Darüberhinaus ist beabsichtigt, den privaten Einzelhandel allmählich zurückzudrängen.

In den ersten HO-Läden, deren Eröffnung für Mitte November geplant ist, werden 1 kg Kartoffeln 1,50 ostzonale Mark, eine Tafel Schokolade zwischen 18 und 24 Mark, eine Packung Zigaretten (20 Stück) 16 Mark, ein Paar Herrenschuhe zwischen 150 und 300 Mark und ein Paar Damenstrümpfe bis zu 33 Mark kosten.

Die Versorgungslage der Bevölkerung der Ostzone hat sich zwar seit Mitte 1948 verbessert, bleibt insgesamt jedoch unzureichend. Im Gegensatz zu den drei westlichen Besatzungszonen, in denen mit der Währungsreform (→ 19. 6./S. 93) die Preise freigegeben und die meisten Warenrationierungen aufgehoben wurden, behielt man in der Ostzone (→ 23. 6./S. 96) das System der Bewirtschaftung bei. Insofern änderte sich für die Bevölkerung nach der Währungsreform nur wenig.

Die Wirtschaft der Ostzone, die bereits in Ansätzen einer staatlichen Planung und Lenkung unterliegt, ist durch Kriegsschäden und hohe Reparationsverpflichtungen gegenüber der Sowjetunion besonders schwer belastet. In der Landwirtschaft sind immer noch die Folgen einer bereits 1945 eingeleiteten Bodenreform zu spüren. Nach Aufteilung des Großgrundbesitzes an landlose Bauern erweisen sich viele der neugeschaffenen Bauernhöfe für eine ertragreiche Produktion als zu klein und verfügen zudem meist nur über unzureichende Geräte zur Bearbeitung des Bodens.

Die Folge ist eine mangelhafte Versorgung der Bevölkerung mit Lebensmitteln und Konsumgütern. Sie steht inzwischen in scharfem Kontrast zur Versorgungslage in den drei westlichen Besatzungszonen. Entsprechend niedrig ist derzeit die Arbeitsproduktivität, die 1948 in der Ostzone um 50% unter dem Stand des Jahres 1933 liegt. Sie soll durch eine Aktivistenkampagne gesteigert werden (→ 13. 10./S. 168).

Einer der ersten Läden der staatlichen »Handels-Organisation« (HO) in der Ostzone; hier gibt es zwar markenfreie Ware, jedoch zu sehr hohen Preisen

Ein britischer Helikopter mit Versorgungsgütern für einen Leuchtturm

Die »XP-79«, ein strahlturbinengetriebenes Versuchsflugzeug aus den USA

Roll-Out für das größte Flugzeug Großbritanniens; die düsengetriebene »Brabazon I, Mark I« benötigt eine Startbahn von mehr als 3 km Länge

Neue Verkehrsverbindung zwischen Großbritannien und dem europäischen Festland; zwei Autos können in diesen »Bristol-Freighter« geladen werden

Der Düsenantrieb ermöglicht Rekorde in der Militärluftfahrt

Auch 1948 kommt es wieder zu einer Serie von Flugzeugunglücken, die zahlreiche Todesopfer fordern. So auch am 21. Oktober, wo bei dem Absturz einer niederländischen Passagiermaschine nahe der schottischen Stadt Preswick alle 34 Insassen sterben. Wie so häufig, bleibt auch diesmal die genaue Unglücksursache ungeklärt; vermutlich streifte die Maschine während des Landeanfluges einen Hochspannungsmast.

Aber trotz vieler Rückschläge macht die Entwicklung der Flugzeugtechnik große Fortschritte. Vor allem der Düsenantrieb ermöglicht immer neue Höchstleistungen. So erreichte im Januar eine britische Militärmaschine vom Typ »Gloster Meteor Mark IV« eine Geschwindigkeit von 841,51 km/h. Ein »F-86«-Jäger, der in großen Stückzahlen für die US-Luftwaffe gefertigt wird, stellte im September mit einer Geschwindigkeit von 1079,84 km/h einen Weltrekord für Serienflugzeuge auf (→ 15. 9./S. 157). Das noch streng geheime US-amerikanische Versuchsflugzeug »Bell X-1« soll Testflüge absolviert haben, bei denen die Schallgeschwindigkeit um mehrere hundert Stundenkilometer überschritten wurde.

Für die Flugzeugindustrie erlangt die Entwicklung von Hubschraubern eine immer größere Bedeutung. Neue Modelle wie der »Gyrodyne« der US-amerikanischen Firma Fairey-Aviation erreichen bereits Spitzengeschwindigkeiten von über 200 km/h und können zunehmend auch bei Rettungseinsätzen verwendet werden.

In der herkömmlichen Zivilluftfahrt werden noch keine so spektakulären Fortschritte gemacht. Die meisten Passagiermaschinen basieren noch auf Transportmaschinen, die für den Einsatz im Zweiten Weltkrieg konstruiert wurden. Vor allem in den USA, wo die Boeing-, Douglas- und Lockheed-Werke für die Militärs viele moderne Großraummaschinen entwickelt hatten, werden Flugzeuge angeboten, die mit den für Langstrecken erforderlichen Druckkabinen ausgerüstet sind. So auch der »Stratocruiser Boeing 337«, der das zur Zeit größte Flugzeug der Welt darstellt und eine Weiterentwicklung des »B-29«-Bombers ist. Der viermotorige »Stratosphärenkreuzer« besitzt zwei Decks und ermöglicht bis zu 80 Passagieren ein ungewöhnlich komfortables Reisen. Sogar eine Bar und ein separates Familienabteil befinden sich an Bord. Das 63 t schwere Flugzeug erreicht eine Geschwindigkeit von 540 km/h. Allerdings sind die Preise für eine solch luxuriöse Art des Reisens für die meisten Menschen zu hoch.

Ein US-amerikanischer Flugzeugträger der »Saipan«-Klasse bei einem Seemanöver im Pazifischen Ozean; während des Zweiten Weltkrieges bildeten diese Schiffstypen das Rückgrat der US-amerikanischen Flotte im Kampf gegen Japan; sie ermöglichten den Einsatz von Jagd- und Bombenflugzeugen, deren Reichweite von landgestützten Basen aus wegen des Treibstoffbedarfs begrenzt gewesen wäre

Die Fluggesellschaften haben große Mühe, ihre Flugzeuge auszulasten und versuchen, durch eine engere Bestuhlung der Kabinen die Kosten zu senken. Das meistverwendete Passagierflugzeug ist nach wie vor die bereits 1938 entwickelte »DC-4« der Firma Douglas. Die von vier 1450 PS Motoren angetriebene Maschine kann je nach Bestuhlung 44 bis 60 Fluggäste befördern und benötigt für die Strecke New York–London mit zwei Zwischenlandungen etwas weniger als 24 Stunden. Diese lange Flugzeit hoffen die Ingenieure in den Entwicklungszentren der USA und Großbritanniens, durch Einsatz des bei Militärflugzeugen bereits so erfolgreich erprobten Düsenantriebs auch in der Zivilluftfahrt zu verkürzen. So legte eine versuchsweise mit zwei Düsentriebwerken ausgerüstete »Viking« der britischen Firma Vickers die Strecke London–Paris in nur 34:07 min zurück.

Zu welchen Höchstleistungen die moderne Luftfahrt fähig ist, beweist die Luftbrücke in die von der Sowjetunion blockierten Westsektoren Berlins. Dank einer technischen und organisatorischen Meisterleistung ist es möglich, die Bevölkerung Berlins mit lebensnotwendigen Gütern zu versorgen (→ 29. 7./S. 115; 31. 12./S. 198).

Mode 1948:

Pariser Chic ist weiter gefragt

Paris ist in diesem Jahr unbestritten das Zentrum der Modewelt. Nach dem triumphalen Erfolg von Christian Diors »New Look« im vergangenen Jahr sind die Salons der Seinemetropole Treffpunkt der internationalen Haute Couture. Modeschöpfer aus dem In- und Ausland orientieren sich zunehmend an den neuesten Kreationen aus Paris. Dabei kann es auch einmal vorkommen, daß über das Urheberrecht an manchen Modellen erst ein Gericht entscheiden muß.

Neben »Modezar« Dior macht in Frankreich der junge Modeschöpfer Jacques Fath von sich reden. Auch er hat sich der neuen Mode verschrieben, die die weibliche Figur betont. Umstritten ist zur Zeit nur die Frage der Rocklänge. Sie variiert je nach Tageszeit zwischen kniebedeckt und wadenlang. Fath hat außer Modellkleidern für die elegante Dame auch für den Mann von Welt etwas anzubieten: Eine Abendgarderobe bestehend aus einer Frackhose mit kurzer Spencerjacke aus schwarzem Tuch, dazu eine Weste aus glänzendem Satin.

In der Bademode setzt sich nun auch zwischen Adria und Ostsee der aus Frankreich stammende Zweiteiler durch. In Italien haben bikinitragende Damen allerdings mit der sittenstrengen Polizei zu kämpfen, die das Baden im Zweigeteilten mit Ordnungsstrafen belegt.

Die Frage Einteiler oder Bikini, Samt oder Satin stellt sich in Deutschland nur den wenigsten. Auch der Eintrittspreis für eine Dior-Modenschau (60 000 Francs, etwa 3000 DM) erregt hier höchstens Unverständnis. Im Nachkriegsdeutschland ist auch 1948 Improvisation gefragt. Soldatenhosen werden zu Knickerbockern, Wolldecken aus CARE-Paketen zu Wintermänteln, Lazarettbettwäsche (gestreift) ergibt Dirndlstoffe, Fallschirmseide kann zu Blusen verarbeitet werden, und Gasmaskenbänder werden zu Hosenträgern oder Strumpfhaltern umgearbeitet. Viele Zeitschriften und Zeitungen richten ganze Rubriken mit Schnittmustern und Hinweisen für die einfallsreiche »Nachkriegsmode« ein.

Bewußter Kontrast; Pullover und aufwendig verarbeiteter langer Rock

Modeskizze aus Frankreich für einen weitgeschnittenen Damenmantel

Eng geschnittenes Kostüm mit hohem Kragen und doppelter Knopfreihe

Ein auf der Krefelder Modewoche vorgestellter handgewebter Wintermantel in Glockenform aus Tweedstoff

Die elegante Frau trägt Kostüme mit eng geschnittenen Jacken, dazu gehört ein Hut mit Schleier garniert

Kirschrote Wildledersandalette

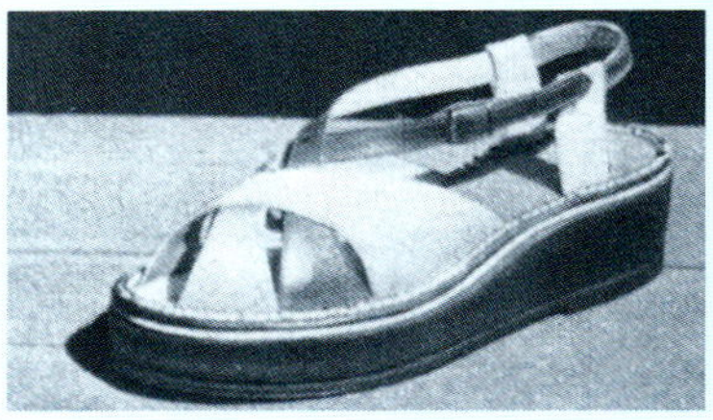

Schuhmode in Deutschland; ein beige-braunes randgenähtes Modell

Hutmodell des Pariser Modeschöpfers Pierre Balmain mit Anklängen an die Romantik der Südsee; Palmenzweig und Sonnenbrille sind eingearbeitet

Grand-Prix-Sieg für italienische Rennwagen

2. Oktober. *Auf dem Flughafen Silverstone, in der Nähe der Stadt Towchester, findet der erste englische Grand Prix für Rennwagen seit Kriegsende statt. 100 000 Zuschauer sehen nach Ablauf der 65 Runden einen italienischen Doppelsieg: Luigi Villoresi, der in seinem Maserati nach 3:18:03 h die Ziellinie überquert, gewinnt 14 sec vor seinem Landsmann Enrico Ascari, ebenfalls auf Maserati (Im Bild: Trotzdem sich dieser britische E. R. A.-Rennwagen mehrfach überschlug, blieb der Fahrer unverletzt).*

Freundschaftsspiele mit Schweizer Teams

10. Oktober. *Fußballvertretungen Schweizer Städte bestreiten gegen verschiedene Stadtauswahlmannschaften Süddeutschlands Freundschaftsspiele. Die Sportler aus der Schweiz setzen sich damit über das von den ausländischen Sportverbänden erlassene Verbot hinweg, Deutschland am internationalen Sportverkehr teilnehmen zu lassen.*
Bei den Freundschaftsspielen schlägt unter anderem eine Stadtauswahl Stuttgarts die Züricher Vertretung mit 6:1 Toren (Foto).

Nach Niederlage: Max Schmeling nimmt Abschied vom Ring

31. Oktober. In der Berliner Waldbühne verliert Max Schmeling einen Boxkampf gegen den Deutschen Meister im Halbschwergewicht, Richard Vogt, nach Punkten. Nach dem Kampf erklärt der ehemalige Schwergewichtsweltmeister Schmeling seinen Rücktritt.
Die trotz kalter Witterung in die Freiluftarena gekommenen 24 000 Zuschauer sehen einen klaren Sieg Vogts. In den ersten vier Runden tasten sich die Gegner noch vorsichtig ab. Dann jedoch wird zunehmend der krasse Altersunterschied der beiden Boxer deutlich. Der 43jährige Schmeling besitzt nicht mehr die für ihn früher typische Schnelligkeit und Kondition. Sein neun Jahre jüngerer Gegner bedrängt ihn immer mehr und kann Runde für Runde für sich entscheiden. Es gelingt Richard Vogt zwar nicht, den Ex-Weltmeister zu Boden zu zwingen und ihm den entscheidenden Schlag zu versetzen, aber seine konditionelle Überlegenheit führt ihn zu einem ungefährdeten Sieg.
Sofort nach dem Kampf, noch vor dem Urteil der Punktrichter, gibt Schmeling seinen Rücktritt vom Boxsport bekannt und verabschiedet sich von den Berliner Zuschauern. Damit beendet er eine einmalige sportliche Laufbahn. Aber nicht nur seine zahlreichen Titel machten ihn zu einem Idol. Sein bescheidenes Wesen sorgte zusammen mit seinen Erfolgen dafür, daß Max Schmeling nicht nur ein Vorbild für Boxer, sondern für alle Sportler in Deutschland wurde (→ 24. 5./S. 87).

Schmelings letzter Kampf; in der ausverkauften Berliner Waldbühne tritt der Boxschwergewichtsweltmeister von 1930 gegen den Halbschwergewichtler Richard Vogt (r.) an

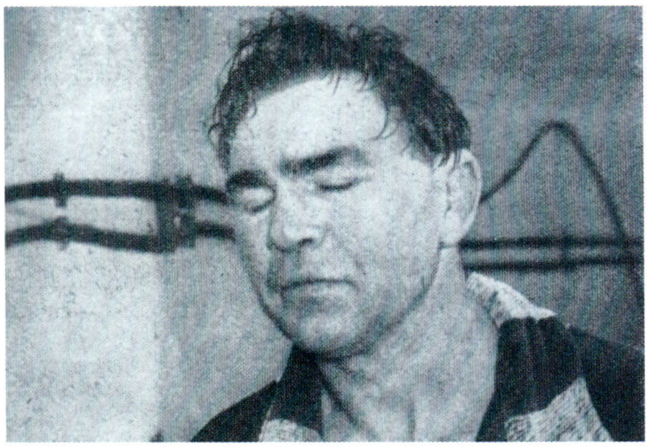

Sichtlich erschöpft nach dem Kampf gegen Vogt erklärt Max Schmeling, jetzt 43 Jahre alt, seinen Rücktritt vom aktiven Boxen, seine sportliche Karriere dauerte über 20 Jahre

Eine Boxkarriere mit Hindernissen

Mit Max Schmelings Rücktritt vom Boxsport endet eine außergewöhnliche Sportkarriere. Schmeling gewann Deutsche Meistertitel, wurde in Dortmund Europameister im Halbschwergewicht (1927) und errang im Jahr 1930 in New York die Schwergewichtsweltmeisterschaft durch einen Sieg über Jack Sharkey (USA). Nachdem Schmeling 1932 in New York seinen Titel durch ein zweifelhaftes Punktrichterurteil an Sharkey verloren hatte, erwarb er sich 1936 durch einen Sieg über Joe Louis (USA) das Anrecht auf eine Revanche. Da jedoch einem Sportler aus dem nationalsozialistischen Deutschen Reich nach Willen der Boxverbände ein solcher Erfolg nicht beschieden sein sollte, erhielt er erst 1938 die Chance zum erneuten Titelgewinn, die Schmeling jedoch gegen den nun amtierenden Weltmeister Louis nicht nutzen konnte.

November 1948

Mo	Di	Mi	Do	Fr	Sa	So
1	2	3	4	5	6	7
8	9	10	11	12	13	14
15	16	17	18	19	20	21
22	23	24	25	26	27	28
29	30					

1. November, Montag

Erzbischof Spiros Athenagoras aus New York wird zum Patriarchen der griechisch-orthodoxen Kirche ernannt.

Die Kohleförderung in der britischen Besatzungszone Deutschlands hat inzwischen rund 91% des Standes von 1936 erreicht (→26. 11./S. 183).

In Spanien gewinnt der Autorennfahrer Luigi Villoresi aus Italien auf einem Maserati den Großen Preis von Barcelona.

2. November, Dienstag

Präsident Harry S. Truman gewinnt die Präsidentschaftswahlen in den Vereinigten Staaten; bis zuletzt hatten die Prognosen auf einen Sieg seines Herausforderers, des republikanischen Senator aus New York, Thomas E. Dewey, gelautet. →S. 180

Der ehemalige Generalarzt der deutschen Wehrmacht, Walter Schreiber, erklärt nach seiner Flucht aus der Ostzone in Frankfurt am Main, Meldungen über eine Armee ehemaliger Wehrmachtsangehöriger unter sowjetischem Befehl seien frei erfunden (→31. 12./S. 195).

Die peruanische Regierung unter General Manuel Odria verbietet die kommunistische Partei des Landes.

3. November, Mittwoch

Der Wirtschaftsrat der deutschen Bizone in Frankfurt am Main verabschiedet das Gesetz über die Aufhebung des Lohnstopps (→12. 11./S. 183).

Im griechischen Bürgerkrieg greifen kommunistische Truppen des General Markos Wafiadis die Städte Tripolitsa, Patras und Agion an (→19. 6./S. 103).

4. November, Donnerstag

Die Berliner Stadtverordnetenversammlung bittet in einer Resolution die Westmächte, in den Westsektoren der Stadt die Deutsche Mark (DM-West) als alleiniges Zahlungsmittel gelten zu lassen (→23. 6./S. 96; 5. 12./S. 194).

In der schwedischen Hauptstadt Stockholm werden die Namen der diesjährigen Nobelpreisträger bekanntgegeben; am selben Tag läßt das norwegische Nobelpreiskomitee verlauten, daß der Friedensnobelpreis in diesem Jahr nicht verliehen wird (→10. 12./S. 202).

5. November, Freitag

Gegen den am 1. September dieses Jahres für entlastet erklärten ehemaligen Reichsfinanzminister Hjalmar Schacht wird erneut ein Entnazifizierungsverfahren eingeleitet (→1. 9./S. 155).

Die Abteilungsleiterin im österreichischen Bundesministerium für Vermögenssicherung und Wirtschaftsplanung, Margarete Ottilinger, wird an der Demarkationslinie zur sowjetischen Besatzungszone Österreichs von sowjetischen Militärangehörigen verhaftet. →S. 183

In Berlin hat die Komödie »Der Feigling« von Slatan Dudow, Regisseur des deutschen Spielfilms »Kuhle Wampe« aus dem Jahre 1932, Premiere.

6. November, Sonnabend

Im chinesischen Bürgerkrieg beginnen kommunistische Truppenverbände nördlich des Flusses Jangtsekiang mit einer Großoffensive gegen die nationalchinesische Armee. →S. 182

Der sowjetische Außenminister, Wjatscheslaw M. Molotow, kritisiert die Außenpolitik der USA, im besonderen den Marshallplan, und fordert den schnellstmöglichen Abschluß von Friedensverträgen mit Deutschland und Japan sowie eine internationale Kontrolle über das Ruhrgebiet (→31. 12./S. 196).

In London endet die 33. internationale Automobilausstellung von Großbritannien, die am 27. Oktober begonnen hatte.

7. November, Sonntag

Aus den Wahlen zur französischen Nationalversammlung geht die Partei von General Charles de Gaulle, die Sammlungsbewegung des französischen Volkes (RPF) mit 99 von 320 Sitzen als stärkste Fraktion hervor.

In Griechenland tritt die Regierung von Ministerpräsident Themistokles Sofulis zurück (→1. 5./S. 76).

8. November, Montag

Zum Nachfolger des zurückgetretenen iranischen Ministerpräsidenten Abdul Hajir Hussein wird Mohammed Saed gewählt (→5. 1./S. 18).

Gerüchte über eine bevorstehende Abwertung des Schilling führen in Österreich zu erheblichen Preissteigerungen.

9. November, Dienstag

Der Chef der US-amerikanischen Militärregierung in Deutschland, General Lucius D. Clay, fordert eine Erhöhung des für Westdeutschland geltenden Industrieniveaus (→6. 12./S. 197).

Der bizonale Wirtschaftsrat in Frankfurt am Main beginnt mit Beratungen über ein Lastenausgleichsgesetz für kriegsgeschädigte Deutsche (→1. 12./S. 197).

In Köln hat die Oper »Der Raub der Lucretia« des britischen Komponisten Benjamin Britten in Deutschland Premiere.

10. November, Mittwoch

Der Hauptausschuß des Parlamentarischen Rates in Bonn beginnt mit der ersten Lesung des Entwurfes eines Grundgesetzes für einen künftigen westdeutschen Staat, die bis zum 10. Dezember dauert (→10. 12./S. 194).

Die von der SPD im Wirtschaftsrat der deutschen Bizone eingebrachten Mißtrauensanträge gegen dessen Präsidenten, Hermann Pünder, sowie gegen den Leiter der Wirtschaftsabteilung, Ludwig Erhard, werden abgelehnt (→28. 10./S. 169; 26. 11./S. 183).

In Stuttgart wird das Schauspiel »Der öffentliche Ankläger« von Fritz Hochwälder uraufgeführt.

11. November, Donnerstag

Der 1947 aus der Untersuchungshaft geflüchtete ehemalige bayerische Sonderminister, Alfred Loritz, wird in München verhaftet (→7. 8./S. 136).

Der französische Staatspräsident, Vincent Auriol, protestiert scharf gegen eine Bevorzugung Deutschlands beim politischen und wirtschaftlichen Wiederaufbau (→28. 12./S. 196).

Der spanische Armee- und Regierungschef, Generalissimus Francisco Franco Bahamonde, erklärt seine Bereitschaft, sich an einem westlichen Verteidigungsbündnis zu beteiligen.

12. November, Freitag

In der deutschen Bizone beteiligen sich etwa neun Millionen Arbeitnehmer an einem 24stündigen Generalstreik gegen die anhaltenden Preissteigerungen. →S. 183

Der ehemalige japanische Ministerpräsident Hideki Tojo sowie sechs weitere Mitangeklagte werden von dem Internationalen Militärtribunal in Tokio zum Tode verurteilt. →S. 181

Israel nimmt Kontakt mit den arabischen Staaten zur Lösung des Palästinaproblems auf (→27. 12./S. 191).

In Österreich protestieren die drei westlichen Hochkommissare im Alliierten Rat in Wien gegen die Entführung von österreichischen Regierungsmitgliedern und höheren Beamten durch sowjetische Dienststellen (→5. 11./S. 183).

Der US-amerikanische Flugpionier Charles A. Lindbergh, der 1927 mit einem Flugzeug den Atlantik erstmals im Alleinflug ohne Zwischenlandung überquerte, erkundet im Auftrag der US-Luftwaffe einen Luftweg von den USA nach Asien, der über noch nicht kartographiertes Gebiet in Alaska führt.

13. November, Sonnabend

Der Generalsekretär der Vereinten Nationen, Trygve Lie, fordert die vier Großmächte auf, sofortige Schritte zur Lösung der Krise um Berlin zu unternehmen (→5. 12./S. 194).

Der Generalstabschef der sowjetischen Streitkräfte, Marschall Alexandr M. Wassilewski, tritt aus Gesundheitsgründen zurück; Nachfolger wird Generaloberst Sergei M. Schtemenko.

In Frankreich ruft die kommunistische Gewerkschaft CGT einen 24stündigen Generalstreik als Zeichen des Protestes gegen die Wirtschaftspolitik der Regierung aus (→28. 11./S. 181).

14. November, Sonntag

In Berlin wird der vom Deutschen Volksrat der sowjetischen Zone ausgearbeitete Verfassungsentwurf für eine Deutsche Demokratische Republik veröffentlicht (→3. 8./S. 136; S. 195).

Bei Gemeinde- und Kreistagswahlen in den Ländern der französischen Besatzungszone Deutschlands erreicht die CDU vor der SPD die Mehrheit der Stimmen (→17. 10./S. 169).

Im Düsseldorfer Opernhaus findet die Uraufführung von Julius Maria Beckers Schauspiel »Das Mahl des Herrn« statt.

In einem Fußball-Länderspiel in Wien schlägt die Nationalmannschaft Österreichs die Auswahl Schwedens mit 2:1 Toren.

15. November, Montag

Im sowjetischen Sektor Berlins wird der erste Laden der staatlichen Handelsorganisation (HO) eröffnet, in dem bezugscheinfreie Waren zum Kauf angeboten werden (→15. 10./S. 172).

Der US-amerikanische Militärgouverneur in Deutschland, General Lucius D. Clay, warnt die deutschen Gewerkschaften vor Streikbeschlüssen, solange Gelder des Marshallplans nach Deutschland kämen (→12. 11./S. 183).

Nachfolger des aus Altersgründen zurückgetretenen kanadischen Ministerpräsidenten, William Lyon Mackenzie King, wird der frühere Außenminister Louis Stephen Saint Laurent. →S. 181

In der sowjetischen Besatzungszone Österreichs verlangt die Militärverwaltung gegen den Protest der österreichischen Regierung die Auslieferung von 540 Lokomotiven und 5575 Eisenbahnwaggons zur Überführung in die UdSSR. Es wird befürchtet, daß diese Maßnahme eine Lahmlegung des Eisenbahnverkehrs in Österreich bedeutet (→5. 11./S. 183).

16. November, Dienstag

Der stellvertretende sowjetische Stadtkommandant von Berlin, Gardeoberst Iwan Jelisarow, ordnet die Amtsenthebung der Stadträte Ernst Reuter und Gustav Klingelhöfer an (→5. 12./S. 194).

Das nationalchinesische Verteidigungsministerium gibt den Sieg seines VII. Armeekorps bei Sutschou bekannt; anderen Berichten zufolge soll das Korps von kommunistischen Truppen eingeschlossen worden sein (→6. 11./S. 182).

17. November, Buß- und Bettag

In getrennten Erklärungen lehnen die drei westlichen Militärgouverneure in Deutschland die Aufnahme von Viermächteverhandlungen über die Beilegung der Berlinkrise ab (→6. 9./S. 152; 5. 12./S. 194).

Der mexikanische Außenminister Jaime Torres Bodet wird auf der dritten Jahresversammlung der Kultur- und Erziehungsorganisation der Vereinten Nationen (UNESCO) in Beirut zu deren neuem Generaldirektor gewählt.

Harry S. Truman (l.) hat die Wahl gewonnen – »France Illustration« berichtet am 13. November über den neuen US-amerikanischen Präsidenten

France ILLUSTRATION

N° 161 13 NOVEMBRE 1948 100 FRANCS

Phot. N. Y. Times.

RETOUR TRIOMPHAL DE M. TRUMAN A LA MAISON BLANCHE

Après son succès aux élections, le président Truman est rentré à la Maison Blanche au milieu d'une foule enthousiaste. Le voici répondant aux acclamations avec Alan Barkley, élu vice-président des États-Unis, poste qu'occupait M. Truman auprès de F. D. Roosevelt.

Der kommunistische französische Gewerkschaftsbund (CGT) ruft zum Generalstreik der Hafenarbeiter des Landes für den 21. November auf (→18. 10./S. 171; 28. 11./S. 181).

Mit der Bildung eines Koalitionskabinetts unter Ministerpräsident Themistokles Sofulis endet in Griechenland eine Regierungskrise (→1. 5./S. 76).

Der Vorsitzende der Sammlungsbewegung des französischen Volkes (RPF), General Charles de Gaulle, kritisiert auf einer Pressekonferenz in Paris in scharfer Form die Besatzungspolitik der Westmächte in Deutschland (→28. 12./S. 196).

18. November, Donnerstag

In der nationalchinesischen Hauptstadt Nanking wird bekanntgegeben, daß US-Präsident Harry S. Truman in einem Briefwechsel mit dem nationalchinesischen Präsidenten Chiang Kai-shek zusätzliche Hilfsgelder der Vereinigten Staaten abgelehnt habe (→6. 11./S. 182).

Streikende Arbeiter verbarrikadieren sich im Hafen von Dünkirchen; am 20. November wird das Hafengebiet von französischen Truppen widerstandslos besetzt (→18. 10./S. 171; 28. 11./S. 181).

Der iranische Schah Mohammad Resa Pahlawi wird von seiner Frau, Kaiserin Fawzieh, geschieden, da sie keinen Thronfolger geboren hat.

Die Fußballauswahl Schottlands besiegt in Edinburgh die Vertretung Irlands mit 3:2 Toren.

19. November, Freitag

Der Außenhandel der deutschen Bizone wird durch Anweisung der britischen und der US-amerikanischen Besatzungsmacht vom Lizenzierungszwang befreit.

Zwischen Frankreich und den drei westlichen Besatzungszonen Deutschlands wird ein Warenaustausch- und Dienstleistungsabkommen geschlossen.

Auf Bitten der französischen Regierung finden in Paris zwischen den USA, Großbritannien und Frankreich Besprechungen über das geplante Ruhrstatut statt (→28. 12./S. 196).

Das belgische Koalitionskabinett von Sozialisten und Katholischer Partei unter Ministerpräsident und Außenminister Paul Henri Spaak tritt nach der Demission des katholischen Justizministers Paul Struye zurück.

Bei einem Schiffsunglück auf dem Ganges in der Nähe von Patna in Indien ertrinken 500 Menschen; eine überfüllte Fähre war auf dem Fluß gekentert.

20. November, Sonnabend

In der lothringischen Industriestadt Metz erklärt Frankreichs Außenminister Robert Schuman, sein Land werde sich niemals mit einer Übertragung der Entscheidung über die Eigentumsrechte der Ruhrindustrie in die Hände einer künftigen westdeutschen Regierung einverstanden erklären (→28. 12./S. 196).

In Hamburg wird eine vierwöchige Ausstellung von Bildern des schweizerischen Malers Paul Klee eröffnet.

21. November, Sonntag

Das niederländische Kabinett beschließt in Den Haag, mit Vertretern der Regierung Indonesiens über eine Beilegung des beiderseitigen Konfliktes zu verhandeln (→19. 12./S. 190).

In Königstein/Taunus wird der Automobilklub von Deutschland (AvD) wiedergegründet, der im Jahre 1934 wegen aktiven Widerstands gegen die nationalsozialistische Herrschaft in Deutschland aufgelöst worden war. Zum ersten Präsidenten des AvD wird Manfred von Brauchitsch gewählt.

In den Hamburger Kammerspielen wird das Stück »Die Chinesische Mauer« des schweizerischen Schriftstellers und Dramatikers Max Frisch in Deutschland erstmals aufgeführt.

22. November, Montag

Die drei westlichen Militärgouverneure in Deutschland überreichen dem Vorsitzenden des Parlamentarischen Rates, Konrad Adenauer, ein Memorandum, in dem sie sich u. a. für einen föderalistischen Staatsaufbau eines künftigen westdeutschen Staates aussprechen (→1. 9./S. 150; S. 195).

In dem südamerikanischen Staat Venezuela putschen Einheiten des Militärs gegen den gewählten Staatspräsidenten Romulo Gallegos.

Nach seiner Rückkehr von den Feierlichkeiten zum Jahrestag der russischen Oktoberrevolution in Moskau, erklärt der Vorsitzende der Sozialistischen Einheitspartei Deutschlands (SED), Otto Grotewohl, der sowjetische Außenminister Wjatscheslaw M. Molotow habe ihm zugesichert, Deutschland werde auf der Grundlage der Potsdamer Beschlüsse vom August 1945 einen Friedensvertrag erhalten.

23. November, Dienstag

US-Präsident Harry S. Truman beauftragt den ihm unterstellten Wirtschaftlichen Beratungsausschuß mit der Ausarbeitung eines Programms zur Bekämpfung der Inflation in den Vereinigten Staaten (→2. 11./S. 180).

Im Hamburger Waterlootheater wird Helmut Käutners Film »Der Apfel ist ab« uraufgeführt. →S. 64

In Frankfurt am Main wird der Bund deutscher Radfahrer gegründet; Ziel der Vereinigung ist die einheitliche Organisation des deutschen Radsports in den westlichen Besatzungszonen.

24. November, Mittwoch

Vor dem britischen Unterhaus in London gibt Arbeitsminister George Isaacs (Labour Party) bekannt, daß die Wehrdienstzeit in Großbritannien von 12 auf 18 Monate verlängert wird.

Der US-amerikanische Militärgouverneur in Japan, General Douglas MacArthur, bestätigt das vom internationalen Militärtribunal gegen den früheren Ministerpräsidenten des Landes, Hideki Tojo, gefällte Todesurteil (→12. 11./S. 181).

25. November, Donnerstag

Der Staatsrat Israels kündigt die Abhaltung erster allgemeiner Wahlen für den 25. Januar 1949 an (→27. 12./S. 191).

Der US-amerikanische Schriftsteller Thornton Wilder trifft in Deutschland ein, wo er an der Universität von Frankfurt am Main eine Reihe von Vorlesungen halten wird.

Der britische Frachter »Hope Star« ist im Atlantik verschollen; eine umfangreiche Suchaktion bleibt erfolglos, von den 40 Besatzungsmitgliedern fehlt jede Spur. Es wird vermutet, daß der Frachter in einen Sturm geriet und sank.

26. November, Freitag

Nach Angaben des Wirtschaftsrates der deutschen Bizone in Frankfurt am Main wurden in einigen Industriebereichen, wie z. B. im Bergbau und in der Gummierzeugung, die Produktionszahlen des Jahres 1936 annähernd wieder erreicht. →S. 183

In Irland beschließt das Parlament den Austritt des Landes aus dem britischen Commonwealth of Nations.

In der Ostzone verlieren die traditionellen Betriebsräte durch den Anschluß an die Betriebsgewerkschaftsleitungen ihre Funktion. →S. 183

Unter der Führung von Ministerpräsident und Außenminister Paul Henri Spaak wird in Belgien ein neues Koalitionskabinett gebildet.

27. November, Sonnabend

Der Oberste Chef der Sowjetischen Militäradministration in Deutschland, Marschall Wassili D. Sokolowski, ordnet die Erweiterung der Deutschen Wirtschaftskommission der Ostzone (DWK) von 36 auf 101 Mitglieder an (→13. 2./S. 35).

Der Sicherheitsrat der Vereinten Nationen fordert die Balkanstaaten Bulgarien, Jugoslawien und Albanien auf, die regierungsfeindlichen griechischen Rebellen nicht mehr zu unterstützen.

In Essen findet die europäische Erstaufführung von Maxwell Andersons Komödie »Knickerbockers Holiday« statt; die Musik zu dem Stück schrieb Kurt Weill.

28. November, Sonntag

Der US-amerikanische Militärgouverneur in Deutschland, General Lucius D. Clay, erklärt im blockierten Berlin, die Westmächte seien bereit, die Luftbrücke auf unbegrenzte Zeit aufrecht zu erhalten (→31. 12./S. 198).

In Niedersachsen finden Gemeinde- und Kreistagswahlen statt, aus denen die SPD als stärkste politische Kraft hervorgeht (→17. 10./S. 169).

In London wird der erfolgreiche Abschluß von Vorbesprechungen zwischen Vertretern der Westeuropäischen Union über die Schaffung einer nordatlantischen Verteidigungsgemeinschaft bekanntgegeben (→3. 12./S. 190).

Der französische kommunistische Gewerkschaftsbund (CGT) ruft die Bergarbeiter des Landes dazu auf, ihren seit nunmehr acht Wochen andauernden Streik zu beenden. →S. 181

Der stellvertretende ungarische Ministerpräsident Matyás Rákosi erklärt vor dem Zentralkomitee der Vereinigten Arbeiterpartei, die bisher verfolgte Politik der Toleranz gegenüber dem Primas der katholischen Kirche, Kardinal József Mindszenty, sei beendet (→26. 12./S. 190).

In den norditalienischen Provinzen Südtirol und Trient finden die ersten Wahlen zum regionalen Parlament statt, aus denen die Christlich-Soziale Partei gefolgt von der Südtiroler Volkspartei als Siegerin hervorgeht.

29. November, Montag

Der Oberste Chef der Sowjetischen Militäradministration in Deutschland (SMAD), Marschall Wassili D. Sokolowski, wendet sich in einem Schreiben an die drei westlichen Militärgouverneure in scharfen Worten gegen die sich abzeichnende Spaltung Berlins (→6. 9./S. 152; 5. 12./S. 194).

Das Mitglied des Politbüros der jugoslawischen kommunistischen Partei, Moša Pijade, hebt in einer Rede die Unterstützung der USA und Großbritanniens bei der Gründung der jugoslawischen Republik hervor (→26. 6./S. 102).

30. November, Dienstag

Im sowjetischen Sektor Berlins konstituiert sich ein eigener Magistrat, der Friedrich Ebert (SED) zum Oberbürgermeister wählt (→5. 12./S. 194).

In London wird bekanntgegeben, daß vom 1. Februar 1949 an Sir Ivone Kirkpatrick Leiter der Deutschlandabteilung im britischen Außenministerium wird; der derzeitige Amtsinhaber, Sir William Strang, soll Unterstaatssekretär im Außenministerium werden.

In Jerusalem vereinbaren die Kommandanten der israelischen und der arabischen Streitkräfte einen Waffenstillstand, der am 1. Dezember in Kraft treten soll (→27. 12./S. 191).

Geboren:

14. London: Prinz Charles, britischer Thronfolger. →S. 185

Das Wetter im Monat November

Station	Mittlere Lufttemperatur (°C)	Niederschlag (mm)	Sonnenscheindauer (Std.)
Aachen	— (6,0)	— (67)	— (62)
Berlin	4,8 (3,9)	— (46)	— (50)
Bremen	— (5,3)	— (60)	— (50)
München	— (3,0)	— (53)	— (54)
Wien	4,6 (4,5)	12 (53)	59 (—)
Zürich	4,5 (3,3)	54 (72)	43 (51)

( ) Langjähriger Mittelwert für diesen Monat
– Wert nicht ermittelt

Der geplante Generalstreik gegen die Folgen der Währungsreform ist das Thema der »Allgemeinen Kölnischen Rundschau« in der Ausgabe am 8. November

NUMMER 26 – JAHRGANG 1 | MONTAG, 8. NOVEMBER 1948

Allgemeine Kölnische Rundschau

FÜR CHRISTENTUM UND DEMOKRATIE

Redaktion u. Verlag: Köln, Breite Str. 70 / Ruf: 7 02 31 / Telegr.: Rundschau Köln / Erscheint: Montag, Mittwoch, Freitag / PSK.: Köln 150 000 Rhein-Ruhr-Bank / Rhein.-Westf. Bank / Stadtsparkasse u. Kreissparkasse Köln

Deutschland-Ausgabe

Erscheint mit vorläufiger Lizenz / Bezugspreis 2.50 DMark je Monat einschließlich Botenlohn / Der Bezug durch die Post beträgt 2,50 DMark zuzüglich Postbestellgeld / Preis der einzelnen Nummer 20 DPfennig.

Gewerkschaften planen Generalstreik

24stündiger Streik als Protest gegen die sinkende Kaufkraft – Ein 10-Punkte-Programm

Frankfurt, 6. Nov. Der westdeutsche Gewerkschaftsrat beschloß am Samstag, als Protest dagegen, daß die stetig absinkende Kaufkraft mit den herkömmlichen Mitteln nicht beseitigt werden könne, einen eintägigen Generalstreik in der Doppelzone auszurufen. Der Entschluß wurde auf einer dreitägigen Konferenz von Gewerkschaftsführern in Frankfurt gefaßt, die etwa 4,5 Millionen Arbeiter im vereinigten Wirtschaftsgebiet vertreten. Der Termin für den Streik liegt noch nicht fest. Es ist damit zu rechnen, daß Freitag, der 12. November, als Tag des Generalstreiks in Aussicht genommen ist.

Am Vortage hatten die Gewerkschaftsführer noch mit dem Vorsitzer des Verwaltungsrates, Dr. Hermann Pünder, mit dem Direktor für Wirtschaft, Prof. Dr. Ludwig Erhard, und Dr. Hans Schlange-Schöningen, Direktor für Ernährung, Landwirtschaft und Forsten, eine letzte Konferenz gehabt.

Der Sekretär des Gewerkschaftsrates, Rosenberg, äußerte gegenüber einem dpd-Vertreter, daß er keinen Einspruch der Militärbehörden gegen den geplanten Streik erwarte, zumal sich die Forderungen der Gewerkschaften in der Hauptsache an die deutschen Behörden wendeten. Sie sollten die Mißstände beseitigen, die zum wesentlichen Teil durch ihre Schuld und durch die von Deutschen selbst bestimmte Wirtschaftspolitik entstanden sei. Die Belange der Militärregierung und der Luftbrücke würden durch die „eintägige Demonstration gewerkschaftlichen Willens" nicht berührt. Die Gewerkschaftsbünde seien angewiesen, lebenswichtige Betriebe auch während des Streiks in Gang zu halten.

Kein Eingreifen der Militärregierung

In einer ersten Stellungnahme der Militärregierung erklärte der stellvertretende Leiter der britisch-amerikanischen Arbeitereinsatzbehörde Wynn, die Militärbehörden würden in den Streik nicht eingreifen, solange er sich ausschließlich gegen Preissteigerungen richte und für Lohnforderungen einsetze. Jedem Streik aus politischen Gründen werde die Militärregierung jedoch ebenso begegnen wie einer Gefährdung der Wasser- und Strom- oder ihrer eigenen Versorgung.

Die Forderungen

Die Gewerkschaften haben ihre Forderungen in einem Kommuniqué bekanntgegeben, das zehn Punkte umfaßt:

1. Die amtliche Verkündung des wirtschaftlichen Notstandes.
2. Zur Ueberwindung dieses Notstandes zeitlich befristete außerordentliche Maßnahmen:
   a) Einsetzung eines Preisbeauftragten mit besonderen Vollmachten,
   b) Erlaß eines dem Notstand angepaßten Preiskontroll- und Wuchergesetzes,
   c) Erweiterte Vollmachten und Verpflichtungen für Polizei und Behörden zur wirksamen Bekämpfung von Preiswucher, Warenhortung und illegalem Warenhandel,
   d) Schnelle Aburteilung von Verstößen gegen Gesetze und Anordnungen in Verbindung mit dem Notstand in einem besonderen Verfahren.
3. Beschleunigung des Jedermann-Programms und seine Erweiterung in einem Ausmaße, das dem Verhältnis zwischen vordringlichem Massenbedarf und weniger vordringlichem Bedarf gerecht wird.
4. Neuordnung der Steuererfassung und drakonische Strafmaßnahmen gegen Steuerbetrüger und deren Mithelfer.
5. Wirksame Maßnahmen, um beim Lastenausgleich den Sachwertbesitz sowie die Sachwertgewinne aus Warenhortung und Preiswucher zu erfassen und für einen gerechten sozialen Ausgleich zu verwenden.
6. Aufrechterhaltung bzw. Wiederherstellung der vollen Erfassung und Bewirtschaftung im Ernährungssektor.
7. Planung und Lenkung im gewerblich-industriellen Sektor, insbesondere für Rohstoffe, Energie und Kredite sowie für Außenhandel und Großindustrie.
8. Ueberführung der Grundstoffindustrie und Kreditinstitute in Gemeinschaftseigentum.
9. Demokratisierung der Wirtschaft und gleichberechtigte Mitwirkung der Gewerkschaften in allen Organen der wirtschaftlichen Selbstverwaltung.
10. Inkraftsetzung der Ziffer 8 und 9 der von den Parlamenten bereits beschlossenen Gesetze.

Nur durch erhöhte Produktion

Der stellvertretende Direktor der Verwaltung für Arbeit, Scheuble, hatte noch am Freitag davor gewarnt, das Preisproblem von der lohnpolitischen Seite her lösen zu wollen. Die von den Gewerkschaften geforderte Aufhebung des Lohnstops habe ihnen zum Teil die Verantwortung direkt übertragen, und die Verantwortlichen müßten jetzt auch dafür gerade stehen. Nur eine erhöhte Produktion sei in der Lage, die Preissteigerungen wieder auszugleichen. (nach ap, dpd, Eig. Meldung JG)

Adenauer warnt

Köln, 7. Nov. Dr. Adenauer äußerte sich einem Vertreter der Kölnischen Rundschau gegenüber zu der Aktion der Gewerkschaften wie folgt: „Bei voller Würdigung der großen Schwierigkeiten auch der Gewerkschaften würde der Beschluß eines Generalstreiks ein vernichtender Schlag gegen das deutsche Volk selbst sein, von dem man nie weiß, was er schließlich noch auslösen würde. Das deutsche Volk kann es sich nicht leisten, in seiner gegenwärtigen Lage den Weg der Verständigung zu verlassen." (Eig. Meldung KR)

Bedenken christlicher Arbeitervertreter

Königswinter, 7. Nov. Die Vertreter der christlich-demokratischen Gewerkschaftsmitglieder sandten an den Bundesvorstand in Düsseldorf folgendes Telegramm:

„Die in Königswinter versammelten Vertreter der christlich-demokratischen Mitgliedschaft der Gewerkschaften warnen dringend vor geplanter Aktion. Sie erblicken in ihr eine große Gefahr für die Wiedergesundung unserer Wirtschaft und für die Gewerkschaftseinheit, deren junges Gefüge durch politische Aktion gefährdet ist. Ausführliche Begründung unseres Standpunktes durch unsere Mitglieder im gewerkschaftlichen Koordinierungsausschuß am 8. November, 11 Uhr, in Düsseldorf. Gezeichnet: Johannes Albers. (Eig. Meldung KR)

Professor Erhard bedauert

Bad Pyrmont, 7. Nov. Der Direktor der Verwaltung für Wirtschaft, Professor Erhard, bedauert den von den Gewerkschaften der Doppelzone ausgerufenen Generalstreik. Die Forderungen der Gewerkschaften zur Frankfurter Wirtschaftspolitik, sagte er einem dpd-Vertreter, sollen in der kommenden Woche den Verwaltungsrat zur Beratung vorgelegt werden. Prof. Erhard meinte, daß es wohl in einigen Punkten, aber nicht in allen, eine Verständigung gäbe. dpd)

Trumans Sozialprogramm

Begeisterter Empfang Trumans in Washington — Vor wichtigen Entscheidungen

Washington, 7. Nov. Bei seiner Rückkehr nach Washington aus seinem Heimatstädtchen Independence wurde Präsident Truman von einer riesigen Menschenmenge ein triumphaler Empfang bereitet. Nach Besprechungen über einige wichtige außen- und innenpolitische Fragen begibt sich der Präsident auf einen zweiwöchigen Urlaub nach Florida, wo er sein außen- und innenpolitisches Programm ausarbeiten wird.

Bei den Besprechungen in Florida, die Truman mit dem neugewählten Vizepräsidenten Alben Barkley und anderen Beratern führen wird, sollen angeblich die Zusammensetzung des Kabinetts, Fragen des Budgets, besonders der militärischen Ausgaben, die Erfüllung der innenpolitischen Versprechungen, die stärkere Einschaltung des Präsidenten in die Außenpolitik und der Nordatlantikpakt besprochen werden. Nach einem Bericht des Washingtoner Korrespondenten von Le Monde soll die Wahl Trumans für den Nachfolger Marshalls auf den amerikanischen Botschafter in London, Douglas, gefallen sein, nachdem eine Zeitlang Oberrichter Vinson, Senator Hoffman und Harriman in Betracht gezogen wurden.

Das Programm Trumans soll nach Mitteilung eines hohen Washingtoner Regierungsbeamten zunächst den Versuch vorsehen, die Unternehmer zu einer

freiwilligen Preissenkung

zu veranlassen. Sollten diese Bemühungen keinen Erfolg haben, solle Truman beabsichtigen, durch hohe Besteuerung der Gewinne, Rationierungs- und Preiskontrollmaßnahmen die inflationistischen Tendenzen einzudämmen. Außerdem wolle er in Konferenzen mit Unternehmern und Gewerkschaftlern ein Uebereinkommen über eine neue Arbeitsgesetzgebung erreichen, die an die Stelle des hart umstrittenen Taft-Hartley-Gesetzes treten solle. Das Programm des Präsidenten umfasse außerdem die Erweiterung der sozialen Fürsorge, die Erhöhung der Altersversorgungsrenten um 50 vH, Erhöhung der garantierten Mindestlöhne, ein Gesundheitsprogramm für die gesamte Bevölkerung, Steigerung der staatlichen Subventionen zur Stabilisierung der Preise für landwirtschaftliche Erzeugnisse, Verstärkung der Anti-Trust-Gesetze, Bereitstellung ausreichender Mittel für Verteidigungszwecke und die Sicherung einer allgemeinen militärischen Ausbildung für jeden amerikanischen Staatsbürger.

Nach den letzten Wahlergebnissen

erhielt Präsident Truman 23 667 727 Stimmen, Dewey 21 542 581, Wallace 1 116 379 und Thurmond 1 005 945 Stimmen. Die endgültige Zusammensetzung des Senats ist 54 Demokraten, 42 Republikaner, während in das neue Repräsentantenhaus 263 Demokraten, 171 Republikaner und 1 Vertreter der Arbeiterpartei einziehen. (nach up, dpd)

Nachtarbeit der VN

Paris, 7. Nov. Die Generalversammlung der VN wird ihre Arbeiten vermutlich am 8. Dezember beenden. Präsidium und Generalsekretariat haben zu diesem Zweck detaillierte Arbeitsprogramme ausgearbeitet, worin vorgesehen ist, daß alle Ausschüsse von Beginn kommender Woche an abwechselnd Nachtsitzungen abhalten werden. (Eig. Meldung Ko)

Der kleine Grenzverkehr

Brüssel, 7. Nov. Die Frage der Wiedereinführung des kleinen Grenzverkehrs zwischen Belgien und dem Rheinland wird von den Brüsseler Zeitungen aufgegriffen, die berichten, daß die Landtagsfraktion der CDU in Nordrhein-Westfalen erneut diesen Wunsch der Bevölkerung den alliierten Besatzungsmächten unterbreitet habe. Die Zeitungen bemerken dazu, daß kürzlich über diese Frage im belgischen Innenministerium beraten worden sei. Die offiziellen belgischen Stellen seien wenig geneigt, dem Wunsche der Deutschen, der von einigen Belgiern unterstützt wird, entgegenzukommen.

Die Erfahrungen, die man auf diesem Gebiete nach dem ersten Weltkrieg gemacht habe, seien kaum ermutigend; anderseits aber seien die belgischen Behörden bei Erteilung von Grenzpassierscheinen sehr weitherzig, wenn es sich um wirklich dringende Fälle handelt. Schließlich betonen die belgischen Zeitungen, daß der Schritt der Deutschen, die von den Alliierten die Wiederhersellung des kleinen Grenzverkehrs verlangen, nicht zu dem gewünschten Erfolg führen könne, da die alliierten Besatzungsmächte zu einer Frage, die das freie und unabhängige Belgien betreffe, nicht Stellung nehmen können. (Eig. Meldung ER)

»Die Sowjetunion besteht darauf . . .«

Molotow zum Jahrestag der Oktoberrevolution — Der Frieden mit Deutschland

Moskau, 6. Nov. Am Jahrestag der Oktoberrevolution, zu dessen Feier unter anderen aus Deutschland Otto Grotewohl, Otto Nuschke, Hermann Kastner, Ernst Goldenbaum und Adolf Heilmann — das heißt laut TASS: Vertreter der SED, des deutschen „Volksrates", der „christlich-demokratischen Union" der „liberaldemokratischen Partei" usw. — eingetroffen sind, gab Außenminister Molotow vor dem Moskauer Sowjet einen Bericht über den Nachkriegs-Fünfjahresplan.

Molotow wies auf Stalins Forderung hin, den Frieden zu gewinnen und Aggressionen „wenigstens für lange Zeit" zu verhindern. Die Abmachungen von Jalta und Potsdam hätten die Nachkriegsordnung für Europa und für den Fernen Osten geben sollen. „Wir können unsere Augen nicht davor verschließen, daß der Friedensvertrag mit Deutschland nicht vorwärts kommt." Molotow bedauerte die geringen Fortschritte der Demokratisierung Westdeutschlands, wo viele Prominente des früheren Regimes Schlüsselstellungen in Verwaltung und Wirtschaft hätten. Auch der Friedensvertrag mit Japan sei nicht gefördert.

Die Sowjetunion bestehe selbstverständlich darauf, daß diese Friedensverträge in Uebereinstimmung mit den früheren Abmachungen ausgearbeitet werden, die Entmilitarisierung Deutschlands und Internationalisierung des Ruhrgebietes vorsähen. „Nur diejenigen, die die Besetzung Deutschlands und Japans zu verewigen wünschen und die berechtigten Ansprüche dieser Völker mißachten, können sich gegen die Erfüllung der früher eingegangenen Verpflichtungen sträuben." (nach dpd)

de Gaulle in Führung

Paris, 7. Nov. Nach den bisher vorliegenden Wahlergebnissen für den Rat der Republik liegt die Partei General de Gaulles in Führung. Da jedoch erst Meldungen über die Besetzung von 119 von insgesamt 269 Sitzen vorliegen, ist es nicht möglich, Voraussagen über den endgültigen Ausgang der Wahlen zu machen. Von den bisher entschiedenen 119 Sitzen erhielt die Partei de Gaulles 56, auf die Sozialisten entfielen 20, die Kommunisten 14, die Unabhängigen Republikaner elf, die Radikalsozialisten elf, die MRP vier, die Republikanische Freiheitspartei zwei Sitze und die Widerstandsbewegung ein Sitz (up)

Piccard gab Tauchversuche auf

Brüssel, 5. Nov. Prof. Piccard hat nach einer Meldung der Belgischen Nachrichtenagentur seine Tiefsee-Tauchversuche vor den Kapverdischen-Inseln aufgegeben und wird über Dakar nach Belgien zurückkehren. Beim Einholen des Bathyscaphe nach dem letzten Tauchversuch, bei dem die unbemannte Tauchkugel eine Tiefe von 1400 Meter erreichte, prallte infolge hohen Seegangs der Schwimmer der Tauchkugel gegen die Bordwand und wurde schwer beschädigt. (nach ap, dpd)

Truppenparade vor Montgomery

Düsseldorf, 7. Nov. Nach der Besichtigung britischer Einheiten in Dortmund, Iserlohn und Essen nahm Feldmarschall Montgomery am Samstag in Düsseldorf eine Parade britischer Truppen ab, der als Gäste Ministerpräsident Arnold und Oberbürgermeister Gockeln beiwohnten. Am Sonntagvormittag nahm Feldmarschall Montgomery an einem Heeresgottesdienst zum Waffenstillstandstag des ersten Weltkrieges teil, bei dem auch der Ministerpräsident Neuseelands zugegen war, der die britisch-amerikanische Kolonialtruppe in Essen und die Kruppwerke besuchen will. Nach dem Gottesdienst flog Montgomery zu einem zweitägigen Besuch General Robertsons nach Osterwalde ab. (Eig. Meldung KR)

Schachts Entlastung ungültig

Stuttgart, 5. Nov. Die Entlastung des ehemaligen Reichsbankpräsidenten und früheren Wirtschaftsministers Dr. Hjalmar Schacht wurde vom Kommissarischen Leiter des württemberg-badischen Befreiungsministeriums, Ministerialdirektor Walter Koranski, aus formellen und sachlichen Gründen aufgehoben. (nach dpd)

Die Zukunft Westdeutschlands

Die Aufgaben der Ruhr-Konferenz — Um die deutsche Beteiligung

London, 7. Nov. Die Sechsmächtekonferenz zur Ausarbeitung eines internatonalen Ruhrstatuts nimmt ihre Arbeiten am Donnerstag in London auf. Sie besteht ausschließlich aus Fachleuten, deren Aufgabe es ist, ein Instrument zu schaffen, das die Sechsmächte-Abmachung vom Juni dieses Jahres in die Praxis überleitet.

Damals wurde zwischen den USA und den Brüsseler Vertragsmächten die Einsetzung der im Augenblick bestehenden internationalen Ruhrautorität vereinbart, in der auch Deutschland vertreten ist. Diese befindet bekanntlich unter anderem über den Verteilungsschlüssel von Ruhrkohle, Koks und Stahl zwischen dem Binnenverbrauch und den Auslandsempfängern. In einem Anhang zu der Juniabmachung war die Ausarbeitung eines eigentlichen Statuts einer künftigen Konferenz vorbehalten worden.

Ernstere politische Meinungsverschiedenheiten dürften auf der Konferenz selbst kaum noch ausgetragen werden. Doch wird hier verschiedentlich in britischen Kreisen der Politik und Wirtschaft bedauert, daß Westdeutschland keinen Platz am Verhandlungstisch einnehmen wird. In der letzten Zeit wurde hier die sich ausbreitende Erkenntnis deutlich, daß Entscheidungen — auch über deutsche Teilfragen — nicht ohne Gehör deutscher Stellen getroffen werden sollten, zumal man am Vorabend des Auftretens einer westdeutschen Regierung auf der europäischen Bühne steht. Für die Ruhr treffe dies indessen ganz besonders zu, weil sie mindestens ebensosehr ein Kernstück des deutschen wie des europäischen Wirtschaftslebens darstellt, und von einer vernunftgemäßen Regelung der Erfolg der Pläne, die die Organisation für europäische wirtschaftliche Zusammenarbeit in Paris festlegt, in wesentlichem Maße abhängt.

Bisher ist nur das Vorliegen eines britischen Entwurfs bekannt geworden. Die britische Abordnung wird von Roger Stevens geleitet, der als Hilfsunterstaatssekretär im Foreign Office für deutsche Wirtschaftsfragen zuständig ist. (Eig. Meldung KW)

Deutsche Frage in französischer Sicht

Bramuglia hofft noch immer — Frankreich fürchtet Zentralismus

Paris, 7. Nov. Die Berliner Frage dürfte bald wieder den Sicherheitsrat beschäftigen, vor dem sie bekanntlich auch nach dem russischen Veto weiter anhängig ist. Der Präsident des Sicherheitsrates, der argentinische Außenminister Bramuglia, der sich für einige Zeit nach London begeben hat, erklärte dort, er würde wahrscheinlich nach seiner für kommenden Mittwoch vorgesehenen Rückkehr nach Paris erneut die Initiative zu einer Lösung des Berliner Konfliktes ergreifen.

Bramuglia sagte, er habe nach wie vor Vertrauen in eine friedfertige Lösung dieses Streitfalles und sei der Ansicht, daß die Atmosphäre im Scherheitsrat jetzt hierfür günstiger sei als zuvor. Auf der Tagung der VN mache sich jetzt doch mehr und mehr ein stärkerer Friedenswille und ein aufrichtiger Wunsch zu einer internationalen Zusammenarbeit bemerkbar. — Der Figaro ergänzt diese Nachricht mit folgenden Worten: „Das Ergebnis der amerikanischen Wahlen hat im Palais de Chaillot einen neuen Wind aufkommen lassen. Noch gestern erklärte man hier in den Kreisen, die der russischen Abordnung nahestehen, daß demnächst der Zusammentritt einer Viermächtekonferenz über Deutschland nicht ausgeschlossen sei".

Das Deutschlandproblem

beschäftigt zurzeit erneut die hiesige Oeffentlichkeit. Besonders die sich in letzter Zeit häufenden Begegnungen der drei Militärgouverneure in Frankfurt und die Arbeiten des Parlamentarischen Rates in Bonn sind Gegenstand ausführlicher Betrachtungen in der Pariser Presse. Charakteristisch sind die folgenden Ausführungen in dem Pariser Morgenblatt L'Aurore: „Frankreich beunruhigt sich angesichts der Interventionen von Mr. Hoffman, dem Administrator des Marshall-Planes, die auf eine Erhöhung der deutschen Industrieproduktion abzielen. Frankreich hält auch gewisse von dem Parlamentarischen Rat in Bonn ausgearbeitete Vorschläge für ungeeignet. Es wäre unserem Lande nicht angenehm, gegen das westdeutsche Statut, das demnächst veröffentlicht werden soll, sein Veto einlegen zu müssen. Es hat sich infolgedessen entschlossen, seine Einwendungen beizeiten und vorbeugend vorzubringen."

Eine der Hauptdifferenzen zwischen den westlichen Alliierten in der Frage des künftigen westdeutschen Statuts scheint in der verschiedenartigen Auslegung der

Londoner Beschlüsse

zu bestehen. Die Amerikaner gehen hier nach französischer Auffassung zu weit. So sehr Frankreich eine wirtschaftliche Gesundung Deutschlands begrüßt, ebenso sehr verlangt es nach wie vor Garantien dafür, daß der industrielle Wiederaufbau Deutschlands keine neue Gefahr werde und daß er die deutsche Bevölkerung nicht zu einem neuen Nationalismus und zu einer neuen Aggressionspolitik animiert.

Frankreichs Ruf nach Sicherheit

Frankreich hat ferner dagegen protestiert, daß die westlichen Sektoren Berlins für das westdeutsche Parlament das Wahlrecht bekommen und hierin durch eigene Abgeordnete vertreten sein sollen. Die französische Regierung ist der Ansicht, daß das einmal über die Londoner Abmachungen hinausgeht, in denen lediglich von einer Westzonenreform die Rede war, außerdem befürchtet man in Paris dadurch eine weitere Komplizierung der Berliner Frage. Die schwache Chance einer Verständigung mit den Russen könnte dadurch verlorengehen. Die französische Haltung ist anderseits von einer nach wie vor bestehenden Abneigung gegen einen zu stark betonten Zentralismus in Deutschland diktiert. Frankreich sieht darin, ebenso wie in einer allzu raschen Steigerung des deutschen Industriepotentials nach wie vor eine Gefährdung seiner Sicherheit. Das ist letztlich der eigentliche Grund für die Bremsversuche der französischen Regierung.

Le Monde betont in einem Leitartikel, man dürfe trotz allem die heute zwischen den Westmächten aufgetauchten Meinungsverschiedenheiten und die Tragweite der hierüber entstandenen Diskussion nicht übertreiben. Es sei nur normal, daß es zu solchen Diskussionen über die Auslegung der Londoner Vereinbarungen gekommen ist. Die Position Frankreichs Deutschland gegenüber seit schließlich eine andere als die der Vereinigten Staaten, und von beiden Seiten müßten Konzessionen gemacht werden. (Eig. Meldung Ko)

Überraschungssieger Truman, der wiedergewählte US-Präsident hält hier eine Zeitung in der Hand, die voreilig den Wahlsieg seines Gegenkandidaten meldet

US-Präsident Harry S. Truman wird 1948 wiedergewählt

2. November. Aus den Präsidentschaftswahlen in den Vereinigten Staaten von Amerika geht der Kandidat der Demokratischen Partei, Harry S. Truman, als Sieger hervor. Entgegen den Voraussagen aller führenden Meinungsforschungsinstitute kann sich sein Herausforderer, Thomas E. Dewey von den Republikanern, nicht durchsetzen (→ S. 103).

Nach dem Wahlsystem in den USA wird der Präsident durch ein Gremium von Wahlmännern gewählt. Insgesamt kann Truman 303 Wahlmänner für sich gewinnen, während auf Dewey nur 189 entfallen.

Der hohe Wahlsieg des amtierenden Präsidenten kommt für alle Beobachter überraschend, weil Trumans Ausgangsposition im Wahlkampf als äußerst ungünstig eingeschätzt wurde. Seit dem Ende des Zweiten Weltkrieges hat die Preissteigerung in den USA inflationäre Ausmaße angenommen. Truman, der mit seiner Politik des »Fair Deal« einen Ausgleich der sozialen Spannungen erreichen will, sieht sich sowohl von seiten der Arbeitgeber als auch der Arbeiterschaft bedrängt. Als besonders schwieriges Problem erweist sich der Rassenkonflikt. Hier bezieht Truman zugunsten der schwarzen Bevölkerungsminderheit Stellung, was die Abspaltung eines Teils der Mitglieder der Demokratischen Partei zur Folge hatte. Nach übereinstimmender Meinung verdankt Harry S. Truman seinen Sieg der Tatsache, daß er sich bei der Mehrheit der Bevölkerung wegen seines volkstümlichen Auftretens großer Beliebtheit erfreut.

Der wiedergewählte Präsident der USA, Harry S. Truman, wurde am 8. Mai 1884 in Lamar geboren. Der Sohn eines Farmers war nacheinander Kassenbote bei einer Zeitung, Aufseher bei einer Eisenbahnbaufirma, Inhaber eines Bekleidungsgeschäftes, Beamter, Senator, und Vizepräsident der USA; am 12. April 1945, dem Todestag Franklin D. Roosevelts, wurde er als dessen Nachfolger der 33. US-Präsident

Die zwei großen Parteien der USA

In den USA kennt man keine Mitglieder- oder Programmparteien. Die politische Landschaft der Vereinigten Staaten wird vielmehr von sogenannten Wählerparteien bestimmt, die weder über eine feste Organisation noch über hauptamtliche Funktionäre verfügen. Ihre Anhänger finden sich jeweils vor anstehenden Wahlen zusammen, um für den Sieg ihres Kandidaten zu werben. Seit Jahrzehnten beherrschen zwei dieser Wählervereinigungen das Parteiensystem der USA: Demokraten (gegründet 1828) und Republikaner (gegründet 1854). Anderen Parteien bleibt dagegen ein Erfolg in der Regel versagt. Weder die linksliberale Fortschrittspartei unter Henry A. Wallace, noch die von den Demokraten abgespaltene rechtsstehende Demokratische Staatsrechtspartei können sich 1948 durchsetzen.

Harry S. Truman im Kabinettsraum des Weißen Hauses in Washington; in den nächsten vier Jahren wird er die Politik der Vereinigten Staaten bestimmen

Harry S. Truman (l.) auf Wahlkampftournee im Mittleren Westen der USA

Thomas E. Dewey (r.), republikanischer Präsidentschaftskandidat

Nach seiner Wahlniederlage stellt sich der enttäuschte Thomas E. Dewey (l.), Gouverneur des US-Bundesstaates New York, den Fragen der Journalisten

Todesurteil für Hideki Tojo

12. November. Ein internationales Militärtribunal verkündet in Japans Hauptstadt Tokio im Prozeß gegen 28 ehemalige Mitglieder der japanischen Regierung und führende Militärs die Urteile. Sieben Angeklagte werden zum Tode verurteilt; gegen 19 andere verhängt das Gericht lebenslängliche Freiheitsstrafen. Zwei weitere Angeklagte erhalten zeitlich begrenzte Haftstrafen.

Hauptbeschuldigter in dem zweieinhalb Jahre dauernden Kriegsverbrecherprozeß war der frühere japanische Ministerpräsident, General Hideki Tojo, der 1941 bis 1943 zugleich die Ämter des Kriegs- und Innenministers sowie des Generalstabschefs der kaiserlichen japanischen Armee in seiner Person vereinigte. In Tojo sieht das Gericht den Hauptverantwortlichen für die von Japan verübten Kriegsverbrechen während des Zweiten Weltkrieges und verurteilt ihn deshalb zum Tode. In einem Sondervotum erklärt der Vorsitzende des Tribunals, der Australier Sir William Webb, daß auch Japans Kaiser Hirohito, der auf Beschluß der Alliierten von einer Strafverfolgung ausgenommen worden ist, als Anstifter zu Kriegsverbrechen hätte angeklagt werden müssen.

In der Urteilsbegründung stellt das Gericht, dem Richter u. a. aus den USA, der UdSSR, Großbritannien, China und Australien angehören, besonders die grausame Behandlung alliierter Kriegsgefangener heraus. Nach Feststellung des Gerichts sind in japanischen Lagern rund 27% der US-Amerikaner und Briten ums Leben gekommen. Viele Gefangene wurden von japanischen Militärärzten grausamen medizinischen Experimenten unterworfen, an deren Folgen die meisten starben.

Der ehemalige japanische Ministerpräsident Tojo vor Gericht in Tokio

Kanadas Premier erklärt Rücktritt

15. November. Der kanadische Ministerpräsident, William Lyon Makkenzie King, erklärt in der Hauptstadt Ottawa seinen Rücktritt. Vor der Presse betont er, daß allein persönliche Gründe ihn zu diesem Schritt bewogen hätten.

Der 73jährige liberale Politiker zählt zu den dienstältesten Ministerpräsidenten der Welt. Mit einer Unterbrechung von fünf Jahren hatte er das Amt seit 1921 inne. Nachfolger als Regierungschef wird sein Parteifreund Louis Stephen Saint Laurent. Von ihm wird erwartet, daß er die Politik seines Vorgängers fortführt. Dies betrifft vor allem die Bemühungen um eine größere politische Unabhängigkeit Kanadas innerhalb des britischen Commonwealth of Nations sowie Kanadas Beitrag zum Zustandekommen eines nordatlantischen Verteidigungsbündnisses (→ 3. 12./S. 190).

In Frankreich geht Streikwelle zu Ende

28. November. In Frankreich fordert die kommunistische Gewerkschaft CGT die seit dem 4. Oktober streikenden Bergarbeiter des Landes auf, wieder an ihre Arbeitsplätze zurückzukehren. Von seiten der CGT wird erklärt, daß das Ziel des Streiks, nämlich politische Stärke zu demonstrieren, erreicht sei.

Die französischen Bergleute hatten die Arbeit niedergelegt, um gegen die Wirtschaftspolitik der Regierung zu protestieren. Bereits vor dem Aufruf der CGT zur Beendigung des Ausstandes hatten etwa 80% der Bergarbeiter die Arbeit wieder aufgenommen. Auch ein 24stündiger Generalstreik am 13. November sowie ein Streik der Hafenarbeiter wurden kaum beachtet.

Zur Bilanz des Streiks zählen 29 überflutete Bergwerke und ein Förderausfall von rund 5 Millionen t Kohle (→ 18. 10./S. 171).

Haubitze der nationalchinesischen Armee im Einsatz; die Truppen Chiang Kai-sheks befinden sich in der Defensive

Kommunisten in China stehen vor dem Sieg

6. November. Im chinesischen Bürgerkrieg eröffnen kommunistische Einheiten eine Großoffensive gegen die letzten Stellungen der nationalchinesischen Armee nördlich des Flusses Jangtsekiang. Die Truppen des chinesischen Präsidenten und Chefs der Armee, Generalissimus Chiang Kai-shek (→19. 3./S. 50), sind um die Stadt Nanking in der Provinz Kiangsu konzentriert. Die umliegenden Provinzen stehen bereits unter der Kontrolle der Armeen des kommunistischen Führers Mao Tse-tung, der mit dieser Offensive den seit zwei Jahren dauernden Bürgerkrieg beenden will.

Die kommunistischen Verbände, die im Oktober die Mandschurei überrannt haben, drängen jetzt südwärts, um sich mit den vor Nanking stehenden Armeen zu vereinigen. Die ersten schweren Gefechte während dieses Feldzuges finden im Gebiet der Stadt Hsüchow statt. Hier stehen unter dem Befehl des fähigsten Generals der Nationalchinesen, Fu Tso-ji, die besten Divisionen gegen die vorrückenden Kommunisten.

In Anbetracht der sich ständig verschlechternden Lage appelliert Chiang Kai-shek an den US-amerikanischen Präsidenten, Harry S. Truman, die 1947 gekürzte Militärhilfe wiederaufzunehmen. Die US-amerikanische Regierung zeigt sich jedoch nicht gewillt, in den chinesischen Bürgerkrieg einzugreifen. In Washington ist man bereits von einem Sieg der Kommunisten überzeugt, und befürchtet zudem, daß ein Engagement in China eine militärische Reaktion der UdSSR nach sich ziehen könnte.

Ist die militärische Lage der Nationalchinesen schon von Hoffnungslosigkeit gezeichnet, so hat die Politik Chiangs in den letzten Jahren das Land auch wirtschaftlich durch unkontrollierte Inflation der Währung und Korruption innerhalb der Beamtenschaft ruiniert. Infolgedessen fallen die Parolen Maos, die eine Beseitigung dieses Regimes versprechen, bei der Bevölkerung auf fruchtbaren Boden. Die nationalchinesische Regierung hat sich durch ihre Mißwirtschaft fast das gesamte chinesische Volk zum Feind gemacht. Der Wunsch nach Beendigung des blutigen Bürgerkriegs vereint den verarmten Reisbauern mit dem unterdrückten Intellektuellen.

Chiang Kai-shek – der Führer der Kuomintang-Partei

Chiang Kai-shek wurde am 31. Oktober 1887 in Feng Hwa geboren. Während der Revolution von 1911 schloß er sich der von Sun Yat-sen gegründeten Kuomintang an. Nach dessen Tod übernahm er 1925 die militärische und politische Führung dieser Bewegung. Zunächst mit den Kommunisten verbündet, versuchte er sich erst 1927 als alleiniger Herrscher in China zu etablieren. Seine Militärdiktatur, die er seit 1948 mit dem Amt des Staatspräsidenten auf Lebenszeit verbindet, wird vom Bürgerkrieg überschattet.

Mao Tse-tung – der Kopf der kommunistischen Armee

Mao Tse-tung, geboren am 26. Dezember 1893 in Shaoshan, ist im chinesischen Bürgerkrieg der Führer der kommunistischen »Volksbefreiungsarmee«. Der Sohn eines reichen Bauern war nach einer Lehrerausbildung als Bibliotheksgehilfe in Peking in Kontakt mit kommunistischen Zirkeln gekommen. 1921 war er Mitbegründer der kommunistischen Partei und führt seit dem Bruch mit der Kuomintang Chiang Kai-sheks (1927) die Bürgerkriegsarmee der chinesischen Kommunisten, die ihre Basis auf dem Lande hat.

Bürgerkrieg im Reich der Mitte

Im chinesischen Bürgerkrieg stehen sich die unter der Führung von Mao Tse-tung kämpfenden Kommunisten der Volksbefreiungsarmee und die Nationalchinesen mit Generalissimus Chiang Kai-shek an der Spitze gegenüber.

Die Nationalisten gingen aus der Staatsvolkspartei (Kuomintang) hervor, einer Bewegung, die unter Sun Yat-sen 1921 eine demokratische Republik in Südchina errichtete. Zu dieser Zeit arbeiteten Kommunisten und Kuomintang noch im Kampf gegen die in den Provinzen herrschenden Warlords (Kriegsherren) zusammen.

Nach dem Tod Sun Yat-sens übernahm Chiang 1925 die militärische Führung der Kuomintang und eroberte weite Teile Chinas. 1927 kam es zum Bruch, als Chiangs Truppen in Schanghai unter kommunistischen Arbeitern ein Blutbad anrichteten. Die kommunistische Partei (KPCh) wurde verboten und konnte nur noch illegal weiterarbeiten. Mao verlegte die Aktivitäten der KPCh von den Städten aufs Land, wo er eine große Anhängerschaft gewann. Im Gegensatz zur kommunistischen Doktrin der UdSSR propagiert Mao eine Revolution, die außerhalb der Industriestädte ihren Ursprung nimmt: »Nicht die Stadt wird das Land, in China wird das Land die Stadt beherrschen.«

Nach mehreren schweren Niederlagen gegen die Armeen Chiangs, mußten die Kommunisten 1934/35 ihre Basis im Südosten des Landes aufgeben und sich auf dem »langen Marsch« bis nach Yenan im Norden zurückziehen. Auf der 10 000 km langen Strecke überlebten nur etwa 20 000 der ursprünglich 100 000 Begleiter Maos.

Die japanische Invasion Chinas führte 1941 zu einem Waffenstillstand im Bürgerkrieg, der den Kommunisten Gelegenheit gab, sich neu zu organisieren.

Seit dem Sommer 1948 sind die Kommunisten gegen die demoralisierten Nationalchinesen auf dem Vormarsch.

Generalstreik gegen Preissteigerungen

12. November. Rund neun Millionen Arbeiter, Angestellte und Beamte treten in der deutschen Bizone aus Protest gegen die Politik des Wirtschaftsrates in Frankfurt am Main in einen 24stündigen Generalstreik. Der vom Deutschen Gewerkschaftsbund (DGB) ausgerufene Streik richtet sich vor allem gegen die anhaltenden Preissteigerungen. Die Löhne sind hingegen bis jetzt auf dem Stand eingefroren worden, den sie am Tage der Währungsreform (→ 21. 6./S. 94) erreicht hatten.

Eine der zahlreichen Demonstrationen gegen die gestiegenen Preise

Das öffentliche Leben der Bizone ist durch diesen größten Streik in Deutschland seit 50 Jahren nahezu lahmgelegt. In einigen Städten und Großbetrieben, so zum Beispiel in Frankfurt am Main und in den Rüsselsheimer Opelwerken, beteiligen sich annähernd 90% der Beschäftigten an der Arbeitsniederlegung. Eisenbahn- und Postverkehr wurden vom Streikaufruf des DGB ausdrücklich ausgenommen. Auch in der französischen Besatzungszone wird normal gearbeitet, weil die Gewerkschaften dort eine Beteiligung am Generalstreik ablehnten.

Der Preisanstieg in den drei Westzonen ist eine Folge der Währungsreform und der gleichzeitig verfügten Aufhebung der Zwangbewirtschaftung. Der Direktor der bizonalen Wirtschaftsverwaltung, Ludwig Erhard, bewertet jedoch die Preiserhöhungen als eine vorübergehende Erscheinung und vertraut darauf, daß der Mechanismus von Angebot und Nachfrage bald zu einem ausgewogenen Lohn-Preis-Gefüge führen wird (→ 28. 10./S.169).

Produktion in der Bizone gestiegen

26. November. Der Wirtschaftsrat in Frankfurt am Main veröffentlicht eine Reihe neuer Daten zum aktuellen Stand der industriellen Produktion in der deutschen Bizone. Danach konnte in einigen Produktionssparten, wie zum Beispiel im Bergbau und der Gummiherstellung, der Produktionsstand des Jahres 1936 wieder erreicht werden. Ein ähnlich hohes Ergebnis ist bei der Erzeugung von Strom und Gas sowie von Baustoffen zu verzeichnen. Dagegen liegt die Eisen- und Stahlproduktion erst bei rund 56%, die Papierherstellung bei 34% und die Fahrzeugproduktion bei 29% des Standes von 1936.

Hermann Pünder, der Oberdirektor des bizonalen Verwaltungsrates

Betriebsräte in der Ostzone entmachtet

26. November. Ein Kongreß des Freien Deutschen Gewerkschaftsbundes (FDGB) der Ostzone beschließt in Bitterfeld, die Interessenvertretung der Belegschaften in den Fabriken von den Betriebsräten auf die von der SED kontrollierten Betriebsgewerkschaftsleitungen zu übertragen. Mit dieser Maßnahme werden die traditionellen Betriebsräte in der Ostzone entmachtet. Sie hatten sich gegen die von der SED propagierte Einführung eines differenzierten Leistungslohnes zur Steigerung der Produktivität gesperrt, weil sie dadurch eine drastische Anhebung der Arbeitsnormen befürchteten (→ 13. 10./S. 168).

Politikerin in Österreich von UdSSR verurteilt

5. November. Margarete Ottilinger, Abteilungsleiterin im österreichischen Bundesministerium für Vermögenssicherung und Wirschaftsplanung, wird bei der Rückkehr von einer Dienstreise an der Demarkationslinie zur sowjetischen Besatzungszone Österreichs von sowjetischem Militär verhaftet.

Knapp einen Monat später verurteilt sie ein sowjetisches Militärtribunal wegen »antisowjetischer Aktivitäten« und Spionage zu einer Gefängnisstrafe von 20 Jahren. Die Verhaftung und Verurteilung von Margarete Ottilinger löst bei den drei westlichen Besatzungsmächten heftigen Protest aus, ohne daß es ihnen allerding gelingt, die Freilassung Margarete Ottilingers zu erreichen.

Mit der Verhaftung und Verurteilung höherer Beamter versucht die sowjetische Besatzungsmacht in Österreich, sich mißliebiger politischer Persönlichkeiten zu entledigen. Bereits im Juni war der Leiter der Wiener Kriminalpolizei, Anton Marek, aus dem Gebäude des Innenministeriums verschleppt worden. Insgesamt sind auf diese Weise bereits mehrere Repräsentanten des öffentlichen Lebens verschwunden.

Die sowjetischen Maßnahmen stehen im Zusammenhang mit der Tatsache, daß die Besatzungspolitik der UdSSR sowohl bei der Regierung Österreichs als auch bei weiten Teilen der Bevölkerung auf Ablehnung stößt. Vor allem gegen die hohen Reparationsforderungn erhebt sich vielerorts Protest. Am 15. November verlangt die Sowjetunion von Österreich unter anderem die Auslieferung von 540 Lokomotiven und 5575 Eisenbahnwaggons. Nach sowjetischer Auffassung handelt es sich dabei um Material, das im Zweiten Weltkrieg von der Roten Armee erbeutet und anschließend den österreichischen Bundesbahnen zur Verfügung gestellt wurde.

Das wie Deutschland unter Viermächteverwaltung stehende Österreich hat zwar seine politische Einheit bisher bewahren können, sieht sich jedoch außerstande, aus eigener Kraft die Ernährung seiner Bevölkerung sicherzustellen; im Januar erhielt das Land eine erste Überbrückungshilfe von seiten der Vereinigten Staaten; im Juli wurde ein Abkommen über die Einbeziehung des Landes in den Marshallplan unterzeichnet; das abgebildete Plakat soll die Bevölkerung daran erinnern, daß 60% der Lebensmittelrationen aus Lieferungen der Vereinigten Staaten von Amerika stammen; das Aushängen dieser Plakate wurde von der sowjetischen Besatzungsmacht verboten

Architektur 1948:

Wiederaufbau und kühne Neubauten

In Deutschland stehen 1948 immer noch das akute Wohnungsproblem und Möglichkeiten für dessen Lösung im Blickpunkt des öffentlichen Interesses. Fragen der architektonischen Gestaltung sind angesichts von Millionen Menschen, die in Flüchtlingslagern oder überfüllten Wohnungen leben müssen, zweitrangig.

Die Arbeit der Architekten in Deutschland besteht in der Hauptsache darin, Wohnraum zu schaffen. Es geht dabei vorrangig um die Wiederherrichtung und den Wiederaufbau beschädigter bzw. teilzerstörter Häuser. Aufgrund des Mangels an Baumaterialien sind dabei der gestalterischen Phantasie enge Grenzen gesetzt. Überall in Deutschland sieht man notdürftig wiederaufgebaute Häuser, provisorisch abgedichtete Dächer und behelfsmäßig abgestützte Außenwände. Einst prachtvolle Geschäftsstraßen, wie zum Beispiel Berlins Kurfürstendamm, bieten unter diesen Verhältnissen immer noch ein trostloses Bild.

Auch beim Wiederaufbau historischer Baudenkmäler wird zumeist mit bescheidenen Mitteln gearbeitet. So hat man zum Beispiel bei der Restaurierung der Paulskirche in Frankfurt am Main auf eine aufwendige Gestaltung des Innenraums völlig verzichtet.

Pläne für die nahe Zukunft – Modell einer neuen Uhren- und Schmuckfabrik in der schwäbischen Stadt Pforzheim

Schlichter Neuanfang auch in der Architektur: Hinter den Ruinen im Vordergrund das neue Postamt Pforzheims

Die Zerstörung der meisten deutschen Großstädte wird von nicht wenigen Architekten und Städteplanern aber auch unter anderen Aspekten als der bloßen Wiederherstellung des Alten gesehen. Ihre vieldiskutierten Pläne für einen künftigen Wiederaufbeu sehen zum Teil radikale Veränderungen im Stadtbild vor. Verbreiterte Straßen, flankiert von Neubauten mit glatten Fassaden sollen die einst verwinkelten Innenstädte duchziehen. Ob es allerdings in absehbarer Zeit zu einer Realisierung dieser Vorhaben kommt, bleibt fraglich.

Auch im Ausland bestimmt die Wohnungsnot das architektonische Schaffen. Auf der Suche nach Auswegen ist häufig Improvisation gefragt. In den USA und in Großbritannien werden Häuser aus industriell vorgefertigten Einzelteilen zusammengesetzt. Ein ähnliches Verfahren kommt nun auch in Deutschland zur Anwendung. Nach den Plänen eines Soester Ingenieurbüros werden in Goslar und Castrop-Rauxel Fertighäuser errichtet, für deren Aufbau vier Arbeiter zwei Wochen benötigen.

Ungeachtet des überall in der Welt vordringlichen Problems der Wohnraumbeschaffung werden 1948 aber auch architektonische Marksteine gesetzt. So wird in der sowjetischen Hauptstadt Moskau mit einem Neubau für die Lomonossow-Universität begonnen. Das nach seiner Fertigstellung 240 m hohe und 450 m breite Gebäude soll in Zukunft ein repräsentatives Wahrzeichen Moskaus werden. In seiner monumentalen Geschlossenheit gilt es als ein Beispiel der in der UdSSR vorherrschenden Kunstrichtung des »sozialistischen Realismus«.

Ganz im Gegensatz dazu steht ein Bauvorhaben in der südfranzösischen Hafenstadt Marseille, dessen Entwurf von dem Architekten Le Corbusier stammt. Geplant ist die Errichtung von 337 Wohneinheiten in mehreren Typenvarianten. Sie alle sind in einem 14geschossigen Wohnblock von 157 m Länge zusammengefaßt. In dem Gebäudekomplex sollen auch Läden, Cafés und Sporteinrichtungen untergebracht werden, was ihm den Charakter einer »vertikalen Stadteinheit« verleiht.

Eine der unzähligen Nissenhütten (eine britische Erfindung), wie sie überall in Deutschland stehen, hier sind Mangel und Not die Architekten

Notkirche inmitten von Häuserruinen, neben dem ausgebombten Gotteshaus hat sich eine evangelische Gemeinde einen provisorischen Betraum errichtet

London feiert die Geburt des Prinzen

14. November. Prinzessin Elisabeth, Herzogin von Edinburgh und britische Thronfolgerin, wird in London von ihrem ersten Kind, einem Sohn, entbunden. Mutter und Kind erfreuen sich bester Gesundheit. Das Ereignis, das im ganzen Land Jubel und Sympathiekundgebungen der Bevölkerung für das Königshaus auslöst, findet laut Hofbulletin um 21.14 Uhr statt.

Der königliche Stammhalter, an zweiter Stelle in der britischen Thronfolge stehend, soll auf den Namen Charles Philip Arthur George von Edinburgh getauft werden. Philip, Herzog von Edinburgh, der Vater des Prinzen, hatte am 20. November des vergangenen Jahres, als Leutnant Philip Mountbatten, die 21jährige Elisabeth, älteste Tochter des britischen Königs Georg VI., geheiratet. Seitdem trägt er den Titel eines Herzogs von Edinburgh.

Traditionell nehmen die Bewohner Londons starken Anteil an den Vorgängen innerhalb der königlichen Familie. Bereits Stunden vor der Geburt versammeln sich Tausende von Menschen vor den Toren des Bukkingham Palastes. Als die freudige Nachricht aus dem Palast bekanntgegeben wird, brechen die inzwischen über 8 000 Wartenden in laute Beifallskundgebungen aus. Der Jubel ist so stark, daß der behandelnde Arzt der Prinzessin, Sir William Gilliatt, um mehr Ruhe für die junge Mutter und ihr Neugeborenes bitten muß. Im Hydepark und im Tower von London werden je 41 Schuß Salut abgefeuert. Die Fontänen auf dem Trafalgar-Square, im Zentrum Londons, werden von neu installierten Scheinwerfern in blauen Farben angestrahlt – blau als Zeichen für die Geburt eines Sohnes. Auch die Glokken der St.-Pauls-Kathedrale und der Abtei von Westminster läuten aus Anlaß der Geburt. Im ganzen Land werden bei Bekanntwerden der Nachricht Freudenfeuer und Feuerwerkskörper abgebrannt. In den Ländern des Commonwealth wird die Geburt des Thronfolgers ebenso freudig begrüßt. Von Kapstadt bis Montreal löst die Neuigkeit bei allen Sympathisanten des britschen Königshauses Jubel aus.

Nach der Taufe: Prinz Charles in den Armen seiner Mutter, mit König Georg VI. und Urgroßmutter Mary ▷

Dezember 1948

Mo	Di	Mi	Do	Fr	Sa	So
		1	2	3	4	5
6	7	8	9	10	11	12
13	14	15	16	17	18	19
20	21	22	23	24	25	26
27	28	29	30	31		

1. Dezember, Mittwoch

Der gewählte Berliner Magistrat unter Führung des Bürgermeisters Ferdinand Friedensburg verlegt seinen Dienstsitz in den Bezirk Charlottenburg im britischen Sektor (→5. 12./S. 194).

Der bizonale Wirtschaftsrat in Frankfurt am Main verabschiedet das erste Lastenausgleichsgesetz, das eine 3%ige Belastung von Vermögen über 15 000 DM vorsieht; mit dem Gesetz soll vor allem den Flüchtlingen und Bombengeschädigten geholfen werden. →S. 197

In Berlin wird im Beisein der amtierenden Oberbürgermeisterin, Louise Schroeder, und der drei westlichen Stadtkommandanten der Luftbrückenflugplatz Tegel eröffnet (→31. 12./S. 198).

Die französische Nationalversammlung beginnt eine zweitägige Debatte über die Frage einer internationalen Kontrolle der Industrie des Ruhrgebietes, in deren Verlauf das geplante Ruhrstatut abgelehnt wird (→28. 12./S. 196).

Der Kongreß der palästinensischen Araber spricht sich in Jericho für eine Vereinigung Palästinas und Transjordaniens unter der jordanischen Krone aus.

In Berlin hat das Stück »Die Glasmenagerie« des US-amerikanischen Dramatikers Tennessee Williams seine deutsche Erstaufführung. →S. 200

2. Dezember, Donnerstag

Der US-amerikanische Militärgouverneur in Deutschland, General Lucius D. Clay, erklärt, die Vereinigten Staaten werden den am 30. November in Berlin (Ost) gebildeten Magistrat nicht anerkennen (→5. 12./S. 194).

In Falkensee bei Berlin sterben 15 Menschen bei einem Eisenbahnunglück, als ein aus Rostock kommender Schnellzug auf einen Berliner Vorortzug prallt.

Bei einem Fußball-Länderspiel in London gewinnt die englische Nationalmannschaft gegen die schweizerische Auswahl mit 6:0 Toren.

3. Dezember, Freitag

Der Kirchenpräsident der Evangelischen Kirche in Hessen und Nassau, Martin Niemöller, wird zum Vorsitzenden des Rates der Evangelischen Kirche Deutschlands (EKD) gewählt. →S. 200

Die Vollversammlung des Wirtschaftsrates der deutschen Bizone spricht dem Direktor der Verwaltung für Ernährung, Landwirtschaft und Forsten, Hans Schlange-Schöningen, das Vertrauen aus.

In der US-amerikanischen Hauptstadt Washington wird der Entwurf eines Vertrages für ein nordatlantisches Verteidigungsbündnis veröffentlicht. →S. 190

Margarete Ottilinger, Abteilungsleiterin im österreichischen Ministerium für Wirtschaftsplanung, wird von einem sowjetischen Militärgericht in Österreich wegen Spionage zu 20 Jahren Haft verurteilt (→5. 11./S. 183).

Die Vollversammlung der Vereinten Nationen beschließt, neben Englisch, Französisch, Russisch und Chinesisch, Spanisch als fünfte Arbeitssprache in der Weltorganisation zuzulassen.

In Berlin findet die Uraufführung des Films »Affaire Blum« in der Regie von Erich Engel statt. →S. 203

4. Dezember, Sonnabend

In Berlin wird die Freie Universität gegründet; Grund für die Schaffung einer neuen Hochschule in Berlin ist die politisch einseitige Ausrichtung der Humboldt-Universität im Ostsektor der Stadt. →S. 200

Beim Absturz eines US-amerikanischen Transportflugzeuges vom Typ DC 4 (»Skymaster«) über dem Pazifik kommen alle 37 Insassen ums Leben.

5. Dezember, Sonntag

In den Westsektoren Berlins finden Wahlen zur Stadtverordnetenversammlung statt, bei denen die SPD 64,5% der abgegebenen Stimmen erhält. →S. 194

In Württemberg-Hohenzollern finden Bürgermeister- und Kreistagswahlen statt, aus denen die CDU mit 46,5% der abgegebenen Stimmen als stärkste politische Kraft hervorgeht.

In den Gemeinden Badens mit weniger als 5000 Einwohnern werden die Bürgermeister neu gewählt.

Bei den Wahlen zur Nationalversammlung in Argentinien erringt die Partei von Staatspräsident Juan Perón mit 63,1% der abgegebenen Stimmen einen Wahlsieg. →S. 191

Beim Untergang eines Flüchtlingsschiffes in der Nähe von Schanghai ertrinken mehr als 1500 Menschen.

In Dublin schlägt die Fußballnationalmannschaft der Schweiz die Mannschaft Irlands mit 1:0 Toren.

6. Dezember, Montag

In der britischen Hauptstadt London finden Verhandlungen zwischen den drei westlichen Besatzungsmächten über den Umfang der Demontagen in Deutschland statt. →S. 197

7. Dezember, Dienstag

Ernst Reuter (SPD) wird von der Stadtverordnetenversammlung mit großer Mehrheit zum Oberbürgermeister Berlins gewählt (→5. 12./S. 194).

In Schleswig-Holstein kommt es zu zahlreichen Protestkundgebungen gegen die Sprengung und Demontage deutscher Hafen- und Werftanlagen durch die britische Besatzungsmacht (→6. 12./S. 197).

Fünf Textilfabrikanten und Beamte werden wegen Wirtschaftssabotage von einem Gericht in Glauchau in Sachsen zum Tode verurteilt.

Die US-amerikanische Athletic Union gibt in New York bekannt, daß Deutschland 1949 an den in Lake Placid stattfindenden Weltmeisterschaften im Bobfahren teilnehmen darf.

8. Dezember, Mittwoch

Der ehemalige bayerische Sonderminister und Vorsitzende der WAV, Alfred Loritz, wird wegen seiner Flucht aus dem Gefängnis in München zu drei Monaten Haft verurteilt (→7. 8./S. 136).

Die österreichische Regierung ersucht die vier alliierten Besatzungsmächte um Wiederaufnahme der Verhandlungen über einen Staatsvertrag (→24. 5./S. 77).

Die Islamische Bruderschaft, eine extremistische Moslemorganisation, wird von der ägyptischen Regierung verboten.

In New York wird das Schauspiel »Anna, Königin für tausend Tage« von Maxwell Anderson uraufgeführt.

9. Dezember, Donnerstag

Die Vollversammlung der Vereinten Nationen beschließt in Paris, den »Gruppenmord« als völkerrechtliches Verbrechen zu verurteilen. →S. 191

Ungarns Ministerpräsident Lajos Dinnyes tritt zurück; zu seinem Nachfolger wird am 10. Dezember der Vorsitzende der Kleinlandwirtepartei, István Dobi, ernannt (→26. 12./S. 190).

In der kanadischen Hauptstadt Ottawa unterzeichnen Vertreter der kanadischen Regierung und Neufundlands einen Vertrag über die Eingliederung der Insel in den Staat Kanada.

10. Dezember, Freitag

Der Hauptausschuß des Parlamentarischen Rates in Bonn beendet die erste Lesung des Grundgesetzes für einen künftigen westdeutschen Staat. →S. 194

Das Zweimächtekontrollamt (Bipartite Board) in der deutschen Bizone gibt die Einrichtung eines Ausschusses bekannt, in dem über die Bildung einer Zollunion aller drei westlichen Besatzungszonen beraten werden soll.

In der US-Hauptstadt Washington beginnen die Verhandlungen zwischen den USA, Kanada, Großbritannien, Frankreich und den Benelux-Staaten über die Errichtung eines nordatlantischen Verteidigungsbündnisses (→3. 12./S. 190).

Chinas Präsident Generalissimus Chiang Kai-shek verhängt über alle noch von seiner Regierung kontrollierten Gebiete das Kriegsrecht (→6. 11./S. 182).

In den Vereinigten Staaten wird das offizielle Endergebnis der Präsidentschaftswahlen vom 2. November bekanntgegeben; danach entfielen auf den Wahlsieger Präsident Harry S. Truman von der Demokratischen Partei 49,5% der abgegebenen Stimmen (→2. 11./S. 180).

In Stockholm werden die Nobelpreise für Literatur, Medizin, Physik und Chemie verliehen. →S. 202

In Albanien wird der frühere stellvertretende Ministerpräsident des Landes Koci Xoxe verhaftet. →S. 191

11. Dezember, Sonnabend

In Heppenheim an der Bergstraße wird die Freie Demokratische Partei (FDP) gegründet. →S. 194

Truppen des früheren costarikanischen Präsidenten fallen von Nicaragua aus in den Nachbarstaat Costa Rica ein, nachdem dieser seine Streitkräfte wenige Tage zuvor abgeschafft hat.

Die Vollversammlung der Vereinten Nationen beschließt eine Resolution, in der sie die Rückkehr der aus Palästina geflohenen Araber und die Internationalisierung Jerusalems fordert (→14. 5./S. 72).

Der zur Zeit schnellste Zug Deutschlands, ein Dieseltriebwagen, benötigt für die Strecke Dortmund–Frankfurt am Main eine Fahrzeit von vier Stunden; das entspricht einer Durchschnittsgeschwindigkeit von 100 km/h. →S. 156

12. Dezember, Sonntag

Großbritannien führt die allgemeine Wehrpflicht für Männer im Alter von 19 bis 26 Jahren ein.

Im Wiener Eisstadion unterliegt die Eishockeynationalmannschaft der Tschechoslowakei der Mannschaft Österreichs mit 1:2 Toren.

13. Dezember, Montag

In der Ostzone wird die der SED nahestehende Jugendorganisation Junge Pioniere gegründet.

Der US-amerikanische Präsident, Harry S. Truman, wird von der Mehrheit des Wahlmännerkollegiums, dessen Zusammensetzung in den Präsidentschaftswahlen vom 2. November ermittelt wurde, wiedergewählt (→2. 11./S. 180).

Griechischen Regierungstruppen gelingt es, die von kommunistischen Rebellen am 11. Dezember besetzte Stadt Karditsa im Norden des Landes zurückzuerobern (→19. 6./S. 103).

14. Dezember, Dienstag

In Frankfurt am Main erklärt der US-amerikanische Armeeminister Kenneth C. Royall, Deutschland werde nicht wieder aufgerüstet werden; allerdings sei der Aufbau einer Polizeitruppe zur Aufrechterhaltung der inneren Ordnung zu befürworten (→31. 12./S. 195).

André François-Poncet, ehemaliger Botschafter in Deutschland, wird zum Berater für Deutschlandfragen des Außenministeriums von Frankreich ernannt.

Die US-amerikanische Zeitschrift »Life« zeigt in ihrer Weihnachtsnummer Abbildungen von Giotto di Bondones Fresken zur Geburt Christi

15. Dezember, Mittwoch

Die Besatzungskosten in Nordrhein-Westfalen betragen 41% des gesamten jährlichen Steueraufkommens des Landes; aus diesem Grund verlangt die Landesregierung von der britischen Besatzungsmacht eine drastische Senkung dieser Aufwendungen.

Zwischen dem Saarland und Frankreich wird ein Kulturabkommen geschlossen (→3. 1./S. 18).

16. Dezember, Donnerstag

In Frankfurt am Main halten die drei westlichen Militärgouverneure in Deutschland eine Konferenz über das Besatzungsstatut für den künftigen westdeutschen Staat ab, auf der auch eine Delegation des Parlamentarischen Rates empfangen wird (→10. 12./S. 194).

Die britische Militärregierung in Deutschland ordnet die Fortsetzung der Demontagen deutscher Industrieanlagen in Nordrhein-Westfalen an (→6. 12./S. 197).

Zwei Sendetürme des Ost-Berliner Rundfunks, die in der Nähe des Flughafens Tegel im französischen Sektor von Berlin stehen, werden auf Befehl des französischen Stadtkommandanten gesprengt.

Ernst Nobs wird als Nachfolger von Max Petitpierre für das Jahr 1949 zum Bundespräsidenten der Schweiz gewählt.

Der südostasiatische Staat Kambodscha wird im Rahmen der Französischen Union unabhängig.

17. Dezember, Freitag

Der französische Militärgouverneur in Deutschland, General Pierre Koenig, fordert die Landesregierungen in der französischen Besatzungszone auf, Verbindungsmänner zum bizonalen Wirtschaftsrat mit Sitz in Frankfurt am Main zu ernennen.

Auf Veranlassung der sowjetischen Militärverwaltung wird der Vorstand der Liberaldemokratischen Partei Deutschlands (LDP) in Leipzig zum dritten Mal in diesem Jahre aus seinen Ämtern entlassen (→10. 2./S. 34).

Emil Sandström wird als Nachfolger des am 17. September in Palästina ermordeten Graf Folke Bernadotte zum Präsidenten des Schwedischen Roten Kreuzes ernannt (→17. 9./S. 158).

Die Vollversammlung der Vereinten Nationen lehnt den Antrag des Staates Israel auf Aufnahme in die Weltorganisation ab (→14. 5./S. 72).

In Wilhelmshaven sprengen Spezialeinheiten der britischen Pioniere ein 10 000-t-Trockendock der ehemaligen deutschen Marinewerft (→6. 12./S. 197).

18. Dezember, Sonnabend

Die Regierung der UdSSR stimmt der Wiederaufnahme von Verhandlungen über einen Friedensvertrag mit Österreich zu (→24. 5./S. 77).

Der nationalchinesische Ministerpräsident Sun Fo gibt die Umbildung der Regierung des Landes bekannt.

In Berlin wird Werner Egks Oper »Circe« uraufgeführt.

19. Dezember, Sonntag

Im Hauptausschuß des Parlamentarischen Rates in Bonn kommt es zu schweren Auseinandersetzungen zwischen Vertretern von CDU und SPD; Anlaß ist der Besuch des Vorsitzenden des Rates, Konrad Adenauer, bei den drei westlichen Militärgouverneuren am 16. Dezember (→10. 12./S. 194).

Französische Truppen räumen das Gebiet der Ortschaft Stolpe nördlich von Berlin und übergeben es der sowjetischen Besatzungsmacht.

Niederländische Truppen besetzen die indonesische Hauptstadt Jakarta und verhaften dort den Präsidenten des Landes, Achmed Sukarno. →S. 190

In Albuquerque (USA) wird das Orchesterstück »A Survivor from Warsaw« (Ein Überlebender aus Warschau) mit Sprecher und Männerchor von Arnold Schönberg uraufgeführt (→S. 124).

20. Dezember, Montag

Der Hauptausschuß des Parlamentarischen Rates in Bonn beginnt mit der zweiten Lesung des Entwurfes eines Grundgesetzes für einen künftigen westdeutschen Staat (→10. 12./S. 194).

Das niederländische Parlament lehnt in einem Beschluß die Einstellung der Kampfhandlungen in Indonesien ab (→19. 12./S. 190).

In München schwimmt Hubert Klein aus München einen Europarekord. Er benötigt für die 200 m Brust 2:36,6 min.

21. Dezember, Dienstag

In Berlin treten die drei westlichen Stadtkommandanten zur ersten Sitzung der Alliierten Kommandantur seit dem Auszug der sowjetischen Besatzungsmacht am 14. Juni 1948 zusammen. →S. 197

Der britische Militärgouverneur in Deutschland, General Sir Brian Robertson, wendet sich in einer Erklärung gegen Gerüchte über eine Wiederaufrüstung Deutschlands.

In Warschau endet der Vereinigungsparteitag der Polnischen Arbeiterpartei und der Polnischen Sozialistischen Partei, der am 15. Dezember begonnen hatte.

Der US-amerikanische Tennisverband gibt seine diesjährige Tennisrangliste bekannt. Pancho Gonzales (USA) steht auf dem ersten Platz.

22. Dezember, Mittwoch

Israelische Truppen beginnen eine neue Offensive gegen ägyptische Stellungen und stoßen bis in die Sinai-Wüste vor (→27. 12./S. 191).

Der am 12. November zum Tode verurteilte ehemalige japanische Ministerpräsident Hideki Tojo wird in Tokio hingerichtet (→12. 11./S. 181).

23. Dezember, Donnerstag

Israelische Truppen rücken im Zuge einer großangelegten Offensive gegen ägyptische Einheiten auf die Grenze Ägyptens vor (→27. 12./S. 191).

Die erste sudanesische Nationalversammlung wird in Khartum vom britischen Generalgouverneur, Sir Robert Howe, eröffnet.

In Japan werden Neuwahlen ausgeschrieben, nachdem das Parlament Ministerpräsident Shigeru Yoshida das Vertrauen entzogen hat.

24. Dezember, Freitag

Die jugoslawische Regierung teilt mit, daß die noch 60 000 im Land internierten deutschen Kiegsgefangenen im Laufe des Jahres 1949 entlassen werden sollen (→31. 12./S. 192).

Der Rat der Staaten der Panamerikanischen Union in Washington fordert die Bürgerkriegsparteien in Costa Rica auf, die Kampfhandlungen einzustellen.

Nach Angaben des deutschen Einzelhandels ist das Weihnachtsgeschäft in den drei westlichen Besatzungszonen weit hinter den Erwartungen zurückgeblieben. →S. 205

25. Dezember, 1. Weihnachtstag

Der mit der Schlichtung des Indonesienkonfliktes beauftragte Ausschuß der Vereinten Nationen fordert die Regierung der Niederlande auf, die gefangengenommenen Regierungsmitglieder Indonesiens unverzüglich freizulassen (→19. 12./S. 190).

26. Dezember, 2. Weihnachtstag

Der ungarische Primas der katholischen Kirche, Kardinal József Mindszenty, wird unter dem Vorwurf der Spionage und des Landesverrats verhaftet. →S. 190

27. Dezember, Montag

Aufgrund eines britischen Ultimatums stellen israelische Truppen ihren am 22. Dezember begonnenen Vormarsch auf dem Sinai ein. →S. 191

28. Dezember, Dienstag

Die USA, Großbritannien, Frankreich und die Benelux-Staaten schließen ein Abkommen über die Einrichtung einer internationalen Ruhrbehörde, das u.a. die UdSSR von der Kontrolle der Ruhrindustrie ausschließt. →S. 196

Der Europäische Wirtschaftsrat (OEEC) tritt in Paris zu Beratungen über den zweiten Jahresplan im Rahmen des Marshallplanes zusammen, der am 29. Dezember gebilligt wird (→31. 12./S. 196).

Zum Abschluß des seit dem 19. Dezember in Sofia tagenden Kongresses der bulgarischen kommunistischen Partei wird der Ministerpräsident des Landes, Georgi M. Dimitrow, zum Generalsekretär der Partei gewählt.

Der ägyptische Ministerpräsident Mahmud Fahmi an-Nokraschi Pascha wird von Mitgliedern der verbotenen Islamischen Bruderschaft ermordet.

Der Schweizer Fußball- und Athletikverband verhängt Geldstrafen gegen Sportler und Organisationen, die an Sportwettbewerben in Deutschland teilgenommen und damit den Sportboykott unterlaufen haben (→10. 10./S. 175).

29. Dezember, Mittwoch

Jugoslawiens Ministerpräsident Josip Broz Tito erklärt, daß sein Land einen eigenen Weg zum Kommunismus gehen werde (→26. 6./S. 102).

30. Dezember, Donnerstag

In New York wird Cole Porters Musical »Kiss me Kate« uraufgeführt. →S. 203

31. Dezember, Freitag

Auf dem Berliner Flughafen Tempelhof landet das 100 000. Flugzeug mit Versorgungsgütern für die drei blockierten Westsektoren der Stadt. →S. 198

Bis Jahresende sind alle deutschen Kriegsgefangenen aus dem Gewahrsam der westlichen Siegermächte des Zweiten Weltkrieges entlassen. →S. 192

Die »kasernierten Bereitschaften« der Polizei in der Ostzone haben eine Stärke von rund 7500 Mann erreicht. →S. 195

In den drei westlichen Besatzungszonen tun insgesamt rund 90 000 Polizisten Dienst. →S. 195

Im Rahmen der Marshallplanhilfe hat die deutsche Bizone Warenlieferungen im Gesamtwert von rund 99 Millionen US-Dollar erhalten. →S. 196

Den israelischen Streitkräften ist es gelungen, die ägyptischen Einheiten endgültig aus der Negev-Wüste zu verdrängen (→27. 12./S. 191).

Die letzten sowjetischen Truppen haben Nordkorea verlassen (→9. 9./S. 158).

Der Film »Berliner Ballade« von Robert A. Stemmle wird in Berlin uraufgeführt. →S. 200

Gestorben:

1. Paris: Francis Gruber (*15. 3. 1912, Nancy), französischer Maler.

4. Berlin: Karl Bonhoeffer (*31. 3. 1868, Neresheim), deutscher Psychiater.

Das Wetter im Monat Dezember

Station	Mittlere Lufttemperatur (°C)	Niederschlag (mm)	Sonnenscheindauer (Std.)
Aachen	— (3,1)	— (62)	— (49)
Berlin	1,6 (0,7)	— (41)	— (36)
Bremen	— (2,2)	— (54)	— (33)
München	— (–0,7)	— (44)	— (41)
Wien	–1,5 (0,9)	26 (51)	44 (—)
Zürich	0,3 (0,2)	22 (73)	30 (37)

( ) Langjähriger Mittelwert für diesen Monat
– Wert nicht ermittelt

Bunt gestaltetes Titelbild der Weihnachtsausgabe der »France Illustration«

Kardinal József Mindszenty, der Fürstprimas Ungarns

Mátyás Rákosi, der stellvertretende Ministerpräsident

Die Verhaftung des Kardinals Mindszenty

26. Dezember. In Ungarn wird der Fürstprimas der katholischen Kirche, Kardinal József Mindszenty, unter dem Vorwurf des Landesverrats, der Spionage und des Devisenschmuggels verhaftet.

In einer offiziellen Erklärung beschuldigt das ungarische Innenministerium den 56jährigen Kardinal, seit 1945 zusammen mit katholischen Geistlichen und Angehörigen des entmachteten Adels auf die Wiederherstellung der Monarchie in Ungarn hingearbeitet zu haben. Seine Pläne seien von zahlreichen kirchlichen Würdenträgern im Ausland mit hohen Geldsummen unterstützt worden. Der Vatikan antwortet auf die Anschuldigungen gegen Kardinal Mindszenty mit scharfen Protesten und fordert dessen sofortige Freilassung.

Der Schlag der von Kommunisten geführten Budapester Regierung gegen die katholische Kirche kommt nicht überraschend. Bereits am 28. November hatte der stellvertretende Ministerpräsident Mátyás Rákosi von der Partei der ungarischen Werktätigen (MDP) erklärt, die Politik der Toleranz gegenüber der katholischen Kirche sei vorbei. Mit der Ausschaltung der Kirche will die MDP ein letztes Hindernis auf dem Weg zur ungeteilten Macht im Staat beseitigen.

Seit der Besetzung Ungarns durch die Rote Armee im Jahre 1945 haben die ungarischen Kommunisten ihr Ziel der Alleinherrschaft mit großer Konsequenz verfolgt. Im Dezember 1948 ist es ihnen gelungen, ihren stärksten Rivalen, die Partei der kleinen Landwirte (FKGP), mit der sie seit 1945 eine Koalitionsregierung bilden, gleichzuschalten. Am 9. Dezember mußte Ministerpräsident Lajos Dinnyes von der FKGP auf Druck der MDP zurücktreten. Sein Nachfolger István Dobi (FKGP) schwenkte sogleich auf den Kurs der Kommunisten ein und kündigte unter anderem die Errichtung einer Volksdemokratie in Ungarn an.

Verhandlungen über Nordatlantikvertrag

3. Dezember. In der US-amerikanischen Hauptstadt Washington liegt der Entwurf für ein nordatlantisches Verteidigungsbündnis vor.

Er sieht ein System der kollektiven Selbstverteidigung vor. Nach den Bestimmungen des Vertragsentwurfs wird ein militärischer Angriff auf einen der Bündnisteilnehmer als Angriff auf alle Vertragspartner angesehen. Es bleibt jedoch jedem Bündnispartner vorbehalten, selbst zu entscheiden, ob es sich tatsächlich um eine militärische Aggression handelt. Der Vertragsentwurf ist von Vertretern der Vereinigten Staaten, Kanadas, Großbritanniens, Frankreichs und der Benelux-Staaten ausgearbeitet worden. Weitere Verhandlungen sind geplant und werden voraussichtlich bis zum März 1949 andauern. Es ist beabsichtigt, auch Dänemark, Norwegen, Island, Portugal und Italien in das Bündnis einzubeziehen.

Die Verhandlungen in Washington stehen im Zeichen des sich verschärfenden Kalten Krieges zwischen Ost und West. Bereits am → 17. März (S. 49) hatten Großbritannien, Frankreich und die Benelux-Staaten in Brüssel einen Verteidigungspakt abgeschlossen, der zwar formell gegen Deutschland, in Wirklichkeit jedoch gegen die UdSSR gerichtet ist. In den folgenden Monaten wurde von mehreren europäischen Staaten immer wieder eine Erweiterung des Brüsseler Paktes gefordert. Zugleich wuchs auch in den Vereinigten Staaten das Interesse, die militärische Sicherheit Westeuropas durch ein Verteidigungsbündnis zu garantieren (→ 11. 6./S. 103).

Regierung Indonesiens von Niederländern festgenommen

19. Dezember. Niederländische Luftlandetruppen besetzen in einem Überraschungsangriff die Hauptstadt der indonesischen Republik Jakarta. Präsident Achmed Sukarno und mehrere Regierungsmitglieder werden von Fallschirmjägern festgenommen. Gleichzeitig landen niederländische Truppenverbände in einer Stärke von rund 150 000 Mann an den Küsten der einstigen Kolonie der Niederlande.

Hintergrund der Militäraktion ist das Streben Indonesiens nach vollständiger Unabhängigkeit von der ehemaligen Kolonialmacht. Die Regierung in Den Haag begründet ihr militärisches Eingreifen mit dem Scheitern von Verhandlungen über die Bildung einer indonesischen Union unter niederländischer Kontrolle und mit dem Bruch eines im Januar 1948 zwischen Indonesien und den Niederlanden geschlossenen Waffenstillstandes.

Die niederländische Herrschaft über Indonesien reicht bis in das 17. Jahrhundert zurück, als sich niederländische Kaufleute des einträglichen Gewürzhandels bemächtigten. Mehrere Jahrhunderte lang beuteten niederländische Handelsgesellschaften die indonesischen Inseln aus. Anfang des 20. Jahrhunderts bildete sich eine indonesische Unabhängigkeitsbewegung.

Indonesiens Präsident Achmed Sukarno wird in Jakarta festgenommen

Im Zweiten Weltkrieg wurde Indonesien von japanischen Truppen besetzt. Nach der Kapitulation Japans rief Achmed Sukarno (Indonesische Nationalpartei, PNI) am 17. August 1945 die unabhängige Republik Indonesien aus. Die Niederlande versuchen seither, ihre Herrschaft über Indonesien wiederherzustellen.

Israelische Armee weiter auf dem Vormarsch

27. Dezember. Ein britisches Ultimatum an Israel beendet für dieses Jahr den seit dem → 14. Mai (S. 72) tobenden Krieg in Palästina. Großbritannien, die frühere Mandatsmacht in Palästina, droht den Israelis für den Fall eines weiteren Vordringens ihrer Armee mit dem Eingreifen britischer Einheiten, um die Einhaltung des am 22. Oktober verkündeten Waffenstillstandes zu garantieren.
Diese Waffenruhe wurde von der israelischen Armee am 22. Dezember gebrochen. Die Israelis gingen gegen ägyptische Stellungen in der Wüste Negev vor und dringen bei ihrem Vormarsch bis zum Sinai – über die Grenze zu Ägypten – vor.
Beim vorläufigen Ende des Krieges ist Israel an fast allen Fronten siegreich. Durch die Erfolge seiner Armee (→ 31. 5./S. 75) hat der junge Staat der Juden in Palästina vollendete Tatsachen geschaffen. Das im UNO-Teilungsplan vom November 1947 vorgesehene Territorium hat man in sechs Monaten nicht nur gegen eine erdrückende Übermacht der arabischen Staaten verteidigt, sondern durch Eroberung von Teilen Palästinas, die der arabischen Bevölkerung zugesprochen waren, hat Israel sein Territorium um mehr als 1300 km² erweitert. Aus den dort gelegenen 14 Städten und 313 Dörfern ergießt sich ein Flüchtlingsstrom von Palästinensern in die arabischen Nachbarstaaten (→ 9. 4./S. 63; 19. 7./S. 119). Israel hält außer ganz Galiläa Gebiete des Westjordanlandes (einschließlich der Neustadt von Jerusalem) sowie die Mittelmeerküste mit Ausnahme des Gasastreifens besetzt, der unter ägyptische Verwaltung kommt.

Siegreiche israelische Truppen sammeln in der Negev-Wüste erbeutetes arabisches Kriegsmaterial ein

Die Vertreibung der Palästinenser, die von der israelischen Regierung als legitime Maßnahme im Kampf um die eigene Existenz verteidigt wird, führt in den Beziehungen Israels zu seinen arabischen Nachbarn zu erheblichen Belastungen für die Zukunft. Zunächst steht jedoch der Krieg zwischen Israel und der Arabischen Liga im Mittelpunkt des Interesses der Weltöffentlichkeit. Unterstützt von Waffenlieferungen aus den USA und der Sowjetunion, die im Krieg der Juden gegen Araber eine Möglichkeit sieht, die Vorherrschaft Großbritanniens und Frankreichs im Nahen Osten zu brechen, behauptet sich die zahlenmäßig weit unterlegene israelische Armee in einem erbittert geführten Krieg an drei Fronten. Die entscheidenden Vorteile, die den israelischen Truppen zum Sieg verhelfen, sind Beweglichkeit, Überraschung und Improvisation. Demgegenüber steht die zwar besser ausgerüstete Armee der Arabischen Liga, deren Einsatz jedoch schlecht koordiniert ist: Die Führung der Soldaten – besonders in der Offensive – führt oftmals zu unnötigen Verlusten aufgrund taktischer Fehleinschätzungen und fehlender Geländekenntnis der kommandierenden Offiziere vor Ort.

Kampf um die Macht in Albaniens KP

10. Dezember. Der frühere stellvertretende Ministerpräsident Albaniens, Koci Xoxe, wird unter dem Vorwurf, ein Verbündeter des jugoslawischen Ministerpräsidenten Josip Broz Tito zu sein, verhaftet. In dem Balkanstaat wird damit der Machtkampf zwischen prosowjetischen und projugoslawischen Kräften innerhalb der herrschenden kommunistischen Partei (PKSh) zugunsten der Anhänger der Sowjetunion entschieden.
Er steht vor dem Hintergrund des Bruchs zwischen der UdSSR und Jugoslawien (→ 26. 6./S. 102). Xoxe, der einen projugoslawischen Kurs Albaniens anstrebte, war im September 1948 entmachtet und auf einem Parteikongreß der Kommunisten im November auch aus der PKSh ausgeschlossen worden. Es gelingt seinem schärfsten Rivalen, dem Generalsekretär Enver Hoxha, sich gegen ihn durchzusetzen.

Perón siegt in Argentinien

5. Dezember. Bei den Wahlen zur argentinischen Nationalversammlung erringt die von Staatspräsident Juan Domingo Perón geführte Arbeiterpartei 63,1% der abgegebenen Stimmen. Durch diesen Wahlsieg kann Perón seine Machtstellung in der Politik Argentiniens weiter festigen.
Nachdem im Jahre 1943 das Militär in Argentinien durch einen Staatsstreich die Macht übernommen hatte, wurde Perón zum Vizepräsidenten ernannt. In dieser Funktion gelang es ihm, maßgeblichen Einfluß auf das politische Geschehen des Landes auszuüben. Als ihn 1945 eine Gruppe von Militärs verhaftete, gelang es seiner späteren Frau Eva Duarte (»Evita«), durch Organisation eines Generalstreiks seine frühere Machtstellung zurückzuerobern und ihm schließlich 1946 den Weg zur Präsidentschaft zu ebnen.
Perón strebt ein Sozialprogramm an; der nach ihm benannte »Perónismus« vertritt zugleich jedoch antiparlamentarische Ideen.

Präsident Juan Domingo Perón gewinnt die Wahlen

Juan Peróns Frau Evita genießt große Popularität

Pflanze der Hoffnung: Kommt es zur Verwirklichung der Menschenrechte?

UNO garantiert die Menschenrechte

9. Dezember. In der französischen Hauptstadt Paris verabschiedet die Vollversammlung der Vereinten Nationen mit 48 Stimmen bei acht Enthaltungen die Deklaration der Menschenrechte. Die 30 Artikel umfassende Erklärung nennt als unveräußerliche Rechte eines jeden Menschen unabhängig von seiner Hautfarbe, seines Geschlechtes, seiner Religion oder politischen Überzeugung unter anderem das Recht auf Freiheit und Sicherheit der Person, das Recht auf freie Meinungsäußerung sowie das Recht auf Privateigentum. Familie und Wohnung werden für unverletzlich erklärt.
Am selben Tag nimmt die UNO-Vollversammlung einstimmig die »Konvention zur Verhütung und Bestrafung des Gruppenmordes« an. Als Gruppenmord wird darin die physische Vernichtung von Menschengruppen aufgrund eines ihnen gemeinsamen Merkmals, wie zum Beispiel Rasse oder Religion, bezeichnet. Nach dem Völkermord der Nationalsozialisten an den europäischen Juden erachteten es die Vereinten Nationen für notwendig, den vom Staat angeordneten Massenmord durch internationales Recht unter Strafe zu stellen. Bisher bot das Völkerrecht keine Handhabe, die für diese Untaten verantwortlichen Politiker zur Rechenschaft zu ziehen. Die jetzt verabschiedete Konvention verpflichtet die Staatengemeinschaft zur Verfolgung und Bestrafung von Gruppenmorden.

Weihnachten 1948 – deutsche Kriegsgefangene in der UdSSR

31. Dezember. Aus dem Gewahrsam der westlichen Siegermächte des Zweiten Weltkrieges sind die letzten deutschen Kriegsgefangenen entlassen worden. So kehrten bis Juli dieses Jahres die letzten 390 000 Mann aus britischer Gefangenschaft in ihre Heimat zurück; rund 21 000 folgten bis Dezember aus französischen Lagern.

Bis zum Ende des Jahres 1948 sollten auch aus der UdSSR die letzten deutschen Kriegsgefangenen in ihre Heimat entlassen worden sein. Entsprechende Erklärungen hatte die sowjetische Regierung seit 1947 mehrfach abgegeben. Auch in der Presse der Ostzone wurde im Verlauf dieses Jahres, so zum Beispiel im Mai, der 31. Dezember als Stichtag genannt. Entgegen allen diesen Ankündigungen wird jedoch von deutscher wie auch von westalliierter Seite davon ausgegangen, daß weiterhin rund 200 000 bis 300 000 ehemalige Wehrmachtsangehörige in der UdSSR interniert sind. Einige Schätzungen sprechen sogar von 400 000 bis 500 000 Gefangenen. Hinzu kommt noch eine unbekannte Zahl deportierter Zivilisten, darunter viele Frauen.

Derartige Angaben werden von der Sowjetunion allerdings weder bestätigt noch dementiert. Es heißt lediglich, daß Verurteilte und Kranke nicht entlassen werden. Die Feststellung der genauen Anzahl der in sowjetischer Gefangenschaft befindlichen Deutschen ist kaum möglich. Im Gegensatz zu den Westalliierten war die Sowjetunion der Genfer Konvention über die Behandlung von Kriegsgefangenen aus dem Jahre 1929 nicht beigetreten. Sie sieht sich deshalb auch nicht an deren Bestimmungen gebunden, denen zufolge nach Beendigung eines Krieges alle Gefangenen unverzüglich nach Hause entlassen werden müssen.

Ende 1948 befinden sich außerdem noch schätzungsweise 30 000 deutsche Kriegsgefangene in Polen, rund 30 000 in Jugoslawien und etwa 7000 in der Tschechoslowakei. Die jugoslawische Regierung hatte allerdings am 24. Dezember verlauten lassen, daß sie alle Internierten 1949 nach Deutschland entlassen will. Auch die Tschechoslowakei kündigt für die nahe Zukunft die Entlassung weiterer 3000 Gefangener an.

Er holt sich die erste Zivilkleidung bei einer der CARE-Organisationen

Bange Augenblicke beim Eintreffen eines Heimkehrertransports; Angehörige warten mit Fotos auf Auskünfte über ihre vermißten Familienmitglieder

Entlassene Kriegsgefangene bei der Heimkehrerhilfe des Deutschen Roten Kreuzes: Für viele ist diese Einrichtung die erste Anlaufstelle in der Heimat

Rücktransport in die Heimat mit Flugzeugen der US-Luftwaffe: Kriegsgefangene aus Großbritannien

Ankunft im Durchgangslager in Deutschland; von hier aus kehren die Kriegsgefangenen ins Zivilleben zurück

Auch er ist heimgekehrt: Ein erblindeter britischer Soldat bei der Ankunft in seiner Heimat

müssen noch immer auf ihre Entlassung in die Heimat warten

Bis Kriegsende waren 11 094 000 deutsche Soldaten in Kriegsgefangenschaft geraten. Davon befanden sich am 3. Mai 1945 rund 3 180 000 Angehörige der deutschen Wehrmacht im Gewahrsam der Roten Armee. In den folgenden Jahren kam in der Sowjetunion über eine Million deutscher Kriegsgefangener ums Leben. Im März 1947 sollen in der UdSSR nach offiziellen sowjetischen Angaben noch etwa 890 000 ehemalige Wehrmachtsangehörige gefangengehalten worden sein.
Von den Westalliierten waren bis 1945 rund 7 615 000 deutsche Soldaten gefangengenommen worden; den größten Teil davon brachte man zunächst in Lagern der US-Streitkräfte unter. Bis Juli 1946 hatten die USA alle ihre Gefangenen entlassen; eine große Zahl wurde allerdings an andere Länder, wie zum Beispiel Frankreich, Großbritannien, Belgien und die Niederlande übergeben, wo sie u. a. zu Aufräumungsarbeiten eingesetzt wurden.
Im Juli 1947, befanden sich noch 600 000 Soldaten in französischer, 280 000 in britischer, 10 000 in niederländischer, 40 000 in belgischer und 4000 in luxemburgischer Gefangenschaft. Ferner lebten noch rund 80 000 deutsche Soldaten in britischen Internierungslagern im Nahen Osten. Hinzu kamen außerdem 70 000 Gefangene in Jugoslawien, 30 000 in Polen und 8000 in der ČSR (→ 6. 5./S. 79).

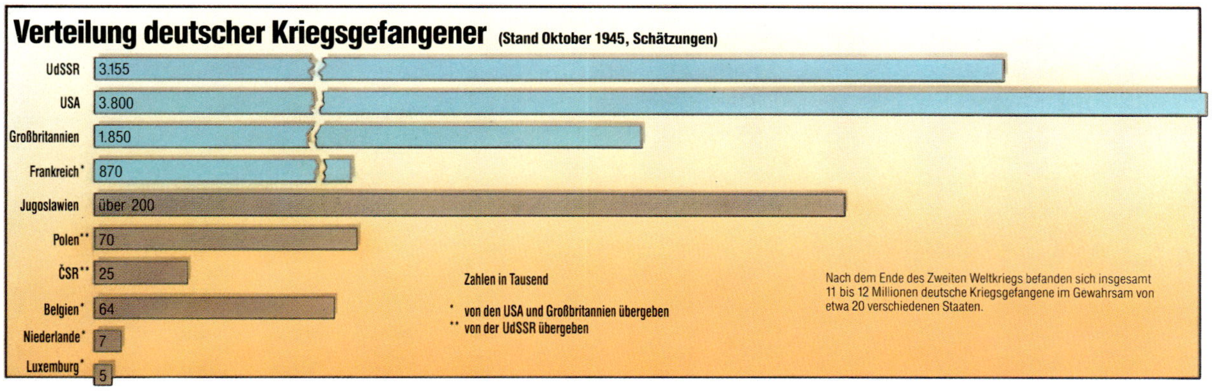

Wohin? Diese Frage stellt sich vielleicht auch für diesen Heimkehrer, der noch seine Wehrmachtsuniform trägt, nach seiner Ankunft in Deutschland

Deutsche Kriegsgefangene des ehemaligen Afrikakorps in einem britischen Lager in Ägypten; sie gehörten zu den letzten Heimkehrertransporten 1948

1943 kam das Ende des deutschen Afrikakorps; viele der kriegsgefangenen deutschen Soldaten mußten hinter Stacheldraht unter sengender Sonne ausharren

Erste Lesung des Grundgesetzes ist beendet

10. Dezember. Der Hauptausschuß des Parlamentarischen Rates in Bonn beendet die erste Lesung des Grundgesetzes für einen künftigen westdeutschen Staat. Unter Leitung des SPD-Politikers Carlo Schmid (→15. 9./S. 151) hatten die 21 Mitglieder dieses Gremiums seit dem 11. November eine Reihe verfassungsrechtlicher Grundfragen geklärt.
So konnten sie sich darauf verständigen, daß der Bundespräsident als künftiges Staatsoberhaupt von den Mitgliedern der beiden Kammern des Parlamentes (Bundestag und Bundesrat) gewählt wird. In diesem Punkt weicht das in Arbeit befindliche Grundgesetz von den Bestimmungen der Verfassung der Weimarer Republik ab. Diese sah die Direktwahl des Reichspräsidenten durch das Volk vor.
Ferner konnte eine Einigung über die Gestaltung der zweiten Kammer des Parlaments erzielt werden. Hierüber hatte es sehr unterschiedliche Auffassungen gegeben (→S. 195). Während die Vertreter der SPD eine Stärkung des Bundes befürworteten, wollte man auf seiten von CDU und CSU vor allem das Gewicht der Länder gesichert sehen.
Schließlich einigte man sich auf das sogenannte Bundesratsprinzip. Danach entsendet jede Landesregierung eine Anzahl von Vertretern in den Bundesrat, die sich jeweils nach der Bevölkerungszahl bemißt. Der Bundesrat wird gegenüber dem Bundestag keine volle Gleichberechtigung erhalten. Einigung konnte außerdem über eine Reihe weiterer strittiger Fragen erzielt werden. Das künftige Grundgesetz legt unter anderem fest, daß kein Deutscher gegen sein Gewissen zum Kriegsdienst gezwungen werden darf. Zur Abwehr von Gefahren für den Bestand des Bundes und seiner demokratischen Grundordnung erhält die Bundesregierung das Recht, Notverordnungen zu erlassen.
Zum Abschluß seiner Beratungen billigt der Hauptausschuß außerdem eine zehn Punkte umfassende Erklärung zum Besatzungsstatut, das nach Verabschiedung des Grundgesetzes verkündet werden soll (→1. 7./S. 114).

Max Reimann (r.), kommunistischer Abgeordneter des Parlamentarischen Rates in Bonn; im Hintergrund stehend der Präsident des Rates, Konrad Adenauer

Wahlsieg der SPD im Westteil von Berlin

5. Dezember. In den drei Westsektoren Berlins wird eine neue Stadtverordnetenversammlung gewählt. Mit 64,5% der abgegebenen Stimmen erreicht die SPD die absolute Mehrheit. Für die CDU und die Liberal-Demokratische Partei Deutschlands (LDP) entscheiden sich 19,4% bzw. 16,1% der Wähler. Die Wahlbeteiligung liegt bei 86,3%; das sind 6% weniger als bei den Wahlen vom 20. Oktober 1946. Damals hatte die SPD mit 48,7% der Stimmen die absolute Mehrheit knapp verfehlt.
Die Wahlen waren am → 6. September 1948 (S. 152) von der Stadtverordnetenversammlung beschlossen worden. Sie hatte damals in den britischen Sektor verlegt werden müssen, nachdem Demonstranten das im Ostteil der Stadt gelegene Neue Stadthaus gestürmt hatten. Diese forderten die Einführung der Ostmark in ganz Berlin und wurden dabei sowohl von der SED als auch von der sowjetischen Besatzungsmacht unterstützt.
Die SED beteiligte sich nicht am Umzug der Stadtverordneten in den Westteil Berlins. Statt dessen forcierte sie in den folgenden Monaten die Bildung einer separaten Stadtverordnetenversammlung für den sowjetischen Sektor. Diese konstituierte sich dann am 30. November, erklärte den Magistrat für abgesetzt und wählte Friedrich Ebert (SED), den Sohn des früheren Reichspräsidenten, zum Oberbürgermeister.
Mit der Konstituierung eines Magistrats im Ostteil Berlins und den Wahlen vom 5. Dezember in den Westsektoren ist die politisch-administrative Spaltung der Stadt vollzogen. Beide Stadtverwaltungen nehmen jedoch für sich in Anspruch, die einzig legitime Vertretung Groß-Berlins zu sein.
Am 7. Dezember wählt die Stadtverordnetenversammlung in den Westsektoren Ernst Reuter (SPD) zum Oberbürgermeister. Die Wahl erfolgt noch vor der Konstituierung des neuen Magistrats, weil in Anbetracht der Blockade ein handlungsfähiger Magistrat benötigt wird.

Gratulation nach der Wahl, Louise Schroeder (r.) und Ernst Reuter

Theodor Heuss, Gründungsmitglied und erster Vorsitzender der FDP

Freie Demokratische Partei gegründet

11. Dezember. Im hessischen Heppenheim an der Bergstraße kommen führende Vertreter verschiedener liberaler Parteien aus den drei westlichen Besatzungszonen Deutschlands und aus Berlin zusammen. Nach zweitägigen Beratungen beschließen sie die Zusammenlegung ihrer Parteien zur Freien Demokratischen Partei (FDP).
Zum Vorsitzenden wählen die Delegierten Theodor Heuss und zu dessen Stellvertreter Franz Blücher. Beide Politiker sind gegenwärtig als Mitglieder des Parlamentarischen Rates in Bonn (→1. 9./S. 150) an der Ausarbeitung eines Grundgesetzes für einen westdeutschen Staat beteiligt. Mit der Gründung der FDP fällt zugleich der Beschluß, sich formell von der Liberal-Demokratischen Partei Deutschlands (LDP) zu trennen.

Franz Blücher

In der FDP sind sowohl linksliberale als auch nationalliberale Strömungen vertreten. In ihren programmatischen Aussagen betont die FDP außerdem ihre antiklerikale Haltung. Sie wendet sich außerdem gegen die von der SPD vertretenen politischen Ideen und unterstreicht die persönlichen Freiheitsrechte eines jeden Menschen.

Polizei wird in der Ostzone kaserniert

31. Dezember. Der Aufbau kasernierter Polizeieinheiten schreitet in der Ostzone weiter voran.

Bis Jahresende wurden rund 7500 Mann in die »kasernierten Bereitschaften« eingestellt. Bei dieser paramilitärischen Polizeitruppe handelt es sich vorerst um Kadereinheiten, die für den Einsatz bei inneren Unruhen in der sowjetischen Besatzungszone ausgebildet werden. Ihre Aufstellung geht auf einen Befehl der sowjetischen Besatzungsmacht vom 3. Juli 1948 zurück. Die »kasernierten Bereitschaften« setzen sich aus Grenzpolizisten und ehemaligen Wehrmachtsangehörigen zusammen, die bereits in sowjetischer Kriegsgefangenschaft auf ihren Dienst in der Ostzone vorbereitet wurden. Ihre Ausrüstung und Bewaffnung erhalten sie aus Beständen der früheren deutschen Wehrmacht. Die Ausbildung steht unter strenger Aufsicht sowjetischer Berater, die in sämtlichen Einheiten der »Bereitschaften« tätig sind.

Während die Volkspolizei den Länderregierungen untersteht, sind die Transportpolizei (rund 8000 Mann), die Grenzpolizei (etwa 10 000 Mann) und die »kasernierten Bereitschaften« der deutschen Verwaltung des Innern unterstellt.

90 000 Polizisten in den Westzonen

31. Dezember. Während sich in der Ostzone zentralisierte Polizeieinheiten im Aufbau befinden, bleibt die Polizei in den drei Westzonen Deutschlands dezentralisiert.

Bei Jahresende sind dort rund 90 000 Polizisten tätig. Davon stehen etwa 21 000 im Dienst der Länder, 16 500 in Gemeindediensten und rund 36 000 im Dienst der Bezirkspolizeiverwaltungen. Hinzu kommen noch etwas über 1000 Wasserschutzpolizisten sowie in Hessen und Bayern rund 2700 Grenzpolizisten. Schließlich gibt es in den Westzonen noch rund 12 500 Bahnpolizisten.

Die Bewaffnung der Polizei ist sehr unterschiedlich. So verfügt in der US-Zone jeder Polizist über eine Waffe. In der britischen und französischen Besatzungszone hingegen wurden bisher nur an jeden zweiten und fünften Polizisten eine Pistole bzw. ein Karabiner ausgegeben.

Zur Debatte: Deutsche Verfassungsentwürfe

Im Parlamentarischen Rat, der seit dem → 1. September (S. 150) in Bonn tagt, stehen verschiedene Entwürfe für das Grundgesetz eines westdeutschen Staates zur Debatte. Sie sind in einer Vorlage zusammengefaßt, die ein Sachverständigenausschuß (Verfassungskonvent) im oberbayerischen Herrenchiemsee unter Vorsitz von Anton Pfeiffer ausgearbeitet hat (→ 10. 8./S. 136). Diese enthält mehrere Gutachten, in denen die verschiedenen Ansichten der Ausschußmitglieder festgehalten sind.

Anton Pfeiffer

Eine weitere Diskussionsgrundlage sind die Ellwanger »Grundsätze für eine Deutsche Bundesverfassung«, die ein Freundeskreis von CDU und CSU am 13. April 1948 beschlossen hatte. Von der SPD liegen zwei Entwürfe vor, die aus der Feder des nordrhein-westfälischen Innenministers Walter Menzel stammen.

Schließlich ist auch die Verfassung der Weimarer Republik für die Mitglieder des Parlamentarischen Rates von Bedeutung, obwohl viele ihrer Artikel heute als unzulänglich angesehen werden.

Zur Zeit wird jedoch nicht nur in den drei westlichen Besatzungszonen, sondern auch in der Ostzone unter der Leitung von Otto Grotewohl über den Entwurf für die Verfassung einer »Deutschen Demokratischen Republik« debattiert (→ 3. 8./S. 136).

Sämtliche Entwürfe weisen in einer Reihe von Punkten Übereinstimmungen auf:

- ▷ Es ist beabsichtigt, die Verfassung bzw. das Grundgesetz im Namen aller Deutschen sprechen zu lassen
- ▷ Die gesetzgeberischen Zuständigkeiten der Regierung sind durch die Verfassung genau festgelegt
- ▷ Die künftige Regierung soll aus freien und geheimen Wahlen hervorgehen
- ▷ Es ist ein konstruktives Mißtrauensvotum vorgesehen, das einen Sturz der Regierung zuläßt, wenn vom Parlament zugleich eine neue Regierung eingesetzt wird
- ▷ Die Länder sollen an der Gesetzgebung des Bundes mitwirken, jedoch ist die Gesetzgebung des Bundes nicht von der Zustimmung eines jeden Landes abhängig

In einer Reihe von anderen Fragen weisen die Verfassungs- beziehungsweise Grundgesetzentwürfe Unterschiede auf. Hinsichtlich der Ausgestaltung des Föderalismus sprechen die Entwürfe des Deutschen Volksrates und Walter Menzels lediglich vom »dezentralisierten Staat«. Nach der Auffassung Menzels soll sich das Parlament über den Einspruch des Länderrates mit einfacher Mehrheit hinwegsetzen können. Dagegen sind die Vorstellungen des Verfassungskonvents von Herrenchiemsee und des Ellwanger Kreises föderalistischer orientiert: Der Einspruch (Veto) der Ländervertretung kann nur durch wiederholte Beschlußfassung des Parlaments überstimmt werden.

Walter Menzel

Auch über die Möglichkeiten einer Verfassungsänderung bestehen unterschiedliche Auffassungen. Während nach der Ansicht von Menzel die einfache Mehrheit des Parlamentes hierzu genügen soll, verlangt der Volksrat die Zweidrittelmehrheit. In Herrenchiemsee gelangte man zu der Ansicht, daß zusätzlich auch die Zustimmung von zwei Dritteln der Ländervertreter erforderlich ist.

Zur Überwachung der Verfassungsmäßigkeit von Gesetzen ist man sowohl in der Ostzone als auch in den Westzonen der Auffassung, daß es allgemeinen Gerichten künftig nicht mehr gestattet sein soll, Gesetze des Bundes für verfassungswidrig zu erklären. Die alleinige Kompetenz, hierüber zu entscheiden, soll einem »Bundesverfassungsgericht« (Herrenchiemsee sowie Ellwanger Kreis) oder einem »Verfassungsausschuß« (Deutscher Volksrat) übertragen werden. Während in allen Entwürfen die Einrichtung einer Ländervertretung als zweiter Kammer des Parlaments vorgesehen ist, gehen die Vorstellungen über deren Gestaltung auseinander:

Otto Grotewohl

- ▷ Eines der Gutachten des Verfassungskonvents von Herrenchiemsee empfiehlt die Einrichtung eines »Senates« aus Mitgliedern, die von den Landtagen gewählt werden und bei ihrer Arbeit an keine Instruktionen gebunden sind
- ▷ Demgegenüber wird sowohl im Ellwanger Entwurf als auch vom Volksrat der Ostzone die Auffassung vertreten, daß die Ländervertreter an die Weisungen der Landtage gebunden sein sollen

Als Lehre aus den Fehlern der Weimarer Verfassung besteht Einigkeit darüber, daß das künftige deutsche Staatsoberhaupt nicht mehr das Recht erhalten soll, das Parlament aufzulösen. Es ist außerdem beabsichtigt, die Wahl nicht mehr direkt vom Volk vornehmen zu lassen.

In starker Abweichung von den westdeutschen Verfassungsentwürfen, die eine freie Regierungsbildung vorsehen, soll sich nach den Vorstellungen des Volksrates der Ostzone die Regierung aus Mitgliedern von allen in das Parlament gewählten Parteien zusammensetzen. Außerdem können sich neben den Parteien auch Vertreter von Gewerkschaften und Massenorganisationen um Sitze in der Volksvertretung bewerben.

Als eine weitere Lehre aus der Vergangenheit spielt die verfassungsmäßige Sicherung der individuellen Freiheitsrechte eine besondere Rolle. Nach den Vorstellungen des Herrenchiemseer Verfassungskonvents soll der Staat für den Menschen, nicht der Mensch für den Staat dasein.

Marshallplanhilfe 1948: Eine erste Bilanz

Wiener Ausstellung von Plakaten – Werbung für den Marshallplan

Der Marshallplan der Vereinigten Staaten hilft beim Wiederaufbau

31. Dezember. Waren im Gesamtwert von rund 99 Millionen US-Dollar sind bis Jahresende im Rahmen der Marshallplanhilfe an die deutsche Bizone geliefert worden. Dies entspricht jedoch lediglich rund 28% dessen, was an Hilfe von der US-amerikanischen Regierung bis Mitte 1949 zugesagt war.

Bis Juni 1949 sollen die deutsche Bizone und die französische Besatzungszone Waren im Wert von insgesamt 414 bzw. 100 Millionen US-Dollar erhalten. Diese Bilanz wird von Fachleuten des bizonalen Verwaltungsrates in Frankfurt am Main mit Enttäuschung aufgenommen.

Als im April 1948 das europäische Hilfsprogramm der Vereinigten Staaten (ERP) in den USA seine parlamentarischen Hürden genommen hatte und mit Gründung der Organisation für europäische wirtschaftliche Zusammenarbeit (OEEC) der organisatorische Rahmen für die Verteilung der Hilfslieferungen geschaffen war, hatte man sich vor allem in den drei westlichen Besatzungszonen Deutschlands Impulse für den Wiederaufbau der Wirtschaft erhofft (→16. 4./S. 59).

Bis 1952, so die Zielvorgabe des Marshallplans, soll die Unabhängigkeit der Volkswirtschaften der 16 an dem Hilfsprogramm beteiligten westeuropäischen Staaten von ausländischer Unterstützung erreicht sein. Das wirtschaftliche Gefüge Europas, das durch den Zweiten Weltkrieg in erheblichem Maße durcheinandergeraten ist, soll mit Hilfe des ERP wieder geordnet werden. Nutznießer werden dabei sowohl die europäischen Teilnehmerstaaten als auch die USA sein: Für die US-amerikanische Exportwirtschaft erschließen sich in einem im Wohlstand lebenden Europa weit mehr Absatzmärkte, als dies zum gegenwärtigen Zeitpunkt der Fall ist.

Im ersten Marshallplan-Jahr, dessen Laufzeit im Juni 1948 begann und im Juni 1949 enden wird, ist ein Ziel vordringlich: Die Volkswirtschaften Europas müssen den Tiefstand ihrer Produktion überwinden. Dies ist um so nötiger, als trotz der Kriegsereignisse die Gesamtbevölkerung Westeuropas im Jahre 1948 um 10% über dem Stand des Jahres 1939 liegt. Die Verteilung der für die Produktionssteigerung zur Verfügung gestellten Mittel wurde ohne vorherige eingehende Wirtschaftsanalyse vorgenommen. Es genügte ein kurzfristiges Programm zur Anmeldung des jeweiligen Bedarfs und die Angabe der Produktionsziele.

Als nächste Aufgabe steht die Förderung der Produktionsgüterindustrie im Vordergrund. Daran schließt sich eine Neuordnung der Zahlungsbilanzverhältnisse an. Die europäischen Staaten müssen wieder in die Lage versetzt werden, ihren Importbedarf durch Exporte zu begleichen. Ein Großteil ihrer Exportmärkte in Übersee ist ihnen im Zweiten Weltkrieg verlorengegangen.

Trotz des gewaltigen Volumens des europäischen Wiederaufbauprogramms – im ersten Jahr stehen insgesamt 4,875 Milliarden US-Dollar zur Verfügung – machen sich die Auswirkungen vorerst nur zögernd bemerkbar. Der Umstand, daß die drei westlichen Besatzungszonen erst im November Lieferungen erhalten, löst vor allem in Kreisen von Wirtschafts- und Finanzfachleuten Besorgnis aus. Man hatte sich nämlich erhofft, durch ERP-Lieferungen die Währungsreform (→19. 6./S. 93) absichern zu können. Der zögernde Anlauf der Marshallplanlieferungen trägt somit auch dazu bei, daß der Erfolg Währungsreform weiterhin ungewiß bleibt.

Zum Wiederaufbau der Wirtschaft im Westteil Deutschlands hat das europäische Wiederaufbauprogramm im Jahre 1948 kaum beigetragen. Die Überwindung des Tiefstandes der industriellen Produktion in Deutschland im Jahre 1947 wurde im wesentlichen aus eigener Kraft erreicht. Beigetragen haben dazu unter anderem verbesserte Rahmenbedingungen, Exporterleichterungen und die Zusammenfassung vorhandener Ressourcen. Hinzu kommen andere Hilfslieferungen der Vereinigten Staaten, wie zum Beispiel das GARIOA-Programm (GARIOA = Government Appropriation Relief for Import in Occupied Areas), das bereits unmittelbar nach Kriegsende eingeleitet wurde und den besetzten Ländern Deutschland, Österreich und Japan zugute kommt.

Internationale Kontrolle über die Ruhrindustrie vereinbart

28. Dezember. Die Teilnehmerstaaten der am 11. November eröffneten Londoner Sechsmächtekonferenz, Großbritannien, die USA, Frankreich, Belgien, die Niederlande und Luxemburg, veröffentlichen ein Abkommen über die internationale Kontrolle des Ruhrgebiets.

Als Ziel wird in diesem Ruhrstatut genannt, daß die Industrie dieser Region nicht mehr für militärische Ziele genutzt werden kann. Das Statut sieht die Einrichtung einer internationalen Behörde zur Überwachung der gesamten Kohle- und Stahlproduktion an Rhein und Ruhr vor. Ihr sollen Vertreter der sechs Unterzeichnerstaaten und Deutschlands (vorläufig repräsentiert durch die Besatzungsmächte) angehören.

Die Zukunft des Ruhrgebiets, das mit seiner Kohle- und Stahlindustrie nach wie vor das industrielle Zentrum Europas ist, war in den Verhandlungen der vier alliierten Siegermächte des Zweiten Weltkrieges einer der wichtigsten Streitpunkte. Schon 1946 prallten die unterschiedlichen Interessen hart aufeinander. Während die UdSSR ein Mitspracherecht in der Ruhrfrage verlangte, forderte Frankreich die Lostrennung des in der britischen Besatzungszone gelegenen Industriereviers von Deutschland.

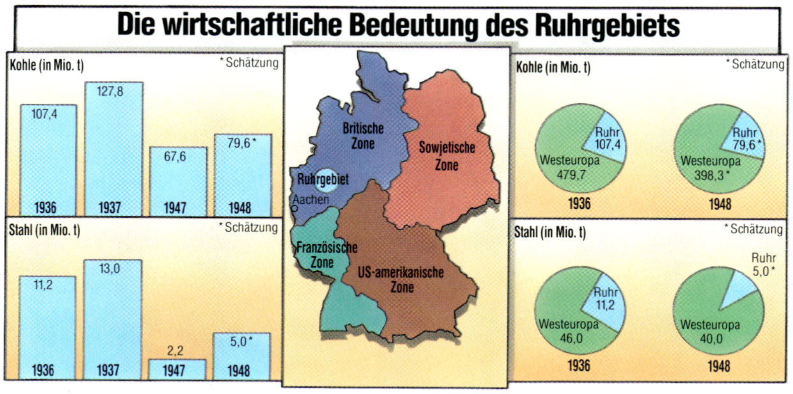

Nachdem 1946 und 1947 zwei Außenministerkonferenzen der Alliierten über eine gemeinsame Deutschlandpolitik gescheitert waren, bestand auf seiten der Westmächte keine Bereitschaft mehr zur Beteiligung der UdSSR an der Kontrolle des Ruhrgebiets. Für die USA und Großbritannien war es seither vordringlich, Frankreich, das aus sicherheitspolitischen Gründen an einer weitgehenden Kontrolle über das deutsche Industriepotential interessiert war, von seiner starren Position abzubringen.

Ein oftmals gespenstischer Anblick: Eine leergeräumte Fabrikhalle nach der Demontage des Maschinenparks

Verhandlungen über Demontageprogramm

6. Dezember. In Anwesenheit des US-amerikanischen Administrators für den Marshallplan, Paul G. Hoffman, finden in London Besprechungen der Westalliierten über die Demontage in Deutschland statt.

Bei den Unterredungen geht es im wesentlichen darum, zwischen den Vereinigten Staaten auf der einen Seite und Frankreich und Großbritannien andererseits eine Einigung darüber zu erzielen, wie viele Industrieanlagen in den drei westlichen Besatzungszonen Deutschlands künftig noch demontiert werden sollen. Zum gegenwärtigen Zeitpunkt sind hierfür insgesamt noch 682 Betriebe vorgesehen.

Ein Sonderausschuß der Verwaltung des europäischen Wiederaufbauprogramms schlägt demgegenüber vor, 50 bis 100 dieser Betriebe an ihren Standorten zu belassen. Von seiten Frankreichs und Großbritanniens wird größeren Einschränkungen des bisher vereinbarten Demontageprogramms widersprochen. Auf französischer Seite fürchtet man sich vor dem Wiederentstehen einer deutschen Rüstungsindustrie. Von Großbritannien kommt der Einwand, daß man angesichts eines für das Jahr 1953 erwarteten deutschen Exportbooms mit Nachteilen für die eigene Volkswirtschaft rechnen müsse.

Werftarbeiter in Kiel protestieren gegen die Demontage ihrer Betriebe

Trotz alliierten Verbots erscheinen vielerorts solche Protestbroschüren

Überall in der Ostzone hat die sowjetische Besatzungsmacht das zweite Gleis demontieren lassen; der Eisenbahnverkehr ist dadurch stark beeinträchtigt

Kommandantur in Berlin wieder tätig

21. Dezember. In Berlin kommen die drei westlichen Stadtkommandanten zur ersten Sitzung in der Alliierten Kommandantur der Stadt seit dem 16. Juni 1948 zusammen. Damals hatte der stellvertretende sowjetische Stadtkommandant, Gardeoberst Iwan Jelisarow, die Sitzung der vier Stadtkommandanten verlassen. Nachdem die Vertreter der UdSSR am → 20. März (S. 46) aus dem Alliierten Kontrollrat Deutschlands ausgezogen waren, endete im Juni faktisch auch die Viermächteverwaltung der früheren Reichshauptstadt Berlin.

Anäßlich ihres Zusammentretens am 21. Dezember 1948 wird von seiten der westlichen Stadtkommandanten betont, daß man nicht beabsichtige, für den Westteil Berlins eine Besatzungsverwaltung auf Dreimächtebasis zu errichten.

Erstes Gesetz über den Lastenausgleich

1. Dezember. Der bizonale Wirtschaftsrat in Frankfurt am Main verabschiedet mit 76 gegen 17 Stimmen das erste Gesetz zum Ausgleich von Kriegs- und Kriegsfolgeschäden.

Vorgesehen ist die Zahlung eines monatlichen Unterhaltszuschusses an Kriegsopfer in Höhe von 70 DM. Empfangsberechtigt sind Kriegsbeschädigte, Männer, die über 65 und Frauen, die über 60 Jahre alt oder dauernd erwerbsunfähig sind. Hinzu kommen alleinstehende Frauen mit mehr als drei Kindern sowie Vollwaisen. Man rechnet mit rund drei Millionen Menschen, die im Rahmen dieses Lastenausgleichsgesetzes unterstützt werden.

Das Gesamtvolumen des Lastenausgleichfonds beträgt etwa drei Milliarden DM. Diese Summe wird in der Hauptsache durch eine allgemeine Vermögensabgabe von 3% finanziert. Kleinere Vermögen bis zu einer Höhe von 15 000 DM werden, ausgenommen Betriebsvermögen, mit 2% belastet.

In den Verhandlungen über das Lastenausgleichsgesetz ist besonders hart um die Ausnahmen von der Abgabepflicht gerungen worden. Auf Antrag der SPD-Fraktion wurden die Vermögen von Gewerkschaften und gemeinnützigen Wohnungsbaugesellschaften ausgenommen.

Luftbrücke sichert Versorgung Berlins

31. Dezember. Auf dem Berliner Flughafen Tempelhof landet die 100 000. Maschine mit Versorgungsgütern für die blockierten drei Westsektoren der Stadt. Britische und US-amerikanische Flugzeuge haben in den 180 Tagen seit der Sperrung der Land- und Wasserverbindungen zwischen Berlin und den westlichen Besatzungszonen durch die sowjetische Besatzungsmacht am →24. Juni (S. 97) insgesamt 700 172,7 t Güter in die Stadt eingeflogen. Dies entspricht einer durchschnittlichen Tagesleistung von 552 Flügen und 3805 t Fracht. Allein im Dezember wurden 105 000 t auf dem Luftwege in die Stadt transportiert.

Von Beginn der Luftbrücke an waren die täglichen Transportleistungen ständig gesteigert worden. Bereits am 7. Juli wurde die Marke von 1000 t überschritten; Mitte August konnten über 4700 t, einen Monat später schon knapp 7000 t pro Tag eingeflogen werden.

Die Luftbrücke ist inzwischen generalstabsmäßig organisiert. Insgesamt stehen über 400 Flugzeuge zur Verfügung. Neben dem Einsatz zweimotoriger Maschinen des Typs C-47 (»Dakota«) und viermotoriger Transporter des Typs C-54 (»Skymaster«) plant die US-Luftwaffe auch den Einsatz von 23 Maschinen vom Typ C-97 (»Globemaster«), die über 20 t Fracht befördern können. Eine erhebliche Entlastung der beiden Berliner Flughäfen Tempelhof und Gatow konnte durch den neuen Flugplatz Tegel erreicht werden. Er wurde nach sechsmonatiger Bauzeit am 1. Dezember offiziell eröffnet.

Im Laufe des Herbstes 1948 ist es gelungen, die Berliner Bevölkerung zumindest mit dem Allernotwendigsten zu versorgen. Dennoch hat die Blockade vor allem für die Wirtschaft der Stadt schlimme Folgen. So stieg die Zahl der Arbeitslosen von rund 47 000 im Juni auf 113 000 im Dezember. Von 62 500 Betrieben gingen 10 480 zu Kurzarbeit über, 5712 mußten bis Jahresende ihre Produktion ganz einstellen.

Ein Ende der Blockade ist vorläufig noch nicht abzusehen. Alle Proteste der Westmächte blieben erfolglos. Eine weitere Verschärfung des Konfliktes um Berlin konnte allerdings durch die Verlegung von US-amerikanischen Atombombern verhindert werden.

Anflug auf Berlin: Die Avus-Nordkurve und der Funkturm von der Kanzel eines Luftbrückenflugzeuges aus fotografiert

Markierungsarbeiten an der Sektorengrenze am Potsdamer Platz; eine interessierte Menschenmenge schaut zu

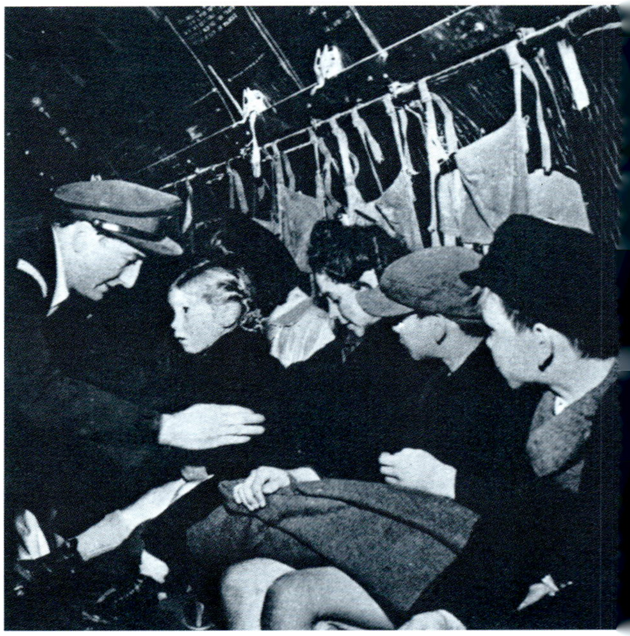

»Displaced Persons« – Verschleppte aus der Zeit des Zweiten Weltkrieges werden aus dem blockierten Berlin evakuiert

Schichtdienst beim Friseur: Manchmal gibt es im Westteil Berlins nur des Nachts für wenige Stunden Strom; Grund für diese Öffnungszeiten

Frauen beim Verlegen von Feldbahngleisen; Aufnahme vom Bau des Flughafens Tegel im französischen Sektor Berlins, des dritten Flughafens in der blockierten Stadt

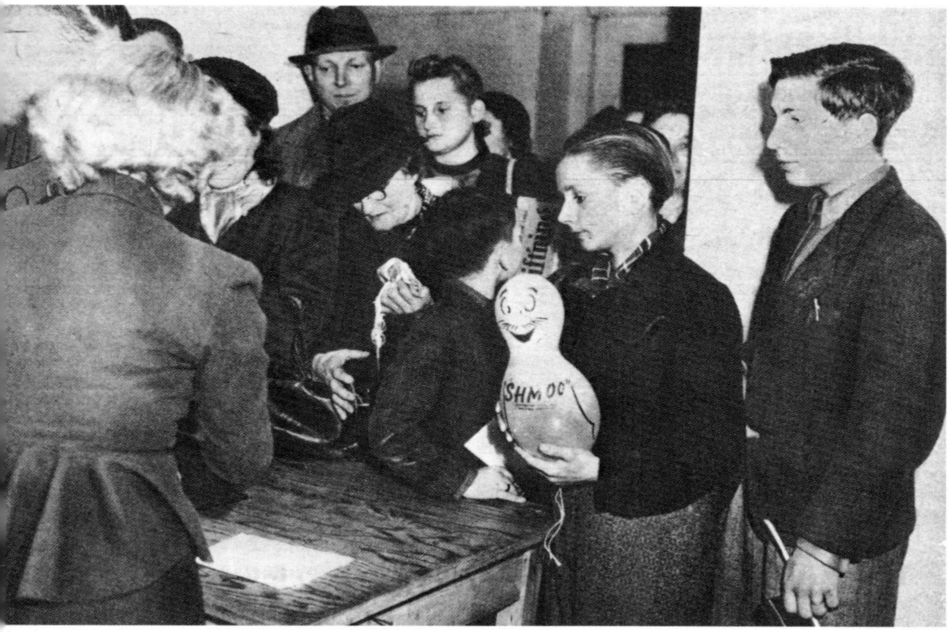

»Shmoo«-Tiere, die von Piloten abgeworfen werden mit Gutscheinen für CARE-Pakete

Vor ihrer Evakuierung verkaufen »Displaced Persons« ihre Habe

Blumensträuße für die Piloten, ein Dank der Berliner für deren unermüdlichen Einsatz bei der Luftbrücke

Man hat gelernt, mit den Stromsperren zu leben: Der Feierabend wird in Berlin bei Kerzenlicht verbracht

Findige Berliner Jugend: Während der Stromsperren bietet sie Transportdienste gegen Bezahlung an

Die ersten Studenten der Freien Universität Berlin, die im Stadtteil Dahlem ihr provisorisches Quartier bezieht; die Freie Universität versteht sich als Gegengründung zu der bisherigen Wilhelm-von-Humboldt-Universität im Ostteil Berlins

Gründung der Freien Universität in Berlin

4. Dezember. Im Berliner Titania-Palast findet die Eröffnungsfeier der Freien Universität statt. Die neue Hochschule ist eine Gegengründung zu der im sowjetischen Sektor Berlins gelegenen Wilhelm-von-Humboldt-Universität, der früheren Friedrich-Wilhelm-Universität. Sie war in den vergangenen Monaten unter zunehmenden politischen Druck der Sozialistischen Einheitspartei Deutschlands (SED) geraten. An der Entstehung der Freien Universität sind zahlreiche ehemalige Studenten und Professoren der Humboldt-Universität beteiligt, die sich den politischen Repressionen der SED nicht beugen wollten.

Die Rede des erkrankten ersten Rektors der Freien Universität, des 86jährigen Historikers Friedrich Meinecke, wird durch Rundfunk von dessen Krankenbett aus übertragen. Mit leidenschaftlichen Worten tritt Meinecke für die Freiheit der Wissenschaften von staatlicher Bevormundung ein.

Die alte Berliner Universität Unter den Linden war im Januar 1946 auf Befehl der sowjetischen Militäradministration (SMAD) wiedereröffnet worden. Doch schon bald begannen SMAD und SED damit, Forschung und Lehre ihrer Kontrolle zu unterwerfen. Im März 1947 wurden die ersten politisch mißliebigen Studenten, zumeist Mitglieder von SPD und CDU, verhaftet. Mehreren Studenten, die gegen die politische Unterdrückung protestierten, entzog man die Studienerlaubnis. Im April 1948 spitzte sich die Lage weiter zu. Auf Protestaktionen der Studenten gegen die Entlassung mehrerer ihrer Kommilitonen antwortete die SED mit massiven Drohungen. Daraufhin bildete der US-amerikanische Militärgouverneur in Deutschland, General Lucius D. Clay, eine Arbeitsgruppe zur Gründung einer Universität in den Westsektoren. Bereits am 15. November 1948 nahm die Freie Universität im Stadtteil Dahlem ihren Lehrbetrieb auf.

Rat der EKD wählt neuen Vorsitzenden

3. Dezember. Der Rat der Evangelischen Kirche Deutschlands (EKD) wählt Pfarrer Martin Niemöller zu seinem Vorsitzenden. Niemöller ist einer der bekanntesten, zugleich aber auch umstrittensten Kirchenführer in Deutschland. Während der Zeit des Nationalsozialismus stand er in scharfer Opposition zum Regime Adolf Hitlers und war deshalb von 1938 bis 1945 im Konzentrationslager inhaftiert. 1945 war er maßgeblich an der Entstehung des »Stuttgarter Schuldbekenntnisses« beteiligt, in dem die Evangelische Kirche ihr teilweises Versagen während der nationalsozialistischen Herrschaft eingestand.

Martin Niemöller, Vorsitzender des Rates der Evangelischen Kirche Deutschlands (EKD), war 1945 Mitunterzeichner des »Stuttgarter Schuldbekenntnisses«

Normalverbraucher wird zum Filmstar

31. Dezember. In Berlin findet die Uraufführung des deutschen Spielfilms »Berliner Ballade« statt. Regie führte Robert A. Stemmle, der dem deutschen Publikum unter anderem durch Streifen wie »Quax, der Bruchpilot« aus dem Jahre 1941 und »Reifende Jugend« (1933) bekannt wurde. Das Drehbuch für die »Berliner Ballade« schrieb der bekannte Kabarettist Günter Neumann nach einem erfolgreichen Programm des Berliner Kabaretts »Ulenspiegel«. Komponist der Filmmusik ist Werner Eisbrenner.

Hauptperson des Films ist der Heimkehrer Otto Normalverbraucher, gespielt von Gert Fröbe. In lose aneinander gefügten Episoden werden die Nachkriegsverhältnisse in Deutschland oft bissig karikiert. Auch die Politik der alliierten Siegermächte wird dabei zur Zielscheibe des Spottes. Doch im Mittelpunkt der Kritik steht die deutsche Bürokratie – hier dargestellt als ein aufgeblähter, bornierter, sturer und unfähiger Apparat, in dessen Mühlen Otto Normalverbraucher gerät.

Erstaufführung der »Glasmenagerie«

1. Dezember. Im Berliner Hebbel-Theater findet die deutsche Erstaufführung von »Die Glasmenagerie« des US-amerikanischen Dramatikers Tennessee Williams statt.

Das Stück des in den Vereinigten Staaten gefeierten, in Deutschland jedoch noch völlig unbekannten Autors aus den Südstaaten der USA verursacht beim Publikum wegen seiner psychologischen Offenheit Befremden. Geschildert wird das Leben der Familie Wingfield. Nachdem der Vater die Familie verlassen hat, hält die tyrannische Mutter Amanda den Rest der Familie zusammen. Im Mittelpunkt der Handlung steht die Tochter Laura, die unter einer Gehbehinderung leidet und sich in die Traumwelt ihrer Glasmenagerie, einer Sammlung von Tierfiguren, eingesponnen hat. Ihre Liebe zu Jim wird enttäuscht, weil dieser sich einer anderen Frau zuwendet. Williams' Stück hat auch einen gewissen autobiographischen Hintergrund: Die Geschichte der Wingfields entspricht in manchen Zügen seiner eigenen Herkunft.

Der 1948 verstorbene Paul Wegener in Lessings »Nathan der Weise«

Theater im Potsdamer Neuen Palais: Szene aus »Maria Stuart«

Aufführung von Goethes »Faust« im Weimarer Nationaltheater

Bertolt Brecht kehrt 1948 aus dem Exil nach Deutschland zurück

Theater 1948:

Deutsche Bühnen arbeiten unter erschwerten Bedingungen

Deutschlands Theaterleben, das nach dem Ende des Zweiten Weltkrieges einen bemerkenswerten Aufschwung genommen hatte, erleidet durch die Währungsreform einen folgenschweren Rückschlag. Fanden bisher die meisten Theateraufführungen vor ausverkauften Häusern statt, so bleibt nun ein großer Teil des Publikums aus. Das liegt weniger im mangelnden Interesse an der künstlerischen Arbeit, der Rückgang der Zuschauerzahlen hat vielmehr rein wirtschaftliche Gründe. Nach der Währungsreform (→ 21. 6./S. 94) überlegen sich viele Deutsche, ob sie das knapp gewordene Geld für einen Theaterbesuch oder für lange Zeit entbehrte Waren des täglichen Bedarfs ausgeben sollen. Die großen, von der öffentlichen Hand subventionierten Bühnen sind gezwungen, die Gagen ihrer Schauspieler zu senken. Privattheater trifft es besonders hart. Viele müssen den Spielbetrieb einstellen.

Ungeachtet dieser wirtschaftlich bedingten Schwierigkeiten findet in diesem Theaterjahr eine Reihe bemerkenswerter Premieren und Uraufführungen statt. Zu nennen sind hier unter anderem die deutsche Erstaufführung von Jean-Paul Sartres Stück »Die schmutzigen Hände«, das in eindrücklicher Weise das Problem der Parteidisziplin in der kommunistischen Bewegung behandelt (→ 2. 4./S. 65).

Zwiespältige Aufnahme bei Publikum und Kritik fand bei seiner Uraufführung im Deutschen Schauspielhaus in Hamburg Hans Henny Jahnns Drama »Armut, Reichtum, Mensch und Tier«. Das Stück, das in Norwegens rauher Bergwelt spielt, behandelt eine Dreiecksbeziehung zwischen einem Bauern, seiner Magd und einer reichen Erbin. In gewaltiger, streckenweise sogar gewaltsamer Sprache ist es eine Verherrlichung von Sinnlichkeit und vitaler Leidenschaft. Mit seiner teils mythisch überhöhten, teils handfest derben Darstellungsform stößt »Armut, Reichtum, Mensch und Tier« bei den Zuschauern überwiegend auf Ablehnung. Trotzdem steht Hans Henny Jahnn bei einem kleinen Kreis von Kennern in hohem Ansehen.

Der 52jährige Jahnn, der noch immer im dänischen Exil auf der Insel Bornholm lebt, ist nicht nur als Schriftsteller und Dramatiker, sondern auch als bedeutender Orgelbauer hervorgetreten.

Ein anderer deutscher Exil-Dramatiker, Bertolt Brecht, kehrt 1948 nach Deutschland zurück. In diesem Jahr feiert er auf Bühnen in der Schweiz und in den USA mit neuen Stücken große Erfolge. So wird im Zürcher Schauspielhaus das Volksstück »Herr Puntila und sein Knecht Matti« uraufgeführt (→ 5. 6./S. 107). »Der kaukasische Kreidekreis« erlebt am Carlston-College in Northfield im US-Bundesstaat Minnesota seine amerikanische Erstaufführung. Dieses Stück handelt von dem Streit zweier Frauen, der armen Magd Grusche und der hartherzigen Gattin eines Gouverneurs, um ein Kind. In einem überraschenden Urteil wird das Kind schließlich der Magd, der Ziehmutter des Kindes, und nicht der Gouverneursfrau (als der leiblichen Mutter) zuerkannt.

Aufführung des sozialkritischen Stückes »Haben« des Ungarn Julius Hay am Deutschen Theater in Berlin

Nobelpreise 1948 in Stockholm verliehen

10. Dezember. In der schwedischen Hauptstadt Stockholm werden vor 2000 Gästen die diesjährigen Nobelpreise für hervorragende Leistungen auf den Gebieten von Wissenschaft und Literatur verliehen.

Die von dem schwedischen Industriellen Alfred Nobel (1833–1896) gestifteten Preise gehen in der Sparte Physik an den Briten Patrick S. M. Blackett, in der Sparte Chemie an den schwedischen Biochemiker Arne Tiselius. Den Nobelpreis für Medizin erhält der schweizerische Chemiker Paul Müller für die Entwicklung des Schädlingsbekämpfungsmittels DDT. Mit dem Literaturnobelpreis wird der in Großbritannien lebende Dichter, Dramatiker und Essayist Thomas Stearns Eliot ausgezeichnet.

In Vertretung des erkrankten schwedischen Königs Gustav V. überreicht Kronprinz Gustav Adolf die Urkunden und Medaillen.

Der Friedensnobelpreis wird in diesem Jahr nicht vergeben. Das norwegische Auswahlkomitee konnte sich nicht auf eine würdige Person oder Organisation einigen.

Der schwedische Chemiker Arne Tiselius erhält den Preis für Chemie in Anerkennung seiner bahnbrechenden Arbeiten auf dem Gebiet der Biochemie. Der 1902 in Stockholm geborene Tiselius entwickelte eine neue Methode zur Trennung und Analyse biochemischer Substanzen durch die sogenannte Säulenchromatografie. Bei diesem Verfahren werden Gemische von gelösten Substanzen durch Beigabe bestimmter Stoffe (zum Beispiel Kieselgel oder Zellulose) in senkrecht stehenden Gas- oder Metallsäulen voneinander getrennt. Durch Auswaschen mit einem Lösungsmittel geben diese Trennmaterialien die zu analysierenden Substanzen wieder frei.

Patrick S. M. Blackett wurde der Physiknobelpreis für seine kernphysikalischen Forschungen zuerkannt. Im Jahre 1925 gelang ihm das erste Foto einer Kernumwandlung. Die zu diesem Zweck von Blackett weiterentwickelte Nebelkammer ist ein mit Wasser- oder Alkoholdampf gefüllter Behälter, in dem sich die Bahnen ionisierter, das heißt elektrisch geladener Teilchen, als feiner Kondensstreifen beobachten und fotografieren lassen.

Neben seinen wissenschaftlichen Arbeiten hat Blackett auch mehrere Bücher über politische Probleme des Atomzeitalters veröffentlicht. Darin übt er scharfe Kritik an den USA, denen er vorwirft, die Atombombe als politisches Druckmittel einzusetzen.

Sie erhalten den Nobelpreis:

Medizin: Dr. Paul Müller, Schweiz, für seine Entdeckung des Insektenmittels DDT.

Literatur: Thomas Stearns Eliot, England, Autor des Schauspiels „Mord im Dom".

Chemie: Arne Tiselius, Schweden, für Forschungen auf dem Gebiete der Biochemie.

Physik: Patrick Blackett, England, für Arbeiten auf dem Gebiete der Kernphysik.

In der in den westlichen Besatzungszonen Deutschlands erscheinenden Illustrierten »Heute« werden die diesjährigen Nobelpreisträger abgebildet

T. S. Eliot (r.) beim Empfang der Nobelpreisurkunde in Stockholm

Thomas Stearns Eliot, der Träger des Literaturnobelpreises, gilt als der bedeutendste Vertreter der zeitgenössischen englischsprachigen Literatur. Eliot wurde am 26. September 1888 in St. Louis im US-Bundesstaat Missouri geboren. Seine 1922 erschienene Dichtung »Wüstes Land« machte ihn weltberühmt. T. S. Eliot bringt darin die Suche nach Antworten auf Grundfragen der menschlichen Existenz zum Ausdruck. Sein Hauptwerk ist die zwischen 1936 und 1942 entstandene Dichtung »Vier Quartett«, die Meditationen über Zeit und Ewigkeit und das Ringen um die Wiedergeburt des Geistes zum Inhalt hat.

Der Erfinder des Insektizids DDT

Der Träger des diesjährigen Nobelpreises für Medizin und Physiologie, der schweizerische Chemiker Paul Müller, wurde am 12. Januar 1899 in Olten im Kanton Solothurn geboren. Nach Abschluß seines Chemiestudiums trat er 1925 in das Chemieunternehmen J. R. Geigy in Basel ein. Den Schwerpunkt seiner Arbeit bildeten Untersuchungen über die chemische Struktur, die Wirkung und die Giftigkeit von chlorierten Kohlenwasserstoffen.

Im Jahre 1939 entwickelte er in seinem Baseler Labor das Insektengift DDT, wofür er 1948 mit dem Nobelpreis ausgezeichnet wird. Die Abkürzung DDT bezeichnet die chemische Verbindung Dichlordiphenyltrichloräthan, die zur Gruppe der chlorierten Kohlenwasserstoffe gehört. Der chemische Aufbau der Substanz ist erstmals 1873 beschrieben worden. Müllers Leistung besteht darin, die hohe Giftigkeit des DDT schon in geringen Mengen und seine Nutzbarkeit im Pflanzenschutz erkannt zu haben.

DDT ist ein sogenanntes Kontaktgift, das bei der Bekämpfung von Insekten zum Schutz vor Pflanzenfraß und der Übertragung von Krankheiten eingesetzt wird. Das Gift durchdringt die Haut der Insekten und bewirkt nach kurzer Zeit eine tödliche Lähmung der Tiere.

Auch bei der Eindämmung von Infektionskrankheiten, die durch Fliegen oder Läuse übertragen werden, wie zum Beispiel Malaria oder Typhus, werden mit dem Einsatz von DDT große Erfolge erzielt. So konnte 1944 in Neapel eine Typhusepidemie durch die Anwendung von DDT gegen die krankheitsübertragenden Läuse innerhalb weniger Tage zum Stillstand gebracht werden.

Ein Problem stellt jedoch die langanhaltende Wirksamkeit des DDT dar. Weil es sich im Boden und in Kleinlebewesen anreichert, kann es nach einiger Zeit auch für größere Säugetiere sowie für den Menschen schädlich werden.

Das am Broadway erfolgreiche Musical »Kiss me Kate« von Cole Porter mit Alfred Drake und Patricia Morrison in den Hauptrollen wird im Jahr 1953 auch verfilmt (Szene aus dem Film mit Kathryn Grayson und Howard Keel)

Erfolge am Broadway für »Kiss me Kate«

30. Dezember. Im New Century Theatre am New Yorker Broadway findet die Uraufführung des Musicals »Kiss me Kate« (»Küß mich Kätzchen«) statt. Die Aufführung wird vor allem aufgrund der zündenden Melodien und Texte der Songs des US-amerikanischen Komponisten Cole Porter zu einem überwältigenden Erfolg. Der Regisseur des Musicals, dessen Texte von Bella und Samuel Spewack stammen, ist John C. Wilson; die Choreografie besorgt Hanya Holm.

»Kiss me Kate« verknüpft in seiner Dramaturgie zwei verschiedene Ebenen. Das Stück spielt in einem Provinztheater der USA, wo die Komödie »Der Widerspenstigen Zähmung« von William Shakespeare kurz vor der Premiere steht. Durch diese beiden Handlungsebenen, von der jede ihren eigenen Stil durch Sprache und Musik erhält, gewinnt das Musical seine besondere Spannung. In seinen Songs vermischt Cole Porter gekonnt das Englisch der Renaissance-Zeit mit dem lässigen Slang der amerikanischen Gegenwartssprache.

In insgesamt 17 Szenen werden die persönlichen Probleme und Beziehungen der Schauspieler mit denen der Personen, die sie auf der Bühne verkörpern sollen, verknüpft. So hat der Regisseur und Hauptdarsteller des Stückes von Shakespeare, Fred Graham, ähnliche Schwierigkeiten mit seiner geschiedenen Frau, Lilli Vanessi, wie der italienische Petrucchio mit der widerspenstigen Katharina (gespielt von Lilli) in der 1594 uraufgeführten Komödie. Theaterspiel und Wirklichkeit gehen ineinander über. Die private Auseinandersetzung der Schauspieler bestimmt die Intensität des Musicals. Zunächst widersteht Lilli der musikalischen Aufforderung Freds: »Küß' mich doch«; am Schluß finden die Pärchen beider Handlungen jedoch wieder zueinander.

Der spektakuläre Erfolg des Musicals ist vor allem Porters Songs wie »Schlag nach bei Shakespeare«, »Viel zu heiß«, »Treu bin ich nur Dir, Schatz, auf meine Weise« und »Wunderbar« zu verdanken.

Der Komponist Cole Porter

Cole Porter wurde am 9. Juni 1891 in Peru im US-Bundesstaat Indiana geboren. Nach einem Jurastudium an der Yale-Universität wechselte er zur Harvard-Universität, wo er bis 1916 Musik studierte. Anschließend meldete er sich freiwillig zur französischen Fremdenlegion und trat dann 1917 in die reguläre französische Armee ein. 1919 heiratete er Linda Lee Thomas, die Witwe eines US-amerikanischen Automobilproduzenten. Durch die Heirat finanziell unabhängig geworden, konnte er sich fortan ausschließlich seiner Leidenschaft, der Musik, widmen. Nach einer Reihe weniger erfolgreicher Kompositionen gelang ihm im Jahr 1928 mit der Operette »Paris« der Durchbruch.

Kritik an deutscher Justiz in Spielfilm

3. Dezember. Der deutsche Spielfilm »Affäre Blum« in der Regie von Erich Engel wird in Berlin mit großem Erfolg uraufgeführt. Produziert wurde der Streifen in den Studios der DEFA (Deutsche Film AG) in Potsdam-Babelsberg bei Berlin.

Der in den 20er Jahren in einer deutschen Großstadt spielende Film zeigt am Beispiel eines spektakulären Kriminalfalles das Wirken einer von sozialen Vorurteilen und Antisemitismus beherrschten Justiz. Der jüdische Fabrikant Jacob Blum gerät in den Verdacht, seinen Buchhalter ermordet zu haben. Viele Indizien weisen indes auf einen Mann namens Gabler, gespielt von Hans Christian Blech. Weil Gabler jedoch in denselben nationalistischen und reaktionären Kreisen verkehrt wie der ermittelnde Kommissar und der Untersuchungsrichter, weigern sich diese, die Indizien anzuerkennen. Sie halten am Verdacht gegen den Juden Blum fest. Erst das Geständnis der Braut Gablers (Gisela Trowe) überführt diesen als den Mörder und befreit Blum aus den Händen einer blindwütigen, judenfeindlichen Justiz.

Gisela Trowe

Der Film greift einen authentischen Fall auf, der sich 1926 in Magdeburg ereignet hat und in der Öffentlichkeit großes Aufsehen erregte.

Arno Paulsen (l.) und Hans Christian Blech im Spielfilm »Affäre Blum«

Literatur 1948:

Krieg und Nachkriegszeit prägen das literarische Schaffen

Die deutsche Literatur steht im Jahre 1948 unverändert unter dem Eindruck der Ereignisse der jüngsten Vergangenheit. Die Schrecken des Krieges und die nationalsozialistischen Verbrechen haben sich bei den Schriftstellern tief eingeprägt. Oft fehlen ihnen jedoch noch die sprachlichen Mittel zur Darstellung und damit zur Verarbeitung dessen, was zwischen 1933 und 1945 geschehen ist. Viele Schriftsteller haben zudem Schwierigkeiten, Ausdrucksmöglichkeiten zu finden, weil ihnen die deutsche Sprache als von nationalsozialistischer Terminologie durchsetzt scheint.
Auch die schlimmen Verhältnisse der unmittelbaren Nachkriegszeit lassen sich nur schwer in literarischer Form darstellen. Die deutsche Literatur ist sowohl auf der Suche nach angemessenen Ausdrucksmitteln als auch nach einer neuen Identität. Noch ist in Deutschland kein Roman erschienen, der die gesellschaftlichen und geistigen Verhältnisse der ersten Jahre nach dem Zweiten Weltkrieg so realitätsnah und angemessen beschrieben hätte wie dies etwa Alfred Döblin in seinem 1929 publizierten Roman »Berlin Alexanderplatz« für die Zeit der Weimarer Republik gelungen ist.
Nach 1945 wendet sich die Mehrzahl der deutschen Schriftsteller kleineren literarischen Formen zu. In Kurzgeschichten und Reportagen versuchen sie, die Realität eines besiegten und besetzten Landes zu beschreiben, in dem noch immer großes Elend herrscht und dessen Bewohner sich in einem Zustand zwischen Resignation, Verstörung, aber auch Erleichterung über das Ende des Krieges befinden. Sie bedienen sich dabei einer bewußt kargen, oft kunstlosen Sprache. Beispielhaft hierfür sind unter anderem die Kurzgeschichten des 1947 verstorbenen Wolfgang Borchert. Auch Alfred Andersch, Wolfdietrich Schnurre oder Hans Bender gehören zu den Vertretern dieser neuen Gestaltungsformen.
Ein Forum zur Veröffentlichung ihrer Texte bieten die zahlreichen literarischen Zeitschriften, die unmittelbar nach Kriegsende überall in Deutschland gegründet wurden.

Literat Wolfdietrich Schnurre

Titel eines Aichinger-Romans (1948)

Schriftsteller Alfred Andersch

Herausgeber sind oft Angehörige der Kriegsgeneration, die sich damit ein Medium geschaffen haben, in dem sie entschieden für die gesellschaftliche und geistige Erneuerung Deutschlands eintreten. Besondere Bedeutung erlangten rasch die »Frankfurter Hefte«, herausgegeben von Eugen Kogon und Walter Dirks, sowie der »Ruf«, für den seit 1947 Erich Kuby verantwortlich zeichnet.
Ein Meister der Reportage und somit ein Vorbild für viele der jungen deutschen Schriftsteller ist Egon Erwin Kisch, der im März 1948 in Prag stirbt. In diesem Jahr erscheint sein letztes Werk, die »Landung in Australien«, worin er seine Erlebnisse auf einer Reise nach dem fünften Kontinent schildert.
Unvermindert großes Interesse findet die englischsprachige Literatur, die bis 1945 im nationalsozialistischen Deutschland größtenteils verboten war. So nimmt es nicht wunder, daß eine Vortragsreise des US-amerikanischen Schriftstellers Thornton Wilder durch mehrere deutsche Städte auf große Resonanz stößt. Wilder, der durch Romane wie »Die Brücke von San Luis Rey« weltbekannt wurde, spricht in überfüllten Sälen über die Geschichte und Literatur seiner amerikanischen Heimat. Er bringt dabei dem deutschen Publikum die amerikanische Denk- und Lebensweise nahe und macht es mit der Literatur des englischsprachigen Kulturkreises bekannt. Bei dieser Gelegenheit liest er auch Passagen aus seinem neuesten Buch, »The Ides of March« (»Die Iden des März«), worin er die Umstände der Ermordung Gajus Julius Cäsars schildert. Wilder präsentiert in seinem Buch reiches – zumeist erfundenes – Material in Form von Tagebuchaufzeichnungen, öffentlichen Reden und amtlichen Schriftstücken, die Einblicke in das Denken und Handeln Cäsars und der ihn umgebenden Personen gewähren sollen.
Sowohl die britische als auch die US-amerikanische Literaturszene erweist sich als überaus produktiv und setzt mit ihrem Schaffen weltweit Akzente. Ausdruck dessen ist nicht zuletzt die Verleihung des Literatur-Nobelpreises an den in Großbritannien lebenden Dichter und Essayisten Thomas Stearns Eliot (→ 10. 12./S. 202).
Auch andere englischsprachige Autoren, wie zum Beispiel Aldous Huxley und Norman Mailer, stehen in diesem Jahr mit ihren Werken im Mittelpunkt der literarischen Diskussion.
So legt der Brite Huxley mit »Ape and Essence« (»Affe und Wesen«) einen utopischen Roman vor, der im Jahre 2018 nach einem Atomkrieg spielt: Ein Überlebender kommt in den fiktiven Staat »Belial«, in dem er mit der unmenschlichen Ordnung eines nachatomaren »Teufelstaates« konfrontiert wird. Die Menschen sind auf ein animalisches Niveau herabgesunken und haben eine barbarische Welt errichtet. Der in Form eines Film-Drehbuches geschriebene Kurzroman stellt eine der ersten literarischen Auseinandersetzungen mit einem Massenvernichtungsmittel dar, das eine Bedrohung für die Existenz der gesamten Menschheit ist.
Großes Aufsehen erregt sofort nach Erscheinen der Kriegsroman »The Naked and the Dead« (»Die Nackten und die Toten«) des erst 25jährigen US-Amerikaners Norman Mailer. In seinem Erstlingswerk schildert Mailer in kraß naturalistischer Weise eine militärische Aktion US-amerikanischer Truppen auf dem pazifischen Kriegsschauplatz, den der Autor aus eigener Erfahrung kennt. Im Mittelpunkt steht der Einsatz eines Stoßtrupps auf der Pazifikinsel Anopopei, die von japanischen Verbänden besetzt ist. Der von ungeheuren Strapazen und schweren Verlusten gekennzeichnete Einsatz der Soldaten erweist sich letzten Endes als sinnlos. Nach ihrer Rückkehr erfahren die Überlebenden, daß die vermeintlich starke japanische Garnison sich in Wirklichkeit in desolatem Zustand befand und fast mühelos besiegt werden konnte. Norman Mailer findet mit seinem Erstlingswerk ein außerordentlich lebhaftes Echo, weil es ihm gelingt, die Schilderung der Kampfhandlungen mit dem sozialen Hintergrund und den persönlichen Problemen seiner Romanfiguren überzeugend zu verbinden.

Der Phantasie sind keine Grenzen gesetzt: Elektrischer Spielzeugeisenbahnzug aus Metall mit kleinen bunten Spielfiguren für Kinder

Nützliches und Erlesenes ist in einer Werbeanzeige für Klebstoff vereint

Ein Bild wie aus vergangenen Tagen, ein fröhliches Kind inmitten vieler Geschenke

Weihnachtsgeschäft 1948: Noch Zurückhaltung der Käufer

24. Dezember. Erstmals seit Ausbruch des Zweiten Weltkrieges spielt sich das Weihnachtsgeschäft in den drei westlichen Besatzungszonen Deutschlands in fast »friedensmäßigem« Rahmen ab.

Schon das äußere Erscheinungsbild der Geschäftsstraßen in den großen Städten hat sich gegenüber den vergangenen Jahren erheblich verändert: Im Vergleich zu früher fällt die Weihnachtsdekoration geradezu üppig aus; die Schaufenster der Geschäfte sind hell erleuchtet und das Angebot ist reichhaltig. Bezugsscheine werden nur noch für wenige Waren benötigt. Lebensmittel und Güter des täglichen Bedarfs – vor einem Jahr noch oft entbehrte Mangelwaren – werden in diesem Jahr in großer Auswahl zum Kauf angeboten. Es fällt besonders auf, daß auch Deutschlands Spielwarenindustrie wieder ihre Erzeugnisse anbietet. In den vergangenen Jahren war die Produktion dieser Branche fast ausschließlich in den Export gegangen.

Alles in allem werden jedoch die Erwartungen, die der Einzelhandel an das Weihnachtsgeschäft geknüpft hat, nicht erfüllt. Die Ursachen hierfür liegen in der gesamtwirtschaftlichen Entwicklung der drei westlichen Besatzungszonen Deutschlands. Der Währungsreform (→ 19. 6./S. 93) folgte zunächst eine starke Belebung der Nachfrage, was zu einem erheblichen Preisanstieg führte. Gegen Ende des Jahres, zur Zeit des Weihnachtsgeschäftes, ist die Gefahr einer Inflation zwar gebannt, jedoch haben auch die Kaufkraft der Bevölkerung und die Nachfrage nachgelassen.

Viele Kunden rechnen daher bei ihren Weihnachtseinkäufen sehr genau. Die zum Teil enormen Preissteigerungen der vergangenen Monate haben dazu geführt, daß viele Käufer sich zunächst abwartend verhalten und erst einmal die weitere Preisentwicklung beobachten. Nicht wenige entschließen sich in dieser Situation, Weihnachtsgeschenke auf Raten zu kaufen.

Im einzelnen erzielt der Handel bei Textilien und Haushaltswaren gute Umsätze. Hier ist der große Nachholbedarf bei der Bevölkerung noch immer nicht befriedigt. Allerdings fällt auf, daß in diesem Bereich noch immer nicht alle Kundenwünsche erfüllt werden können. So fehlt es beispielsweise an hochwertigen Wollstoffen. Auch Porzellan ist knapp und deshalb teuer. Waren, deren Preise bei 50 DM und darüber liegen, lassen sich generell schlecht verkaufen. Dies trifft für hochwertige Lederwaren ebenso zu, wie für Radioapparate und andere Elektrogeräte. Schmuck ist bei der deutschen Bevölkerung kaum gefragt. Die besten Kunden der Juweliere sind in der Vorweihnachtszeit US-amerikanische Besatzungssoldaten und deren Angehörige.

Einen besseren Absatz als die Verkäufer von Luxuswaren erzielt der Lebensmittelhandel. So wird Geflügel für das Festtagsessen in guter Qualität und relativ preiswert angeboten: Gänse sind zum Beispiel für 3,50 DM bis 7,00 DM pro Pfund zu bekommen.

Im Vergleich zu den Jahren des Mangels hat sich in der Ostzone nur wenig geändert. Die Versorgungslage bleibt dort weiterhin angespannt. Auch die Bevölkerung der blockierten Westsektoren Berlins muß in der Weihnachtszeit noch immer auf vieles verzichten, was in den Westzonen wieder zur Selbstverständlichkeit geworden ist.

Diese kleinen Spielzeugautos haben einen Elektroantrieb

Dieses detailgetreue Bootsmodell, das in Norwegen hergestellt wurde, ist nicht als Spielzeug für Kinder gedacht

Diese Luxusmodelle rollen für die Scharen spielbegeisterter Kinder in den Vereinigten Staaten vom Band

Weihnachtsfest im Glanz früherer Jahre

24. Dezember. Erstmals seit langer Zeit können die Deutschen in den drei westlichen Besatzungszonen Deutschlands das Weihnachtsfest wieder unter halbwegs normalen Umständen feiern.
Die reichhaltigen Schaufensterauslagen täuschen jedoch nicht darüber hinweg, daß die Folgen des Krieges noch unmittelbar zu spüren sind. Zwar ist die Zeit des Hungers vorbei, aber weiterhin leben viele Menschen unter unwürdigen Bedingungen. Zu ihnen zählen nicht nur die Millionen von Flüchtlingen und Vertriebenen, sondern auch jene Menschen, die im Krieg ausgebombt wurden und seitdem in Behelfsquartieren oder in überfüllten Wohnungen leben müssen. Zahlreiche Familien warten noch immer auf die Rückkehr ihrer Väter, Brüder oder Söhne aus der Kriegsgefangenschaft (→31. 12./S. 192). Angesichts des ungeklärten Schicksals vermißter Angehöriger verbringen viele Menschen das Weihnachtsfest mit einem Gefühl zwischen Bangen und Hoffen.

Am Washington-Square in New Yorks Stadtteil Greenwich Village

Die politischen Ereignisse des Jahres 1948 bedeuteten für viele Deutsche auch einen persönlichen Einschnitt. Zwar hat sich seit der Währungsreform in den Westzonen (→21. 6./S. 94) die Versorgungslage erheblich verbessert, jedoch bleiben die Aussichten für das weitere persönliche Wohlergehen ungewiß. Folgt der Währungsreform ein dauerhafter wirtschaftlicher Aufschwung? Gelingt es, der steigenden Arbeitslosigkeit Einhalt zu gebieten? Hinter all diesen Fragen tritt so manches wichtige politische Ereignis dieses Jahres, wie zum Beispiel die Blockade Berlins (→24. 6./S. 97) oder die Einsetzung des Parlamentarischen Rates (→1. 9./S. 150), im Bewußtsein vieler Deutscher zurück.
Im Vergleich zu den vergangenen Jahren hat das Weihnachtsfest des Jahres 1948 aber dennoch wieder etwas vom Glanz früherer Jahre zurückerhalten. Weihnachten wird – um einen in diesen Tagen häufig verwendeten Begriff zu benutzen – »friedensmäßig« gefeiert.
Auch im europäischen Ausland feiert man Weihnachten wieder unter fast normalen Bedingungen. So ist man in Frankreichs Hauptstadt Paris so ausgelassen wie schon lange nicht mehr. Die hohen Preise zwingen allerdings viele Familien, auf einen Restaurantbesuch zu verzichten und statt dessen zu Hause zu feiern.

Papst Pius XII., Weihnachtsbotschaft und Segen »urbi et orbi« aus Rom

Die wenigen, die sich bereits einen Fernsehapparat leisten können, haben die Gelegenheit, die erste Direktübertragung der Mitternachtsmesse aus der Kathedrale von Notre-Dame am Bildschirm zu verfolgen.
In Belgien, den Niederlanden und in Luxemburg sind die Schaufenster der Geschäfte wieder so reich gefüllt wie in den Jahren vor Ausbruch des Krieges. Hier wie auch in Dänemark feiert man so unbeschwert wie schon lange nicht mehr.
In Großbritannien wird die Weihnachtsfreude nur durch das schlechte Wetter etwas getrübt. Über weite Teile des Landes hat sich dichter Nebel gelegt und die Temperaturen liegen weit unter dem Gefrierpunkt. Große Freude bei jung und alt dagegen herrscht in New York über die ersten weißen Weihnachten seit langem.
In Rom versammeln sich am ersten Weihnachtsfeiertag bei strahlendem Sonnenschein Zehntausende von Gläubigen aus vielen Ländern auf dem Petersplatz, wo Papst Pius XII. seine traditionelle Weihnachtsansprache hält und anschließend den Segen »urbi et orbi« (der Stadt und der Welt) erteilt.
Ein ganz anderes Bild vermittelt das Weihnachtsfest im Heiligen Land. Während schwerbewaffnete Polizeieinheiten den Gottesdienst in der Geburtskirche zu Bethlehem bewachen, nimmt außerhalb der heiligen Stätten der Krieg in Palästina seinen Fortgang (→27. 12./S. 191).

Blick in eine deutsche Weihnachtsstube, langsam kehrt wieder so etwas wie Gemütlichkeit in das Zuhause ein

Szene aus einem der Märchenspiele, wie sie in deutschen Schulen vor begeisterten Kindern gezeigt werden

Jahresausklang 1948: In diesem Jahr feiert man so ausgelassen, wie es seit Jahren nicht mehr der Fall war ▷

Prosit Neujahr

Neue Postwertzeichen 1948 in Deutschland

Französische Zone: Zwei Serien (Kultur) für Baden mit insgesamt 24 Werten

Französische Zone: Zwei Serien (Kultur) für Rheinland-Pfalz mit insgesamt 24 Werten

Französische Zone, Rheinland-Pfalz: Hilfswerk Ludwigshafen

Französische Zone: Zwei Serien (Kultur) für Württemberg-Hohenzollern mit insgesamt 24 Werten

Gemeinschaftsausgaben der sowjetischen Zone für die Leipziger Messe und die Exportmesse Hannover

US-Zone und britische Zone: Ausgabe von 1947 mit Posthornaufdruck

US-amerikanische und britische Zone: 700 Jahre Kölner Dom

US-amerikanische und britische Zone: Dauerserie »Historische Bauten«

US-amerikanische und britische Zone: Berlinhilfe

Berlin: Gemeinschaftsausgabe von 1947 mit Aufdruck

Sowjetische Zone: Ausgaben von 1945 und 1947 mit Aufdruck

Sowjetische Zone: Tag der Briefmarke

Sowjetische Zone: Dauerserie »Persönlichkeiten«

Anhang

Die Regierungen Deutschlands, Österreichs und der Schweiz 1948

Neben den Regierungen im ehemaligen Deutschen Reich und den Staatsoberhäuptern Österreichs und der Schweiz sind in der Zusammenstellung die einzelnen Kabinette des Jahres 1948 in chronologischer Reihenfolge enthalten. Hinter den Namen der wichtigsten Regierungsmitglieder steht in Klammern die Parteizugehörigkeit und der Zeitraum ihrer Tätigkeit.

Deutschland

Im ehemaligen Deutschen Reich hat 1945 der Alliierte Kontrollrat mit Sitz in Berlin die oberste Regierungsgewalt übernommen. Ihm gehören die USA, die UdSSR (bis 20. 3. 1948), Großbritannien und Frankreich an.

Die Direktoren des Verwaltungsrats des Vereinigten Wirtschaftsgebiets, das die US-amerikanische und britische Besatzungszone umfaßt (Bizone):
Ernährung:
Hans Schlange-Schöningen (CDU; 1947–1949)
Finanzen:
Alfred Hartmann (1947–1949)
Recht:
Walter Strauß (CDU) (1947–1949)
Verkehr:
Edmund Frohne (1947–1949)
Post und Fernmeldewesen:
Hans Schuberth (CSU; 1947–1949)
Wirtschaft:
Johannes Semler (CSU; 1947–27. 1. 1948), Ludwig Erhard (2. 3. 1948–1949)
Arbeit (neu errichtet 20. 8. 1948):
Anton Storch (20. 8. 1948–1949)

Mitglieder der Deutschen Wirtschaftskommission (Sowjetische Besatzungszone):
Vorsitzender:
Heinrich Rau (SED; 1947–1949)
Stellvertreter:
Bruno Leuschner (SED; 1947–1949)
Finanzen und Bergwesen:
Hermann Kastner (LDP; 1947–1949)
Industrie:
Fritz Selbmann (SED; 1947–1949)
Landwirtschaft und Arbeit:
Luitpold Steidle (CDU; 1947–1949)

Die Regierungschefs der besetzten deutschen Länder 1948:
Bayern:
Hans Ehard (CSU), Ministerpräsident (1946–1954)
Berlin:
Louise Schroeder (SPD), amtierende Oberbürgermeisterin (1947–1949)
Brandenburg:
Karl Steinhoff (SED), Ministerpräsident (1946–1949)
Bremen:
Wilhelm Kaisen (SPD), Regierender Bürgermeister und Senatspräsident (1945–1965)
Hamburg:
Max Brauer (SPD), Bürgermeister (1946–1953)
Hessen:
Christian Stock (SPD), Ministerpräsident (1947–1950)
Mecklenburg(-Vorpommern):
Wilhelm Höcker (SED), Ministerpräsident (1946–1951)
Niedersachsen:
Hinrich Wilhelm Kopf (SPD), Ministerpräsident (1946–1955, 1959–1961)
Nordrhein-Westfalen:
Karl Arnold (CDU), Ministerpräsident (1947–1956)
Rheinland-Pfalz:
Peter Altmeier (CDU), Ministerpräsident (1947–1969)
Sachsen:
Max Seydewitz (SED), Ministerpräsident (1947–1952)
Sachsen-Anhalt:
Erhard Hübener (LDP; 1945–1950)
Schleswig-Holstein:
Hermann Lüdemann (SPD), Ministerpräsident (1947–1949)
Südbaden:
Leo Wohleb (CDU), Staatspräsident (1946–1952)
Thüringen:
Werner Eggerath (SED), Ministerpräsident (1947–1952)
Württemberg-Baden:
Reinhold Maier (DVP/FDP), Ministerpräsident (1945–1952)
Württemberg-Hohenzollern:
Lorenz Bock (CDU), Staatspräsident (1947–3. 8. 1948), Gebhard Müller (CDU), Staatspräsident (13. 8. 1948 bis 1952)

Saargebiet (selbständige Republik):
Ministerpräsident:
Johannes Hoffmann (CVP; 1947–1955)

Österreich

Staatsform:
Republik
Bundespräsident:
Karl Renner (SPÖ; 1945–1950)

1. Kabinett Figl, Koalition von ÖVP und SPÖ, 1945–1949:
Bundeskanzler:
Leopold Figl (ÖVP; 1945–1953)
Vizekanzler:
Adolf Schärf (SPÖ; 1945–1956)
Äußeres:
Karl Gruber (ÖVP; 1945–1953)
Inneres:
Oskar Helmer (SPÖ; 1945–1959)
Justiz:
Josef Gerö (parteilos; 1945–1949)
Unterricht:
Felix Hurdes (ÖVP; 1945–1952)
Finanzen:
Georg Zimmermann (parteilos; 1945–1949)
Handel:
Peter Krauland (ÖVP; 1946–18. 2. 1948, Ernst Kolb (ÖVP; 18. 2. 1948–1952)
Energie und Versorgung:
Alfred Migsch (SPÖ; 1947–1949)
Verkehr:
Vinzenz Übeleis (SPÖ; 1945–1949)
Öffentliche Arbeiten und Wiederaufbau:
Julius Raab (ÖVP; 1945–1949)
Soziale Verwaltung:
Karl Maisel (SPÖ; 1945–1956)
Landwirtschaft, Ackerbau und Forsten:
Josef Kraus (ÖVP; 1945–1952)
Wirtschaftsplanung:
Peter Krauland (ÖVP; 1945–1949)
Ernährung:
Otto Sagmeister (SPÖ; 1947–1949)
Ohne Geschäftsbereich:
Erwin Altenburger (ÖVP; 1947–1949)

Schweiz

Staatsform:
Republik
Bundespräsident:
Enrico Celio (katholisch-konservativ; 1943, 1948)
Politisches Departement (Äußeres):
Max Petitpierre (freisinnig; 1945–1961)
Inneres:
Philipp Etter (katholisch-konservativ; 1934–1959)
Justiz und Polizei:
Eduard von Steiger (BGB; 1941–1951)
Finanzen und Zölle:
Ernst Nobs (erster Sozialdemokrat im Bundesrat; 1943–1951)
Militär:
Karl Kobelt (freisinnig; 1941–1954)
Volkswirtschaft:
Rodolphe Rubattel (freisinnig; 1. 1. 1948–1954)
Post und Eisenbahn:
Enrico Celio (katholisch-konservativ; 1940–1950)

Deutschland, Österreich und die Schweiz 1948 in Zahlen

Die Statistiken für die drei deutschsprachigen Länder umfassen eine Auswahl von grundlegenden Daten. Es wurden vor allem Daten aufgenommen, die innerhalb der einzelnen Länder vergleichbar sind. Maßgebend für alle Angaben waren die amtlichen Statistiken. Nicht in allen gesellschaftlichen Bereichen finden jährliche Erhebungen statt, so daß mitunter die Daten aus früheren Jahren aufgenommen werden mußten. Das Erhebungsdatum ist jeweils angegeben (unter der Rubrik »Stand«). Die aktuellen Zahlen des Jahres 1948 werden – wo möglich – durch einen Vergleich zum Vorjahr relativiert.

Deutschland

Erhebungsgegenstand	Wert	Vergleich Vorjahr (%)	Stand
Fläche (km^2)[2]	356 000	± 0,0	1947
Bevölkerung			
Wohnbevölkerung[3]	64 502 000	–	29. 10. 1946[1]
männlich	28 549 000	–	29. 10. 1946[1]
weiblich	35 953 000	–	29. 10. 1946[1]
Einwohner je km^2	181,2	–	1946[1]
Lebendgeborene[4]	762 314	–	1947[1]
Gestorbene[4]	535 482	–	1947[1]
Eheschließungen[4]	465 381	–	1947[1]
Ehescheidungen[4]	76 597	–	1947[1]
Familienstand der Bevölkerung[3]			
Ledige insgesamt	28 907 000	–	1946[1]
männlich	13 528 000	–	1946[1]
weiblich	15 379 000	–	1946[1]
Verheiratete	29 420 000	–	1946[1]
Verwitwete und Geschiedene	6 171 000	–	1946[1]
männlich	1 346 000	–	1946[1]
weiblich	4 825 000	–	1946[1]
Religionszugehörigkeit			
Christen insgesamt	61 091 000	–	1946[1]
katholisch	22 593 000	–	1946[1]
evangelisch	38 498 000	–	1946[1]
Juden	45 000	–	1946[1]
andere, ohne Konfession	3 366 000	–	1946[1]
Erwerbstätigkeit			
Erwerbstätige	35 732 000[5] 22 189 000[4]	–	17. 5. 1939[1]

Erhebungsgegenstand	Wert	Vergleich Vorjahr (%)	Stand
männlich	22 934 000[5] 14 259 000[4]	–	17. 5. 1939[1]
weiblich	12 798 000[5] 7 931 000[4]	–	17. 5. 1939[1]
nach Wirtschaftsbereichen			
Land- und Forstwirtschaft, Tierhaltung und Fischerei	8 946 000[5] 5 373 000[4]	–	17. 5. 1939[1]
Produzierendes Gewerbe	14 580 000[5] 8 982 000[4]	–	17. 5. 1939[1]
Handel und Verkehr	6 066 000[5] 3 361 000[4]	–	17. 5. 1939[1]
Sonstige	6 140 000[5] 4 473 000[4]	–	17. 5. 1939[1]
Verkehr			
Bestand an Kraftfahrzeugen	750 691	–	1. 7. 1947[1]
davon Pkw	193 349	–	1. 7. 1947[1]
davon Lkw	222 841	–	1. 7. 1947[1]
Binnenschiffe zum Gütertransport (Tragfähigkeit in t)	2 318 319	–	31. 12. 1947[1]
Beförderte Güter (t)	24 069 677	–	31. 12. 1947[1]
Handelsschiffe/Seeschiffahrt (BRT)	225 865	–	30. 6. 1947[1]
Beförderte Güter (t)	17 082 956	–	31. 12. 1947[1]
Bildung			
Schüler[6] an Volksschulen	5 384 433	–	1. 5. 1948
Mittelschulen	175 946	–	1. 5. 1948
Gymnasien	518 644	–	1. 5. 1948
Studenten	87 644	–	1947/1948
Gesundheitswesen			
Ärzte	47 832	–	1939[1]
Zahnärzte	35 891	–	1939[1]
Krankenhäuser	4 606	–	1939[1]
Sozialleistungen			
Mitglieder der gesetzlichen Krankenversicherung	23 983 279	–	1938[1]
Rentenversicherung der Arbeiter	3 645 539	–	1938[1]
Rentenversicherung der Angestellten	463 092	–	1938[1]
Knappschaftliche Rentenversicherung	415 323	–	1938[1]
Sozialhilfe	1 197 382	–	31. 12. 1942[1]
Preise			
Index der Einzelhandelspreise (1950 = 100)	119	–	1948
Index der Lebenshaltungskosten für 4-Personen-Arbeitnehmer-Haushalt mit mittlerem Einkommen (1980 = 100)	43,0	–	1948

Österreich

Erhebungsgegenstand	Wert	Vergleich Vorjahr (%)	Stand
Fläche (km²)	83 851	± 0,0	1948
Bevölkerung			
Wohnbevölkerung	6 952 744	–	1948
männlich	3 229 591	–	1948
weiblich	3 723 153	–	1948
Einwohner je km²	82,9	–	1948
Lebendgeborene	123 221	– 4,4	1948
Gestorbene	84 213	– 6,5	1948
Eheschließungen	71 904	– 4,7	1948
Ehescheidungen	14 162	+ 5,2	1948
Altersgruppen[7]			
unter 6 Jahren	635 556	–	1948
6 bis unter 12 Jahren	677 408	–	1948
12 bis unter 18 Jahren	533 770	–	1948
18 und darüber	5 106 010	–	1948
Die zehn größten Städte			
Wien	1 731 557	–	1948
Graz	219 974	–	1948
Linz	181 532	–	1948
Salzburg	105 407	–	1948
Innsbruck	97 221	–	1948
Klagenfurt	65 799	–	1948
Sankt Pölten	40 711	–	1948
Steyr	38 041	–	1948
Wels	36 528	–	1948
Leoben	35 785	–	1948
Erwerbstätigkeit			
Erwerbstätige	1 775 688	–	1948
männlich	1 161 044	–	1948
weiblich	614 644	–	1948
nach Wirtschaftsbereichen			
Land- und Forstwirtschaft, Tierhaltung und Fischerei	312 023	–	März 1948
Produzierendes Gewerbe, Bergbau und Baugewerbe	540 292	–	März 1948
Handel und Verkehr, Gastgewerbe	391 380	–	März 1948
Öffentlicher Dienst	74 519	–	März 1948
Sonstige	457 474	–	März 1948
Ausländische Arbeitnehmer	231 225	–	1948
Arbeitslose (verfügbare)	40 926	–	Sept. 1948
Betriebe			
Landwirtschaftliche Betriebe[2]	452 978	–	1947[1]
Bergbau	195	+ 24,2	1948
Außenhandel			
Einfuhr in Mio. öS	2 208,9	+ 85,4	1948
Ausfuhr in Mio. öS	1 983,7	+ 135,5	1948
Einfuhrüberschuß in Mio. öS	225,2	+ 35,5	1948
Verkehr			
Eisenbahnnetz (km)	6 742	–	1948
Beförderte Personen (in Mio.)	123,84	–	1948
Beförderte Güter (in Mio. t)	27,41	–	1948
Straßennetz (km)[3]	28 521	–	1948
Bestand an Kraftfahrzeugen	199 423	–	1948
davon Pkw	31 804	–	1948
davon Lkw	35 869	–	1948
Bildung			
Schüler an Grundschulen	701 186	–	1948/49
Hauptschulen	120 366	–	1948/49
Realschulen, Realgymnasien, Gymnasien und Mittelschulen	48 302	–	1947/48
Studenten	31 959	– 9,1	1948
Rundfunk und Fernsehen			
Hörfunkteilnehmer	1 106 206	– 14,0	1948
Gesundheitswesen			
Krankenhäuser	237	– 3,7	1948

1) Letzte verfügbare Angabe
2) Besatzungszonen, das heutige Bundesgebiet umfaßt 248 454 km²
3) Bevölkerung in den Besatzungszonen, die Bevölkerung des heutigen Bundesgebiets umfaßte 1947 rund 46 992 000 Einwohner
4) Im heutigen Bundesgebiet
5) Gebietsstand 31. 12. 1937
6) Im heutigen Bundesgebiet ohne Bremen, Rheinland-Pfalz, Saarland, Berlin
7) Schätzung aufgrund der ausgegebenen Lebensmittelkarten

Statistische Zahlen 1948

Erhebungsgegenstand	Wert	Vergleich Vorjahr (%)	Stand
Sozialleistungen			
Mitglieder der gesetzlichen Krankenversicherung	2805887	–	1948
Rentenversicherung d. Arbeiter	262016	–	1948
Rentenversicherung d. Angestellten	76863	–	1948
Knappschaftl. Rentenversicherung	19534	–	1948
Empfänger von Arbeitslosengeld und -hilfe	52564	–	Dezember 1948
Finanzen und Steuern			
Gesamtausgaben des Staates in Mio. öS	5707	–	1948
Gesamteinnahmen des Staates in Mio. öS	5725	–	1948
Löhne und Gehälter			
Wochenarbeitszeit in der Industrie (Stunden)	48	–	1947[1]
Durchschnittl. Stundenverdienst männlicher Arbeiter in öS	3,71	+17,8	März 1948
weiblicher Arbeiter in öS	2,65	+19,4	März 1948
Bruttowochenverdienst männlicher Arbeiter in öS	143	+14,4	1948
weiblicher Arbeiter in öS	125	+15,7	1948
Preise			
Index der Einzelhandelspreise (1938 = 100)	329	–	1948
Einzelhandelspreise ausgewählter Lebensmittel in öS			
Butter, 1 kg	12,20	–	März 1948
Weizenmehl, 1 kg	1,60	–	März 1948
Schweinefleisch, 1 kg	13,00	–	März 1948
Rindfleisch, 1 kg	7,50	–	März 1948
Eier, 1 Stück	0,59	–	März 1948
Kartoffeln, 1 kg	0,39	–	März 1948
Index der Lebenshaltungskosten für 4-Personen-Arbeitnehmer-Haushalt mit mittlerem Einkommen (1938 = 100)	321,2	+52,4	1948
Bruttonationalprodukt in Mio. öS	32059	–	1948

	Wien	Salzburg	Graz	Klagenfurt	Innsbruck	Feldkirch
Klimatische Verhältnisse						
Mittl. Lufttemperatur (°C)(						
Januar	3,0	3,6	1,4	2,3	2,5	3,6
Februar	0,9	–0,1	–0,4	4,5	0,3	1,3
März	6,7	5,6	5,6	14,5	7,2	8,5
April	12,1	10,0	10,6	16,4	10,4	10,6
Mai	17,1	15,0	15,4	21,7	16,0	14,8
Juni	17,5	14,8	16,1	23,0	15,5	15,1
Juli	18,1	15,7	17,1	22,7	16,0	15,1
August	19,3	17,1	18,0	24,7	17,6	17,2
September	16,2	14,1	14,9	21,4	14,9	14,3
Oktober	10,5	9,2	9,7	14,4	9,6	9,6
November	4,6	3,8	3,3	7,2	3,6	3,8
Dezember	–1,5	–2,3	–1,9	–0,2	–2,0	–1,4
Niederschlagsmengen (mm)						
Januar	93	100	64	94	91	88
Februar	110	84	26	31	109	90
März	39	128	12	4	45	26
April	16	53	47	81	46	55
Mai	26	86	66	74	43	55
Juni	62	229	210	196	173	219
Juli	87	233	166	286	115	181
August	76	174	59	174	138	144
September	45	47	24	43	43	64
Oktober	51	55	105	155	29	41
November	12	39	21	37	21	23
Dezember	26	25	15	27	16	36
Tage mit Schneefall im Jahr	28	23	24	18	31	21
Sonnenscheindauer (Std.)						
Januar	45	71	66	41	72	73
Februar	89	90	130	136	100	89
März	204	184	257	258	204	241
April	211	191	181	182	186	226
Mai	284	244	225	214	241	264
Juni	236	188	238	241	183	200
Juli	229	177	249	247	167	171
August	245	202	241	238	192	186
September	216	202	219	179	230	225
Oktober	95	134	141	111	151	148
November	59	91	95	76	115	83
Dezember	44	95	52	40	107	56

[1] Letzte verfügbare Angabe
[2] Betriebsinhaber
[3] Bundes- und Landesstraßen

Schweiz

Erhebungsgegenstand	Wert	Vergleich Vorjahr (%)	Stand
Fläche (km^2)	41294,9	±0,0	1948
Bevölkerung			
Wohnbevölkerung	4628457	+0,9	1948[2]
männlich	2254834	+0,9	1948[2]
weiblich	2373623	+0,8	1948[2]
Einwohner je km^2	112,1	+2,4	1948[2]
Lebendgeborene	87763	±0	1948
Gestorbene	49679	–3,3	1948
Eheschließungen	39274	–0,3	1948
Ehescheidungen	4244	–	1946/50[3]
Familienstand der Bevölkerung			
Ledige insgesamt	2196757	–	1941[1]
männlich	1098483	–	1941[1]
weiblich	1098274	–	1941[1]
Verheiratete	1748486	–	1941[1]
Verwitwete und Geschiedene	320460	–	1941[1]
männlich	88279	–	1941[1]
weiblich	232181	–	1941[1]
Religionszugehörigkeit			
Christen insgesamt	4211446	–	1941[1]
katholisch	1754204	–	1941[1]
evangelisch	2457242	–	1941[1]
Juden	19429	–	1941[1]
andere, ohne Konfession	34828	–	1941[1]
Altersgruppen			
unter 5 Jahren	421212	+1,1	1948[2]
5 bis unter 10 Jahren	345101	+5,7	1948[2]
10 bis unter 15 Jahren	306208	–0,9	1948[2]
15 bis unter 20 Jahren	325738	–1,4	1948[2]
20 bis unter 30 Jahren	700768	+0,4	1948[2]
30 bis unter 40 Jahren	689684	–1,7	1948[2]
40 bis unter 50 Jahren	684237	+1,7	1948[2]
50 bis unter 60 Jahren	519089	+1,8	1948[2]
60 bis 70 Jahren	377549	+0,9	1948[2]
70 bis unter 80 Jahren	207480	+3,2	1948[2]
80 und darüber	50391	+3,2	1948[2]
Die zehn größten Städte			
Zürich	379700	+2,4	1948
Basel	179800	+2,3	1948
Genf	147000	+3,2	1948
Bern	141100	+1,9	1948

Erhebungsgegenstand	Wert	Vergleich Vorjahr (%)	Stand
Lausanne	103 500	+ 2,7	1948
St. Gallen	66 500	+ 1,8	1948
Winterthur	64 700	+ 2,1	1948
Luzern	59 800	+ 1,2	1948
Biel	47 200	+ 2,4	1948
La Chaux-de-Fonds	33 300	+ 1,8	1948
Erwerbstätigkeit			
Erwerbstätige	1 992 487	–	1941[1]
männlich	1 422 272	–	1941[1]
weiblich	570 215	–	1941[1]
nach Wirtschaftsbereichen			
Land- und Forstwirtschaft, Tierhaltung und Fischerei	414 936	–	1941[1]
Produzierendes Gewerbe	694 073	–	1941[1]
Handel und Verkehr	236 970	–	1941[1]
Sonstige	646 908	–	1941[1]
Ausländische Arbeitnehmer	113 896	–	1941[1]
Arbeitslose	2 971	– 14,4	1948
Betriebe			
Landwirtschaftliche Betriebe	238 481	–	1939[1]
Nahrungs- und Genußmittel	800	+ 0,9	1948
Textilindustrie	2 529	+ 0,3	1948
Chemie, Erden, Steine, Metalle	2 012	+ 3,9	1948
Uhren	1 115	+ 2,8	1948
Kraft, Wasser, Gas	308	± 0,0	1948
Fremdenverkehr	7 043	–	1948
Sonstige	4 764	+ 4,2	1948
Außenhandel			
Einfuhr in Mio. sFr	4 998,9	+ 3,7	1948
Ausfuhr in Mio. sFr	3 434,5	+ 5,1	1948
Einfuhrüberschuß in Mio. sFr	1 564,3	+ 0,8	1948
Verkehr			
Eisenbahnnetz (km)	5 239,2	–	1948
Beförderte Personen (in 1000)	285 276	– 3,5	1948
Beförderte Güter (in 1000 t)	25 016	– 5,7	1948
Bestand an Kraftfahrzeugen	188 762	+ 23,1	1948
davon Pkw	105 954	+ 28,9	1948
davon Lkw	29 731	+ 2,1	1948
Binnenschiffe zum Gütertransport (Tragfähigkeit in t)	217 048	+ 7,0	1948
Handelsschiffe/Seeschiffahrt (BRT)	40 818	+ 1,0	1948
Luftverkehr			
Beförderte Personen	107 500	+ 25,8	1948
Bildung			
Schüler an Primarschulen	430 720	+ 0,1	1947/48
Sekundar- und Mittelschulen	50 043	+ 0,1	1947/48
Oberen Mittelschulen	8 404	+ 5,0	1947/48
Studenten	13 195	+ 3,4	1947/48
Rundfunk und Fernsehen			
Hörfunkteilnehmer	827 956	+ 4,4	1948
Gesundheitswesen			
Ärzte[4]	3 904	+ 0,6	1948
Zahnärzte[4]	1 761	+ 1,9	1948
Krankenhäuser	532	–	1947[1]
Sozialleistungen			
Mitglieder der gesetzlichen Krankenversicherung	2 855 585	+ 4,5	1948
Empfänger von Arbeitslosengeld und -hilfe	42 330	– 14,2	1948

1) Letzte verfügbare Angabe
2) Schätzung
3) Durchschnitt
4) Praktizierend

Erhebungsgegenstand	Wert	Vergleich Vorjahr (%)	Stand
Finanzen und Steuern			
Gesamtausgaben des Staates in Mio. sFr	1 891,9	– 2,8	1948
Gesamteinnahmen des Staates in Mio. sFr	2 091,1	– 5,3	1948
Schuldenlast des Staates in Mio. sFr	8 009,4	– 2,0	1948
Löhne und Gehälter			
Bruttostundenverdienst männlicher Arbeiter in sFr	2,56	+ 5,8	1948
weiblicher Arbeiter in sFr	1,58	+ 6,0	1948
Index der tariflichen Stundenlöhne in der gewerblichen Wirtschaft (1939 = 100)	195,7	+ 6,0	1948
Preise			
Index der Einzelhandelspreise (1938 = 100)	163	+ 3,2	1948
Einzelhandelspreise ausgewählter Lebensmittel in sFr			
Butter, 1 kg	9,68	+ 6,0	1948
Weizenmehl, 1 kg	1,59	+ 0,6	1948
Schweinefleisch, 1 kg	7,44	+ 3,9	1948
Rindfleisch, 1 kg	5,52	+ 2,4	1948
Eier, 1 Stück	0,34	– 2,9	1948
Kartoffeln, 1 kg	0,36	– 7,7	1948
Vollmilch, 1 l	0,47	+ 6,8	1948
Zucker, 1 kg	1,20	– 1,7	1948
Kaffee, 1 kg	4,74	+ 3,0	1948

	Zürich	Basel	Bern	Genf	Davos	Lugano
Klimatische Verhältnisse						
Mittl. Lufttemperatur (°C)						
Januar	3,8	4,9	3,0	4,1	–3,0	3,3
Februar	2,0	2,3	1,5	2,9	–5,1	4,8
März	8,6	8,1	8,0	9,4	0,5	11,2
April	10,0	10,2	9,2	10,1	3,4	12,3
Mai	14,9	14,6	13,8	15,0	9,2	15,4
Juni	15,9	16,4	15,4	16,4	9,4	19,2
Juli	15,5	16,1	15,3	17,2	9,9	19,9
August	17,3	17,6	16,7	18,7	12,0	20,3
September	14,4	14,2	13,6	14,6	9,0	17,7
Oktober	10,3	9,9	9,3	11,1	4,9	13,4
November	4,5	4,5	3,7	5,4	0,6	8,0
Dezember	0,3	0,9	–0,2	1,5	–4,0	3,0
Niederschlagsmengen (mm)						
Januar	130	106	129	191	100	169
Februar	57	28	32	18	173	20
März	24	5	7	21	59	6
April	64	44	67	103	54	158
Mai	51	79	67	50	34	325
Juni	155	121	126	136	236	141
Juli	170	133	193	75	151	135
August	95	94	136	72	144	443
September	48	67	65	93	51	126
Oktober	25	50	38	42	27	167
November	54	48	55	48	9	4
Dezember	22	12	29	33	27	26
Sonnenscheindauer (Std.)						
Januar	46	45	49	48	72	89
Februar	70	74	83	110	89	184
März	248	241	248	257	209	243
April	186	178	187	202	187	181
Mai	231	218	228	237	190	159
Juni	203	200	205	224	155	263
Juli	147	153	159	230	132	235
August	185	179	184	218	174	225
September	176	203	193	216	198	225
Oktober	121	132	123	139	142	125
November	43	84	73	65	112	125
Dezember	30	83	65	32	114	117

Staatsoberhäupter und Regierungen ausgewählter Länder 1948

Die Einträge zu den wichtigsten Ländern des Jahres 1948 informieren über die Staatsform (hinter dem Ländernamen), Titel und Namen des Staatsoberhaupts sowie in Klammern dessen Regierungszeit. Es folgen – soweit vorhanden – die Regierungschefs, bei wichtigeren Ländern auch die Außenminister des Jahres 1948; jeweils in Klammern stehen die Zeiträume der Amtsausübung. Eine Kurzdarstellung gibt – wo es sinnvoll erscheint – einen Einblick in die innen- und außenpolitische Situation des Landes. Über bewaffnete Konflikte und Unruhegebiete, auf die hier nicht näher eingegangen wird, informiert der Anhang Kriege und Krisenherde des Jahres 1948 gesondert.

Afghanistan
Königreich; *König:* Mohammed Sahir (1933–1973)
Ministerpräsident: Schah Mahmud Khan Gazi (1946–1953)

Ägypten
Königreich; *König:* Faruk (1936–1952)
Ministerpräsident: Mahmud Fahmi an-Nokraschi Pascha (1945/46, 1946–28. 12. 1948), Ibrahim Abd Al Hadi (29. 12. 1948–1949)
Zum Ersten Israelisch-Arabischen Krieg siehe den Anhang Kriege und Krisenherde.

Albanien
Volksrepublik; *Präsident:* Omer Nishani (1946–1953)
Ministerpräsident: Enver Hoxha (1944–1954)
Seit der Ausrufung der Volksrepublik (1947) wird die Wirtschaft nach sowjetischem Muster verstaatlicht, der Boden wird enteignet, die Kommunistische Partei wird Staatspartei.

Algerien
Französisches Generalgouvernement; *Generalgouverneur:* Yves Chataigneau (1944 bis Februar 1948), Marcel Naegelen (Februar 1948 bis 1951)

Argentinien
Republik; *Präsident:* Juan Domingo Perón (1946–1955)
Außenminister: Juan Atilio Bramuglia (1946–1949)

Äthiopien
Kaiserreich; *Kaiser:* Haile Selassie (1930–1974)
Leitender Minister: Bitwoded Makonnen Endelkatschaw (1941–1957)

Australien
Bundesstaat im British Commonwealth
Ministerpräsident: Joseph Benedict Chifley (Labour Party; 1945–1949)
Außenminister: Herbert Vere Evatt (1941–1949)
Britischer Generalgouverneur: William John MacKell (1947–1952)
Von 1945 bis 1949 wandern zwei Millionen Deutsche ein.

Belgien
Königreich; *König:* Für König Leopold III., dem Kollaboration vorgeworfen wird, führt von 1944 bis 1950 sein Bruder Karl Graf von Flandern die Regentschaft.
3./4. Kabinett Spaak, Koalition von Christlich-Sozialen und Sozialisten (1947–19. 11. 1948 und 26. 11. 1948–1949):
Ministerpräsident: Paul Henri Spaak (Sozialist; 1938/39, 1946, 1947–1949)
Außenminister: Paul Henri Spaak (Sozialist; 1939–1949, 1954–1957, 1961–1966)

Bhutan
Königreich; *König:* Jigme Wangchuk (1926–1952)
Das Land erkennt die britische Vormacht an, regelt seine inneren Angelegenheiten jedoch selbständig.

Birma
Britische Kronkolonie/unabhängiger Staat ab 4. 1. 1948
Gouverneur: Sir Hubert Rance (1946–4. 1. 1948)
Präsident: Sao Shwe Thaik (4. 1. 1948–1952)
Ministerpräsident: U Nu (1947–1956, 1957/58, 1960–1962)
Die britische Kronkolonie Birma wird am 4. Januar ein unabhängiger Staat. Zum Guerillakrieg in Birma siehe den Anhang Kriege und Krisenherde.

Bolivien
Republik; *Präsident:* Enrique Hertzog (1947–1949)

Brasilien
Bundesrepublik; *Präsident:* Enrico Gaspar Dutra (1946–1951)
Außenminister: Raúl Fernandes (1947–1951)

Bulgarien
Volksrepublik; *Präsident (Präsident des Präsidiums des Nationalrats):* Mintscho Naitschew (1947–1950)
Ministerpräsident: Georgi M. Dimitrow (1946–1949)
Stellvertretender Ministerpräsident: Kimon S. Georgiew (1946–1962)
Außenminister: Wassil Kolarow (1947–1949)

Ceylon
Konstitutionelle Monarchie ab 4. 2. 1948
König: Georg VI.
Premierminister: Don Stephen Senanayake (4. 2. 1948–1952)
Ceylon wird am 4. Februar eine unabhängige konstitutionelle Monarchie im Commonwealth mit dem britischen Monarchen als Staatsoberhaupt.

Chile
Republik; *Präsident:* Gabriel González Videla (1946–1952)
Das Abklingen der Nachfrage nach Rohstoffen, auf deren Export der wirtschaftliche Aufschwung Chiles während des Zweiten Weltkriegs beruht hat, führt nach Kriegsende zu schweren Wirtschaftskrisen.

China
Republik; *Präsident:* Chiang Kai-shek (1928–1931, 1943–1949, danach in Taiwan 1950–1975)
Ministerpräsident: Tschang tschun (1947–5. 5. 1948), Sun Fo (1931/32, 26. 11. 1948–8. 3. 1949)
1945 bis 1949 tobt in China der dritte Bürgerkrieg zwischen den kommunistischen Truppen Mao Tse-tungs und der Kuomintang (Volkspartei) des Präsidenten Chiang Kai-shek.

Costa Rica
Republik; *Präsident:* Teodoro Picado Michalski (1944–24. 4. 1948), Santos Leon Herrera (24. 4.–3. 5. 1948), José Figueres Ferrer (3. 5. 1948–1949, 1953–1958)

Dänemark
Königreich; *König:* Friedrich IX. (1947–1972)
Ministerpräsident: Hans Hedtoft (1947–1950, 1953–1955)
Außenminister: Gustav Rasmussen (1945–1950)

Dominikanische Republik
Republik; *Präsident (diktatorisch):* Rafael Leónidas Trujillo y Molina (1930–1938, 1942–1952)

Ecuador
Republik; *Präsident:* Carlos Julio Arosemana Tola (1947–31. 8. 1948), Galo Plaza Lasso (1. 9. 1948–1952)

El Salvador
Republik; *Präsident:* Salvador Castañeda Castro (1945–15. 12. 1948)
Vorsitzender einer Militärjunta: Manuel de Jesús Córdoba (15. 12. 1948–1949)

Finnland
Republik; *Präsident:* Juho Kusti Paasikivi (1946–1956)
Ministerpräsident: Mauno Pekkala (1946–23. 7. 1948), Karl-August Fagerholm (29. 7. 1948–1950, 1956/57, 1958)
Außenminister: Carl Enckell (1918/19, 1922, 1924, 1944–1950)
Zum Vertrag mit der Sowjetunion siehe den Anhang Kriege und Krisenherde.

Frankreich
Republik; *Präsident:* Vincent Auriol (Sozialist; 1947–1954)
1. Kabinett Schuman (Republikanische Volksbewegung; 1947–19. 7. 1948):
Ministerpräsident: Robert Schuman (1947–19. 7. 1948, 31. 8./5. 9.–8. 9. 1948)
Außenminister: Georges Bidault (1944–1946, 1947–19. 7. 1948)
Wiederaufbau: René Coty (1947–8. 9. 1948)
Landwirtschaft: Pierre Pflimlin (1947–1949)
Pensionen und Kriegsteilnehmer: François Mitterrand (1947, 1947–19. 7. 1948)
Kabinett Marie (Radikalsozialist; 27. 7.–27. 8. 1948):
Ministerpräsident: André Marie (27. 7.–27. 8. 1948)
Stellvertretender Ministerpräsident: Léon Blum (27. 7.–27. 8. 1948)
Außenminister: Robert Schuman (27. 7. 1948–1952)
Wiederaufbau: René Coty (1947–8. 9. 1948)
Landwirtschaft: Pierre Pflimlin (1947–1949)
2. Kabinett Schuman (Republikanische Volksbewegung; 31. 8./5. 9.–8. 9. 1948):
Ministerpräsident: Robert Schuman (1947–19. 7. 1948, 31. 8./5. 9.–8. 9. 1948)
Stellvertretender Ministerpräsident: André Marie (31. 8./5. 9. 1948–1949)
Außenminister: Robert Schuman (27. 7. 1948–1952)
Wiederaufbau: René Coty (1947–8. 9. 1948)
Landwirtschaft: Pierre Pflimlin (1947–1949)
1. Kabinett Queuille (Radikalsozialist; 13. 9. 1948–1949):
Ministerpräsident: Henri Queuille (13. 9. 1948–1949, 1950, 1951)
Stellvertretender Ministerpräsident: André Marie (31. 8./5. 9. 1948–1949)
Außenminister: Robert Schuman (27. 7. 1948–1952)
Justiz: André Marie (13. 9. 1948–1949)
Finanzen: Henri Queuille (13. 9. 1948–1949)
Verteidigung: Paul Ramadier (13. 9. 1948–1949)
Landwirtschaft: Pierre Pflimlin (1947–1949)
Zum Indochinakrieg und dem Aufstand auf Madagaskar sowie zur Blockbildung siehe den Anhang Kriege und Krisenherde.

Griechenland
Konstitutionelle Erbmonarchie; *König:* Paul (1947–1964)
Ministerpräsident: Themistokles Sofulis (1924, 1945/46, 1947–12. 11. 1948, 17. 11. 1948–1949)
Außenminister: Konstandinos Tsaldaris (1946–1950)
Die Gegenregierung der Kommunisten in

Nordgriechenland steht unter der Führung des Generals Markos (Markos Wafiadis), siehe den Anhang Kriege und Krisenherde.

Großbritannien
Konstitutionelle Erbmonarchie; *König:* Georg VI. (1936–1952)
Premierminister: Clement Richard Attlee (Labour Party; 1945–1951)
Außenminister: Ernest L. Bevin (1945–1951)

Guatemala
Republik; *Präsident:* Juan José Arévalo (1945–1951)

Haiti
Republik; *Präsident:* Dumarsais Estimé (1946–1950)

Honduras
Diktatur; *Präsident:* Tiburcio Carías Andino (1933–31. 12. 1948)

Indien
Dominion im British Commonwealth
Ministerpräsident und Außenminister: Jawaharlal Nehru (1946/47–1964)
Britischer Generalgouverneur: Louis Viscount Mountbatten of Burma (1947–21. 6. 1948, Chakravarti Rajagopalachari (21. 6. 1948–1950)
Zum Kaschmirkonflikt zwischen Indien und Pakistan und zur Situation des Landes nach der 1947 erhaltenen Unabhängigkeit siehe den Anhang Kriege und Krisenherde.

Indochinesische Union
Französisches Protektorat; *Oberkommissar:* Emile Bollaert (1947–11. 10. 1948), Léon Pignon (20. 10. 1948–1950)
Seit 1946 tobt der Indochinakrieg, siehe Kriege und Krisenherde.

Indonesien
Republik bzw. niederländische Kolonie
Präsident: Achmed Sukarno (1945/49–1967)
Ministerpräsident: Amir Scharif ud-Din (1947–21. 1. 1948), Mohammed Hatta (29. 1. 1948 bis Dezember 1948)
Ministerpräsident Hatta wird am 19. Dezember 1948 von den Niederländern inhaftiert. – Die Unabhängigkeit der 1945 von Sukarno proklamierten Republik Indonesien wird von den Niederlanden erst 1949 anerkannt; siehe den Anhang Kriege und Krisenherde.

Irak
Königreich; *König:* Faisal II. (1939–1958)
Regent: Abd Al Ilah (1939–1953)
Ministerpräsident: Sajjid Salih Dschabr (1947–26. 6. 1948)
Muzahim al-Badschadschi (26. 6. 1948–1949)

Iran
Kaiserreich; *Schah:* Mohammad Resa Pahlawi (1941–1979)
Ministerpräsident: Ibrahim Hakimi (1945, 1945/46, 1947–8. 6. 1948), Abdul Hajir Hussein (13. 6.–6. 11. 1948), Mohammed Saed (1944, 1944, 9. 11. 1948–1950, 1950)

Irland
Republik; *Präsident:* Sean Thomas O'Kelly (1945–1959)
Ministerpräsident und Außenminister: Eamon de Valera (1919/21, 1932–18. 2. 1948, erneut Ministerpräsident 1957–1959)
Ministerpräsident: John Aloysius Costello = Sean Ua Coisdealbha (18. 2. 1948–1951, 1954–1957)
Außenminister: Sean MacBride (18. 2. 1948–1951)

Island
Republik; *Präsident:* Sveinn Björnsson (1944–1952)
Ministerpräsident: Stefan Johann Stefanson (1947–1949)

Israel
Republik; (Proklamiert am 14. Mai 1948)
Präsident: Chaim Weizmann (14. 5. 1948–1952)
Ministerpräsident: David Ben Gurion (17. 5. 1948/49–1953, 1955–1963)
Zur Proklamation des Staats Israel und zum Ersten Israelisch-Arabischen Krieg, der einen Tag später ausbricht, siehe den Anhang Kriege und Krisenherde.

Italien
Republik; *Präsident:* Enrico de Nicola (1946–10. 5. 1948), Luigi Einaudi (11. 5. 1948–1955)
5. Kabinett Gasperi (1947–4. 5. 1948):
Ministerpräsident: Alcide De Gasperi (Democrazia Cristiana; 1945–1953)
Stellvertretender Ministerpräsident: Luigi Einaudi (liberal; 1947–10. 5. 1948)
Außenminister: Carlo Graf Sforza (1947–1951)
6. Kabinett Gasperi (23. 5. 1948–1950):
Ministerpräsident: Alcide De Gasperi (Democrazia Cristiana; 1945–1953)
Außenminister: Carlo Graf Sforza (1947–1951)

Japan
Kaiserreich; *Kaiser (Tenno):* Hirohito (seit 1926)
Ministerpräsident: Tetsu Katayama (1947–9. 2. 1948), Hitoschi Aschida (23. 2.–7. 10. 1948), Shigeru Yoshida (1946/47, 14. 10. 1948–1954)
Außenminister: Hitoschi Aschida (1947–6. 10. 1948), Shigeru Yoshida (1945–1947, 19. 10. 1948–1954)

Jemen (Sana)
Königreich; *König:* Hamid Ad Din Jahja (1918–17. 2. 1948, davor Imam 1904–1918), Ahmad Ibn Jahja (14. 3. 1948–1962)

Jordanien
Siehe Transjordanien

Jugoslawien
Volksrepublik; *Vorsitzender des Präsidiums der Nationalversammlung:* Johann Ribar (1945–1953)
Ministerpräsident: Josip Broz Tito (1943–1953), danach Staatspräsident)
Zum Konflikt mit der UdSSR siehe den Anhang Kriege und Krisenherde.

Kambodscha (Kampuchea)
Von Frankreich besetztes Königreich
König: Norodom Sihanuk (1941–1955, danach Ministerpräsident)
Ministerpräsident: Prinz Monireth (1946–1948), Son Ngoc Thanh (1945, 1948/49, 1951)
Am 16. Dezember 1948 bzw. am 8. November 1949 wird das Land unabhängig im Rahmen der Französischen Union.

Kanada
Monarchie im British Commonwealth
Premier- und Außenminister: William Lyon Mackenzie King (liberal; 1921–1926, 1926–1930, 1935–15. 11. 1948), Louis Stephen Saint Laurent (liberal; 15. 11. 1948–1957)

Kirchenstaat
Siehe Vatikanstadt

Kolumbien
Republik; *Präsident:* Mariano Ospina Pérez (1946–1950)
Zum Bürgerkrieg in Kolumbien siehe den Anhang Kriege und Krisenherde.

Korea (Nordkorea)
Republik (Proklamiert am 9. 9. 1948); Das ehemalige japanische Generalgouvernement Korea ist seit 1945 in zwei Besatzungszonen geteilt. Nördlich des 38. Breitengrades herrschen die Sowjets, südlich davon die USA.
Präsident: Kim Du-bong (1948–1958)
Ministerpräsident: Kim Il Sung (9. 9. 1948–1972, danach Staatspräsident ab 1972)

Korea (Südkorea)
Republik (Proklamiert am 15. 8. 1948);
Präsident: Syngman Rhee (15. 8. 1948–1960)

Kuba
Republik; *Präsident:* Ramón Grau San Martin (1933/34, 1944–10. 10. 1948), Carlos Prios Socarrás (10. 10. 1948–1952)

Kuwait
Emirat unter britischem Protektorat
Emir: Scheich Ahmad (1921–1950)

Laos
Königreich (Unter französischem Protektorat); *König:* Sisavong Vong (1904–1959)

Libanon
Republik; *Präsident:* Bischara Bey al-Churi (1943–1952)
Ministerpräsident: Rijad as-Sulh (1943, 1944/45, 1946–1951)

Liberia
Republik; *Präsident und Ministerpräsident:* William Tubman (1943–1971)

Libyen
Unter britischer bzw. französischer Besatzung
Seit 1943 unterstehen Cyrenaika und Tripolis britischer Besatzung, der Fessan ist von den Franzosen besetzt.

Liechtenstein
Fürstentum; *Fürst:* Franz Joseph II. (seit 1938)

Luxemburg
Großherzogtum; *Großherzogin:* Charlotte (1919–1964)
Ministerpräsident: Pierre Dupong (1937–1945, 1945–1953)
Außenminister: Joseph Bech (1937–1958)

Malta
Britische Kolonie; *Gouverneur:* Sir Francis Douglas (1946–1949)
Ministerpräsident: Paul Boffa (1947–1950)

Marokko
Sultanat (Unter französischem Protektorat); *Sultan:* Sidi Muhammad (1927–1953, 1955–1957, als Muhammad V. König 1957–1961)
Großwesir: Muhammad al-Muqri (1917–1955)
Französischer Resident: General Alphonse Juis (1947–1951)

Mexiko
Bundesrepublik; *Präsident:* Miguel Alemán Váldez (1946–1952)

Monaco
Fürstentum; *Fürst:* Ludwig II. (1922–1949)

Mongolische Volksrepublik
Volksrepublik; *Präsident:* Amor Gochighigin Bumatsende (1934–1953)
Ministerpräsident: Korlin Tschoibalsan (1924–1952)

Nepal
Königreich; *König:* Tribhuvana (1911–1950, 1952–1955)

Neuseeland
Monarchie im British Commonwealth
Staatsoberhaupt: Georg VI. von Großbritannien

Premierminister: Peter Fraser (1940–1949)
Britischer Generalgouverneur: Bernard Cyril Freyberg (1946–1952)

Nicaragua
Diktatur; *Präsident:* Victor Manuel Román y Reyes (1947–1950)
Anastasio Somoza García regiert 1947 bis 1950 durch Marionettenpräsidenten.

Niederlande
Königreich; *Königin:* Wilhelmina (1890–2. 9. 1948), Juliana (2. 9. 1948–1980)
1. Kabinett Beel (katholisch; 1946–7. 7. 1948):
Ministerpräsident: Louis Beel (1946–7. 7. 1948, 1958/59)
Außenminister: Carel Godfried Willem Hendrik Baron van Boetzelaer van Oosterhout (1946–7. 7. 1948)
1. Kabinett Drees (sozialistisch; 7. 8. 1948–1951):
Ministerpräsident: Willem Drees (1948–1951, 1951/52, 1952–1956, 1956–1958)
Außenminister: Dirk Uipko Stikker (1948–1952)
Belgien, die Niederlande und Luxemburg bilden die Benelux-Zollunion, die am 1. Januar 1948 in Kraft tritt. Zum Unabhängigkeitskampf Indonesiens siehe den Anhang Kriege und Krisenherde.

Nordirland
Teil von Großbritannien; *Ministerpräsident:* Sir Basil Stanlake Brooke (1943–1963)

Norwegen
Königreich; *König:* Håkon VII. (1905–1957)
Ministerpräsident: Einar Gerhardsen (Sozialist; 1945–1951, 1955–1963, 1963–1965)

Oman
Sultanat; *Sultan:* Said bin Taimur (1932–1970)

Pakistan
Monarchie im British Commonwealth
Staatsoberhaupt: Georg VI. von Großbritannien
Ministerpräsident: Liaquat Ali Khan (1947–1951)
Zum Kaschmirkonflikt mit Indien siehe den Anhang Kriege und Krisenherde.

Palästina
Britisches Völkerbundsmandat bis 15. Mai 1948; *Oberkommissar:* Sir Alan Gordon Cunningham (1946–15. 5. 1948)
Die UN-Vollversammlung hat 1947 die Teilung Palästinas beschlossen. Am 14. Mai 1948 wird der Staat Israel proklamiert. Nach dem Ersten Israelisch-Arabischen Krieg 1948/49 fällt das nach dem UN-Teilungsplan für den arabischen palästinensischen Staat vorgesehene Gebiet an mehrere der kriegführenden Mächte (Israel, Ägypten, Jordanien).

Panama
Republik; *Präsident:* Enrique Adolfo Jiménez (1945–7. 8. 1948), Domingo Díaz Arosemana (7. 8. 1948–1949)

Papst
Siehe Vatikanstadt

Paraguay
Diktatur/Republik; *Präsident:* Higinio Morínigo (1940–3. 6. 1948), Juan Manuel Frutos (3. 6.–15. 8. 1948), Juan Natalicio González (15. 8. 1948–1949)

Persien
Siehe Iran

Peru
Republik; *Präsident:* José Luis Bustamente y Rivero (1945–30. 10. 1948), Manuel A. Odría Amoretti (2. 11. 1948–1956)

Philippinen
Republik; *Präsident:* Manuel Roxas (1946–16. 4. 1948), Elpidio Quirino (16. 4. 1948–1953)

Polen
Volksrepublik; *Präsident:* Bolesław Bierut (1945–1956)
Ministerpräsident: Józef Cyrankiewicz (1947–1952, 1954–1970, danach Staatspräsident 1970–1972)
Außenminister: Sigmund Modzelewski (1947–1951)

Portugal
Diktatur; *Präsident:* António Oscar Fragoso Carmona (1926–1951)
Ministerpräsident: António de Oliveira Salazar (1932–1968)
Außenminister: José Caeiro de Mata (1933–1935, 1947–1950)

Rumänien
Volksrepublik; *Staatspräsident:* Michael Sadoveanu (1947–2. 4. 1948), Constantin I. Parhon (2. 4. 1948–1952)
Ministerpräsident: Petru Groza (1945–1952)

Saudi-Arabien
Königreich; *König:* Abd Al Asis (1932–1953)

Schweden
Königreich; *König:* Gustav V. (1907–1950)
Ministerpräsident: Tage Erlander (Sozialist; 1946–1969)
Außenminister: Östen Undén (1924–1926, 1945–1962)

Siam
Siehe Thailand

Sowjetunion
Siehe UdSSR

Spanien
Diktatur (Monarchie); *Nationaler Staatspräsident und Vorsitzender des Ministeriums:* Francisco Franco Bahamonde (1936–1975)
Außenminister: Alberto Martin Artajo (1945–1957)

Südafrikanische Union
Dominion im British Commonwealth
Ministerpräsident: Jan Christiaan Smuts (1919–1924, 1939–28. 5. 1948), Daniel François Malan (3. 6. 1948–1954)
Generalgouverneur: Gideon Brand van Zyl (1945–1951)

Syrien
Republik; *Präsident:* Schukri Al Kuwwatli (1943–1949)

Thailand
Königreich; *König:* Rama IX. Bhumiopol (seit 1946, bis 1950 unter Regentschaft)
Regent: Prinz Rangsit von Chainat (1946–1950)
Ministerpräsident): Nai Khuang Aphaiwong (1944/45, 1946, 1946 bis April 1948), Marschall Luang Pibul Songgram (1938–1944, 15. 4. 1948–1957)

Tibet
Autonomer Staat (unter der Herrschaft eines Dalai-Lama); *14. Dalai-Lama:* Tenzin Gjatso (1935 geboren und gefunden, 1939 inthronisiert, im Exil ab 1959)
7. Pantschen-Lama: Tschökji Gjaltsen (seit 1938)

Transjordanien
Königreich; *König:* Abdallah (1946–1951, zuvor Emir 1921–1946)
Zum Ersten Israelisch-Arabischen Krieg siehe den Anhang Kriege und Krisenherde.

Triest
Freies Gebiet (Unter der Aufsicht der Vereinten Nationen); *Militärgouverneur der US-amerikanisch-britischen Zone A:* Generalmajor Terence Airey (Brite; 1947–1951)
Militärgouverneur der jugoslawischen Zone B: Oberst Stomatović (Jugoslawe; 1947–1954)

Tschechoslowakei
Republik; *Präsident:* Eduard Beneš (1935–1938, 1945–7. 6. 1948), Klement Gottwald (14. 6. 1948–1953)
Ministerpräsident: Klement Gottwald (Kommunist; 1946–14. 6. 1948), Antonín Zapotocký (Kommunist; 15. 6. 1948–1953)
Außenminister: Jan Masaryk (1945–10. 3. 1948), Vladimir Clementis (14. 6. 1948–1950)
Zum Staatsstreich durch die Kommunisten siehe den Anhang Kriege und Krisenherde.

Tunesien
Französisches Protektorat; *Bei:* Muhammad VIII. Al Amin (1943–1957)
Französischer Generalresident: Jean Mons (1947–1950)

Türkei
Republik; *Präsident:* Mustafa Ismet Pascha, seit 1934 genannt Ismet Inönü (1938–1950)
Ministerpräsident: Hasan Saka (1947–1949)
Außenminister: Necmettin Sadak (1947–1950)

UdSSR
Republik; *Präsident (Vorsitzender des Präsidiums des Obersten Sowjets):* Nikolai M. Schwernik (1946–1953)
Parteichef: Josef W. Stalin (1922–1953)
Ministerpräsident/Vorsitzender des Rates der Volkskommissare: Josef W. Stalin (1941–1953)
Verteidigungsminister: Nikolai A. Bulganin (1947–1949)
Außenminister: Wjatscheslaw M. Molotow (1939–1949)
Zur Krise um Berlin und zur Blockbildung siehe den Anhang Kriege und Krisenherde.

Ungarn
Volksrepublik; *Präsident:* Zoltán Tildy (1946–30. 7. 1948, davor Ministerpräsident 1945/46), Árpád Szakasits (2. 8. 1948–1950)
Ministerpräsident: Lajos Dinnyes (1947–9. 12. 1948), István Dobi (9. 12. 1948–1952)
Außenminister: Erik Molnár (1947–11. 8. 1948), László Rajk (11. 8.–9. 12. 1948), Mátyás Rákosi (9. 12. 1948–1952)

Uruguay
Republik; *Präsident:* Luis Batlle y Berres (1947–1951, 1953/34)

USA
Bundesrepublik; *33. Präsident:* Harry S. Truman (Demokrat; 1945–1953)
Staatssekretär (Außenminister): George Catlett Marshall (1947–1949)
Verteidigung: James Forrestal (1947–1949)
Zur Krise um Berlin und zur Blockbildung siehe den Anhang Kriege und Krisenherde.

Vatikanstadt
Absolute Monarchie; *Papst:* Pius XII., ursprünglich Eugenio Pacelli (1939–1958, zuvor Kardinalstaatssekretär unter Pius XI. 1930–1939)

Venezuela
Republik; *Präsident:* Rómulo Betancourt (1945–15. 2. 1948, 1959–1964), Rómulo Gallegos (15. 2.–23. 11. 1948), Carlos Delgado Chalbaud (25. 11. 1948–1950)

Kriege und Krisenherde des Jahres 1948

Die herausragenden politischen und militärischen Krisensituationen des Jahres 1948 werden – alphabetisch nach Ländern geordnet – im Überblick dargestellt. Internationale Kriege und Krisenherde sind dem alphabetischen Länderverzeichnis vorangestellt.

Blockbildung in Europa

Vor dem Hintergrund des sich verschärfenden Konflikts der beiden Großmächte USA und UdSSR schließen sich die westlichen und die östlichen Staaten 1948 enger zusammen. In Brüssel vereinbaren am 17. März 1948 Großbritannien, Frankreich, Belgien, Luxemburg und die Niederlande einen Pakt für 50 Jahre, der eine Zusammenarbeit auf wirtschaftlichem, sozialem und kulturellem Gebiet sowie militärischen Beistand vorsieht (Brüsseler Pakt). Die weitere Integration der westdeutschen Besatzungszonen in die westliche Welt erfolgt auf wirtschaftlichem Gebiet am 16. April 1948 mit der Gründung der OEEC, der Organisation für europäische wirtschaftliche Zusammenarbeit mit Sitz in Paris. Hauptaufgabe dieses Wirtschaftsrats, dem neben den westdeutschen Besatzungszonen Belgien, Dänemark, Frankreich, Österreich, die Schweiz und Schweden angehören, ist die Verteilung der Mittel aus dem Europäischen Wiederaufbauprogramm (ERP, Marshallplan)) der USA.
Das wirtschaftliche und militärische Zusammenrücken der westlichen Staaten wird von der UdSSR mit Mißtrauen beobachtet. Als Reaktion darauf schließt die Sowjetunion 1948 Freundschafts- und Beistandsverträge mit Rumänien (4. 2.), Ungarn (18. 2.) und Bulgarien (18. 3.). Am 6. April unterzeichnet die Sowjetunion außerdem einen Freundschaftspakt mit Finnland, der allerdings die Neutralität der Finnen im Ost-West-Konflikt gewährleistet.

Spaltung Berlins

Trotz der Verpflichtung der Alliierten, die vier deutschen Besatzungszonen als einheitliches Wirtschaftsgebiet zu behandeln, werden in den Zonen unterschiedliche Währungsreformen durchgeführt. Am 21. Juni 1948 wird in den drei Westzonen die Reichsmark (RM) auf Deutsche Mark (DM), umgestellt. Am 23. Juni wird auch in der sowjetischen Besatzungszone eine Währungsreform durchgeführt, die sich auch auf Berlin erstreckt. Am 24. Juni sperrt die UdSSR die Land- und Wasserwege für den Personen- und Güterverkehr zwischen den Westsektoren Berlins und Westdeutschland (Berlinblockade), um Berlin unter ihre Kontrolle zu bringen. Durch eine Luftbrücke stellen die USA und Großbritannien die Versorgung der Westsektoren sicher.
Nach der massiven Störung der im Sowjetsektor von Berlin tagenden Berliner Stadtverordnetenversammlung durch SED-Demonstranten zieht die Mehrheit der Abgeordneten und des Magistrats – mit Ausnahme der SED-Fraktion – am 6. September in den Westen der Stadt. Die Stadtverordnetenversammlung im Sowjetsektor Berlins erklärt am 30. November den Berliner Magistrat für abgesetzt und wählt den SED-Politiker Friedrich Ebert zum Oberbürgermeister von Berlin (Ost) und einen »provisorischen demokratischen Magistrat«.
Die Westmächte protestieren gegen die Errichtung dieses »Ostsektoren-Magistrats«, die sowjetische Militäradministration erkennt ihn jedoch an.
Die Spaltung der Stadt und der Konflikt zwischen den Westmächten und der Sowjetunion hinsichtlich der Deutschlandfrage zeichnete sich bereits vorher ab: Am 20. März 1948 fand zum letzten Mal die Sitzung des Alliierten Kontrollrats, des aus den vier Oberbefehlshabern der Besatzungsmächte Frankreich, Großbritannien, USA und UdSSR gebildeten obersten Regierungsorgans in Deutschland, statt. Aus Protest gegen die ersten Beschlüsse der seit dem 23. Februar tagenden Londoner Sechsmächtekonferenz zu Deutschland verließ der sowjetische Vertreter die Sitzung des Kontrollrats. Die Londoner Sechsmächtekonferenz (USA, Großbritannien, Frankreich und die Beneluxstaaten) publizierte am 7. Juni als Abschlußdokument der Beratungen über eine gemeinsame staatliche Ordnung in den westdeutschen Besatzungszonen die Londoner Empfehlungen, in denen eine eigene Verfassung für die drei Westzonen auf föderativer Grundlage vorgesehen ist.

Kämpfe in Birma

Am 4. Januar 1948 wird die von Großbritannien unabhängige Republik Union Birma (Birmanische Union) gegründet. Der nach föderativen Prinzipien gegliederte Unionsstaat umfaßt das birmesische Kernland und die von Minderheiten bewohnten Staaten Schan, Katschin, Karen, Kayah und Chin. Die Regierung des Ministerpräsidenten U Nu kann ihre Autorität jedoch nur bedingt geltend machen, da die 1945 ausgebrochenen bürgerkriegsähnlichen Wirren auch nach der Proklamation der Republik anhalten. Die Partisanen der Peking-freundlichen »Weiße-Fahne-Kommunisten« und die Kommunisten der »Roten Fahne« kämpfen um die Vorherrschaft in einzelnen Regionen: Die christlichen Karen wehren sich gegen die buddhistische Zentralgewalt, die arakischen Moslems an der Grenze zu Ostpakistan fordern den Anschluß ihrer Heimat an das Nachbarland, auch zahlreiche Anhänger der antijapanischen Befreiungsbewegung sind nicht zur Zusammenarbeit mit der Regierung bereit. Zu einem großen Aufstand der von der »Weißen Fahne« unterstützten Karen kommt es im Dezember.

Chiang Kai-shek am Ende

1945 bis 1949 tobt in China der dritte Bürgerkrieg zwischen den kommunistischen Truppen Mao Tse-tungs und der Kuomintang (Nationale Volkspartei) des Präsidenten Chiang Kai-shek. Die erste Phase dieses Kriegs war durch die Offensiven der von den USA unterstützten Kuomintang gekennzeichnet (1946/47), der es aber nicht gelang, die Kommunisten entscheidend zu schwächen. Die Kommunisten wichen dem offenen Schlagabtausch aus und versuchten, den Gegner im Partisanenkampf und in kleineren Gefechten zu ermüden. Anfang 1948 erobern sie mehrere Städte südlich der Großen Mauer zurück und bringen die Eisenbahnlinie zwischen Peking und Taiyüan unter ihre Kontrolle. Ab Sommer 1948 wird der Vormarsch der Kommunisten unaufhaltsam, immer mehr Soldaten und Offiziere der Kuomintang schließen sich den Truppen Maos an. Drei große Kesselschlachten im Herbst und Winter 1948/49 bringen dann den Erfolg für die Kommunisten.

Griechischer Bürgerkrieg

Bis zum Sommer 1948 verlieren die griechischen Kommunisten rund 80% des von ihnen in dem seit 1946 andauernden Bürgerkrieg eroberten nordgriechischen Gebiets wieder an die Royalisten, ihre Kampfstärke beläuft sich nur noch auf 10 000 bis 15 000 Mann.
Im Frühjahr 1947 hatte die konservative griechische Regierung die USA offiziell um Unterstützung gegen die Demokratische Armee Griechenlands gebeten, in der sich 1946 verschiedene republikanische, kommunistische und andere antimonarchische Partisanengruppen zusammengeschlossen hatten (in einer manipulierten Volksabstimmung hatten sich die Griechen 1946 für die Monarchie und die Rückkehr König Pauls I. ausgesprochen). Am 18. November 1947 wurde ein griechisch-US-amerikanischer Generalstab gebildet, der die militärischen Aktionen gegen die Partisanen zentral leitet. Mitte des Jahres 1947 belief sich die Zahl der aktiven Widerstandskämpfer noch auf knapp 90 000, hinzu kamen rund 250 000 Sympathisanten. Am 24. Dezember 1947 wurde im Rundfunk die »Freie Demokratische Regierung Griechenlands« unter General Markos Wafiades proklamiert.

Weiter Unruhen in Indien

Die Unruhen zwischen Moslems und Hindus auf dem indischen Subkontinent halten weiter an. Großbritannien hat 1947 nach jahrzehntelangen Kämpfen Indien in die Unabhängigkeit entlassen. Infolge der traditionellen Spannungen zwischen Hindus und Moslems, die sich in der letzten Phase des Unabhängigkeitskampfs noch verstärkt hatten – seit 1946 kommt es zu bürgerkriegsähnlichen Auseinandersetzungen –, ist das ehemalige britische Vizekönigreich in zwei Staaten zerfallen, das hinduistische Indien und den Moslem-Staat Pakistan, der seinerseits aus den mehr als 1500 km weit auseinanderliegenden Landesteilen Ost- und Westpakistan besteht. Die Teilung des Subkontinents führt zur Massenflucht von Hindus und Sikhs aus Pakistan und Moslems aus der Indischen Union. Im Pandschab und in Ostbengalen, wo die endgültigen Grenzen zwischen Indien und Pakistan noch umstritten sind, sind erbitterte Kämpfe zwischen Hindus, Moslems und Sikhs ausgebrochen, denen 1947/48 mehrere Millionen Menschen zum Opfer fallen.

Indochinakrieg

Um die Unabhängigkeitsbewegung in Vietnam zu spalten und die bürgerlichen Kräfte von der Unterstützung der Vietminh abzubringen, unterstützt die Kolonialmacht Frankreich die Einberufung einer Provisorischen Zentralregierung Vietnams mit Sitz in Saigon am 27. Mai 1948 unter Führung des Ministerpräsidenten General Nguyên Van Xuan, der jedoch keinen Rückhalt in der Bevölkerung findet. – Seit 1946 wird in Vietnam zwischen den Vietminh (bzw. der Vietnamesischen Volksarmee) unter der Führung von Ho Chi Minh und der französischen Kolonialmacht der Indochinakrieg ausgetragen. Während die Franzosen die Kolonialherrschaft weiterführen wollen, fordern die Vietminh volle nationale Souveränität. Die Vietnamesische Volksarmee befolgt die Guerillataktik Mao Tse-tungs gegen die Franzosen, die über 100 000 Soldaten im Lande stehen haben.

Konflikt um Indonesien

Seit 1945 tobt der bewaffnete Kampf des indonesischen Volkes gegen Großbritannien und die niederländischen Kolonialherren. Das durch UN-Vermittlung am 17. Januar 1948 auf dem US-Kriegsschiff »Renville« zustandekommene Waffenstillstandsabkommen zwischen Indonesien und den Niederlanden beschränkt die Gebietshoheit der Republik Indonesien auf Zentraljava und das Hochland von Sumatra.
1946 haben die Niederlande im Abkommen von Linggadjati die Regierung der Republik Indonesien auf Java, Madura und Sumatra de facto anerkannt; auf Bali, Celebes und den benachbarten Inseln besteht der »Groß-Ost-Indonesische Staat«, der eine Föderation mit der Republik der Vereinigten Staaten von Indonesien bilden und zugleich in einer Union mit den Niederlanden verbunden bleiben soll. 1947 haben die Niederlande das Abkommen gebrochen, die Republik auf Java angegriffen und größere Gebiete erobert. Nach dem Renville-Abkommen setzen die Indonesier den Kampf gegen die niederländische Rückeroberung fort. Am 18. Dezember 1948 unternehmen die Niederländer einen Angriff auf Yogyakarta und verhaften am 19. Dezember den indonesischen Staatspräsidenten Achmed Sukarno und die gesamte republikanische Regierung. Dieses Vorgehen wird von den Vereinten Nationen und den USA gleichermaßen verurteilt.

Erster Israelisch-Arabischer Krieg

Nach dem Abzug der letzten britischen Truppen und der Beendigung des britischen Mandats in Palästina proklamiert der jüdische Nationalrat unter dem Vorsitz von David Ben Gurion am 14. Mai 1948 den Staat Israel ohne Festlegung der Grenzen. 1947 haben die Vereinten Nationen die Teilung Palästinas in einen jüdischen und einen arabischen Staat sowie die Internationalisierung Jerusalems beschlossen. Schon einen Tag später greifen arabische Truppen jüdische Siedlungen an, es kommt zum Ersten Israelisch-Arabischen Krieg. Die israelische Regierung erklärt die Hagana, eine paramilitärische

Geheimorganisation, zur regulären Armee. Vermittlungen des UN-Sicherheitsrats bleiben zunächst erfolglos. Am 17. September erschießen jüdische Terroristen den schwedischen UN-Beauftragten Folke Bernadotte. Geheimverhandlungen zwischen israelischen und ägyptischen Delegierten in Paris, die nach der Gründung des Staates Israel aufgenommen werden, scheitern im Oktober an der Weigerung Israels, auf die Besetzung arabischer Gebiete zu verzichten. Die Auseinandersetzungen führen zu einer Massenflucht arabischer Palästinenser aus den von Israel beherrschten Gebieten.
Bereits am 29. November 1947, dem Tag, als die UN-Generalversammlung die Teilung Palästinas in einen arabischen und einen jüdischen Staat empfohlen hatte, waren bürgerkriegsähnliche Unruhen zwischen Arabern und Juden in dem britischen Mandatsgebiet Palästina ausgebrochen. Palästina wird von 1,2 Millionen Arabern und 650 000 Juden bewohnt. Der Nationalismus beider Gruppen ist unvereinbar.
Die UN sahen in der Teilung die einzige Möglichkeit, das Problem zu lösen. Bei den Verhandlungen waren Palästinenser und Juden zwar befragt, aber bei der Entscheidung übergangen worden.

Bruch Jugoslawien/UdSSR

Die ideologischen Auseinandersetzungen zwischen der UdSSR und Jugoslawien, das unter Josip Broz Tito ein eigenes Sozialismusmodell zu verwirklichen sucht, erreichen am 26. Juni 1948 einen ersten Höhepunkt: Die Kommunistische Partei Jugoslawiens wird auf der Bukarester Konferenz aus dem Kommunistischen Informationsbüro (Kominform) ausgeschlossen. Unter Josip Tito, der seit 1943 Regierungschef ist, versucht Jugoslawien einen eigenen kommunistischen Weg zu finden. Kennzeichnend für den Titoismus ist die Dezentralisierung, die Einführung der Arbeiterselbstverwaltung, das Zulassen marktwirtschaftlicher Elemente und eine freiere Kulturpolitik. Die ständige Einmischung der UdSSR in die Innenpolitik Jugoslawiens führt zum Bruch zwischen Tito und dem sowjetischen Partei- und Regierungschef Josef W. Stalin. Die Freundschafts- und Beistandspakte werden aufgekündigt.

Kaschmir-Konflikt

Zwei UN-Resolutionen zur Beendigung der Kampfhandlungen in Kaschmir am 20. Januar und am 21. April 1948 bleiben von Indien und Pakistan unbeachtet, am 8. Mai greifen reguläre pakistanische Truppen in das Kampfgeschehen ein. Seit der Unabhängigkeit Britisch-Indiens (1947) beanspruchen die neu gegründeten Staaten Indien und Pakistan den Fürstenstaat Kaschmir, mit 222 236 km^2 einer der größten Staaten des indischen Subkontinents. Indien verweist auf eine entsprechende Entschließung des Hindu-Maharadschas von Kaschmir, Pakistan auf die überwiegend moslemische Bevölkerung des Himalaja-Fürstentums (durchschnittlich 77% Moslems).

Bürgerkrieg in Kolumbien

Während der neunten Interamerikanischen Konferenz von Bogotá wird am 9. April 1948 der angesehene linksliberale Oppositionspolitiker Jorge Eliécer Gaitán ermordet. Der seit dem Amtsantritt des konservativen Präsidenten Mariano Ospina Pérez (1946) aufgestaute Parteienkonflikt entlädt sich daraufhin in einem mehrtägigen spontanen Volksaufstand, in dessen Verlauf die Stadt Bogotá teilweise zerstört wird (»Bogotazo«). Bei Straßenschlachten mit Polizei und Armeeeinheiten kommen am ersten Tag 300 Menschen ums Leben. Die Gewalttätigkeiten münden in einen jahrelangen Bürgerkrieg, der rund 200 000 Menschen das Leben kostet. Die Kommunisten organisieren bewaffnete Gruppen zur Verteidigung der von den Großgrundbesitzern und der Armee hart bedrängten Landbevölkerung. Auch die Liberalen und die Konservativen gründen sog. Selbstschutzgruppen.
Seit dem Amtsantritt des rechtskonservativen Präsidenten Ospina Pérez werden Linksliberale und Kommunisten in Kolumbien offen verfolgt (Zeit der sog. »La Violencia«).

Korea in zwei Staaten geteilt

Nach Wahlen zur Nationalversammlung im Süden Koreas wird am 15. August 1948 in Seoul die Republik Korea ausgerufen, erster Präsident wird Syngman Rhee. In Nordkorea wird daraufhin am 9. September die Demokratische Volksrepublik Korea ausgerufen. Beide Staaten beanspruchen das gesamte Korea. Aufgrund alliierter Absprache war Korea 1945 am 38. Breitengrad geteilt worden. Den industrialisierten Norden besetzten sowjetische Truppen, im agrarischen Süden errichteten die USA eine Militärregierung. Den Vereinbarungen über eine gemeinsame Regierung entsprechend wurden 1948 – allerdings nur im Süden – Wahlen zur Nationalversammlung durchgeführt.

Aufstand in Madagaskar

Am 1. Dezember 1948 erklärt Frankreich den Aufstand Madagaskars für beendet. In der Nacht vom 29. auf den 30. März 1947 hatte der Kampf des Mouvement Démocratique de la Rénovation Malgache (MDRM) gegen die französischen Kolonialherren begonnen, bis zum Herbst 1947 waren die Franzosen durch die Partisanen in die Defensive gedrängt worden, hatten jedoch dann die Oberhand gewonnen. 1948 wird der Aufstand endgültig niedergeschlagen. Nach madagassischen Angaben verlieren die Rebellen bei den Kämpfen 80 000 Menschen; die französische Armee, die mit großer Härte vorgegangen ist, verzeichnet offiziell 1826 Opfer.

Malaya will Souveränität

Am 1. Februar 1948 gründet Großbritannien durch Zusammenschluß der neun nominell von Sultanen beherrschten Staaten der malaiischen Halbinsel und der britischen Kolonien Penang und Malakka die Föderation Malaya (Federation of Malaya), die von der Bevölkerung (Malaien, Chinesen und Inder) aus verschiedenen Motiven heraus abgelehnt wird. Die chinesischen Arbeiter, überwiegend Kommunisten, reagieren mit einer Streikwelle. Als am 11. Juni 1948 ein Gesetz die Betätigung der Gewerkschaften einschränkt, ruft die Kommunistische Partei zum bewaffneten Kampf gegen die britische Kolonialmacht auf. Dieser Unabhängigkeitskrieg dauert bis 1957 an. Die zu 90% aus Chinesen bestehende MRLA (Malayan Races Liberation Army = Befreiungsarmee der Malaiischen Rassen) wird vor allem von den chinesischen Kleinbauern unterstützt.

ČSR Volksdemokratie

Die Tschechoslowakei erhält am 9. Mai 1948 eine Verfassung als Volksdemokratie. Staatspräsident Eduard Beneš tritt nach dem (legalen) Staatsstreich der Kommunisten zurück, Nachfolger wird am 7. Juni Klement Gottwald, der bisherige Ministerpräsident. Vor dem Staatsstreich im Februar 1948 war die innenpolitische Lage durch die Spannungen zwischen den zwölf kommunistischen, den zwölf bürgerlichen und den zwei sozialdemokratischen Ministern gekennzeichnet. Der zunehmende Einfluß der Kommunisten auf die Polizei rief den Protest der bürgerlichen Minister hervor, die mit ihrem Rücktritt im Februar die Absetzung des kommunistischen Ministerpräsidenten Gottwald erzwingen wollten. Unter dem Gegendruck der Kommunisten bildete sich jedoch eine »Arbeiter«-Regierung, der Kommunisten und Sozialisten angehörten. Der Einfluß der Kommunisten wurde ausgedehnt.

Ausgewählte Neuerscheinungen auf dem Buchmarkt 1948

Die Auswahl berücksichtigt nicht nur Neuerscheinungen von literarischem oder wissenschaftlichem Wert, sondern auch vielgelesene Bücher des Jahres 1948. Innerhalb der einzelnen Länder sind die erschienenen Werke alphabetisch nach Autoren geordnet.

Argentinien

Ernesto Sábato:
Der Maler und das Fenster
(El túnel)
Roman
Der argentinische Schriftsteller Ernesto Sábato (*1911) verbindet in seinem ersten Roman, »Der Maler und das Fenster«, die existentielle Problematik mit der Frage nach der Identität und der Überwindung der Einsamkeit des Individuums. Der Maler Juan Pablo Castel scheint in der verheirateten Maria Iribarne de Allende eine Frau getroffen zu haben, die ihn bis in seine noch unausgereiften Träume und seine Kunst hinein zu verstehen scheint. Doch die Einsamkeit von Juan Pablo – die spanische Form von Jean-Paul, dem Vornamen des französischen Existentialisten Jean-Paul Sartre – ist zu groß, er kann sich nicht einmal der Geliebten mitteilen, lebt wie in einem Tunnel, dessen Wände manchmal durchsichtig werden, so daß er seine Mitmenschen sehen, aber nicht zu ihnen gelangen kann. Als er glaubt, Maria unterhalte noch zu anderen Männern intime Beziehungen, ersticht er sie. – Die deutsche Übersetzung des Romans erscheint 1958.

Deutschland

Ernst Barlach:
Der gestohlene Mond
Romanfragment
Zehn Jahre nach dem Tod des deutschen Bildhauers, Grafikers und Dichters Ernst Barlach (1870–1938) erscheint beim Suhrkamp-Verlag in Frankfurt am Main das nach der Handschrift Barlachs von Friedrich Droß herausgegebene Romanfragment »Der gestohlene Mond«, das letzte literarische Werk Barlachs, verfaßt in den Jahren 1936/37, als der Künstler als »entartet« verfemt war.
Barlach stellt hier in Jean-Paulscher Gedankenfülle das dialektische Verhältnis zwischen Gut und Böse am Beispiel der Freund/Feinde Wau und Wahl dar. Wie in der Natur Licht und Schatten und in der Welt der Bibel Gott und Satan einander bedingen, so sei auch der Mensch widersprüchlich. Symbol der Verfinsterung durch das Böse ist das Verschwinden des Mondes, den der Satan gestohlen hat.

Ernst Kreuder:
Die Unauffindbaren
Roman
Der von E(rnst) T(heodor) A(madeus) Hoffmann und Joseph von Eichendorff beeinflußte romantisch-surrealistische deutsche Erzähler Ernst Kreuder (1903–1972) erzählt in seinem beim Verlag Rowohlt erschienenen Roman »Die Unauffindbaren«, der als sein bedeutendster Roman gilt, die Geschichte des Immobilienmaklers Gilbert Orlins, der bei einem Spaziergang plötzlich, einem Zeichen folgend, seine Familie verläßt und seinen Beruf aufgibt, um sich der Geheimgesellschaft der Unauffindbaren anzuschließen, deren Mitglieder von der Polizei als Anarchisten verfolgt werden. Ziel dieser Gesellschaft ist es jedoch, den geheimen Sinn und die Poesie des menschlichen Lebens jenseits der Alltagswirklichkeit zu suchen. Orlins kehrt als ein neuer Mensch zu seiner Familie zurück. Der Roman steht unter einem Motto Jean Pauls: »Die Dichtkunst ist kein platter Spiegel der Gegenwart, sondern der Zauberspiegel der Zeit, welche nicht ist.«

Frankreich

Antoine de Saint-Exupéry:
Die Stadt in der Wüste
(La citadelle)
Nachgelassene Aufzeichnungen
Aus den tagebuchartigen Notizen des französischen Fliegers und Schriftstellers Antoine de Saint-Exupéry (1900–1944), die aus seinem Nachlaß herausgegeben werden, ergibt sich eine philosophisch-dichterische Gesamtschau seiner Weltsicht. Die Stadt in der Wüste bzw. die Zitadelle bezeichnet dabei das innere Reich der Seele, in dem der Mensch zu sich selber findet, und zugleich den äußeren Rahmen der Gemeinschaft, der der einzelne dient. – Saint-Exupérys Romane, Tagebücher und meditativen Essays schildern nicht nur seine Abenteuer als Flieger, sondern vermitteln eine eigene Lebensphilosophie, die die Technik als Chance für eine bessere Beziehung zwischen den Menschen ansieht und unter Heldentum eine aufopferungsbereite, humane Brüderlichkeit und Freundschaft versteht: »Ich erkenne Freundschaft daran, daß sie nicht enttäuscht werden kann, und wahre Liebe daran, daß nichts sie verletzen kann.« – Die deutsche Übersetzung erscheint 1951.

Nathalie Sarraute:
Porträt eines Unbekannten
(Portrait d'un inconnu)
Roman
Der von Jean-Paul Sartre im programmatischen Vorwort als »Antiroman« bezeichnete Roman »Porträt eines Unbekannten« der französischen Schriftstellerin Nathalie Sarraute (*1902) gilt als erstes Beispiel des »nouveau roman« (Neuer Roman) in Frankreich. Wie Sartre schreibt, ist es ein Werk, das »im Begriff ist, über sich selbst nachzudenken . . . Es geht darum, den Roman durch den Roman in Frage zu stellen, ihn in der Zeit seines Entstehens vor unseren Augen zu zerstören, den Roman eines Romans zu schreiben, der nicht gelingt und nicht gelingen kann«. Für Sarraute existieren keine unersetzlichen Individuen, wohl aber Gefühle, psychische Spannungen und Reaktionen auf Reize. Die menschliche Existenz stellt sie als dialektisches Verhältnis zwischen dem Authentischen und dem Nichtauthentischen dar. In »Porträt eines Unbekannten« berichtet der Erzähler, was er über einen alten Mann und seine ältliche Tochter erfahren hat. – Die deutsche Übersetzung erscheint 1962.

Großbritannien

Graham Greene:
Das Herz aller Dinge
(The Heart of the Matter)
Roman
Der britische Romancier Graham Greene (*1904) gestaltet in dem Roman »Das Herz aller Dinge« den inneren Konflikt eines Katholiken, den sein Mitleid in den Selbstmord treibt. Der stellvertretende Polizeikommandant Major Scobie liebt seine Frau nicht mehr, lebt jedoch aufgrund seines Mitleids mit ihr und seiner religiösen Überzeugung weiter mit ihr zusammen. Als sie sich auf einer Erholungsreise befindet, begeht Scobie mit Helen, einer Frau, die bei einem Schiffbruch gerettet worden ist, Ehebruch: Aus dem Mitleid für die Schiffbrüchige ist Liebe geworden. Den Gewissenskonflikt, in den Scobie nach der Rückkehr seiner Frau gestürzt wird – er will weder seiner Frau noch seiner Geliebten Schmerz zufügen: »Mitleid fraß wie Fäulnis an seinem Herzen« –, kann er nicht lösen und wählt den Freitod. – Die deutsche Übersetzung des Romans erscheint 1951. 1953 wird das Werk verfilmt.

Aldous Huxley:
Affe und Wesen
(Ape and Essence)
Roman
Der in der Form eines Filmdrehbuchs geschriebene Roman »Affe und Wesen« ist quasi eine Fortsetzung des Welterfolgs »Schöne neue Welt« des britischen Schriftstellers, Kulturkritikers und Essayisten Aldous Huxley (1894–1963). Geschildert wird hier ein nach-atomarer totalitärer Teufelsstaat, eine Dämonokratie, in dem die Menschen den Teufel anbeten – Folge einer Suche nach der Verwirklichung »absoluter« Vorstellungen. – Die deutsche Übersetzung des Romans erscheint 1959.

Evelyn Waugh:
Tod in Hollywood
(The Loved One
An Anglo-American Tragedy)
Roman
Der konservative, 1930 zum Katholizismus konvertierte britische Schriftsteller Evelyn Waugh (1893–1966) thematisiert in dem satirischen Roman »Tod in Hollywood« das Geschäft mit dem Tod. Der gescheiterte Schriftsteller Dennis Barlow, inzwischen Bestatter von Haustieren in dem Beerdigungsinstitut »Happier Hunting Ground« (Glücklichere Jagdgründe), übernimmt die Bestattungsformalitäten für einen Freund, der sich erhängt hat, nachdem er von seiner Filmgesellschaft entlassen worden ist. Beim exklusiven Beerdigungsinstitut »Whispering Glades« (Flüsternde Haine) verliebt er sich in die Leichenkosmetikerin Aimée Thanatogenos, die hin- und hergerissen ist zwischen dem Zyniker Barlow und ihrem Verlobten und Vorgesetzten Dr. Joyboy. Sie befolgt schließlich den Rat eines Zeitungspsychologen, dieses Problem durch Selbstmord zu lösen, und vergiftet sich. Joyboy, der um den guten Ruf von »Whispering Glades« besorgt ist, läßt sich von Barlow erpressen: Nach Zahlung eines Schweigegelds verbrennt er Aimée im »Happier Hunting Ground«. – Die deutsche Übersetzung erscheint 1950. 1964 wird das Werk verfilmt.

Island

Halldór Laxness:
Atomstation
(Atómstödin)
Roman
Der isländische Dichter Halldór Laxness (*1902), Literaturnobelpreisträger 1955, schildert in dem Roman »Atomstation« die Geschichte des Bauernmädchens Ugla, das in der Hauptstadt Reykjavik in zwei grundverschiedene Welten gerät: In die leichtfertige obere Gesellschaft, verkörpert durch den Parlamentsabgeordneten Arland, der Ugla heiraten möchte, und in die kommunistisch-anarchistische Gruppe der »Organisten«. Beide Welten sind bedroht durch die Gefahr eines Atomkriegs, da den US-Amerikanern ein Stützpunkt auf Island eingerichtet worden ist. Arland, der sich häufig mit US-amerikanischen Unterhändlern trifft, weicht der Frage Uglas, ob Island dem Atomkrieg preisgegeben worden sei, aus. Ugla entscheidet sich für einen Mann aus dem Kreis der »Organisten«. – Die deutsche Übersetzung erscheint 1955.

Italien

Giovanni Guareschi:
Don Camillo und Peppone
(Mondo piccolo »Don Camillo«)
Roman
Giovanni Guareschi (1908–1968), einer der erfolgreichsten italienischen Schriftsteller seiner Zeit – von 1936 bis 1943 war er Herausgeber der humoristischen Wochenzeitung »Bertoldo« – erlangt Weltruhm mit dem humoristischen Roman »Don Camillo und Peppone«, ursprünglich eine Fortsetzungsserie für »Bertoldo«. Die drei Hauptakteure der in der Landschaft »Bassa« in der Po-Ebene spielenden turbulenten Ereignisse sind der Priester Don Camillo – »ein Mensch von jener Sorte, die Haare auf den Zähnen haben« –, der Kommunist Peppone und schließlich Christus selbst, d.h. der Kruzifixus in der Pfarrkirche, mit dem Don Camillo öfter Kriegsrat hält. – Die deutsche Übersetzung erscheint 1950. 1951 wird das Werk verfilmt.

Österreich

Ilse Aichinger:
Die größere Hoffnung
Roman
Die österreichische Erzählerin Ilse Aichinger (*1921) schildert in ihrer ersten Buchveröffentlichung, dem beim Verlag Bermann-Fischer in Wien und Amsterdam erschienenen Roman »Die größere Hoffnung«, die Geschichte des halbjüdischen Mädchens Ellen im Dritten Reich. Ellen, vom »arischen« Vater verleugnet, erlebt in einer Gruppe jüdischer Kinder die Verfolgung der Juden in Wien, immer von der Hoffnung beseelt, eines Tages

aus diesem Ort der Verfolgung ausbrechen zu können. Bei Kriegsende scheint sich diese Hoffnung zu erfüllen, doch Ellen wird von einer Handgranate zerrissen. »Die größere Hoffnung« der Autorin dieses poetischen Werks ist es, daß das Leid von Millionen Menschen als mahnendes Vermächtnis wirkt.

Polen

Jerzy Andrzejewski:
Asche und Diamant
(Popiół i diament)
Roman
Mit dem Roman »Asche und Diamant« gelingt dem polnischen Erzähler und Dramatiker Jerzy Andrzejewski (1909–1983) der literarische Durchbruch: Seine Analyse der politischen und moralischen Situation am Ende des Zweiten Weltkriegs in Polen wird in viele Sprachen übersetzt, erreicht bis 1968 in Polen 18 Auflagen und wird 1958 verfilmt. Die von der Londoner Exilregierung Polens gegründete illegale »Heimatarmee«, deren Ziel die Liquidierung der führenden Funktionäre der kommunistischen Arbeiterpartei ist, kämpft mit allen Mitteln gegen die Kommunisten. Doch als »Diamant« bleibt der Kommunismus, während die bürgerlichen Ideale »Asche« werden. – Die deutsche Übersetzung erscheint 1960.

Schweden

Harry Edmund Martinson:
Der Weg nach Glockenreich
(Vägen till Klockrike)
Roman
Der schwedische Schriftsteller Harry Edmund Martinson (1904–1978), zusammen mit seinem Landsmann Eyvind Johnson 1974 Literaturnobelpreisträger, schildert in dem Roman »Der Weg nach Glockenreich« voller Humor und romantischer Melancholie das Leben der Landstreicher, die nicht nur durch soziale Benachteiligung, sondern auch durch innere Ruhelosigkeit zu einem Nomadendasein gedrängt werden. Martinson analysiert die Unfähigkeit des Menschen, Geisteskultur und Zivilisation zu verbinden. In dieser Gegensätzlichkeit sieht er den Grund für eine Katastrophe: »Wie nie zuvor brauchen wir jetzt eine Ethik, die auf einer Lebensanschauung fußt, die aus kosmischem Ergriffensein und Erstaunen erstehen könnte, eine Ethik, welche die selbstverständlichen Quellen nie aus den Augen verliert, die tragenden und universellen, die immer da sind, unabhängig von Menschen und nicht von ihnen geschaffen.«
Die deutsche Übersetzung des Romans erscheint 1953.

Südafrika

Alan Paton:
Denn sie sollen getröstet werden
(Cry, the Beloved Country
A Story of Comfort and Desolation)
Roman
Der anglo-südafrikanische Erzähler Alan Paton (* 1903), von 1935 bis 1948 Lehrer und Leiter einer Erziehungsanstalt für farbige Jugendliche, danach als liberaler Politiker und Publizist tätig, beschäftigt sich in seinem ersten Roman, »Denn sie sollen getröstet werden«, eingehend mit dem Rassenproblem am Beispiel der südafrikanischen Apartheid-Politik. Ein schwarzer Landgeistlicher forscht in den Slums von Johannesburg nach seinem Sohn. Er findet ihn im Gefängnis als Mörder eines Weißen wieder.
Die deutsche Übersetzung dieses aufwühlenden Romans erscheint 1961. 1950 wird das Werk vertont (von Kurt Weill), 1952 wird es verfilmt.

UdSSR

Wassili N. Aschajew:
Fern von Moskau
(Daleko ot Moskvy)
Roman
Der sowjetische Erzähler Wassili N. Aschajew (1915–1968) wird durch seinen ersten Roman, »Fern von Moskau«, bekannt und erhält für ihn den Stalinpreis erster Klasse. Es handelt sich um einen sog. Produktionsroman, der den heldenhaften Einsatz beim industriellen Aufbau der Sowjetunion illustrieren soll. Im Einklang mit den Prinzipien des sozialistischen Realismus wird geschildert, wie zu Beginn des Zweiten Weltkriegs eine Erdölleitung in Sibirien gebaut wird. Die Hauptfiguren sind idealisierte Helden, die positive Lösung der Konflikte bleibt stets voraussehbar. – Die deutsche Übersetzung erscheint 1956.

USA

Alfred Charles Kinsey:
Das sexuelle Verhalten des Mannes
(Sexual Behavior in the Human Male)
Sexualwissenschaftliche Untersuchung
Der US-amerikanische Zoologe und Sexualforscher Alfred Charles Kinsey (1894–1956) legt mit der in London erschienenen Untersuchung »Das sexuelle Verhalten des Mannes« die Auswertung des ersten Teils einer unter seiner Leitung im Auftrag des Instituts für Sozialforschung der Universität von Indiana (USA) durchgeführten Befragung von rund 20 000 weißen US-Amerikanern über das geschlechtliche Verhalten vor. Das Werk basiert auf mehr als 500 Fragen über Eindrücke und Verhalten während der Pubertät, über Masturbation, Petting, vorehelichen, ehelichen und außerehelichen Geschlechtsverkehr, Homosexualität, Verkehr mit Tieren usw. Die Ergebnisse wirken zum Teil schockierend auf die Öffentlichkeit. – Die deutsche Übersetzung dieser Untersuchung erscheint 1955.

Norman Mailer:
Die Nackten und die Toten
(The Naked and the Dead)
Roman
Der US-amerikanische Schriftsteller Norman Mailer (* 1923) erringt mit seinem Erstlingswerk, dem Roman »Die Nackten und die Toten«, einen Welterfolg. Geschildert wird in krassem Realismus aus der wechselnden Perspektive von 13 Soldaten und dem machtbesessenen General Cummings die Eroberung einer von den Japanern besetzten Pazifik-Insel durch die USA während des Zweiten Weltkriegs. Mailer schreibt über dieses Buch, das eine schockierende Wirkung auf das Nachkriegsamerika hat: »Es zeigt den Menschen als ein korrumpiertes, bis zur Hilflosigkeit verwirrtes Wesen, aber es zeigt auch, daß es Grenzen gibt, über die er sich nicht stoßen läßt, und daß er sich trotz Korruption und Krankheit nach einer besseren Welt sehnt.« – Die deutsche Übersetzung erscheint 1950. 1958 wird das Werk verfilmt.

Thornton Wilder:
Die Iden des März
(The Ides of March)
Roman
Der US-amerikanische Dramatiker und Erzähler Thornton Wilder (1897–1975) legt mit dem Roman »Die Iden des März« eine eigenwillige Version der Ermordung des römischen Feldherrn und Diktators Gajus Julius Cäsar im Jahre 44 v. Chr. vor. Er versteht dieses Werk, in dem auch Personen auftreten, die zu dieser Zeit nicht mehr am Leben waren, als »eine Phantasie über gewisse Ereignisse und Persönlichkeiten aus den letzten Tagen der römischen Republik«. – Die deutsche Übersetzung erscheint 1949.

Uraufführungen Schauspiel, Oper, Operette und Ballett 1948

Die bedeutendsten Uraufführungen aus Schauspiel, Oper, Operette und Ballett sind alphabetisch nach Autoren/Komponisten geordnet.

Deutschland

Ulrich Becher:
Der Bockerer
Tragische Posse
Der aus Berlin stammende Ulrich Becher (* 1910) bringt mit der von ihm als »tragische Posse« bezeichneten Theaterstück »Der Bockerer«, uraufgeführt am 2. Oktober im Neuen Theater in der Scala in Wien, eine »schwejkartige Satire auf sieben Jahre Hitlerei in Österreich« auf die Bühne. Die traditionelle Tarockpartie bei dem Wiener Fleischhauer und Selchermeister Bockerer wird durch die Nürnberger Rassengesetze gestört, weil Dr. Rosenblatt, der jüdische Mitspieler, in die USA emigriert. Bockerer, der Mann einer NS-Frauenschaftlerin, Vater eines SA-Manns und Freund eines kommunistischen Widerstandskämpfers, führt nun in schwejkscher Manier einen Privatkrieg gegen Adolf Hitler, mit dem er das Geburtsdatum gemeinsam hat. Je größer der politische Druck wird, desto sturer stellt sich Bockerer. Als der Weltkrieg zu Ende ist, kommt seine große Stunde, denn »Hitler« schleicht sich in seine Wohnung und bittet um Asyl. Bockerer hält mit dem vermeintlichen Führer große Abrechnung, doch es stellt sich heraus, daß der Mann mit dem Bärtchen nur ein Geisteskranker ist. Aber seine Erlebnisse und die »Abrechnung mit Hitler« haben den Selchermeister wachsam gemacht! »Kann nicht wieder ein Größenwahnsinniger kommen, und alles fängt von vorn an?« fragt er Dr. Rosenblatt, der eines donnerstags in US-Uniform zum Tarock kommt. »Aufpassen müssen mer halt ... Alle miteinander, wia mer da san ... Damit mer endlich in Ruh und Frieden – unseren Tarock spieln können.«
Das Stück wird mit großem Erfolg uraufgeführt und später für Fernsehen (1963) und Kino (1981) verfilmt.

Bertolt Brecht:
Herr Puntila und sein Knecht Matti
Volksstück in zwölf Bildern
Bertolt Brecht (1898–1956), bedeutender sozialistischer Dramatiker und Lyriker des 20. Jahrhunderts, gestaltet in dem 1940 im finnischen Exil entstandenen Volksstück »Herr Puntila und sein Knecht Matti«, das am 5. Juni im Zürcher Schauspielhaus uraufgeführt wird, das Problem, daß der Mensch in der kapitalistischen Gesellschaft in einer Bewußtseinsspaltung leben, seine gute Natur verleugnen muß. Das Werk entstand unter Mitarbeit von Margarete Steffin nach einem Entwurf der finnischen Dichterin Hella Wuolijoki.
Der finnische Gutsbesitzer Puntila entdeckt nur im Rausch seine »menschliche Seite«, ist im Suff »fast ein Mensch«. Wenn er wieder nüchtern ist, so ist er wieder der alte Ausbeuter. Nur in der Trunkenheit zeigt er sich menschlich und verständnisvoll. Brecht will das Werk nicht als Tendenzstück verstanden wissen; die kritische Distanz des Zuschauers soll erhalten bleiben. Entscheidend sei »die Ausformung des Klassenantagonismus zwischen Puntila und Matti. Die Rolle des Matti muß so besetzt werden, daß eine echte Balance zustande kommt, d. h. daß die geistige Überlegenheit bei ihm liegt«. Matti verläßt seinen Herrn, als dieser dem Alkohol abschwört, in der Überzeugung, daß Knechte nur dann ein erträgliches Leben führen können, »wenn sie erst ihre eigenen Herren sind«.

Bertolt Brecht:
Der kaukasische Kreidekreis
Stück in einem Vorspiel und fünf Akten
Das wegen seines politischen Gehalts von Anfang an heftig umstrittene Stück »Der kaukasische Kreidekreis«, das am 4. Mai im Carlston College in Northfield im US-Bundesstaat Minnesota in englischer Sprache uraufgeführt wird, ist ein Schulbeispiel für die Verfremdungstechnik und das epische Theater Bertolt Brechts (1898–1956), des bedeutendsten deut-

schen sozialistischen Dramatikers und Lyrikers des 20. Jahrhunderts. Das 1944/45 entstandene letzte Exildrama Brechts ist eine Parabel nach einer altchinesischen Geschichte, die demonstrieren will, daß die Welt denen gehören soll, die sie bewohnbar machen. In dem altchinesischen Singspiel vom Kreidekreis entscheidet ein Richter den Streit zweier Frauen um ein Kind dadurch, daß er dieses in einen Kreidekreis zwischen die Frauen stellt und es derjenigen zusprechen will, die es auf ihre Seite ziehen kann. Er erkennt die Mutter jedoch in der Frau, die diesen Kampf verliert, weil sie dem Kind nicht weh tun will. Brecht kehrt das Verhältnis um: Nicht die leibliche Mutter erhält das Kind, sondern das Mädchen Grusche, das die Verantwortung und Sorge übernommen hat; die Mutterschaft wird sozial bestimmt, nicht biologisch. – Parallel zur Grusche-Handlung entwickelt Brecht in der Azdak-Handlung den Werdegang eines revolutionären Volksrichters. Die Geschichte vom kaukasischen Kreidekreis ist eingebettet in eine Rahmenhandlung: Zwei Kolchosen streiten um den Besitz eines Tals, das derjenigen zugesprochen wird, die es bewässert hat. Der auch die Szenenfolgen kommentierende »Sänger« beschließt das Stück: »Die Kinder den Mütterlichen, damit sie gedeihen / Die Wagen den guten Fahrern, damit gut gefahren wird / Und das Tal den Bewässerern, damit es Frucht bringt.« Die erste Aufführung dieses Werkes in Deutschland erfolgt am 9. November 1954 im Theater am Schiffbauerdamm in Berlin (Ost) unter der Regie des Autors.

Slatan Dudow:
Der Feigling
Komödie in fünf Akten
Der aus Bulgarien stammende Filmregisseur und Schriftsteller Slatan Dudow (1903–1963), der 1932 mit Bertolt Brecht u. a. »Kuhle Wampe« drehte, attackiert in seiner Komödie »Der Feigling« – uraufgeführt am 30. November im Deutschen Theater in Berlin – mangelnde Zivilcourage. Der kleine Buchhalter Krauthahn entdeckt bedeutende Unterschlagungen des einflußreichen Geschäftsmanns Philipp. Ein Rechtsanwalt rät Krauthahn, das belastende Material nicht dem Richter vorzulegen, sondern sich mit Philipp zu arrangieren. Der verängstigte Krauthahn simuliert eine Krankheit, um nicht vor Gericht erscheinen zu müssen. Vor Gericht wird er schwer belastet, ihm wird sogar ein Mord vorgeworfen. Keiner sagt für ihn aus, weil alle die anonymen Staats-, Finanz- und Gesellschaftsmächte fürchten, die der einflußreiche Manager Philipp repräsentiert. Als der Staatsanwalt jedoch noch einmal den Zeugen Philipp vernehmen will, stellt sich heraus, daß dieser mit einem Millionenbetrag ins Ausland geflohen ist. Krauthahn wird freigesprochen.

Frankreich

Jean Anouilh:
Ardèle oder das Gänseblümchen
(Ardèle ou La marguerite)
Schauspiel in einem Akt
Das als Satire auf eine Boulevardkomödie konzipierte Schauspiel »Ardèle oder Das Gänseblümchen«, eine Farce auf Ehemoral und Tabus, uraufgeführt am 4. November 1948 in der Comédie des Champs-Elysées in Paris, ist das erste von Jean Anouilhs (*1910) sog. knirschenden Stücken (pièces grinçantes). Das Verhalten der Titelfigur Ardèle, der buckligen, ältlichen Schwester eines Generals, die eine Mésalliance mit dem verkrüppelten Hauslehrer eingehen will, löst in ihrer Familie eine Kette von Aggressionen aus. Das Liebespaar, das nicht bereit ist zum Kompromiß (dieser läge darin, daß Ardèle ein Verhältnis mit dem Hauslehrer hat, ihn aber nicht heiratet), zerbricht an den gnadenlosen Konventionen und erschießt sich.
Die deutschsprachige Erstaufführung findet am 11. November 1949 im Mannheimer Nationaltheater statt.

Jean Anouilh:
Medea
(Médée)
Stück in einem Akt
Das Grundthema des französischen Dramatikers Jean Anouilh (*1910), der Gegensatz zwischen einem nach sittlicher Integrität strebenden, meist jugendlichen Helden und den anderen, die mit der Welt Kompromisse schließen, ist auch charakteristisch für sein Stück »Medea«, das 1948 in Brüssel uraufgeführt wird. Die deutsche Premiere findet am 2. November 1948 in Hamburg statt. Die Fabel des Werks, das an keinen Ort und keine Zeit gebunden ist, übernimmt Anouilh unverändert aus der gleichnamigen Tragödie des Euripides. Als die reine und absolute Liebe, die Medea mit Jason verband, zerfällt, weil Jason die Korintherin Kreusa heiratet, schlägt diese Liebe bei Medea in absoluten Haß um. Aus ihrer nun bindungslosen, nur ihrem eigenen Ich verantwortlichen Freiheit und im Bewußtsein, daß sie ihr Selbst zur Richtschnur ihres Handelns macht, resultieren ihr Haß und ihr Stolz. Sie ermordet Kreusa, ersticht ihre und Jasons Kinder und begeht anschließend Selbstmord.

Jacques Audiberti:
Das schwarze Fest
(La fête noire)
Stück in drei Akten
Das gesamte Werk Jacques Audibertis (1899–1965), der zugleich als Avantgardist und als einer der letzten Symbolisten gilt, durchzieht ein Grundthema: Der Mensch, der vergeblich versucht, »dem Gefängnis seiner Natur zu entkommen«, und der das Chaos heraufbeschwört durch seine Weigerung, mit der Ordnung der Dinge Kompromisse einzugehen. In dem Schauspiel »Das schwarze Fest«, das am 3. Dezember im Théâtre de la Huchette in Paris uraufgeführt wird, ist dies der Arzt Dr. Felix, den seine ungestillte Gier nach einer Frau ins Gebirge treibt, der jedoch bei zwei Bauernmädchen abblitzt. Als wenig später eines dieser Mädchen von einem Lustmörder grauenvoll verstümmelt aufgefunden wird, bewaffnet sich die Bevölkerung – einschließlich Felix – und macht Jagd auf »das Tier«, das zum Sinnbild hemmungsloser Triebhaftigkeit wird. Die Jäger wandeln sich jedoch im Verlauf der Jagd immer mehr zu Bestien, sie selbst sind »das Tier«. Als Felix eine Ziege als »das Tier« erlegt, wird er als Held gefeiert. Während eines erotischen Kulttanzes werden Felix und das Bauernmädchen Alice, das sich Felix hingegeben hat, von einem anderen »Tier«-Jäger erschossen.

Albert Camus:
Der Belagerungszustand
(L'état de siège)
Schauspiel in drei Teilen
In dem Schauspiel »Der Belagerungszustand«, uraufgeführt am 27. Oktober im Théâtre Marigny in Paris unter der Regie von Jean-Louis Barrault, dramatisiert Albert Camus (1913–1961), Philosoph, Romancier und Dramatiker des Absurden, Literaturnobelpreisträger 1957, jenen Stoff, den er bereits 1947 in seinem erfolgreichen Roman »Die Pest« gestaltet hat. In Cádiz bricht ebenfalls die »Pest« aus; die verängstigten Bürger stimmen ihr Verhalten auf die »Pest« wie in einem totalitären Staat ab. Der Arzt Diego bringt schließlich durch seinen furchtlosen Widerstand die furchtbare Todesmaschinerie zum Stehen.
Das »Pest«-Drama »Der Belagerungszustand« ist, formal gesehen, Camus' Versuch, »totales Theater« zu machen. In der Vorrede heißt es: »Es handelt sich nicht um ein Stück von herkömmlicher Bauart, sondern um ein Schau-Spiel, das offen bestrebt ist, alle Ausdrucksformen des Theaters heranzuziehen, den lyrischen Monolog so gut wie das kollektive Theater, die Pantomime, das einfache Zwiegespräch, die Posse und den Chor.« Das Stück hat in Deutschland größeren Erfolg als in Frankreich. Die deutschsprachige Erstaufführung von »Der Belagerungszustand« findet am 20. Juli 1950 in den Münchner Kammerspielen statt.

Jean-Paul Sartre:
Die schmutzigen Hände
(Les mains sales)
Drama in sieben Bildern
Der Philosoph, Dramatiker, Essayist und Romançier Jean-Paul Sartre (1905–1980), der Begründer des Existentialismus, Literaturnobelpreisträger 1964 (von Sartre nicht angenommen), setzt sich zwar gegen eine politisch einseitige Interpretation seines Dramas »Die schmutzigen Hände«, das am 2. April im Théâtre Antoine in Paris uraufgeführt wird, zur Wehr. Aber die These der tendenziellen Unvereinbarkeit von politischem Handeln und moralischer Integrität wird während des Kalten Kriegs in der westlichen Welt, in der das Stück ein grandioser Erfolg wird, dennoch aufgegriffen, um antikommunistische Propaganda zu treiben. Schauplatz ist der fiktive Balkanstaat Illyrien, in dem auf Weisung Moskaus während des Zweiten Weltkriegs die Linie der kommunistischen Partei revidiert werden muß. Der idealistische bürgerliche Intellektuelle Hugo soll den Parteisekretär Hoederer ermorden, um sich vom Makel seiner bürgerlichen Herkunft reinzuwaschen. Er wird Sekretär dieses skrupellosen Parteisekretärs, der nicht davor zurückscheut, sich die Hände schmutzig zu machen, zögert den Mord jedoch immer weiter hinaus, je mehr er Hoederer schätzen lernt, einen Mann, der davon überzeugt ist, daß politisches Handeln und die von Hugo geforderte Reinheit der Idee einander ausschließen. Erst als Hugo seine Frau in den Armen Hoederers findet, tötet er ihn. Nun wird Hoederer von Moskau rehabilitiert, der Mord wird von der Justiz als Eifersuchtstat hingestellt. Hugo jedoch besteht darauf, nicht im Affekt gehandelt, sondern den Mord im Auftrag der Partei begangen zu haben. Damit ist Hugo für die Partei nicht mehr »verwendungsfähig«, er muß liquidiert werden. Zahlreiche Einzelheiten des Stücks entsprechen der Geschichte des russischen Revolutionärs und Politikers Leo D. Trotzki (Hoederer), der 1940 im Exil in Mexiko ermordet wurde. – Die deutschsprachige Erstaufführung findet am 6. November im Schauspielhaus Zürich statt.

Großbritannien

Benjamin Britten:
Die Bettleroper
(The Beggar's Opera)
Text von John Gay
Mit der »Bettleroper«, die am 29. Januar 1728 im Lincoln's Inn Fields Theatre in London uraufgeführt wurde und ihren Siegeszug um die Welt begann, gelang dem englischen Lyriker und Dramatiker John Gay (1685–1732) die berühmteste Parodie der Theatergeschichte. Inhaltlich und formal bediente er sich der Mittel der konventionellen italienischen Oper, übertrug sie jedoch auf das Milieu des Lumpenproletariats, zog sie ins Lächerliche und verband die Parodie mit politischer Satire. Durch Gays »Bettleroper« wurde das englische Volkslied erstmals auf die Bühne gebracht.
Der britische Komponist Benjamin Britten (1913–1976) hat in seiner Neufassung, die am 24. Mai 1948 in Cambridge uraufgeführt wird, die alten Melodien weitgehend unverändert gelassen, den Dialog mit seinen nicht mehr verständlichen Bezügen zum politischen Tagesgeschehen jedoch verknappt und der Musik ein neues, seiner persönlichen Eigenart entsprechendes Klangbild verliehen.

Christopher Fry:
Die Dame ist nicht fürs Feuer
(The Lady's Not for Burning)
Verskomödie in drei Akten
Die Komödie »Die Dame ist nicht fürs Feuer«, uraufgeführt am 10. März im Londoner Arts Theatre, ist die erste von Christopher Frys (*1907) Jahreszeitenstücken; 1950 folgt die herbstliche »Venus im Licht«, 1954 das winterliche »Das Dunkel ist Licht genug«. Der Frühling symbolisiert in dem um 1400 zur Zeit der Hexenverfolgungen spielenden Drama »Die Dame ist nicht fürs Feuer« das über den Tod triumphierende Leben und das Ungestüm der Jugend. Die junge, verzweifelt am Leben hängende Jennet Jourdemayne soll als Hexe verbrannt werden; der lebensmüde ehemalige Soldat Thomas Mendip bezichtigt sich des Mordes und der Teufelei und will sich für Jennet opfern. Als der angeblich von Thomas Ermordete auftaucht, verlassen Thomas und Jennet den Ort als Liebespaar: »Und Liebe spannt ihr lichtes Zelt inmitten von Sonn und Mond.«

Österreich

Fritz Hochwälder:
Der öffentliche Ankläger
Schauspiel in drei Akten
Der seit 1938 in der Schweiz lebende Fritz Hochwälder (1911–1986), einer der erfolgreichsten österreichischen Dramatiker der Gegenwart, stellt in dem in der Zeit um 1800 in Paris spielenden Schauspiel »Der öffentliche Ankläger«, das am 10. November im Staatstheater Stuttgart uraufgeführt wird, in freier Verwendung

historischer Geschehnisse den revolutionären Terror der Jakobiner gegen die angeblichen Verräter der Französischen Revolution in Frage mit der These, daß jede gewaltsame Machtaneignung unabhängig von der gesellschaftlichen Zielsetzung in Chaos und Mord enden müsse. Der Zeitbezug zur NS-Gewaltherrschaft bleibt gewahrt. Der Blutrichter entschuldigt seine Terrorurteile so: »Ich habe die Gesetze durchzuführen, wie immer sie beschaffen sein mögen.« Auch der Henker, der stolz auf seine »dezente saubere Einzelarbeit« ist, will nicht schuld sein: »Klage die Zeit an und die Ideen, die sich der Menschen bemächtigen – aber laß das Beil aus dem Spiel, bring den vor die Schranken, der es zurichtet! Ich war immer nur das Beil!«

Schweiz

Heinrich Sutermeister:
Raskolnikoff oder: Schuld und Sühne
Oper in zwei Akten
Heinrich Sutermeister (*1910), der mit der Tonalität verbundene bedeutendste schweizerische Komponist der Gegenwart, ordnet in seiner Oper »Raskolnikoff«, die am 14. Oktober an der Königlichen Oper in Stockholm uraufgeführt wird, die Musik ganz der Dichtung unter. Den Text schrieb Peter Sutermeister, der Bruder des Komponisten, nach Fjodor M. Dostojewskis gleichnamigem Roman. Das Orchester hat überwiegend begleitende Funktion, ein im Orchester postierter Chor kommentiert das Geschehen im Stil antiker Tragödien.

USA

Maxwell Anderson:
Anna, Königin für tausend Tage
(Anna of the Thousand Days)
Schauspiel in drei Akten
Der US-amerikanische Dramatiker Maxwell Anderson (1888–1959), Pulitzerpreisträger 1933, Verfasser sozialkritischer Gesellschaftsdramen, desillusionierender Kriegsstücke, musikalischer Komödien und historischer Verstragödien, bringt in dem in Prosa und Vers gehaltenen historischen Schauspiel »Anna, Königin für tausend Tage«, das am 8. Dezember im Shubert Theatre in New York uraufgeführt wird, das Schicksal der englischen Königin Anna Boleyn auf die Bühne. Anna wurde 1525 die Geliebte von König Heinrich VIII., der sich im Januar 1533 heimlich mit ihr trauen ließ. Die Ehe mit seiner ersten Frau Katharina ließ er für ungültig erklären und Anna zur Königin krönen. Als im September desselben Jahres statt des erhofften Thronerben ein Mädchen geboren wurde – die spätere Königin Elisabeth I. – wandte sich Heinrich VIII. von Anna ab und ließ sie 1536 wegen angeblichen Ehebruchs verurteilen und enthaupten. In der Interpretation Andersons ist der Grund für das Erkalten der Liebe bei Heinrich VIII. der Wunsch Annas, nach der Krönung nur noch liebende Gattin sein zu wollen, während sie vorher voller Ehrgeiz war und dem König gegenüber auch als seine Geliebte stets eine gewisse Verschlossenheit, ein inneres Widerstreben wahrte, das diesen Mann reizte.
Anderson verfaßte auch andere historische Dramen um Elisabeth I., Maria Stuart und George Washington.

Cole Porter:
Kiss me Kate
(Kiss me Kate)
Musical nach Shakespeare
»Kiss me Kate« von Cole Porter (1893–1964), uraufgeführt am 30. Dezember im New Century Theatre New York, zählt zu den ersten und zugleich erfolgreichsten Musicals. Vorbild für Geschichte und Text – Text von Samuel und Bella Spewack, Songtexte vom Komponisten selbst – war William Shakespeares Komödie »Der Widerspenstigen Zähmung« (uraufgeführt 1594). Unter den zahlreichen Liedern sind hervorzuheben »Wunderbar«, Lilli Vanessis »Kampf dem Mann«, »Viel zu heiß« oder »Schlag nach bei Shakespeare«. Mit »Kiss me Kate« gelingt Porter, der seit 1916 Bühnenwerke komponiert, der große internationale Durchbruch. – Die deutsche Erstaufführung in einer Neufassung von Günter Neumann findet am 19. November 1955 in Frankfurt am Main statt.
Porter begann schon während seiner Jugend mit eigenen Kompositionen. Einen ersten, jedoch geringen Erfolg errang er 1928 mit dem Musical »Paris«.

Filme 1948

Die neuen Filme des Jahres 1948 sind im Länderalphabet und hier wiederum alphabetisch nach Regisseuren aufgeführt. Bei ausländischen Filmen steht unter dem deutschen Titel der Originaltitel.

Deutschland

Erich Engel:
Affäre Blum
Erich Engels für die spätere DDR-Gesellschaft DEFA produzierter Film »Affäre Blum«, uraufgeführt am 3. Dezember, ist eine Abrechnung mit dem Faschismus. Er spiegelt den Antisemitismus rechtsgerichteter Kreise während der Weimarer Republik wider und nimmt kritisch Stellung dazu. Geschildert wird – nach einer wahren Begebenheit – die Ermordung eines Buchhalters im Jahre 1926 durch den ehemaligen Freikorpsmann Gabler und die Versuche der reaktionären Justiz, diesen Mord dem jüdischen Fabrikanten Blum anzulasten, der von dem Buchhalter wegen angeblicher Steuerhinterziehung angezeigt worden war. Der spannende Kriminalfilm – das Drehbuch schrieb der bekannte Filmregisseur und -produzent R(obert) A(dolf) Stemmle – zählt zu den bedeutendsten Werken des deutschen Nachkriegsfilms.

Heinz Hilpert:
Der Herr vom andern Stern
Heinz Rühmann ist »Der Herr vom andern Stern« in Heinz Hilperts gleichnamiger Filmkomödie, die am 13. Juli uraufgeführt wird und mit satirisch-kabarettistischen Mitteln versucht, die gegenwärtigen Verhältnisse in Deutschland auf die Schippe zu nehmen. Als die geistige Antriebskraft des Bewohners eines anderen Planeten einmal aussetzt, landet er auf der Erde, wo er in die Mühlen der Bürokratie gelangt. Zugleich versuchen Gangster, sich seine hohe Intelligenz zunutze zu machen, während Politiker, die seine Intelligenz fürchten, ihn ausschalten wollen. In all diesem Trubel um seine Person kommt der Herr vom andern Stern nicht dazu, sich so zu konzentrieren, daß er die Erde wieder verlassen kann. Erst seine Geliebte Flora (Anneliese Römer), die erkennt, daß er für das Erdenleben nicht geschaffen ist, verhilft ihm – durch einen Gefängnisaufenthalt – zu der Muße, die ihm die nötige Konzentration zum Wiederaufstieg ins All und zur Rückkehr zu seinem Planeten ermöglicht.

R(obert) A(dolf) Stemmle:
Berliner Ballade
»Dieser Film ist voller Pointen, aber alle haben die Form von Tränen«, schreibt die »Neue Zürcher Zeitung« über R. A. Stemmles zeitkritisches Werk »Berliner Ballade«, uraufgeführt am 31. Dezember, den ersten Versuch eines deutschen Filmemachers nach dem Zweiten Weltkrieg, über die Deutschen zu lachen. Ein Berliner, »Otto Normalverbraucher« (Gert Fröbe), ist während der Kriegswirren nach Bayern verschlagen worden, kehrt auf abenteuerliche Weise in seine Heimatstadt zurück, findet seine Wohnung halb zerstört bzw. von ungebetenen Gästen bewohnt, lernt einen Schieber (Aribert Wäscher) kennen, setzt sich mit einem Reaktionär (O. E. Hasse) auseinander und findet schließlich seine Traumfrau (Ute Sielisch). Die nach Günter Neumanns Kabarett-Programm »Schwarzer Jahrmarkt« inszenierte Folge von Sketchen hat auch im Ausland großen Erfolg. 1949 erhält sie als einziger deutscher Nachkriegsfilm den Hauptpreis eines großen Festivals, den »Silbernen Löwen« in Venedig.

Großbritannien

Laurence Olivier:
Hamlet
(Hamlet)
Laurence Olivier spielt die Titelrolle in der Verfilmung von William Shakespeares Tragödie »Hamlet«, bei der er auch selbst die Regie übernommen hat. Oliviers Shakespeare-Adaptionen bilden den wichtigsten Beitrag dieses Schauspielers, Regisseurs und Theaterleiters zum Film. Über die Schwierigkeiten, »Hamlet« zu verfilmen, sagt er: »Unsere Bearbeitung, die aus einem Bühnenstück von viereinhalb Stunden Spieldauer einen Film von zweieinhalb Stunden machen mußte, ging von dem Gedanken aus, ein neues und selbständiges Gebilde aus dem größeren und ursprünglichen des Schauspiels herauszuschneiden. Zu diesem Zweck haben wir die Fabel vereinfacht und damit allerdings viele herrliche Einzelheiten verloren.«

Michael Powell/
Emeric Pressburger:
Die roten Schuhe
(The Red Shoes)
Der Film »Die roten Schuhe« von Michael Powell und Emeric Pressburger ist der erste großenteils gelungene Versuch, Ballett, Musik, Malerei und Film in einer Kunstform zu vereinigen. Die Musik komponierte Brian Easdale, Thomas Beecham dirigiert das Royal Philharmonic Orchestra. Hauptdarsteller sind Adolf Wohlbrück, Marius Goring, Moira Shearer, Leonide Massine, Ludmilla Tcherina und Robert Helpmann.

Italien

Vittorio De Sica:
Fahrraddiebe
(Ladri di biciclette)
Mit Laiendarstellern drehte Vittorio De Sica den Film »Fahrraddiebe« nach dem gleichnamigen Roman von Luigi Bartolini, eine realistische Schilderung der Verwahrlosung in Rom im Jahre 1944 während des Zweiten Weltkriegs. Der international erfolgreiche Film macht den Neorealismus auch beim breiten Publikum bekannt. Der Streifen wird mit mehreren Preisen ausgezeichnet und erhält einen Oscar für seine Kritik an jenen gesellschaftlichen Kräften, die, einschließlich der Kirche, Menschen in Desillusionierung und Verzweiflung zwingen.

USA

Jules Dassin:
Stadt ohne Maske
(The Naked City)
Der Film »Stadt ohne Maske« von Jules Dassin ist ein realistischer Polizei-Thriller (der später zu einer Fernsehserie führt) und zugleich ein Porträt der Stadt New York mit ihren Gegensätzen von Reich und Arm, Glanz und Schmutz. Leutnant Muldoon (Barry Fitzgerald) und sein Assistent Halloran (Don Taylor) jagen einen Juwelendieb (Ted de Corsia), der eine junge Frau ermordet hat.

Robert Flaherty:
Louisiana-Legende
(Louisiana Story)
In seinem letzten, von der Ölgesellschaft Esso finanzierten Film »Louisiana-Legende« schildert Robert Flaherty die Ölsuche in den Sümpfen Louisianas aus der Sicht eines kleinen Jungen (Joseph Boudraux). Der lyrisch gehaltene, duch die Atmosphäre und die Naturschilderungen erfolgreiche Film besticht durch die Kameraführung Richard Leacocks und die Musik Virgil Thomsons.

John Ford:
Bis zum letzten Mann
(Fort Apache)
Nach dem kommerziellen Fehlschlag des nach einem Roman von Graham Greene

gedrehten Films »Befehl des Gewissens« wendet sich John Ford mit »Bis zum letzten Mann« wieder dem Western zu. Bei einem militärisch sinnlosen Unternehmen gegen die Apachen wird eine US-amerikanische Garnison bis auf wenige Soldaten getötet. Hauptdarsteller sind John Wayne, Henry Fonda, Shirley Temple u. a.

Henry Hathaway:
Kennwort 777
(Call Northside 777)
Henry Hathaways »Kennwort 777« zählt zu den dokumentarischen Kriminalfilmen, die an Originalschauplätzen gedreht werden und die Geschehnisse nüchtern und realistisch wiedergeben. James Stewart spielt einen Journalisten, der 13 Jahre nach der rechtskräftigen Verurteilung eines angeblichen Mörders den Fall noch einmal aufrollt und beweist, daß der Mann unschuldig ist.

Howard Hawks:
Panik am roten Fluß
(Red River)
»Panik am Roten Fluß« gilt als einer der besten Western von Howard Hawks. Hauptdarsteller sind John Wayne, Montgomery Clift, Walter Brennan und Joanne Dru. Während eines Viehtrecks prallen zwei völlig verschiedene, aber im Grunde positive Männer aufeinander: Thomas Dunson, der den harten Rancher verkörpert und glaubt, um sein Recht durchsetzen zu können, auch eigene Gesetze machen zu dürfen, sowie der jüngere und intelligentere Garth, der weiß, daß die Zeit solcher alten harten Männer wie Dunson vorüber ist.

John Huston:
Der Schatz der Sierra Madre
(The Treasure of the Sierra Madre)
John Hustons Abenteuerfilm »Der Schatz der Sierra Madre« zählt zu den Höhepunkten seines Schaffens. Drei Goldsucher – dargestellt von Humphrey Bogart, Tim Holt und John Hustons Vater Walter Huston – werden in der Sierra Madre fündig, doch je mehr sie finden, desto brüchiger wird ihre Gemeinschaft. Die Goldgier führt zu Haß und Mord. Der Film wird mit drei Oscars ausgezeichnet: Für Regie und Drehbuch sowie für die beste Nebenrolle (Walter Huston).

Orson Welles:
Die Lady von Shanghai
(The Lady of Shanghai)
»Die Lady von Shanghai« ist ein Beispiel für die groteske Brillanz, mit der Orson Welles' Filme berühmt wurden, doch treibt der Regisseur den düsteren Pessimismus seiner »schwarzen Serie« in diesem Streifen so auf die Spitze, daß der Film ein Mißerfolg wird. Darüber hinaus ist die Handlung derart kompliziert, daß sie verworren wirkt. Orson Welles spielt einen Abenteurer, der sich in eine reiche, verheiratete Frau (Rita Hayworth, sie ist mit Welles verheiratet), verliebt. Am Schluß sind nach mörderischen Intrigen alle Hauptpersonen bis auf den Abenteurer ums Leben gekommen. Der Film besticht vor allem durch packende visuelle Effekte.

Fred Zinnemann:
Die Gezeichneten
(The Search)
Fred Zinnemanns im Jahre 1945 in Westdeutschland spielender dokumentarischer Spielfilm »Die Gezeichneten«, gedreht in den Ruinen süddeutscher Städte, ist der Versuch, dem US-amerikanischen Publikum das Schicksal von Vertriebenen und Waisen im Nachkriegseuropa begreiflich zu machen. Im Mittelpunkt der Handlung steht ein kleiner Junge (Ivan Jandl), der aus einem Auffanglager flieht.

Sportereignisse und -rekorde des Jahres 1948

Die Aufstellung erfaßt Rekorde, Sieger und Meister in wichtigen Sportarten. Aufgenommen wurden nur solche Wettbewerbe, die in den vergangenen Jahren bereits regelmäßig ausgetragen worden sind oder ab 1948 kontinuierlich zu den Sportprogrammen gehörten. Sportarten in alphabetischer Reihenfolge.

Automobilsport

Grand-Prix-Rennen (Formel Eins)			
Großer Preis von (Datum) Kurs/Strecke (Länge)	Sieger (Land)	Marke	Ø km/h
Europa (4.7.) Bern-Bremgarten (291 km)	Felice Trossi (ITA)	Alfa-Romeo	146,468
England (2.10.) Silverstone (384 km)	Luigi Villoresi (ITA)	Maserati	116,323
Frankreich (18.7.) Reims (500 km)	Jean-Pierre Wimille (FRA)	Alfa-Romeo	165,699
Genf (2.5./237 km)	Giuseppe Farina (ITA)	Maserati	98,876
Italien (5.9.) Valentina-Turin (360 km)	Jean-Pierre Wimille (FRA)	Alfa-Romeo	113,263
Monaco (16.5./318 km)	Giuseppe Farina (ITA)	Maserati	96,145
Monza (17.10./504 km)	Jean-Pierre Wimille (FRA)	Alfa-Romeo	177,111
Schweiz	ausgetragen als »Großer Preis von Europa«		
Langstreckenrennen			
Kurs/Dauer (Datum)	Sieger (Land)	Marke	Ø km/h
Indianapolis/500 ms (30.5.)	Mauri Rose (USA)	Deidt	192,821
Mille Miglia/1830 km (2.5.)	Clemente Biondetti (ITA)/ Navone	Ferrari	121,227
Spa-Franchorchamps/24 h (10./11.7.)	Horsfall/Johnson	Aston-Martin	115,689
Targa Florio/1084 km (4.4.)	Clemente Biondetti (ITA)/ Tronbetzkoy	Ferrari	88,866
Rallyes			
Monte Carlo	nicht ausgetragen		

Boxen/Schwergewicht

Ort/Datum	Weltmeister	Gegner	Ergebnis
New York/25.6.	Joe Louis (USA)	Joe Walcott (USA)	k.o. (11. R.)

Eiskunstlaufen

Turnier	Ort	Datum
Weltmeisterschaften	Davos	10.–14.2.
Europameisterschaften	Prag	13.–17.1.
Deutsche Meisterschaften	Krefeld	20.–22.2.

Einzel	**Herren**	**Damen**
Weltmeister	Richard Button (USA)	Barbara Ann Scott (CAN)
Europameister	Richard Button (USA)	Barbara Ann Scott (CAN)
Deutscher Meister	Horst Faber (Rießersee)	Irene Braun (Rießersee)
Paarlauf		
Weltmeister	Michelin Lannoy/Pierre Baugniet (BEL)	
Europameister	Andrea Kekessy/Ede Kiraly (UNG)	
Deutsche Meister	Ria Baran/Paul Falk (Düsseldorf)	

Fußball

Länderspiele	Ergebnis	Ort	Datum
Deutschland	1948 keine Länderspiele		
Österreich (+3, =0, −4)			
Schweden – Österreich	3:2	Stockholm	
Österreich – Schweiz	3:1	Wien	18.4.
Österreich – Ungarn	3:2	Wien	
Schweden – Österreich	3:0	London	31.7.
Tschechoslowakei – Österreich	3:1	Preßburg	
Österreich – Schweden	2:1	Wien	
Ungarn – Österreich	2:1	Budapest	
Schweiz (+2, =2, −3)			
Österreich – Schweiz	3:1	Wien	18.4.
Ungarn – Schweiz	7:4	Budapest	21.4.
Schweiz – Schottland	2:1	Bern	17.5.
Schweiz – Spanien	3:3	Zürich	20.6.
Schweiz – Tschechoslowakei	1:1	Basel	10.10.
England – Schweiz	6:0	London	2.12.
Irland – Schweiz	0:1	Dublin	5.12.

Landesmeister	
Deutschland	1. FC Nürnberg – 1. FC Kaiserslautern 2:1 (Köln, 8.8.)
Österreich	Rapid Wien
Schweiz	AC Bellinzona
Belgien	FC Mechelen
Dänemark	Boldklubben Kopenhagen
England	FC Arsenal London
Finnland	Vaasa PS
Frankreich	Olympique Marseille
Holland	VV Herzogenbosch
Italien	AC Turin
Jugoslawien	Dinamo Agram
Norwegen	Sarpsborg FK
Schottland	Hibernian Edinburgh
Schweden	Norrköpping IF
Spanien	FC Barcelona

Landespokal	
Deutschland	nicht ausgetragen

Fußball (Forts.)

Landespokal	
Österreich	Austria Wien – Sturm Graz 2:1
Schweiz	FC Chaux-de-Fonds – FC Grenchen 2:2 n.V., 2:2 n.V., 4:0
England	Manchester United – FC Blackpool 4:2
Frankreich	Olympique Lille
Holland	Wageningen
Italien	nicht ausgetragen
Jugoslawien	Roter Stern Belgrad
Schottland	Glasgow Rangers
Schweden	Raa
Spanien	FC Sevilla – Celta Vigo 4:1

Gewichtheben/Schwergewicht

Weltrekord (Land), Datum	Dreikampf	Drücken	Reißen	Stoßen
John Davis (USA)	462,5 kg	152,0 kg	142,5 kg	175,0 kg

Leichtathletik

Deutsche Meisterschaften (Nürnberg, 14./15. August)

Disziplin	Sieger (Ort)	Leistung
Männer		
100 m	Heinz Fischer (Krefeld)	10,7
200 m	Leo Lickes (Krefeld)	22,2
400 m	Gerhard Audorf (Berlin)	49,5
800 m	Heinz Ulzheimer (Frankfurt)	1:51,8
1500 m	Heinz Westerteicher (Radevormwald)	4:01,4
5000 m	Ludwig Warnemünde (Hamburg)	15:04,4
10 000 m	Otto Eitel (Eßlingen)	31:49,0
Marathon (30 km)*	Josef Legge (Bochum)	1:46:50,2
110 m Hürden	Ernst Becker (Bremen)	15,0
400 m Hürden	Edmund Hidasch-Hikisch (Wasserburg)	55,6
3000 m Hindernis	Rolf Seidenschnur (Rendsburg)	9,44,4
4 × 100 m	VfL Preußen Krefeld	42,5
4 × 400 m	Rot-Weiß Oberhausen	3:23,0
Hochsprung	Ludwig Koppenwallner (München)	1,90
Stabhochsprung	Rudolf Glötzner (Weiden)	3,80
Weitsprung	Gerd Luther (München)	7,32
Dreisprung	Horst Vogt (Fulda)	14,34
Kugelstoßen	Karl Jansen (Köln)	14,80
Diskuswurf	Heinz Rosendahl (Radevormwald)	46,00
Hammerwurf	Karl Storch (Fulda)	55,22
Speerwurf	Heinrich Will (Rendsburg)	60,50
Zehnkampf*	Gerd Luther (München)	6691
Frauen		
100 m	Marga Petersen (Bremen)	12,3
200 m	nicht ausgetragen	
80 m Hürden	Maria Sander-Domagalla (Oberhausen)	11,9
4 × 100 m	SV Werder Bremen	49,0
Hochsprung	Gertrud Pagalies (Duisburg)	1,53
Weitsprung	Gisela Jahn-Voß (Berlin)	5,60
Kugelstoßen	Gertrud Schlüter (Hamburg)	13,12
Diskuswurf	Else Hümmer-Graf (München)	40,26
Speerwurf	Inge Wolf (Nürnberg)	45,69
Fünfkampf	Lena Stumpf (Leer)	410

* Hamburg, 18./19. 9. 1948

Weltrekorde (Stand: 31. 12. 1948)

Disziplin	Name (Land)	Leistung	Datum	Ort
Männer				
100 m	Jesse Owens (USA)	10,2	20. 06. 1936	Chicago
200 m (Gerade)	Jesse Owens (USA)	20,3	25. 05. 1935	Ann Arbor
400 m	Herbert McKenley (JAM)	45,9	02. 07. 1948	Milwaukee
800 m	Rudolf Harbig (GER)	1:46,6	15. 07. 1939	Mailand
1000 m	Rune Gustafson (SWE) Marcel Hausème (FRA)	2:21,4 2:21,4	04. 09. 1946 22. 08. 1948	Boras Göteborg
1500 m	Gunder Hägg (SWE)	3:43,0	07. 07. 1944	Göteborg
Meile	Gunder Hägg (SWE)	4:01,4	17. 07. 1945	Malmö
5000 m	Gunder Hägg (SWE)	13:58,2	20. 09. 1942	Göteborg
10 000 m	Viljo Heino (FIN)	29:35,4	25. 08. 1944	Helsinki
110 m Hürden	Harrison Dillard (USA)	13,6	17. 04. 1948	Lawrence
400 m Hürden	Glenn Hardin (USA)	50,6	26. 07. 1934	Stockholm
4 × 100 m	USA	39,8	09. 08. 1936	Berlin
4 × 400 m	USA	3:08,2	07. 08. 1932	Los Angeles
Hochsprung	Lester Steers (USA)	2,11	17. 06. 1941	Los Angeles
Stabhochsprung	Cornelius Warmerdam (USA)	4,77	23. 05. 1942	Modesto
Weitsprung	Jesse Owens (USA)	8,13	25. 05. 1935	Ann Arbor
Dreisprung	Naota Tajima (JAP)	16,00	06. 08. 1936	Berlin
Kugelstoßen	Charles Fonville (USA)	17,68	17. 04. 1948	Lawrence
Diskuswurf	Adolfo Consolini (USA)	55,33	10. 10. 1948	Mailand
Hammerwurf	Imre Nemeth (UNG)	59,02	14. 07. 1948	Tata
Speerwurf	Yrjö Nikkanan (FIN)	78,70	16. 10. 1938	Kotka
Zehnkampf	Glenn Morris (USA)	7421	7./8. 08. 36	Berlin
Frauen				
100 m	Fanny Blankers-Koen (HOL)	11,5	13. 06. 1948	Amsterdam
200 m	Stanislawa Walasiewicz (POL)	23,6	15. 08. 1935	Warschau
400 m	Nellie Halstead (GBR)	56,8	1932	
800 m	Anna Larsson (SWE)	2:13,8	30. 08.1945	Stockholm
1500 m	Jewdokija Wassilewa (URS)	4:47,2	30. 07. 1936	Moskau
80 m Hürden	Fanny Blankers-Koen (HOL)	11,0	20. 06. 1948	Amsterdam
4 × 100 m	Deutschland	46,4	08. 08. 1936	Berlin
Hochsprung	Fanny Blankers-Koen (HOL)	1,71	30. 05. 1943	Amsterdam
Weitsprung	Fanny Blankers-Koen (HOL)	6,25	19. 09. 1943	Leiden
Kugelstoßen	Tatjana Sewrukowa (URS)	19,89	14. 10. 1945	Frunse
Diskuswurf	Nina Dumbadse (URS)	53,25	08. 08. 1948	Moskau
Speerwurf	Klaudi Matschuschaja (URS)	50,32	23. 09. 1947	Moskau
Fünfkampf	Alexandra Tschuchina (URS)	4426	2./3. 09. 47	Charkow

Deutsche Rekorde (Stand: 31. 12. 1948)

Disziplin	Name (Ort)	Leistung	Datum	Ort
Männer				
100 m	Arthur Jonath (Bochum)	10,3	05. 06. 1932	Bochum
200 m	Helmut Körnig (Berlin)	20,9	19. 08. 1928	Berlin
400 m	Rudolf Harbig (Dresden)	46,0	12. 08. 1939	Frankfurt
800 m	Rudolf Harbig (Dresden)	1:46,6	15. 07. 1939	Mailand
1000 m	Rudolf Harbig (Dresden)	2:21,5	24. 05. 1941	Dresden
1500 m	Ludwig Kaindl (München)	3:50,2	20. 08. 1939	Köln
3000 m	Friedrich Schaumburg (Berlin)	8:17,2	16. 09. 1936	Stockholm
5000 m	Hermann Eberlein (München)	14:27,2	09. 07. 1939	Berlin
10 000 m	Max Syring (Wittenberg)	30:06,6	13. 07. 1940	Jena
110 m Hürden	Erwin Wegner (Berlin)	14,5	02. 07. 1935	Weißenfels
400 m Hürden	Friedrich-Wilhelm Hölling (Breslau)	51,6	09. 07. 1939	Berlin
4 × 100 m	Nationalstaffel	40,1	29. 07. 1939	Berlin
	SC Charlottenburg	40,8	22. 07. 1929	Breslau
4 × 400 m	Nationalstaffel	3:10,4	16. 07. 1939	Mailand
	LSV Berlin	3:15,4	20. 08. 1939	Görlitz
Hochsprung	Hermann Nacke (Kiel)	2,01	20. 08. 1944	Kiel
Stabhoch	Rudolf Glötzner (Weiden)	4,16	02. 08. 1942	Berlin
Weitsprung	Lutz Long (Leipzig)	7,90	01. 08. 1937	Berlin
Dreisprung	Heinz Wöllner (Leipzig)	15,27	06. 08. 1936	Berlin
Kugelstoßen	Heinrich Trippe (Berlin)	16,60	14. 09. 1941	Turin
Diskuswurf	Willy Schröder (Magdeburg)	53,10	28. 04. 1935	Magdeburg
Hammerwurf	Erwin Blask (Berlin)	59,00	27. 08. 1939	Stockholm

Disziplin	Name (Land)	Leistung	Datum	Ort
Männer				
Speerwurf	Gerhard Stöck (Berlin)	73,96	25. 08. 1935	Helsinki
Zehnkampf	Hans Heinrich Sievert (Hamburg)	8790,46	7./8. 7. 1934	Hamburg
Frauen				
100 m	Käthe Krauss (Dresden)	11,8	04. 08. 1935	Berlin
	Marie Dollinger (Nürnberg)	11,8	04. 08. 1935	Berlin
200 m	Käthe Krauss (Dresden)	24,4	16. 09. 1938	Wien
800 m	Marie Dollinger (Nürnberg)	2:16,8	02. 08. 1931	Magdeburg
1000 m	Lina Radke (Breslau)	3:06,8	25. 08. 1930	Brieg
80 m Hürden	Erika Biess (Berlin)	11,4	28. 07. 1940	Parma
4 × 100 m	Nationalstaffel	46,4	08. 08. 1936	Berlin
	SC Charlottenburg	48,1	18. 06. 1939	Erfurt
Hochsprung	Feodora von Solms (Wünsdorf)	1,64	18. 09. 1938	Wien
Weitsprung	Christel Schulz (Münster)	6,12	30. 07. 1939	Berlin
Kugelstoßen	Gisela Mauermayer (München)	14,38	15. 07. 1934	Warschau
Diskuswurf	Gisela Mauermayer (München)	48,31	11. 07. 1936	Berlin
Speerwurf	Anneliese Steinheuer (Köln)	47,24	21. 06. 1942	Frankfurt
Fünfkampf	Gisela Mauermayer (München)	418	16. 07./ 17. 07. 1938	Stuttgart

Pferdesport

Disziplin/Turnier	Sieger (Land)	Pferd (Gestüt)	Datum
Galopprennen			
Deutsches Derby	E. Böhlke (GER)	Birkhahn (Gracht)	
Prix de l'Arc de Triomphe	Higoli (IRL)		
Trabrennen			
Deutsches Derby	H. Malik	Florian (Lücke)	
Turniersport			
Deutsches Derby	nicht ausgetragen		

Radsport

Disziplin, Ort, Datum	Plazierung, Name (Land)	Zeit/Rückstand
Straßenweltmeisterschaft		
Profis (270 km) Amsterdam	1. Brik Schotte (BEL)	
	2. A. Lazaridès	
	3. L. Teisseire	
Amateure (185,2 km) Amsterdam	1. Snell (SWE)	
	2. Lerno	
	3. van Lund	
Rundfahrten (Etappen)		
Tour de France (21) Datum: 30. 6.–25. 7. Länge: 4902 km 120 Starter, 44 im Ziel	1. Gino Bartali (ITA)	147:10:36
	2. Brik Schotte (BEL)	26:16
	3. Georges Lapebie (FRA)	28:52
Giro d'Italia (15) Datum: 15. 5.–6. 6. Länge: 4164 km 77 Starter, 41 im Ziel	1. Fiorenzo Magni (ITA)	124:51:52
	2. Ezio Cecchi (ITA)	0:13
	3. Giordano Cottur (ITA)	2:37
	3. Vito Orteli (ITA)	2:37
Tour de Suisse (10) Datum: 12. 6.–19. 6. Länge: 1412 km	1. Ferdy Kübler (SUI)	41:53:58
	2. Giulio Bresci (ITA)	17:18
	3. Sommer (SUI)	19:36
Deutschlandrundfahrt (5) Datum: Länge: 1512 km	1. Philipp Hilbert	
	2. Erich Bautz (Dortmund)	
	3. Scheiller	

Schwimmen

Deutsche Meisterschaften (Rheydt)

Disziplin	Sieger (Ort)	Leistung
Männer		
Freistil 100 m	Rupprecht Köninger (Braunschweig)	1:02,5
Freistil 200 m	Heinz-Günther Lehmann (Braunschweig)	2:19,8
Freistil 400 m	Heinz-Günther Lehmann (Braunschweig)	5:14,3
Freistil 4 × 100 m	MTV Braunschweig	4:22,1
Brust 100 m	Walter Klinge (Braunschweig)	1:11,4
Brust 200 m	Herbert Klein (München)	2:48,6
Brust 4 × 100 m	MTV Braunschweig	5:18,5
Rücken 100 m	Willi Krämer (Düsseldorf)	1:14,4
Lagen 3 × 100 m	MTV Braunschweig	3:31,3
Kunstspringen	Joachim Walther (Braunschweig)	164,48
Turmspringen	Günther Haase (Hamburg)	140,32
Wasserball	Wasserfreunde Hannover	
Frauen		
Freistil 100 m	Ruth Schröder-Karnatz (Düsseldorf)	1:14,7
Freistil 4 × 100 m	Düsseldorf 1898	5:14,8
Brust 100 m	Ingrid Schmidt (Hamburg)	1:25,8
Brust 200 m	Ingrid Schmidt (Hamburg)	3:06,8
Brust 4 × 100 m	SG Westring Berlin	6:18,6
Rücken 100 m	Erna Herbers-Westhelle (Hagen)	1:20,6
Lagen 3 × 100 m	SV Hagen 1894	4:17,8
Kunstspringen	Paula Tartarek (Erkenschwick)	111,31
Turmspringen	Paula Tartarek (Erkenschwick)	80,47

Weltrekorde (Stand 31. 12. 1948)

Disziplin	Name (Land)	Leistung	Datum	Ort
Männer				
Freistil 100 m	Alan Ford (USA)	55,4	29. 06. 1948	Newhaven
Freistil 200 m	Alex Jany (FRA)	2:05,4	20. 09. 1946	Marseille
Freistil 400 m	Hironoshin Furuhashi (JAP)	4:33,0	1948	Tokio
Freistil 800 m	William Smith (USA)	9:50,9	24. 07. 1941	Honolulu
Freistil 1500 m	Tomikatsu Amano (JAP)	18:58,8	10. 08. 1938	Tokio
Freistil 4 × 100 m	USA	3:48,6	28. 06. 1948	Newhaven
Freistil 4 × 200 m	USA	8:46,0	03. 08. 1948	London
Brust 100 m/D	Dick Hough (USA)	1:07,3	15. 04. 1939	Newhaven
	Walter Klinge (GER)	1:07,3	25. 04. 1948	Braunschweig
Brust 200 m/D	Joe Verdeur (USA)	2:30,0	28. 06. 1948	Newhaven
Rücken 100 m	Allan Stack (USA)	1:04,0	23. 06. 1948	Newhaven
Rücken 200 m	Adolphe Kiefer (USA)	2:19,3	04. 03. 1944	Annapolis
Frauen				
Freistil 100 m	Willie den Ouden (HOL)	1:04,6	27. 02. 1936	Amsterdam
Freistil 200 m	Ragnhild Hveger (DAN)	2:21,7	11. 09. 1938	Aarhus
Freistil 400 m	Ragnhild Hveger (DAN)	5:00,1	15. 09. 1940	Kopenhagen
Freistil 800 m	Ragnhild Hveger (DAN)	10:52,5	13. 08. 1941	Kopenhagen
Freistil 1500 m	Ragnhild Hveger (DAN)	20:57,0	20. 08. 1941	Kopenhagen
Freistil 4 × 100 m	Dänemark	4:27,6	07. 08. 1938	Kopenhagen
Freistil 4 × 200 m	USA	10:30,7	16. 08. 1941	High Point
Brust 100 m/D	Nelly van Vliet (HOL)	1:18,2	28. 04. 1947	Arnheim
Brust 200 m/D	Nelly van Vliet (HOL)	2:49,02	20. 07. 1947	Hilversum
Rücken 100 m	Cornelia Kint (HOL)	1:10,9	22. 09. 1939	Rotterdam
Rücken 200 m	Cornelia Kint (HOL)	2:38,8	29. 11. 1939	Rotterdam

Deutsche Rekorde (Stand 31. 12. 1948)

Männer				
Freistil 100 m	Helmut Fischer (Bremen)	56,8	26. 04. 1936	Berlin
Freistil 200 m	Werner Plath (Berlin)	2:12,6	27. 02. 1937	Berlin
Freistil 400 m	Werner Plath (Berlin)	4:47,6	26. 03. 1939	Bremen
Freistil 800 m	Werner Plath (Berlin)	10:21,7	21. 07. 1940	Budapest
Freistil 1500 m	Heinz Arendt (Berlin)	19:50,7	11. 07. 1937	Berlin
Freistil 4 × 100 m	Bremischer SV	4:03,4	26. 10. 1935	Norderney
Freistil 4 × 200 m	Bremischer SV	9:16,4	27. 10. 1935	Norderney
Brust 100 m/D	Walter Klinge (Braunschweig)	1:07,3*	25. 04. 1948	Braunschweig
Brust 200 m/D	Herbert Klein (München)	2:36,6*	19. 12. 1948	München
Rücken 100 m	Heinz Schlauch (Erfurt)	1:06,8	06. 02. 1938	Duisburg
Rücken 200 m	Heinz Schlauch (Erfurt)	2:29,8	08. 02. 1938	Kopenhagen

* = Europarekord; D = Brust- und Delphinschwimmen noch nicht getrennt, beide Stile und Stilwechsel in einem Rennen möglich.

Deutsche Rekorde (Stand 31. 12. 1948) Forts.

Frauen				
Freistil 100 m	Gisela Arendt (Berlin)	1:06,6	10. 08. 1936	Berlin
Freistil 200 m	Gisela Arendt (Berlin)	2:35,3	29. 08. 1937	Gera
Freistil 400 m	Inge Schmitz (Spandau)	5:41,4	28. 07. 1938	Breslau
Freistil 800 m	Ruth Halbsguth (Charlottenburg)	12:16,2	05. 09. 1937	Berlin
Freistil 1500 m	Wera Schäferkordt (Düsseldorf	23:29,4	11. 08. 1940	Düsseldorf
Freistil 4 × 100 m	Nixe Charlottenburg	4:56,0	30. 08. 1936	Berlin
Brust 100 m/D	Gisela Grass (Leipzig)	1:19,3	22. 04. 1944	Leipzig
Brust 200 m/D	Anni Kapell (Mönchengladbach)	2:55,5	19. 03. 1941	Düsseldorf
Rücken 100 m	Erna Westhelle (Mönchengladbach)	1:15,0	28. 11. 1943	Leipzig
Rücken 200 m	Erna Westhelle (Mönchengladbach)	2:49,5	13. 02. 1944	Hamburg

Ski alpin

	Herren	Damen
Deutsche Meister	nicht ausgetragen	
Österreichische Meister		
Abfahrt	Edi Mall	Erika Mahringer
Slalom	Egon Schöpf	Anneliese Schuh-Proxauf
Riesenslalom	Luis Seyerling	Annelore Zückert
Kombination	Egon Schöpf	Anneliese Schuh-Proxauf
Schweizer Meister		
Abfahrt	Ralph Olinger	Lina Mittner
Slalom	Karl Molitor	Olivia Ausoni
Riesenslalom	nicht ausgetragen	nicht ausgetragen
Kombination	Karl Molitor	Lina Mittner

Tennis

Meisterschaften	Ort	Datum
Wimbledon	London	20. 06.–02. 07.
French Open	Paris	20.–29. 05.
US Open	Forest Hills	
Australian Open	Melbourne	
Internationale Deutsche	Hamburg (Herren) Berlin (Damen)	
Daviscup-Endspiel	New York	03.–05. 09.

Turnier	Sieger (Land) – Finalgegner (Land)	Ergebnis
Herren		
Wimbledon	Bob Falkenburg (USA) – John Bromwich (AUS)	7:5, 0:6, 6:2, 3:6, 7:5
French Open	Frank Parker (USA) – Jaroslav Drobny (ČSR)	6:4, 7:5, 5:7, 8:6
US Open	Pancho Gonzales (USA) – Eric Sturgess (SAF)	6:2, 6:3, 14:12
Australian O.	Adrian Quist (AUS) – John Bromwich (AUS)	6:4, 3:6, 6:3, 2:6, 6:3
Int. Deutsche	Gottfried von Cramm (GER)	
Daviscup	USA – Australien 5:0	
Damen		
Wimbledon	Louise Brough (USA) – Doris Hart (USA)	6:3, 8:6
French Open	Nelly Landry (BEL/FRA) – Shirley Fry (USA)	6:2, 0:6, 6:0
US Open	Margaret Osborne-DuPont (USA) – Louise Brough (USA)	4:6, 6:4, 15:13
Australian O.	Nancy Bolton (AUS) – M. Toomey	6:3, 6:1
Int. Deutsche	U. Rosenow	
Herren-Doppel		
Wimbledon	John Bromwich (AUS)/ Frank Sedgman (AUS) – Tom Brown (USA)/ Gardner Mulloy (USA)	5:7, 7:5, 7:5, 9:7
French Open	Lars Bergelin (SWE)/ Jaroslav Drobny (ČSR) – Harry Hopman (AUS)/ Frank Sedgman (AUS)	8:6, 6:1, 12:10
US Open	Gardner Mulloy (USA)/ William Talbert (USA) – Frank Parker (USA)/ Ted Schroeder (USA)	1:6, 9:7, 6:3, 3:6, 9:7
Australian Open	Adrian Quist (AUS)/ John Bromwich (AUS) – Colin Long (USA)/ Frank Sedgman (AUS)	1:6, 6:8, 9:7, 6:3, 8:6
Int. Deutsche	Gottfried von Cramm (GER)/J. Harper	
Damen-Doppel		
Wimbledon	Louise Brough (USA)/ Margaret Osborne-DuPont (USA) – Doris Hart (USA)/ Patricia Todd (USA)	6:3, 3:6, 6:3)
French Open	Doris Hart (USA)/ Patricia Todd (USA) – Shirley Fry (USA)/ M. A. Prentiss	6:4, 6:2
US Open	Louise Brough (USA)/ Margaret Osborne-DuPont (USA) – Patricia Todd (USA)/ Doris Hart (USA)	6:4, 8:10, 6:1
Australian O.	Nancy Bolton (AUS)/ T. D. Long – M. Bevis/ N. Jones	6:3, 6:3
Int. Deutsche	T. Dietz/U. Heidtmann	
Mixed		
Wimbledon	John Bromwich (AUS)/ Louise Brough (USA) – Frank Sedgman (AUS)/ Doris Hart (USA)	6:2, 3:6, 6:3
French Open	Jaroslav Drobny (ČSR)/ Patricia Todd (USA) – Frank Sedgman (AUS)/ Doris Hart (USA)	6:3, 3:6, 6:3
US Open	Tom Brown (USA)/ Louise Brough (USA) – William Talbert (USA)/ Margaret Osborne-DuPont (USA)	6:4, 6:4
Australian O.	Colin Long (AUS)/ Nancy Bolton (AUS) – O. W. Sidwell/ T. D. Long	7:5, 4:6, 8:6
Int. Deutsche	E. Buchholz/U. Rosenow	

Olympische Winterspiele (30.1.–8.2. in St. Moritz)

	Gold		Silber		Bronze	
Ski alpin						
Herren Abfahrt	Henri Oreiller (FRA)	2:55,0	Franz Gabl (AUT)	2:59,1	Karl Molitor (SUI) Rolf Olinger (SUI)	3:00,3 3:00,3
Slalom	Edi Reinalter (SUI)	130,3	James Couttet (FRA)	130,8	Henri Oreiller (FRA)	132,8
Kombination	Henri Oreiller (FRA)	3,27	Karl Molitor (SUI)	6,44	James Couttet (FRA)	6,95
Damen Abfahrt	Hedy Schlunegger (SUI)	2:28,3	Trude Beiser (AUT)	2:29,1	Resi Hammerer (AUT)	2:30,2
Slalom	Gretchen Frazer (USA)	117,2	Antoinette Meyer (SUI)	117,7	Erika Mahringer (AUT)	118,0
Kombination	Trude Beiser (AUT)	6,58	Gretchen Frazer (USA)	6,95	Erika Mahringer (AUT)	7,04
Ski nordisch (Herren)						
18 km Langlauf	Martin Lundström (SWE)	1:13:50,0	Nils Östensson (SWE)	1:14:22,0	Gunnar Eriksson (SWE)	1:16:06,0
50 km Langlauf	Nils Karlsson (SWE)	3:47:48,0	Harald Eriksson (SWE)	3:52:20,0	Benjamin Vanninen (FIN)	3:57:28,0
4 × 10 km Staffel	Schweden	2:32:08,0	Finnland	2:41:06,0	Norwegen	2:44:33,0
Spezial-Sprunglauf	Peter Hugsted (NOR)	228,1	Birger Ruud (NOR)	226,6	Thorleif Schjelderup (NOR)	225,1
Nordische Kombination	Heikki Hasu (FIN)	448,80	Martti Huhtala (FIN)	433,65	Sven Israelson (SWE)	433,40
Eiskunstlaufen						
Damen	Barbara Ann Scott (CAN)		Eva Pawlik (AUT)		Jeanette Altweg (GBR)	
Herren	Richard Button (USA)		Hans Gerschwiler (SUI)		Edi Rada (AUT)	
Paare	Micheline Lannoy/ Pierre Baugniet (BEL)		Andrea Kékessy/ Ede Király (UNG)		Suzanne Morrow/ Wallace Diestelmeyer (CAN)	

	Gold		Silber		Bronze	
Eisschnellaufen (Herren)						
500 m	Finn Helgesen (NOR)	43,1	Kenneth Bartholomew (USA)	43,2		
			Thomas Byberg (NOR)	43,2		
			Robert Fitzgerald (USA)	43,2		
1500 m	Sverre Farstadt (NOR)	2:17,6	Ake Seyffarth (SWE)	2:18,1	Odd Lundberg (NOR)	2:18,9
5000 m	Reidar Liaklev (NOR)	8:29,4	Odd Lundberg (NOR)	8:32,7	Göte Hedlund (SWE)	8:34,8
10 000 m	Ake Seyffarth (SWE)	17:26,3	Lauri Parkkinen (FIN)	17:36,0	Pentti Lammio (FIN)	17:42,7
Bob (in Klammern Name des Piloten)						
Zweier	Schweiz II (Endrich)	5:29,2	Schweiz I (Feierabend)	5:30,4	USA II (Fortune)	5:35,3
Vierer	USA II (Tyler)	5:20,1	Belgien (Houten)	5:21,3	USA I (Bickford)	5:21,5
Skeleton	Nino Bibbia (ITA)	323,2	John R. Heaton (USA)	324,6	John G. Crammond (GBR)	325,1
Eishockey	Kanada		Tschechoslowakei		Schweiz	

Olympische Sommerspiele (29. 7.–14. 8. in London)

	Gold		Silber		Bronze	
Leichtathletik – Herren						
100 m	Harrison Dillard (USA)	10,3	Norwood Ewell (USA)	10,4	Lloyd La Beach (PAN)	10,4
200 m	Melvin Patton (USA)	21,1	Norwood Ewell (USA)	21,1	Lloyd La Beach (PAN)	21,2
400 m	Arthur Wint (JAM)	46,2	Herbert McKenley (JAM)	46,4	Malvin Whitfield (USA)	46,9
800 m	Malvin Whitfield (USA)	1:49,2	Arthur Wint (JAM)	1:49,5	Marcel Hausenne (FRA)	1:49,8
1500 m	Henry Eriksson (SWE)	3:49,8	Lennart Strand (SWE)	3:50,4	Willem Slijkhuis (HOL)	3:50,4
5000 m	Gaston Reiff (BEL)	14:17,6	Emil Zátopek (ČSR)	14:17,8	Willem Slijkhuis (HOL)	14:26,8
10 000 m	Emil Zátopek (ČSR)	29:59,6	Alain Mimoun (FRA)	30:47,4	Bertil Albertsson (SWE)	30:53,6
Marathon	Delfo Cabrera (ARG)	2:34:51,6	Thomas Richards (GBR)	2:35:07,6	Etienne Gailly (BEL)	2:35:33,6
110 m Hürden	William Porter (USA)	13,9	Clyde Scott (USA)	14,1	Craig Dixon (USA)	14,1
400 m Hürden	Roy Cochran (USA)	51,1	Duncan White (USA)	51,8	Rune Larsson (SWE)	52,2
3000 m Hindernis	Thore Sjöstrand (SWE)	9:04,6	Erik Elmsater (SWE)	9:08,2	Gösta Hagström (SWE)	9:11,8
4 × 100 m-Staffel	USA	40,6	Großbritannien	41,3	Italien	41,5
4 × 400 m-Staffel	USA	3:10,4	Frankreich	3:14,8	Schweden	3:16,0
10 km Gehen	John Mikaelsson (SWE)	45:13,2	Ingemar Johansson (SWE)	45:43,8	Fritz Schwab (SUI)	46:00,2
50 km Gehen	John Ljunggren (SWE)	4:41:52	Gaston Godel (SUI)	4:48:17	Tebbs Lloyd-Johnson (GBR)	4:48:31
Hochsprung	John Winter (AUS)	1,98	Björn Paulson (NOR)	1,95	George Stanich (USA)	1,95
Stabhochsprung	Guinn Smith (USA)	4,30	Erkki Kataja (FIN)	4,20	Robert Richards (USA)	4,20
Weitsprung	Willie Steele (USA)	7,825	Thomas Bruce (AUS)	7,555	Herbert Douglas (USA)	7,545
Dreisprung	Arne Åhman (SWE)	15,40	George Avery (AUS)	15,365	Ruhi Sarialp (TUR)	15,025
Kugelstoßen	Wilbur Thompson (USA)	17,12	Francis J. Delaney (USA)	16,68	James Fuchs (USA)	16,42
Diskuswurf	Adolfo Consolini (ITA)	52,78	Giuseppe Tosi (ITA)	51,78	Fortune Gordien (USA)	50,77
Hammerwurf	Imre Németh (UNG)	56,07	Ivan Gubijan (YUG)	54,27	Robert Bennett (USA)	53,73
Speerwurf	Tapio Rautavaara (FIN)	69,77	Steve Seymour (USA)	67,56	József Várszegi (UNG)	67,03
Zehnkampf	Robert Mathias (USA)	7139	Ignace Heinrich (FRA)	6974	Floyd Simmons (USA)	6950
Leichtathletik – Damen						
100 m	Fanny Blankers-Koen (HOL)	11,9	Dorothy Manley (GBR)	12,2	Shirley Strickland (AUS)	12,2
200 m	Fanny Blankers-Koen (HOL)	24,4	Audrey Williamson (GBR)	25,1	Audrey Patterson (USA)	25,2
80 m Hürden	Fanny Blankers-Koen (HOL)	11,2	Maureen Gardner (GBR)	11,2	Shirley Strickland (AUS)	11,4
4 × 100 m-Staffel	Niederlande	47,5	Australien	47,6	Kanada	47,8
Hochsprung	Alice Coachman (USA)	1,68	Dorothy Tyler-Odam (GBR)	1,68	Micheline Ostermeyer (FRA)	1,61
Weitsprung	Olga Gyarmati (UNG)	5,695	Noëmi Simonetti De Portela (ARG)	5,60	Ann-Britt Leyman (SWE)	5,575
Kugelstoßen	Micheline Ostermeyer (FRA)	13,75	Amelia Piccinini (ITA)	13,095	Ine Schäffer (AUT)	13,08
Diskuswurf	Micheline Ostermeyer (FRA)	41,92	Edera Gentile-Cordiale (ITA)	41,17	Jacqueline Mazeas (FRA)	40,47
Speerwurf	Herma Bauma (AUT)	45,57	Kaisa Parviainen (FIN)	43,79	Lily Carlstedt (DAN)	42,08
Schwimmen – Herren						
100 m Kraul	Walter Ris (USA)	57,3	Alan Ford (USA)	57,8	Géza Kádas (UNG)	58,1
400 m Kraul	William Smith (USA)	4:41,0	James McLane (USA)	4:43,4	John Marshall (AUS)	4:47,4
1500 m Kraul	James McLane (USA)	19:18,5	John Marshall (AUS)	19:31,3	György Mitró (UNG)	19:43,2
100 m Rücken	Allen Stack (USA)	1:06,4	Robert Cowell (USA)	1:06,5	Georges Vallerey (FRA)	1:07,8
200 m Brust	Joseph Verdeur (USA)	2:39,8	Keith Carter (USA)	2:40,2	Robert Sohl (USA)	2:43,9
4 × 200 m Kraul	USA	8:46,0	Ungarn	8:48,4	Frankreich	9:08,0
Kunstspringen	Bruce Harlan (USA)	163,64	Miller Anderson (USA)	157,29	Samuel Lee (USA)	145,52
Turmspringen	Samuel Lee (USA)	130,05	Bruce Harlan (USA)	122,30	Joaquin Caprilla Pérez (MEX)	113,52
Wasserball	Italien		Ungarn		Niederlande	
Schwimmen – Damen						
100 m Kraul	Greta Andersen (DAN)	1:06,3	Ann Curtis (USA)	1:06,5	Marie-Louise Vaessen (HOL)	1:07,6
400 m Kraul	Ann Curtis (USA)	5:17,8	Karen-Margrete Harup (DAN)	5:12,2	Catherine Gibson (GBR)	5:22,5
200 m Brust	Petronelle van Vliet (HOL)	2:57,2	Beatrice Lyons (AUS)	2:57,7	Éva Novák (UNG)	3:00,2
100 m Rücken	Karen-Margrete Harup (DAN)	1:14,4	Suzanne Zimmermann (USA)	1:16,0	Judy Davies (AUS)	1:16,7
4 × 100 m Kraul	USA	4:29,2	Dänemark	4:29,6	Niederlande	4:31,6
Kunstspringen	Victoria Draves (USA)	108,74	Zoe Ann Olsen (USA)	108,23	Patricia Elsener (USA)	101,30
Turmspringen	Victoria Draves (USA)	68,87	Patricia Elsner (USA)	66,28	Birte Christofferson (DAN)	66,04

Olympische Sommerspiele (29. 7.–14. 8. in London) Forts.

	Gold		Silber		Bronze	
Boxen (Körpergewicht)						
Fliegengewicht (–51 kg)	Pascual Perez (ARG)		Spartaco Bandinelli (ITA)		Soo-Ann Han (KOR)	
Bantamgewicht (–54 kg)	Tibor Csik (UNG)		Giovanni Battista Zuddas (ITA)		Juan Venegas (PUR)	
Federgewicht (–58 kg)	Ernesto Formenti (ITA)		Dennis Shepherd (SAF)		Aleksy Antkiewicz (POL)	
Leichtgewicht (–62 kg)	Gerald Dreyer (SAF)		Joseph Vissers (BEL)		Sven Wad (DAN)	
Weltergewicht (–67 kg)	Julius Torma (ČSR)		Horace Herring (USA)		Alessandro D'Ottavio (ITA)	
Mittelgewicht (–73 kg)	László Papp (UNG)		John Wright (GBR)		Ivano Fontana (ITA)	
Halbschwergewicht (–80 kg)	George Hunter (SAF)		Donald Scott (GBR)		Maurio Cia (ARG)	
Schwergewicht (+80 kg)	Rafael Iglesias (ARG)		Gunnar Nilsson (SWE)		John Arthur (SAF)	
Gewichtheben (Körpergewicht)/Dreikampf						
Bantamgewicht (–56 kg)	Joseph DePietro (USA)	307,5	Julian Creus (GBR)	297,5	Richard Tom (USA)	295,0
Federgewicht (–60 kg)	Mahmoud Fayad (EGY)	332,5	Rodney Wilkes (TRI)	317,5	Jaffar Salmassi (IRA)	312,5
Leichtgewicht (–67,5 kg)	Ibrahim Hassan Shams (EGY)	360,0	Attia Hamouda (EGY)	360,0	James Halliday (GBR)	340,0
Mittelgewicht (–75 kg)	Frank Spellman (USA)	390,0	Peter George (USA)	382,5	Sung-Jip Kim (KOR)	380,0
Leichtschwergewicht (–82,5 kg)	Stanley Stanczyk (USA)	417,5	Harold Sakata (USA)	380,0	Gösta Magnusson (SWE)	375,0
Schwergewicht (+82,5 kg)	John Davis (USA)	452,5	Norbert Schemansky (usa)	425,0	Abraham Charité (HOL)	412,5
Ringen, griechisch-römisch (Körpergewicht)						
Fliegengewicht (–52 kg)	Pietro Lombardi (ITA)		Kenan Olcay (TUR)		Reino Kangasmäki (FIN)	
Bantamgewicht (–57 kg)	Kurt Pettersen (SWE)		Ali Mahmoud Hassan (EGY)		Halil Kaya (TUR)	
Federgewicht (–62 kg)	Mehmet Oktav (TUR)		Olle Anderberg (SWE)		Ferenc Tóth (UNG)	
Leichtgewicht (–67 kg)	Gustav Freij (SWE)		Aage Eriksen (NOR)		Károly Ferencz (UNG)	
Weltergewicht (–73 kg)	Gösta Andersson (SWE)		Miklós Szilvási (UNG)		Henrik Hansen (DAN)	
Mittelgewicht (–79 kg)	Axel Grönberg (SWE)		Muhlis Tayfur (TUR)		Ercole Gallegati (ITA)	
Halbschwergewicht (–87 kg)	Karl-Erik Nilsson (SWE)		Kaelpo Gröndahl (FIN)		Ibrahim Orabi (EGY)	
Schwergewicht (+87 kg)	Ahmet Kireççi (TUR)		Tor Nilsson (SWE)		Guido Fantoni (ITA)	
Ringen, freier Stil (Körpergewicht)						
Fliegengewicht (–52 kg)	Lennart Viitala (FIN)		Halat Balamir (TUR)		Thure Johansson (SWE)	
Bantamgewicht (–57 kg)	Nasuh Akar (TUR)		Gerald Leeman (USA)		Charles Kouyos (FRA)	
Federgewicht (–62 kg)	Gazanfer Bilge (TUR)		Ivar Sjölin (SWE)		Adolf Müller (SUI)	
Leichtgewicht (–67 kg)	Celal Atik (TUR)		Gösta Frändfors (SWE)		Hermann Baumann (SUI)	
Weltergewicht (–73 kg)	Yasar Dogu (TUR)		Richard Garrad (AUS)		Leland Merrill (USA)	
Mittelgewicht (–79 kg)	Glen Brand (USA)		Adil Candemir (TUR)		Erik Linden (SWE)	
Halbschwergewicht (–87 kg)	Henry Wittenberg (USA)		Fritz Stöckli (SUI)		Bengt Fahlkvist (SWE)	
Schwergewicht (+87 kg)	Gyula Bóbis (UNG)		Bertil Antonsson (SWE)		Joseph Armstrong (AUS)	
Fechten						
Florett – Einzel, Herren	Jehan Buhan (FRA)	7	Christian d'Oriola (FRA)	5	Lajos Maszlay (UNG)	4
Florett – Mannschaft, Herren	Frankreich		Italien		Belgien	
Degen – Einzel	Luigi Cantone (ITA)	7	Oswald Zappelli (SUI)	5	Edoardo Mangiarotti (ITA)	5
Degen – Mannschaft	Frankreich		Italien		Schweden	
Säbel – Einzel	Aladár Gerevich (UNG)	7	Vicenzo Pinton (ITA)	5	Pál Kovacs (UNG)	5
Säbel – Mannschaft	Ungarn		Italien		USA	
Florett – Einzel, Damen	Ilona Elek (UNG)	6	Karen Lachmann (DAN)	5	Ellen Müller-Preis (AUT)	5
Moderner Fünfkampf						
Einzel	William Grut (SWE)	16	George Moore (USA)	47	Gösta Gärdin (SWE)	49
Kanu						
1000 m K1, Herren	Gert Fredriksson (SWE)	4:07,9	Thorvald Strömberg (FIN)	4:09,7	Louis Gantois (FRA)	4:20,1
1000 m K2, Herren	Schweden	4:07,3	Dänemark	4:07,5	Finnland	4:08,7
10 000 m K1, Herren	Gert Fredriksson (SWE)	50:47,7	Kurt Wires (FIN)	51:18,2	Ejvind Skabo (NOR)	51:35,4
10 000 m K2, Herren	Schweden	46:09,4	Norwegen	46:44,8	Finnland	46:48,2
1000 m C1	Josef Holeček (ČSR)	5:42,0	Douglas Bennett (CAN)	5:53,3	Robert Boutigny (FRA)	5:55,9
1000 m C2	Tschechoslowakei	5:07,1	USA	5:08,2	Frankreich	5:15,2
500 m K1, Damen	Karen Hoff (DAN)	2:31,9	Alida van der Anker-Doedans (HOL)	2:32,8	Fritzi Schwingl (AUT)	2:32,9
10 000 m C1, Herren	František Čapek (ČSR)	62:05,2	Frank Havens (USA)	62:40,4	Norman Lane (USA)	64:35,3
10 000 m C2, Herren	USA	55:55,4	Tschechoslowakei	57:38,5	Frankreich	58:00,8
Rudern						
Einer	Mervyn Wood (AUS)	7:24,4	Eduardo Risso (URU)	7:38,2	Romolo Catasta (ITA)	7:51,4
Doppelzweier	Großbritannien	6:51,3	Dänemark	6:55,3	Uruguay	7:12,4
Zweier ohne Steuermann	Großbritannien	7:21,1	Schweiz	7:23,9	Italien	7:31,5
Zweier mit Steuermann	Dänemark	8:00,5	Italien	8:12,2	Ungarn	8:25,2
Vierer ohne Steuermann	Italien	6:39,0	Dänemark	6:43,5	USA	6:47,7
Vierer mit Steuermann	USA	6:50,3	Schweiz	6:53,3	Dänemark	6:58,6
Achter	USA	6:25,9	Großbritannien	6:06,9	Norwegen	6:10,3
Segeln						
Ein-Mann-Boot	Paul Elvström (DAN)	5543	Ralph Evans jr. (USA)	5408	Jacobus Hermanus de Jong (HOL)	5204
Star	USA	5828	Kuba	4949	Niederlande	4731
Swallow	Großbritannien	5625	Portugal	5579	USA	4352
Drachen	Norwegen	4746	Schweden	4621	Dänemark	4223
6 m	USA	5472	Argentinien	5120	Schweden	4033

	Gold		Silber		Bronze	
Radsport						
Straßenrennen, Einzel	José Beyaert (FRA)	5:18:12,6	Gerardus P. Voorting (HOL)	5:18:16,2	Lode Wouters (BEL)	5:18:16,2
Straßenrennen, Mannschaft	Belgien		Großbritannien		Frankreich	
1000-m-Zeitfahren	Jacques Dupont (FRA)	1:13,5	Pierre Nihant (BEL)	1:14,5	Thomas Godwin (GBR)	1:15,0
1000-m-Sprint	Mario Ghella (ITA)		Reginald Harris (GBR)		Axel Schandorff (DAN)	
2000-m-Tandemfahren	Italien		Niederlande		Frankreich	
4000-m-Mannschaftsverfolgung	Frankreich	4:57,8	Italien	5:36,7	Großbritannien	
Reitsport						
Military – Einzel	Bernard Chevallier (FRA)	+ 4	Frank Henry (USA)	– 21	Robert Selfelt (SWE)	– 25
Military – Mannschaft	USA		Schweden		Mexiko	
Dressur – Einzel	Hans Moser (SUI)	492,5	André Jousseaume (FRA)	480,0	Gustav-Adolf Boltenstern jr. (SWE)	477,5
Dressur – Mannschaft	Frankreich		USA		Portugal	
Jagdspringen – Einzel	Humberto Marileo Cortés (MEX)		Rubén Uriza (MEX)		Jean François d'Orgeix (FRA)	
Jagdspringen – Mannschaft	Mexiko		Spanien		Großbritannien	
Schießen						
Freies Gewehr	Emil Grünig (SUI)	1120	Pauli Janhonen (FIN)	1114	Willy Rögeberg (NOR)	1112
Kleinkaliber, liegend	Arthur Cook (USA)	599	Walter Tomsen (USA)	599	Jonas Jonsson (SWE)	597
Schnellfeuer-Pistole	Károly Takács (UNG)	580	Carlos E. Diaz Sáenz Valiente (ARG)	571	Sven Lundqvist (SWE)	569
Beliebige Scheibenpistole, 50 m	Edwin Vasquez Cam (PER)	545	Rudolf Schnyder (SUI)	539	Torsten Ullman (SWE)	539
Turnen						
Mehrkampf – Einzelwertung	Veikko Huhtanen (FIN)	229,70	WalterLehmann (SUI)	229,00	Paavo Aaltonen (FIN)	228,80
Mehrkampf – Mannschaft	Finnland	1358,30	Schweiz	1356,70	Ungarn	1330,85
Barren, Herren	Michael Reusch (SUI)	39,50	Veikko Huhtanen (FIN)	39,30	Josef Stalder (SUI)	39,10
					Christian Kipfer (SUI)	39,10
Pferdsprung, Herren	Paavo Aaltonen (FIN)	39,10	Olavi Rove (FIN)	39,00	János Mogyorósi-Klencs (UNG)	38,50
					Ferenc Pataki (UNG)	38,50
					Leo Sotorník (ČSR)	38,50
Seitpferd	Veikko Huhtanen (FIN)	38,70	Luigi Zanetti (ITA)	38,30	Guido Figone (ITA)	38,20
	Paavo Aaltonen (FIN)	38,70				
	Heikki Savolaien (FIN)	38,70				
Bodenübungen, Herren	Ferenc Pataki (UNG)	38,70	János Mogyorósi-Klencs (UNG)	38,10	Zdenek Ružička (ČSR)	38,10
Reck	Josef Stalder (SUI)	39,70	Walter Lehmann (SUI)	39,40	Veikko Huhtanen (FIN)	39,20
Ringe	Karl Frei (SUI)	39,60	Michael Reusch (SUI)	39,10	Zdenek Ružička (ČSR)	38,50
Mehrkampf – Mannschaft, Damen	Tschechoslowakei	445,45	Ungarn	440,55	USA	422,63
				Endspielergebnis		
Basketball	USA		Frankreich	65:21	Brasilien	
Fußball	Schweden		Jugoslawien	3:1	Dänemark	
Hockey	Indien		Großbritannien	4:0	Niederlande	

Abkürzungen zu den Sportseiten

AFG	Afghanistan
ARG	Argentinien
AUS	Australien
AUT	Österreich
BEL	Belgien
BOL	Bolivien
BRA	Brasilien
BUL	Bulgarien
BUR	Birma
CAB	Kambodscha
CAN	Kanada
CHI	Chile
CHN	China
COL	Kolumbien
COS	Costa Rica
ČSR	Tschechoslowakei
CUB	Kuba
DAN	Dänemark
DOM	Dominikanische Republik
ECU	Ecuador
EGY	Ägypten
ETH	Äthiopien
FIN	Finnland
FRA	Frankreich
GBR	Großbritannien
GER	Deutschland
GRE	Griechenland
GUA	Guatemala
HAI	Haiti
HOL	Niederlande
HON	Honduras
IND	Indien
INS	Indonesien
IRA	Iran
IRK	Irak
IRL	Irland
ISL	Island
ITA	Italien
JAP	Japan
LIA	Liberia
LIB	Libanon
LIE	Liechtenstein
LUX	Luxemburg
MCO	Monaco
MEX	Mexiko
MON	Mongolei
NIC	Nicaragua
NOR	Norwegen
NSE	Neuseeland
PAK	Pakistan
PAN	Panama
PAR	Paraguay
PER	Peru
PHI	Philippinen
POL	Polen
POR	Portugal
RUM	Rumänien
SAA	Saarland
SAF	Südafrika
SAL	El Salvador
SAN	San Marino
SPA	Spanien
SUI	Schweiz
SWE	Schweden
SYR	Syrien
THA	Thailand
TUR	Türkei
UNG	Ungarn
URS	UdSSR, Sowjetunion
URU	Uruguay
USA	Vereinigte Staaten von Amerika
VEN	Venezuela
YUG	Jugoslawien

Nekrolog 1948

Bekannte Persönlichkeiten aus allen Bereichen des gesellschaftlichen Lebens, die im Jahr 1948 gestorben sind, werden – alphabetisch geordnet – in Kurzbiographien dargestellt.

Gerhard Anschütz

deutscher Staatsrechtslehrer (*10. 1. 1867, Halle/Saale), stirbt am 14. April in Heidelberg.
Anschütz, 1899 Professor für Staats- und Kirchenrecht in Tübingen, 1900 in Heidelberg, 1908 in Berlin und 1916 wieder in Heidelberg, war einer der führenden Staatsrechtslehrer des deutschen Kaiserreichs (»Die Verfassungsurkunde für den preußischen Staat vom 31. 1. 1850«, 1912). Bedeutend sind auch »Die Verfassung des Deutschen Reichs vom 11. 8. 1919« (1921) sowie »Die Leitgedanken der Weimarer Verfassung« (1922).

Antonin Artaud

französischer Regisseur, Schriftsteller und Schauspieler, surrealistischer Dichter und Theatertheoretiker (*4. 9. 1896, Marseille), stirbt am 4. März in einer Nervenheilanstalt in Ivry-sur-Seine im Departement Hauts-de-Seine. Mit André Breton, Roger Vitrac und Louis Aragon zählt Artaud zu den Begründern des Surrealismus, ohne ausschließlich dieser Stilrichtung anzuhängen. In der Dichtung sah er – wie in Drogen – ein Mittel, sich über den »existentiellen Schmerz« an einen Extrempunkt jenseits der Alltagswirklichkeit zu erheben. Diese Gedanken und die Suche nach einer magischen, mythischen Form des Theaters lagen seinem »Manifest des Theaters der Grausamkeit« (1932) und seiner Essaysammlung »Das Theater und sein Double« (1938) zugrunde. Mit diesen beiden Werken übte er großen Einfluß auf die Theateravantgardisten Europas und der USA nach dem Zweiten Weltkrieg aus. Bekannt ist ferner »Der Nabel des Zwischenreichs« (1925), eine Sammlung von Texten, Gedichten und Theaterstücken.

Raoul Auernheimer

österreichischer Schriftsteller (*15. 4. 1876, Wien), stirbt am 7. Januar in Oakland im US-Bundesstaat Kalifornien.
Auernheimer, Neffe des Zionistenführers Theodor Herzl, wurde 1938 in das Konzentrationslager Dachau deportiert, 1939 gelang ihm die Flucht über Venedig nach New York. In seinen amüsanten Erzählungen und Skizzen (»Der gußeiserne Herrgott«, 1921, »Das Kapital«, 1923) und seinerzeit vielgespielten Gesellschaftskomödien (»Die große Leidenschaft«, 1904, »Casanova in Wien«, 1924) stand Auernheimer unter dem Einfluß von Guy de Maupassant und Arthur Schnitzler.

Eduard Beneš

tschechoslowakischer Politiker, Staatspräsident von 1935 bis 1938 und von 1945 bis 1948 (*28. 5. 1884, Kožlány/Böhmen), stirbt am 3. September in Sezimovo Ustí in Böhmen.
Beneš, zehntes Kind einer Kleinbauernfamilie, studierte Soziologie und Staatswissenschaften und wurde 1909 Dozent für Nationalökonomie in Prag. Im Ersten Weltkrieg wirkte er als Mitarbeiter von Tomáš Garrigue Masaryk und als Generalsekretär des tschechoslowakischen Nationalrats im Ausland an der Bildung einer selbständigen Tschechoslowakei mit. Er wurde Chefdelegierter bei den Pariser Friedensverhandlungen und erreichte die Errichtung eines unabhängigen tschechoslowakischen Staats, dessen Aufbau er 1918 bis 1935 als Außenminister, 1921/22 als Ministerpräsident und 1935 bis 1938 als Staatspräsident wesentlich mitbestimmte. Außenpolitisch erreichte er durch die Kleine Entente mit Jugoslawien und Rumänien 1920/21 sowie durch die Bündnisse mit Frankreich 1924 und der Sowjetunion 1935 eine ausreichend erscheinende Sicherheit des jungen Staats, konnte jedoch im Innern keinen Ausgleich zwischen den nationalen Minderheiten herbeiführen. Das Münchner Abkommen von 1938, durch das die Tschechoslowakei ein Fünftel ihres Gebiets und ein Viertel der Bevölkerung an Deutschland verlor, zerstörte das Lebenswerk von Beneš. Er dankte ab und ging ins Exil. 1940 übernahm er die Leitung der tschechoslowakischen Exilregierung in London. Nach dem Zweiten Weltkrieg wurde er 1945 erneut Staatspräsident. Er duldete die Abtretung der Karpato-Ukraine an die UdSSR und befürwortete die Vertreibung der Sudetendeutschen. Die kommunistische Machtübernahme und den Staatsstreich von 1948 konnte er nicht verhindern. Mit der Weigerung, die neue Verfassung zu unterzeichnen, trat er zurück.

Nikolai Alexandrowitsch Berdjajew

russischer Religionsphilosoph (*19. 3. 1874, Obuchowo bei Kiew), stirbt am 23. März in Clamart bei Paris.
Berdjajew studierte Philosophie in Kiew, wurde unter dem Zarenregime als Marxist für drei Jahre in die Verbannung geschickt und setzte anschließend sein Studium in Heidelberg fort, wo er unter dem Einfluß des deutschen Idealismus und der Werke Fjodor M. Dostojewskis zum Christentum konvertierte. In seinen nach 1902 entstandenen Schriften nahm er eine ausgesprochen antimarxistische Haltung ein und entwickelte eine Kultur- und Geschichtsphilosophie, in der nicht das Kollektiv, sondern – im Sinne einer religiösen Erneuerung der Welt – der Mensch als freie Persönlichkeit eine zentrale Rolle spielt. Nach der Revolution in Rußland erhielt er 1917 eine Professur für Philosophie in Moskau, wurde jedoch wegen seiner Kritik an Atheismus und Materialismus 1922 des Landes verwiesen. 1922 bis 1924 hielt er sich in Berlin auf, wo er Max Scheler kennenlernte und die Religionsphilosophische Akademie gründete. 1924 übersiedelte er nach Paris. In seinem religionsphilosophischen Spätwerk »Geist und Wirklichkeit« (1937) untersuchte er die »Grundlagen der gottmenschlichen Geistigkeit«. Er veröffentlichte ferner »Von des Menschen Knechtschaft und Freiheit. Versuch einer personalistischen Philosophie« (1939). 1949 erscheint »Selbsterkenntnis. Versuch einer philosophischen Autobiographie«.

Folke Bernadotte, Graf von Wisborg

schwedischer Philanthrop, Präsident des Schwedischen Roten Kreuzes seit 1946 (*2. 1. 1895, Stockholm), wird am 17. September in Jerusalem von jüdischen Extremisten erschossen, als er im Auftrag der UN zwischen Arabern und Juden in Palästina zu vermitteln versucht.
Bernadotte, Neffe des schwedischen Königs Gustav V. Adolf, setzte im Zweiten Weltkrieg als Leiter des schwedischen Hilfswerks die Betreuung skandinavischer Häftlinge in NS-Konzentrationslagern durch das Schwedische Rote Kreuz durch. 1945 verhandelte er mit Reichsminister Heinrich Himmler über die kampflose Räumung Norwegens und Dänemarks und sollte in Himmlers Auftrag über die Vermittlung eines Waffenstillstands zwischen dem Deutschen Reich und den Westmächten verhandeln.

Georges Bernanos

französischer Erzähler und Dramatiker, Vertreter des Renouveau catholique (*20. 2. 1888, Paris), stirbt am 5. Juli in Neuilly-sur-Seine.
Nach dem riesigen Erfolg seines Erstlingswerks »Die Sonne Satans« (1926) konnte der zu diesem Zeitpunkt 38jährige Versicherungsagent Bernanos seinen ungeliebten Beruf aufgeben und sich ganz dem literarischen Schaffen widmen. Er wurde bald einer der zentralen Vertreter des Renouveau catholique, einer katholischen Erneuerungsbewegung in der Literatur, die Ende des 19. Jahrhunderts entstanden war. Schon in seinem ersten Roman gestaltete Bernanos das Thema, das ihn auch in seinen späteren Werken interessierte: Das Ringen des Satans um die menschliche Seele; der immerwährende Kampf zwischen Gott und Satan im Herzen des Menschen. Auch in dem Tagebuch-Roman »Tagebuch eines Landpfarrers« (1936) stellte Bernanos, Kämpfer gegen Totalitarismus und programmatische Ideologien, einen Geistlichen in den Mittelpunkt der Handlung und zeigte seinen Kampf mit dem Bösen, seine Lebens- und Todesangst, die er schließlich durch die Erfahrung göttlicher Gnade überwindet. Dieser Roman, der zu den wichtigsten Werken des christlichen Existentialismus zählt, wurde mit dem »Prix du roman« ausgezeichnet; 1950 wurde er unter der Regie von Robert Bresson verfilmt. Weitere wichtige Werke sind die Romane »Ein Verbrechen« (1935) und »Neue Geschichte der Mouchette« (1937), die politisch-zeitkritische Streitschrift »Die großen Friedhöfe unter dem Mond« (1938) und das Theaterstück »Die begnadete Angst« (uraufgeführt postum 1952).

Karl Bonhoeffer

deutscher Psychiater (*31. 3. 1868, Neresheim), stirbt am 4. Dezember in Berlin.
Bonhoeffer, Vater des evangelischen Theologen Dietrich Bonhoeffer und des Chemikers Karl Friedrich Bonhoeffer, beschrieb das nach ihm benannte Bonhoeffer-Syndrom, ein Psychosyndrom, d. h. eine durch schwere Allgemein- oder Hirnerkrankungen hervorgerufene psychische Störung. Nach ihm ist auch das Bonhoeffer-Zeichen benannt, der Verlust des normalen Muskeltonus bei Cholera (Veitstanz).

Elsa Brändström

schwedische Philanthropin, genannt Engel von Sibirien wegen ihrer Versorgung der Kriegsgefangenen in Rußland und deren Rückführung von 1914 bis 1920 als Delegierte des Schwedischen Roten Kreuzes (*26. 3. 1888, Petersburg/Leningrad), stirbt am 4. März in Cambridge im US-Bundesstaat Massachusetts.
Elsa Brändström, Tochter des schwedischen Militärattachés am Zarenhof, verbrachte ihre Jugend in Schweden und kehrte später nach Rußland zurück. Bei Ausbruch des Ersten Weltkriegs entschloß sie sich angesichts der von verwundeten Kriegsgefangenen überfüllten Hospitäler als Delegierte des Schwedischen Roten Kreuzes zur Betreuung der deutschen und österreichischen Soldaten in russischer Gefangenschaft. Nach Kriegsende bemühte sich Elsa Brändström um die Heimführung der Gefangenen, sie setzte ihre Arbeit auch im russischen Bürgerkrieg fort. Aus dem Erlös ihres Buchs »Unter Kriegsgefangenen in Rußland und Sibirien 1914–20« (1921) und mit in Amerika und Skandinavien gesammelten Geldern gründete sie in Deutschland Sanatorien für heimgekehrte Kriegsgefangene und Heime für Kriegswaisen.

Walter von Brauchitsch

deutscher Generalfeldmarschall (*4. 10. 1881, Berlin), stirbt am 18. Oktober in Hamburg in britischer Haft.
Von Brauchitsch wurde 1938 Oberbefehlshaber des Heeres als Nachfolger von Werner von Fritsch. In Staatsstreichpläne gegen Adolf Hitler war er eingeweiht, unterstützte sie jedoch trotz seiner Bedenken gegen die Kriegspolitik nicht, weil er vor den politischen Konsequenzen zurückschreckte. Nach den militärischen Erfolgen im Westen widersetzte er sich Hitler immer weniger und leitete mit Franz Halder die Operationen in Frankreich, Polen, auf dem Balkan und zu Beginn des Rußlandfeldzugs. Als Hitler wegen des – durch eigene strategische Fehler verursachten – Scheiterns der Winteroffensive vor Moskau Brauchitsch zur Rechenschaft ziehen wollte, bat dieser 1941 um seinen Abschied.

Mohammad Ali Dschinnah

pakistanischer Politiker und Moslemführer (*25. 12. 1876, Karatschi), stirbt am 11. September in Karatschi.
Dschinnah gilt als der »Vater« des modernen Pakistan. Bis 1920 war er Mitglied des Indian National Congress, der indischen Oppositionsbewegung gegen die

britische Kolonialherrschaft. 1913 wurde er Mitglied, 1916 Präsident der All India Muslim League, der politischen Organisation der indischen Moslems. Er forderte größere Beteiligung der Moslems in den politischen Körperschaften, einen autonomen Moslem-Bundesstaat und ab 1940 die Teilung Indiens in einen Hindu- und einen Moslem-Staat. 1947 wurde er erster Generalgouverneur von Pakistan.

Sergei Michailowitsch Eisenstein

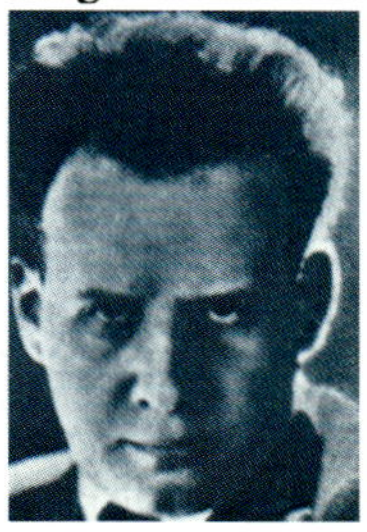

sowjetischer Filmregisseur (*23. 1. 1898, Riga), stirbt am 11. Februar in Moskau.
Bis 1917 blieb Eisenstein, der aus einem bürgerlichen Elternhaus kam, apolitisch. Als 1918 der Bürgerkrieg zwischen den Weißen und den Roten ausbrach, trat er jedoch in die Rote Armee ein. 1920 wurde er Bühnenbildner am Proletkulttheater, 1923 Regieassistent von Wsewolod E. Mejerchold (Meyerhold) und wandte sich 1924 ganz dem Film als Mittel revolutionärer Propaganda zu. Im Mittelpunkt seiner frühen Filme, in denen er den revolutionären Kampf der russischen Arbeiterschaft gestaltete – »Panzerkreuzer Potemkin« (1925), »Oktober« (1928), »Das Alte und das Neue« (1929) –, steht nicht das Individuum, sondern das Kollektiv. Durch ihre Metaphern, krasse Realistik und spannungserzeugende Montagetechnik wurden seine Filme wegweisend für den modernen internationalen Film. Später wandte er sich nationalen geschichtlichen Themen zu (»Alexander Newski«, 1938, »Iwan der Schreckliche«, 1944ff., unvollendet). Sein erster Tonfilm, der Film »Die Beschin-Wiese« nach Motiven einer Erzählung von Iwan Turgenjew – ein junger Pionier wird von seinem eigenen Vater getötet, weil er die Ernte des Kollektivs gegen reaktionäre Kulaken verteidigt hat –, wurde nie zu Ende gedreht, machte jedoch gleichwohl Filmgeschichte. 1935 begann Eisenstein mit den Dreharbeiten, als rund zwei Drittel des Films fertig waren, mußte er jedoch aus politischen Gründen eine weitere Fassung drehen, die von Freunden, u. a. Lion Feuchtwanger, begeistert aufgenommen wurde. Im März 1937 kam dann das endgültige Aus: Auf einer Filmkonferenz wurde Eisenstein vorgeworfen, kein richtiges Verhältnis zum Sozialismus zu haben, stilistische Experimente auf Kosten klarer Darstellung zu treiben und Subjektivist zu sein.

Ferdinand I.

erster Zar der Bulgaren von 1908 bis 1918 (*26. 2. 1861, Wien), stirbt am 10. September in Coburg.
Der Sohn des österreichischen Generals August von Sachsen-Coburg-Koháry wurde auf Betreiben des antirussischen Politikers Stefan N. Stambolow 1887 nach dem Sturz von Alexander I. aus dem Hause Hessen-Battenberg zum Fürsten von Bulgarien gewählt. Erst nach der Ermordung Stambolows (1895) wurde er auch von Rußland und dem Osmanischen Reich anerkannt. Am 5. Oktober 1908 verkündete er die volle Unabhängigkeit seines Landes und nahm den Titel eines Zaren der Bulgaren an. Aus den Balkankriegen ging Bulgarien 1912/13 trotz seiner Siege über die Osmanen nur mit geringen Gewinnen hervor. 1915 trat es an der Seite der Mittelmächte in den Ersten Weltkrieg ein. Nach dem Zusammenbruch der bulgarischen Armee an der Salonikifront dankte Ferdinand am 3. Oktober 1918 zugunsten seines ältesten Sohnes Boris III. ab. In der Folgezeit trieb er in Coburg naturwissenschaftliche, ornithologische und entomologische Forschungen, die ihn u. a. nach Südamerika führten.

Mahatma Gandhi

eigentlich Mohandas Karamchand Gandhi, gen. Mahatma (»dessen Seele groß ist«), indischer Freiheitskämpfer (*2. 10. 1869, Porbandar/Gujarat) wird am 30. Januar auf dem Weg zu einer Gebetsversammlung in Delhi von einem fanatischen Hindu erschossen.
Gandhi kämpfte für die Unabhängigkeit Indiens von Großbritannien, gegen Kolonialismus, Rassismus und Gewalt in der ganzen Welt. Es gelang ihm immer wieder, in Konflikten zu vermitteln, zwischen Indern und Briten, Hindus und Moslems sowie Kastenangehörigen und Unberührbaren. Er entwickelte die Methode des gewaltlosen, passiven Widerstands, verweigerte die Zusammenarbeit mit den britischen Behörden, proklamierte den bürgerlichen Ungehorsam und nahm für bewußte Gesetzesübertretungen auch Gefängnis in Kauf. Schon zu Lebzeiten wurde er von den indischen Massen als eine Art Heiliger verehrt.

Arshile Gorky

armenisch-US-amerikanischer Maler (*25. 10. 1905, Hayotz Dzore in Türkisch-Armenien), scheidet am 21. August in Sherman im US-Bundesstaat Connecticut nach einem Autounfall durch Freitod aus dem Leben.
Gorky, der 1920 in die USA auswanderte, wurde als einer der letzten Künstler von André Breton in die Pariser Surrealistengruppe aufgenommen. Unter dem Einfluß Joan Mirós malte er ab 1940 freischwebende Figurationen. Als er 1944 in den USA die aus Europa emigrierten Surrealisten Breton, Max Ernst, André Masson und Roberto Matta traf, die ihn ermunterten, »automatisch« zu malen, fand er zu einem völlig neuen Stil. Durch die starkfarbigen und linearbetonten Kompositionen dieser »automatischen« Periode wurde Arshile Gorky einer der Vorläufer des Action painting (abstrakter Expressionismus).

David Wark Griffith

US-amerikanischer Filmregisseur und -produzent (*22. 1. 1875, La Grange/Kentucky), stirbt am 23. Juli in Los Angeles-Hollywood.
Griffith setzte mit seinen Monumentalfilmen »Geburt einer Nation« (1915), einem Epos über den Nordamerikanischen Bürgerkrieg, und mit »Intoleranz« (1916) neue künstlerische Maßstäbe und beeinflußte die gesamte ästhetische Entwicklung des Films. Kühl reagierte die Kritik 1916, zu einem Zeitpunkt, da die Mehrheit der Amerikaner für den Kriegseintritt der USA war, auf das Hollywood-Spektakel »Intoleranz«, in dem Griffith das Thema der Toleranz aufgriff. In den folgenden Jahren übte dieses Dreieinhalb-Stunden-Werk mit seiner Montagetechnik und der aufwendigen Ausstattung einen bedeutenden Einfluß aus, vor allem in Rußland, wohin 1919 eine Kopie geschmuggelt wurde.
Weitere bekannte Filme von Griffith sind »Herzen der Welt« (1918), »Gebrochene Blüten« (1919), »Weit im Osten« (1920), »Amerika« (1924), »Ist das Leben nicht herrlich?« (1924).

Francis Gruber

französischer Maler (*15. 3. 1912, Nancy), stirbt am 1. Dezember in Paris.
Gruber, Sohn eines Glasmalers, Schüler von Othon Friesz und Charles Dufresne, war ein Vertreter des Realismus mit Tendenzen zum Kubismus. Er schuf Stilleben, Porträts, Landschaften (»Winterahnung«, 1935, »Das Meer der Feen«, 1947/48), darunter zahlreiche Serien (»Gewitter«, 1938, »Im Wald«, 1942/43, »Schleusen«, 1942/43 und gegen Ende seines Lebens vor allem Akte (»Frau in roter Weste«, 1944).

Siegmund von Hausegger

österreichischer Komponist und Dirigent (*16. 8. 1872, Graz), stirbt am 10. Oktober in München.
Hausegger, Sohn und Schüler des Musikschriftstellers Friedrich von Hausegger, dirigierte ab 1895 in Graz, München (Kaim-Orchester), Frankfurt am Main (Museumskonzerte), Hamburg (Philharmonische Konzerte) und Berlin (Blüthner-Orchester) und leitete von 1920 bis 1934 die Akademie der Tonkunst in München. Als Hauptvertreter der sog. neudeutschen Richtung komponierte er die humoristisch-phantastische Oper »Zinnober« (1898) nach E(rnst) T(heodor) A(madeus) Hoffmann, die sinfonischen Werke »Barbarossa«, »Dionysische Phantasie« und »Natursinfonie« sowie Chöre a cappella und mit Orchester und Lieder.

Thomas Theodor Heine

deutscher Karikaturist und Illustrator, Mitgründer der politisch-satirischen Wochenschrift »Simplicissimus« (*28. 2. 1867, Leipzig), stirbt am 26. Januar in Stockholm.
Heine schloß sich als Gebrauchsgrafiker (Plakate) und Illustrator (Buchumschläge) früh dem Jugendstil an. In Illustrationen für die Zeitschriften »Pan«, »Jugend«, »Simplicissimus« – die er 1896 zusammen mit Albert Langen gründete und der er bis zu seinem Ausscheiden aus politischen Gründen 1933 verbunden blieb –, für die »Fliegenden Blätter« und auch für »Die Insel« vertrat er bis 1914 einen antimilitaristischen, antiimperialistischen und antinationalistischen Kurs. Er prangerte die Großbürger, den Adel und das Spießbürgertum der wilhelminischen Gesellschaft an, so in den meisterhaften Serien »Durchs dunkelste Deutschland« (1899–1910), »Bilder aus dem Familienleben« (1896–1909) und »Bilder aus dem deutschen Pastorenleben« (1904/05). Obwohl er sich 1914 mit dem »Simplicissimus« auf die Seite der Kriegsbefürworter schlug, kämpfte er weiter für Freiheit, Menschenwürde und soziale Gerechtigkeit. 1933 floh er nach Prag, 1938 nach Oslo und 1942 nach Stockholm.

Alfred Kerr

deutscher Theaterkritiker und Essayist (*25. 12. 1867, Breslau), stirbt am 12. Oktober in Hamburg.
Kerr war einer der gefürchtetsten Theaterkritiker von etwa 1900 bis zum Ende der Weimarer Republik. Er förderte Henrik Ibsen und Gerhart Hauptmann, entdeckte Klabund und bekämpfte Hermann Sudermann und Bertolt Brecht. Von 1912 bis 1915 war er Mitarbeiter und Herausgeber der avantgardistischen Zeitschrift »Pan«. Schon lange vor der Machtergreifung der Nationalsozialisten fordert er die Linke in Deutschland zu einer einheitlichen Haltung gegenüber den NS-Banden auf. 1933 emigrierte er über Prag, Lugano und Paris nach London und wirkte an Emigrantenzeitschriften mit. Nach dem Weltkrieg schrieb er für »Die Welt« und »Die Neue Zeitung«.

Egon Erwin Kisch

tschechischer Journalist und Schriftsteller, der die Reportage zu literarischem Rang erhob (*29. 4. 1885, Prag), stirbt am 31. März in Prag.
Kisch, seit 1904 als Journalist in Prag, Berlin und Wien, wurde als Führer der kommunistischen Roten Garde in Wien 1919 zu drei Monaten Haft verurteilt und ausgewiesen. In der Folgezeit avancierte er zum Starreporter Berliner Zeitungen und unternahm zahlreiche Reisen nach Großbritannien, Frankreich, Dänemark, in die Niederlande, Ungarn, Schweiz, Sowjetunion (1925/26, 1930/31), Nordafrika (1926), illegal in die USA (1928/29) und nach China (1932). 1933 wurde er in der Nacht des Reichstagsbrands in Berlin von den Nationalsozialisten verhaftet, aber aufgrund tschechischen Protests nach Prag »abgeschoben«. Er nahm auf republikanischer Seite am Spanischen Bürgerkrieg teil, ging 1940 nach Mexiko und kehrte 1946 in die Tschechoslowakei zurück. Seine in Buchform vorliegenden Hauptwerke sind »Der rasende Reporter« (1925) und der Bericht »Zaren, Popen, Bolschewiken« (1927).

Georg Kulenkampff

deutscher Violinist (*23. 1. 1898, Bremen), stirbt am 4. Oktober in Schaffhausen in der Schweiz.
Kulenkampff feierte große Erfolge als Interpret klassischer und romantischer Violinwerke. 1944 wurde der Virtuose Lehrer am Konservatorium in Luzern.

Wilhelm Külz

deutscher Politiker (* 18. 2. 1875, Borna bei Leipzig), stirbt am 10. April in Berlin. Külz wurde als Demokrat 1920 Mitglied des Reichstags. Als Reichsinnenminister 1926/27 setzte er das umstrittene Zensurgesetz gegen »Schmutz und Schund« durch.

Franz Lehár

österreichisch-ungarischer Operettenkomponist (* 30. 4. 1870, Komorn), stirbt am 24. Oktober in Bad Ischl.
Lehár begann als Militärkapellmeister. Durch die Einführung des Tanzliedes schuf er die Tanzoperette, die ihn zum prominentesten Vertreter der heiteren österreichischen Musik im 20. Jahrhundert machte. Seine letzten Werke zeigen eine Annäherung an die komische Oper und das Singspiel. Zu seinen am meisten gespielten Werken zählen »Die lustige Witwe« (uraufgeführt 1905), »Der Graf von Luxemburg« (1909), »Paganini« (1925), »Das Land des Lächelns« (1929) und »Giuditta« (1934). Einer seiner größten Erfolge, »Der Zarewitsch«, uraufgeführt 1927 in Berlin, ist eine der sog. tragischen Operetten des späten Lehár, die Titelrolle war dem Tenor Richard Tauber gewidmet. 1929 folgte die »romantische« Operette »Das Land des Lächelns«. Der große Erfolg des Werks beruht auf den populären Liedern, die volkstümlich geworden sind, darunter die Duette »Bei einem Tee à deux« und »Deine Liebe – meine Liebe«.

Emil Ludwig

deutsch-schweizerischer Schriftsteller (* 25. 1. 1881 , Breslau), stirbt am 17. September in Moscia bei Ascona.
Ludwig – geboren als Sohn des jüdischen Augenarztes Cohn, der 1883 aufgrund einer Kabinettsordre den Namen Ludwig annahm –, berühmt als Interviewer und politischer Publizist und in den 20er Jahren einer der in der Welt meistgelesenen deutschen Autoren, wurde 1932 schweizerischer Staatsbürger. 1933 wurden seine Bücher im Deutschen Reich öffentlich verbrannt. 1940 emigrierte er in die USA, wo er Sonderbeauftrager von Präsident Franklin D. Roosevelt wurde und deutschfeindliche Haßschriften veröffentlichte (» . . . ein zweitklassiges Volk, das gedemütigt werden muß«).
Seine größten Erfolge erzielte er mit brillant geschriebenen, reißerischen Romanbiographien, die zwar genaue Detail- und biographische Kenntnisse verraten, aber nicht immer der historischen Wahrheit entsprechen: »Goethe. Geschichte eines Menschen« (drei Bände, 1920), »Rembrandts Schicksal« (1923), »Napoléon« (1925), »Wilhelm II.« (1926), »Bismarck« (1926), »Michelangelo« (1930) und viele andere. Diese Romane wurden zum Teil in 27 Sprachen übersetzt.

Louis Jean Lumière

französischer Chemiker, Filmpionier und Fabrikant (* 5. 10. 1864, Besançon), stirbt am 6. Juni in Bandol im Departement Var.
Lumière entwickelte mit seinem Bruder Auguste zahlreiche Neuerungen auf dem Gebiet der Fotografie und gründete mit ihm 1883 eine Fabrik für fotografische Platten und Papiere. Er schuf das heute noch gebräuchliche kinematografische Verfahren (1895) mit perforiertem Zelluloidfilm und einer Aufnahmefrequenz von 16 Bildern pro Sekunde. 1903 erfand er die trichrome Autochromplatte für das sog. Lumière- bzw. Kornrasterverfahren, das erste brauchbare Farbaufnahmen ermöglichte.

Jan Masaryk

tschechoslowakischer Politiker (* 14. 9. 1886, Prag), kommt am 10. März in Prag nach dem kommunistischen Staatsstreich Klement Gottwalds unter ungeklärten Umständen ums Leben.
Masaryk, der Sohn des tschechischen Staatsmanns und Philosophen Tomáš Garrigue Masaryk, wurde 1940 Außenminister der tschechischen Exilregierung in London und 1945 Außenminister der Tschechoslowakei.

John Joseph Pershing

genannt Black Jack, US-amerikanischer General (* 13. 9. 1860, Linn County/Missouri), stirbt am 15. Juli in Washington.
Pershing nahm an mehreren Kämpfen gegen die Siouxindianer und 1898 am Spanisch-Amerikanischen Krieg teil, war 1904 bis 1906 Militärattaché in Tokio und 1906 bis 1913 als Brigadegeneral Gouverneur der Philippinen. 1916 leitete er die US-Expedition gegen Mexiko, führte 1917 die 1. Armee der Vereinigten Staaten von Amerika in Frankreich und war 1918 Oberbefehlshaber der US-Truppen gegen Deutschland. 1921 bis 1924 war er Generalstabschef der US-Armee.

Andrei Alexandrowitsch Schdanow

sowjetischer Politiker, der als möglicher Nachfolger Josef W. Stalins galt (* 26. 2. 1896, Mariupol/Schdanow), stirbt am 31. August in Moskau.
Schdanow wurde 1934 Sekretär des Zentralkomitees der KPdSU und 1939 des Politbüros. Seit seinem Amtsantritt als Vorsitzender der Leningrader Parteiorganisation galt er als möglicher Nachfolger des diktatorisch herrschenden Josef W. Stalin. Er war an der Parteisäuberung der Jahre 1934 bis 1938 beteiligt und setzte die große Bildungsreform durch. 1947 wurde er Leiter des Kominform (Informationsbüro der kommunistischen und Arbeiterparteien). Sein Geburtsort Mariupol wird in Schdanow umbenannt.

Kurt Schwitters

deutscher Maler und Schriftsteller, Mitglied der Dada-Bewegung, Entwickler eines dadaistischen »Gesamtweltbildes« unter dem Kennwort MERZ (* 20. 6. 1887, Hannover), stirbt am 8. Januar in Ambleside in Westmorland in Großbritannien.
1919 montierte Schwitters, der 1909 bis 1914 an der Dresdener Akademie studiert hatte, sein erstes Merz-Bild, aus »wesensfremden Bestandteilen zum Kunstwerk vereinigt durch Kleister, Nagel, Hammer, Papier, Stoffetzen, Maschinenteile, Ölfarbe, Spitzen etc.«. Ebenfalls 1919 erschien sein dadaistischer Gedichtband »Anna Blume«, der wegen seiner Skurrilität großes Aufsehen erregte. 1923 unternahm er eine Dada-Tournee mit Theo von Doesburg durch die Niederlande und wurde Mitarbeiter an der von van Doesburg herausgegebenen Zeitschrift »Mecano«. Im selben Jahr gab er die erste Nummer der dadaistischen Zeitschrift »Merz« heraus, die bis 1927 erschien mit Beiträgen und Abbildungen von Schwitters selbst, von Jean Arp, Raoul Hausmann, Pablo Picasso, El Lissitzky, Piet Mondrian, Walter Gropius, u. a. 1927 gründete er mit Willi Baumeister u. a. den »Ring neuer Werbegestalter« und wurde 1932 Mitglied der Gruppe »abstraction création«.
Das Ziel von Schwitters war die Schaffung eines Gesamtkunstwerks, in dem die Grenzen zwischen Kunst und Nichtkunst aufgehoben sein sollten. Durch die Verwendung von Haaren, Nägeln, Abfällen, Draht u. a. wollte er auch diese Materialien in den Bereich des Ästhetischen heben. Realisierungen solcher Gesamtkunstwerke waren nicht nur Collagen und Montagen, sondern auch seine drei Merzbauten in Hannover (im Zweiten Weltkrieg zerstört), in Lysaker bei Oslo und in Langdale in Großbritannien.

Richard Tauber

britisch-österreichischer Sänger, lyrischer Tenor (* 16. 5. 1891, Linz), stirbt am 8. Januar in London, wohin er 1933 emigriert war.
Tauber wurde 1933 Mitglied der Dresdener Staatsoper und sang danach außerdem in Wien, Berlin und München sowie auf Festspielen. Er wurde vor allem als Mozart-Interpret gefeiert. Internationale Berühmtheit erlangte er in den 20er Jahren durch sein Auftreten in Operetten (insbesondere von Franz Lehár) und in Musikfilmen. Mit der Titelrolle der Operette »Der Zarewitsch« (1927) von Lehár errang er seine größte Popularität. Tauber war bekannt als der Mann mit dem Monokel im Auge und einer Schar von Verehrerinnen: Der Mann, der die 20er Jahre musikalisch mit vergoldete.

Georg Terramare

eigentlich Georg Eisler von Terramare, österreichischer Schriftsteller (* 2. 12. 1889, Wien), stirbt am 4. April in La Paz in Bolivien.
Terramare, Sohn eines Wiener Industriellen und einer Britin, trat als neuromantischer Erzähler und Dramatiker hervor und war Regisseur an verschiedenen europäischen Bühnen. 1938 emigrierte er über Italien nach Bolivien. Er verfaßte die Dramen »Brutus« (1906), »Goldafra« (1910), »Mutter Maria« (1916) und »Ein Spiel vom Tode« (1923) sowie die Romane »Der Liebesgral« (1913) und »Das Mädchen von Domremy« (1921).

Richard Teschner

österreichischer Maler, Grafiker, Bildhauer und Puppenspieler (* 21. 3. 1879, Karlsbad), stirbt am 4. Juli in Wien.
Teschner, der zu den bedeutendsten Puppenspielern des 20. Jahrhunderts zählt, schuf nach javanischem Vorbild Figurenbühnen und zweiseitig spielbare Schemen- und Schattenfiguren.

Karl Valentin

eigentlich Valentin Ludwig Fey, deutscher Komiker und Schriftsteller (* 4. 6. 1882) München), stirbt am 9. Februar, Faschingsmontag, in München.
Valentin, ursprünglich Sargschreiner, trat 1907 mit einem selbstgebastelten Orchestrion als Musikclown Charles Fey erfolglos in Halle, Leipzig und Berlin auf, war danach Zitherspieler in Münchner Gaststätten und hatte noch im selben Jahr seinen ersten durchschlagenden Erfolg mit dem komischen Stegreifsolo »Aquarium«. Gastspiele an den Kabaretts »Simplicissimus« und »Serenissimus« in München folgten. 1911 lernte er seine Partnerin Liesl Karlstadt kennen, die mit ihm in fast allen seinen Stücken spielte. Viele der über 400 Stücke wurden verfilmt, mehr als 200 Repertoirenummern auf Schallplatte aufgenommen. 1919 wurde das Stück »Auf dem Oktoberfest« mit Bertolt Brecht als Klarinettenspieler in München uraufgeführt. Ab 1922 gab Valentin Nachtvorstellungen in den Münchner Kammerspielen sowie Gastspiele in Berlin, Zürich und Wien, richtete 1934 im Keller des Kabaretts »Wien – München«, dessen Direktion er 1915 übernommen hatte, ein Juxmuseum als »Grusel- und Lachkeller« ein, mit dem er bald in ein eigenes Lokal, die »Ritterspelunke«, umzog. Die Nationalsozialisten verurteilten Valentins Stücke »wegen ihrer Elendstendenz«. Nach dem Ende des Zweiten Weltkriegs trat Valentin im München-Haidhausener »Bunten Würfel« auf. Zu seinen bekanntesten Stücken zählen »Der neue Schreibtisch« (1913), »Der Firmling« (1922) und »Im Senderaum« (1926). Bertolt Brecht sagte über Valentin: »Es ist nicht einzusehen, inwiefern Karl Valentin dem großen Charlie [Chaplin], mit dem er mehr als den völligen Verzicht auf Mimik und billige Psychologismen gemein hat, nicht gleichgestellt werden sollte.« – In München wurde das »Valentin-Musäum im Isartor« als »Curiositätenschau und Volkssängerlokal« eingerichtet.

Paul Wegener

deutscher Schauspieler und Filmregisseur (* 11. 12. 1874, Rittergut Bischdorf in Ostpreußen), stirbt am 13. September in Berlin.
Wegener war 1906 bis 1920 einer der führenden Schauspieler in Max Reinhardts Ensemble am Deutschen Theater in Berlin. Sein Filmdebüt gab er 1913 in »Der Student von Prag«. 1914 war er Produzent, Mitautor und Darsteller der Titelfigur in »Der Golem«. In der Folgezeit spielte er in oft phantastischen Filmen, für die er häufig auch als Regisseur und Autor tätig war: »Peter Schlemihl« (1915), »Rübezahls Hochzeit« (1916), »Dornröschen« (1918), »Der Golem, wie er in die Welt kam« (1920), »Sumurun« (1920), »Der verlorene Schatten« (1921), »Lukrezia Borgia« (1922), »Vanina oder Die Galgenhochzeit« (1922), »Die Weber« (1927), »Alraune« (1928). Während der NS-Zeit spielte er in den Filmen »Hans Westmar« (1933), »Der große König« (1937) und »Kolberg« (1945), nach dem Krieg in »Der große Mandarin« (postum 1949).

Ermanno Wolf-Ferrari

deutsch-italienischer Komponist (* 12. 1. 1876, Venedig), stirbt am 21. Januar in Venedig.
Wolf-Ferrari, Sohn eines Deutschen und einer Italienerin, wurde vor allem bekannt durch sein Opernschaffen in der Tradition der italienischen Opera buffa und der Commedia dell'Arte. Seinen er-

sten großen Erfolg hatte er mit der musikalischen Komödie »Die neugierigen Frauen«, die 1903 in München uraufgeführt wurde. Die meisten seiner Opern kamen in München und Berlin zur Uraufführung, so »Die vier Grobiane« (1906, München), »Susannes Geheimnis« (1909, München) oder »Der Schmuck der Madonna« (1911, Berlin). »Die schalkhafte Witwe« wurde 1931 in Rom uraufgeführt. Ein Welterfolg wurde seiner tragische Oper »Sly oder Die Legende vom wiedererwachten Schläfer« (1927).

Orville Wright

US-amerikanischer Flugpionier (*19. 8. 1871, Dayton/Ohio), stirbt am 30. Januar in Dayton. Orville Wright und sein Bruder Wilbur befaßten sich seit 1900 mit der Konstruktion von Flugapparaten. 1901 gelangen ihnen mit Doppeldeckern die ersten Gleitflüge bis zu 100 m. In den Sanddünen bei Kitty Hawk im US-Bundesstaat North Carolina gelangen ihnen am 17. Dezember 1903 an Bord einer 355 kg schweren Flugmaschine »Flyer I« vier gesteuerte Motorflüge. Bei seinem längsten Flug blieb der Doppeldecker dabei 59 Sekunden in der Luft und landete nach 265 m wieder im weichen Dünensand. Der von den Wrights gebaute Flugapparat verfügte über einen wassergekühlten Vier-Zylinder-Motor mit zwölf PS Leistung und wurde durch zwei Luftschrauben in die Höhe bewegt. Für die Steuerung sorgten ein Höhenruder und zwei an den 12,29 m langen Tragflächen angebrachte Seitenruder. 1904 konnten die Wrights mit einem verbesserten Modellbereits Kurvenflüge durchführen, denen 1905 Streckenflüge bis zu 45 km Länge folgten. 1908 führten sie ihre Maschinen in Europa vor. Mit der Ausbildung von Piloten und der Vervollkommnung ihrer Flugapparate trugen Orville und Wilbur Wright maßgeblich zur Entwicklung der Luftfahrt bei.

Personenregister

Das Personenregister enthält alle in diesem Buch genannten Personen (nicht berücksichtigt sind mythologische Gestalten und fiktive Persönlichkeiten sowie Eintragungen im Anhang mit Ausnahme des Nekrologs). Die Herrscher und Angehörigen regierender Häuser mit selben Namen sind alphabetisch nach den Ländern ihrer Herkunft geordnet. Kursive Zahlen verweisen auf Abbildungen.

Abdallah, Emir und König von Transjordanien *50*, *75*
Abdullah, Maharadscha von Kaschmir 76
Ackermann, Anton *117*, 148
Adenauer, Konrad 136, 150, *151*, 178, 188, *194*
Aichinger, Ilse 204
Aljochin, Alexandr A. 86
Altwegg, Jeanette 40
Ambros, Otto 116
Anders, Helga 10
Andersch, Alfred *204*
Andersen-Nexö, Martin 141
Anderson, Maxwell 178, 186
Anokina, Ludmilla 163
Anschütz, Gerhard 56, 230
Antonescu, Ion 18
Armstrong, Louis 28, *84*
Arnold, Karl *13*, 26, 139, *150*
Artaud, Antonin 44, *230*
Ascari, Enrico 175
Aschida, Hidoschi 32
Athenagoras, Spiros 176
Attlee, Clement 13, 16, 33, 42
Auernheimer, Raoul 10, 230
Auriol, Vincent 176
Bachmann, William 143
Baky, Josef von 8
Balmain, Pierre 174
Bamm, Peter 122
Bao Dai, Kaiser von Annam 10, *76*
Baran, Ria 28, *41*
Bardeen, John 90, 105
Barlach, Ernst 108
Bartali, Gino 112, *125*
Baugniet, Pierre 26
Bauma, Herma 146, *163*
Bauwens, Pecco 67
Beatrix, Königin der Niederlande (→ Beatrix, Prinzessin der Niederlande)
Beatrix, Prinzessin der Niederlande *160*, *161*
Becher, Ulrich 164
Becker, Julius Maria 176
Beebe, William 157
Beel, Louis Joseph Maria 8
Beethoven, Ludwig van 121
Begin, Menachem *75*
Beheim-Schwarzbach, Martin 122
Belannoit, Cyrille 70
Bender, Hans 204
Beneš, Eduard 30, *31*, 88, 103, 148, *159*, 230
Bennett, Jack O. *99*
Berbuer, Karl 84
Berdjajew, Nikolai A. 44, 230
Bernadotte, Folke Graf von Wisborg 70, *74*, 88, 148, 158, 188, 230
Bernanos, Georges 112, 230
Bernhard, Prinz der Niederlande *160*, *161*
Bevin, Ernest 10, *33*, 49, 50, *59*, 68, 90, *92*
Bibbia, Nino 40
Bidault, Georges 16, *33*, 49, 88
Bierut, Bolesław 159
Binda, Alfredo 109
Biondetti, Clemente 54, 68
Blackett, Patrick S. M. *202*
Blankers-Koen, Fanny 132, *133*
Blech, Hans Christian *203*
Block, Adrien 104
Blücher, Franz *194*
Bock, Lorenz 128, 138
Bodet, Jaime Torres 176
Bogner, Irma 144
Bohle, Erich W. 54
Böhlke, Erich 128, 145
Bolívar, Simon 63
Bollaert, Emile 10, *76*
Bolz, Lothar *78*
Bondy, Luc 112
Bonhoeffer, Karl 188, 230
Bonte, Bob 166
Borchert, Wolfgang 138, 204
Bormann, Martin *34*
Bothy, Fernand 67
Botticelli, Sandro 86
Botwinnik, Michail 68, *86*
Bourbon-Parma, Prinzessin Anne von *18*, 88, *106*
Bowie, David 70
Boyd-Orr, Sir John 146
Braddock, James J. 109
Bradley, Omar F. *19*
Brändström, Elsa 44, *230*
Brattain, Walter F. 90, 105
Brauchitsch, Manfred von 178
Brauchitsch, Walter von 166, 230
Braun, Eva (→ Hitler, Eva)
Braun, Ferdinand 143
Braun, Irene 28, 41
Braun, Wernher von 39, *85*
Brecht, Bertolt 68, 88, 107, 123, 164, *201*
Brentano, Heinrich von 151
Britten, Benjamin 70, 124, 176
Brockmann, Johannes 150
Bromwich, John 125
Brough, Louise 125
Brown, Thomas 125
Bruckner, Anton 139
Bruckner, Ferdinand 10
Brundage, Avery 40, 44, 53
Busoni, Ferruccio 123
Button, Richard (»Dick«) 8, 26, *40*
Camus, Albert 166
Capablanca, José Raúl 86
Carol, René 84
Cebotari, Maria 121
Cecchi, Ezio 109
Celio, Enrico 10, 25
Cerdan, Marcel 70, 148, *163*
Charles, Prinz von Großbritannien 178, *185*
Chavilier, Paul 163
Chiang Kai-shek 44, *50*, 178, *182*, 186
Churchill, Sir Winston S. 16, 49, 56, *66*, 77
Clay, Lucius D. 8, 10, 26, *35*, 44, *46*, 56, 68, 87, 90, 98, 99, 114, 155, 176, 178, 186, 200
Coachman, Alice *134*
Cochran, Roy *134*
Cocteau, Jean 64
Colm, Gerhard 100
Colman, Ronald *65*
Comicky, Pat 163
Cooper, Harry *135*
Coppi, Fausto 109, 166
Cosimo, Piero di 86
Costello, John A. 28, 32, 164
Cosyns, Max 157
Couttet, James 40
Cramm, Gottfried von 128, 145
Csornoky, Victor 112
Cunningham, John 44
Cunningham, Sir Alan *72*
Dahrendorf, Gustav 28
Dali, Salvador 108, *109*
Dayan, Moshe 119
De Gasperi, Alcide *61*, 70, 77, 119
De Kowa, Victor 122
Delaney, Francis J. *135*
De Santis, Giuseppe 64
De Sica, Vittorio 64
Deutsch, Ernst 121
Dewey, George Martin 103
Dewey, Thomas Edmund 90, *103*, 176, 180, *181*
Dillard, Harrison 56, *67*, 132, *134*, *135*
Dimitrow, Georgi M. 188
Dinnyes, Lajos 186, 190
Dior, Christian 174
Dirks, Walter 204
Djilas, Milovan 102
Dobi, István 186, 190
Döblin, Alfred 204
Dodge, Joseph M. 100
Dörr, Philipp von 39
Dostojewski, Fjodor M. 164
Drake, Alfred 203
Draper, William 90
Dratwin, Michail J. 70, 97
Drobny, Jaroslaw 70
Dschinnah, Mohammad Ali *17*, 76, 146, 148, *159*, 230
Dudow, Slatan 176
Dumbadse, Nina 88
Dürer, Albrecht 86
Dürrfeld, Walther 116
Dymschitz, Alexander 108
Eberhard, Paul 40
Ebert, Friedrich 178, 194
Eder, Gustav 130, 145
Eggset, Halvard 53
Egk, Werner 88, *107*, 122, 124, 188
Ehard, Hans 35, 54, 107, *114*
Ehrenburg, Ilja 141
Einaudi, Luigi 68, 77
Eisbrenner, Werner 200
Eisenhower, Dwight, D. 10, 19, *46*
Eisenstein, Sergei M. 28, *39*, 64, *231*
Eliot, Thomas Stearns *202*, 204
Elisabeth II., Königin von Großbritannien (→ Elisabeth, Prinzessin von Großbritannien)
Elisabeth, Prinzessin von Großbritannien 106, *185*
Endrich, Felix 40, *41*
Engel, Erich 186, 203
Erhard, Ludwig 42, 47, 54, 90, 93, 130, 166, 169, 176, 183
Eriksson, Harald 42, 53
Euwe, Max 86
Evatt, John 42
Ewell, Norwood 132, *134*
Faber, Horst 28, 41
Fadejew, Alexander A. 141
Fagerholm, Karl-August 112, *119*
Falk, Paul 28, *41*
Falkenburg, Robert 110, 125
Fallada, Hans 122
Farina, Giuseppe 70
Faruk I., König von Ägypten 44
Fath, Jacques 174
Faulhaber, Michael von 139
Faure, Edgar 68
Fawzieh, Kaiserin des Iran 178
Fechner, Max 164
Fehling, Jürgen 26
Feierabend, Fritz 40
Ferdinand I., Zar der Bulgaren 148, 231
Ferracin, Guido 28
Fierlinger, Zdeněk 42
Figl, Leopold 70, *77*, 148
Finlay, Donald *126*
Fischer, Ernst 26
Fischer, Joseph (Joschka) 56
Fischer, Kurt 110
Fischer, O(tto) W(ilhelm) *64*
Fonville, Charles 67
Forrestal, James 103
Foster, William Z. 112
Foxworth, Bob 10
Franco Bahamonde, Francisco 164, 176
François-Poncet, André 186
Fraser, Gretchen 40, *41*
Freud, Sigmund 144
Friede, Dieter 88
Friedensburg, Ferdinand *81*, 112, 152, 166, 186
Friedrich Wilhelm IV., König von Preußen 139
Frings, Josef 28, 139, *155*
Frisch, Max 178
Frohne, Edmund 47
Fry, Christopher 42
Fry, Shirley 70
Furtwängler, Wilhelm 121, *124*, 166

Fu Tso-ji 182
Gahrmeister, Fritz 90
Gaitan, Jorge Eliécer 63
Galilei, Galileo 107
Gallegos, Romulo 178
Gandhi, Kaba 17
Gandhi, Mohandas Karamchand (»Mahatma«) 10, *14*, *16*, *17*, 159, *231*
Ganeval, Jean 13, 68
Gannon, Joy *125*
Gaulle, Charles de 42, *49*, 56, 146, 148, 176, 178
Georg VI., König von Großbritannien 16, *62*, 81, 88, 106, *126*, 164, *185*
Gerevich, Aladar *135*
Gerschler, Waldemar 125
Gerschwiler, Hans 26, 40
Gerstenmaier, Eugen 70
Gheorghiu-Dej, Gheorghe 18
Giannini, Guglielma *61*
Gilliatt, Sir William 185
Giraudoux, Jean 112, 123
Gloucester, Herzog Donald von 32
Glubb Pascha (eigentl. Sir John Bagot Glubb) *75*
Gluck, Christoph Willibald 121
Gniffke, Erich W. 166, *170*
Godse, Nathuram 14, *16*
Goebbels, Joseph 42, *48*, 116
Goebbels, Magda *48*, 116
Goldenbaum, Ernst *78*
Goldmark, Peter 143
Goldsmith, Raymond W. 100
Gomułka, Władysław 54, 146, *159*
Gonzales, Pancho 188
Göring, Hermann 20
Gorky, Arshile 130, 231
Gorschenin, Pawel S. 26
Gottwald, Klement 28, 30, *31*, 42, 49, 88, 103
Graham, Fred 203
Grandval, Gilbert *18*
Grayson, Kathryn *203*
Graziani, Rodolfo 164, 171
Greene, Hugh Carlton 23
Gregor, Antonín 31
Greifelt, Ulrich 48
Griffith, David Wark 112, 123, *231*
Grillparzer, Franz 121
Grimme, Adolf *37*
Gromyko, Andrei A. 72
Grotewohl, Otto *117*, 154, 166, 170, 178, *195*
Groza, Petru 18, 54
Gruber, Francis 108, 188, 231
Gruber, Karl 42
Gründgens, Gustaf 54
Gulc, Helmut 128, 145
Gurion, David Ben 68, 72, *75*
Gustav V., König von Schweden 8, *74*, 202
Gustav Adolf, Prinz von Schweden 202
Gwenn, Edmund *65*
Hagenbeck, Carl *53*
Hagenbeck, Heinrich 53
Hagenbeck, Lorenz 53
Hahn, Otto *37*, 60
Halder, Franz 148
Hale, George Ellery 106
Hamid Ad Din Jahja, König von Jemen 28
Harbig, Rudolf 125
Harnack, Adolf von 37
Harriman, Averell 56, 59, 88
Hart, Doris 125
Hartmann, Alfred 47
Hartmann, Karl Amadeus 124
Hausegger, Siegmund von 166, 231
Hawks, Howard 90
Hay, Julius 201
Hays, Geoffrey 8, 56
Heaton, John 40
Heindl, Rudolf 148
Heine, Thomas Theodor 10, *231*
Heinlein, Robert 70, 85
Heißmeyer, August *34*
Helmer, Oskar 28
Hendrik, Prinz der Niederlande 160
Henie, Sonja *40*
Hennecke, Adolf 164, *168*
Henry, Clarence 67
Henze, Hans Werner 124
Herbert, Edwin O. 65, 90
Herlie, Eileen 81
Herrit, Clarence 118
Hertzog, Enrique 10
Herzl, Theodor 73
Hesse, Hermann 144
Heuss, Theodor 150, *194*
Hilpert, Heinz 110, 122
Himmler, Heinrich 20
Hindemith, Paul 124
Hindmar, Lars 128
Hirohito, Kaiser von Japan 10, 181
Hirschfeld, Kurt 107
Hitler, Adolf 20, *48*, 49, 164, 170, 200
Hitler, Eva (geb. Braun) 170
Hlond, August 70
Ho Chi Minh 10, 76
Hochstaden, Konrad von 139
Hochwälder, Fritz 176
Hofer, Karl 108
Hoff, Hein ten 41, 68, *87*, 166
Hoffman, Paul G. *59*, 141, 164, 197
Hoffmann, Paul 10
Hofmannsthal, Hugo von 121
Höhn, Carola *84*
Holbein, Hans 86
Höllerer, Julius 136
Holm, Celeste *65*
Holm, Hanya 203
Höngen, Elisabeth 121
Hörbiger, Attila 121
Hough, Dick 56
Howe, Sir Robert 188
Howley, Frank 88, 110
Hoxha, Enver 191
Hudson, Henry 104
Hugsted, Peter 40
Humperdinck, Engelbert 123
Hundhammer, Alois *36*
Hus, Jan 30
Hussein, Abdul Hajir 176
Huxley, Aldous 204
Innitzer, Theodor 139
Irene, Prinzessin der Niederlande *161*
Isaacs, George 178
Isakowa, Maria 28
Jahi, Asaf 159
Jahnn, Hans Henny 90, 201
Jansky, Karl G. 106
Janssen, Friedrich 20
Jarschow, Pawel I. 128
Jaspers, Karl 144
Jelisarow, Iwan 176, 197
Jendretzky, Hans 166
Joachim, Heinz 124
Johnson, Robert 148, *157*
Joliot-Curie, Irène 141
Jugo, Jenny 81
Juliana, Königin der Niederlande 146, *160*, *161*
Jürgens, Curd *64*
Jurinac, Sena 121
Kaisen, Wilhelm 13, *114*
Kaiser, Jakob 34, 48
Kane, Peter 28
Karajan, Herbert von 121
Kardelj, Edvard 102
Karlstadt, Liesl 39
Kästner, Erich 122
Katayama, Tetsu 26, 32, 164
Käutner, Helmut 178
Keel, Howard *203*
Kékessy, Andrea 8
Kellner, Lonny 84
Keppler, Wilhelm *20*
Keres, Paul P. 86
Kerr, Alfred 166, 231
Keyes, Geoffrey 26
Khan, Ghaffar 42
Kilburn, Tom 90
Kim Il Sung 146, 158
Kinsey, Alfred Charles 42, *52*
Kiraly, Ede 8
Kirkpatrick, Sir Ivone 178
Kisch, Egon Erwin 44, 204, *231*
Kladovova, Irina *107*
Klee, Paul 178
Klein, Hubert 188
Kleinholdermann, Adolf 166
Klinge, Walter 28, 56
Knacke, Theodor 39
Knoeringen, Waldemar von *78*
Koeltz, Louis 46
Koenig, Pierre *46*, 59, 110, 114, 188
Kogon, Eugen 204
Köhler, Erich 28, 35, 42
Kolb, Erwin 166
Kolb, Walter *144*
Kölblin, Arno 68, *87*
Kollwitz, Käthe 108
Kopf, Hinrich Wilhelm 28, 42, 88
Kotikow, Alexander G. 13, 152, 166
Kramer, Jack 90
Křenek, Ernst 124
Kreuder, Ernst 122
Krupp von Bohlen und Halbach, Alfried 8, 20, 112, 116
Kübel, Jürgen 36
Kuby, Erich 204
Kuhn, Ulrich 41
Kulenkampff, Georg 166, 231
Külz, Wilhelm 56, 232
Kuntze, Wilhelm 28
LaBeach, Lloyd 132, 134
Ladas, Christos 67, 76
Lamb, Delbert 28
Land, Edvin H. 83
Lannoy, Micheline 26
Lasker, Emanuel 86
Laundry, Nelly 70
Lean, David 64
Le Corbusier (eigentl. Charles-Édouard Jeanneret-Gris) 184
Léger, Fernand 141
Lehár, Franz 166, 232
Leibowitz, René 124
Leinen, Josef (Jo) 56
Le May, Curtis 98
Lemmer, Ernst 34
Leuscher, Bruno 35
Liaklev, Reidar 28
Lie, Trygve 42, 148, 176
Lindbergh, Charles A. 176
Lippisch, Alexander 39
List, Wilhelm 28
Löbe, Paul 130
Long, Timothy D. 163
Loritz, Alfred 128, *136*, 176, 186
Louis, Joe 10, 90, *109*, 163, 175
Ludwig, Emil 148, 232
Lukaschek, Hans 54
Lukjantschenko, S. 44
Lumière, Louis Jean 90, *232*
MacArthur, Douglas 42, 178
Mackenzie King, William Lyon 176, 181
Maggiorani, Lamberto *64*
Magni, Fiorenzo 88, *109*
Maier, Reinhold 36, *114*
Mailer, Norman 204
Majutschaja, Klaudra 163
Malan, Daniel F. 70, *76*, 88
Malawski, Artur 107
Malenkow, Georgi M. 140
Maniu, Iuliu 18
Mann, Thomas 166
Mao Tse-tung 50, 166, *182*
Marek, Anton 88, 183
Margriet, Prinzessin der Niederlande *161*
Maria Christina, Prinzessin der Niederlande *161*
Marie, André 112, 130, 159
Mark, John *126*
Markewitz, Rudolf 166
Markgraf, Paul 112, 152
Markos (→ Wafiadis, Markos)
Marshall, George C. *33*, *58*, 59, 88, *92*, 146, 164
Martin, Karl Heinz 26
Mary, Königin von Großbritannien *185*

Masaryk, Jan *31*, 42, 44, *49*, 232
Masaryk, Tomáš Garrigue 31, 49
Matern, Hermann 166
Mathias, Robert 132
Mattik, Kurt 166
McCorquodale, Alistair *134*
McDonald Bailey, Emmanuel M. *134*
McKenley, Herbert 110, *125*, 146
Meinecke, Friedrich 200
Melchior, Lauritz *124*
Menzel, Walter *195*
Micara, Clemens 139
Michael I., König von Rumänien 8, *18*, 70, 88, *106*
Middleton, Velma *84*
Mindszenty, József 178, 188, *190*
Minelli, Livio 26, 41
Minnewit, Peter 104
Moch, Jules 164, 171
Molotow, Wjatscheslaw M. *13*, *19*, 59, 63, *92*, 128, 130, *140*, 176, 178
Montgomery, Bernard Law Viscount *46*
Morrison, Patricia 203
Mortensen, Alan 67
Mountbatten, Lord Louis 16, *17*
Mountbatten, Philip 106, 185
Mozart, Wolfgang Amadeus 121
Muccio, John J. 128
Mückenberger, Kurt 130
Müller, Anneliese *124*
Müller, Gebhard 128
Müller, Paul *202*
Mulloy, George 125, 163
Mussolini, Benito 61, 77, 171
Nai Khuang 26
Nannen, Henri 128
Nehru, Jawaharlal *17*, 42
Nenni, Pietro 26, 56, *61*
Neumann, Franz 48, 166
Neumann, Günter 200
Neusel, Walter 41, 70, *87*
Nguyen Van Xuan 70, 76
Nielsen, Hans *84*
Niemöller, Martin 186, *200*
Nipkow, Paul 143
Nobel, Alfred 202
Nobs, Ernst 188
Nokraschi Pascha, Mahmud Fahmi an- 188
Nolde, Ernst 108
Nordhoff, Heinrich 8, 21
Nosek, Jindrich 44
Nosek, Vaclav 30, 31
Nuschke, Otto 44, 148
O'Connel, Daniel T. 48
Odria, Manuel 176
Ohlendorf, Heinrich 54
Olbricht, Gudrun 41
Olivier, Laurence 64, *65*, 68, 81
Ollenhauer, Erich 146, 154
O'Neill, Eugene 70
Ordas, Lajos 146
Oreiller, Henri 40, *41*
Orlando, Vittorio *61*
Osborne-Du Pont, Margaret 125
Ostermeyer, Micheline 132
Ottilinger, Margarete 176, 183, 186
Owens, Jesse 132
Paasikivi, Juho 63, 112
Pahlawi, Mohammad Resa, Schah des Iran 178
Pakenham, Francis Aungier 8, 70, *79*
Parhon, Constantin I. 18
Parker, Frank 70, 163
Patton, Mel 132, *134*
Paul, Rudolf 8
Paulsen, Arno *203*
Pawlik, Eva 40
Pearson, Stanley 67
Pekkala, Mauno 63
Perez, Mariano Ospina 54
Perón, Eva (»Evita«) *191*
Perón, Juan Domingo 186, *191*
Pershing, John Joseph 112, 232
Petitpierre, Max 42, 188
Petrescu, Constantin 68
Pfeiffer, Anton 150, *195*
Picasso, Pablo 108, 109, 141
Piccard, Auguste 146, *157*
Piccard, Jean 157
Pieck, Wilhelm *117*, 130
Pietro, Joe de 132
Pijade, Moša 178
Piston, Walter 107
Pius, XII., Papst 13, 16, 139, 146, 155, *206*
Planck, Max *37*
Pohmann, Inge 145
Pollock, Jackson 108
Porsche, Ferdinand 21
Porter, Cole 188, *203*
Pöschl, Hans 145
Priestley, John B. 10
Proietti, Roberto 28
Prokofjew, Sergei S. 26, 110
Puipart, Marcel *107*
Pünder, Hermann 42, 47, 82, 176, *183*
Quandt, Günter 110, 116
Quandt, Magda (→ Goebbels, Magda)
Queuille, Henri 146, *159*
Quist, Adrian 163
Rada, Edy 40
Raffael (eigentl. Raffaello Santi) 86
Rákosi, Matyás 178, *190*
Rau, Heinrich 35
Razvi, Syed Kasim *159*
Reiff, Gaston *132*, 148
Reimann, Max 150, *194*
Reinalter, Edy 40
Reinhardt, Max 121
Renner, Karl 77, 112
Reshevsky, Samuel 86
Reusch, Hermann 35
Reusch, Michael 135
Reuter, Ernst *114*, 130, 146, *153*, 166, 186, *194*
Rhee, Syngman 68, 112, 166
Rhein, Eduard 128
Ribbentrop, Joachim von 19, 20
Riele, Gerhard von 139
Riggs, Bobby 90
Ris, Walter *134*
Robertson, Sir Brian 8, 26, *35*, 44, *46*, 54, 59, 68, 88, 114, 188
Röchling, Ernst 28
Röchling, Hermann 28
Roeymond, Lemmens von 139
Roosevelt, Franklin D. 103, 180
Rosenow, Ursula 145
Rossellini, Roberto 64, 110, *123*
Rott, André 83
Rowley, Jim 67
Royall, Kenneth C. 186
Ruegger, Paul 26
Rufer, Josef 107
Rühmann, Heinz 110, *122*
Ruscheweyh, Herbert 54
Russel, Jane *106*
Ruud, Birger 40, *41*
Rytschko, Alexander J. 26
Saed, Mohammed 176
Sagan, Eddie *109*
Saint Laurent, Louis Stephen 176, 181
Sandström, Emil 188
Sao Shwe Thaik 8, 18, 130
Saragat, Giuseppe *61*
Sargent, Malcolm *124*
Sartre, Jean-Paul 54, 65, 201
Saul, König von Israel 73
Schacht, Hjalmar 146, *155*, 176
Scharf, Erwin 166
Schdanow, Andrei A. 108, 130, *140*, 164, 232
Schilf, Alfred 20
Schlange-Schöningen, Hans 47, 186
Schlunegger, Hedy 40
Schmeling, Max 70, *87*, 109, 163, 166, *175*
Schmid, Carlo 150, *151*, 154, 194
Schmidt, Karl 90
Schneiter, Pierre 10
Schniewind, Otto 88
Schnurre, Wolfdietrich *204*
Scholtz-Klink, Gertrud *34*
Schönberg, Arnold *107*, 124, 188
Schönfelder, Adolf 150
Schostakowitsch, Dmitri D. 26
Schotte, Brick 125, 130
Schramek, Josef 44
Schreiber, Walter 176
Schröder, Ted 163
Schroeder, Louise *81*, 186, *194*
Schroer, Marlies 41
Schtemenko, Sergei M. 176
Schuberth, Hans 47
Schuh, Oskar Fritz 121
Schuhmacher, Kurt 154
Schukow, Georgi K. *46*
Schulze-Entrup, Marianne 144
Schumacher, Kurt 146, *154*
Schuman, Robert 28, 54, 110, 112, *119*, 130, 146, 159, 178
Schuricke, Rudi 84
Schweikart, Hans 123
Schwennicke, Carl-Hubert 34, 48
Schwitters, Kurt 10, 232
Scott, Barbara Ann 8, 26, *40*
Sedgman, Frank 125
Seebohm, Hans Christoph *150*
Semler, Johannes 8, 10, *13*, 28, 42, 47
Senanayake, Don Stephen 26, 32
Serot, Jean 158
Shakespeare, William 64, 68, 81, 203
Shams, Ibrahim Hassan *134*
Sharkey, Jack 175
Shaw, George Bernard 16
Shockley, William 90, 105
Sidney, Basil 81
Sidwell, Billy 163
Simmons, Jean 81
Siroky, Viliam 164
Slim, Sir William 164
Smuts, Jan Christiaan 70, *76*
Smyslow, Wassili 86
Sofulis, Themistokles 166, 176, 178
Söhnker, Hans 122
Sokolowski, Wassili D. 10, 44, *46*, 90, *96*, 110, 138, 178
Spaak, Paul Henri *49*, 68, 178
Spewack, Bella 203
Spewack, Samuel 203
Sransky, Jaroslav 128
Stachanow, Alexei G. 168
Stalin, Josef W. 26, 28, 42, 63, 64, *102*, 112, *140*, 166
Starosch, Leo 145
Staudte, Wolfgang 54, 65
Stauffer, Carla 34
Steel, Willie *134*
Stein, Freimuth 41
Steinitz, Wilhelm 86
Stemmle, Robert A. 188, 200
Stock, Christian *114*, *144*, 150, 170
Storch, Anton 130
Strang, Sir William 178
Straßmann, Fritz 60
Strauss, Richard 88, 107
Strawinski, Igor 107
Strobel, Heinrich 107
Struye, Paul 178
Stumm, Johannes 152
Stuyvesant, Peter 104
Suhr, Otto 152, 166
Sukarno, Achmed 188, *190*
Sundgaard, Arnold 123
Sun Fo 188
Sun Yat-sen 182
Süsterhenn, Adolf *150*
Sutermeister, Heinrich 164
Svoboda, Ludvik 31
Szakasits, Arpad 128
Talbert, Billy 163
Tauber, Richard 10, *232*
Taylor, Glenn 68
Taylor, Telford 20
Tedder, Sir Arthur *115*
Terramare, Georg 56, 232
Teschner, Richard 112, 232
Textor, Gordon E. 70
Thimig, Helene 121
Thompson, Billy 28
Thyssen, Fritz 146
Tildy, Zoltán 112, 128

Tiselius, Arne *202*
Tito, Josip Broz 31, 90, *102*, 112, *119*, 188, 191
Tizian (eigentl. Tiziano Vecellio) 86
Todd, Patricia 125
Togliatti, Palmiro 26, 56, *61*, 110, *119*
Tojo, Hideki 176, 178, *181*, 188
Torrance, Jack 67
Torriani, Enrico *25*
Towns, Forrest Grady 67
Trauberg, Ilja 81
Trowe, Gisela *203*
Truman, Harry S. 8, 10, *12*, *13*, 26, 33, 42, 44, 54, *58*, 59, *72*, 85, 88, *103*, 110, 146, 164, 176, 178, *180*, *181*, 182, 186
Tschepitschka, Alexei 31
Tucholsky, Kurt 122
Tunner, William 112
Ulbricht, Walter 112, *117*, 166, 170
Unruh, Fritz von 81, 122, 130, *144*
Valentin, Karl 28, *39*, 232
Valera, Eamon de 28, 32
Vandenberg, Arthur C. 88
Vanessi, Lilli 203
Verdeur, Joe 28, 54
Verrazano, Giovanni de 104
Villoresi, Luigi 164, 175, 176
Vogt, Richard 166, 175
Vohrer, Alfred *84*
Waalkes, Otto (»Otto«) 112
Wafiadis, Markos (»General Markos«) 18, 76, 90, 103, 148, 176
Walcott, Joe 90, *109*
Wallace, Henry Agard *103*, 112, 180
Waller, Fritz 40, *41*
Walter, Bruno *124*
Walter, Fritz 145
Warlimont, Walter 166
Wassilewski, Alexandr M. 176
Webb, Sir William 181
Wegener, Paul 148, *201*, 232
Weiler, Sepp 8
Weill, Kurt 110, *123*, 178
Weizmann, Chaim *72*, *75*
Weizsäcker, Ernst von *20*
Weyde, Edith 83
Whyte, Ian *124*
Wied, Theo 144
Wilder, Thornton 178, 204
Wilhelm I., deutscher Kaiser 139
Wilhelm II., deutscher Kaiser 37
Wilhelm III., König der Niederlande 160
Wilhelmina, Königin der Niederlande 146, 160, 161
Williams, Frederick C. 90
Williams, Ike 26, 41
Williams, Tennessee 68, 186, 200
Wilson, John C. 203
Winkler, Gerhard 84
Winter, John *134*
Winterstein, Konrad 145
Wolf, Paula 170
Wolf-Ferrari, Ermanno 10, 232
Wright, Jimmy 24
Wright, Orville 10, *233*
Xoxe, Koci 186, 191
Yellin, Nathan Friedmann 148
Yoshida, Shigeru 164, 188
Young, Loretta *65*
Zale, Tony *163*
Zanuck, Darryl 44, *65*
Zatopek, Emil *132*
Zenkl, Peter 42, 128
Zukerman, Pinchas 112

Sachregister

Das Sachregister enthält Suchwörter zu den in den einzelnen Artikeln behandelten Ereignissen sowie Hinweise auf die im Anhang erfaßten Daten und Entwicklungen. Kalendariumseinträge sind nicht in das Register aufgenommen. Während politische Ereignisse im Ausland unter den betreffenden Ländernamen zu finden sind (Beispiel »Parlamentswahlen« unter »Italien«), wird das politische Geschehen in Deutschland unter den entsprechenden Schlagwörtern erfaßt. Begriffe zu herausragenden Ereignissen des Jahres sind ebenso direkt zu finden (Beispiel: »Marshallplan« eben dort). Ereignisse und Begriffe, die einem großen Themenbereich (außer Politik) zuzuordnen sind, sind unter einem Oberbegriff aufgelistet (Beispiel: »Salzburger Festspiele« unter »Musik«).

Afghanistan 214
Ägypten 214
Albanien 102, 191, 214
Algerien 214
Alliierter Kontrollrat in Deutschland (auch → Besatzungspolitik) 46, 97, 100
Alltag 36, 47, 60, 104, 205, 206
Arabische Liga (auch → Palästina) 50
Arbeit und Soziales 80 (Übersicht)
- Arbeitgeberverbände 35
- Arbeitslosigkeit 100 (Grafik)
- Gewerkschaften 80, 183
- Lastenausgleich 197
- Streik und Aussperrung 183
Architektur 139, 184 (Übersicht)
Argentinien 191, 214
Australien 214
Auto 51 (Übersicht, Grafik)
Automobilsport (→ Sport)
Ballett (→ Musik)
Bank deutscher Länder (→ Währungsreform)
Bayern
- Affäre Alfred Loritz 136
- Bier 162
- Wahlen 60, 78
Belgien (auch → Benelux-Staaten) 214
Benelux-Staaten (auch → Belgien, → Niederlande, → Luxemburg)
- Brüsseler Pakt 49, 217
- Deutschlandpolitik 33, 92, 114
- Zollunion 18
Berlin (auch → Berliner Blockade)
- Flugzeugabsturz vor Gatow 60
- Freie Universität 200
- Künstlerprotest gegen SED 122
- Spaltung 152, 194, 217
- Viermächtestatus 97, 153, 197, 217
- Wahlen 194
- Währungsreform 96, 97, 138, 152, 169, 217
Berliner Blockade 96, 97, 98, 115, 152, 198, 199, 217
- Luftbrücke 97, 98, 99, 115, 152, 169, 198, 199, 217
- Notopfer Berlin 169
- Protest gegen Blockade 153
Besatzungspolitik/Besatzungsmächte
- Frankreich 33, 46, 100, 114, 196
- Großbritannien 33, 46, 79, 100, 114, 196
- Sowjetunion 46, 59, 96, 97, 100, 168, 196
- USA 13, 46, 100, 114, 196
Bhutan 214
Bildungswesen 36, 38 (Übersicht), 200
Birma 18, 214, 217
Bizone (Vereinigtes Wirtschaftsgebiet)
- Verwaltungsreform 35 (Grafik)
- Wirtschaftsrat 47, 169
- Wirtschaftsverwaltung 93
Bolivien 214
Boxen (→ Sport)
Brasilien 214
Brüsseler Pakt 49, 103, 190, 217
Bulgarien 102, 141, 214
CEEC (Rat für europäische wirtschaftliche Zusammenarbeit) (→ Marshallplan)
Ceylon 32, 214
Chile 214
China 50 (Karte), 182, 214, 217
Commonwealth of Nations (→ Großbritannien)
Costa Rica 214
Dänemark 214
Demontagen (→ Wirtschaft)
Deutscher Städtetag 81
Deutsche Wirtschaftskommission (DWK) (→ Ostzone)
Deutschland 210 (Statistik), 213
Dominikanische Republik 214
DWK (Deutsche Wirtschaftskommission) (→ Ostzone)
Ecuador 214
Eishockey (→ Sport)
Eiskunstlauf (→ Sport)
El Salvador 214
Entnazifizierung 34, 79, 107, 116, 155
ERP (Europäisches Wiederaufbauprogramm) (→ Marshallplan)
Essen und Trinken/Ernährung 142 (Übersicht)
- Lebensmittelversorgung 12, 47, 94, 117, 142, 162, 205
- Preissteigerungen 137, 169, 183, 205
Europäische Einigung 49, 77
Europäisches Wiederaufbauprogramm (ERP) (→ Marshallplan)
FDP (Freie Demokratische Partei) 194
Fernsehen 143
Film 64 (Übersicht)
- DEFA (Deutsche Film-AG) 64, 81
- Neorealismus 64, 123
- Werke:
  »Affaire Blum« 203, 222
  »Berliner Ballade« 200, 222
  »Birth of a Nation« 123
  »Bis zum letzten Mann« 222
  »Bitterer Reis« 64

»Deutschland im Jahre Null« 64, 123
»Fahrraddiebe« 64, 222
»Die Gezeichneten« 223
»Hamlet« 64, 81, 222
»Der Herr vom anderen Stern« 122, 222
»Kennwort 777« 223
»Die Lady von Shanghai« 223
»Louisiana-Legende« 222
»Die Mörder sind unter uns« 65
»The Outlaw« 106
»Panik am roten Fluß« 223
»Panzerkreuzer Potemkin« 39
»Die roten Schuhe« 222
»Der Schatz der Sierra Madre« 223
»Stadt ohne Maske« 222
Finnland 214
- Parlamentswahlen 119
- Vertrag mit der Sowjetunion 63
Frankfurter Dokumente (→ Parlamentarischer Rat)
Frankfurter Messe (→ Wirtschaft)
Frankreich 214
- Besatzungspolitik in Deutschland 33, 46, 100, 114, 196
- Brüsseler Pakt 49
- Finanzhilfe 12
- Indochinapolitik 76, 217
- Regierungskrise 119, 159
- Streiks und Unruhen 171, 181
Freie Demokratische Partei (→ FDP)
Fußball (→ Sport)
GATT (Internationales Zoll- und Handelsabkommen) (→ Wirtschaft)
Gesellschaft 106, 138, 160, 161, 185
Gesundheit/Medizin 24 (Übersicht)
- Vitamin B 12 105
- WHO (Weltgesundheitsorganisation der UNO) 63
Gewichtheben (→ Sport)
Griechenland 18, 33, 76, 103, 214
Großbritannien 215
- Besatzungspolitik in Deutschland 33, 46, 79, 100, 114, 196
- Brüsseler Pakt 49
- Commonwealth of Nations 62
- Deutsche Kulturausstellung in London 65
- Kulturzentrum in Berlin 65
- Mandat über Palästina 72, 73, 74
- Profifußball 67
- Royal Academy 66
- Wahlrecht 33
Grundgesetz (→ Parlamentarischer Rat)
Guatemala 215
Hagenbeck (Tierpark) 53
Haiti 215
Handelsorganisation (HO) (→ Ostzone)
Hannovermesse 82
Hessen (Wahlen) 60
Honduras 215
HO (Staatliche Handelsorganisation der Ostzone) (→ Ostzone, Versorgungslage)
I.G. Farben Industrie AG 116 (Grafik)
Indien 215
- Ermordung Gandhis 14, 16, 231
- Gewaltfreier Widerstand 16, 17
- Hyderabad 159
- Kaschmirkonflikt 76, 218
- Religionsunruhen 16, 17, 217
Indochina (→ Vietnam)
Indonesien 190, 215, 217
Irak 215
Iran 18, 215
Irland 32, 215
Island 215
Israel (auch → Palästina) 215
- Hagana 32, 75, 119, 217
- Irgun Zwai Leumi 32, 75, 119
- Israelisch-arabischer Krieg 75, 119, 191, 217
- Jüdischer Weltkongreß 72
- Konflikt zwischen Juden und Arabern 32, 63, 72, 73, 74, 119, 218
- Staatsgründung 72, 73
- Zionismus 73
Italien 215
- Attentat auf KP-Chef Togliatti 119
- Finanzhilfe 12
- Neofaschismus 171
- Parlamentswahlen 61
- Präsidentschaftswahlen 77
- Triestfrage 61
Japan 215
- Kriegsverbrecherprozeß 181
- Regierungskrise 32
Jazz (→ Unterhaltung)
Jemen (Sana) 215
Jordanien (→ Transjordanien)
Jugoslawien 215
- Bruch mit der Sowjetunion 102, 119, 218
- Triestfrage 61
Justiz
- I.G.-Farben-Prozeß 116
- Krupp-Prozeß 20, 116
- SS-Rasse- und Siedlungshauptamt, Prozeß 48
- Wilhelmstraßenprozeß 20
Kabarett (→ Unterhaltung)
Kambodscha 215
Kanada 181, 215
Kaschmir 76, 218
Kino (→ Film)
Kinsey-Report 52, 220
Kirchenstaat (→ Vatikanstadt)
Kirche/Religion
- Deutscher Katholikentag 155
- Rat der Evangelischen Kirche Deutschlands 200
- Weltkirchenkonferenz 141
- 700 Jahre Kölner Dom 139
Kolumbien 63, 215, 218
Kominform (Kommunistisches Informationsbüro) 102, 117, 119, 140, 218
Kommunistisches Informationsbüro (→ Kominform)
Korea 158, 215, 218
Kriegsfolgen 206
- Blindgänger 20
- Bombenschäden 184
- Eisenbahnnetz 82
Kriegsgefangene 79, 138, 192, 193 (Grafik)
Kuba 215
Kunst/Malerei 86, 108 (Übersicht)
- Kulturkonferenz in Breslau 141
Kuwait 215
Laos 215
Lastenausgleich 197
Leichtathletik (→ Sport)
Libanon 215
Liberia 215
Libyen 215
Liechtenstein 215
Literatur 122, 204 (Übersicht)
- Goethepreis 144
- Werke:
»Affe und Wesen« 204, 219
»Asche und Diamant« 220
»Atomstation« 219
»Denn sie sollen getröstet werden« 220
»Don Camillo und Peppone« 219
»Fern von Moskau« 220
»Der gestohlene Mond« 219
»Die größere Hoffnung« 219
»Das Herz aller Dinge« 219
»Die Iden des März« 204, 220
»Jeder stirbt für sich allein« 122
»Der Maler und das Fenster« 219
»Die Nackten und die Toten« 204, 220
»Der nie verlor« 122, 144
»Porträt eines Unbekannten« 219
»Schloß Gripsholm« 122
»Die Stadt in der Wüste« 219
»Tod in Hollywood« 219
»Die Unauffindbaren« 122, 219
»Der Weg nach Glockenreich« 220
Londoner Empfehlungen (→ Sechsmächtekonferenz in London)
Luftbrücke (auch → Berliner Blokkade) 97, 98, 99, 115, 152, 169, 198, 199, 217
Luftfahrt (→ Verkehr)
Luxemburg (auch → Benelux-Staaten) 215
Madagaskar 218
Malaya 218
Malta 215
Marokko 215
Marshallplan 12, 46, 48, 58, 92, 141, 155, 196, 217
- CEEC (Rat für europäische wirtschaftliche Zusammenarbeit) 50, 59
- Deutschland 59, 196
- OEEC (Organisation für europäische wirtschaftliche Zusammenarbeit) 59, 155, 196, 217
Max-Planck-Institut 37
Mexiko 215
Militär
- Atombombentests 85
- Französische Marine 63
- Israelisch-arabischer Krieg (→ Israel)
- Militärhilfe 33
- USA 19, 103
Mode 24, 174 (Übersicht)
Monaco 215
Mongolische Volksrepublik 215
Musik (auch → Unterhaltung) 124 (Übersicht)
- Ballett 107
- Musikfest Amsterdam 107
- Oper 121, 123
- Salzburger Festspiele 121
- Werke:
»Abraxas« 107
»Die Bettleroper« 221
»Down in the Valley« 123
»Orpheus und Eurydike« 121
»Raskolnikoff oder: Schuld und Sühne« 222
»Ein Überlebender in Warschau« 124
- Zwölftontechnik 124
Naher Osten (auch → Israel, Palästina) 75 (Karte)
Nationalsozialistische Deutsche Arbeiterpartei (→ NSDAP)
Nepal 215
Neujahrsbotschaften 13
Neuseeland 215
Nicaragua 216
Niederlande (auch → Benelux-Staaten) 216, 217
- Invasion in Indonesien 190
- Thronwechsel 160, 161
Nobelpreise 202
Nordatlantikvertrag 103, 190
Nordirland 216
Nordkorea (→ Korea)
Nordrhein-Westfalen (Wahlen) 169
Norwegen 216
Notopfer Berlin (→ Berliner Blokkade)
NSDAP (Nationalsozialistische Deutsche Arbeiterpartei) 34
- Goebbels-Tagebücher 48
- Nachlaß Adolf Hitlers 170
OAS (Organisation amerikanischer Staaten) 63
OEEC (Organisation für europäische wirtschaftliche Zusammenarbeit) (→ Marshallplan)
Olympische Spiele (→ Sport)
Oman 216
Oper (→ Musik)
Operette (→ Musik)
Organisation amerikanischer Staaten (→ OAS)
Österreich 210 (Statistik), 213
- Besatzungsherrschaft 77, 183
- Finanzhilfe 12, 188
- Staatsvertrag 77

Osteuropa
- Hitler-Stalin-Pakt von 1939 19
- Volksdemokratien (Kommunistische Machtübernahme) 31 (Karte), 141

Ostzone
- Aktivistenbewegung 168
- Betriebsräte 183
- Bodenreform 172
- Deutscher Volkskongreß 47, 79, 136
- Deutscher Volksrat 47, 136
- DWK (Deutsche Wirtschaftskommission) 35, 79, 96, 117, 172
- Entnazifizierung 34
- Kasernierte Volkspolizei 195
- Parteiengründung 78
- Parteienspaltung 34, 78 (Grafik)
- Produktivität 168 (Grafik)
- SED (Sozialistische Einheitspartei Deutschlands) 117
- Vereinigung Volkseigener Betriebe (VVB) 60
- Verfassungsentwurf 136, 195
- Versorgungslage 117, 172
- Wahlen 138
- Währungsreform 96, 117

Pakistan 216
- Kaschmirkonflikt 76, 218
- Tod Dschinnahs 159, 230

Palästina (→ auch Israel) 216
- Arabische Liga 72, 73, 191
- Britisches Mandat 72, 73, 74
- Ermordung Bernadottes 158, 230
- Gründung Israels 72, 73
- Israelisch-arabischer Krieg (→ Israel)
- Konflikt zwischen Juden und Arabern 32, 72, 73, 74, 118, 218
- UNO 72, 158, 218

Panama 216
Paraguay 216
Parlamentarischer Rat 114, 136, 150, 151, 194
- Beratung des Grundgesetzes 136, 150, 151, 194
- Frankfurter Dokumente 114
- Londoner Empfehlungen 114
- Verfassungsentwürfe 195
- Verfassungskonvent in Herrenchiemsee 136

Parteienlandschaft 78 (Grafiken), 169
Patentamt 82, 169
Persien (→ Iran)
Peru 216
Pferdesport (→ Sport)
Philippinen 216
Polen 216
- Ehemalige deutsche Ostgebiete 19
- Sturz Gomulkas 159

Polizei 195
Portugal 216
Presse
- Parteizeitungen 155
- Presseausstellung 83
- »Pressekrieg« 83

Radsport (→ Sport)
Raumfahrt (→ Wissenschaft/Technik)
Revolution von 1848 48, 81
Ruhrstatut 92, 196 (Karte)
Rumänien 18, 141, 216
Rundfunk (NWDR) 23, 143
Saarland 18
Salzburger Festspiele 121
Saudi-Arabien 216
Schlager (→ Unterhaltung)
Schleswig-Holstein (Wahlen) 169
Schwarzer Markt 94, 101
Schweden 216
Schweiz 212 (Statistik), 213
Schwimmen (→ Sport)
Sechsmächtekonferenz in London (auch → Parlamentarischer Rat) 33, 92, 114, 196, 217
- Londoner Empfehlungen 92, 217
- Warschauer Konferenz 92

SED (Sozialistische Einheitspartei Deutschlands) 117, 170
Sexualverhalten des Mannes (→ Kinsey-Report)
Siam (→ Thailand)
Ski (→ Sport)
Sowjetische Besatzungszone Deutschlands (→ Ostzone)
Sowjetische Militäradministration in Deutschland (SMAD) (→ Besatzungspolitik in Deutschland)
Sowjetunion 216
- Außenpolitik 140, 231
- Besatzungspolitik in Deutschland 46, 59, 96, 97, 100, 168, 196
- Bruch mit Jugoslawien 102, 218
- Bündnisverträge 217
- Deutsche Kriegsgefangene 79, 192, 193
- Kulturpolitik 140
- Stachanow-Bewegung 168
- Vertrag mit Finnland 63, 217
- Wiederaufbau Stalingrads 171

Sozialdemokratische Partei Deutschlands (→ SPD)
Sozialistische Einheitspartei Deutschlands (→ SED)
Spanien 216
SPD (Sozialdemokratische Partei Deutschlands) 117, 154
Sport
- Automobilsport 175, 223
- Boxen 41, 67, 87, 109, 145, 163, 175, 223
- Deutsches Turnfest 144
- Eishockey 53
- Eiskunstlauf 41, 223
- Fußball 67, 145, 175, 223
- Gewichtheben 224
- Leichtathletik 67, 125, 163, 224, 225
- Olympische Sommerspiele London 126, 132, 133, 134, 135, 227, 228
- Olympische Winterspiele Sankt Moritz 25, 40, 226, 227
- Pferdesport 53, 145, 225
- Radsport 109, 125, 225
- Rudern 53
- Schach 86
- Schwimmen 225, 226
- Ski 53, 226
- Tennis 125, 145, 163, 226
- Turnen 144

Südafrika (→ Südafrikanische Union)
Südafrikanische Union 76, 216
Südkorea (→ Korea)
Syrien 216
Tennis (→ Sport)
Thailand 216
Theater 121, 201 (Übersicht)
- Salzburger Festspiele 121
- Werke:
  »Anna, Königin für tausend Tage« 222
  »Ardèle oder das Gänseblümchen« 221
  »Armut, Reichtum, Mensch und Tier« 201
  »Der Belagerungszustand« 221
  »Der Bockerer« 220
  »Die Dame ist nicht fürs Feuer« 221
  »Der Feigling« 221
  »Die Glasmenagerie« 200
  »Herr Puntila und sein Knecht Matti« 107, 220
  »Die Irre von Chaillot« 123
  »Jedermann« 121
  »Der kaukasische Kreidekreis« 220
  »Medea« 221
  »Der öffentliche Ankläger« 221
  »Die schmutzigen Hände« 65, 221
  »Das schwarze Fest« 221

Tibet 216
Tierpark Hagenbeck 53
Transjordanien (auch → Palästina) 75, 216
Triest (auch → Italien) 216
Tschechoslowakei 216
- Kommunistischer Staatsstreich 30, 31, 49, 102, 103, 218
- Nationale Front 30, 103, 141
- Rücktritt Beneš' 103
- Tod Beneš' 159, 230
- Tod Masaryks 48

Tunesien 216
Türkei 33, 216
UdSSR (→ Sowjetunion)
Ungarn 190, 216
Unglücksfälle/Katastrophen 52, 60, 105
- Explosionsunglück bei BASF 118

UNO (Vereinte Nationen)
- Atomenergiekontrolle 171
- Bestrafung von Völkermord 191
- Menschenrechte 191
- Palästinafrage 72, 74

Unterhaltung (auch → Musik) 84 (Übersicht)
- Jazz 84
- Kabarett 39, 84, 232
- Musical 203
- Schlager 84
- Werke:
  »Kiss Me Kate« 203, 222

Urlaub und Freizeit 120 (Übersicht)
Uruguay 216
USA (Vereinigte Staaten von Amerika) 216
- Besatzungspolitik in Deutschland 13, 46, 100, 114, 196
- New York 104
- Parteien 180
- Präsidentschaftswahlen 103, 180
- Rassendiskriminierung 33, 180

Vatikanstadt 216
Venezuela 216
Vereinigte Staaten von Amerika (→ USA)
Vereinigtes Wirtschaftsgebiet (in Deutschland) (→ Bizone)
Vereinte Nationen (→ UNO)
Verkehr 156 (Übersicht)
- Eisenbahn 82, 156
- Luftfahrt 47, 157, 172, 173

Vietnam 76, 215, 217
Volkswagenwerk (VW) 21
Währungsreform (auch → Berlin, → Ostzone) 93
- Auswirkungen 80, 94, 95, 101, 120, 137, 142, 169
- Bank deutscher Länder 48
- Deutsche Emmissions- und Girobank 79, 117
- Deutsche Notenbank (Ostzone) 117
- Ostzone 96, 117
- Planungen 100

Weltgesundheitsorganisation der UNO (→ WHO)
Werbung 162 (Übersicht)
Wetter 23, 85, 106, 141
WHO (Weltgesundheitsorganisation der UNO) 63
Wilhelmstraßenprozeß (→ Justiz)
Wirtschaft 100 (Übersicht)
- Außenhandel 21
- Demontagen 138, 169, 197
- Frankfurter Messe 170
- GATT (Internationales Zoll- und Handelsabkommen) 50
- Hannovermesse 82
- Industrieproduktion 100 (Grafik), 155, 183
- Sozialisierung der Kohle 136
- Versorgungslage 94
- Wirtschaftsrat (→ Bizone)

Wissenschaft/Technik
- Astronomie 106
- Atomforschung 60, 85
- Erfindungen 83, 105, 143, 202
- Flugzeugbau 172, 173
- Max-Planck-Institut 37
- Raketenbau 39, 85
- Staudammbau 23
- Tiefseeforschung 157

Wohnen und Design 22 (Übersicht)

Quellen

Texte

© für den Beitrag
S. 99 von Jack O. Bennett: Ullstein-Taschenbuch Verlag, Berlin (1982)

Abbildungen

Agfa-Gevaert Foto Historama, Leverkusen (1); Archiv Gerstenberg, Wietze (4); Archiv zur Geschichte der Max-Planck-Gesellschaft, Berlin (1); Photo Claasen, Köln (9); dpa, Frankfurt (19); Verlag S. Fischer, Frankfurt am Main (2); Harenberg Kommunikation, Dortmund (480); Historia-Photo, Hamburg (1); Katholische Nachrichtenagentur, Frankfurt am Main (1); Keystone Pressedienst, Hamburg (23); Friedrich Krupp GmbH Historisches Archiv, Essen (1); Ledermann, Zürich (1); Österreichische Nationalbibliothek, Wien (1); Opel Pressestelle, Rüsselsheim (1); Schauspielhaus Zürich (1); Stadtarchiv Dortmund (1); Süddeutscher Verlag Bilderdienst, München (9); VW Pressestelle, Wolfsburg (1)

© für die Abbildung von Kunstwerken:
Francis Gruber: »Akt auf rotem Diwan«, VG Bild-Kunst, Bonn 1987
Jackson Pollock: »Nummer 1«, Museum of Modern Art, New York

© für die Karten und Grafiken:
Wissen Media Verlag GmbH, Gütersloh/München (21)

Trotz größter Sorgfalt konnten die Urheber des Bildmaterials nicht in allen Fällen ermittelt werden.
Es wird gegebenenfalls um Mitteilung gebeten.